'마우스'를 사랑해주셔서

감사드립니다.

행복하세요 최란

2021. 5 ~.

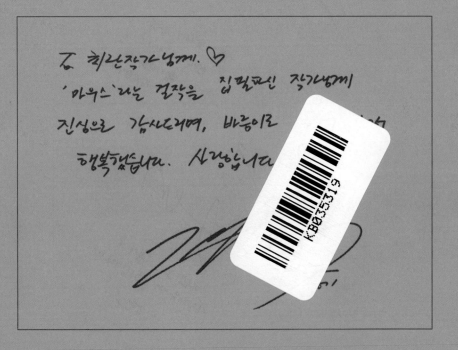

☆ 최란작가님께. ♡
'마우스'라는 걸작을 집필교신 작가님께
진심으로 감사드리며, 바늘으로
행복했습니다. 사랑합니다.

G1 현종

고생 많으셨습니다

정우성

쟁캐닝 때마께 용기를
얻고 더 많이
영이되었다다
감사합니다 ♡

Juhyun

'이우스' 와 '오늘이'를
사랑해주셔서 감사합니다 ♡
- 주현 ♥ -

마우스 1

[내 마음속에 살인마가 산다]

· 최란 대본집 ·

마우스 1

| 내 머릿속에 살인마가 산다 |

경찰
POLICE

무 삭 제
오리지널

izi 이지퍼블리싱

'마우스'는 잔혹한 연쇄살인마가 착하고 정의로운 인간의 전두엽을 이식받아, 진정한 인간으로 변화하는 과정을 담은 이야기입니다.

이 드라마를 기획하면서 사이코패스를 미화하고 싶은 마음은 1도 없었습니다.
누구는 피해자들이 당한 것만큼, 아니 더 처절하고 고통스럽게 바름이를 보내야한다고 했습니다.
동감합니다.
바름이는 절대 용서받을 수 없는 짓을 저질렀습니다.
그렇지만 바름이라는 인물을 창조해 낸 저로서는…
반성하고 참회하는 바름이를 보내는 일이 생각처럼 그리 쉽지 않았습니다.

이렇게 보내는 것이 제가 할 수 있는 최선이었습니다.
너그럽게 이해해주셨으면 합니다.

드라마는 여럿이 함께 일을 하는 일이다 보니 최종 결과물이 대본과 달라지는 부분이 있습니다. 방송으로 설명이 안 되거나 이해하기 어려운 부분, 처음 의도와 다르게 표현된 부분들의 이해를 돕고자, 많이 부족하고 부끄럽지만… 대본집을 내는 이유입니다.

대본집에는 촬영과 편집과정에서 빠졌던 씬들이 모두 들어갔습니다.
아울러 20부 외전(外傳)도 살짝 준비해봤습니다.
바름이의 죽음을 아쉬워하는 분들을 위한 일종의 보너스 이야기로 봐주시면 될 것
같습니다.

처음 드라마를 썼을 때는 그저 신나고, 즐거웠습니다. 뭘 몰랐나 봅니다.
드라마가 작가의 의도대로만 표현되는 게 아니라는 것을 알게 된 후로는 드라마를
쓰는 일이 더 이상 제게는 신나고 즐거운 작업이 아니었습니다.
전작들이 제가 의도한 바와 상당 부분 다르게 표현되어, 많이 속상했던 기억이 납니다.
<마우스>라는 작품을 통해서 그런 제 마음이 치유되었으면 하는 바람입니다.
드라마를 쓰는 일이 제게 다시 신나고 즐거운 작업이 되길 바라봅니다.

추운 날씨에 차가운 바닥에 몇 시간씩 누워계셨던 **김영옥**선생님.
프로란 어떤 건지 많이 배웠습니다. 존경의 마음을 전합니다.
쉽지 않은 역할임에도 선뜻 바름을 선택해주고, 소름 끼칠 정도로
최고의 연기를 보여준 **이승기** 배우.
무치 그 자체가 되어 준 **이희준** 배우. 어려운 감정 연기를 너무 잘 소화해준 **경수진**
배우와 박**주현** 배우, **권화운** 배우. 쉽지 않은 역을 선택해주고 찰떡같이 소화해내
준 **정은표** 배우·· 외·· 일일이 다 열거하지 못하지만 마우스의 **모든 배우분들**, 정말
최고였습니다.
아울러 살인적인 스케줄에도, 난이도 높은 작품을 구현해주느라 고생하신 **스태프
여러분들**, 방송사고 날까 노심초사 동분서주한 **제작사**와 **이경선** CP 모두에게 감사
의 마음 전합니다.

그리고··
뽕숭아학당과 사랑의 콜센터를 포기하고 딸의 작품을 위해 기꺼이 tvN으로 채널을
돌려주신 사랑하는 엄마. 가족들.
본방 직후, 늘 제 상태를 걱정해서 전화를 걸어 폭풍수다를 떨어준 멘탈치료제, 기리
작가와 '작가가 사패다' 놀려대며 힘을 준 소영작가, 잔나비 열혈팬이지만 방송하
는 동안만큼은 마우스를 더 사랑했던 슬기작가. 미씽 시즌2도 대박나길!
응원해 준 덕분에 고단했던 작업이 즐겁게 끝났습니다.

화장실 못 가게 만드는, 흥미진진한!
올드하지 않는…
새롭고 신선한…
가슴에 남는…
생각할 수 있는…
부끄럽지 않는…
이야기꾼이 되도록 노력하겠습니다.

〈마우스〉작가_**최란** 올림

목차

- 1권 -

1   이 책은 최란 작가의 드라마 대본 집필 형식에 따라 최대한 원본에 맞춰 편집되었습니다.

2   드라마 대사는 구어체이기에 한글 맞춤법과 달라도 그 표현을 그대로 살렸습니다.

3   말줄임표는 두개, 세 개, 네 개 등으로 다양하게 표현되었으며 이는 대사 시 호흡의 양을 다양하게 표현하고자 한 작가의 의도를 반영한 것입니다.

4   쉼표, 느낌표, 마침표와 같은 구두점도 작가의 의도를 반영하였습니다.

5   이 책은 작가의 최종 대본으로 방송이 되지 않은 부분이 포함되어 있습니다.

    (본 방송용 대본과 비하인드가 포함된 대본은 각각 대본 작업화 되었으며 촬영현장에는 두 버전이 모두 전달되었습니다)

상위 1%의 사이코패스를 '프레데터 '라 부른다.

predator, 포악한 육식동물…

프레테터에게, 인간이란.. 먹잇감이거나, 사냥감이다.
프레데터의 99%는 연쇄살인마가 된다.

나는 '프레데터'다…
그렇게 태어났다…

이 이야기는 절대 구원받을 수 없는,
한 사이코패스 살인마의 **구원**에 관한 이야기다.

내기 한판 할까?
저 아이들이 괴물이 되는지… 아닌지…

영국의 유명 유전학 박사(대니얼 리/ 교포3세)가 마침내 '사이코패스 유전자'를 찾아냈다. 대니얼이 찾아낸 사이코패스 유전자는 인간의 몸속 효소를 조절하는 MAMO 염색체 이상인 유전자이다. 이 유전자를 가진 인간의 뇌를 검사한 결과, 그들의 전두엽에서는 세로토닌(신경전달물질 - 공격성 억제 물질) 호르몬이 전혀 발생하지 않는다는 것이 증명된다. 이로써 이 유전자는 엄청난 공격성을 가진, 프레데터 (포악한 육식동물)로 불리는 사이코패스 유전자로 판명된 것이다. 대니얼의 사이코패스 유전자의 발견으로 인해, 사이코패스는 후천적으로 만들어지는 게 아니라, Natural Born 즉, 태어난다는 사실이 다시 한번 전 세계에 입증된다.

이를 계기로 영국정부는 '사전에 강력범죄를 차단하겠다'는 범죄예방 프로젝트로, 앞으로는 범죄자 유전자뿐 아니라, 전 국민의 유전자를 국가가 관리하겠다는 취지의 전 국민의유전자은행 설립 법안을 영국 의회에 제출했다. 유전자학자들과 범죄 전문가들은 전 국민의 유전자관리 법안이야말로 범죄예방을 위해 반드시 필요한 것이라며 영국정부의 법안발의를 적극 지지하고 나섰다. 그러나 '인권침해', '사적 자유 침해'라는 강력한 반대 여론에 부딪히며 법안통과는 결국 실패하고, 법안은 폐기된다.

그 시각, 대한민국은 희대의 살인마로 몸살을 앓고 있었다.

일명 헤드헌터!

그를 〈헤드헌터〉라 명명한 이유는, 머리 없는 시신이 계속해서 발견되기 때문이다.

사람을 살해하고 머리만 가지고 사라졌다 해서 일명 '머리 사냥꾼', 〈헤드헌터〉라고. 어느날 부턴가, 전 국민이 그렇게 그 살인마를 '헤드헌터'로 부르기 시작했다.

남겨진 신체에는 이상한 기호와 숫자가 적혀있거나 새겨져 있을 뿐, 시신이나 사건 현장에는 그 어떤 단서 하나 남기지 않는 치밀함을 보여 경찰들을 애태운다. 범죄전문가들과 언론은 앞다퉈 전형적인 '사이코패스'의 소행으로 발표한다.

지난 1년 동안 〈헤드헌터〉에 의해 희생된 피해자만 현재까지 17명. 실종자까지 합치면 족히 스무 명이 넘을 거란 추측이 커져가지만, 그 많은 피해자가 발생할 때까지 단 한명의 목격자도 나타나지 않고, 단서조차 잡지 못하고 있자 국민들의 공포는 커져만 가고, 그 공포는 무능한 경찰과 정부에 대한 분노로 표출된다. 엄청난 여론의 비난에 직면한 정부는 투트랙 전략을 구상한다. 한편으로는 전 경찰력을 동원해 〈헤드헌터〉 체포에 열을 올리면서, 다른 한편으로는 들끓는 비난 여론을 잠재우기 위해, 강력범죄예방책을 강구하는데….

얼마 후, 대니얼 박사가 정부의 초청으로 극비리에 서울행 비행기에 몸을 싣는다.

국회로 안내된 대니얼은 법사위 위원들 앞에서 아직 세상에 공표되지 않는, 그의 새로운 연구 결과를 극비리에 발표한다. 그것은 '사이코패스 유전자 태아 감별'이었다. 산모의 뱃속 태아 때부터 그가 사이코패스가 되는지를 알아낼 수 있다는 것이다.

이는 영국의 전 국민 유전자 관리를 통해, 강력범죄를 막자는 취지보다 한 단계 진화되는 놀라운 연구 결과였다. 이는 곧 태아의 유전자검사를 의무화해서 뱃속 태아가 사이코패스인지 아닌지 감별한 후, 사이코패스 유전자라고 판명되면, 태아를 뱃속에서부터 강제로 낙태 시킬 수 있다는 뜻이다. 여당 의원들은 〈사이코패스 유전자 태아 강제 낙태법〉 법안을 국회에 제출하자고 제의했고, 범죄예방정책으로 그만큼 확실한 게 없다는 걸 국민들에게 보여주겠다는 의지를 보여주자고 주장했고 대통령의 허가가 떨어졌다. 그러나 법사위 소위원회에서부터 난관에 부딪혔다. 야당의원들의 반대가 만만치 않았다. 강제낙태에 대한 윤리적 도덕적 문제를 들고 나선 것이다. 결국 사이코패스 유전자 태아 강제 낙태법안은 백지화된다.

그날 밤, 간만에 일가족 사냥을 나선 〈헤드헌터〉는 한 꼬마(무치)에게 자신의 얼굴을 보이고 마는 치명적 실수를 함으로써, 그의 긴 인간사냥은 끝을 맺게 된다.

만천하에 그의 정체가 드러나게 되는데, 그는 놀랍게도 저명한 신경외과 스타 닥터였다. 당시 그의 아내(지은)는 만삭의 임산부였다. 남편이 희대의 살인마 <헤드헌터>라는 사실에 충격을 받은 그의 아내는 남편의 유학시절 친형처럼 지냈던 대니얼 박사가 아직 한국에 머물고 있음을 알고 그를 찾아가 자신의 뱃속 아이가 사이코패스 유전자인지, 태어나면 아이 아빠처럼 살인마가 될 것인지, 검사해달라고 조르고, 그녀의 부탁을 차마 거절하지 못한 대니얼은 유전자 검사를 실시하는데….

99% 정확성을 가진 사이코패스 유전자다!

결과에 충격받은 헤드헌터의 아내 지은은 살인마를 낳을 수 없다며, 뱃속 아기를 낙태해달라고 사정을 하지만, 아이를 낙태하기엔 너무 늦었다는 걸 안다.

지은은 자신과 같은 처지의 (사이코패스 태아 유전자 아이를 임신한) 한 임산부, 희영을 만나게 되고, 서로를 위로한다. 그리고 두 임산부는 고민 끝에, 아이를 낳기로 결심한다. 99%의 정확성을 포기하고, 나머지 1%에 기대를 걸고….

그리고 두 임산부는 각자 조용히 세상 밖으로 사라진다.

그날 이후 아무도 그녀들을 보지 못했다.

이 이야기는… 그로부터… 25년 후, 그 두 아이의 이야기다.

과연 그 아이들은 어떻게 되었을까?

사이코패스 살인마가 되었을까?…

우리와 같은 평범한 인간이 되었을까?

로그라인

세상 어디에도 없던, 착하고, 정의로운 신입 순경의 머리에
세상 어디에도 없던, 사악하고, 잔혹한 연쇄살인마의
전두엽이 이식된다…?!!!

그리고 지금,
세상 어디에도 없던, 누구도 상상할 수 없던…
잔혹하고, 서글픈 스토리와 충격적 반전! 이 펼쳐진다!!!

"우리 막내가 얼마나 소중한 존재였는지 피고인이 알았으면 합니다…"

지난해, '인천 초등학생 살인사건' 재판정에 출석한 피해아동의 어머니가 한 말이다.

안타깝게도 결코 그런 일은 일어나지 않을 것이다!
피고인은 자신이 살해한 아이가 얼마나 소중한 존재였는지 결코 알 수 없다!

실제로 교도소에 수감된 그녀에게 지금 무엇이 제일 힘드냐고 물었을 때, 피고인의 대답은 자신이 처참하게 살해하고 시신까지 훼손한 아이에 대한 미안함이나 죄책감이 아니었다.

"날씨가 좋은데, 벚꽃 못 보러 가는 게 제일 힘들어요."

그녀를 힘들 게 한 건, 그저, 벚꽃 구경 못가는 것이었던 것이다.

사람들은 사이코패스를 이야기할 때, 어린 시절, 자라온 환경 등을 운운하며 그가, 혹은 그녀가 어떻게 사이코패스가 됐는지를 분석한다.
그러나 그것은 잘못된 생각이다.
사이코패스는 사회가 진화하면서 생겨난 돌연변이 유전자로,

만들어지는 게 아니라, 'Natural Born'… 태어나는 것이다.

태어날 때부터 사이코패스의 전두엽은 일반인의 전두엽과는 완전히 다르게 태어난다. 사이코패스의 뇌는 인간의 뇌에 존재하는 '미러 뉴런(mirror neuron)'이 없어서 타인의 고통을 전혀 느끼지 못한다. 또한 죄책감, 동정심, 측은지심, 후회 같은 감정 자체도 없다. 그래서 그들에게 참회나 속죄 자체를 기대할 수가 없다. 때문에 치료나 교정 자체가 불가능하다고 전문가들은 얘기한다.

실제, 사이코패스들의 출소 후 재범률은 80%.
그들에게는 교정을 시도할수록 재범률이 높아지고 오히려 법망을 피해나갈 방법을 모색해 더 교활하고 치밀한 범죄를 저지른다는 통계가 나왔다. 현재로서 사이코패스의 범죄를 막을 유일한 방법은 격리뿐이라고 한다.

그렇기 때문에, 피고인은 자신이 참혹하게 살해한 사람이 그 가족에게 얼마나 소중한 존재였는지 죽을 때까지 알 리 없을 뿐 아니라, 자신이 저지른 죄를 반성하거나 참회할 리가 만무하다.
자신의 쾌락을 위해 인간을 잔혹하게 살해하고, 그 가족들의 삶을 송두리째 망가뜨리고도, 피해자에게, 피해자의 가족에게 그 어떤 미안한 마음조차 갖지 않는 유전자라니!!!

피해자 유가족은 평생을 고통 속에서 살아가는데, 가해자는 평생을 단 1%의 후회나 죄책감 없이 편한 마음으로 살게 되는 유전자라니!!!

그 참을 수 없는 빡침!!! 에서 이 드라마를 기획했다.
사람을 죽이고도 타인의 고통도, 미안함이나 반성도, 참회의 마음도 가질 수 없는 사이코패스들 어떻게든 그들이 자신들이 한 짓에 심적 고통을 느끼고, 반성하고, 속죄하는 걸 보고 싶었다. 설사 그것이 현실 불가능한 판타지일지라도…

if …
인간을 사냥감으로만 생각하는 감정 제로의, 내추럴 본, 프레데터, 사이코패스에게 어느 날 갑자기 보통의 인간이 갖는 모든 감정이 느껴진다면…
타인의 고통이… 동정심이… 죄책감이…'사랑'이라는 감정이 고스란히 느껴진다면?
인간의 선한 의지가 생긴다면?

그래서 보통 인간의 뇌(뇌는 인간의 마음, 감정을 관장하는 기관)와 사이코패스의 뇌를
결합시켜 그들도 우리 인간이 느끼는 모든 감정, 죄책감, 타인의 고통 등을
고스란히 느끼게 되는 이야기를 생각해 냈다.

사이코패스도 우리가 느끼는 감정을 갖게 돼서…
자신의 쾌락을 위해 살해한 누군가가 그 부모와 가족에게는 얼마나 소중한 존재였
는지 제발 좀 알라고.. 그리하여 자신이 저지른 짓이 얼마나 끔찍한 일이었는지, 직
시하고 스스로 고통받고, 괴로워하라고. 그리고 제발 참회하고 속죄하라고!!!

그들이 우리와 같은 감정을 갖는 것! 그래서 진심으로 자신의 죄를 알고, 고통스러
워하는 것. 그것이야말로 신이 사이코패스에게 내리는 최고의 형벌이자 최선의 구
원이 아닐까?

정바름
20대 중반. 남 / 구동 파출소 + 무진청 증거보관실 순경

내 머릿 속에 살인마가 산다…
"죽이고 싶어… 미치도록…"

정비타! 타고 나길 흠잡을 데 없이 자알 생긴 비주얼에, 게다가 삑이 가는 살인미소까지 완벽하게 장착했지. 인사성 바르지. 붙임성 좋지. 타고난 심성까지, 세상에 이런 인간이 있나 싶을 정도로 착함이 과해. 그래서 동네 아그들한테 '정비타'로 불리는 2% 부족한 울 동네 인간 비타민!

정바름! 내친소.!! 내 친구의 본명은 정바름입니다.
바른 사람으로 자라라는 의미로 엄마가 지어 준 이름이래요.
그 이름 그대로 어찌나 바르게 자랐는지, 고딩 때 성폭행범 때려잡고'시민영웅상'까지 받은 이름값, 지~대로 하는 이 시대 진정한 귀감 청년으로 동네 어르신들 사위 삼겠다고 침 젤젤~ 흘리시죠. 아마, 바름이 엄마가 하늘에서 내려다보시면서, 내 새끼 잘 컸다고 뿌듯해하실 거예요.

짱가정? 아~ 그건 동네 어르신들이 녀석을 부르는 호칭이에요.
어디선가 누군가에 무슨 일이 생기면! 나타나는 짜짜짜짜~짱가처럼 동네 온갖 대소사에 끼어들고, 간섭하며, 해결해주는 오지라퍼인 지라, 어르신들 모두 그렇게 부르죠.
그 자식, 핸드폰 벨소리도'짱가'라니깐요. 지가 진짜 짱가라도 되는 줄 아나 봐요.

친절한 바름씨! 동네 독거노인들 가가호호 방문해 빨래해 드려, 반찬 해 날라, 고장 난 보일러, 구들장 싹 다 고쳐주고 다니는 걸로도 모자라 안마에, 온갖 손자 재롱까지 떨어주고 온다니까요. 어디 그 뿐인 줄 알아요? 동물들은 또 어찌나 사랑하는

지, 울 동네 길냥이들의 대부로 불려요. 지는 굶는 한이 있어도 동네 길냥이들 굶는 꼴은 못 본다니까요. 모기조차 먹고 살아야 한다며 기꺼이 지 팔뚝 피를 내주는 그런 세상 어디에도 없는 착한 녀석이에요. 게다가 겸손함까지 풀옵션으로 장착. '너나 잘하세요?, 노! '제가 잘하겠습니다~'를 입에 붙이고 산답니다.

그 녀석, 여성호르몬이 과다 분비되는지, 눈물도 겁나 많아요. 드라마만 보면 저 사랑 이뤄지게 해달라고 이불 부여잡고 울질 않나, 장애인이나 결손가정 다큐멘터리를 보기만하면 전화통 불나게 전화해대며 받은 월급 몽땅 후원금으로 날리는 게 다반사죠.
가끔은 이 녀석 착한 게 아니라, 바보가 아닌가? 싶을 때도 있다니까요. 너무 사람을 믿어서 툭하면 사기 당하질 않나… 참, 하루는 제가 조폭한테 납치됐단 보이스피싱 전활 받고 통장에 있는, 지 전 재산을 탈탈 털어줬다니깐요. 경찰이란 놈이 보이스피싱이나 당하고 할 말 다했지. 뭐예요. 암튼 너무 착해서 사기당하고, 무시당하고, 이용당하기 일쑤지만, 어떤 상황에서도 그 녀석은 절대 화 내거나 소리 지르는 법이 없어요. 늘 미소와 유머를 잃지 않죠. 하지만 그런 녀석 미소 뒤엔 큰 아픔이 있죠. 어릴 때 사고로 가족을 모두 잃은 고아에요. 그 어린 나이에 세상에 덜렁 혼자 남겨졌으니 안 해본 일 없이 고생한 거 같더라구요. 그래도 애비 애미 없는 놈이란 소리 듣기 싫어서, 엄마가 지어준 이름처럼, 바르게 살려고 열심히 살더니, 결국은 경찰공무원시험에 당당히 합격해서 우리 구동을 지키는 파수꾼! 구동 파출소 순경으로 근무 중이에요.

그런 바름이한테 큰 일이 생겼어요. 것도 아주 엄청난 일이….
울 동네 자발할매. 봉이 할머니가 살해되는 끔찍한 일이 생긴 거예요. 요새 전국을 공포에 떨게 한 그 사이코 개새끼 그 연쇄살인마한테!!!
그 놈 쫓다가 바름이도 팔이랑 다리를 다쳤거든요. 깁스까지 한 놈이 병원에 가만히 누워 있을 것이지, 내가 잠시 한눈파는 사이에 그 놈 잡겠다고 병원에서 뛰쳐나가 버린 거예요.
그 살인마 놈을 잡겠다고 혼자 쫓아갔다가 놈이 후려친 돌덩이에 머리를 크게 다쳐 뇌수술을 받았어요. 근데 혼수상태에서 깨난 바름이가 날 전혀 알아보질 못하는 거예요. 세상에 둘도 없는 지 절친을… 저 뿐만 아니라 하나뿐인 혈육인 지 이모도, 봉이 고 기집애도, 동네주민들 누구도 알아보질 못해요. 의사 선생님 말론 머리를 다

첫을 때 해만가?가 크게 손상돼서 기억기능이 문제가 생긴 거 같다면서, 그래도 워낙 큰 뇌수술을 해서 수술 후유증일 수 있으니 기억이 금세 돌아올 수도 있다고 더 지켜보자네요.

근데 그것보다 더 큰 문제는 바름이 이 녀석이 기억만 잃은 게 아니라, 변해도 너무 변했다는 거예요. 지금까지 제가 알고 있던 바름이가 아니에요. 녀석이 너무 낯설어요. 뭐랄까…? 눈빛부터 완전히 달라졌어요. 그 해맑고, 순수했던 녀석의 눈빛이 순간순간 오금 저리게 차가운 뱀눈처럼 느껴지는 건 왜일까요?

마치 바름이가 아니라, 다른 사람을 보고 있는 느낌이랄까요?

대체 바름이한테 무슨 일이 생긴 걸까요?

모르겠어… 너무 혼란스러워…

동구 말로는 내가 죽은 길냥이를 보고도 장례도 치르고 무덤까지 만들어주며 슬퍼서 3박 4일 동안 울었다던데, 죽은 여자 시체를 보고도 여자가 입은 드레스가 멋지다는 생각이 맨 먼저 들어. 피 공포증이 있다더니… 간호사가 자기 팔에 주사 바늘 놓는 것도 차마 못 보고 엄청 엄살 부린다더니… 내 팔에 유리가 박혀 팔꿈치가 벌어져 힘줄이 보일 정도의 상처를 보고도 그저 해부학적 시선으로만 바라보고 있는 나를 보고 나 스스로 깜짝깜짝 놀라곤 해. 다른 사람의 고통을 보고 즐거워하는 나를 발견하고 창밖에서 나는 길냥이 울음소리가 짜증나서 죽여 버리고 싶어. 그러더니… 어느 날부터는… 누군가의 환청이 들리기 시작해…

"저 여자 목을 지긋이 눌러봐.. 금방 끝날 거야.. 그 기분이 아주 짜릿하고 황홀하지…."

… 내… 내가 왜 이러지..? 내가 왜 이러는 걸까..? 제발 누가…날 좀 도와줘….

고무치

30대 초반. 무진청 강력계 형사 → 증거보관실 담당형사(로 좌천)

딱! 한 놈 죽이고, 니 목 따러 간다!
"나라가 안하고 있으니, 내가 할 거야. 내가 가서 그 놈 모가지를 딸 거야!"

누가 형사인지, 누가 범죄자인지 헷갈릴 정도의, 범죄자들 사이에서도 전설적인 조
폭 형사. 실제로 조폭두목에게 거액의 스카우트 제의를 받기도 했을 정도다.
하지만 천만금을 줘도 그가 조폭이 될 수 없는 이유, 형사일 수밖에 없는 이유는 명
확하다. 범죄자들을 아주 지!!!!독히도 혐오하고 있다는 것!!!
다혈질 성격 탓에 용의자 폭행 등 과잉진압에, 편법과 불법 수사를 밥 먹듯 자행한다.
덕분에 흉악범 검거율은 자타공인 1위지만, 그래서 동료들 사이에 적이 많다.
사건 현장에 일부러 증거품이나 DNA 등을 심어놓고 용의자를 체포하는 불법수사가
문제가 돼서 대기발령 상태다.

그래서 뭐? 그 범죄자 새끼들 때려잡는데, 편법 좀 쓰면 어떻고, 불법 좀 저지르면
어때? 형사가 법대로만 하면, 범죄자들을 어떻게 잡아? 그 놈들이 어떤 놈들인데…
괴물을 잡으려면, 괴물이 돼야 한단 말 몰라? 이 무식한 것들아!!!

맞수! 나 이름 그대로 (사)고무치! 못 말리는 사고뭉치 형사올시다!
인정한다니까 그러네! 허구한 날 술에 절어 사는 알코올중독자에, 형사 월급 몽땅 올
인하는 도박중독자에, 법보다 주먹이 앞서서 늘 사고를 치는 상사들의 골칫덩어리!
어차피 승진이나 실적에는 1도 관심 없수! 내가 형사가 된 이유는 따로 있어.
그 놈한테 가는 것! 그리고 그 놈 멱을 따는 것!!!
평생 그날만을 꿈꿔왔고, 그날을 위해서 형사가 된 거야! 난!

그날 이후, 난 맘속에 분노와 복수심을 가득 채우고 살아왔어.
복수야말로 지금까지 날 살게 하는 유일한 힘이었다구!
그날 이후, 난 단 하루도 악몽을 꾸지 않은 적이 없어. 꿈에서조차 무기력하다구…
그날 캠핑장에 가자고 조르지만 않았어도, 그냥 거기서 하루 지내자고만 하지 않았

어도… 울 엄마, 아빠는 죽지 않았을 거야. 형이 그 지경이 되지 않았을 거야! 겨우 6살의 나이에 난 눈앞에서 〈헤드헌터〉 그 살인마에게 내 아빠의 잘린 머리를… 내 엄마가 처참히 살해당하는 모습을 목격해야만 했어. 그리고 날 지키기 위해 형이 놈에게 처참하게 찔리는 모습까지 지켜봐야 했다구. 그때 난 아무 것도 할 수 없었어! 그저 오줌을 줄줄 싸는 것 외엔….

병신같이. 그 놈이 잡혔을 때, 바로 내 눈앞에서 놈이 날 보고 있었어. 그때, 그 놈을 내 손으로 죽이지 못한 걸 평생 한스러워해. 그때 내 팔이 3센티만 길었어도 그 놈의 목구멍을 뚫어버렸을 텐데… 겨우 얼굴에 흉터밖에 못 남겼어.

그래도 사람을 스무 명이 넘게 죽였으니까 국가가 바로 사형시켜줄 줄 알았지.

젠장! 누가 25년이 지난 지금까지 그 놈이 버젓이 살아있을 줄 생각이나 했겠어?

그 놈이 지금 어떻게 지내는지 알기나 해?

구치소에서 호의 호식하며 황제놀이하면서 지내고 있대. 교도관들조차 그 놈은 열외로 둔다더군. 어쩌다 이 눔의 나라가 사형폐지국가가 돼서, 어쩌다 이 눔의 나라가 사형시키는 나라는 미개국이라는 따위의 헛소리를 지껄이게 돼서… 내 부모를 죽이고, 내 형을 평생 불구로 살게 한 그 놈을 내가 낸 세금으로 먹여 살리고 있단 게 말이 돼? 정말 끔찍하게 불합리하다고 생각하지 않아? 그럼 남겨진 피해자 가족은? 피해자 가족은 이렇게 평생을 고통 속에서 사는데, 어떻게 그 놈이 버젓이 살아있어? 당신도 사형을 반대하나? 어차피 그런 인간은 교화될 수도 없는 유전자를 가졌어. 사형반대론자들 말로는 죽이지 않고 교화시키는 게 목적이라며? 참회하게 하는 게 목적이라며? 헤드헌터는 사이코패스야. 교화? 참회? 그런 거 할 줄 모르는 놈이라고. 그러니 국민 세금 그만 축내고, 사형 시켜야지. 그래야 피해자 유족이 일말의 보상심리라도 받는 거지.

그래서 결심했지. 나라가 안 하면, 내가 가서 죽이기로!!!

그런데 그 놈이 내 눈앞에 있어야 죽이지. 지금 그 놈은 서울구치소 안에 꽁꽁 숨어 있단 말이지. 만날 수조차 없다구! 그 놈을 만나봤자, 그 놈과 내 앞에 투명한 아크릴 판이 막혀있다구! 그래서 생각했어. 그 놈을 죽일 수 있는 방법은 단 하나!

내가 그 놈이 있는 구치소(사형수를 비롯한 중범죄자들이 있는 동)로 들어가기로.

거긴 중범죄를 저지른 죄수만이 들어갈 수 있대. 방법은 하나. 나도 중죄를 저지르는 것!

그 놈과 똑같은 괴물 종자 딱 한 놈 잡아 죽이고, 그 놈이 있는 구치소로 들어가는 것. 그래서 그 놈을 만나면 바로 그 놈 멱을 따는 것!

놈이 피를 흘리며 고통스럽게 숨이 끊어지는 걸, 지켜볼 거야….

그런데 딱 하나 걸리는 게 있어.. 우리 형….
형이랑은 그 날 이후, 계속 사이가 좋지 않았어. 실은 내가 형에게 의절선언을 했지.
형이 자꾸만 엄마·아빠를 죽인 그 놈을 용서하자는 개 헛소리를 하잖아!
자기는 이미 용서했다나 뭐라나? 어이가 없어서. 그게 말이 돼? 어떻게 그 놈을 용서
할 수 있어? 도무지 형의 뇌구조를 이해할 수가 없어. 그때 다쳤을 때 머리도 어떻게
된 게 분명해. 누가 우리를 고아로 만들었는데? 누가 자기를 평생 장애인으로 살게
만들었는데? 그 이유가 다냐고? 뭐가? 형을 안 보는 이유가 정말 그게 다냐고?
후…사실은… 내가 형을 보려고 하지 않은 진짜 이유는 따로 있어..
나 때문에, 내가 그때 소리를 내지 않았다면, 형에게 아무 일도 없었을 거야….
사실 도망치고 싶었던 거야. 나의 죄책감으로부터. 비겁하게…

어느 날 〈헤드헌터〉 그 놈과 같은 괴물이 나타났어. 잔혹한 연쇄살인 사건이 터진
거야. 드디어 벼르고 벼른 기회가 온 거지! 그래서 놈을 자극했지….
원래 사이코패스란 종자는, 지가 신이라고 생각하기 때문에 자존심을 건드리면 못
참고 세상에 지 모습을 드러내거든! 그런데 일이 이상하게 꼬인 거야…

혀… 형이 왜…거기서 나와….? !!!

오봉이
19세. 고 3

그 사람이 살인마여도 상관없어!
"난 그의 살인을 지지해. 그가 잡히지 않게 도울 거야!!!"

할머니와 단둘이 사는 문제적 고딩.
당차고, 터프하고, 싸가지 없는 요즘 아이처럼 보인다.

딱, 보기엔 공부 지지리도 안 하는 일진 스따~일.

판사가 되는 게 꿈이었다. 나쁜 놈들이 제대로 처벌받는 세상을 만들고 싶었다. 하지만 언제부턴가 꿈을 포기했다. 공부를 포기했다… 언제부턴가 책 대신 쌍절곤, 곤봉, 쇠줄을 들기 시작했다. 학교 다녀오겠다고 인사하고 나간 후, 거의 매일 격투기 체육관으로 향한다. 못하는 운동이 없다. 격투기, 권투, 주짓수 기타 등등.. 어릴 때부터 다져온 몸이다. 그렇다고 뭐, 체대를 갈 생각이 있는 것도 아니다.

"저게 커서 뭐가 될라고?" 허구한 날 혀를 끌끌 차질 않나? 등짝 스매싱을 해대는 망구 땜시 고3 스트레스가 이만저만이 아니다. 근데 이 늙의 할망구가 노망이 들었나? 요새 들어 자꾸 동네 모지리 순경한테 날 시집보내겠다고 헛소리를 해댄다.
정바름! 동네사람들은 그 인간이 착하다고 입에 침이 마르도록 칭찬하지만, 내 눈에는 그저 모지리, 찐따처럼만 보인다. 저렇게 착해 빠진 어수룩한 인간이야말로 내가 세상에서   로 싫어하는 스딸이다. 아이돌같이 생긴 저 이쁘장한 낯짝도 싫다. 게다가 저 붕신! 날 보고 자꾸 어벙이라고 부른다. 나 어벙이가 아니라 오!봉!이! 라고!!!! 지가 어벙이면서!!!

한 달 후면.. 그 놈이 출소한다.
내겐 너무 고통스러운 비밀이 있다.
10년 전, 할머니 막걸리 심부름을 갔다가, 몹쓸 짓을 당했다.
법원은 그 새끼가 술에 취한 '심신미약' 상태였다는 이유로 겨우 징역 12년을 선고했고, 녀석은 모범수라는 이유로 형량이 1년 줄었다. 그리고 그 출소일이 이제 딱 한 달 남았다. 할머니가 걱정하실까 봐 전혀 내색하고 있지 않지만,
난 그 놈이 선고를 받던 날부터
지금까지 단 하루도 날짜를 세지 않은 날이 없다.
너무 무섭고 두렵지만 아무도 날 지켜주지 못할 것을 누구보다도 잘 안다.
그날도 내가 구해달라고 그토록 도움을 요청했을 때도 모른 척 지나간 학생이 있었다.
그때 난 깨달았다. 세상에 날 지켜주거나 구해줄 인간은 아무도 없다는 걸!!!
그래서 병원에서 퇴원하고 이 동네로 이사 온 날부터 난 꾸준히 날 지킬 준비를 했다.
그래도 다행인 건, 내 곁엔 울 할머니가 있다. 날 지켜 줄 세상의 유일한 사람.
그런데.. 놈의 출소를 한 달 앞두고 할머니가 살해됐다.

하필… 하필… 그날 아침 나는 할머니에게 절대! 결코! 해서는 안 될 말을 해 버렸는데…
"내가 이러고 사는 거 다 할머니 때문이잖아!!! 할머니가 날 이렇게 만든 거야!!"

미쳤다. 어떻게 그런 말을 했을까? 할머니는 숨이 끊어지는 순간까지 나한테 미안해
하셨을 거다. 그것만 생각하면 난 지금도 미쳐버릴 거 같다. 돌아버릴 거 같다.
할머니. 미안해요. 진심이 아니었어요. 잘못했어요… 할머니…

정바름! 그 병신쪼다새끼가 할머니를 죽인 그 살인마를 눈앞에서 놓쳤단다.
병원에 쫓아가, 내가 알고 있는 모든 욕이란 욕은 다 해줬다. 깁스한 놈의 발을 차고,
또 차버렸다. 니놈 땜에 울 할머니가 죽었다고. 울 할머니 죽인 그 살인마 새끼 잡아
내라고!!! 그 바보는 아무 말 없이 고개 푹 숙인 채, 내 발길질을 당하고만 있다.
그래, 나도 안다… 할머니가 돌아가신 건, 바름 오빠 잘못이 아니란 걸….

하지만 그때 난 누구에게든 내 죄책감을 덜어주고 싶었던 것뿐이다.
그런데 바름 오빠가 울 할머니 죽인 놈이 다시 나타났다고 그 놈 잡겠다고 병원에서
뛰쳐 나갔단다. 결국 바름 오빠가 울 할머니 죽인 그 살인마 놈의 배에 구멍을 뚫어
줬다.

그런데 뭔가 이상하다. 할머니를 살해한 그 사이코는 사람을 죽이고, 기념사진을 찍
어서 자신의 벽에 붙여 놓았다고 한다. 뿐만 아니라, 자기가 죽인 사람의 물건 하나
를 항상 전리품으로 챙겼다고 한다. 그런데, 왜 그 살인마 집에서 다른 피해자의 물
건(전리품)은 모두 나왔는데, 할머니가 차고 나갔던 브로치는 나오지 않는 걸까? 왜
그 살인마의 집에서 다른 피해자의 시신 사진은 모두 나왔는데, 할머니 사진만 나오
지 않은 걸까? 정말, 그 사람이 우리 할머니를 죽인 사람이 맞는 걸까?
정말 바름 오빠가 배에 구멍을 내서 죽인 그 놈이… 그 연쇄살인마가 맞는 걸까?

강덕수! 드디어 놈이 출소했다… 그리고 결국 내 눈앞에 나타났다.
10년 전 그날처럼, 그 누런 뻐드렁니를 드러내며 씨익 웃으며, 내 귀에 속삭인다.
'오우! 우리 아가. 잘 컸네. 기다리고 있어! 널 진짜 여자로 만들어줄 테니….'

온몸이 바들바들 떨리고 난 그 자리에 주저앉고 말았다. 아무 것도 할 수 없었다…

좋아! 내가 먼저 그 놈을 죽여 버리겠다!!! 가방 안에 각종 무기 챙겨 넣고 나 오늘 강덕수! 죽이러 간다!!!

그런데… 그 놈이 죽어버렸다. 그것도 내가 놈에게 당한 그 장소에서, 거세된 채로….

어? 누가 죽였지?
순간 깊이 묻었던 내 기억 속, 한 사람이 떠올랐다. 10년 전, 날 업고 병원까지 뛴 그 경찰 아저씨. 나에게 괜찮다고!!! 아무 일도 아니라고 위로해주던 그 경찰아저씨.. 고무치!!!

10년 전, 난 그 경찰 아저씨에게 살인의뢰를 했다. 강덕수가 출소하면 죽여 달라고!!! 그때 그는… 끄덕였다.

최홍주
<셜록 홍주> 담당 피디 30대 초반 / 여

나는 당신이 한 짓을 알고 있다!
"니체는 항상 옳지… 그는 진짜 괴물이 누군지 알고 있었어…"

일명 "셜록 홈스?" 노노! "셜록 홍주"로 불리는 아쌀한 능력장착 피디로,
젊은 나이에 천상예술상을 비롯한 각종 언론인상, 특종상을 수상한 능력자다.
자부심도 강하고 취재를 위해서는 물, 불 안 가린다.
1년 전, <자매 성폭행 살인사건>을 취재하면서 무치의 도움을 많이 받았지만,
본의 아니게 무치가 무능한 형사인 것으로 다뤄져 무치에게 민폐 아닌 민폐를 끼쳤다.
최근에 발생한 <인천 체육관 관장 살인사건>을 아이템으로 선정하고 취재를 하는 데 하필 담당 형사가 고무치다. 프로그램을 위해서 무치에게 협조를 받으려고 아무리 접근해도 1년 전 사건으로 열 받은 무치는 도움을 주지 않는다.
그러던 중, <식당 여종업원 살인사건>의 살인범이 체육관장 살인범과 동일범이라는 무치의 취중 인터뷰를 놓치지 않고 그를 따라다니며, 겨우 설득해서 연쇄살인범

의 소행이라는 논리적 근거를 대며 방송을 준비한다. 이 방송은 살인범을 자극하게
되고, 살인범은 자신이 연쇄살인범이라는 정체를 세상에 드러낸다.
이 살인범을 잡기 위해 홍주는 생방송을 준비하게 되고, 박두석의 반대와 경고에도
불구하고, 무치와 함께 방송을 밀어붙인다.
생방송 도중, 무치의 돌발행동으로 살인마가 반응을 보이는데….
웹캠을 통해, 살인마는 전국적으로 살인예고를 하는데….
당황한 홍주는 전 시청자들이 보는 앞에서 무치의 형, 무원이 잔인하게 살해되는 장
면을 방송해버리는 엄청난 방송사고를 저지르고 만다.
홍주는 캠을 들고 무원이 살해된 살인사건 현장을 쫓아가는데, 절뚝거리며 깁스를
하고 달려온 바름을 보고, 어디서 봤지? 생각하지만 이내 현장을 촬영한다.
그리고 거의 동시에 들려오는 한 발의 총성…

곧바로 병원으로 달려간 홍주에게 들려오는 충격적인 소식!!!
최근 발생하고 있는 연쇄살인의 범인이 바로 요한이라는 것!
사실 홍주는 무치에게서 〈헤드헌터〉의 아들이 있다는 말을 듣고 호기심으로 그 아
들을 찾아 나섰다가 요한을 만나게 되고, 요한에게 묘한 감정을 느끼기 시작한다.
그리고 〈헤드헌터〉의 아들을 찾아내 자신이 겪은 고통을 그대로 주겠다는 무치를
보며 자신이 무치에게서 요한을 보호하겠다는 다짐을 한다.

홍주는 살인범이 어떻게 무치형의 교회를 바로 알고 찾아갔는지, 알 것 같았다.
자신이 요한 집에 있었을 때, 자신의 취재 가방 안에 무치에 관한 정보가 있었는데.
거기 무치형인 무원이 구동교회 목사라는 정보도 함께 있었던 것.. 순간 홍주는 자
기 때문에 무치 형이 살해된 거라는 생각에 충격을 받고, 요한에게 엄청난 배신감을
느낀 홍주는 요한 총에 사경을 헤매고 있는 바름을 보게 된다.
정바름… 이제 생각났다. 몇 년 전, 강도로부터 자신을 구한 고딩 남학생이다.
홍주는 저렇게 착한 사람은 죽으면 안 된다는 생각을 하면서 집으로 달려간다.
그리고 25년 동안 간직했던 낡고 너덜거리는 종이 그림 한 장을 꺼내 한참을 바라보다
박스에 넣은 후, 퀵 서비스 업체에 전화한다.
무고한 시민이자 무고한 청년순경, 그리고 자신을 구한 시민 영웅, 정바름을 살리기
위해 결심한다. 20년 전에 오직 자신만이 알고 있던 비밀을 누군가에게 알리려고.
어쩌면 그것만이 자신의 생명의 은인이었던 정바름을 살릴 유일한 기회라고 생각한다.

그녀에게는 평생 누구에게도 말하지 않는, 아니 말하지 못하는 엄청난 비밀을 갖고 있다. 그녀가 피디가 된 것도 자신 때문에 죽게 된 누군가의 꿈을 대신 이루기 위한 것이다.

이후 성요한 연쇄살인 사건 관련 수사 결과가 발표되고…
요한의 집에서 나온 시체 사진들. 피해자의 전리품을 근거로 요한의 단독범행임을 발표한다. 모든 물증과 증거가, 요한을 연쇄살인범이라고 가리킨다.
또한 요한의 연쇄살인을 눈치챈 자신의 친구, 준성의 신고를 막고자 살인을 했다는 내용까지 발표된다.

하지만, 홍주는 뭔가 찜찜하다.
사건이 있기 전, 요한이 자기를 찾아왔었다.
그때 무섭단 말을 했었다. 어떻게 해야 할지 모르겠다는 말을 했다.
그리고 심하게 몸을 떨었다.
무슨 말이었을까..?
왜 그렇게 떨고 있었을까..?

그리고 홍주는 깨어난 바름에게서 자꾸 요한을 느끼며 혼란스러워한다.
후에, 바름과 요한의 출생의 비밀을 취재하다 충격적인 진실을 알게 되는데…

성요한
한국병원 응급의학과 레지던트 / 20대

나는 … 마우스다!

"어련하겠어요? 내가 누굴 닮았겠어요…
그 아버지의 그 아들이겠죠.."

말이 없고 환자들에게도 늘 차갑게 대해 병원 내에서 문제가 되곤 한다.
원래 그런 성격은 아니었다. 어린 시절, 자신의 아버지가 희대의 살인마 〈헤드헌터〉
라는 사실을 알게 되고 그때부터 마음의 문을 굳게 닫고 타인과 교감하지 않는다.
다만, 방송국 피디 홍주에게 유일하게 의지하며 그녀를 마음 깊이 사랑하고 있다.

어느 날 걸려온 전화 한 통이 그의 삶을 혼돈에 빠뜨린다.
다니엘 박사가 그에게 놀라운 사실을 알리면서, 요한은 충격적인 자신을 둘러싼
비밀을 알게 되고, 바름의 존재까지 알게 된다.

자신의 집에서 절대 보지 말아야 할 것을 본, 도우미 할머니의 뒤를 쫓다, 바름에게
쫓기지만, 바름에게 얼굴을 들통나지 않음을 다행으로 여긴다.
그러나 무치의 형, 무원의 살인사건 현장에서 다시 바름에게 쫓기게 되며 준비해온
망치로 바름의 머리를 내리치다, 결국 무치의 총에 배를 관통하며 병원에 도착한 후
사망한다. 이후 그의 뇌, 전두엽 일부가(우전두측부 봉합술) 바름의 뇌에 이식되면서
바름을 다른 인격체로 서서히 변화시키기 시작한다.

한서준
희대의 연쇄살인마. 일명 〈헤드헌터〉

사람을 죽인 기분이 어때? 짜릿하지 않니?

"저들은 결코 널 잡지 못할 거야… 난 실패했지만, 넌 성공할 거야.
넌 반드시 살인마 잭을 능가하는 전설의 살인마가 될 거야…
자랑스러운 내 아들…"

구치소. 최장기 사형수. 25년 전, 한국대학병원 뇌신경외과 의사

20명을 엽기 살해한 세상을 들썩이게 했던 살인마로 찰슨 맨슨, 테드 번디 등과 함께

세계 10대 연쇄살인마 랭킹에 든 희대의 연쇄살인마다. 아무도 내가 왜 그 많은 사람을 죽였는지, 왜 목을 잘랐는지, 왜 시신에 알 수 없는 기호를 남겼는지 알지 못한다.

사형 집행 당시, 새로운 시신 유기지를 제시하는 바람에 다시 재판이 시작되면서 재판이 미뤄지고 또 사형이 집행될라 치면, 새 시신 유기지를 제시한다. 그런 식으로 계속 시간을 끌며 사형을 면했고, 그러는 사이에 우리나라가 실질적인 사형폐지국가가 되어버렸다. 천부적인 머리를 써가며 아직까지 살아 있는 그는 그 바닥에서 '사형 미꾸라지'로 통한다.

천재적인 뇌신경외과 닥터로, 언변이 뛰어나고 매너가 뛰어나고, 심지어 탁월한 유머감각까지 가져 뭇 여성들에게 인기 많은 스타 닥터였다. 그래서 그의 만행이 세상에 드러났을 때 국내뿐 아니라 해외까지 관심을 가질 정도로 충격적인 사건이었다. 현재 범죄학 교과서에도 그의 이름이 맨 먼저 거론 될 정도다. 그를 소재로 한 소설이 대박이 나고 그를 추종하는 인간들까지 생겼으며 그의 결백을 믿는다는 팬레터들이 아직까지도 쏟아지고 있다. 뭇 여성들이 그에게 하이브리스토필리아 증후군(범죄자에게 매력을 느껴 동조, 추종하는 것)을 보였고 아직까지 그의 추종자가 많다.

1년 동안 20명이나 되는 인명을 살해할 때까지 그의 범죄는 완벽했다. 그 어떤 단서도 발견되지 않았고 단 한명의 목격자도 없었다. 그렇게 완벽한 그의 범죄가 한 꼬맹이(무치)에 의해 만천하에 드러나게 되었다.

서준에게는 만삭의 아내가 있었다.
그가 체포된 이후 그의 아내에게서 뱃속 아이가 죽었다는 얘기를 듣게 된다.

서준에게는 꿈이 있었다.
자식을 낳으면, 살인마 잭과 같은 전설의 살인마로 키우고 싶었다.
그런데 계획과 달리 잡혀버리는 바람에 자신의 꿈이 사라진 것에 못내 아쉬워한다.

그러나 25년 후, 아내가 거짓말을 했다는 사실을 알게 되고,
자신의 아들을 찾기 시작한다.
그리고 한 사내를 보고 한 눈에 알아본다.

살인을 한 자의 눈빛은 보통 사람의 눈빛과 다르다.
자신과 같은 종류의 유전자… 그는 눈빛만 봐도 알 수 있다.

잘 컸구나. 내 아들…

대니얼 리 박사
영국, 솔크생물학연구소 유전학연구팀 박사 / 30대/ 50대 후반

대니얼 리. 한국 이름은 이상훈. 유전학 박사이자, 범죄학자.
영국 국적을 가진 교포 3세대. 영국으로 유학 온 천재적 의학도 한서준의 매력에 푹
빠져 친형제처럼 지냈고, 자신의 여동생인 제니퍼가 서준과 사랑에 빠졌을 때 너무
좋았고 진심으로 축복해주었다. 그런데 사고가 있었다. 여행을 갔던 제니퍼와 서준
에게 사고가 난 것이다. 제니퍼가 서준이 보는 앞에서 강도에게 살해당한 것. 그 충
격으로 폐인이 된 서준이 결국 고국인 한국으로 돌아간 후에도, 계속 서준을 안타까
워하다 몇 년 후, 서준의 결혼 소식을 듣고 누구보다 축하해줬고, 한국정부의 요청으
로 한국에 방문했을 때도 서준 부부의 임신소식을 듣고 축하해주러 한달음에 서준
집으로 달려갔다.
그런 서준이 희대의 살인마 〈헤드헌터〉라는 뉴스에 충격을 받고, 자신의 여동생
제니퍼도 사실은 강도가 아니라 서준에 의해 살해된 게 아닌가 의심이 들어, 사실 확
인을 하기위해 구속되어있는 서준을 찾아간다. 그리고 서준의 입을 통해 제니퍼도
자기가 죽였다고 말하자 분노한다. 여동생을 죽인 이유도 충격적이었다. 서준의 아
이를 임신한 제니퍼가 아이를 낳지 않고 낙태를 하겠다고 하자, 열 받아 죽여 버린
것! 감히 내 자식을 안 낳겠다고?
눈 하나 깜짝 않고 자신의 눈을 똑바로 쳐다보며 제니퍼를 죽인 상황을 얘기하는 서준
을 보며, 대니얼은 서준이 사이코패스 중에도 최상위 사이코패스인 프레데터라는 사
실을 깨닫게 되고 서준에게 살해당한 여동생 제니퍼를 생각하며 분노하고 오열한다.
때마침, 서준의 아내, 지은이 호텔로 그를 찾아와 뱃속 태아를 검사해달라고 하고,
검사 결과, 서준의 아이는 99% 사이코패스 유전자였다.

그것도 상위 1% 프레데터. 반드시 살인마가 된다는….

제발 낙태시켜달라는 서준 아내의 애원에 낙태를 시키기에는 너무 늦었다며 거절한다.

6년쯤 세월이 흐른 어느 날, 그에게 쥐 한 마리가 담긴 상자가 배달된다.

그리고 또 10년 후, 대니얼은 안식년을 맞아 한국을 방문해, 그때 사이코패스 유전자로 판명 난 두 아이의 행방을 찾기 시작하고, 그 중 한 명이 살인마가 되었다는 사실을 알게 되고, 괴로워한다.

그러던 어느 날 그 살인마의 사망 소식이 들리고, 한 장의 복잡한 설계 회로 같은 게 그려진 그림 한 장이 배달된다.

그리고서 그는 〈헤드헌터〉로 불린 서준이 왜, 사람의 머리만 사냥해 갔는지 깨닫게 되는데….

성지은
요한의 엄마 / 한서준의 아내 / 플로리스트

"이 괴물. 넌 태어나지 말았어야 했어. 널 낳지 말았어야 했어…"

행복했다. 어떻게 저렇게 완벽한 남자가 자신의 남편이 되었는지…. 남편을 똑 닮은 아이를 갖고 싶었고 결국 바라던 아이도 생기고, 아이의 이름까지 지어놨다. 세상 모든 걸 다 가진 것처럼 행복했다. 형사들이 집에 들이닥쳐 남편을 체포하기 전까진… 말도 안 돼! 내 남편이 희대의 살인마, 〈헤드헌터〉라니!!!

믿지 않았다. 그런데 남편이 만들어놓은 눈사람의 몸통에서 사람의 머리가 굴러 나왔다. 집 뒷마당에서 실종 여성들의 시신들이 쏟아져 나왔다.

뱃속 아기의 유전자 검사를 받았고 간절히 기도했다. 제발. 제발 정상의 유전자를 가진 아이길… 그러나 신은 잔인했다. 뱃속 아이는 남편 서준과 같은 사이코패스, 살인마의 유전자! 지은은 대니얼 박사에게 낙태를 시켜달라고 사정하지만, 이미 낙태를 하기엔 늦은 시기라는 걸 그녀 역시 잘 안다. 그렇다면 아이를 낳자마자 탯줄을 감아 죽여 버릴 생각이었다. 그런데 아이가 엄마의 생각을 알아차렸을까?

뱃속에서 발길질을 하기 시작한다. 살려달라고! 죽기 싫다고!!! 아우성을 치는 듯하다.
그래. 아닐 수도 있잖아. 저 박사 말을 어떻게 다 믿어.
하지만, 정말 내 아이가 사이코패스라면, 자라서 사람들을 죽이는 살인마가 되면…
고민 끝에, 그녀는 비밀스러운 계획을 세운다.

오동구
바름의 고딩친구이자 동네친구 / 20대

바름과 치국 셋이서 같이 공무원입시학원에서 동고동락했지만 결국 자기만 똑 떨어
지고 바름은 경찰시험에 합격하고, 치국은 교도관 시험에 합격하자, 공무원 시험을
포기하고 영화감독을 하겠다고 집에서 백수 놀이를 한다.
바름의 구치소 봉사공연에 따라갔다가 알량한 자존심을 건든 치국과 한바탕 신경전
을 벌인 후, 치국이 난자당한 채 발견되자 죄책감에 시달린다.
그리고 다시 아무도 몰래 공무원 시험을 준비하고 결국 교도관 시험에 합격해
치국 몫까지 열심히 하겠노라고 의식불명의 치국에게 다짐한다.

그리고 교도관이 된 후, 치국이 왜 그렇게 사형수들에 대해 비관적이었는지 몸소 체
험하게 되고, 치국의 말대로 살인자들이 한니발처럼 멋진 존재가 아니라는 것을 뼈
저리게 느낀다.
포르노 잡지를 수거했다가 오히려 구타를 당하기도 하고, 소송왕인 아동 살해범에
게는 어이없게 소송을 당하기도 한다. 후에, 자신의 손으로 절친인 바름을 사형수
독방에 가두는 운명을 맞이하지만, 바름의 부탁을 거절하지 못하고 그의 마지막 부
탁을 도와준다.

나치국
구치소 교도관. 바름의 친구 / 20대

바름이랑은 공무원입시학원에서 만난 후 절친이 되었다.
하필 첫 발령지가 〈헤드헌터〉를 비롯해 전국의 흉악범들이 다 모여 있다는 서울구
치소 사형수동이다.
사형수들을 보고, 일말의 반성도 없는 그들에게 환멸을 느낀다.
그들에겐 감옥이 아니라 호텔이라는 사실에 격분한다.
그러던 중, 〈헤드헌터〉와 사소한 갈등이 있은 직후, 구치소 봉사 공연을 온 바름의
매직박스에서 온몸이 난자된 채, 발견된다.
의식이 깨어나지 않아, 바름을 비롯한 주변인들에게 안타까움을 자아낸다.
한참 후, 반응이 나타나고 의식이 돌아오는 순간…
그가 의식이 돌아온 후, 모든 진실을 말하게 될까봐‥
누군가 그를 결국 죽이고 만다.

박두석
50대 후반. 증거보관팀 / 홍주의 친부

25년 전, 〈헤드헌터 살인사건〉 담당형사로, 승진에 누락되자 크게 한 건 터뜨리겠다
고 〈헤드헌터〉를 잡겠다는 욕심에 혈안이 되어있었다. 〈헤드헌터〉를 잡겠다는 욕
심이 그를 자극하는 바람에, 눈에 넣어도 안 아플 두 자식을 눈앞에서 유괴당한다.
아들 현석은 추락한 시신 상태로 발견되었다. 도망치다 추락한 것으로 추정됐다.
그러나 누나 현수의 시신은 끝내 발견되지 않았다. 〈헤드헌터〉가 체포된 후에도,
딸의 시신은 찾지 못했다. 아직까지도 〈헤드헌터〉를 면회 다니며 딸을 묻은 곳을
알려달라고 하지만, 〈헤드헌터〉의 손아귀에서 놀아나기만 한다. 아직도 딸 현수의
유골을 찾아 전국의 산을 파고 다니는 정신이 온전치 못한 아내만 보면 마음이 아프다.

김희진
바름의 이모 / 30대 후반

요한과 총격으로 뇌수술을 받은 바름이 수술 후유증으로 기억을 잃자, 바름을 돌보고
바름의 기억 찾기를 돕는다. 아니 돕는 척하면서 계속해서 거짓 기억을 찾아준다.
실은 바름의 친이모가 아니다. 본명은 김해영. 바름에게 이모인 척, 접근한 진짜
이유가 있다.

봉이 할매
봉이의 유일한 피붙이

"바름아. 우리 봉이 잘 부탁해"

살 만큼 살았다. 언제 죽어도 여한이 없다. 이제 그만, 죽은 아들놈 곁으로 가고 싶은
마음도 든다. 그러나 결코 죽을 수 없는 이유는 손주 딸, 봉이 때문이다.
동네 청년 바름이 만 한 놈이 없다. 게다가 직업도 경찰이다.
봉이가 경찰에게 시집가면 안전하지 않을까 하는 마음에 입버릇처럼 동네 착한 총
각, 바름에게 시집가라고 한다. 그 말을 봉이는 치를 떨며 싫어하지만, 설득한다.
이유가 있다. 봉이가 자기 때문에 몹쓸 짓을 당했다. 자기가 그날 그 집에 막걸리 심
부름만 안 시켰더라면… 죽은아들 놈 가슴에 묻고 술에 쩔어 살던 때였다.
평생 그 죄책감으로 하루도 편하게 잘 날이 없었다.
조만간 강덕수가 출소하는 날. 난 그 놈이 나오는 교도소 앞에 서서 그 놈을 찔러
죽이리라… 그래야 우리 봉이 편히 살지…
만에 하나 실패하면, 바름이가 봉이 옆에 있었으면 좋겠다고 생각한다.
경찰이 우리 봉이 옆에 있는데.. 설마 근처에 얼씬도 않겠지..?
어느 날, 봉이 책값을 벌기 위해 도우미로 일 갔다가, 집주인이 최근 발생하고 있는
연쇄살인 사건의 범인임을 눈치채고 도망 나와 바름에게 연락하지만, 전화를 받지

않는다.
결국 진짜 연쇄살인마에 의해, 처참하게 살해당하고 만다.

고무원

30대 중반 / 무치 형, 구동성당 신부

"살인자의 목숨을 끊어서 무엇이 해결되겠니….
그걸로 우리가 고통과 슬픔에서 벗어날 수 있을 거 같니.."

바름의 동네. 상가 지하 1층에 하꼬방처럼 세 들어있는 성당의 신부다.
바름의 고민 상담자이자, 서로 속을 터놓는 사이다. 친형처럼 지내는 사이다.
〈헤드헌터〉라는 희대의 살인마에게 칼을 맞고, 이후, 장애인으로 살아간다.
자신을 그렇게 만든, 자신의 부모를 잔인하게 살해한 〈헤드헌터〉 한서준을 용서했다.
그의 사형만은 면하게 해 달라는 국가에 탄원서까지 제출했다.
살인피해자가족 치유모임을 하고 있다. 그들에게 복수가 답이 아니라고 설득한다.
그런 무원을 무치는 이해하지 못하고 혈연을 끊자는 절교 선언을 한다.
자신을 이해하지 못하고, 보지 않으려는 동생 때문에 마음 아파한다.
동생 집에 반찬도 해다 주고 청소도 해주고 빨래도 해주지만, 동생에게 쫓겨나기 일쑤다. 부모에 대한 복수심으로 살고 있는 동생을 마냥 안타까워한다.
무치가 복수심은 그만 버리고, 다 잊고 평온하게 살아가길 매일매일 기도한다.
어느 날 동생 무치의 도발에 열 받은 연쇄살인마에 의해 전국 생방송으로 처참히 살해된다. 숨이 끊어지는 순간까지 무치에게 간절하게 말한다.

"형은 괜찮아.. 정말 괜찮아. 그러니까 제발… 제발… 복수하지 마… 응..?"

김준성
요한의 불알친구

"너의 일거수일투족을 지켜보고 있어.."

요한의 초등학교 동창이자, 유일한 친구다.
어느 날 자신을 찾아온 요한에 의해 충격적인 얘기를 듣게 되고, 고민 끝에 요한의
부탁을 들어준다. 얼마 후, 세상을 떠들썩하게 한 연쇄살인마에 의해 살해된다.

김희정
20대 후반 / 간호사

"내 아이가 사이코패스 일 리 없어!"

영국 배낭 여행 중 남편을 만나 영국에서 살았다가 남편의 사고 후 한국으로 돌아왔다.
대니얼 박사로부터, 자신의 아이가 사이코패스 유전자라는 얘기를 듣게 되고 낙태
를 권유받지만, 이를 받아들이지 않고 아이를 낳아 키우기로 결심한다.
그날 대니얼 박사를 만나러 간 자리에서 우연히 알게 된, 자신과 같은 처지인 성지은
을 자신이 근무하던 병원에서 다시 조우하게 되고, 그녀와 죽을 때까지 발설하지 않
기로 하는 비밀을 공유한다.
그러나 그녀의 결정은, 후에.. 그녀를 죽음에 이르게 한다. 누군가에 의해 살해된다.

오미순

60대 / 수정, 수호母

" 나는 자식들을 잡아먹은 죄 많은 년입니다… "

15년 전에는, 헤드헌터라는 살인마에 의해 딸을 잃고, 15년 후에는 또 다른 연쇄살인마
에 의해, 아들이 살해되는 충격적인 일을 겪는 비운의 여자다.
몇 번의 자살을 시도하지만, 번번이 살아난다.
후에 홍주를 친딸처럼 여기며 의지하며 살아가지만, 충격적인 사실을 알게 된다.

그 외

무진청 강력팀 형사들 / 백호남 / 강형사 / 오형사 등.
OBN 셜록 홍주팀/ 방송국 사람들 / 시사교양국장 등
강덕수, 이재식, 김병태 등 싸패범죄 등 관련 에피소드 인물

그리고.. **특별출연**

최영신

청와대 대통령 비서실장 / 40대 - 60대 후반/ 70대 초반

대한민국 헌정사상 최장기 대통령 비서실장.
유일무이(唯一無二), 공전절후(空前絶後), 천하무쌍(天下無雙)의 정치인.

오랜 세월 켜켜이 쌓아 올린 우아함은 그녀의 작은 손짓에서도 느낄 수 있다. 정치인들이 흔히 보이는 사자후 대립이나 양팔 걷어붙이고 하는 토론은 그녀와 어울리지 않는다. 분명하고 예리한 통찰력을 바탕으로 격식 있게 파고드는 냉철함 뒤로 자애로움과 인자함을 겸비하고 있는 최영신은 이 시대 모든 여성의 워너비.

군더더기 없는 아담한 체구에서 나오는 기품은 젊은 세대들에게 지성미란 이런 것이다를 보여주는 듯하다. 남들 다 걸치는 명품백, 명품구두 하나 없이도 그녀의 잇템은 곧 화제가 된다. 그녀의 품위 있는 손짓 하나에, 그녀의 모든 에티튜드에 국민들은 감탄한다. 마치 영국의 다이애나 비의 전성기를 그녀는 한평생 누리는 듯하다.

2020년 타임지 올해 인물에 선정되는가 하면, 4년 연속 포브스에서 선정한 세계에서 가장 영향력 있는 여성 50인에 선정될 만큼 강력한 영향력을 발휘하는 그녀의 별명은 '영신대원군'이다. 그녀는 대한민국 대통령이 6차례 바뀌는 동안 단 한 번의 구설수도 없이 비서실장의 자리를 굳건히 지키며 지난 30년간의 대한민국 정치사를 관통하는 인물이다. 다시 말해 지금의 여당이 척박한 정치환경 속에서도 30년간 장기 집권을 가능케 한 인물이 바로 최영신, 그녀의 존재라는 것이다.

최영신의 정치 입문 / 비서실장 발탁 계기 (전사)

지금의 코로나19와 같은 바이러스가 30년 전에도 전 세계를 팬데믹에 빠트렸다. 당시 한국 사회에 급격하게 전파되는 바이러스에 대한 중대본의 대응이 부실했고, 그로 인한 수많은 희생자가 발생하면서 국민의 공분을 산 집권 여당과 대통령의 리더십 부재는 연일 미디어를 통해 국민의 입방아에 올랐다.

반면 지금의 여당인 국선당(국민우선당)은 당시 군소 정당으로 의회 결정권이 없는 변두리 정당이었으나 바이러스로 혼란한 사회에 큰 이슈를 만들며 정권을 휘어잡게 된다. 그 결정적 한 방이 바로 국선당 대선 후보의 연설문이었다.

하루 확진자 수가 100명이 넘어가며 방역당국과 지자체의 허술한 대응이 온 국민이 혼란에 빠지자 국선당 대선 후보는 차분한 어조로 그 바이러스가 가져올 사회와 삶의 변화에 대해 최대한 담담히 이야기를 시작했다. 후보는 전 세계적인 팬데믹 현상에 대해 솔직하게 공개하며 기초감염재생산수 개념을 명확하게 설명했고 불안에 떠는 국민에게 중대본이 하지 못한 방역 체계의 신설과 바이러스 대응 방안에 대한 확고하고 명확한 정보를 제시했다.

그녀는 국선당 후보의 연설을 작성할 때 바이러스가 가져올 대사회적 변화에 대해서 과학적인 자료를 바탕으로 구체적이고 면밀하게 준비하는 것은 물론, 후보자의 눈빛과 말투, 몸동작 하나까지 모든 것을 코치하며 후보자의 연설을 준비시킨 것이다. 정부에 대한 실망은 곧바로 정권 교체로 나타났고 그 연설문 하나로 국선당 대표가 대선에서 승리를 거머쥐었다. 이 모든 성과 뒤에는 당시 국선당 선거캠프 수석 보좌관이던 최영신이 있었다. 바로 그녀가 킹메이커가 되는 순간이었다.

최영신이 정치에 입문하기까지

그녀는 대를 이은 정치인 집안의 외동딸로 태어나 어릴 적부터 과학 신동, 영재 소리를 들으며 재학시절 단 한 차례도 전국 석차 1위를 놓친 적이 없다. 정치 명문의 가풍을 잇길 바라는 아버지의 반대에도 물리학과 유전공학을 연구하는 과학자가 되었다. 철저한 좌뇌형 인간으로 '인풋(In Put)이 있으면 반드시 아웃풋(Out Put)이 있다'는 명제를 의심한 적이 없다.

독일 유학 시절 독일의 과학자들이 정치에 입문하는 것을 보고 정치에 대해 다시금 생각하게 되는 계기가 되었고, 독일 막스프랑크 연구회에서 연구원으로 재직하던 중, 유전자학에 관심이 생겨 다시 영국으로 유학을 갔다. 영국 웰컴생어연구소(영국 최고의 유전자연구소)에서 유전공학을 연구하며 유전공학 분야에서는 세계적으로 인정받는 재원이었다. 그리고 당시, 한인 출신 연구원(대니얼)과 관련된 범죄 케이스(사이코패스의 타깃이 된 여동생 제니퍼)를 접하며 범죄 유전자에 관해 관심을 갖던 중 잠시 한국에 귀국 중에 아버지가 속한 국선당 선거캠프 일을 돕다 국선당 대통령 후보를 대통령으로 만들었다. 힘없던 국선당을 튼튼한 여당으로 만드는 데 혁혁한 공을 세우면서 정치에 입문하게 된다.

온 국민의 지지를 한 몸에 받는 특별한 정치인, 최영신

그녀의 일관되고 솔직한 대화법과 정확한 정보에 근거한 발언, 어떤 상황에서도 평정심을 유지하는 침착함은 국민의 막강한 지지를 얻는 포인트가 되었다. 온 국민이 조용하고 강단 있는 카리스마의 그녀를 인정한다. 그녀의 카리스마는 범죄자에 대한 강력한 처벌을 촉구하는 등 범죄 피해자들에 대한 보호에 앞장서는데 발휘되며, 피해자 지원 활동과 인권 문제에 앞장서고 있다. 일례로 아동성착취동영상을 만들어 배포한 범죄자를 자신의 아바타 노릇을 해주는 대통령을 움직여 한국보다 처벌 수위가 강한 미국으로 송환시키는 데 성공해 국민의 찬사를 받았다.

대선을 앞두고 벌어지는 각종 여론조사에서 '올해 대권 주자 1위'에 꾸준히 선정되며 국민의 러브콜이 쏟아지지만, 그녀는 대통령을 할 생각은 추호도 없다. 그녀에게 대통령이란, 그저 그녀가 꿈꾸는 유토피아를 이루기 위한 수단으로 말 잘 듣는 아바타일 뿐이다.

그녀는 이미 고도의 과학기술이 막강한 권력과 자본에 결합할 때 가공할만한 파괴력을 가져올 수 있다는 것을 알고 있다. 과학과 정치 권력이 제대로만 만나면 과학기술은 유토피아 세상을 이루는 절대적인 존재가 될 수 있다는 확신이 있다.

최영신은 왜 이 사건의 장막 뒤에 섰나

그녀는 영국 연구원 시절 만난 대니얼의 여동생이 잔인하게 살해된 사건을 접하고 대니얼의 고통을 옆에서 지켜보며 살인 없는 국가 건설, 지상의 유토피아 건설을 꿈꾸게 되었다. 과학만이 세상의 범죄를 해결할 수 있다는 신념을 갖게 된 그녀는 정치 권력을 이용해 살인이 없는, 궁극적으로는 전쟁이 없는 그녀만의 유토피아를 만들고자 한다. 그녀의 유토피아에는 사이코패스는 존재하지 않는다.

그녀는 사이코패스 유전자를 사회가 진화할수록 생겨나는 우성 유전자라고 결론 내리고 우성인자인 사이코패스 유전자가 차츰 상대적 열성 유전자인 보통의 인간들을 전멸시킬 시대가 도래하는 것을 염려한다. 그런 무시무시한 세계가 오기 전에, 사이코패스 유전자를 완전히 전멸시켜야 한다는 생각에 이른다.

예를 들어 히틀러 같은 사이코패스가 이 세상에 태어나지 않았다면 유태인 말살이라는 비극은 물론 2차 세계대전 같은 비극은 결코 일어나지 않았을 것이라고 믿는다. 그런 자신의 계획을 실현 시키기 위해 말 잘 듣는 아바타를 대통령으로 만드는 것이 그녀가 정치권을 장악한 이유이다.

대니얼이 사이코패스 유전자 염기서열을 찾아내는 쾌거를 이뤘을 때 누구보다도 기뻐했다. 대니얼의 총명함과 천재성을 인정하고 특별히 그를 아끼며 물심양면 그를 도왔다. 한국에 돌아와서도 기꺼이 그의 든든한 후원자 노릇을 해주었다.

그런 대니얼이 사이코패스 유전자 태아 선별법 연구에 성공했을 때 그녀는 비로소 자신이 꿈꾸는 유토피아를 이룰 수 있다고 확신하고, 은밀하게 대니얼을 한국에 불러들인다. 그리고 여당 의원들을 동원해, 사이코패스 태아 유전자 낙태법을 통과시키려 하지만 결국 믿었던 여당 소속 법사위원장의 배신으로 그 꿈이 좌절된다.

대의를 위한 소수의 희생은 유토피아 건설의 기회비용

인생에서 단 한 번도 실패를 경험하지 않은 그녀는 자신이 목표한 바를 이루기 위해 수단과 방법을 가리지 않는다. 국가의 안녕이라는 대의를 위해서는 국민 소수의 희생쯤은 감수해야 한다고 생각한다. 결국, 대니얼에게 사이코패스 유전자를 갖은 태아 명단을 넘길 것을 제안하고, 사이코패스 유전자를 갖고 태어난 아이들을 추적·관찰하며 사이코패스 유전자 실험을 감행한다.

그 아이들을 실험체로 정해두고, 사이코패스 유전자를 갖고 태어난 아이가 자라서 정말 살인마가 되면, 그때 과거 폐기됐던 '사이코패스 유전자 태아 강제 낙태법'을 통과시킬 장기 플랜을 계획한 것이다. 반드시 법제화시켜 잠재적 살인마가 태어나기 전에 제거하는 것, 살인과 내란, 전쟁이 없는 평화로운 유토피아를 실현하는 게 그녀의 최종 목표다. 그녀는 실험체 사이코패스에 의해 희생되는 무고한 국민은 곧 다가올 범죄 없는 사회, 사이코패스 유전자 식별이 의무화되는 사회를 위한 기회비용이라 생각한다.

사이코패스가 필요했던 최영신의 유토피아

대니얼에게서 사이코패스 유전자를 갖은 두 태아의 명단을 받는데 이들이 훗날의 정바름과 성요한이다. 어느 순간 바름이 사이코패스 기질을 보이자 요원들(국정원)을 그 아이의 곁에 두고, 끊임없이 관찰하고, 사찰한다. 결국 바름이 살인을 저지르는 순간부터 그의 광기 어린 살인이 자행되는 것을 묵인하며 지켜본다. 더 많은 희생자가 나타나기를 기다리며, 국민이 사이코패스의 잔혹함에 분노하기를 기다리며, 국민의 원성으로 국회가 낙태법을 통과시키게 될 날을 기다린다.

그녀의 계획을 뒤늦게 알게 된 대니얼이 자신의 연구가 윤리적 결함이 있다는 것을 인정하며 모든 사실을 언론에 폭로하겠다고 하자 그녀는 대니얼을 제거하려 한다. 어떤 경우라도, 어떤 누구라도 자신이 품어왔던 꿈을, 오랜 시간 공들인 이 계획을 무산시킬 수 없다.

아뿔싸! 자신의 꿈을 이룰 실험체, 바름이 사고를 당하고 한서준이 바름을 살릴 수 있는 유일한 카드라는 사실을 알게 되자, 끔찍한 사이코패스 살인마 한서준을 찾아가 무릎을 꿇고 마침내 바름을 살린다. 하지만 뇌수술 후 바름은 살인을 멈추고, 그녀는 멈춰진 그의 살인본능을 깨우기 위한 온갖 잔인한 노력을 시작한다.

결국, 바름의 본능적인 살인이 다시 시작되지만 바름의 살인 타깃은 새롭게 정해진다. 바름은 사회적 공분을 일으키는 범죄자를 처단하는 국민적인 영웅이 되고, 그녀의 계획에서 벗어난 바름의 행동에 그녀의 계획이 흔들린다. 하지만 바름을 국민을 우롱한 연쇄살인마 사이코패스로 만들기 위한 그녀의 또 다른 계획이 실행되고 바름은 위기를 맞는다.

최영신은 결국 무엇을 위한 유토피아를 꿈꾸었나?

모든 진실을 알게 된 바름의 분노의 칼끝이 그녀의 목을 향한다. 바름은 그녀의 참회를 기다렸지만, 그녀는 자신이 바름에게 처참하게 살해당해야만 자신이 꿈꿔왔던 유토피아를 완성할 수 있다는 생각으로 죽음을 기꺼이 받아들이기로 한다. 하지만 예전의 바름이 아니다. 마지막 순간 바름이 그녀를 살림으로써 그녀의 유토피아는 무너지고 그녀의 민낯이 드러난다.

전 국민의 대대적인 지지를 받던 그녀가 한순간 사회적 공분을 사는 범죄자가 된 것이다. 학계는 물론 정치권까지 그녀를 혹독하게 비난하기에 나섰고 그녀는 결국 구속이 된다. 모진 시련은 그녀의 신념을 더욱 확고하게 하고 유토피아 건설이라는 목표는 더욱 강력해진다. 새로 당선된 대통령의 약점을 이용해 특별사면을 받고 놀라운 정치력으로 정치판에 재기하며 더욱 강력한 유토피아를 디자인한다.

용어설명

S#	Scene. 씬. 장면
	같은 장소와 같은 시간 내에서 이뤄지는 행동이나 대사
	S 뒤에 장면 번호를 적어 표기
E	Effect. 대사와 음악을 제외한 효과음
	보통 등장인물은 보이지 않고 소리만 나는 경우에 사용
OL	Overlap. 오버랩
	현재 장면이 사라지면서 다음 장면으로 바뀌는 기법
NA	Narration. 내레이션
	장면 밖에서 들려오는 목소리
인서트	Insert(Ins)
	장면 사이에 삽입한 화면
몽타주	각각 편집된 장면들을 짧게 끊어서 붙인 화면
	짧은 컷을 빠르게 교차하여 보여주는 것
F.S	Full Shot. 풀샷
	인물이나 물체, 풍경 등의 전체 모습이 모두 나오는 것
플래시 컷	Flash Cut
	화면과 화면 사이에 들어가는 매우 짧은 순간적인 장면
	극적인 인상이나 충격 효과를 주기 위해 사용

플래시 백	Flash Back 회상 장면
	지금 일어나고 있는 사건의 인과나 인물의 성격을 설명할 때 사용
F	Filter. 필터
	전화 수화기로 통해 들려오는 목소리나
	마음속으로 하는 이야기 등을 표현할 때 사용
점핑	Jumping
	건너뛴 상황. 상황 전환
퀵 플래시	Quick Flash
	빠른 화면 전환
Cut to	가까운 공간 안에서의 각도 전환
디졸브	Dissolve (Dis)
	한 화면이 사라지면서 동시에 다른 화면이 점차 나타나는 기법
F.O	Fade Out. 페이드 아웃
	화면이 천천히 어두워져서 암전 상태로 되게 하는 기법

제 1 부

S#1   애니멀 테마마크 파충류 관/ 낮

똬리 틀며 스윽 - 올라오는 먹구렁이. 병아리 마냥 노란 원복의 유치원생들 신기한 듯 눈빛 반짝이며 유리관에 붙어 구경 중.

스텝   (E) 먹구렁이는 우리나라에 사는 뱀 중에 젤! 큰 뱀이에요.

카메라, 구경 중인 아이들 중 한 원생1(6세, 이하 재훈)의 뒷모습 은밀하게 비추는데

원생2   (E) 얘는 뭐 먹고 살아요?
스텝   (E) 먹구렁이는 개구리랑 참새, 설치류… 아, 쥐를 먹고 살아요.

순간, 메고 있던 유치원 가방 안에 쓰윽 집어넣는 (재훈의) 손. 가방 속에서 뭔가 슬쩍 쥐고 꺼내더니 유리관 먹이 구멍 안으로 툭- 집어넣는다. 순간 아악!! 비명과 함께 도망치거나 주저앉아 울음 터뜨리는 아이들, 교사와 테마파크 스텝 수습하느라 정신없는데. 아수라장 속에서도 동요 없이 서 있는 재훈, 어깨너머 유리관 속 이리저리 날뛰는 생쥐 한 마리와, 그 생쥐 집어삼키려는 먹구렁이 모습 (CG 처리). 카메라, 유리관 안쪽 시선으로 재훈 얼굴 비추는데… 무표정하면서도 흥미로운 듯 재훈의 묘한 눈빛. 그런 재훈 눈빛과 유리관 속, 어느새 먹구렁이를 역공격하며 물어뜯

는 생쥐 모습 오버랩 되며·· 타이틀 뜬다.

마우스

S#2   성당- 예배당/ 낮

화면 밝아지며 창문 사이로 쏟아져 들어오는 햇살, 부유하는 뿌연 먼지들 따라가면 십자가에 매달린 고단한 표정의 예수상. 끼익- 예배당 문 열리며, 재훈(11세) 들어온다. (목 주변 벌건) 재훈, 예수상 향해 뚜벅뚜벅 걸어가는 위로.

재훈   (NA) 처음이었다. 내 발로 이곳을 직접 찾은 건···.

이윽고 예수상 앞에 멈춰서는 재훈. 예수상 올려다본다.

재훈   (NA) 묻고 싶었다.
재훈   (담담한 어조로) 아저씨 눈에도·· 내가 달라 보여요? (사이) 난 원래부터 달랐대요·· 첨부터 다르게 태어났대요···.

텅 비어있는 재훈의 눈빛, 고단한 표정의 예수 얼굴에서 서서히 페이드아웃.

S#3   비포장 길/ 과거/ 밤

칠흑처럼 어두운 변두리 눈이 펑펑 쏟아지는 길 위로 깜빡깜빡 금방이라도 꺼질 듯한 낡은 가로등 빛, 그 위로 10년 전 자막 떴다 사라지면, 멀리서 헤드라이트 빛 드리우며, 택시 한 대 들어선다. 쇼핑백 들고 내리는 송수정(20대 중반) 비틀하는 것이 살짝 취한 듯 보인다. 이어, 차 돌리고 어둠 속으로 사라지는 택시. 송수정, (집 방향) 어두운 길 한 번 보고는 공중전화 부스 안으로 들어간다.

수정   (전화 거는) 어. 수호야. 엄마는? 주무셔? 눈이 너무 많이 와서 택시가 집 앞까지 못 간대. 그럼 어떡하냐? 신입사원 축하 자린데 어떻게 중간에 혼자 나와? 됐어! 나오지 마. 낼 시합인데 컨디션 관리해야지 금방 갈게.

전화 끊고 쇼핑백 살짝 열어보면, 리본으로 예쁘게 포장된 빨간 권투글러브 있다. 뿌듯한 얼굴로 코트 감싸며 종종걸음으로 걸어가는데 들릴 듯 말 듯 한 '언니' 소리에 놀라 돌아보면 가로수 옆 어둠뿐. 잘못 들었나 싶어 다시 걸음 재촉하는데‥

여아   (E/이번엔 좀 더 큰 소리로 뚜렷하게) 언니….

다시 돌아보는 수정, 가로수 나무들 사이 어둠 속에서 보이는 희미한 형체, 흠칫 놀랐다가 천천히 살피면, 쇼트커트 머리의 아이(8세, 여) 울먹이며 서 있다.

수정   (놀란 표정으로 다가가며) 거기서 뭐 해? 이 시간에?
여아   (더듬더듬 울먹울먹) 차가 미끄러져서 나무에 꽝 부딪쳤는데‥ 아빠가….
수정   아빠 지금 어딨어?
여아   (어둠 속 가리키며) 저기요‥
수정   (여아 손잡고, 길옆 가로수 나무 뒤쪽 어둠 속으로 사라지는)

S#4   비포장 길 인근 + 차 앞/ 밤

눈길 위에 난 스키드 마크, 수정 여아 따라가면 헤드라이트 빛 보인다. 가로수에 부딪혀 보닛 찌그러진 차, 운전대에 얼굴 박은 채 죽은 듯 보이는 아이父 보인다.

여아   (겁먹은 얼굴로 수정 올려다보며 울먹이는)
수정   괜찮으실 거야. (쇼핑백 주며) 이거 좀 갖고 있어. (차 쪽으로 뛰어가는)

차 앞/ 운전석 쪽 가는 수정, 조심스레 운전석 얼굴 묻고 있는 아이父에게 다가가

수정   (어깨 조심스레 건드리며) 저기요‥ 아저‥ 아저씨….

순간 아이☆ 손 꿈틀하더니, 확! 거칠게 수정의 목 틀어잡고 머리를 운전대에 쾅! 박는다. 저만치 떨어져 그 모습 보고 있는 여아의 공포 어린 눈빛 위로 쿵쿵 운전석에 수정의 머리 찧는 소리와 아악!!! 비명 동시에 들린다. 여아 눈 질끈 감고 무릎 사이에 얼굴 묻은 채 웅크려 앉아 필사적으로 주문 외우듯이 '곰 세 마리' 노래 중얼거리다 끅끅 울음 터진다. 화면 서서히 어두워지며 페이드아웃.

S#5   배 위/ 낮

화면 밝아지면 스킨스쿠버 복장과 장비 갖춘 동호회원들 입수 주의사항 듣고 있다.

동호회장   입수 후, 장비 한 번 더 점검하고, 부력조절기 공기 빼고 천천히 하강해야
          합니다. 워낙 수온이 낮아서 사고 위험이 크니 꼭 2인 1조로 움직이세요.
회원들   (일동) 네!

S#6   바닷속/ 낮

삼삼오오 몰려 있는 동호회원들 무리에서 혼자 떨어져 신나서 바닷속 구경 중인 한 회원, 저만치 물고기들 떼가 괴기스러울 정도로 잔뜩 몰려있는 모습 본다. (C.G) 뭐지? 싶어 서서히 다가가다 허, 허억!!! 패닉 상태가 된다. 모여 있는 물고기 떼들 사이로 설핏 보이는, 사람 몸이다!

기자   (E) 머리 없는 시신이 또 발견됐습니다. 이번엔 바닷속에섭니다.

S#7   인근 바닷가/ 낮 (이하 몽타주처럼 빠르게 화면 편집)

"수정아~!" 울부짖으며 폴리스라인 안으로 달려드는 수정母(40대)와 송수호(수정동생/ 20대 초), 들어가지 못하게 막는 제복 경찰. 폴리스라인 안, 시신 살피는 두석, 시신의 몸에 새겨진 뭔지 모를 작은 표식 보인다. 그 뒤로 호남과 우재필(왼팔 깁스), 동

호회원들 진술 듣고 있다.

앵커 (E) DNA 검사 결과, 시신은 20대 여자 송 씨로 일주일 전 귀가 도중 실종
    된 것으로 밝혀졌습니다. 경찰은 시신의 훼손 정도와 남겨진 표식이 유사
    하다는 점에서 동일범의 소행으로 결론짓고 수사를 진행하고 있습니다.

S#8 몽타주 - 교차 편집 / 낮

도로/ 사이렌 소리 울리며, 경찰 사이드카 앞장서서 달리고 그 뒤, 경찰 바이크들의 호위
받으며 달리는 리무진 차량들. 그중 한 차량, 대통령 휘장 그려져 있다.

앵커 (E) 이로써, 사람을 죽이고 머리를 잘라가는 엽기적 살인마, 헤드헌터의
    희생자가 18명으로 늘어났습니다. 사건 발생 후 1년간 수사에 뚜렷한 진
    척이 보이지 않자, 국민들의 공포가 분노로 변해가는 가운데 대통령은 전
    일정을 취소하고 경찰청을 전격 방문했습니다. 보도에 강문진 기잡니다.

구령청 로비/ 청장 비롯한 경찰 간부들 뛰어나와 후다닥 각 맞춰 도열하면 이내 굳
은 표정으로 로비로 들어서는 대통령과 뒤따른 최영신(비서실장)과 참모들,

기자 (E) 대통령의 경찰청 방문은, 빗발치는 비난 여론 속에 국정 지지율 하락
    을 의식한 청와대의 민심 수습 행보로 보여집니다.

특별수사본부/ 파파파팍!!! 플래시 연신 터지고, 땀 뻘뻘 흘리며 상황 보고 중인 경찰
청장. 굳은 얼굴로 앉아있는 대통령. 대통령의 말을 받아 적느라 바쁜 경찰 간부들.

기자 (E) 대통령은 수사 상황 보고 회의에서 아직 범인의 윤곽조차 잡지 못한 일은
    경찰의 허술한 수사체계 문제라고 강도 높게 질타했습니다. 이어 수사 대책
    마련을 직접 지시하겠다 밝혔습니다.

구령역사/ 역내 TV 보는 시민들. TV 속, 청와대 춘추관에서 대통령 대국민 담화 발

표 중이고, 자막〈대국민 담화 발표, 혁신적인 강력범죄 예방대책 준비 중〉떠 있다.

기자   (E) 아울러 대국민 담화를 통해 하루빨리 민생치안을 안정시키고 범죄
         없는 세상을 위한 혁신적인 강력 범죄 예방대책을 마련하겠다고….

S#9   캠브리지 대학 생명공학과 강의실/ 낮

(질의응답 호흡. 미드처럼 스피디하게/ 영어로)

학생1   (손든 채) 그러니까 일종의 병아리 감별 같은 거네요?

셔츠 소매 걷은 채 교단에 걸터앉아있는 대니얼 교수. 칠판에는 복잡한 MAOA 유전
자 회로들. 그 옆엔, 각종 뇌 사진 등과 세기의 연쇄살인마들 사진들 (혹은 영상)

대니얼   (학생1을 손가락으로 가리키며 눈 찡긋) 아주 좋은 비유야!
학생2   (손 번쩍!) 그게 진짜 상위 1% 싸이코패스 유전잔지 어떻게 검증됐죠?
대니얼   (교단에서 뛰어내리며) 바로 여기! (살인마들 사진 가리키며) 배우 샤론 테이
         트를 포함! 총 서른다섯 명을 살해한 찰스 맨슨! 자신의 조부모와 친모는
         물론 10대 소녀 6명을 살해 후 머리를 자르고 시간까지 한 에드먼드 캠
         퍼! 살인을 스포츠로 여기며 인육까지 먹은 연쇄살인마 테드 번디! 영국
         정부와 미 FBI 공동 대조 검사 결과, 이들의 유전자와 내가 찾아낸 싸이
         코패스 유전자가, 100% 동일유전자로 나왔다!
학생들   (신기한 듯 몰입돼서 설명 듣는)
대니얼   조만간 배 속 태아가 미래의 (한 명씩 짚으며) 찰스 맨슨이 될지, 에드먼드
         캠퍼가 될지, 아니면 테드 번디가 될지, 미리 알 수 있는 세상이 올 거다!
학생들   (흥미로운) 우와. 어떻게요?
대니얼   (시계 보며) 오늘 수업은 여기까지!
학생들   우우~~~ (아쉬워 떼쓰듯) 알려주세요!
대니얼   (미소 지으며) 탑 시크릿!!! (하는데 교탁 위에 핸드폰 울린다. 전화 받는)
         Hello·· (한국어로) 네. 알겠습니다. (끊고) 다음 주는 휴강이다. 급히 다녀

올 데가 있어서….

인서트/ 하늘을 날아오는 비행기

S#10   국회 복도/ 낮

서류 훑으며 급히 걸어가는 여당 신성민(소위원장), 통화 중인 최영신(비서실장)
(스피디하고 긴장감 넘치게/핑퐁 하듯 빠른 호흡의 대화)

최영신   도착했어? 연착? (시계 보며) 대기하고 있다 바로 이리 모셔와. (끊고)
신성민   (OL) (자료 훑으며 놀라운) 이 정도면 웬만한 SF영화 저리 가란데? 여론 최
            고의 반전 카드가 될 것 같습니다!
최영신   (OL) 무슨 일이 있어도, 반드시! 통과 시켜야 됩니다.
신성민   (OL) 관건은 야당 놈들이죠. 순순히 통과 시켜 줄지‥

인서트/ 다른 쪽 국회 복도
긴장한 표정으로 서류 검토하며 다급히 걸어가는 야당법사위원(이하 야당법위) 1,2.

야당법위1 (법안자료 빠르게 훑으며) 여당에서 승부수를 던졌구만.
야당법위2 (OL) 똥줄 타겠지. 지지율이 바닥 치고 있잖아‥ 레임덕도 시작됐고!
야당법위1 (OL) 우리로선 지금이 절호의 기회야. 무조건 막아야 돼!
야당법위2 (OL) 어떻게?
최영신   (OL) 인권 문제를 걸고넘어질 겁니다.
신성민   (OL) 인권이요?
최영신   (OL) 영국에서 비슷한 법안이 발의된 적이 있죠. '범죄자뿐만 아니라, 전
            국민의 DNA를 국가가 관리하겠다, 또 범죄자 DNA를 사전에 찾아서 강
            력 범죄를 차단하겠다.' 뭐 그런 취지였는데….
신성민   (OL) 통과?
최영신   (OL) (고개 저으며) 기각!

S#10   몽타주 (속도 빠르게)/ 낮

기내/ "승객 여러분, 우리 비행기는 잠시 후 김포국제공항에 도착하겠습니다." 기내방송
에 검토 중이던 자료에서 시선 떼고 고개 드는 대니얼 박사.

최영신   (E) 인권침해라는 반대 여론에 부딪혔죠.
신성민   (E) 국민의 생명보다 인권이 더 중요하다?⋯. 태아한테 무슨 인권이 있다
         고,

대니얼, 파일 덮으면 겉면에 〈일급기밀, '사이코패스 유전자 태아 감별'〉적혀있다.
공항 입국 게이트 앞 + 차 안/ 검은 세단 운전석에 앉아 공항 출입문 보는 비서관, 캐
리어 끌고 나오는 대니얼 본다. 얼른 영국 일간지(네이쳐) 보면 〈사이코패스 유전자
발견! 대니얼 리 유전자 연구팀, 노벨생리의학상 후보!〉 기사와 대니얼의 사진 후다닥
내리는 비서관.

S#12   비서실장의 관용차 안/ 낮

차창 밖으로 눈 흩날리고 있다. 뒷자리에 앉아 통화 중인 대니얼.

대니얼   웅. 서준아. 지금 도착했어. 일 끝나면 바로 갈게. (끊고) 감사합니다.

핸드폰 넘기고, 창밖으로 시선 돌리면 전광판에 '헤드헌터 살인 폭주, 언제까지 계속
될 것인가?' 속보 화면과 자막 나오는데.

비서관   (백미러로 보며) 아주 영리하고 치밀한 놈이라 장기전이 될 거 같답니다.
대니얼   (시선 전광판에 둔 채 담담히) 의외로 금방 잡힐 수도 있죠⋯.
비서관   (무슨 말인가 보면)
대니얼   저런 류의 싸이코패스는 너무 자만해서 가끔 어이없는 실수를 저지르기
         도 하니까요.

계속 창밖 눈 내리는 풍경 바라보는 대니얼의 얼굴 위로

대니얼   (E) 싸이코패스는 사회가 진화하면서 생겨난 돌연변이 유전자입니다. 그들
          에겐 태어날 때부터 인간의 감정을 컨트롤하는 MAOA 유전자가 거의 없습
          니다. 특히 연쇄살인마 등이 되는 상위 1%의 싸이코패스는 MAOA 유전자
          가 아예 존재하지 않죠.

S#13   국회, 법제사법위원회- 소회의실/ 낮

대니얼   이번 연구에서 얻은 것은 태아의 유전자 검사를 통해 싸이코패스 유전자
          를 구별해 낼 수 있다는 겁니다. 이는 곧, 미래의 싸이코패스, 미래의 전
          쟁광, 미래의 연쇄살인마를 출생 전에 찾아낼 수 있단 뜻입니다.
의원들   (할 말 잃은 듯 멍하니 보고 있는)
대니얼   이상이 미발표된 새 유전자 연구 프로젝트입니다. 더 자세한 건, 나눠드린
          자료를 참고하시면 됩니다. (자리에 앉는)
정부측   그래서 정부는 태아 유전자 검사를 의무화하고, 싸이코패스 유전자로 확
          인이 되면, 공공의 안전을 위해 부모 동의 없이 국가가 강제 낙태시킬 수
          있는 법안을 발의하고자 합니다.
신성민   법안 관련 각 의원들 의견 말씀해 주시죠.
여당의원1 찬성입니다. 헤드헌터 같은 놈이 태어나지 않았으면, 지금 18명, 아니 수
          십 명이 더 될 수도 있는 무고한 희생은 없었을 것 아닙니까?
여당의원2 히틀러가 태어나지 않았으면 세계대전도 일어나지 않았을 거란 얘기잖
          아요. 이런 법안이야말로 지금 이 시대에 필요한 완전무결, 퍼펙트한 범
          죄예방 대책이라고 생각됩니다.
야당의원2 대니얼 박사. 그 싸이코패스 유전자 검사가 정확하긴 한 겁니까?
대니얼   99% 정확도를 갖고 있습니다.
야당의원2 99%요? 그럼 나머지 1%는요?
대니얼   천재 유전잡니다. 싸이코패스 유전자와 천재 유전자를 실제 비교해 보면
          유전자 구조가 거의 흡사해서 저조차도 구별이 불가능합니다.
야당의원2 그럼 히틀러인 줄 알고 모차르트를 죽일 수도 있고, 헤드헌터인 줄 알고

아인슈타인을 죽일 수도 있단 말 아닙니까?

야당의원1   (이에 기세를 더해) 다 떠나서 이건 엄연한 인권침햅입니다.

여당의원1   인권이라뇨? 무슨 인권이요? 태아한테 무슨 인권이 있다고.

야당의원1   대한민국은 엄연히 낙태가 금지돼 있는 나랍니다. 태아를 인간으로 보니까, 낙태를 살인이라 생각해서 낙태 금지법을 도입한 거 아닙니까?

여당의원1   (버럭!) 그럼 그런 살인자를 태어나게 둬서 사람들이 죽어 나가도 내버려 두잔 말입니까? 태아 인권까지 챙기실 줄 아는 분이, 왜 피해자들 인권은 생각을 못 하십니까 예?

야당의원1   (지지 않는) 그렇게 희생자 인권 찾으면서, 왜 헤드헌터 그 싸이코 새끼 하나 못 잡아서 이런 편법 안을 발의합니까?

여당의원1   (버럭) 편법이라니? 말 다했어?

야당의원1   (버럭) 다했다. 어쩔래?!

여야의원들 서로 언성 높이고, 침 뤼기며 싸우는 모습 한심스레 보는 대니얼. 관심 없다는 듯, 회의실 창밖으로 시선 돌리면, 창밖에는 눈이 소담스럽게 내리고 있다. 그 위로 탕탕탕! 의사봉 내리치면서 소위원장의 "잠시 정회하겠습니다" 들리는··

〈시간 경과〉 소위원장 앉아있고, 여야의원들도 흥분 가라앉은 상태다.

신성민   자 그러면 상정 여부 결정하겠습니다.

대니얼   (보는)

신성민   정부가 발의한 〈태아 유전자 검사 의무화 및 싸이코패스 유전자를 가진 태아 강제 낙태를 시행하는 법안〉 상정, 찬성하는 의원! (여당 의원 4명 손든다) 그럼 반대하는 의원? (야당 측 4명 손든다) 음·· 4대 4네요. 그럼 결국 제가 캐스팅 보트가 되겠군요···. 제 결정은···.

S#14   눈 내리는 전원주택 외경/ 저녁

인테리어 잡지에서나 나올 법한, 동화 같은 전원주택. (대문 따로 없는 구조)

S#15   서준의 집 거실 + 주방/ 저녁

욕실에서 수건으로 머리 털며 나오는 서준. 거실에 틀어져 있는 TV 프로그램에서는 앵커와 범죄 전문가 대화 중이다.

앵커   (E) 왜 피해자의 머리를 잘라간다고 보십니까?

서준, 머리 털다 멈춰 TV 보면

범죄전문가 (한껏 아는 척) 아, 그건, 피해자의 신원 파악을 최대한 늦추려는 전략이
          죠. 시신의 옷을 벗기거나 하는 행동도 모두 같은 범주에 속합니다.
지은   (E) 간 좀 봐줘요. 서준씨.
서준   어. (리모컨 들어 TV 끄고, 주방으로 가는)

주방/

서준   (들어오다 식탁 위에 잔뜩 해 놓은 음식들 보고 놀라) 뭘 이렇게 많이 준비했
          어? 가뜩이나 몸도 무거운 사람이….

요리 준비하느라 정신없는 서준의 아내 지은, 만삭이다. (임신 9개월)

지은   특별한 손님인데 대충해요? (서준 입에 국 떠 넣어주며) 그나저나 어릴 때부
          터 영국에서 사셨으면 한국 음식이 입에 맞으려나? (하는데)
          (E) 딩동! 소리에 서준과 지은 현관문 쪽 돌아보는.

S#16   서준의 집- 현관문 앞/ 저녁

서준   (현관문 열고아기처럼) 대니얼~!!! (문 앞에 서 있는 대니얼 꽉 끌어안는)
대니얼   (서준과 꽉 포옹하며) 이게 몇 년 만이야? 우리 못 본 지 한 7년 됐지?

너무 반가워 울컥할 것 같은 두 사람, 잠시 서로를 보다가.

서준   (대니얼 손 잡아당기며) 들어가 얼른. 추워.

S#17   서준의 집- 거실/ 저녁

들어오는 서준과 대니얼. 지은, 문 앞에 서서 기다리고 있다. 대니얼, 반갑게 미소 지으며, 지은과 가볍게 포옹 인사하는.

지은   얘기 많이 들었어요. 정말 대단하신 분을 직접 뵙게 되다니 영광입니다.
대니얼   이 친구 아니었음 오늘날 저는 없죠. 평생 은혜 갚고 살아야 하는데/
서준   /무슨 그런 소릴 해.
대니얼   결혼식 꼭 참석하고 싶었는데 연구 때문에 정신이 없어서·· 죄송합니다.
지은   아녜요. 어릴 때 영국으로 가셨다던데 어쩜 그리 한국말을 잘하세요?
대니얼   양부모님이 한국 분들이라··. 집에선 한국어만 쓰게 하셨어요.
서준   참, 동생은? 찾았어?
대니얼   홀트 쪽에서 계속 찾고는 있다는데·· 아직·· 참, (들고 있던 선물 내밀고)
          어머니가 임신 축하선물이라고···.
지은   어머, 뭘 이런 것까지·· (받는) 감사합니다. 많이 시장하시죠? (서준 보며)
          식사 준비할 동안 당신이 집 구경 좀 시켜드릴래요?
서준   그럴까? 이쪽으로 와 (앞장 서가면)

대니얼, 서준 따라가다 거실 한쪽 벽에 가득 장식된 폴라로이드 사진들 본다. 서준과 지은의 행복한 연애 시절, 신혼 시절 알콩달콩 행복한 사진들로 가득 꾸며져 있다. 그 사진 보는 대니얼, 쓸쓸한 미소 짓는··

S#18   서준의 집- 미니 온실/ 저녁

들어오는 서준과 대니얼. 온실 가득 각종 식물로 꾸며져 있다.

대니얼	우와‥ 여긴 뭐야‥?
서준	지은이 플로리스트거든. 이 집 지을 때 지은일 위한 공간으로 내가 직접 만들었어. 어때? (뿌듯하게 둘러보면)
대니얼	(그런 서준 애정 깊은 눈빛으로 보며) 너가 행복해서 참‥ 다행이다‥.
서준	(돌아보는)

S#19   서준의 집- 거실/ 밤

은은한 조명 아래, 눈 쏟아지는 풍경 보이는 창가, 테이블에서 식사 중인 세 사람.

대니얼	제가 먹어본 한식 중에 최곱니다. 음식 솜씨가 보통이 아니시네요‥
지은	입맛에 맞으시다니 다행이에요‥ 이것도 좀 드셔보세요.
대니얼	네‥ (먹으며) 집이 너무 예뻐요. 무슨 동화에 나오는 집 같은데요.
지은	(자랑하듯) 이이가 직접 설계하고 벽돌 하나하나까지 직접 올린 거예요.
서준	(지은 어깨 감싸며) 지은이 꿈이 이런 전원주택에서 사는 거였거든.
대니얼	(그런 두 사람 흐뭇하게 바라보는)
지은	(생각 난) 참, 선물 풀어 봐도 돼요?
대니얼	아, 그럼요.
지은	(선물 가져와 리본 풀고 상자 열어보면 아기 배냇저고리다) 어머~!
대니얼	어머니가 직접 만드신 거예요. 이 친구를 저보다 예뻐하셨거든요.
지은	(배냇저고리에서 뭔가 발견한, 저고리 한쪽에 BLESS라고 새겨져 있다)
대니얼	아, 서준이가 아기 태명이 축복이라고 해서‥ 어머니께 알려드렸더니‥
지은	아아‥ 너무 감사하다고, 정말 잘 입히겠다고 꼭 전해주세요. 박사님.
대니얼	네. 그렇게 전하죠. (쓸쓸한 표정 짓는)
서준	(그런 대니얼 표정 보고 화제 바꾸는) 근데 한국은 무슨 일로 온 거야?

S#20   캠핑카 안 + 도로/ 밤

무치父 운전 중, 옆에 무치母. 무치(8세), 엄마 무릎 벤 채, 쎄근쎄근 잠들었다.

무치母	조심히 운전해. (쏟아지는 눈 보며) 출발할 땐 금방 그칠 거 같더니‥
무치父	(순간 푸드득 시동 꺼지는) 이거는 와 이래 계속 말썽이고‥ (다시 켜며) 꽁으로 빌리줄 때부터 알아봤따, 영식이 이 시키‥
무치母	(이그) 그냥 승용차를 빌리지. 이게 무슨 캠핑카야. 버스지. 창피해서. 증말.
무치父	그래도 영식이 임마가 억수로 공 들이가 개조한 거 아이가. (시동 걸리면) 됐따. (출발하는)

눈 펑펑 내리는 국도변 위를 달리는 버스 개조한 (좀 열악해 보이는) 캠핑카.

S#21   서준의 집- 거실/ 밤

지은	(허‥ 충격받은 표정이고)
서준	(흥미롭다는 표정으로 대니얼 보며) 그래서? 어떻게 됐어?

S#22   청와대 비서실장실/ 밤

최영신	(비서실장) 등 댄 채, 눈 내리는 창밖 보고 서 있다.
최영신	대통령께서 격노하셨습니다. (이윽고 뒤돌아보는) 대체 이유가 뭡니까?

신성민(소위원장), 영신에게 눈길 한번 안 주고 테이블 위, 찻잔 들어 마신다.

최영신	(소파에 앉는/부드럽지만 단호하게) 어떻게 반대에 표를 던지셨습니까? 설마 야당 측에 설득당하신 겁니까?
신성민	(들고 있던 찻잔 내려놓으며 최영신 본다. 이윽고) 잠시 정회를 했습니다. 그때 아내에게 연락이 왔습니다.
최영신	(보는)
신성민	임신했다구요‥ 10년을 간절히 기다렸던 아입니다. 생각‥해봤습니다. 만약 내가 그 상황이라면‥ 제 아이‥ 포기 못합니다.
최영신	(그런 성민 물끄러미 보다 미소) 축하드립니다. 아내분께도 전해주세요.

신성민   (보다) 감사합니다.

최영신   (안타까움이 담긴 경고) 하지만 잊지 마십시오. 태어날 그 아이가 전쟁과
         범죄 없는 세상에서 살 권리를, 의원님이 빼앗으셨다는 걸요···.

S#23   서준의 집- 거실/ 밤

서준   음·· 기각이라··. 대니얼 생각은 어떤데?

대니얼   나야 뭐·· 그냥 연구하는 학자일 뿐이지. 딱히 어느 쪽도 아냐·· 넌?

서준   (단호한) 난 당연히 찬성이지. 우리 축복이가 살아갈 세상엔 그런 끔찍한
         범죄자들이 없었음 좋겠어.

지은   (무서워 긴장한 얼굴, 손은 무의식적으로 배 쓰다듬고 있는)

서준   (그런 지은 보고는) 피곤해 보이는데 들어가서 좀 자.

대니얼   그래요. 전 서준이랑 회포 좀 더 풀다 갈게요.

지은   전 괜찮아요. 제가 늦은 나이에 아일 갖다 보니 이이가 좀 불안한가 봐요.

서준   정말 당신 피곤해 보여 안 되겠어 (억지로 일으키며) 조금이라도 누워있어.

지은   괜찮은데·· (서준에게 이끌려가며) 죄송해요. 박사님. 조금만 쉬다 올게요.

미소로 고개 끄덕이는 대니얼, 두 사람 방으로 들어가면 씁쓸한 듯 남은 와인 마시며
창밖 바라보는데. 서준, 곧 다시 와 앉아 꽃차 마신다.

서준   참 대단해. 노벨상까지·· 결국은 꿈을 이뤄내는구나.

대니얼   (웃는) 비행기 태우지 마. 아직 후보야··

서준   (미소 짓다, 이내 표정 굳으며) 근데 그놈은 아직 못 잡았지··?

대니얼   어? (아··) 어·· 7년이나 지났는데·· 뭐··

서준   ··미안해··.

대니얼   (버럭) 니가 왜 미안해. 제니퍼 그렇게 되고 너 너무 괴로워하는 모습에
         보는 내가 많이 힘들었어. 근데 너 결혼한단 소식 듣고 얼마나 기뻤는데.

서준   ···

대니얼   이제 한서준 2세까지 생겼잖아·· 다 잊고·· 행복해. (사이) 제니퍼도 하
         늘에서 많이 기뻐할 거야··

서준   (눈시울 뜨거워지는) 고마워. 대니얼.

S#24   호텔 (대니얼 숙소) 로비 + 로비 밖/ 밤

로비문 열고 들어오는 서준과 대니얼.

대니얼   데려다줘서 고마워. 들어가 얼른
서준   내일 공항 배웅 못 가 미안. 수술만 안 잡혔어도… 축복이 나오면 지은이
          랑 셋이서 영국 놀러 갈게.
대니얼   그래. 어머니가 좋아하시겠다. 눈길 운전 조심하고.

로비 밖으로 나가는 서준. 호텔 야외 주차장에, 택시 세워져 있고. 지나쳐 차로 걸어
가다 문득 돌아보는 서준, 대니얼 앞에서 어느 여성(30대 후반)이 뭔가 절실하게 부탁
하는 모습 로비 통유리 사이로 보인다. 뭐지? 보다 돌아선다.

S#25   호텔 (대니얼 숙소) 방안/ 밤

띠릭 문 열리고 들어오는 대니얼, 불도 켜지 않은 채 창가에 놓인 의자에 코트 벗어
두고, 탁자에 머리카락 뭉치 든 비닐봉지 툭 던지며 털썩 앉는다. 여전히 함박눈 펑
펑 쏟아지고 있는 창밖 풍경 한참 바라보던 대니얼, 테이블 스탠드 불 켜고 지갑에서
낡은 사진 한 장 꺼낸다. 양쪽에 대니얼과 서준 어깨동무한 채 활짝 웃고 있는 제니
퍼 모습 보는 대니얼 표정 쓸쓸하다. 창밖으로 쏟아지는 함박눈.

S#26   도로(국도) + 마을입구 + 캠핑카 안/ 밤

무치母   (하품 늘어지게 하며 지겨운 표정으로) 아직 멀었어?
무치父   (목 쭉 뺀 채 두리번거리며) 여 근처라   는데·· 하·· 길을 잘못 들어뿟
          나··?

그때 저 앞 좌회전 차선에서 마을 쪽으로 들어가려고 서 있는 승용차 발견하는 무치父, 속도 내 옆 차선에 서서 차창 내리고, 빵! 경적 울린다.

무치父   (차창 내리고 보며) 이 마을 사십니꺼? 혹시 오성 캠핑장이 어덴지 압니꺼?

〈점핑〉 캠핑카 안. 깜빡이 켠 승용차 운전석 옆에 서서 설명 듣고 있는 무치父 보다 고개 돌려 잠들어있는 무치 머리카락 쓰다듬어주는 무치母.

무치父   (달려와 운전석에 올라타며) 저서 우회전 해가꼬 10분만 쭉 올라가면 된단다. (시동 거는데 또 푸드득 푸드득 거리다 겨우 걸리는) 됐다! (출발하는)

무치母   (못마땅한 듯 보는)

S#27   오성캠핑장 안 + 캠핑카 안/ 밤

〈오성캠핑장〉 적힌 팻말, 그 옆엔 공중전화 부스 있다. 헤드라이트 빛 밝히며 들어오는 캠핑카. 차에서 내리는 무치父, 휑하고 깜깜한 캠핑장을 둘러보는데, 뒷문에서 플라스틱 썰매 들고 내리는 무원.

무원   (두리번거리며) 왜 아무도 없어?
무치   (졸린 눈 비비며 일어나는) 다 왔어?
무치母   (무치 데리고 내리는) 영업 안 하나 본데? 예약하고 온 거 맞아?
무치父   그게 아이고‥. 영식이가 미리 예약 안 해도 된다케서.
무치母   으이그‥ 증말 (팻말에 적혀있는 연락처 보고) 전화해 봐. 얼른.
무치父   (번호 보며 공중전화 거는) 예. 여기 빙어낚시 할라꼬 캠핑장 왔는데에‥ 아‥ 아‥ 그렇습니꺼. (난감한) 예, 예‥ 일단 알겠습니다. (전화 끊고는) 폭설 땜시로 식수대 천장 일부가 무너져뿟따는데. 그케서 어제부터 영업을 안 한단다.
무치母   (짜증 난) 아휴, 이게 뭐야.
무치父   (눈치 살피며) 사용할라믄 하라는데. 돈은 안 받겠다카고‥ 근데 물탱크를 잠가놔가꼬‥ 약수터 가가 받아와야 될 것 같다.

무치母	됐어 그냥 가. (무치 데리고 차에 타려는데)
무치	싫어. 안 갈래. 그냥 캠핑하자. 어 어엉. 엄마아~ (땡깡 부리는)
무치父	그래 지금 출발하며는 집에 새벽에나 도착한다이가. 야들 배도 고플낀데.
무치母	(땡깡 부리는 무치 보며) 에휴 그래, 고무치! 니 생일이라 봐주는 거야.
무치	야호~!!! 형아, 우리 얼른 썰매 타자.
무원	그래! (신나서 플라스틱 썰매 들고 얼어붙은 호수 쪽으로 달려가는)
무치父	(눈치 보며 전화하는) 금방 전화한 사람인데에. 온 김에 쫌 있다 갈라고에. 예!
무치母	(호수 쪽 아이들 보며) 조심해. 꽁꽁 얼었는지 확인하고!

〈시간 경과〉 모닥불 활활 타고 있고, 한쪽에서 숯불 붙이고 있는 무치父.

무치母	(랜턴과 쌀, 야채 그릇 들고) 들어오는 길에 봤던 거기지? 약수터?
무치父	쓥‥ (힘겹게 부채질하며) 눈에 젖어서 그라나? 와 이래 안 붙노‥
무치母	(랜턴 비추며 캠핑장 밖으로 나가는)

드디어 타오르는 숯불, 만족스럽게 보며 자신의 팔 주무르는 무치父. 저만치 호숫가에 신나서 썰매 타는 아이들. 그제야 캠핑장 입구 밖 어둠 바라보며

무치父	같이 갈 거를 그랬나? 고무워이! 고무치! 고만 싸돌아 댕기고 일로 와서 고구마 무라.

무치, 무원 썰매 들고 오는 거 보고, 랜턴 챙겨 캠핑장 밖으로 향한다.

S#28   방아다리 약수터 인근/ 밤

무치父	(랜턴 비추며 약수터 쪽으로 걸어가며) 시골이라 그라나. 칠흑 같네‥

하는데 아악!!! 약수터 쪽에서 들려오는 무원母의 비명!

무치父	(헉!) 뭐, 뭐고? 여, 여보!!! 무원이 엄마!!! (정신없이 어둠 속으로 뛰어가는)

S#29 　약수터 앞 (방아다리 약수)/ 밤

무치母　　　(바닥에 넘어진 채 덜덜 떨며) 사, 사‥ 살려‥ 주‥

무치母가 떨어뜨린 랜턴 불빛에 비치는 실루엣, 우의 둘러 입은 사내, 헤드헌터다.
(이하 헤드헌터의 모습은 실루엣만 보이게) 헤드헌터, 무치母 향해 칼 쳐들고 무치母에
게 내리찍는 순간! 비명과 동시에 헤드헌터 뒤로 달려드는 무치父. 무치父와 헤드헌
터, 같이 바닥에 나동그라지며 엎치락뒤치락 몸싸움.

무치父　　　(몸싸움하면서, 겁에 질려 떨고 있는 무치母에게 다급히) 도망쳐라! 얼른!!!
무치母　　　(퍼뜩) 애, 애들‥!!! (어떡하지‥ 망설이다, 후다닥 뛰어가는)

S#30 　오성캠핑장 안/ 밤

혼비백산 돼서 뛰어 들어오는 무치母, 모닥불 앞에 앉아 군고구마 호호 불며 사이좋
게 먹고 있는 무원과 무치 발견한다.

무치母　　　(아이들 손 잡아끌며) 차에 타. 얼른!!!!
무원　　　　(놀라) 엄마!!! 왜 그래?
무치母　　　(덜덜 떨며) 어, 얼른 타. (꽥 소리 지르는) 얼른!!!

무원과 무치, 놀라 엄마가 시키는 대로 후다닥 캠핑카 쪽으로 뛰어간다.

S#31 　캠핑카 안/ 밤

아이들 데리고 다급히 차에 타는 무치母. 무슨 일인가 겁먹은 얼굴로 엄마 보는 아
이들. 무치母, 바들바들 떨리는 손으로 차 문 잠그고 울먹이며 차키 꽂아 시동 거는
데, 부릉부릉 소리만 나고 시동 걸리지 않는다.

무치   (그런 엄마 보며 울먹이며) 혀엉. 엄마 왜 그래?

무원   몰라·· (불안한 듯 엄마 보는)

무치母   (계속 시동 걸릴 듯 말 듯 소리만 나는) 제발, 제발 좀 걸려·· 제발··

그러나 푸드덕 소리와 함께 시동 완전히 꺼지고. 무치母, 미친 듯이 재시동 걸어보지만 이제 아예 걸릴 기미조차 보이지 않는다.

무원   (뭔가 이상하다고 생각하는) 아빠는? 어? 엄마. 아빠 어딨어?

무치母   (무원 무치 와락 끌어안고 덜덜 떨며 어떡하지 어떡하지? 생각하는데)

무치   (엄마 품에 안겨 창밖 보면, 캠핑장으로 들어오는 실루엣) 어? 아빠다.

순간 휙 돌아보는 무치母. 헉 놀라, 반사적으로 무원과 무치 머리 눌러 차 밑으로 엎드리게 하고는 바로 차 안 불 끈다.

S#32   오성캠핑장 안/ 밤

뚜벅뚜벅, 여유롭게 걸어오는 발소리. 이윽고 텐트 앞, 나무에 걸어놓은 휴대용 전등에 비쳐 바닥에 드리우는 사내의 그림자. 사내 손에 뭔가 들려있다. (인간의 머리 모양의 그림자)

S#33   캠핑카 안/ 밤

무치母   (어둠 속에서 사시나무 떨듯 떨며 끅끅거리는)

무치   (그런 엄마 보고 울먹이는) 엄마·· 왜 울어? 울지마·· 무서워·· 이잉

무치母   (후딱 무치 입 틀어막으며, 이내 독기 서린 눈빛으로 무원 보며) 무원아. 지금부터 엄마 말 잘 들어. 소파 밑에 작은 손잡이 고리가 있어. 그걸 잡아당기면 열리거든. 무치 데리고 그 안에 숨어 있어. 무슨 일이 벌어져도 절대 나오지 말고, 절대 아무 소리도 내면 안 돼. 알았지?

무원   (겁먹은) 엄··마··

무치母 (단호) 고무원! 엄마 눈 봐. 넌 형이야. 그러니까 무슨 일이 있어도 동생 꼭 지켜야 되는 거 알지? (울컥. 새끼손가락 내밀며) 약속해, 엄마랑.

무원 (울먹이며 끄덕. 새끼손가락 깍지 끼는)

무치母 (무치 입 틀어막은 채 보며) 무치 너도 절대 소리 내면 안 돼. 엄마랑 약속해! (울먹이며 손가락 걸자 무치 입에서 손 떼며) 엄마가 차에서 내리면 바로 여기 눌러서 차 문 잠가! 알았지?

무원 (울먹이며 끄덕)

무치母, 결심한 듯 차에서 내리려다 돌아보는. 겁에 질려 있는 아이들 꽉 껴안는다.

무치母 (부들부들 떨며 중얼거리는) 하느님, 제발 우리 아기들 지켜주세요‥ 제발‥

이윽고 조심스레 차 문 열고 나가는 무치母. 무원, 엄마 내리자 버튼 눌러 차 문 잠근 후, 무치 데리고 운전석 뒤쪽으로 넘어 소파 밑에서 고리 찾아 잡아당기자 공간 나온다. 그 안에 무치 데리고 숨는 무원.

S#34   오성캠핑장 안/ 밤

숲으로 통하는 구석에 쭈그린 채 숨어있는 무치母, 멀리 보이는 캠핑카 주시한다.
헤드헌터의 시선/ 모닥불 앞에 먹다 던져진 포일에 싸인 고구마, 여기저기 준비 중이던 음식 재료들, 쓱 둘러보던 시선이 눈에 찍힌 발자국 따라 저만치 세워져 있는 불 꺼진 캠핑카에서 멈춘다. 뽀득뽀득 발소리 내며 캠핑카 향해 다가가는. 숨어 있던 무치母, 잔뜩 긴장해 속이 타들어 간다. 이윽고 캠핑카 앞, 헤드헌터 실루엣 나타나고 차 문 잡는 손, 그러나 잠겨있다.

무치母 (그 모습 지켜보며 애절하게) 제발‥ 가‥ 그냥 가라구‥ 제발‥ (하는데)

헤드헌터, 갑자기 허리춤에서 장도리 꺼내 들고 차창 내리치기 시작한다. 순간 하아‥ 탄식하는 무치母. 이내 결연한 표정으로 벌떡 일어나 일부러 눈에 띄게 뛰기 시작한다. (아이들 살리기 위해 캠핑카에서 최대한 멀리 유인하는) 차창 내리치다 숲 쪽

으로 도망치는 무치母 발견하고 빠르게 쫓는 헤드헌터의 시선. (카메라 시선)

S#35   캠핑카 안/ 밤

소파 안쪽 수납공간에 잔뜩 쭈그린 채 숨어 있는 무원과 무치.

무치   히잉·· 히이힝·· 엄마·· 엄마·· 으으··
무원   (입 틀어막으며 작게) 조용해. 엄마가 조용하랬잖아.
무치   놔! 이거 놔! 엄마~ (무원 손 뿌리치고, 문 확 밀고 밖으로 나가버리는)
무원   안 돼! 무치야!!!

소파 밖으로 나와 버리는 무치. 고개 내밀어 창밖 내다보는 순간! 누군가(헤드헌터)
의 손에 머리채 잡힌 채 질질 끌려오는 엄마 모습 보인다. 무치 '어, 엄마' 하는데 무
치 눈에 버둥거리는 엄마를 칼로 내리찍는 모습 들어온다. 무원, 공간 밖으로 나와
서 무치 몸 잡아끌다가 역시 창밖 광경 목격하고 충격받는.

무치   (충격받은 눈빛) 어·· 엄마·· (주먹 쥔 손으로 창문 치며) 엄마··!!!
무원   (반사적으로 무치 머리 누르며 창 아래로 몸 확 숨기는)

S#36   오성캠핑장 안/ 밤

휙 돌아보는 헤드헌터, 캠핑카 쪽으로 가려는데, 무치母, 죽어가면서도 필사적으로
아이들 지키려 헤드헌터 다리 놓지 않고 붙잡는다. 다시 칼 쳐드는 헤드헌터의 손!

S#37   캠핑카 안/ 밤

무원   (무치 입 꽉 틀어막은 채 끄억끄억 우는)
무치   놔! 놔아~~! (버둥거리며 뿌리치고 나가려 하자)

무원, 무치 입 틀어막고 꽈악 힘주면 무치 버둥대다 스르르 기절한다. 가쁜 숨 몰아쉬며 대형 캐리어에 기절한 무치 넣고 자물쇠 잠그고는 낑낑대며 침대 밑 공간에 집어넣는 무원. 그때 쩌억! 쩌억! 차량 내리쬟는 소리! 무원, 소파 밑 공간에 숨는데 깨진 창문 사이 헤드헌터 손 쑥 들어온다. 차 문 열림과 동시에 소파 수납문 닫힌다. 차로 올라오는 발소리. 쭈그린 채 자기 입 틀어막으며 숨죽이고 있는 무원 귀에 점점 다가오는 발소리. 눈 질끈 감으면 발소리, 주변 맴돌다 다시 차 문 쪽으로 멀어지자 살았다 안도하며 문 틈 새로 밖 보는데, 차 밖으로 나가려던 헤드헌터 걸음 갑자기 멈춘다. 순간 긴장하는 무원, 다시 숨죽이는데 점점 발소리 가까워지더니 무원 숨어있는 곳에 멈춰 서는. 입 틀어막으며 덜덜 떠는 무원 그런데 헤드헌터의 발이 무원 숨어있는 곳 지나치고, 순간 불안감 엄습하는 무원. 틈으로 보면, 헤드헌터가 침대 밑 무치가 들어 있는 캐리어를 꺼내 발로 툭 차는데 묵직하다. 헤드헌터, 장도리로 캐리어 자물쇠 내리치기 시작하는.

인서트 /캐리어 안, 자물쇠 내리치는 소리에 어렴풋이 정신 드는 무치.
수납장 속, 무원, 캐리어 자물쇠 부수는 소리에 어찌할 바를 모르고 덜덜 떠는데‥

무치母   (E) 고무원! 엄마 눈 봐. 넌 형이야. 그러니까 무슨 일이 있어도 동생 꼭
            지켜야 되는 거 알지? 약속해. 엄마랑

캐리어 자물쇠 막 부서지려는 순간, 무원, 결심한 듯 문 확 열어젖히고 뛰쳐나와 열려 있는 차 문 향해 달린다. 그러나 미처 뛰어내리기 직전, 무원 뒷덜미 잡아채는 손. 넘어지면서도 계속 차 밖으로 기어나가려는 무원 몸을 발로 누른 채 장도리로 내리치기 시작하는.

차 계단으로 기어 내려가려 안간힘 쓰는 어린 손(핏물 타고 흐르는)이 애처롭다.

인서트/ 캐리어 안/ 무치의 공포어린 시선으로 캐리어 안, 부서진 자물쇠 사이 조금 열린 틈 사이로 그 광경 보고 마는 무치. 극도의 공포에 고통스러운 허‥허‥. 신음 소리만 흐르다 정신이 아득해진다.

잠시 후, 차 바닥에 엎드린 채 죽은 듯 움직임 없는 무원 주변으로 홍건한 피‥ 쓰윽 피 묻은 손으로 자신의 이마 닦는 헤드헌터, 다시 캐리어 쪽으로 다가가는데, 순간

요란하게 울려대는 사이렌 소리에 멈칫! 피 뚝뚝 떨어지는 장도리 허리춤에 차고 여유롭게 차에서 내려 유유히 사라진다.

S#38   오성캠핑장 안/ 밤

다급히 내리는 경찰들 총 뽑아 들고 주변 살피면 흰 눈 위로 가득한 핏자국 보인다. 숲으로 통하는 길 쪽으로 끌려간 핏자국에 "저쪽이다!" 외치면 경찰들 우르르 숲 쪽으로 뛰어간다. 경찰1, 창문 깨진 채 차 문이 활짝 열린 캠핑카 발견한다.

S#39   캠핑카 앞 + 안/ 밤

총 뽑아 들며 조심스레 캠핑카 쪽으로 다가가는 경찰1. 열린 차 문 아래로 뚝뚝 떨어지는 핏물에 잔뜩 긴장한 채, 총 겨누며 조심스레 차 안으로 올라가다 헉!!

경찰1   (무전기 들어) 캠핑카 안 피해자 발견!

무전기 끄고, 후다닥 무원에게 달려가 상태 살피는데, 뛰어 들어오는 다른 경찰들.

경찰1   아직 숨 붙어 있어. 구급차! 빨리!
경찰2   (다급히 무전) 오성캠핑장 응급환자 발생. 구급차 요망 구급차 요망‥
경찰3   (E) 여기요! 여기 애가 있어요!

일제히 돌아보면 열린 캐리어 안에 기절해있는 무치. 그 위로 구급차 사이렌.

S#40   구령(求靈) 병원- 수술실 앞/ 새벽

이불 뒤집어쓴 채 수술실 앞에 덜덜 떨며 앉아있는 무치. 완전 패닉 상태다. 띵~! 엘리베이터 문 열리고 내리는 두석.

두석	(수술실 앞에 서 있는 호남과 재필-깁스-에게 달려가) 어떻게 된 거야?
호남	여길 또 왜 와요? 선배는 빠지랬잖아.
두석	(버럭) 어떻게 된 거냐고!
호남	(포기한 듯) 캠핑장 주인이 신고했어. 물탱크를 잠가 놔서 불편할까 봐 열어주려고 왔다가 봤나 봐. (한숨) 남편은 인근 약수터에서 당했고 부인은 캠핑장 안에서 당한 것 같은데‥ 사체가 없어요.
두석	애들은?
호남	형은 수술 중인데 중태고. (패닉 상태로 앉아있는 무치 보며) 저기‥
두석	(돌아보면)
호남	엄마랑 형이 그놈한테 당하는 걸 본 것 같애.
두석	(순간 솔깃해져 무치에게 달려가) 아가. 너 그놈 얼굴 봤어? 어?
무치	(넋 나간 얼굴로 덜덜 떨며, 시선은 불안하게 움직이고 있는)
두석	(그런 무치 얼굴 꽉 붙잡고 버럭!) 정신 차리고! 어? 얼굴 봤냐고?
호남	(달려와 말리며) 그만해 선배! 안 그래도 충격받은 애한테!
두석	(애써 감정 누르며) 알았어 알았어. (호남 옆으로 밀치며 간절하게) 아가. 아저씨 그 살인마 새끼 꼭 잡아야 돼.
무치	(덜덜 떨며 고개 옆으로 흔들며 시선 피하는)
두석	그놈이 아저씨 딸을 데려갔어. 죽었는지 살았는지도 몰라.
재필	(가슴 아프게 두석 보는)
두석	어? 그러니까 기억해 봐. 그놈 얼굴 봤어?
재필	(가슴 아프게 보는)
무치	(두석과 시선 안 마주치려고 고개 숙이며 경기 일으키듯 덜덜 떨자)
두석	(소리치며) 말해!! 얼굴 봤냐고!!!
간호사	(수술 트레이 들고 가다, 달려와 바닥에 내려놓고 두석 잡으며) 애한테 뭐 하는 거예요? (호남 돌아보며) 이분 데리고 가세요. 얼른요!
호남	가! 선배 가자고! (가만 서 있는 재필 보며) 뭐해 재필아!
재필	(후다닥 두석 잡고 호남이랑 같이 끌고 가는)
두석	놔봐! (끌려가며 소리치는) 얼굴 못 봤음! 키는? 덩치는? 얘길 좀 하라고!!!

그런 두석에게 겁먹은 무치, 불안한 시선 어디에다 둬야 할지 모르다가 문득 어딘가에 시선 멈추는‥ 이내 공포스런 표정으로 으아아아악 비명 지르며 자지러진다.

간호사	(놀라) 왜 그래? 어? (붙잡으면)
무치	(뿌리치며) 으아아악~~~ !!! (경기 일으키듯 자지러지며) 저! 저! 저‥!
두석	(무치 자지러지며 가리키는 방향 돌아보는데)

S#41   서준의 집- 침실/ 동틀 녘 (블루 아워)

불룩 나온 배 때문에 불편한지 뒤척거리다 잠에서 깨는 지은. 협탁 위 알람시계 보고 놀라, 몸 힘겹게 일으킨다.

S#42   서준의 집- 거실 + 주방/ 동틀 녘

머리 묶으며 방에서 나오는 지은. 창가 테이블 말끔하게 치워져 있다. 주방으로 가면, 깨끗이 치워진 주방. 전기 포트의 보글보글 물 끓는 소리만 들린다.

지은	(미소 짓는) 언제 다 치웠대? 하여튼 우리 남편 참 부지런해요‥

거실로 나와 커튼 젖히면, 유리 밖 풍경. 밤새 내린 눈으로 세상이 온통 새하얗다.
〈점핑〉 지은, 거실, 오디오 앞에 서서 CD 고르고 있으면‥

서준	(E) 깼네? 푹 잤어?
지은	(돌아보면 장작 한 움큼 안고 들어오는 서준 보인다) 깨우지. 박사님 가시는 것도 못 보고‥ 잘 가셨어요?
서준	응. 호텔까지 바래다줬어. (벽난로에 장작 넣고 손 털며) 차 한 잔 줄까?
지은	(끄덕이는)

서준, 주방으로 가면, 지은 클래식 CD (바흐: 골드베르크 변주곡 중 아리아) 플레이어에 넣고, 창밖 보면, 저만치 만들어져 있는 아빠, 엄마, 아기 눈사람 가족 보인다.

지은	(소파에 앉아 바흐 음악 들으며 생각에 잠겨 있는데)

서준   (찻잔 지은 앞 테이블에 놓으며) 역시 태교 음악은 바흐지‥

지은   (서준이 갖다 준 꽃차 한 모금 마시며) 나라면 어떨까?

서준   (역시 한 모금 마시며) 뭐가?

지은   우리 아이가 싸이코패스 유전자라고 하면‥

서준   뭐, 그런 끔찍한 소릴 해‥

지은   아니‥ 자기 애가 싸이코패스로 태어나면 그 엄마 심정이 어떨까 해서‥

서준   으이그, 이 주책아줌마. (배 쓰다듬으며) 축복아, 귀 꼭 막어. 엄마는 태교를
        위해서 좋은 생각, 좋은 말만 해야 하는데‥ 니 엄마 영 못 쓰겠다. 그지?

지은   (미소 지으며, 자신의 배 쓰다듬는 서준의 손잡고 같이 배 쓰다듬으며) 미안해,
        축복아‥ 엄마가 잘못했어‥ 좋은 생각만 할게‥ (하는데)

그때 집 밖에서 들려오는 사이렌 소리.

지은   이 새벽에 웬 사이렌 소리지? 어디 사고 났나? (일어나 창가 쪽으로 가서 보
        다) 어? 우리 집 앞에 서는데‥?

서준   (의아한 눈빛으로 창가로 다가가서 보면 집 앞에 서는 경찰차들) 무슨 일이지?
        자긴 여기 있어. (나가는)

지은   (무슨 일인가 불안한 듯 보는)

S#43   서준의 집 앞/ 동틀 녘

현관문 열고 나오는 서준. 차에서 내리는 두석과 호남 (경찰들)에게 다가가며

서준   무슨 일이죠‥? (하는데)

두석   (수색영장 내밀며. 한서준 얼굴 똑바로 보면서) 수색해.

서준   (불쾌한 표정으로 들어가려는 경찰들 막으며) 뭐 하는 겁니까? 지금!

두석, 그런 서준의 팔을 뒤로 꺾어 자신이 타고 온 차에 밀어붙이고는 수갑 채우고
총 뽑아 들어 서준 향해 겨눈다.

서준	(당황하는) 왜, 왜 이러는‥?
두석	왜 이러는 줄 몰라? 헤드헌터!

S#44   구령(求靈) 병원- 수술실 앞/ 새벽 (#40에 이어지는)

으아아악~~! 비명 지르며 자지러지는 무치가 가리키는 손가락 방향 돌아보는 두석. 수술실 옆 벽에 붙어있는 포스터 <구령병원 유명의! 뇌신경외과 한서준 교수 특강 '겨울철 뇌졸중 예방'> 속 온화한 미소의 서준 사진. 두석, 뭐지? 싶어 무치 보면

무치	저 사람‥ 저 사람이야!!! 내가 똑똑히 봤어! 으아아아앙!!! 엄마!!! 아빠!!!!!
두석	!! (미간 꿈틀하는)

S#45   서준의 집 앞/ 동틀 녘

서준, 두석의 차에 엎어져 수갑 손 뒤로 채워진 채 황당하고 어이없는 표정으로

서준	헤드헌터라뇨? 제가요? (황당한) 어이가 없어서‥ (하다)

두석 차 뒷좌석 아래 무언가 보인다. 뭔가 싶어 천천히 보려는데 '무슨 일이에요? 서준씨' 지은 목소리에 고개 돌리면 맨발로 나와 있다. 그때, 뒷좌석 밑에서 고개 드는 무치, 분노로 이글거리는 눈빛으로 (지은 쪽 보는) 서준의 뒤통수 노려본다.

S#46   구령(求靈) 병원- 수술실 앞/ 새벽 (#44에 이어지는)

자지러지던 무치, 급히 뛰어가는 두석과 호남보고 (간호사가 바닥에 내려놓은 수술 트레이에서 무언가 집고, 벌떡 일어나) 정신없이 쫓아가는.

S#47   구령(求靈) 병원- 현관 앞 + 차 안/ 새벽

경찰차 카폰으로 통화 중인 두석. 몰래 쫓아온 무치가 조심스레 다가간다.

두석   체포영장 안 되면 수색영장이라도 당장 발급해달라구요. (버럭!) 뭘 아침
      까지 기다려?!!! 그러다 놓치면 책임질 거야?
호남   너무 섣부른 건 아니에요? 선배? 꼬마가 한 말만 듣고….
두석   난 지금 못할 게 없어. 지나가는 개새끼 말도 믿을 수밖에 없다고!

무치, 두사람 몰래 차에 쓱 올라타 뒷좌석 밑 구석에 웅크려 몸 숨긴다.

S#48   서준의 집 앞/ 동틀 녘

지은   (맨발로 달려 나와 경찰들에게) 대체 왜 이래요? 여, 여보! 서준씨!!!
두석   (경찰들 향해) 샅샅이 뒤져!!! 살인 흉기, 없어진 시신, 머리들 싹 다 찾
      아!!!
지은   (이게 무슨 일인가? 당황스럽기만 하고 어찌할 바를 모르는)

경찰들, 일제히 집으로 뛰어 들어가고. 두석 역시 호남에게 잡고 있던 서준 넘기고
집 안으로 뛰어 들어간다.

지은   (들어가는 경찰들 붙잡으며) 왜 남의 집엘 함부로 들어가요!!! 이봐요. (붙잡
      다 안 되겠는지 서준에게 뛰어오는데, 수갑 채워진 서준의 손보며 미쳐버릴 것 같
      은) 무슨 일이에요‥ 어? 서준씨‥ 이게 어떻게 된 거야?
서준   (황당하고 기막힌 표정으로) 나도 뭐가 어떻게 된 일인지 모르겠어‥ 뭔가
      오해가 있는 거 같은데‥ 괜찮을 거야‥ (가쁜 숨 몰아쉬는 지은 걱정스레
      보며) 진정해. 지은아.
지은   (서준 잡고 있는 호남 붙들고) 당신들!! 뒷감당 어떻게 하려고‥ 오늘 일 가
      만 안 넘어갈 거야!!!
호남   (경찰들에게 눈짓하면)

경찰	(지은을 서준에게서 떼어내며 데리고 가는)
서준	지은아. 진정하고 내 친구 황변 알지? 걔한테 전화부터 해. 얼른.
지은	(끄덕이며 다급히 집안으로 달려 들어가는)

S#49   몽타주- 서준의 집 안/ 동틀 녘

온 집안을 샅샅이 뒤지는 경찰들. 1층, 2층 침대, 서랍 등 다 뒤지는. 뒤쪽으로 가보면, 장작더미들과 작은 비닐하우스로 꾸며진 아기자기한 온실. 온실 안으로 들어가 각종 유실수와 꽃들·· 등등·· 두석, 여기저기 살피는.

S#50   서준의 집- 현관 밖 + 차 안/ 동틀 녘

서준 붙들고 있는 호남, 초조하게 대기 중이다. 서준은 베란다 창 안으로 거실에서 다급히 변호사와 통화 중인 지은 모습 본다. 집 안에서 나오는 경찰들과 뒷마당 쪽에서 돌겠다는 얼굴로 나오는 두석. 호남, 옆 경찰에게 서준 맡기고 다가간다.

경찰2	(난감한) 아무것도 안 나오는데요··
호남	(두석 보며) 좀 신중하게 접근하자고 했잖아요. 꼬맹이 말만 듣고 이게 뭐예요? 솔직히·· 말이 돼요? 잘 나가는 의사가 살인마라는 게?
두석	아이씨!!! (머리 뜯으며, 분해서 씩씩거리는데)

얘기 중인 형사들 쪽 보고 있는 서준. 그때 지잉 창문 내리는 소리에 돌아보면 어느새 창문 다 내린 무치와 눈 딱 마주친다. 서준, 저 아이가 누군가 싶은 순간!

무치	(몸 확 내밀며 서준의 목 향해 무언가 내리찍으며) 죽어!!!!
서준	(반사적으로 피하다, 오른쪽 볼 쫙 스치며 핏물 쓰윽 올라오는) 으윽!!!

소리에 동시에 돌아보는 두석과 형사들, 놀라 뛰어온다. 그와 동시에 무치, 차 문 열고 튀어나오더니 손에 들려있는 메스로 한 번 더 서준 공격하는데! 두석, 반사적으

로 서준 보호하며 무치 밀쳐내자, 무치, 엄마 눈사람 위로 쿵 넘어지며 엄마 눈사람 머리 부분이 바닥에 툭 떨어지는데‥ 떨어진 눈사람의 머리 깨지면서 드러나는 비닐봉지. 무언가 들어있다. 동시에 다들 저게 뭐지? 싶어 보다 허억 놀라는!

무치   엄~~마아~~~!!!!

S#51 서준의 집- 거실 안/ 동틀 녘

거실 서성이며 무선전화기로 통화 중인 지은, 변호사에게 자초지종 설명 중인데‥ 무치 비명에 놀라 돌아보니 바깥 상황 심상치 않다. 무슨 일인가 천천히 거실 창 쪽으로 다가가면 창밖 깨진 눈사람에서 굴러 나온 봉지 안에 든 무언가‥

지은   (중얼거리듯) 저게‥ 뭐지‥? (하다 허억! 입 틀어막는)

S#52 거리/ 낮

전광판 속보, 자막 〈속보! 희대의 연쇄살인마 헤드헌터의 정체, 유명의사 한 씨!〉

기자   (E) 경찰은 헤드헌터로 밝혀진 의사 한씨의 집 뒷마당 온실에서 두 구의 머리 없는 시신을 찾아냈습니다.

출근길 전광판 보는 인파들. 버스, 지하철 등 핸드폰 뉴스 보며 충격받은 얼굴로 웅성거린다. 화면에는 속보 자막과 함께 나무 아래 파헤쳐진 서준 집 온실 보인다.

기자   (E) 발견된 시신은 캠핑장에서 살해된 부부의 것으로 추정돼, 국과수에‥

S#53 구령(求靈) 경찰서 앞 + 모니터 화면/ 낮

두석과 호남에게 팔짱 끼워진 채, 체포되어 경찰서로 들어가고 있는 (오른쪽 볼에 살색 밴드 붙인) 서준. 기자들 취재 경쟁 몸싸움에 이리저리 치이고 있다.

기자   (몸싸움하며 인터뷰하는) 혐의 인정하십니까?
서준   (억울한 표정. 그러나 애써 차분하게) 제가 한 게 아닙니다.
기자   눈사람에서 피해 여성의 머리가 나온 부분은 어떻게 생각하십니까?
서준   제가 만든 게 아닙니다. 그 눈사람이 대체 어떻게 제 집 앞에 세워져 있는지, 전 정말 알지 못합니다.

서준에게 달려드는 피해자 유가족(수정母와 수호) "내 딸 살려내. 내 딸" 이 모습이 TV 화면으로 바뀐다. 경찰들 유가족들 떼어내자 서준 향해 날아오는 음식물 쓰레기 세례, 서준 얼굴 쓰레기로 범벅이 된다. 경찰들, 피해자 유가족들 말리느라 아수라장이 되고, 형사들 서준 급히 안으로 데리고 들어가는.

S#54   서준의 집- 거실/ 밤

TV 뉴스 속 서준 모습, 멍한 얼굴로 보고 있는 지은. 서준 관련 뉴스 화면 속에 갑자기 속보 자막 뜬다.

앵커   (E) 속봅니다. 헤드헌터 사건의 유력 용의자인 한씨에 대한 구속영장이 기각됐습니다. 법원은 목격자 진술의 신빙성 부족을 이유로….

문득 고개 돌리는 지은, 폴라로이드 사진들 장식되어 있는 거실 벽에 시선 멈추는데, 그 위로 딩동 벨소리 들린다.

S#55   구령(求靈) 경찰서- 취조실 앞/ 밤

불만 가득 섞인 표정의 형사들 대기 중이고, 때마침 취조실 문 열리며 호남, 재필이 (왼쪽 깁스) 서준 데리고 나온다. 뒤따라 나오는 변호사(황변), 서준, 나오자 짜증 난

형사들 홍해 갈라지듯 양옆으로 갈라지고. 서준, 황변과 같이 가는데 맞은편 복도 끝에 서 있던 두석, 저벅저벅 걸어와 서준 앞에 멈춰 선다. 변호사 무슨? 하고 물으려는데 그대로 날아오는 주먹. 서준, 넘어지면 위에 올라타 계속 구타한다. 놀란 형사들, 다급히 서준 몸에서 두석 떼어낸다.

변호사   뭐하는 겁니까? 이봐요!
호남   (끌어내며) 선배. 그만해요!! 그만하라고!!!
두석   (뿌리치며) 놔! 저 새끼 맞아. 저 새끼 풀어주면 안 된다고!!!
호남   (가슴 아픈) 정신 차려요! 제발 이성적으로‥
재필   (역시 고통스럽게 보는)
두석   내 딸 어딨어! 말해 말하라고! 내 딸 어딨냐고 이 개새끼야!!
변호사   괜찮아? (서준 일으키며, 두석 향해) 그냥 안 넘어갈 겁니다! 가자!

형사들 두석 잡고 있고, 변호사 서준 데리고 가는데. 서준, 긴장한 눈빛으로 걸어가다, 형사들에게 붙들린 채 자신 향해 "내 딸 어딨어? 살아있지? 응? 내가 이렇게 빌게! 제발!" 절규하듯 소리치는 두석 돌아본다.

S#56   구령(求靈) 경찰서- 주차장/ 밤

대니얼, 지은 태워 왔다. 주차하며 차창 밖 현관 보면 취재진들로 북새통이다.

대니얼   (시동 끄고) 내리시죠. (내리려는데)
지은   (E) 박사님‥
대니얼   (돌아보면)
지은   (시선 정면에 둔 채) 싸이코패스도 사랑을 할 수 있나요?
대니얼   아뇨. 싸이코패스는 태생적으로 자기 말곤, 누구도 사랑할 수 없어요.
지은   ‥
대니얼   (안심시키듯) 서준이‥ 지은씨 정말 사랑해요. 내가 알아요. (그때 차창 밖으로 경찰청 현관에서 나오는 서준과 변호사, 몰려드는 기자들. 서준 모습 보고 반가운) 저기, 나오네요.

S#57   구령(求靈) 경찰서 앞/ 밤

변호사 따라 나오는 서준. 순간 우르르 몰려드는 기자들에게 휩싸이는데‥

기자1.2   얼굴에 상처는 어떻게 된 거죠?/ 경찰의 강압 수사가 있었습니까?
변호사   네. 형사가 다짜고짜 폭행‥
서준   (막으며) 아‥ 그게‥ (난감한) 형사님이 피해자 가족이라‥ 감정이 격해지
        셔서‥ 하루빨리 범인이 잡혀서, 따님을 꼭 찾으시길 저도 기도하겠습니
        다.
기자   집 앞에 눈사람, 정말 본인이 만든 거 아닙니까?
서준   네 아닙니다. 다시 말씀드리지만, 그 눈사람이 대체 어떻게 제 집 앞에 세
        워져 있었는지, 알지 못합니다. 우리 집 앞에다, 그런 끔찍한 짓을 해놓은
        그 헤드헌터란 놈이 반드시 잡히길 간절히‥ (하다 기자들 뒤에 선 지은과
        대니얼 발견하고) 지은아‥ (카메라, 우르르 서준과 지은 향하면, 몇 발자국 내
        려가 서 있는 지은을 안는다) 마음고생 심했지? 이제 오해 다 풀렸으니까‥
지은   (서준 품에 안긴 채 서준 귀에 대고 나지막이) 너잖아‥
서준   (반사적으로 놀라 포옹 떼면)
지은   (떨리는 목소리지만 강한 어조로) 니가 만들었잖아. 그 눈사람!

S#58   서준의 집- 거실/ 지은의 회상(과거)/ 동틀 녘 (#42상황)

잠에서 깨 거실로 나온 지은, 커튼 치면 밤새 내린 눈으로 온통 새하얀 풍경. 옆 창 커튼
치면, 가족 눈사람 만들고 있는 서준 모습. 아빠 눈사람 아기 눈사람 완성된 옆으로 엄마
눈사람 몸통 있다. 엄마 눈사람 머리 굴리는 서준을 보는 지은.

지은   축복아‥ 아빠가 우리 가족 눈사람 만드나 봐. 저게 아빠‥ 저게 우리 축
        복이‥ 저게 엄마‥ (하다 생각난 듯)

오디오장 위에 폴라로이드 사진기 가져와 렌즈에 눈 대면 서준이 굴린 눈덩이 들고
와 엄마 눈사람 몸통 위에 턱 올린다. 그 위로 찰칵! 셔터 누르는 소리.

S#59   구령(求靈) 경찰서 앞/ 현재/ 밤

지은, 주머니에서 폴라로이드 사진 꺼내 서준 앞에 든다. 서준이 엄마 눈사람 몸통에 머리 눈덩이를 올리고 있는 순간의 모습. 대니얼, 충격으로 서준을 본다. 순간 멍하던 기자들, 일제히 플래시 터뜨리고 형사들 뛰어와 지은 손의 사진 뺏어본다.

지은   (숨 가쁘게 몰아쉬며 노려보는)
서준   (순간 인상 팍 찌푸리며) 아씨··

S#60   도로 + 차 안/ 서준의 회상(과거)/ 밤 (#26상황)

운전 중인 서준. 대니얼과 카폰으로 통화 중이다.

서준   집에 거의 도착했어, 그래 대니얼. 얼른 자.

전화 끊고 마을 진입로 앞 좌회전 차선에 신호 받고 멈춰 서는데·· 빵! 경적에 돌아보면 옆 차선에 선 캠핑카. 차 창문 내리면, 운전석에서 내려다보는 무치父

S#61   마을 입구/ 서준의 회상(과거)/ 밤 (#26에 이어)

운전석에 앉은 채 설명 중인 서준. 무치父, 설명 듣고 있다.

서준   우회전해서 10분만 쭉 직진해서 올라가면 거기가 오성캠핑장이에요.
무치父   아, 감사합니다.
서준   감사는요 뭘. (하며 슬쩍 보면 캠핑카 창문 너머 무치母와 무원 보인다)
무치父   조심히 가이소. (꾸벅 인사하고 뛰어가면)
서준   (차창 올리며 사이드미러로 캠핑카로 뛰어가는 무치父 보며 입꼬리 씩 올려 웃고
          쏟아지는 눈 바라보며 중얼거리는) 사냥하기 좋은 날씨네.

S#62　구령(求靈) 경찰서 앞/ 현재/ 밤

기자들 카메라 플래시 계속 터지고‥ 충격받은 얼굴로 멍하니 서 있는 대니얼.

서준	(피식 비웃듯) 역시 똑똑해. 내 마누라.
대니얼	(그런 서준 반응에 허‥ 충격받는)
지은	(순간 달려들어 서준 멱살 잡고) 너 왜 나랑 결혼했어? 왜!!!
서준	(지은 보는 눈빛 서늘한)
지은	싸이코패슨 자기 말곤, 누구도 사랑할 수 없대. 첨부터 그렇게 태어났대! 말해!! 왜 나랑 결혼했냐고! 사랑하지도 않으면서!!! 왜!
서준	(물끄러미 보다 어깨 으쓱. 피식 웃으며) 뭐‥ 일종의 종족 번식이랄까‥?
지은	(기막힌) 뭐?
서준	(뻔뻔하게) 내 새끼가 필요했어. 나, 한서준 2세가‥
지은	으아아악!!!! (미친 듯이 서준 때리며) 이 개새끼야!!! 이 미친 새끼!!!!

형사들, 서준에게서 흥분한 지은 떼어내는데 그대로 기절하는. 당황한 형사들 지은 부축하고. 호남 등, 다시 서준 손에 수갑 채우고 경찰서 안으로 끌고 들어가고, 일부 형사들은 쫓아 들어가려는 기자들 막느라 정신없다. 그 아수라장 속에 멍한 표정으로 덩그러니 서 있던 대니얼, 갑자기 현관 앞 무리들 헤치고 뛰어 들어간다.

S#63　구령(求靈) 경찰서 복도/ 밤

뛰어오는 대니얼. 서준 뒷모습 발견하고 뛰어가 호남 옆으로 확 밀치고, 순식간에 서준 끌고 옆방으로 들어가 문 쾅 닫는다.

S#64　구령(求靈) 경찰서 안 (면담실)/ 밤

대니얼, 문 잠근 후 돌아보면, 서준, 그 모습 흥미롭게 보며 여유롭게 자리에 앉는다. 밖에서 문 쾅쾅 두드리며 "문 열어요! 문!" "열쇠 가져와!! 얼른" 등등 난리다.

대니얼	(침 꼴깍 삼키고는 애써 침착하게) 니가‥ 그랬니?
서준	(보는)
대니얼	(떨리는 목소리로) 니가 죽였어?
서준	(대답 않고 말간 눈빛으로 본다)
대니얼	(호흡 점점 거칠어지며 허‥허‥) 죽였냐고?! 내 동생‥
서준	(눈빛 전혀 흔들림 없이 계속 보는)
대니얼	그날 니들 피크닉 가서 강도 당한 게 아니었던 거야? 니, 니가 죽이고 강도당한 것처럼‥ 꾸민 거‥ (제발 아니길) 아니‥ 지? 어? 아니지‥?
서준	(떨리는 대니얼 손, 눈빛 바라보다 이윽고 입 떼는 담담하게) 사람 목숨이라는 게 참 질겨. 그치?
대니얼	?
서준	(기억 더듬는 듯) 한 스무 방인가? 그렇게 쑤셔댔는데도 그 피를 쏟으면서 도망을 치더라? 엄~청 아팠을 텐데‥.
대니얼	(분노로 바들바들 떨기 시작하는)
서준	그래서 소리쳤지. "제니퍼! 당장 안 나오면, 너희 집으로 달려가서 니 엄마랑 오빠 갈기갈기 찢어 살점을 다 발라버릴 거야. 자, 선택해! 당장 기어 나오든가. 살점 발린 가족들 모습을 니 눈으로 직접 보든가‥ 하나! 둘!" 숫자를 다 세기도 전에 바위 뒤에서 피범벅이 돼 엉금엉금 기어 나오는 꼬라지가 어찌나 우스꽝스럽던지‥
대니얼	왜‥ 왜 죽였어? 대체 왜? 걔가 널 얼마나 사랑했는데!!!! 왜!!!!!
서준	(눈썹 하나 꿈틀 않고, 당당한) 내 새낄 지웠대잖아. 내 허락도 없이 감히! 뭐? 애 낳을 생각이 없어? 지깟 년이 감히 이 한서준 2세를‥!!!!
대니얼	(분노로 온몸이 타들어 갈 것 같은데)

그때 문 쾅 열리며 열쇠 들고 들어오는 호남과 형사들.

호남	(대니얼에게) 뭐 하시는 거예요? 가! 얼른! (서준 일으켜 끌고 나가는)
서준	(끌려나가다, 등 보인 채 우두커니 서 있는 대니얼 돌아보고 씩 웃으며) 숨이 깔딱깔딱 넘어가는 순간에도 말이야.
대니얼	(서서히 돌아보는, 눈이 시뻘겋게 충혈된)
서준	약속 지키라며. 엄마랑 오빠는 절대 건드리지 말라며 애원하던 그 눈빛

이 어쩌나 섹시하던지··

호남　시끄러! 나가! 얼른 (서준 끌고 나가면)

대니얼　(그대로 무너지듯 그 자리에 주저앉아 꺼억꺼억 오열한다)

S#65　구령(求靈) 병원- 응급실/ 낮

정신 드는 지은. 머리맡에 대니얼 서 있다.

대니얼　(지은 내려다보며) 영국에서 같이 일했던 동료 연구실이 여기 있습니다.

지은　네?

대니얼　검사·· 해 드릴까요?

지은　(당황하며 자신의 불룩 나온 배 보는)

S#66　유전자연구소- DNA 채취실/ 낮

침대 위에 누워있는 지은, 그 옆에 초음파기 화면 속, 태아 모습 보인다.

대니얼　(흰색 가운 입고, 마스크 쓴 채 긴 주사기 들고 앉는) 시작하겠습니다.

지은　(끄덕이고, 후 한숨 내쉬고 눈 감는)

대니얼　(지은의 복부에 주사기를 찔러 쑤욱 넣는)

초음파 화면에 긴 주사기 바늘 서서히 태아를 둘러싸고 있는 양수로 들어가는 모습.

S#67　서준의 집 앞/ 며칠 후/ 낮

폴리스라인 처진 현관 앞, 몇 명 기자들은 집 앞에 진 치고 있다. 서준의 집 거실이나 방 등, 창이란 창은 모두 커튼으로 가려져 있다.

S#68 서준의 집- 거실/ 낮

적막만 흐르는 어두컴컴한 거실. 구석에 초조한 얼굴로 앉아있는 지은. 그 앞에 놓여있는 아기용품들(아기 신발, 배냇저고리, 딸랑이, 모빌 등). 자꾸 눈물이 쏟아지는 지은, 배냇저고리 만지작거리는데 요란한 전화벨 소리에 놀라 바라보는.

S#69 유전자연구소- 복도/ 낮

무거운 배 받치며 힘겹게 걸어오는 지은. 금방이라도 쓰러질 듯 위태위태하다. 한 연구실 앞에 멈춰 서더니 후- 길게 심호흡하고는 노크하려고 하는데 마침 문 열고 나오는 대니얼과 배 살짝 나온 (6개월 차에 접어든 정도의) 한 임산부(희정).

대니얼 (문 앞에 서 있는 지은 보고) 오셨어요? 잠시만요. (임산부 희정에게 친절하게)
        저기, 휴게실에 잠시만 가 계세요‥

희정, 고개 끄덕하고 가는데, 뭔가 큰 충격 받은 듯 휘청인다. 그 모습 보는 지은.

S#70 유전자연구소- 연구실/ 낮

지은 자리에 앉으면 대니얼 자리에 앉는다.

지은   (책상 위 검사 결과지에 시선 두며 긴장한) 어떻게 나왔어요‥?
대니얼 (어떻게 얘기해야 하나 난감한 표정이다)
지은   (순간 심장 쿵 내려앉는) 서, 설마‥
대니얼 (시선 피하며 끄덕이는)
지은   (허‥ 숨 가빠지며 몸 후들후들 떨리며 휘청이는)
대니얼 (당황하며 얼른 지은 부축하는) 괜찮으세요?
지은   (대니얼 팔 확 붙잡으며) 지, 지워주세요‥.
대니얼 전 의사가 아닙니다. 그리고 지은씨는 이미 낙태 시기도 지났고요.

지은	(대니얼 손 붙잡고 빌듯이) 그럼 어떡해요‥ 살인마를 낳으라구요?
대니얼	아닐 수도 있습/
지은	(버럭) 99%라면서요! 나머지 1%라고 믿으라구요? 더구나 한서준 핏줄인데?!!!! 어허허헉‥ 어어어억‥ (오열하는)

그런 지은을 바라보는 대니얼의 얼굴에 만감이 교차한다. 그때 전화기 울린다.

대니얼	(전화받는) 네. 지금 내려갈게요. (전화 끊고 잠시 머뭇거리다) 급한 손님이 와서‥ 잠깐만 내려갔다 오겠습니다.

대니얼 책상에서 서류봉투 하나 들고일어나 나가려다 대답 없이 울고 있는 지은을 잠시 보고, 말없이 문 열고 나간다.

S#70   유전자연구소 현관 앞 + 차 안/ 낮

대니얼 서류봉투 든 채 현관문 밖으로 나오면, 현관 앞 중형 세단 서 있다. 뒷좌석 창문 쓰윽 열리는.

S#71   유전자연구소- 복도/ 낮

비틀거리며 걸어오는 지은. 다급한 걸음으로 걸어오는 30대 여성(형철母). 그런 지은 보고 왜 저러지? 싶어 보는데, 지은 휴게실 안으로 들어가는.

비하인드 >>

S#71-1   유전자연구소 현관 앞 + 차 안/ 낮/ 연결 추가

창문 쓱 열리면 최영신 앉아 있다.

대니얼	(복잡한 표정으로 영신 보며) 이게 맞는 걸까요? 영신?
최영신	(그 심정 이해한다는 표정으로 보며) 나도 확신이 안 서…. 하지만 대니얼. 전쟁과 범죄가 없는 유토피아는 저절로 오지 않아. 우리가 만들어가야지.
대니얼	··
최영신	제니퍼의 죽음을 생각해. 더 이상 제2의 제니퍼가 생기지 않게 하자. 우리….
대니얼	(작은 한숨. 손에 든 서류봉투 영신에게 건넨다)

#71-2 달리는 차 안/ 낮/ 독립씬 추가

최영신, 대니얼이 건넨 서류 꺼내면 산모 성지은. 김희정 태아 자료
(유전자 관련 염기서열 포함 등) 있다. 한 장 더 넘기면 우형철 유전자 자료도 있다.

S#72 유전자연구소- 휴게실/ 낮

들어와 음료수 자판기에 몸 기대며, 힘겹게 지갑에서 동전 꺼내 자판기에 넣고 떨어지는 생수 꺼내려다 주저앉아 통곡하는 그때, 누군가 내미는 손수건. 지은 고개 들면 (#69) 연구실 문 앞에서 봤던 그 임산부 희정이다.

희정	(지은 일으켜 의자에 앉히며) 검사하신 거죠?
지은	(놀라 보면)
희정	그럴 거라 짐작했어요. 박사님 찾아온 임산부라면··
지은	그럼··? (하며 희정의 배 쪽에 시선 가면)
희정	(끄덕) 남편이 영국에서 박사님팀 연구원이었거든요. 그이가 실험에 도움이 되고 싶다고 해서·· 그때 제가 마침 임신 6주 차여서 지원했었어요. 며칠 후에 결과가 나왔는데·· 남편이·· 별문제 없다고·· 정상아라고··
지은	아·· (그런 희정이 부러운)

희정	근데 자꾸 남편이 뭔가 숨기는 느낌이 들어서‥ 찜찜해 하고 있었는데‥ (잠시 뭔가 생각하다) 사정이 생겨 지난달에 한국엘 나왔거든요‥ 근데 마침 대니얼 박사님이 한국 오셨단 얘기 듣고, 혹시나 하는 마음에…
지은	?
희정	남편이 거짓말을 했더라구요. 이 아이‥ 싸이코패스 유전자로 나왔대요. 제가 충격받을까 봐. 그동안 남편이 숨기고 있었던 거죠.
지은	하아‥. (잠시 침묵 흐르다 조심스레) 몇 주‥세요‥?
희정	이제 막 23주에 들어섰어요.
지은	다행히 낙태 가능한 시기네요‥ 애야‥ 또 가지면 되는 거고….
희정	그이, 지난달에 죽었어요. 사고로‥ 그래서 한국에 들어온 거예요‥
지은	(당황하며 보면)
희정	공을 잡으려고 차도로 뛰어든 꼬마를 구하려다 트럭에 치여…
지은	(하아‥)
희정	내 목숨보다 더 사랑했던 사람이었어요. 이 아이가 그 사람이랑 이어진 유일한 존재인데‥ (떨어지는 눈물 손등으로 쓱 훔치며) 우리, 어떻게 만난 줄 아세요? 런던에 여행 갔다 노상강도 당했는데 지나가던 유학생이었어요. 끝까지 쫓아가 칼부림 당하면서까지 그 강도 잡아준 사람이에요. 우리 그이‥
지은	‥
희정	그게 인연이 돼서 사랑했고‥ 결혼했고‥ 그이는 그런 사람이에요. 자신보다 남을 위해서 희생하는‥ 세상에 법 없이 살 수 있는‥ 그런데 그런 사람의 분신인 이 아이가‥ 싸이코패스일리가‥ 살인마가 될 리 없어요‥
지은	‥
희정	(결심 선) 전 낳을 거예요. 낳아서 증명할 거예요. 박사님이 틀렸다는걸‥
지은	‥
희정	(조심스레) 어떡하실 건데요‥?

지은 대답 못 하고, 그렇게 지은과 희정 두 사람 사이에 잠시 침묵이 흐른다.

희정	(일어나며) 가볼게요. (지은 안타까운 표정으로 보다) 행운을 빌게요‥

희정 일어나면, 휴게실 문 앞에서 듣고 있다, 후다닥 가는 30대 여성(형철母). 희정

나가면 빈 휴게실에 홀로 남은 지은. 휴게실 안에 적막감 흐르고‥ 멍하니 있던 지은, 천천히 자기 배 내려다본다. 불룩 나온 배 한참 동안 바라보는데. 순간 꿈틀 움직이는 지은의 배, 강한 태동 느껴진다. 화면 서서히 페이드아웃.

기자	(E) 스무 명의 무고한 생명을 잔인하게 살해하고 시신을 훼손한 희대의 살인마 헤드헌터 한서준의 최종심 재판에서도 법정 최고형인 사형이 선고됐습니다. 이로써 한서준의 사형이 최종 확정되었습니다.

S#74   구치소- 운동장/ 낮

화면 밝아지면, 5년 후 자막. 빨간 명찰 죄수복 차림의 서준, 운동장 벤치에 앉아 유유자적 햇볕 쬐며 신문 읽고 있는데 〈구령산 터널 공사현장서 아이 유골 발견〉, 〈DNA검사결과 헤드헌터에게 납치당했던 사건 담당형사 딸, 박양으로 밝혀져‥〉 기사 읽는 서준 피식 웃으며 뒷장 넘기는데 공항에서 나오는 대니얼 사진 있고, 그 밑 타이틀 기사 〈대니얼 리 박사, 세계범죄연구 세미나 참석차 일주일 일정으로 한국 방문〉 그때 어디선가 찍찍 소리 들리고, 돌아보면, 철망에 끼어 옴짝달싹 못 하고 있는 지저분한 먹색 새끼 쥐가 보인다. 서준, 그 모습 물끄러미 바라본다.

S#75   한국 유전자연구소- 연구실/ 밤

똑똑! 연구소장 들어오면, 대니얼 책상 앞에 앉아 세미나 준비 중이다.

소장	세미나 준빈 잘 되고 있어?
대니얼	응. 덕분에. 연구실 빌려줘서 고마워.
소장	고맙긴. 영국에 있을 때 니 신세 많이 졌잖아. (상자 들어 보이며) 근데 니 앞으로 소포가 왔는데? 여기 있는 줄 어떻게 알고? 극성팬인가? (웃으며 두고 가면)
대니얼	(상자에 자신의 이름과 연구소 주소 적혀있다) 누가 보냈지?

갸웃하는 대니얼 박스 뜯어보는데 순간! 상자에서 확 튀어나오는 생쥐(#74). 으악!

뒤로 엉덩방아 찧는 대니얼. 순간 생쥐, 덜 닫힌 문틈으로 쪼르르 나가버리는. 당황한 얼굴로 일어나는 대니얼, 상자 안에 남아있는 생쥐 발견하고, 머리에 실 자국 발견하고 흠칫 놀라는. 설… 마?

S#76   골목/ 아침 (#1의 당일)

추적추적 비 내리는 골목. 끼익 대문 열리고 나오는 노란 장화와 우비, 그 안에 노란 유치원복 입고 유치원 가방 멘 재훈(6세). 재훈, 터벅터벅 걸어가다 문득 멈춰서 뭔가 물끄러미 본다. 시선 머무는 곳, 구석 후미진 곳에 생쥐 한 마리가 비에 흠뻑 젖은 채 바들바들 떨고 있다. 조심스레 다가가 그 앞에 쭈그리고 앉아 보는데. 쥐의 머리 가운데 털 깎여 있고 그 부분에 실 끝이 툭 튀어나와 있다. 신기한 듯보다 주머니에서 땅콩바 꺼내 부쉬 부스러기 일부 손바닥에 올려 생쥐에게 내밀면, 생쥐 도망가지도 않고 아이 손에 올라타 부스러기 먹는다.

S#77   애니멀 테마파크 파충류 관/ 낮 (#1과 동일)

유치원생들 여기저기 동물들 구경하느라 정신없고, 먹구렁이 유리관 앞에서 교사가 아이들 사진 한 명씩 찍어주는 중이다. 다음 순서인 재훈의 굳은 얼굴, 그 위로 찰칵 소리! 그 위로

스텝   (E) 먹구렁이는 우리나라에 사는 뱀 중에 젤! 큰 뱀이에요.

유리관 앞에 붙어 눈 반짝반짝 빛내며 신기한 듯 먹구렁이 구경 중인 유치원생들. 다른 아이들이랑은 다르게 재훈, 심드렁하게 보고 있다.

스텝   먹구렁이는 개구리랑 참새, 설치류… 아, 쥐를 먹고 살아요.

'쥐'라는 단어에 순간 눈빛 반짝 살아나는 재훈. 메고 있던 가방 속에 쓰윽 손 집어넣고 쥐 움켜쥐더니, 잽싸게 먹이 구멍 안으로 집어넣는다! 순간 아악!! 비명과 함께

유리관 속, 갑자기 나타나 날뛰는 생쥐 집어삼키려는 먹구렁이. 그 모습에 놀라 자지러지는 아이들과 달래는 교사와 스텝들로 아수라장인데. 그 속에서 꼼짝 않는 재훈의 눈에 비친 유리관 속 상황. 전세가 뒤바뀌어 생쥐가 사납게 먹구렁이 공격하는 기현상 벌어지고 있다. 유리에 비친 재훈, 무표정하면서도 흥미로운 눈빛이다.

S#78   초등학교 전경 + 교실 안/ 낮

자막 5년 후, 그림 그리는 학생들. 담임 돌아다니며 학생들 그림 보는데, 맨 뒷줄 창가에 앉은 재훈, 그림 그리며 다른 손으론 연신 그림 그리는 팔 북북 긁고 있다.

담임   반장, 많이 가려워? (팔 잡고 살펴보면 너무 긁어서 피가 나올 정도다) 아휴‥
          그만 그리고 양호실 가서‥ (하다)

재훈의 그림 보고 흠칫 놀라 보면, 재훈 무표정한 얼굴로 여전히 팔 북북 긁으며 담임 빤히 쳐다본다. 뭔가 섬뜩함이 느껴지는 시선이다.

〈점핑〉 텅 빈 교실, 창가 교사 자리에 앉아 재훈의 스케치북 그림 보고 있는 담임. 스케치북 속 그림, 뇌가 드러난 흉측한 얼굴이다. 다음 장 넘겨보면, 역시 뱀 달린 메두사 머리에 시뻘건 혀가 길게 뽑혀 나온 흉측스러운 그림이다. 심각한 얼굴로 생각에 빠져있던 담임, 문득 고개 들어 창밖에 시선 두는데 저 멀리 사육장 앞쪽에서 아이들 무슨 일이 벌어진 듯 부산스러운 모습. 무슨 일인가 싶어 창문 열면‥

학생   (교실 문 드르륵 열리며 다급히) 선생님! (겁먹은 얼굴로) 토, 토끼가‥

S#79   초등학교 내 사육장 앞/ 낮

학생 따라 뛰어온 담임. 교내 사육장 철망 앞에 등 돌린 채 서 있는 재훈의 모습. 담임, 멈춰 서서 사육장 보면, 철망 바로 안쪽에 죽어있는 토끼와 주변의 피‥ 놀라 재훈 바라보면, 철망 앞에 등 대고 서 있던 사내아이, 쓰윽 고개 돌리는데, 재훈이다.

무표정한 얼굴 위에 튀어있는 토끼의 핏방울들. 그 모습이 섬뜩하다.

S#80 초등학교- 상담실/ 낮

재훈과 담임, 마주 앉아있다. 표정 없는 재훈 여전히 팔 북북 긁는

담임 (그런 재훈의 행동 관찰하듯 보며 조심스럽게) 토끼는 왜 죽였어?

재훈 (건조하게) 죽이려고 한 건 아니에요··

담임 근데 토끼 배를 왜 갈랐어?

재훈 (중얼거리듯) 살이 쪘길래··

담임 (무슨 말인가 잘 안 들린) 어? 뭐라고?

재훈 (담임 빤히 쳐다보며) 정말 살이 찐 건지, 새끼를 밴 건지 궁금해서··

담임 (기막힌) 뭐? 그게 궁금해서 토끼를··

재훈 (아무렇지도 않은 표정으로 다시 팔 긁는)

담임 (애써 호흡 가다듬으며) 팔은 왜 그렇게 긁어··?

재훈 애들한테 짜증 나는데 애들한테 풀면 안 되니까 저한테 푸는 거예요.

담임 지금은 애들 없잖아.

재훈 선생님한테 짜증 나요. 이상한 눈으로 보잖아요.

담임 내, 내가··? (당황하다 이내 침착하게) 그래. 알았다. 나가 봐.

S#81 초등학교- 상담실 밖 복도/ 낮

상담실에서 나온 재훈 뚜벅뚜벅 걸어가면, 복도에 서 있는 아이들 서로 귓속말로 속 닥거린다. 아이들 사이, 단정한 모범생 스타일의 소년X도 재훈을 본다. 가던 재훈, 힐끗 돌아보면 소년X, 재훈과 눈 딱 마주치자 움찔한다. 재훈, 다시 시선 돌려 앞으로 걸어간다. 그런 재훈을 겁먹은 표정으로 보는 소년X. (이 장면 후에 재등장)

S#82 초등학교 전경 + 교무실/ 낮

수업 중인지 교무실 텅 비어있는. 담임 앞에 앉아있는 재훈의 父(이하 계부)

계부   애 엄마가 가게 일로 바빠서‥ 제가 대신 왔습니다.

담임   (무슨 말부터 꺼내야 하나) 재훈이 장래 희망이 의사인 건 알고 계시죠?

계부   (뿌듯한) 아, 네. 그렇다네요.

담임   성적도 전교 1, 2등을 다투고‥ 이대로만 해주면‥ 의사가 되는 건 뭐‥ 지난달
       에 학교에서 아이큐 검사를 했는데, 160이 넘었어요‥

계부   아‥ 네‥ (좋은데 애써 표정 관리하는)

담임   (눈치 살피며 본론으로 들어가는) 그런데‥ 집에선 별문제는 없나요?

계부   네? 무슨‥?

담임   (계부 앞에 재훈이 그린 그림 스케치북 내민다)

계부   (뭔가 보다, 흉측한 그림에 인상 찌푸리면)

담임   아드님이 그린 겁니다. 치료가 시급한 거 같아서 뵙자고 했습니다.

계부   (버럭) 치료라뇨? 이깟 그림 하나 특이하게 그렸다고 지금 우리 앨 정신병
       자 취급하는 거예요? 예?!!!

S#83   초등학교 교문 밖/ 낮

얼굴 시뻘건 채 씩씩거리며 나오는 계부, 그 뒤 가방 멘 채 따라 나오는 재훈.

계부   (휙 뒤돌아보며) 진짜 토끼 배를 갈랐어?

재훈   (대수롭지 않다는 표정으로 끄덕이는)

계부   뭐? (재훈 뺨 주먹으로 퍽!! 때리고는 씩씩대며 전화하는) 당신 당장 집으로
       와! 뭐? 지금 가게가 중요해? 당신 새끼가 뭔 짓을 한 줄이나 알아?!! 내가
       정말 망신스러워서!!!

재훈   (고개 들어 통화 중인 계부 바라보는. 볼 주위 빨갛게 부어있다)

S#84   재훈의 집- 재훈의 방/ 밤

거울 앞에 선 재훈, 왼쪽 볼에 시퍼런 멍 자국. 방문 살짝 열어 내다보면 계부가 미니 수족관의 금붕어들에게 먹이 주고, 계부 다리 밑에서 꼬리치고 있는 쪼꼬(반려견)도 보인다. 금붕어 먹이를 주다 쪼꼬를 들어 품에 안고 뽀뽀하며 우쭈쭈하는 계부. 그런 계부 서늘하게 노려보며 다시 피날 정도로 팔 북북 긁는다.

S#85   재훈의 집- 거실/ 낮

자동차 가지고 놀고 있는 이란성 쌍둥이 재민, 재희(6살/ 재희는 자폐). 현관문 열고 가방 멘 재훈 들어온다. 가방 풀러 그 안에서 작은 플라스틱 약통 꺼내 드는 재훈. 수족관 앞으로 가더니 수족관에 약통 안에 든 액체 콸콸 붓는다.

재민 (호기심 어린 눈으로 쪼르르 달려와 보며) 그거 뭐야? 형?

재훈 암모니아. (눈빛 빛내며) 이거 부으면 물고기들이 전부 죽는대.

재민 죽어? (재훈 팔 잡으며) 하지 마. 물고기 죽이지 마.

재훈 비켜. (확 밀치면)

재민 (벽에 쿵 떨어지며 엉덩방아 찧는) 히잉‥ 아빠가 엄청 사랑하는 건데‥?

재훈 (그런 재민 쓱 돌아보며 서늘한 눈빛으로) 그래서 죽이는 거야.

재민 (울먹) 혀엉‥ 그러지 마‥ 물고기들 불쌍해에~ (으아아앙 울음 터트리자)

달려와 재훈 향해 앙칼지게 짖는 쪼꼬. 가만히 보던 재훈, 쪼꼬 번쩍 안아 드는.

재훈 (쪼꼬 안고 나가려다, 재민 보며) 아빠한테는 내가 쪼꼬 데리고 갔단 말 하지 마. 물고기 얘기도 하면 안 돼. 물어보면 그냥 모른다고 해. 알았지?

재민 (겁먹은 표정으로 보는)

재훈 고자질쟁이는 세상에서 젤로 나쁜 거야. 알지?

재민 (겁먹은 얼굴로 크게 끄덕이는)

재훈 (쪼꼬 안고 나가는)

S#86   재훈의 집 앞/ 낮

쪼꼬 안고 나오는 재훈이 코너로 돌면, 바로 엇갈려 퇴근해 집으로 들어가는 계부.

S#87　　재훈의 집- 거실/ 낮

계부　　(현관문 열고 들어오며) 나 왔어. 여보! 재민아, 재희야. 아빠 왔다!

하다, 수족관 쪽에 시선 멈춘다. 물 위에 둥둥 떠 죽어있는 물고기들‥

계부　　어? 왜 이래? (아이들 돌아보며) 니들 뭔 짓을 한 거야? 말 안 해?
재민　　(긴장해서 입 꾹 다물면)
계부　　(애써 화 가라앉히며) 우리 재민이 착하지? 물고기들 왜 죽었어? 어?
재민　　(고개 절레절레 흔드는데)
재희　　그거 뭐야? 형? 암모니아
계부　　(재희 돌아보면)
재희　　(자폐아의 특징적인 자세로 재훈과 재민의 대화 토씨 하나 안 틀리고 주저리 주저리
　　　　읊는) 이거 부으면 물고기들이 전부 죽는대 죽어.
재민　　(놀라 후다닥 재희 입 손으로 막는데)
재희　　이이잉 (답답한 듯 재민 손 뿌리치며 계속 읊는) 하지 마. 물고기 죽이지 마.
　　　　히잉 아빠가 엄청 사랑하는 건데 그래서 죽이는 거야.

얼굴 붉으락푸르락해지는 계부 휙 돌아보면 거실 구석에 굴러다니는 빈 약통. 후다
닥 집어 약통 냄새 맡아보고는 홉!

계부　　근데 이 자식이!! 형 어딨어! 지금?!!!

S#88　　동네 호숫가/ 해 질 무렵

웅성거리는 사람들 사이 뚫고 뛰어나오는 계부. 호수 위에 둥둥 떠 있는 쪼꼬. 놀라
호수로 뛰어 들어가는 계부를 무표정한 얼굴로 보는 재훈.

S#89   재훈의 집- 마당/ 저녁

현관 앞에 쪼그려 앉아서 울고 있는 재민. 그 옆에서 그림 그리며 혼자 신나서 노는 재희. 마당에서 보이는 창 안 거실 풍경. 재훈을 발로 차며 정신 나간 사람처럼 패는 계부와 그런 계부를 말리며 재훈의 몸 감싸는 엄마(뒷모습) 보이며 화면(F.O).

S#90   재훈의 집 외경 + 거실/ 낮 (다음날)

장난감 가지고 놀고 있는 재민과 재희. 현관 열리고 재훈 들어오자 재민, 눈치 살피며 장난감만 만지작거린다. 재훈, 재민 앞에 서는데 멍투성이 몸에 흙먼지 잔뜩 뒤집어쓰고 땀에 절어 있다. 재훈, 주방 쪽 보면 설거지 중인 엄마 뒷모습 보인다.

재훈   (재민에게 다가가 귓속말로) 우리 쪼꼬한테 가볼래?
재민   (눈 똥그래지며) 쪼꼬?
재훈   (쉿!) 응. 작별 인사도 제대로 못 했잖아…

비하인드 >>

#90-1   재훈의 집 앞, 지은의 시선/ 낮/ 독립(재훈,재민 연결씬) 추가

쭈뼛거리며 손에 든 주소지를 확인하는 지은. 때마침, 재민을 데리고 나오는 재훈을 보고, 흠칫 놀라며 후다닥 몸을 숨긴다. 긴장한 눈빛으로 재훈 살피는..

지은   (눈물 고이는) 아가…

가슴 아픈 표정으로 지켜보는데… 재민의 손을 꼭 잡은 재훈, 어디론가 급히 가는 모습에 왠지 모를 서늘함 느끼는 지은 위로.

소년X   (E) 엄마 우리 학교에 이상한 애가 있어요. 토끼 배를 갈랐어요.

소년x(요한) 말 순간 스치고 불안함 밀려온다. 지은 조심스럽게 재훈 뒤를 밟는…

S#91   재훈의 집 뒷동산/ 낮

재민 손잡고 올라오는 재훈. 끈으로 대충 엮은 '쪼꼬' 적힌 나무 십자가 앞에 서는

재훈   (재민 뒤에 서서) 눈 꼭 감고 기도해. 하늘나라로 잘 가라고.

재민, 고사리 같은 두 손 모아 눈 꼭 감고 기도한다. 재훈, 돌연 재민 무섭게 노려보며 재민의 등 확 밀쳐버린다. 십자가 뒤, 덮여진 나뭇가지들 밑 구덩이로 푹 빠지는 재민. 쿵 떨어지는 소리와 놀란 재민의 비명 섞인 울음.

재훈   (구덩이 속에 빠져 울고 있는 재민 보며) 고자질은 나쁜 거랬지?
재민   (겁먹은) 나, 난 암말 안 했쪄. 형아. 내가 안 그랬쪄.
재훈   심지어 거짓말쟁이. 넌 혼 좀 나야 돼!

재훈, 나무 뒤에 세워둔 삽 집어 들어 구덩이 옆에 쌓인 흙 퍼서 구덩이에 뿌린다. 놀란 재민 으아아아앙 엄마~~ 엄마~~!!!! 소리 지르며 우는데. 재훈, 눈 하나 깜짝 않고 다시 삽으로 흙 파서 휙 뿌리면, 공포에 질려 우는 재민. 재훈, 구덩이 안에서 울고 있는 재민 고소하다는 듯 보며 한 삽 더 퍼서 흙 뿌리는 순간! 재훈의 팔을 잡아채며 확 밀치는 누군가. 순간 무방비 상태로 벌러덩 넘어지는 재훈. 구덩이 안에서 재민 꺼내는 누군가의 손.

여인   (E) 집으로 가. 빨리.
재민   (겁에 질려 정신없이) 으아아아앙~ 엄마~~!!!! (집 쪽으로 막 뛰어가는)

넘어지면서 돌에 허리 눌려 신음 내며 일어나려는 재훈. 순간 재훈 몸 위에 올라타며 재훈의 목 힘껏 조르는 누군가의 손. 꺼억꺼억 거리는 재훈, 버둥거리며 손 잡아

떼려고 하지만 역부족이다. 눈앞 아른거리며 보일락 말락 희미한 형체, 지은이다!

지은   (분노로 가득 찬. 목 조르며) 죽어! 죽어! 이 괴물! 너 같은 건 죽는 게 나!!
재훈   꺼억 꺼억 (숨 몰아쉬다 의식 잃는)
지은   널 낳는 게 아니었어. 널 낳지 말았어야 했어!

의식 잃은 재훈 몸에서 쓰러지듯 내려와 주저앉는 지은. 축 늘어진 재훈 보며 후회
와 회한이 혼재된 눈빛으로 보며 꺼억꺼억 우는 위로

재훈   (NA/차분하고 담담한 목소리로) 괴물‥.

비하인드 ≫

#91-1   재훈의 집 뒷동산/ 낮/ (연결 씬 추가)

재민 손잡고 올라가는 재훈을 불안하게 지켜보는 지은. 재훈, 인기척을 느꼈
는지 힐끔 돌아보면, 지은, 바짝 엎드려 몸을 숨긴다. 천천히 따라가다, 몸을
숨기다 반복하며 가는데‥ 숨어있다 순간 재훈 놓치고‥ 더 불안해지는 지
은, 이리저리 재훈을 찾는다. 쉽게 보이지 않는 재훈, 그때 위에서 들리는 재
민의 비명 섞인 울음에 가슴이 쿵 내려앉는다. 소리 나는 쪽을 향해 정신없이
뛰어 올라가는 지은, 멀리서 삽으로 흙을 떠서 구덩이에 뿌리고 있는 재훈의
모습에 조금의 망설임도 없이 달려들어 재훈의 팔을 잡아챈다. 재훈을 확 밀
쳐내고 구덩이를 보면 흙을 뒤집어쓰고 겁먹은 채 주저앉아 울고 있는 재민
보인다. 팔 뻗어 재민 꺼내놓고

지은   집으로 가 빨리!
재민   (겁에 질려 정신없이) 으아아앙~ 엄마~~!!!! (집 쪽으로 막 뛰어가는)

지은, 그제야 재훈을 보면, 돌에 허리가 눌려 끙끙대며 누워있다. 절망하며
재훈을 보는 지은, 재훈의 몸 위로 올라타 목을 힘껏 조른다. 꺼윽꺼윽 거리
는 재훈의 얼굴 위로 지은의 눈물이 뚝뚝 떨어지고‥

지은   (분노로 가득 찬. 목 조르며) 죽어! 죽어! 이 괴물! 너 같은 건 죽는 게 나!!

재훈   꺼억 꺼억 (숨 몰아쉬다 의식 잃는)

지은   널 낳는 게 아니었어. 널 낳지 말았어야 했어!

의식 잃은 재훈 몸에서 쓰러지듯 내려와 주저앉는 지은. 축 늘어진 재훈을 후회와 회한이 혼재된 눈빛으로 보며 꺼억꺼억 우는.

S#92   성당- 예배당/ 낮 (#2상황)

창문 사이로 비추는 햇살, 그 사이로 부유하는 먼지들. 십자가에 매달린 유난히 고단해 보이는 예수상. 그 앞에 무표정한 얼굴로 앉아있는 재훈. (목 벌건)

재훈   (담담하게) 아저씨 눈에도 내가 달라 보이나요‥? 난 원래부터 달랐대요‥ 첨부터 다르게 태어났대요.

고단한 예수의 얼굴을 바라보는 재훈의 무표정한 얼굴, 텅 빈 눈빛.

재훈   난‥ 괴물로 태어났대요‥

한참 예수상 바라보던 재훈. 이윽고 서툴게 두 손 모은다. 그리고 눈 꼭 감는.

재훈   (NA) 그날 난 신에게 기도했다. 제발‥ 괴물이 되지 않게 해달라고‥

재훈의 기도하는 모습에서 페이드아웃 되면서 자막 현재 (15년 후) 그 위로

기자   (E) 오늘 새벽 경기도 인근 포도농장에서 여대생 시신이 발견됐습니다.

S#93   프레데터의 집- 지하실/ 아침

어둠 속, 카메라 점점 빠지면서 주변 보이기 시작하면, 벽 가득 붙어있는 시신(*)사진들 (송수호, 변순영, 노숙자 김씨(김철수), 박종호) 붙어 있고, 그 위로 기자 리포팅 계속된다.

기자   (E) 지난 5일, 산책 나간 A씨가 귀가하지 않자 가족들이 경찰에 실종신고를 했지만, 결국 싸늘한 주검으로 돌아와 안타까움을 더하고 있습니다.

끼이익·· 지하실 문 열리는 소리. 계단을 내려오는 발소리. 이윽고 사진들 붙어 있는 벽 앞에 서는 사내의 실루엣. 피 묻은 손으로 사진들 사이에 또 다른 사진 한 장 붙이는데, 사진 속 살해된 20대 여대생(조미정) 사진.

기자   (E) 경찰은 이번 사건을 연쇄살인 사건으로 보고 수사를 확대키로 했습니다.

사진들 보고 있는 사내 뒷모습 실루엣. 카메라 테이블로 이동하면 놓여있는 사진액자. #77 먹구렁이 있는 유리관 앞에 서 있는 무표정한 유치원생 아이(재훈)의 독사진.

재훈   (NA) 신은 결코 나의 기도를 들어주지 않았다. 나는 결국·· 살인마가 되었다.

S#94   재훈의 집 앞/ 과거/ 낮

찌릉찌릉~ 자전거 탄 아이들 골목 지나다니고, 방과 후, 초등학생, 혹은 교복 차림의 중학생들 서로 장난치며 까르르 뛰어다니는 평화로운 한낮의 풍경이다.

S#95   재훈의 집- 거실/ 과거/ 낮

무미건조한 표정으로 어딘가에 시선 고정하고 있는 재훈. 시선 따라가면, 2층으로 올라가는 계단 앞에 마치 재훈을 노려보는 듯, 눈 뜬 채 널브러져 죽어있는 계부, 가슴팍에 칼 꽂혀있다. 죽은 계부 내려다보고 서 있는 재훈, 도통 속을 알 수 없는 무표정한 얼굴인데, 2층, 쾅! 문 닫히는 소리. 순간 멈칫하는 재훈, 2층 올려다본다.

인서트/ 2층 재민, 재희의 입 틀어막고 꼭 끌어안은 채 옷장 속에 숨어 떨고 있다. 이내 계부 가슴에 꽂혀있는 칼, 힘주어 빼는 재훈, 손에 칼 움켜쥔 채, 계단 올라간다. 피 묻은 재훈의 발, 한 계단 한 계단 오를 때마다 찍히는 선명한 핏빛 족적‥.

비하인드 >>

#95-1   재훈의 집- 거실, 재훈의 시선/ 과거/ 낮/ 독립+ 연결씬 추가

재훈 보면, 2층으로 올라가는 계단 앞에 마치 재훈 노려보는 듯, 눈 뜬 채 널브러져 죽어있는 계부, 가슴팍에 칼 꽂혀있다. 죽은 계부 내려다보고 서 있는 재훈. 2층, 쾅! 문 닫히는 소리에 순간 멈칫 2층 올려다본다. 계부 가슴에 꽂혀있는 칼, 힘주어 빼는 재훈, 손에 칼 움켜쥔 채, 계단 올라가는 재훈. 칼 든 채 계단 올라오면, 순간 숨어있던 송수호 손에 입 틀어 막히고 버둥거리다 의식 잃는 재훈.

#95-2   재훈의 집- 거실, 송수호의 시선/ 과거/ 낮/ 독립씬 추가

송수호에게 칼 휘두르는 계부. 송수호, 계부에게서 칼 뺏으려 서로 뒤엉켜 몸싸움한다. 그러다 계부, 송수호 몸에 올라타 칼 꽂으려는데 순간 뒤집히며 계부 가슴에 칼 꽂히는. '으윽' 쓰러지는 계부. 황망하게 보는 송수호. 그때 위에서 소리 들리자, 놀란 눈으로 위쪽보다 다급히 계단 뛰어 올라가는.

#95-3   재훈의 집- 거실, 재민, 재희의 시선/ 과거/ 낮/ 독립씬 추가

재민, 아래층으로 가는 계단 쪽으로 달려가려는 재희 붙들고 두리번거리다 후다닥 팬트리 안에 숨고 문 닫는. 2층 올라온 수호. 수호, 다급히 방문 열면 아무도 없자 안심하며 방문 닫는데. 방문 닫히는 소리에 팬트리에 숨어있던 재민, 재희 입 틀어막고 덜덜 떨며 끌어안는다. 복도 두리번거리는 수호. 팬트리 나무 살 틈으로 재민과 재희가 (재민 손에 입 틀어 막힌) 수호 얼굴 본다.

팬트리 열려는 수호. 눈 질끈 감는 재민. 그때, 계단 올라오는 인기척 들리자 수호, 뒤돌더니 다급히 계단 쪽으로 가서 기둥 뒤에 숨는다. 그 모습 보는 재민과 재희. 그때 (계부 가슴에서 뽑은) 칼 든 채 올라오는 재훈.

재희, 팬트리 나무 살 틈새로 재훈 보고 반가워 소리 내려하는데, 재민 후다닥 재희 입 틀어막는다. 순간 숨어있던 송수호, 올라온 재훈 입 손으로 틀어막고 다른 손으로 재훈 손에 든 칼 뺏는다. 버둥거리는 재훈, 송수호의 악력에 이내 의식 잃는다. 그 모습 지켜보는 재민과 재희, 공포스럽다. 송수호, 재훈 등에 입고 아래층으로 내려가면. 재민, 후다닥 재희 데리고 나와 세탁실 배수관 앞에서 재희 내려 보낸다. 재희, 겁도 없이 관 타고 잘 내려간다. 재희 내려간 걸 확인하는 재민, 이번엔 자기가 내려가려는데 무섭다. 발 덜덜 떨고 내려가지 못하는데. 아래서 재희, 내려오라고 손짓하고. 재민, 망설이고 발은 덜덜 떨리는데‥ 계단 올라오는 소리 들리자, 안 되겠는지 후다닥 다시 팬트리 안에 숨는다. 송수호다.

그때, 아래에서 재민 기다리던 재희, 재민 보이지 않자 히잉~ 혼자 골목길 따라 신나서 뛰기 시작하고 이내 사라진다.

the END

제 2 부

S#1   거짓말 탐지기 수사실/ 15년 전/ 밤

카메라 시선, 길게 늘어뜨린 선 따라가면 패치 부착되어있는 재훈의 머리. 가슴 보이고 그 앞에 사건 담당형사 앉아있다. 모니터를 보고 있는 검사관.

검사관   (1부 #95 현장 사진 보여주며 부드럽지만 단호하게) 니가‥ 그랬니?
재훈   (표정 없는) 아뇨.

모니터 속, 뇌파 그래프 진폭 변화 없이 매우 안정적이다.

검사관   (다시 질문하는) 그날‥. 뭐 본 거 없어?
재훈   (표정 변화 없는) 네. 못 봤어요. 아무것도‥.
          그래프‥ 역시나 진폭 변화 없이 안정적으로 일정한 간격 유지하며 움직인다.

S#2   경찰서 정문 앞/ 15년 전/ 밤

무표정한 얼굴로 나오는 재훈. 호주머니에 손 넣은 채, 터벅터벅 걸어가다 문득 멈춰 시선 올려다보는데, 멀리 언덕배기 동네 어디쯤 빨간 불빛의 십자가 보인다. 십자가 불빛 바라보는 재훈의 알 수 없는 눈빛 위로··.

프레데터   (NA/건조하게) 신은 결코 나의 기도를 들어주지 않았다. 결국·· 나는 살
           인마가 되었다.

시선 속, 빨간 불빛 십자가 어느새 창밖 빨간 불빛 십자가 있는 풍경으로 바뀌고.

프레데터   (NA) 나의 첫 살인은 서툴렀고··. 힘들었던 것으로 기억된다.

S#3   석진동 복싱 체육관/ 현재/ 밤

빨간 불빛의 십자가가 보이는 창문 사이로 들어오는 달빛, 링 한가운데 비추는데, 철
제의자에 앉은 채 (손 뒤로 묶인 채) 새까맣게 탄 소사체. 사체에서 피어오르는 잔 연
기. 가슴에는 검게 그을린 칼 꽂혀있다. 그 앞, 뒷모습 실루엣 보이는 위로.

프레데터   (NA) 하지만 그날의 짜릿하고 흥분됐던 기분은 내내 머릿속을 떠나지 않았다.
앵커   (E) 오늘 새벽, 무진 석진동의 한 복싱 체육관에서 관장 A씨가 불에 타 숨
           진 채 발견되었습니다. A씨는 25년 전, 전국을 공포에 떨게 한 헤드헌터
           사건의 피해자 유가족임이 밝혀져 안타까움을 더하고··.

쏟아지는 요란한 빗소리에 뉴스 멘트 서서히 묻히며··

프레데터   (NA) 그날 이후··. 나의 살인은 계속되었다.

S#4   무진, 금신동 버스정류장 + 길/ 밤

살대 부러진 우산 펴며 마을버스에서 내리는 추레한 복장에 모자(자주) 여인. (변순
영. 30대) 기사, 버스 문 닫으며 정류장 구석 검정 우산 들고 서 있는 사내 힐끔 본다.
이내 버스 출발하고, 들고 있던 검정 비닐봉지 비 맞을까 봐 가슴에 꼭 안아 들고 걸

음 재촉하던 여인, 문득 돌아보면 저만치 자신을 따라오는 우산 쓴 사내 보인다. 여인, 불안한지 더 빠르게 걷기 시작하면 역시 간격 맞추며 빠르게 따라오는 사내. 그런 그들의 모습을 저만치(길 건너쯤)에서 지켜보는 (카메라)시선.

프레데터   (NA) 사회가 진화하면서 생겨난 돌연변이 유전자, 싸이코패스. 그들 중 상위 1%를 '프레데터'라 부른다. 사자가 토끼를 잡아먹는 것이 본능이듯, 프레데터에게 인간이란, 먹잇감. 사냥감에 불과하다.

불안한 표정의 여인 힐끔힐끔 돌아보다 갑자기 전속력으로 뛰기 시작한다.

S#5   금신동 버스정류장 인근 한적한 길/ 밤

헉헉대며 멈춰 서서 슬쩍 뒤돌아보는 순영, 따라오던 사내 보이지 않자 후···. 안도하며 돌아서는데, 검정 우산 쓴 사내(*)바로 앞에 서 있다. 달려들어 푹 쑤시는!!!

프레데터   (NA) 나는 프레데터다···. 그렇게 태어났다.

툭·· 바닥에 떨어지는 검정 비닐봉지 밖으로 쏟아져 나오는 새하얀 쌀밥 덩어리. 그 사이로 흐르는 핏물, 빗물과 함께 흘러내리며 화면 페이드아웃 되며 타이틀.

비하인드 >>

#5-1   금신동 버스정류장 인근 한적한 길, 바름의 시선/ 밤/ 연결씬

헉헉대며 멈춰 서서 슬쩍 뒤돌아보는 순영, 따라오던 사내 보이지 않자 후···. 안도하며 돌아서는데. 검정 우산 쓴 사내 바로 앞에 서 있다. 쓰윽 우산 들면 텅 빈, 메마른 눈빛의 바름이다. 순간 달려들어 순영 푹 쑤시는 위로!!!

바름   (NA) 나는 프레데터다··. 그렇게 태어났다.

#5-2 한적한 길, 바름의 시선/ 밤/ 연결씬

죽어가는 변순영을 여유로운 자세로 질질 끌고 가는 바름. 블라우스 입은 등에 돌이 걸려 블라우스 긁히는.

#5-3 배수로 앞, 바름의 시선/ 밤

미니 폴라로이드 꺼내 죽어가는 변순영을 찍는 바름, 변순영 앉혀놓고 가운뎃손가락 반지 뺀 후 손가락 꺾어 십자가 쪽 향하게 세팅한다.

바름   (자신이 세팅한 변순영 모습 만족스럽게 바라보다. 십자가 향해) 잘 보이지?

마우스

무치   (E) 거기서!!! 거기서 새꺄!!!!!

S#6 아파트 비상계단/ 낮

정신없이 계단 뛰어 올라가는 살인범을 힘겹게 쫓아가는 술이 떡이 된 상태의 무치. 아슬아슬하게 살인범 등 잡아채면 중심 잃은 살인범과 함께 넘어지며 계단 구른다. 서로 뒤엉켜 몸싸움하다 살인범 위에 올라타는 무치, 정신없이 살인범한테 주먹질하면 축 늘어지는 살인범. 무치, 살인범 팔 뒤로 꺾는데 술에 취해 계속 헛손질하며 혀 꼬인 채로 미란다 원칙 틀리게 고지하고, 수갑 꺼내는 듯하다, 살인범 머리에 총구 박는.

살인범	왜, 왜 이래요? (쿵쿵) 아흐 술통에 빠졌다 왔나 봐. 돌았네, 돌았어. 경찰이.
무치	(끅! 딸꾹질에, 눈 풀리고 혀 꼬인) 그래. 나 돌았다. 완전 처 돌았어.
살인범	(헉! 놀라) 그, 그때 그‥! (알아보고 소리치는) 사람 살려!!! 누구 없어요?!!
무치	콱씨! (살인범 입 틀어막으며 끅!) 사람 죽인 새끼가 구질구질하게. 그냥 죽자. 고통 없이 한 방에 보내줄게. (방아쇠 당기려는 순간!)
무원	(E) 무치야‥ 제발‥ 그러지 마‥ 그 사람 때문에 니 인생을 망치면 안 돼‥

순간 멈칫하는 무치 손. 고개 흔들고 다시 방아쇠 당기려는 순간! 확 밀쳐진 무치, 뒤로 휘청 넘어지며 권총 떨어뜨린다. 살인범, 계단 아래로 도망치려는데 무치에 다리 잡히고, 뿌리치면, 무치 계단 아래로 구른다. 하는 수 없이 위로 도망치며 "미친 또라이 완전 상또라이" 구시렁거리는. 힘겹게 일어난 무치, 비틀거리며 쫓아 올라가는.

S#7   아파트 옥상/ 낮

쾅! 옥상 문 열고 나오는 살인범, 더 물러설 곳 없자 미치겠는데. 비틀거리며 오는 무치 보자, 후다닥 난간 위 올라서 까마득한 옥상 아래 내려다본다. 사이렌 소리와 함께 속속 도착하는 경찰차 보인다. 살인범 순간, 중심 잃고 휘청하자.

무치	어어. 얌마 냉큼 내려와! 거기서 떨어져 디짐 나 겁나 허망해진다. (끅! 딸꾹질하고, 비틀거리면서 다가가며)
살인범	이씨! 그래. 쏴봐 자 쏴봐! 확 뛰어내릴 테니까.
무치	에헤이. 쏘긴 누가 쏴. (총 배에 꽂는데 술에 취해 계속 헛손질하며) 혼 좀 내줄라고 장난 좀 친 거야.
살인범	장난? 너 그때 그놈 맞지? 어! 도망가라더니 뒤에서 쏴 죽일라 그랬잖아!
무치	(끅! 딸꾹질 혀 꼬인) 아씨~ 쓸데없이 기억력은 열라 좋네. 알써알써. (수갑 꺼내 흔들며) 체포할게. 근데 너 생각 잘해라. 멀쩡한 자매들 성폭행하고 망치로도 때려죽였음 견적 딱 나오지? (끅!) 근데 이 염병할 나라가 어디 사형시키디? 절대 안 죽여요 또. 그러니까 넌 뭐다? 평~생 빵에서 썩다 디지는 팔자다. 게다가 너같이 낯짝 반반하고 곱상하게 생긴 놈은 아이고‥ 거긴 별별 변태들이 다 모여 있거덩. 아흐~ 그때 죽여 달라고 사정해도 뭐‥

살인범	(아씨! 미치는. 결심한 듯, 눈 딱 감고 뛰어내리려는데)
무치	아야야야! 잠깐잠깐. 뭐하냐? 뭘라고? 귓구멍이 똥구멍인가. 말귀 드럽게 못 알아 처먹네. 내가 니 새끼 자살하는 꼴 볼라고 1년을, 니 동거녀 집 앞에서 죽돌이 노릇 한 줄 알아? 내려와. 얼른 너 여기가 몇 층인 줄 알아? 거기서 떨어져 디지면 내장이니 뭐니 다 튀어나와. 그거 치우는 사람은 생각 안 하냐? 이기적인 새꺄. 그러니까 깔끔하게 엉?
살인범	(고개 절레절레)
무치	(끅!) 좋아. 그럼 거기 가만히 서 있어. 내가 여기서 쏠 테니까‥. 내 총 맞고 떨어져 디지는 걸로 마무리 짓자. 오케이?
살인범	(결심한 표정)
무치	오케이. (총 꺼내려는데 또 헛손질, 손 심하게 떨려 잘 안 빠진다) 아놔. 술을 끊든지 해야지. (겨우 총 뽑아 들고 겨누는데 앞이 흔들거리는, 눈 다시 힘줘서 뜨는데 난간 위 휑~ 하다) 어? (하는데 쿵!!!)

비틀거리며 난간 끝으로 달려가 내려다보면, 바닥에 살인범 모습 까마득히 보인다. 주변 경찰차에서 내리는 경찰들, 살인범 향해 뛰어가는 모습 보인다.

| 무치 | 으~!!!! (머리 뜯으며) 으~ 저 일생에 도움 안 되는 새끼!!! 아씨!! |

옆에 물건들 걸리는 대로 막 차대고는 품에서 휴대용 술병 꺼내 벌컥벌컥 마시는데, 핸드폰 울리는 소리에 무치, 눈 풀린 상태로 전화 받는‥

S#8　배수로 앞 (무진 북부 금신동. 여종업원 살인사건 현장)/ 새벽

폴리스라인 설치돼있고, 그 앞에 서서 신고자(동네 아줌마) 진술 받고 있는 강형사.

아줌마	새벽기도 가는데, 뭐가 번쩍하길래‥ 뭔가 싶어 와봤더니‥ 혼자 딸내미 키우면서 아등바등 살든데‥. 이게 뭔 일이래‥
강형사	(갑자기 쿵쿵대며 옆 신형사에게) 이거 술 냄새 맞지?
신형사	네? (쿵쿵대다) 어? 헉‥ (어딘가에 시선 멈추는)

폴리스라인 안쪽, 배수로 앞에 앉혀져 있는 추레한 복장. 빨간색 모자 쓴 여인(변순영) 시체 앞에 어느새 쪼그리고 앉아있는, 떡 진 머리의 무치 뒷모습 보인다.

무치	(몸 가누지 못하며 시체 향해 왔다 갔다 하며 풀린 눈 애써 부릅뜨며) 어라라~? 아씨, 자꾸 움직이네. 쫌 가만히 계셔, 가마이~ 동작 그마안~~~ 스톱!
강형사	(어느새 폴리스라인 안. 무치 앞에 와 서서) 야! 고무치!
무치	(쪼그린 채 앉아 강형사 올려다보며 혀 꼬인 채 횡설수설) 봤어? 시체가 막 움직여. 봐봐봐. 완전 신기해. (자기 몸 앞뒤로 흔들거리는)
강형사	하아! 증말‥ 너 한 번만 내 사건 현장에 술 처먹고 와서 깽판 치면 가만 안 둔다고 경고했지?
무치	(횡설수설) 에이, 습습흐네. 어디 우리가 남이가? 글고 이건 형 사건 아니고! 내 사건이야. 이거 그 시끼 짓이거든. 봐 싸이즈 딱 나오잖아.
강형사	아후‥. (신형사 째리며) 니가 연락했지? 어?
신형사	아니‥ 그게‥ 가요 고선배! (힘겹게 일으켜 끌고 나가면)
무치	놔~ 아. 놔보라니까! 그 시끼 짓이라고오~~ 이거 내 사건이야 내꺼! (우웩!)
신형사	안돼 안돼!! (무치 입 틀어막으며) 이거 신상이라고오! 신상! 택도 안 뗐다고!

폴리스라인 밖으로 쫓아내듯 등 떠밀어 내보내고 돌아서면 뒤에서 계속 "그놈 짓이야. 이거 내꺼야. 내 사건이라고!" 고래고래 소리 지른다.

신형사	(옷 주름 잡고, 씩씩대는 강형사에게 달려가) 죄송합니다. 살인사건 터지면 무조건 콜하라고 협박해서‥ (하며 돌아보다 헉!!!) 고, 고선배‥ 이‥인터뷰‥

폴리스라인 밖, 어느새 기자 앞에 서서 몸 흔들거리며 인터뷰 중인 무치 보인다.

강형사	(버럭!) 아씨! 막아! 저 자식 주뎅이 당장 틀어막으라고~~~!!!

S#9   프레데터의 집- 지하실/ 새벽 (아침)

TV에 얼굴 벌겋게 달아 올라있고 풀린 눈에, 혀 살짝 꼬인 무치 인터뷰 나온다.

무치   체육관 관장 살해범 소행이 학!실!합니다. 그놈이 쩌 여자도 죽였다고요, 끅! (딸
          꾹질하며 하늘 가리키고) 쩌기 계신 냥반의 불만 세력? 아님 관심종자? 끅!

이어, 카메라, 기자만 1S으로 잡으면, 기자 마이크에 대고 리포팅한다.

기자   (E) 경찰은 체육관 관장과 종업원을 살해한 범인이 특정 종교에 불만을
          가진 동일범의 소행이라 판단하는 가운데‥

의자에 앉아 뉴스 보고 있는 프레데터 (#3. #5) 뒷모습 보인다. 벽에 송수호(체육관장)
와 변순영(종업원) 시체 사진들 컬렉트한 것처럼 붙어있다. (그 아래 빨간 글러브와 캐릭터
반지 놓여있다.)

S#10   무진 구치소- 접견실/ 낮

뒤로 완전히 젖혀 삐딱하게 앉은 무치, 피곤에 찌든 얼굴로 입 찢어지게 하품하면.

서준   (E/차분한) 또 실패야?
무치   (그대로 입 쫘악 벌린 채 아니꼽게 쳐다보다 마저 하품하는 위로)
서준   (E) 이러다‥ 늙어 죽겠다?
무치   (몸 쓰윽 당기며, 살기 어린 눈빛으로 변하는) 그렇겐 안 두지. 내가

아크릴 벽 너머, 단정한 헤어. 빨간 사형수 명찰(4440)의 서준(헤드헌터) 앉아있다. 여
전히 잘생긴 외모에 중후함까지 얹혀 고급스러운 아우라. 평온한 미소 머금고 무치
지긋이 바라보는 오른쪽 볼 위 흉터 자국, (1부 #50) 흐릿하게 남아있다.

서준   (피식) 1년 됐나? 자매들 망치로 쳐 죽인 살인범인가 죽이고 이리 들어와
          내 목 따겠다고 큰소리 뻥뻥 치고 가더니‥. 아직 거있으면 어떡해?
무치   (노려보다) 뭐가 그리 조급하실까? 쫌만 기다려. 그깟 잔챙이 말고 (눈빛
          반짝) 아주 쎈‥ 진짜가 나타난 거 같으니까.
서준   (금세 표정 진지해지며) 고무치!

무치	(보면)
서준	넌 결국 실패할 거야‥.
무치	뭐?
서준	넌 사람 못 죽여.
무치	(보는)
서준	상대의 눈을 보면 알 수 있지. 나랑 같은 종인지, 보통의 인간인지‥.
무치	(비아냥) 오~ 몰랐네? 대가리 쪽이 아니라. 눈깔 쪽 의사셨어?
서준	사람을 죽이려면 눈이 비어있어야 해. 그런데 니 눈은 꽉 차 있어. 분노, 고통, 후회, 연민… 사랑‥.
무치	(표정 굳은) 지랄하지 마.
서준	노력한다고 비울 수 있는 게 아니야. 태어나는 거야. 그러니 애쓰지 마.
무치	(그런 서준 노려보다, 씨익 입꼬리 올리며) 개소리 작작 하고 그 모가지나 빡 빡 닦아놓고 기다리고 있어. 새꺄. 오래 안 걸려.
서준	(매서운 눈빛으로 맞받아보며) 좋아. 기대해보지. 꼬맹이.

서준 시선에 어느새 자신 앞에 앉아 노려보고 있는 무치. 그날의 어린 무치(1부)다.

서준	(미소) 담번엔 제대로 찔러. (볼 가리키며) 여기 말고 (목 가리키며) 여기!
무치	(노려보다 다시 몸 거만하게 뒤로 젖히며) 얼마 전에 살인사건 현장을 갔다가 말야. 성경책 하날 발견했는데‥. 거기 아주 인상적인 구절이 있더라구. 그 구절이 내게 아주 큰 인생의 깨달음을 줬지 뭐야‥.
서준	(무슨 말인가 보는)
무치	(몸 아크릴 벽에 바짝 대며, 턱 괸 채 시선은 서준 똑바로 보며) 사람을 쳐 죽인 자는 반드시 죽일 것이요. 짐승을 쳐 죽인 자는 짐승으로 갚을 것이며 상 처에는 상처로, 눈에는 눈으로, 이에는 이로 갚을지라. 레위기 24장 17절 에서 20절 말씀! 아멘!
서준	?
무치	아냐. 내가 그동안 (하늘 가리키며) 쩌기 계신 분이 현실감 없게 허구한 날 용 서 따위만 강요하는 줄 알고 뒤땅 엄청 깠거든. 아, 근데 아쌀하시더라고.
서준	(보는)
무치	그래서 그 분 말씀대로, 받은 그대로 갚아주려면 니 놈 목 따는 걸로 그쳐

선 안 되지 화악~ 깨달음이 오드라고‥ 니가 내 눈앞에서 그랬듯! 나도 니 새끼 보는 앞에서 해줘야 되지 않겠어? 그래야 진정한 눈에는 눈! 이에는 이! 쩌기 계신 분의 가르침이지. 안 그래?

서준   (피식) 이거‥ 어떡하나‥ 난 보여줄 자식이 없는데…

무치   (그런 서준 보다, 피식) 이거‥ 어떡하나‥ 내가 직접 봤는데…

서준   ?

무치   어따 대고 구라야?!!! 니 마누라 옆에 껌딱지처럼 붙어있던 니 새끼! (손가락으로 자기 눈 가리키며) 내 이 두 눈깔로 똑똑히 봤다고!!!

서준   (순간 눈빛 심하게 흔들리는)

무치   오~라~ 싸이코패스가 지 새끼에 대한 부성은 끔찍하다더니. 왜? 니 새끼한테 니 모가지 댕강 짤려 나가는 꼴은 보여주고 싶지 않아? 하기야‥ 그 충격이 질~기게 아~주 오래가지… 평생을 징글징글하게 따라다니거든. (독기 서린) 기다려. 한서준! 내 고통, 그대로 니 새끼도 겪게 해 줄 테니까.

무치와 서준 서로 노려보는 눈빛 팽팽한…

〈시간 경과〉 어느새 무치 없고, 서준 혼자 앉아있다. 생각에 빠져있는 얼굴 위로‥.

서준의 회상/ 동장소 (25년 전)/ 낮
죄수복 차림의 서준과 수척해진 지은 아크릴 벽 사이 두고 마주 앉아있다.

서준   (입꼬리 올리며) 의외네. 니 발로, 날 다 찾아오고?

지은   ‥

서준   (시선 지은 홀쭉한 배에 두고) 축복이는? 데려오지. 보고 싶었는데‥

지은   (침 한번 꼴깍 삼키고는‥ 입 떼는) 죽었어‥

서준   (흠칫) 뭐?

지은   (독기 서린 눈빛으로 서준 응시 하며) 정확히 말하면‥. 죽였어. 낳자마자 내 손으로 직접‥. 그 얘기 해 주려고 온 거야‥

서준   (순간 눈에 핏발 서는)

지은   (그런 서준의 눈빛에 지지 않고) 너랑 아주 많이 닮았더라구. 그래서 죽였어. 너 같은 끔찍한 괴물이 될 거 같아서‥

서준   (부들부들) 감히 내 새끼를 죽여!!!! 니 년이 감히!!

지은   (그런 서준 노려보다, 일어나서 뒤돌아 나가는)

서준   (핏줄 터질 듯 분노하는. 아크릴 벽 치며) 으아아악!!!

서준   (한쪽 입꼬리 씨익 올리며) 내 아들이 살아있단 말이지….

S#11   무진 구치소 주차장 + 무치의 차 안/ 낮

차에 타는 무치, 시동 걸고 운전한다. 골똘히 생각에 잠기는 무치 얼굴 위로‥.

S#12   지은의 화원 앞/ 무치의 회상/ 낮

작고 아담한 꽃가게 앞. 원망의 눈빛으로 어딘가 응시 중인 고등 교복 입은 학생. 가슴팍 명찰 '고무치'다. 통유리 너머 꽃꽂이 수업 중인 지은. 창밖 무치와 시선 마주친다. 무치, 시선 피하며 얼른 바로 앞 꽃 만지작거리는데 딸랑 문 여는 소리.

지은   (E) 백일홍이야‥

무치   (고개 들면)

지은   (미소) 떠난 사람을 그리워한다는 꽃말을 가졌단다. 꽃말이 좀 슬프지?

무치   (중얼거리는) 떠나간 사람을 그리워한다‥. (순간 울컥하지만 애써 감정 누르며 고
          개 들고) 나 기억 안 나요? 아줌마 집에 간 적 있는데?

지은   우리 집? (누구지? 하며 무치 쳐다보는데)

무치   눈사람….

지은   눈사람? (하다, 순간 헉! 주춤 물러서며) 너‥ 너‥ 여, 여긴‥ 어떻게 알고‥

무치   나 돈 줘요.

지은   무‥ 무슨‥

무치   우리 형이요. 덕분에 수술을 아홉 번이나 했거든요. 내일 또 수술인데, 그
          동안 밀린 수술비 안 내면, 안 해준대요. 그냥 죽게 내버려 둔대요.

지은   미‥ 미안‥ 정말 미안해….

무치	미안? 나 미안하단 말 필요 없어! 돈 달라구! 돈!
지은	하‥ 학생‥
무치	(소리치는) 얼른 줘! 얼른 달라고~~!! 이건 아니잖아! 왜 우리가 이렇게 살아! 당신은 아무 일 없는 듯 사는데 왜 우리만 이렇게 살아야 하냐고!!

꼿꼿이 수강생들 무슨 일인가 문 앞에 서서 내다보는데‥

무치	당신 남편, 헤드헌터 그 새끼 잘나가는 의사였다며? 그럼 돈 많이 벌어놨을 거 아냐. 돈 내놔! 돈 줘! 수술 안 하면 우리 형 죽는다고!!!!

수강생들 놀라 쑥덕거리는 "헤드헌터? 어머머‥ 그 살인마 부인이었어?" "어머어머 그러고 보니 낯이 익다 했어." "그때 뉴스에서 본 거 같아‥ 세상에 세상에‥" 등등

무치	아줌마도 공범이지? 아줌마 남편이 사람을 그렇게나 많이 죽였는데! 당신 집에 시체를 몇 구나 묻었는데! 어떻게 몰라?
지은	모, 몰랐어. 정말이야‥ 우, 우리‥ 딴 데 가서 얘기해. 어?
무치	(지은 먹살 확 잡으며) 돈 내놔! 우리 형 수술비 얼른 내놓으라고!!! (순간)
남아	(E/울먹이는 목소리로) 엄마‥

목소리에 멈칫! 고개 돌리는 무치 얼굴 위로 끼이익!!!! 급브레이크 밟는 소리.

비하인드 >>

#12-1 지은의 화원 앞, 무치의 시선/ 낮/ 연결 씬

무치	아줌마도 공범이지? 아줌마 남편이 사람을 그렇게나 많이 죽였는데! 당신 집에 시체를 몇 구나 묻었는데! 어떻게 몰라?
지은	모, 몰랐어. 정말이야‥ 우, 우리‥ 딴 데 가서 얘기해. 어?
무치	(지은 먹살 확 잡으며) 돈 내놔! 우리 형 수술비 얼른 내놓으라고!!! (순간)
남아	(E/울먹이는 목소리로) 엄마‥

무치, 돌아보면 소년X, 11세 요한 서 있다.

#12-2   지은의 화원 앞, 요한의 시선/ 낮/ 연결 씬

하굣길에 가방 메고 걸어오는 요한(소년X), 저만치 지은 꽃집 앞에 사람들 모여 웅성거리는 모습에 무슨 일인가 보면. 지은, 고등학교 남학생에게 멱살 잡힌 채 절절매고 있다. 주변 사람들 말리지 않고 수군거리며 구경만 하는 모습 보이자, 요한 한달음에 달려가 사람들 헤치고 들어가는데 들리는 무치의 목소리.

무치   (E) 아줌마도 공범이지? 아줌마 남편이 사람을 그렇게나 많이 죽
            였는데! 당신 집에 시체를 몇 구나 묻었는데! 어떻게 몰라?

순간 멈춰서는 요한 위로

지은   (E) 모, 몰랐어. 정말이야·· 우, 우리·· 딴 데 가서 얘기해. 어?
무치   (E) 돈 내놔! 우리 형 수술비 얼른 내놓으라고!!! (순간)
요한   (울먹이며) 엄마··

놀라 돌아보는 지은과 무치. 이게 무슨 상황인지 멍한 표정으로 주변 둘러보면, 수강생들 구경꾼들 등등 수군거리는 모습과 소리 "그럼 쟤가 헤드헌터 아들이야? 그 살인마 아들이라고?" 주변이 온통 슬로우로 보이면서 귓가에 윙윙 맴도는.

S#13   구치소 내부 무치의 차 안 + 밖/ 현재/ 낮

브레이크 꽉 밟은 무치 발. 동시에 덜컹 앞으로 쏠리는 몸. 운전대 꽉 잡은 채 놀란 얼굴로 고개 들면, 차 밑에서 쑤욱 뭔가 일어나는 (셔츠에, 후드점퍼 입은) 한눈에도 선한 인상의 청년, 바름이다.

무치	근데. 저 쉐끼가!!! (차에서 내리며 버럭) 디지고 싶어 환장했어?!!!
바름	(허리 90도로 굽혀 인사하며) 죄송합니다. 정말 죄송합니다.
무치	(보면 바름 팔에 안긴 채 덜덜 떠는 새끼 새 있다)
바름	다리가 부러진 것 같아요. 차가 오는 데도 안 피하고 있길래 저도 모르게‥. 많이 놀라셨죠? (다시 90도 인사) 죄송합니다.
무치	그깟 새 한 마리 땜에 당신이 죽을 뻔했어! 이 냥반아.
바름	(계속 꾸벅거리며) 죄송합니다. 정말 죄송합니다.

무치, 더 뭐라 못하고 차에 타는데 그런 무치 등에 대고 연신 90도 인사하는 바름.

무치	(운전하고 가며 백미러로 힐끗 보며) 저거 착한 거야? 모지란 거야?

비하인드 >>

#13-1   구치소 주차장, 바름의 시선/ 낮/ 연결 씬

차에서 칼, 몇 가지 도구 챙기는 바름. 트렁크 문 닫는데, 트렁크 위로 뚝 떨어지는 새똥. 반사적으로 고개 들면 순간 얼굴 위로 떨어지는 새똥. 아씨 새똥 쓱 닦더니 휙 새 잡아채서

바름	감히 내 얼굴에 똥을 싸? (목잡아 비틀려다가) 가만, 바로 죽이면 재미없잖아. 충분히 고통을 느끼게 해줘야지. (하며)

다리 부러뜨리는데, 푸드득 거리자 순간 놓치고 새 날아가는‥ 바름, 바로 쫓아가는데. 새, 푸드덕 하며 날아가려 하지만, 부러진 다리 때문에 잘 날지 못하는. 결국 날지 못하고 뒤뚱거리며 바름 곁을 떠나는 새. 하지만 멀리 가지 못하고 결국 멈춰선 새를 잡으려 달려가 확 잡아채는 순간, 끼익!!! 브레이크 밟는 소리에 바름, 고개 올려보면 바로 앞 무치 차 아슬아슬하게 선다. 기분 나쁜 바름, 서늘한 눈빛으로 일어나다가 이내 눈빛 풀고 (연기 들어가는) 한눈에 봐도 선한 인상으로 바꾸는 위로‥

무치	(E) 근데. 저 쉐끼가!!! (차에서 내리며 버럭) 디지고 싶어 환장했어?!!!
바름	(허리 90도로 굽혀 인사하며) 죄송합니다. 정말 죄송합니다.
무치	(보면 바름 팔에 안긴 채 덜덜 떠는 새끼 새 있다)
바름	다리가 부러진 것 같아요. 차가 오는 데도 안 피하고 있길래 저도 모르게··. 많이 놀라셨죠? (다시 90도 인사) 죄송합니다.
무치	그깟 새 한 마리 땜에 당신이 죽을 뻔했어! 이 냥반아.
바름	(계속 꾸벅거리며) 죄송합니다. 정말 죄송합니다.

무치, 더 뭐라 못하고 차에 타는데 그런 무치 등에 대고 연신 90도 인사하는 바름.

| 무치 | (운전하고 가며 백미러로 힐끗 보며) 저거 착한 거야? 모지란 거야? |

연신 허리 굽히던 바름, 무치의 차 시야에서 사라지자, 텅 빈 눈빛으로 변하고는 다리 부러진 새 내려다본다.

| 바름 | 너 땜에 저 새끼한테 허리를 굽혔잖아. (바들거리는 새 어루만지며) 잘못했지? 좋아. 그 벌로 천천히 죽여줄게···. 아주 천천히·· 충분히 고통을 느낀 후에···. |

S#14   구치소- 중점관리사동 복도 + 서준의 독방 앞/ 낮

서준 데리고 가는 교도관 치국. 서준 수용실 앞에 서서 문 열면.

서준	(들어가다 생각난 듯 돌아보며) 참, 실 떨어졌어.
치국	?
서준	(손 쥐락펴락하며) 연습을 안 하면 손이 자꾸 굳거든.
치국	(잠시 망설이다 이내 결심한 듯, 세게) 실은 반입금지 품목인 거 몰라요? 더구나 의료과 물건은 죄수가 맘대로 갖다 쓰는 물품 아닙니다.

서준   (서늘하게) 가져와. 니 전임은 군말 없이 갖다 줬어.

치국   (지지 않으려는 듯 더 세게) 내가 그쪽 시다바리나 하려고 쌍코피 터져 가며
             공무원 시험 준비해서 교도관 된 줄 알아요?

서준, 그런 치국 흥미롭다는 듯 빤히 쳐다보다 아무 말 않고 들어간다. 치국, 문 쾅
닫고 잠그는데 손끝이 떨린다. 옆방에서 야유 소리 들리자 당황스러운.

치국   (뒤돌아서며 다짐하듯) 쫄지 말자. 나치국! (큰소리로) 조용히들 해요, 조용!
             (가부좌 튼 채 눈 감고 앉아있는 서준 돌아보며 점짓 큰소리로) 다들 당신 눈치
             보니까 왕이라도 된 것 같아? 착각하지 마. 그래봤자 당신! 죽을 날 받아
             놓은 하루살이일 뿐이야!

서준   (그 말에 눈 뜨고는 서늘하게 치국 보다, 이내 비릿하게 미소 짓는)

치국   (묘한 압도감에 기 눌리지만 애써) 나한테 협박 같은 거 안 통해!

휙 가는 치국 뒤로 다른 방 수감자들의 쏟아져 나오는 야유. 욕지거리 쏟아지는.

S#15   구치소- 의료과 진료실/ 낮

치국   (씩씩거리며) 그래서 제가 나한테 협박 같은 거 안 통해 그러고 왔어요.

의사   (걱정스레 보다 서랍 열어 의료용 실과 바늘 꺼내 치국 손에 쥐어 주는)

치국   (토끼눈 뜨며) 뭐예요?

의사   (꼭 쥐어 준 채) 신입이라 뭘 모르네. 한서준 심기 건드렸다 불구돼 퇴직한
             선배 교도관 얘기 못 들었어? 직접 움직이지 않아. 알아서들 움직이지.
             그냥 모른 척 갖다 줘. (하는데 핸드폰 울리는) 어디야? 오고 있어?

치국, 자신의 손에 쥐어진 의료용 실, 바늘 보는 데 망설여지는 표정 위로 통화 목소
리 들리는 "신분증 안 가지고 나왔어? 거기 있어. 데리러 갈게"

S#16   구치소- 교회당/ 낮

공연 준비 한창이다. 고신부(무원-중증장애), 교도관과 얘기 중이고. 수용자 몇, 관리 하에 공연 물품 나른다. 박스 안고 들어오는 바름, 동구 앞에 내려놓는.

동구　　빠진 거 없이 잘 챙겼지? 카드도? (박스 속 마술도구들 확인하는)

바름　　어. (조심스레 다친 새, 잠바 안주머니에서 꺼내는)

동구　　(쯧쯧) 또 시작이다. 또‥ 니가 뭔 동물들의 슈바이처냐?

바름　　(멋쩍게 웃고 부러진 새 다리 부목 하다 반갑게) 어? 치국이 왔다.

치국　　(반갑게 손들고 들어오다, 무대 위 무원에게 깍듯하게 인사하는)

무원　　오 치국군~ 여기서 보니까, 완전 딴사람 같아 보이는데. 제복이 아주 멋져~

치국　　(쑥스러운 듯 웃으며 머리 긁적이는데 소매 사이로 시계 보인다)

동구　　(보고) 얌마. 그 짝퉁 시계 좀 버려. 내가 다 창피하다야.

치국　　교도관 된 기념으로 니들이 사준 선물인데. 나한텐 이게 진품이지.

동구　　(바름 보며 쭝얼쭝얼) 하여튼 저 딸빠이한테 주문을 맡긴 내 죄지. 경찰이 란 놈이 백만 원이나 주고, 짝퉁 사이트에 사기나 당하고‥ 독수리에 거 시기가 달려있는데, 딱 보면 짝퉁인 걸 몰라? U랑 A랑 구별도 못해? 얼마 니가 뭐냐! 얼마니가! 그걸 백만 원이나 쳐 주고. 아흐!!!

치국　　거시기? (시계 보면 독수리 아래 한 개의 다리) 이거 다리야. 하여튼 동구 니 눈엔 다 그걸로만 보이지. 그러니까 니 별명이 야동구지.

동구　　다리면 왜 한 개만 있겠냐? 바름아. 저거 거시기지? 엉?

바름　　(새 다리에 붕대 다 감고 고개 들며 치국에게) 어때? 일은 할 만해?

치국　　(한숨 내쉬는) 만만하게 안 보이려고 노력은 하는데‥ 쉽지 않다.

동구　　(상자 뒤지며) 어? 바름아 반짇고리는 어딨어?

바름　　없어? 어? 맞다. 집에 두고 왔어. 아‥ 어떡하지? 실이랑 바늘 없으면 공 연 펑크 나는데‥.

치국　　실, 바늘‥.? (잠시 망설이다, 주머니에서 꺼내주며) 이것도 돼? 의료용인데.

동구　　(확 뺏으며) 상관없어 (바름의 마술복 앞주머니에 넣으며) 근데 너 헤드헌터 봤냐? 여기 있다며?

치국　　(동구가 바름 주머니에 실 바늘 넣는 거 보며, 심란한 얼굴로 끄덕이는) 응.

동구　　나 한 번만 만나게 해주라. 팬 카페에도 가입했는데‥

치국　　뭐? (순간 욱!) 어떤 똥대가리가 그딴 데 가입하나 했더니 너냐?

동구　　뭐 똥대가리‥?

치국   한니발인지 뭔지 그딴 영화들만 보니까 살인마들이 근사해 보이지? 너같이 한심한 놈들 땜에 그딴 새끼들이 계속 나오는 거야! (울컥) 뉴스도 안 봤냐? 혼자서 힘들게 딸 키우던 여자가 온몸에 칼 스무 방 맞고 죽었다더라. 너 같은 것들이 있으니까 그 따위 개쓰레기들이 지가 뭐라도 된 양 설치지. (경멸스런) 쥐새끼처럼 숨어 있다 연약하고 힘없는 여자나 죽이는 비겁한 버러지 새끼!

비하인드 ≫ 바름   (순간 서늘하게 변하는 표정)

동구   알았어. 인마. 부탁 안 해! 안 해! 교도관 좀 됐다고 드럽게 재네. (휙 가는)

치국   뭐? 근데 저 자식이! 야! 구동구!!! (일어나서 따라가려는데)

바름   (얼른 잡는) 동구 공무원 준비 접었어.

비하인드 ≫ 바름   (서늘하게 치국 보던 표정 바꾸고, 얼른 치국 잡는) 동구 공무원 준비 접었어.

치국   (무슨 말인가 보면)

바름   원래 자기 꿈 찾겠다고. 요즘 시나리오 써. 싸이코패스 얘기라 자료가 필요해서, 그래서 그 카페에 가입한 거야.

치국   (오해해서 미안한 표정 지으며 후 한숨) 그놈의 감독병 또 도졌대냐?

바름   동구 잘할 거야. 끝나고 술 한잔하면서 풀어. 어? (치국 어깨 툭툭 두드리다 생각난 듯) 아차, 깜빡했네. (일어나다) 시간 되면 나 잠깐 도와줄래?

S#17   구치소- 교회당 가는 길/ 낮

낑낑대며 매직박스 들고 풀 무성한 샛길로 가는 바름과 치국.

치국   아씨 엄청 무겁네. 바퀴 놔두고 왜 들고 가냐고!

바름   바퀴가 워낙 예민해서, 이런 돌길에 고장이라도 나면 이따 공연 때 낭패라‥ 미안. (하다) 잠깐 쉬자. (박스 내려놓으며 운동장 쪽 바라보며 땀 닦는)

수풀 옆에 드리워진 철망 안쪽으로 구치소 운동장 한눈에 보인다.

바름	(땀 닦으며) 운동시간인가?
치국	응. (역시 땀 닦으며 보는) 난 말야. 교도관이 되기 전엔 사형수들은 뭐랄까… 아무것도 없는 독방에서 매일 피해자에 대한 속죄의 기도를 하며 수도승처럼 지내는 줄 알았다?! 근데·· 국민 세금으로 삼시 세끼 따박따박 먹고, 매일 빈둥빈둥··
바름	그래··?
치국	저 인간들 보고 있으면 가끔 그런 생각이 들어····
바름	(보면)
치국	죽을 때까지 사형 집행 따윈 없을 거라며 뻔뻔하게 자기가 저지른 죄도 뉘우치지 않고 매일 유유자적하게 살고 있는 저 모습을 피해자 가족이 보면 얼마나 기가 막힐까? 얼마나 분하고 원통할까… 근데 나 오늘 아주 잠깐 저런 것들 따위한테 겁먹었어…부끄럽게…
바름	무슨 말이야? 그게··. (하며 치국 보는데)
치국	(운동장 쪽 보며) 실은 아까 준 그 실이랑 바늘 말이야··. (순간 표정 굳는)
바름	왜?
치국	저 사람이야···. 헤드헌터··

바름, 치국 눈이 가리키는 쪽 보면, 벤치에 앉아 책 읽고 있는 서준 모습 보인다.

바름	(신기한 듯 서준 바라보며) 우리랑 똑같이 생겼네…
치국	(피식) 그럼 뭐, 타노스처럼 생긴 줄 알았냐?
바름	(서준에 시선 못 떼며 중얼거리듯) 저 몸 안에 괴물이 살고 있다는 거잖아··
	비하인드》〉 (서준 쪽 바라보는 눈빛 흥미로운 듯 반짝이는)

S#18   구치소- 운동장/ 낮

〈카프카-변신〉 책 읽고 있는 서준. 문신 수용자,(조폭 스타일) 서준에게 쓱 다가와

수용자	나치국이. 손 좀 보겠습니다.
서준	(대답 없이 눈으로 책 읽으며) 사람 좀 찾아.

S#19   구치소- 운동장 철망 밖/ 낮

바름의 시선으로 책 읽던 서준, 문득 시선 느끼고 고개 들어 바름 쪽 보는·· 철망을
사이에 두고, 멀찍이 떨어진 바름과 서준의 시선 허공에서 부딪힌다. (F.S)

비하인드 >>

#19-1   구치소- 운동장 철망 밖, 바름과 서준의 시선/ 연결씬

서로를 바라보는 눈빛 - 마치 자신의 종족을 알아본 듯한 흥미로운 각자의
시선에서.

S#20   금신동 버스정류장 인근 한적한 길 (#5와 동장소)/ 낮

무언가 찾듯 살피며 걸어오는 무치, 가로수 옆 지나치다 문득 다시 살피면, 가로수
옆 비닐봉지에서 쏟아져 나온 밥 덩어리 여기저기 흩어져 있고 비에 씻긴 핏물 자국
옅게 남아있다. 폰 꺼내 사진 찍은 후, 라텍스 장갑 끼고 밥알 비닐봉지 안에 넣고 일
어난다. 주변 풀들 눌린 자국들 보이고 주변 꼼꼼히 살펴보면 아직 덜 마른 흙에 옅
은 족적 발견하고 주머니에서 천 원짜리 꺼내 족적 옆에 두고 폰으로 찍는.

S#21   북부서- 복도/ 낮 (대사 서로 핑퐁 하듯 빠르게)

누군가 기다리며 창가에 걸터앉아있는 홍주(30대). 지루한 듯 돌아보다 저만치서 걸
어오는 무치 발견하고 후다닥 달려간다.

홍주   (무치 옆에서 걸으며) 왜 전화 계속 씹어? 문자도 여럿 남겼구만….
무치   (눈길도 안 주고 그냥 걸어가는. 손에 검은 봉지 들고 있다)
홍주   축하해. 1년 동안 전국을 이 잡듯 쑤시고 다니더니 결국 자매 살인범 잡

	았더라. 참, 자살했다며? 그래도 고형사 공은 인정해 주는 거지? (계속 무시하며 가는 무치 보폭 맞추며) 대단해. 내가 이런 훌륭한 형살 몰라보고⋯.
무치	(들리게 쭝얼거리는) 암만 알랑방귀를 껴봐. 내가 협조해주나.
홍주	(못 들은 척) 참 축하할 일 또 있더라? 포털 완전 장악했더라고. '경찰 음주인터뷰 이거 실화?', '잡으라는 살인범은 안 잡고 술병만 잡는 한심한 경찰' 그걸 또 감기약 때문이라고 발표한 경찰청 변명도 참 구질구질해요, 그지?
무치	(멈춰서 돌아보며) 염병할! 내가 술 먹고 운전이라도 했어? 그리고 그땐 근무시간도 아니었다고. 경찰은 근무 끝나고 술도 못 마셔? (휙 가는)
홍주	(따라가며) 그래서 말인데 체육관장 송수호 죽인 놈이랑 같은 놈이란 말/
무치	/나 술 처마시면, 주사 부리는 거 몰라? 주사야 주사! 개! 주! 사!
홍주	나 냄새 맡으면 핏불처럼 물고 안 놓는 거 몰라? 주사 아니잖아. 근거가 뭐야? 어? 암만 생각해도 연관 관계가 없단 말이지. 동네도 다르고, 살인 수법도 다르고⋯ 대체 근거가 뭔데? 어? 어?
무치	(사무실 들어가려다 문득 멈춰 서서 손가락으로 귀 가리키면)
홍주	(가르쳐주는구나 싶어 무치에게 귀 바짝 갖다 대는데)
무치	(속삭이듯) 꺼져! (사무실로 휙 들어가는)
홍주	어이! 어이! 고형사! (갸웃) 분명 뭐가 있는데⋯.

S#22 북부서- 강력팀 사무실 안/ 낮

무치, 들어오자마자 기다렸다는 듯 팀장(호남) 벌떡 일어나 길길이 소리치는.

호남	얌마! 술 처먹고 거길 왜 나타나! 퇴근했음 집에서 발 닦고 처잘 것이지. 왜 거길 나타나서 현장을 발칵 뒤집어놔!
무치	(무시하고, #20의 밥 봉지 신형사 책상 위에 척 올리며) 이거, 혈흔검사 의뢰 좀 해. (하고 강형사 책상에서 변순영 사건 파일 집어 들고 쓰윽 보는)
호남	어흐 저거저거. 뭐 동일범? 이번 참에 형사 때려치고 소설을 쓰세요. 베스트셀러 작가가 되시라고요~!!
무치	아⋯. 익숙한 자장가 들으니까 또 급 졸리네. (척 엎어져 자는 척!)
호남	아흐 저 사!고무치. (사고뭉치!) 말을 말자 말어. 내 주둥이만 아프지 아흐

머리 빠져 머리! (빗으로 머리 통통 치며 나가는)

호남 나가자, 벌떡 일어나 〈금신동 배수로 변순영 사건〉 파일과 〈석진동 체육관 송수호 사건〉 파일 속 현장 사진들 비교하며 확인하는데 "저기‥" 소리에 고개 들면

버스기사　(문 앞에 쭈뼛거리며 서서) 금신동 12번 마을버스 운전산데요….

S#23　북부서- 취조실 이중창 앞/ 낮

무치, 안쪽 보고 있는 기사와 신형사 뒤로 슬쩍 와 보면, 사내(#4) 취조 중이다.

버스기사　맞아요. 저놈. 그 여자가 버스에서 내릴 때, 정류장에 서 있었어요. 그 시
　　　　　간에 거기 서 있는 게 이상해서 눈여겨봤거든요. 확실해요!

무치, 갸웃하며 취조실 안 강형사 앞에 앉아있는 사내(이하 스토커)의 발 살펴보며,
핸드폰 꺼내 찍어놓은 가로수 옆 족적 사진(#20)과 비교해서 본다.

S#24　북부서- 취조실 안/ 낮

강형사　(책상 탕!) 똑바로 말 안 해? 당신이 거기 서 있던 거 본 사람이 있어.
스토커　(아씨!) 예. 거기서 기다렸어요. 한번 만나자고 고백하려고 따라갔어요.
　　　　근데 기겁하고 도망가길래‥ 아 나도 자존심이 있지! 걍 집에 갔다구요
　　　　진짜에요.
강형사　(신형사에게) 데리고 나가. 구속영장 청구하고.
스토커　아, 진짜 내가 안 죽였다니까요…. (끌려 나가다 취조실 문 앞에 팔짱 낀 채 기
　　　　대 서 있는 무치 알아보고는) 어? 뉴스에서 봤는데‥ 형사님 나 진짜 아니거
　　　　든요. 그 뭐야 체육관 관장인가 죽인 놈이 죽인 거라고 했잖아요?
신형사　가. 얼른. (스토커 끌고 나가다) 아 쫌! 신발 좀 밟지 마~ 줄 서서 샀다고!!
스토커　(E) 진짜 나 아니라고! 형사님 말 좀 해줘요 !!! 나 진짜 안 죽였어요~~!!!

강형사   (문 앞에 기대고 서 있는 무치 한심하게 보고 노트북 챙겨 나가는)

S#25   북부서- 취조실 앞 복도/ 낮 (대사 서로 핑퐁하듯 빠르게)

무치   (강형사 따라 나오며) 저 인간 아냐.

강형사   (돌아보는)

무치   (핸드폰 사진 찾아 내밀며) 이거 봐. 발 사이즈가 다르/

강형사   (말 자르고 다시 걸어가며) 목격자가 있어.

무치   버스 기사? 정류장에 서 있는 걸 봤지. 죽이는 걸 본 건 아니잖아.

강형사   (계속 걸어가며) 저 새끼. 폭행, 강간 전과 5범이야.

무치   살인 전과는 없잖아.

강형사   (아흐! 짜증 나는) 강간하려다 저항하니까 죽였나 보지.

무치   (어깨 으쓱) 강간 흔적, 저항 흔적 없었잖아?

강형사   (딱 멈춰서더니 돌아보며) 고무치!

무치   (껄렁한 태도로) 뭐!

강형사   선 넘지 마라. 니 사건 수사나 하라고! 용의자도 못 찾는 주제에! (획 가는)

무치   (가는 강형사보며 쭝얼거리는) 쟤 아니라니까! 참 사람 말 드럽게 안 들어
요. (하는데 귀에 혹 "그럼 누군데") 엄마야~ (몸서리치며 돌아보면 홍주다) 하
아~ 아직 안 갔냐? 그렇게 한가해?

홍주   바빠. 엄청.

무치   그럼 가서 일하세요~ 엄~청 바쁘신 최홍주 피디님~

홍주   지금 일하는 중이잖아요~ 엄~청 비협조적인 고무치 형사님~ 체육관장
살인사건, 방송 얼마 안 남았는데·· 딱히 용의자도 안 나타나고. 담당 형
사도 이따구로 비협조적이고·· 이러다 불방되겠다고요~

무치   그럼 아이템을 바꾸시든가요~ 누가 언제 내 사건 방송하라고 했냐고요.
옥탑방 자매 살인사건 방송 때처럼 또 누굴 열라 쓰고! 무능한 경찰로 만
들려고! 어서 내 신세 조지려고 이러세요~

홍주   아이템을 바꾸다니요~ 그건 엄청 쪽팔리는 일이죠. 천상작품상까지
받은 이 최홍주가 칼을 뽑아 들었는데, 호박, 아니 우리 고형사님 여기
(배 쿡쿡 찌르며) 술배라도 찔러야 되지 않겠어요~

무치	어디 맘대로 찔러보시던가?
홍주	뭐, 그럼 할 수 없지. 방송 펑크 나기 직전인데 아이템 바꿔야지.
무치	잘 생각했어.
홍주	이건 어때? 불법 도박에 미친 경찰! (수첩에서 사진 한 장 꺼내 무치 주는)
무치	뭐야? (보면, 불법 사설도박장 내부 사진. 한쪽 구석에서 슬롯머신 당기고 있는 무치 희미하게 보인다. 놀라 보면)
홍주	요즘 후배가 불법 도박장 잠입 취재 중이거든. 편집 도와주다 우연히 그 장면을 발견했네? 후배가 고형사 얼굴을 몰라 망정이지. 이거 방송 나가면, 우리 고형사님 바로 (목 칼 치는 시늉)
무치	(아씨! 미치는)
홍주	불법 도박장 드나드는 민중의 지팡이로 방송 낼까? 원래 준비하던 석진동 체육관장 살인사건으로 방송 낼까? 고형사가 결정하고 연락해. (가는)
무치	아흐~~~ 증말!!! (머리 쥐어뜯는)

S#26   무치의 차 안/ 낮

무치	(운전하며 궁시렁) 징그러 징그러. 거머리 거머리.
홍주	(못 들은 척 사건 자료 보고 있는)
무치	대체 하고많은 살인사건 다 두고 왜 그렇게 체육관장 사건에 집착해?
홍주	(진지해지는) 송수정 동생이라며·· (사이) 기막히지 않아? 어쩜 남매가 둘다·· 남겨진 노모를 위해서라도·· 범인 꼭 잡고 싶어··.
무치	(이상하다는 듯 보는) 그게 다야? 정말 그 알량한 동정심이 다냐고?
홍주	동정심이 아니라 (사이) 책임감이야··
무치	(의아해서) 책임감? (홍주 돌아보는)

S#27   금신동 버스정류장 인근 (사건현장- #5, #20 동장소)/ 낮

차에서 내리는 무치와 홍주. 홍주, 핸디캠 들고 내린다.

무치	여기서 어젯밤 12시에서 1시 사이 변순영이 살해됐어.
홍주	(현장 스케치하려다 뭔가 이상한) 여기라고? 뉴스에선 배수로라던데?
무치	변순영이 딸 먹이려고 손님이 남긴 밥을 싸 들고 퇴근했대. 그 봉지를 바로 여기서 찾았어. 여기서 죽였단 얘기지. 놈의 족적도 여기서 발견됐고…
홍주	족적? 그럼 뭐 좀 알아낸 거야?
무치	보통 놈이 아냐. 밑창을 잘라냈더라고. 흔적이 남아도 단서 하나 못 찾게.
홍주	아아‥ 근데 왜 시신이 배수로에서 발견된 거지. 여기서 공격당하고 그쪽으로 도망치다가 죽은 건가?
무치	(주머니에서 변순영 시체 사진 꺼내 보여주며) 봐. 여기! (짚으면)
홍주	(시신 등 쪽 블라우스가 뭔가에 긁혀 찢긴 자국 보인다)
무치	긁힌 자국이야. (고개 돌려 보면)

플래시 컷/ 밤. 누군가에 끌려가는 변순영 시신. 등에 돌이 걸려 블라우스 긁히는….

무치	(E) 여기서 살해한 후, 시신을 100미터 정도 끌고 갔어‥ 배수로까지….
홍주	(갸웃) 왜?
무치	(눈빛 깊어지는) 그러게. 왤까? 왜 굳이 그런 수고를 했을까?

S#28   구치소 교회당 내부 + 무대 뒤/ 낮

무대 위 밴드 반주에 맞춰 노래하는 봉사자. 수용자들, 음악에 맞춰 박수 치고 있다.
후드 벗고 셔츠 위에 마술사 재킷 입는 바름, 긴장한 듯 심호흡한다.

동구	(무대 쪽 내다보다, 바름 보고 망설이다) 치국이는?
바름	서무과 서류 업무 도와줘야 해서 못 본대.
동구	아‥. (무대 쪽 돌아보다 화들짝) 바름아. 니 차례야!
바름	(후 심호흡하며 벽시계 보는데 4시다.)

〈점핑〉 카드 마술 하고 있는 바름. 객석 분위기 썰렁하다. 하품하는 수용자. 인상 쓰는 수용자 등등…. 객석 반응에 바름, 땀 삐질삐질 흘리는 중이다.

동구   (바름에게 복화술 하듯) 분위기 험악해. 빨랑 다음 꺼 넘어가.

바름   알았어. (바로 어색한 콩트 시작하는) 후! 땀나 (재킷 벗다가) 이런? 겨드랑이가
       터졌네‥ 가만 바늘이랑 실이‥. (하며 주머니에서 치국이 준 의료용 실과 바늘
       꺼내 겨드랑이 꿰매는 척하는데, 꼬르륵 배꼽시계 음향효과 크게 들리며) 아‥ 배고
       파‥ 조수, 뭐 먹을 거 없어?

동구   (으쓱하며) 없습니다. 마술사님.

바름   (다시 꼬르륵 음향효과 크게 들리며) 안 되겠는데 제가 배가 너무 고파서 이
       거라도 먹어야 할 거 같아요~ (바늘 빼고 실만 입에 집어넣기 시작하는)

왜 저래? 인상 쓰거나, 호기심 어린 눈 등 객석 반응 갈린다. 오물오물 실 씹는 척하
는 바름, 동구가 물 건네면 입안에 실 헹구듯 하다 꿀꺽 삼키는 시늉. 바름, 객석 향
해 입 쫙 벌리고 혀 내밀며. 입안에 실없는 거 확인시킨다.

바름   아, 이제야 배가 좀 부르네‥ (하다 갑자기) 아‥ 배야‥ 실을 먹었더니 갑
       자기 배가, 배가 아파요‥ (배 움켜쥐는 제스처 하며) 화장실~ 화장실~ (엉
       덩이 잡고 동동거리다 갑자기 윗옷 올려 배 훌러덩 까더니 배꼽에서 실뽑기 시작
       하는) 어? 실이 왜 여기서 나오지? 여기가 똥구멍인 줄 아나 봐요!

배에서 실을 쭉쭉 뽑기 시작하고 박장대소하는 수용자들. 그때 강당 뒷문 열리고,
한서준이 교도관의 감시 하에 들어와 맨 뒷좌석에 앉는다.

S#29   배수로 앞 (금신동 여종업원 살인사건 현장)/ 낮

사체 발견 당시 변순영의 모습(환상). 그 모습 보고 있는 홍주 위로

무치   (E) 앉아봐.

홍주   (무치 돌아보며) 뭐?

무치   거기 앉아 보라고.

홍주   (다시 고개 돌려 보면 변순영 시체 대신 현장(시체) 보존선 남아있다)

무치   (홍주 손 끌어 흰색 라인에 앉힌다)

홍주   (당황) 뭐 하는 거야?

무치, 시신 발견 당시 사진 보며, 홍주의 고개도 돌려주고, 중지(가운뎃손가락)도 자세 취해주며, 변순영 발견 당시 모습 그대로 홍주를 재현시킨다.

무치   딱! 이 상태로 시신이 발견됐어.
홍주   (손가락 보며) 이거 꼭 욕하는 거 같아 민망하네.
무치   자, 손가락 끝이 가리키는 곳을 봐봐. 뭐가 보여?
홍주   (보면 저만치 낡은 교회 건물이 보인다) 건물·· 교회 같은데··?
무치   십자가··
홍주   어?·· (보면 교회 지붕 위 십자가가 보인다)
무치   범인은 저 십자가에 이 손가락으로 엿을 날린 거야.
홍주   반지 없어졌다며. 그거 빼다 꺾인 거겠지.
무치   따라와. (차에 타는)

S#30   구치소- 교회당/ 낮

바름   자. 그럼 오늘의 하이라이트 공연, 데이비드 카퍼필드도 울고 갈 세기의 매직 마술쇼를 보여드리겠습니다. 짜잔~

매직박스 밀고 나오는 동구. 저건 또 뭐지? 기대감 가지고 수군거리는 수용자들.

바름   누가 좀 도와주셔야 하는데··. (신난 수용자들 서로 손 들고) 네, 거기! (수용자1 올라오면 마술용 수갑과 사슬 들며) 잠시만 이거 채워도 되겠습니까?
수용자1   재수 없게 하필 수갑이야~ (끄덕이면) 그러슈.

바름, 수용자1의 몸에 마술용 쇠사슬 감고, 손 뒤로 끌어 마술용 수갑 채우고 매직박스 안에 들어가게 한다. 수용자1 들어가면 매직박스 잠그고 자물쇠 채운다.

바름   자, 이 안에 들어간 분이 연기처럼 사라집니다.
객석   (호기심 어린 눈으로 보는)

바름, 매직박스 세차게 돌리면 밴드 긴장된 음악 연주. 매직박스 멈추고 자물쇠 열면, 상자 앞면 툭 열리며, 수용자1 그대로 있자. 당황하는 척하는 바름. 관객들 실망하면 동구, 다시 박수 유도하고. 바름, 능청스레 매직박스 잠그더니 세차게 돌린 후 딱! 멈춘다! 자물쇠 열면 상자 앞면 툭 떨어지며 열리는데 순간 얼어붙는 객석. 바름, 객석 반응에 의아한 표정으로 돌아보다 허억! 경악하며 엉덩방아 찧는데‥

S#31　석진동 복싱 체육관 (관장 송수호 살인사건 현장) 외경 + 내부 / 낮

어둡고 음산한 느낌 드는 내부. 여기저기 운동기구들 글러브 등 널려져 있다. 홍주, 둘러보면 진열장에 송수호 트로피들과 함께 트로피 번쩍 든 수호와 수정 행복한 남매의 모습이 담긴 사진 액자 놓여있다. 홍주, 액자 집어 드는 순간, 확 들이치는 햇빛. 눈살 찌푸리며 보면 무치, 링 뒤 벽 창문 열고 있다. 홍주, 다시 고개 돌려 액자 먼지 닦아내고, 사진 속 해맑게 웃고 있는 수정 복잡한 표정으로 보는데‥

무치　　　(E) 내 뒤로 와서 봐.

돌아보면, 무치 링 중앙에 둔 철제 의자에 양팔 뒤로 묶인 듯 앉아있다. 홍주, 액자 제자리에 놓고 시키는 대로 무치 등 쪽에 가보면, 가운뎃손가락 세운 모습인데.

무치　　　도착했을 때 손이 뒤로 묶여있었는데 역시, 중지가 이렇게 꺾여있었지.
홍주　　　(의아한) 소사체로 발견됐잖아.
무치　　　새까맣게 탔는데도 손가락은 세워진 상태였어. 손가락뼈가 꺾였단 증거지.
홍주　　　(보면)
무치　　　게다가 생전에 송수호는 손에 반지를 끼고 다니지도 않았대.
홍주　　　그럼 반지를 빼다가 손가락이 꺾일 일은 없었겠네?
무치　　　그렇지. 일부러 꺾은 거야. (홍주 앞에 사진 툭 던지는)
홍주　　　(자세히 보면 철제 의자 아래, 링 바닥 그을음들 사이로, 살짝 끌린 자국 발견하는) 그을음 위가 아니라 그을음 아래에 끌린 자국이 남아있어. 그건 불에 태우기 전에 의자를 옮겼단 거잖아. (갸웃) 왜‥‥? (고개 들면)
무치　　　현장에 도착했을 때 저 창문이 열려 있었어. 관원들 말론 이 창문 고리가 고장 난 상태라 연 적이 없대.

홍주   그럼 범인이 열어놨단‥‥?

무치   (다시 송수호 자세 그대로 취하며) 자, 이 손가락 끝을 봐….

홍주, 손가락 끝을 따라 보면 무치가 열어둔 쪽창 너머 멀리 가파른 산동네의 풍경

홍주   뭐가 보인다는 거지? (하다 산동네 전경 꼼꼼히 살펴보는데 언덕 위, 교회 지붕
              의 십자가 보인다. 허‥) ‥‥십자가?

놀란 홍주 시선, 어느새 창밖 어두운 밤 풍경으로 변하고, 교회 십자가에 빨간 조명
들어온다. 주변은 깜깜하고 오직 십자가만이 붉게 반짝인다. 홍주, 다시 고개 돌리
면 의자 뒤로 손이 묶인 채 죽은 송수호의 꺾인 중지가 십자가를 가리키고 있다.

무치   (홍주 옆으로 오며) 그래 범인은 창문을 열고, 저 교회 십자가가 보이는 각
              도로 의자 위치를 맞춘 거야. 엿을 날릴 수 있게. 그리고 죽어가는 송수호
              의 몸에 불을 붙였지. 저 십자가에게 보여주려는 것처럼.

홍주   (소름 끼쳐 본다)

무치   두 사건 사이에 공통점이 또 있어. 전리품!

홍주   전리품? 변순영 손에서 없어졌다던 장난감 반지?

무치   (끄덕) 딸이 엄마 생일선물로 문방구에서 산 거였대.

홍주   죽은 변순영에겐 무엇보다 소중한 반지였겠네 (하다) 근데 송수호한테선
              가져간 게 없지 않아? 수사기록엔 없던데?

무치   우리가 놓친 게 있었어. 이 안에서 없어진 물건이 있어. 찾아봐.

홍주   그걸 내가 어떻게 알아‥ (하다가)

홍주, 문득 벽에 크게 걸린 액자(빨간 글러브 낀 채 권투 포즈 취한 수호) 보는데.

홍주   (중얼거리는) 소중한 물건‥‥. (무치 보며) 혹시 저 글러브?

무치   (끄덕) 송수호는 사망 전날까지 저 글러브를 끼고 스파링을 했어. 누나 송수정
              이 저 글러브를 선물로 산 날 헤드헌터 손에 죽었대.

홍주   (복잡한 심경으로 액자 속 빨간 글러브 보는)

무치	그런 사연이 있는 글러브니, 송수호가 저걸 자기 목숨처럼 소중히 여겼다
	나 봐. 범인은 알고 있었던 것 같아. 송수호에게 가장 소중한 물건이 뭔지.
홍주	그러니까 두 사건 모두, 십자가를 향해 엿을 날렸고, 피해자가 가장 소중
	하게 여기는 물건을 챙겨갔다?
무치	전리품을 챙겼다는 건, 두 사건의 범인이 아주 위험한 싸이코패스라는 거
	지. 그런 종류의 인간은 인간을 사냥한다고 생각해.
홍주	사‥냥‥?
무치	(눈빛 깊어지며) 지금도 어디선가 또 사냥을 하고 있을지 몰라‥.

S#32　구치소- 교회당/ 낮

충격 받은 모습의 바름! 열린 매직박스 속엔 팬티만 입은 치국이 머리와 온몸에 자상을 입고 피투성이 된 채 마술용 쇠사슬에 묶여 새우 자세로 구겨져 있다. 잘린 치국의 오른쪽 집게손가락, 매직박스 바닥에 아무렇게나 내동댕이쳐져 있다.

| 바름 | 치국아! 치국아! (치국 끌어안고) 정신 차려. 치국아. |

동구 주저앉아 덜덜 떨고만 있고, 무원, 급히 무대로 올라와 바름 옆에서 치국 상태 확인한다. 교도관들은 우왕좌왕하는 수용자들 통제하느라 정신없는데. 서준, 동요 없이 마치 구경하듯, 무표정한 얼굴로 상황 조용히 지켜본다.

| 김교도 | (전화하는) 나 교도가 크게 다쳤어요. 빨리 강당으로 오서야겠어요. |

인서트/ 구치소 의료과 진료실

| 의사 | 네. 지금 갈게요. (전화 끊고) 누가 다쳤나봐. 갔다 올게. (다급히 일어나면) |
| | (E) 나도 그만 가봐야지‥‥ 근무시간 다 됐어. (일어나는데 요한! 이다.) |

강당/ 천천히 자리에서 일어서는 서준. 우왕좌왕하는 수용자들과 교도관들 가로질러 유유히 무대 위에 오르는데. 바름 앞에 앉아 치국의 상태 살피는 서준! 한편, 무원

은 서준을 알아보고 공포와 놀람이 혼재되며 손 바들바들 떨린다.

서준   (고개 들어 잔뜩 긴장한 채 보는 바름에게) 실, 바늘 가져와.

바름   에?

서준   마술할 때 사용했잖아.

동구   아‥ (후다닥 무대에 있던 실 바늘 찾아서 갖다 주면)

서준   (받아서 치국의 터진 뇌간 부위 응급처치 하려는데)

바름   (두려운 눈빛으로 서준 보다, 정신 든 듯 확 밀치며) 소, 손대지 마!

서준   (옆으로 툭 밀려나며 바름 보는*)

비하인드 >> 서준   (바름의 손대지마!라는 감정적 대사와 달리 텅비고 메마른 눈빛 본다.)

          바름   (그런 서준에게 들킨 것처럼 움찔하더니 이내 눈빛 바꾸고)

바름   (서준 노려보며) 저리 가. 저리 가라고! (교도관에게) 의사 왜 안 와요?

교도관   저기 와요. (뛰어 들어오는 의사 보며)

바름   (의사, 무대 위로 뛰어 올라오자) 서, 선생님. 우리 치국이 좀 빨리!

의사   (상태 한눈에 봐도 심각한) 아‥ 큰 병원으로 옮겨야 할 거 같은데‥

서준   뇌간 부위에 출혈이 심해. 지금 처치 안 하면 사망이야.

바름   (의사 보면)

의사   (당황하며) 난 그쪽 전공이 아니라‥ 잘‥

바름   (다시 서준 보며) 저, 저 사람을 어떻게 믿어….

서준   할 수 없지 뭐. 간만에 굳은 손이나 좀 풀어볼까 했는데‥ (가려는데)

무원   (E) 해 주세요

바름   (놀라 무원 보며) 신부님! 저 사람 누군지 아세요?

무원   (주먹 꽉 쥐고는 심호흡 한번 하고) 맡기자. 응? 지금 여기, 치국이 살릴 사
          람, 이 사람밖에 없어…. (꽉 쥔 주먹이 부르르 떨리고 있다)

바름   (그런 무원 보며 더 이상 아무 말 못 하는)

서준, 어깨 으쓱하고 다시 앉아 실을 끼운 바늘로 치국의 손상된 머리 처치하는데,
손놀림 예사롭지 않다.

비하인드 >> 바름   (E) 아씨‥ 짜증나. 왜 방해하고 지랄이야….

바름, 바들바들 떨며 그 모습 불안하게 지켜본다.

비하인드 >> 주변에 몰려 있던 사람들, 모든 시선 서준과 치국에게 향하자 바들바들
　　　　　　떨며 보던 바름, 일순, 죽어가는 치국 향해 미세하게 씨익 입꼬리 올리는.
　　　　　　바름　　(E) 이새끼 운도 좋네··

S#33　석진동 복싱 체육관/ 낮

홍주　　그러니까, 정리하자면 신이나, 종교, 혹은 십자가를 무지 싫어하는 싸이
　　　　코패스가 송수호와 변순영을 무작위로 사냥한 거다?

무치　　아니. 송수호를 죽인 데는 확실한 살인 동기가 있어.

홍주　　살인 동기? 그게 뭔데?

무치　　송수호는 불에 타 죽었지만 부검 결과, 두개골부터 늑골, 대퇴부·· 전신에
　　　　다발성 골절 흔적이 발견됐어. 사망 전, 심한 구타가 있었던 거지(돌아보면)

인서트/ 무치의 눈(상상)에 관장 묶어놓은 채, 구타하고 있는 범인의 실루엣

무치　　(E) 놈은 인간이 가장 고통을 느끼는 부위를 골라가며 가격했어. 연골이 다 떨
　　　　어져 나갈 정도였으니 끔찍한 고통이었을 거야···.

송수호　(고통스러운 얼굴로 힘겹게 고개 들며) 죽여줘. 제발···.

무치　　(E) 너무 고통스러워서·· 아마 죽여 달라고 사정을 했겠지···.

범인, 수호 머리 위로 휘발유 확 붓고는 라이터 켜서, 획 던지면 순식간에 확! 불타오
르는 수호, 괴로움에 몸부림친다. 마지막 방점 찍듯, 수호 가슴에 푹! 칼 꽂는다.

무치　　(E) 하지만 놈은 송수호의 말을 들어주지 않았어. 그저 송수호가 고통 속에서
　　　　숨이 끊어질 때까지·· 끝까지 지켜보고 있었어···.

불타고 있는 송수호의 몸을 움직임 없이 지켜보는 실루엣.

무치	(E) 송수호를 살해한 이유는‥
홍주	(보면)
무치	복수야. 분노로 가득 찬‥
홍주	복수? 근거 있어?
무치	(끄덕) 결정적인 걸 발견했어.

플래시 컷/ 동 장소 (무치의 회상)/ 낮

폴리스라인 찢어져 너풀거리는 텅 빈 음습한 체육관 내부, 찬찬히 둘러보는 무치, 문득 책장에 꽂혀있는 권투 이론서들과 만화책들 가운데 거꾸로 꽂힌 책 한 권을 발견하는데 다름 아닌 성경책이다. 갸웃하며 빼보는 무치. 휘리릭 넘겨보다 갑자기 멈추고 펼쳐보면. 한 페이지에 핏물 섞인 타액 떨어져 말라붙은 흔적 보인다.

무치	검사 결과, 송수호의 피가 섞인 타액이었어.
홍주	송수호 입에서 떨어진 거란 말이네?

플래시 컷/ 엉망인 얼굴로 고개 떨군 송수호, 무릎에 올려져 있는 레위기 페이지

무치	(E) 죽기 전, 이 성경을 송수호 무릎에 올려놓았던 거지‥ 왜 그랬을까?
홍주	(E) 송수호에게 그 성경 구절을 보여주려고?
무치	(E) 그렇지 어쩌면 직접 그 성경 구절을 직접 읽게 했을지 몰라‥

플래시 컷/ 송수호, 무릎에 놓여있는 구약 레위기 구절 힘겹게 읽고 있다.

송수호	‥끄억‥ 사람이 이웃에게‥. 상해를 입혔으면 그가 행한 대로 상대에게 행할 것이니‥ 허‥ 허‥ 뼈를 부러뜨렸으면 상대의 뼈도‥ 부, 부러 뜨려‥ (무치 목소리와 겹치며) 상처에는 상처로, 눈에는 눈으로. 이에는 이‥.

송수호의 입에 고인 핏물이 침과 함께 뚝 떨어지는‥. 그 위로 들리는 구급차 사이렌 소리.

비하인드 >>

#33-1   석진동 복싱 체육관, 바름의 시선/ 밤

바름, 송수호 묶어 놓고 구타하고 있다. 윽윽 소리를 내며 제발 죽여 달라고
애원하는 송수호, 바름, 기다렸다는 듯 무릎에 레위기 펼쳐 놓는다.

바름	읽어 봐. 그럼 죽여줄게.
송수호	‥끄억‥ 사람이 이웃에게‥. 상해를 입혔으면 그가 행한 대로 상대에게 행할 것이니‥ 허‥ 허‥ 뼈를 부러뜨렸으면 상대의 뼈도‥ 부, 부러뜨려‥ 상처에는 상처로, 눈에는 눈으로. 이에는 이‥ (입에 침이 고여 핏물과 함께 뚝 떨어지고)‥
바름	(지켜보다) 그렇지? 그렇게 해야겠지? 니가 울 엄마, 계부, 재민이한테 한 그대로?

성경책 걷어내는 바름, 송수호의 머리 위로 휘발유를 콸콸 붓는다.

바름	(여기저기 상처투성이인 모습 보며) 이건 니 손에 맞아 죽은 내 엄마 몫!!

저항할 기력이 없는 송수호. 바름, 라이터를 켜서 휙 던지며‥

바름	이건 타 죽은 내 동생 몫!

순식간에 확! 불타오르는 송수호, 괴로움에 몸부림친다. 마지막 방점 찍듯,
들고 있던 칼을 송수호 가슴에 푹! 꽂으며.

바름	이건 내 계부, 그 개새끼 몫!

송수호, 욱 피를 토하며 힘없이 고개 떨구는 그 위로 불길이 더 거세지고.
활활 타고 있는 송수호의 몸을 움직임 없이 지켜보는 텅 빈 눈빛의 바름.

S#34   무진병원- 응급센터 안/ 낮

실려 오는 치국. 동구와 바름, 교도관 같이 따라온다. 바름, 얼음 봉지에 들어 있는 거즈로 싼 치국의 손가락 소중히 들고 있다 의료진에게 넘긴다.

간호사   (급히) 다른 손가락은요?
바름   에?
간호사   잘린 손가락 두 개예요. 빨리 하나 더 찾아오세요.
김교도   제가 찾아올게요. (뛰어나가는)

S#35   석진동 복싱 체육관/ 과거 + 현재/ 밤 + 낮

어느새 완전 타버린 송수호의 몸. 범인의 실루엣, 뚜벅뚜벅 걸어가 손에 들린 성경 책을 책장에 다시 꽂아두는데 바로 꽂으려다 일부러 뒤집은 채 꽂아둔다.

무치   (E) 송수호를 죽인 후, 그 성경책을 다시 이 책장에 꽂아두고 간 거지.

현재/ 낮

무치   (책장 앞에 서서) 성경책을 거꾸로 꽂아둔 건 단순 실수가 아닐 거야·· 발 견되길 원했거나 아니면 발견 하나 못하나 지켜보면서 즐겼거나.
홍주   (핸드폰 검색으로 구약 레위기 읽는 중) 상처에는 상처·· 이에는 이··(고개 들며) 이대로라면 송수호가 한 일, 그대로 범인이 송수호에게 했단 말이 잖아. 송수호가 범인과 관련 있는 누군가를 태워 죽였나?
무치   글쎄····
홍주   (갸웃) 다들 송수호는 개미 새끼 한 마리 못 죽일 사람이라고 하던데··.
무치   사람 속 아무도 모르는 거야·· 그나저나 찾았어? 한서준 아들?
홍주   어? (순간 당황하는) 그게·· 국장한테 보고했는데, 선정주의는 피하자고. (어깨 으쓱) 어차피 뭐·· 나도 찾고 있으니까···.
홍주   (흠칫) 찾아서 어떡하려고? 한서준 대신 해코지라도 하게?
무치   (그런 홍주 반응 이상한 듯 보는)
홍주   고형사 맘은 이해하지만·· 아들까지 찾을 필요 있어? 자식이 무슨 죄야···.

무치	(그 말에 불쾌해진) 자식이 뭔 죄냐고? 그럼, 난·· 난 뭔 죈데? 그놈은 지 아빠가 살인마라도 되지. 울 엄마, 아빠 법 없이도 살 선량한 분들이었어··.
홍주	(당황하며) 아, 내 말뜻은··.
무치	(눈빛에 독기 서리며) 그 놈 아들한테도 꼭 보여줄 거야··. 내가 본 거·· 평생 잊을 수 없는·· 그 끔찍한 기억·· 한서준 아들도 평생 갖고 살게 할 거야··. 그래야 공평하지. 그래야 눈에는 눈, 이에는 이인 거지.
홍주	(걱정스러운, 물끄러미 보면)
무치	(그런 시선에) 왜? 뭐?
홍주	말은 그렇게 해도 했어도 찾으려면 벌써 찾았겠지? 일부러 안 찾은 거잖아.
무치	(보면)
홍주	아들 앞에서 한서준을 죽이면 또 다른 고무치가 생기는 건데··. 고형사가 그 짓을 한다고? (일어나서 가면)
무치	(뜨끔 하면서도 부러 큰소리로) 어? 해! 한다고! 할거야!!! (혼잣말로) 궁금해. 어디서 뭘 하고 사는지··

비하인드 >>

#35-1   석진동 복싱 체육관, 바름의 시선/ 밤

어느새 완전 타 버린 송수호의 몸에서 피어나는 연기, 개운한 표정으로 보고 서 있는 바름. 뚜벅뚜벅 걸어가 손에 들린 성서, 책장에 꽂아 두는데, 문득 다시 빼서 뒤집어 꽂아 둔다.

S#36   무진병원- 응급실/ 낮

치국의 침상 커튼 쳐져 있고, 바름과 동구 초조히 서 있다. "왜 살렸어! 왜!" 소리에 돌아보면 옆 침상의 넋 나가 오열하는 수정母. (손목에 붕대 감아있다)

수정母	내 새끼 따라가게 놔두지·· 왜 살렸냐고! 왜!!! 수호야 수호야··

의료진   (아무 말 못 하고 짠한 듯 보는데)

요한   (그런 수호母에게 저벅저벅 걸어가 붕대 감긴 손목 확 잡아당기며) 죽고 싶으면 (콕
        짚으며) 다음번에 여기! 정확히 여길 깊이 찌르세요. 이센치 이상 깊게 찌르
        셔야 합니다. 그래야 실패확률이 없습니다. 아니면 동맥을 끊어버리세요.
        동맥을 끊으려면 아예 팔을 잘라버리시면 됩니다. 그래야 확실히 죽습니다.

바름   (허‥ 기막혀 요한 보다) 어? (요한 알아보는 듯)

요한   (서늘하게 또박또박) 아니면 동맥을 끊어버리세요. 동맥을 끊으려면 아예 팔
        을 잘라버리시면 됩니다. 그래야 확실히 죽습니다.

바름   (더는 참지 못하는. 그러나 소심하게) 저, 저기요‥ 말씀이 너무‥ (하는데)

동구   (확 요한 멱살 확 잡고) 의사란 새끼가 말하는 꼬라지 하고는. 야 이 새꺄!

바름   (당황해 동구 말리는) 도, 동구야‥ 마, 말로 해‥

동구   비켜봐! (확 뿌리치면, 바름 바닥에 나동그라지는)

요한   (넘어진 바름 무표정하게 보다 순간 흠칫! 긴가민가 하는)

동구   사과해. 얼른. 저분한테. 이 새꺄.

요한   (동구 보며, 표정 없이 차분하게) 내가 뭘 사과해야 하는 거죠?

동구   우와 증말. 이 새끼가!!! (확 손 치켜드는데)

동구, 눈 하나 깜빡 않고 자신 보는 요한이 순간 서늘해지며, 묘하게 기 팍 죽는다.

동구   (슬쩍 손 내리며) 병원만 아니었어도‥ 아씨. 내가 참는다. 참아! (확 나가는)

나가는 동구 보다 다시 요한 쪽 돌아보는 바름, 아무 일 없다는 듯 태연히 다른 환자
를 살피는 요한 모습 보는데. 곧 뒤에서 흐느끼는 울음소리에 돌아보면 수호母.

바름   (속상한 얼굴로 다가가) 저기‥ 저도 잘 모르지만 의사 선생님도 너무 속상하셔
        서‥ 마음 독하게 먹고 버티시라고 하는 말일 거예요.

수정母 (계속 끅끅대며) 수호야‥ 아이고‥ 내 새끼‥‥

바름, 옆에 앉아 그런 수정母 등 토닥이며 위로하는데‥. 그때 헐떡이며 뛰어 들어
오는 교도관, 거즈로 싼 손가락 담긴 봉지 바름에게 준다.

바름	(받아 의료진에게 건넨다) 여기요 여기! (교도관 보며) 어디서 찾으셨어요?
교도관	(헉헉··) 강당 무대 뒤·· 구석에서··.
바름	(90도로 인사하며) 감사합니다. 수고하셨어요··

그때 커튼 확 젖혀지며 다급히 치국의 침상 이동시키는 의료진들.

응급의	신경외과 콜해. 보호자분 수술 동의서에 사인해 주세요.
바름	지방에서 올라오시는 중이라·· 제가 싸인 동의 받았습니다.
인턴	(뛰어오며) 수술방 들어가셔서 끝나는데 30분 이상 걸리신답니다.
응급의	(난감한) 그럼 너무 늦는데·· 일단 수술 들어갈 테니까 성요한 선생이 신경외과 과장님 오실 때까지, 서포트 해.
요한	준비하겠습니다. (가는)
바름	(헉! 가려는 응급의 붙잡고) 저, 저기···.
응급의	뇌손상 환자도 경험 많은 의사니까 너무 걱정마세요.
바름	(불안한 표정 짓다 뛰어나가는)

S#37   무진병원- 복도/ 낮

바름	(뛰어나오면 저 앞에 걸어가는 요한 보인다) 저기요 선생님.
요한	(돌아보는. 다가오는 바름 찬찬히 보는)
바름	(요한 앞에 서서) 전에·· 고등학교 때요··. 그때 선생님 구해준··
요한	(잠깐 생각하다, 흠칫! 다시 보면)
바름	치국이가 그 친구거든요···. 그러니까·· 이번엔 선생님이 우리 치국이 살려주세요. 네? 제발 부탁드려요. (간절한 눈으로 보는)
요한	(그런 바름 묘한 눈빛으로 보는)

S#38   도로 + 무치의 차 안/ 낮

무치	(운전하며) 과감하면서도 치밀한 놈이야.

홍주	(보면)
무치	무엇보다 인체 구조에 대해 아주 잘 알고 있어. 어디를 때려야 고통스러운지, 어디를 찔러야 단칼에 죽는지, 아니면 서서히 죽는지도‥

S#39   무진병원- 수술실/ 낮

수술대 위에 누워있는 치국의 몸 살피듯 보고 있는 요한. (표정주의*) 위로

무치	(E) 해부학 공부라도 한 놈 같단 말이야‥. 칼 쓰는 것도 능수능란해….
요한	메스!

급히 들어오는 신경외과 전문의 보면. 메스 쥔 요한 왼손, 바삐 움직이고 있다. 요한, 치국의 연두부 같은 뇌 조직 사이를 한 치의 망설임 없이 정확하고 섬세하게 가른다! 감탄하듯 보는 응급의, 전문의 보면 그냥 내버려 두라는 제스처.

비하인드 ≫

#39-1   무진병원- 수술실, 요한의 시선/ 낮

수술대 위에 치국의 난자된 몸 살펴보는 요한, 치국의 손가락 맨 윗마디에 난 방어흔 보는.

요한	(E) 급습당한 건데‥. 흉기가 들어오면 반사적으로 손으로 막을 텐데‥ 손가락에 방어흔적이 있다는 건 손바닥이 미처 올라오기도 전에 공격한 거야‥ 손바닥이 올라오기도 전이라면‥ 아주 가까이에 있던 사람이란 건데‥

S#40   무진병원- 수술실 앞/ 밤

핸드폰 검색 중인 바름. 성요한, 20살. 국내 최연소 의사 국시 합격! 인턴 시절, 뇌종양 수술 참여해 성공!! 화제 등 기사. 고개 들면 무원 기도 중이고, 동구, 치국母, 김교도 옆 초조하게 앉아있다. 그때 수술실 열리고 나오는 의료진들. 요한도 있다.

치국母	(벌떡 일어나 의료진에게 달려가) 우리 치국이는요? 네?
신경외과의	수술은 잘 끝나긴 했는데 워낙 위중한 상태로 와서 일단 기다려 보죠. 근데 응급처치를 아주 잘해서 왔더라구요. 구치소 의료진이 누구죠?
교도관	아. 그게‥. 마침 현장에 의사 출신 수용자가 있어서요. 한서준이‥
요한	(그 말에 순간 얼굴색 확 굳는)
신경외과의	한서준이라면‥ 그 헤드헌터요?
교도관	네‥
바름	(문득 돌아보면 어느새 요한 저만치 가고 있다)

S#41   무진병원- 치국의 병실 (회복실) 복도/ 밤

어깨 축 처진 채 치국의 병실에서 나오는 바름. (재킷 벗고 피범벅 셔츠 차림)
문 앞, 무원, 동구, 교도관에게 심각하게 이야기 중이다.

동구	(나오는 바름 보고 다급히) 바름아. 범인 잡았대.
바름	정말? 누, 누가 그랬대? 어?
무원	아, 그게‥. 한서준을 추종하는 재소자 중에‥.
교도관	나교도가 헤드헌터를 무시해서 버릇 좀 고쳐주려고 작정하고 일을 쳤다고 자백했답니다. 한서준의 직접 지시가 있었는지는 확인 중에 있고요.

멀리서 모여 심각하게 얘기 중인 바름 모습 서늘하게 지켜보는 요한. (*) 돌아서 걸어가는 위로 우르르 쾅쾅!!! 천둥소리 들린다.

비하인드 >>
#41-1   무진병원- 치국의 병실, 요한의 시선/ 낮

멀리서 모여 심각하게 얘기 중인 바름 모습, 피 범벅인 바름의 셔츠가 요한의 눈에 확 들어온다. 수술실 치국의 상처가 떠오르고. 바름을 보는 요한의 눈이 조금씩 가늘어지는데‥.

요한   (E)가장 가까운 사람‥ 역시 그 아인가‥?

S#42   봉이네 학교 현관 앞/ 해질 녘

하교 시간. 현관 밖으로 쏟아져 나오는 학생들. 학생들 사이로 교복 차림의 봉이 나온다. 우르르 쾅쾅 마른번개. 먹구름 잔뜩 낀 하늘 보며 핸드폰 꺼내 전화하는.

봉이   나와. 쏟아질 거 같애. (짜증) 아, 빨랑 와! (전화 확 끊어버리는)

S#43   구동마을 (재개발 지역) 입구 다리 앞/ 땅거미 밤/ 비

걸어오는 봉이. 다리 앞에 아무도 보이지 않는다. 우르르 쾅쾅! 천둥 번개에 하늘 올려다보면 금방이라도 비 쏟아질 분위기. 봉이, 안 되겠다 싶어 다리에 막 올라서려는데 순간 투둑! 빗방울 하나둘 떨어진다. 반사적으로 발 빼며 다리 밖으로 물러서는 봉이. 후다닥 핸드폰 꺼내 전화하는데 신호만 가고‥ 전화 받지 않는다.

봉이   아씨‥ 왜 안 와. (잠시 망설이다 결심) 더 오기 전에 빨리 건너지 뭐….

봉이, 두려움 떨치려 이어폰 귀에 꽂고 볼륨을 높이고 다리 앞에 선다. 용기 내 빠른 걸음으로 다리 건너는데, 그때 봉이 뒤따르는 발소리, 봉이 음악 소리 탓에 인기척 못 느낀다. 계속 봉이 쫓는 발소리. 이어 피 묻은 신발과 바지 자락 보인다. 봉이 뒤따르는 발 점점 빨라지고‥ 그 사실 모른 채 속도 내서 다리 중간쯤 다다른 봉이. 순간 엄청난 굉음의 천둥, 번개 치며 장대비 쏟아진다. 갑작스런 비에 놀라는 봉이, 차오르는 호흡 고르고 전속력으로 뛰기 시작하는데‥ 저만치, 다리 끝쯤, 폭우로 쫄딱 젖은(다리 부러진) 새끼 강아지 앉아있다. 순간 멈칫하는 봉이. 이어폰 타고 흐르던 음악 정적 되고, *끄응 끙* 강아지 신음만이 선명히 들린다. 공포에 짓눌려 그 자리에 털썩 주저앉는 봉이. 순간 등 뒤에서 확 덮치는 피 묻은 옷의 사내. 봉이, 자신의 어깨를 잡는 사내 손에 으아악~~!!! 뿌리치며 발작하듯 드러눕는다.

봉이 놔! 이거 놔!!!! (하는데 퍽! 소리와 함께)
봉이할매 (E) 야! 이 호로잡놈의 시끼야!

어느새 나타난 봉이 할머니 장우산으로 사내 정신없이 후려치는데, 우산 살대가 부러져 나갈 정도다. 아악 아악! 들리는 사내의 비명.

봉이할매 이 느자구 없는 시끼! 너 오늘 내 손에 디져부렀어!!! 디져!! 디져!
바름 (E) 저예요. 저, 정순경!!!!

봉이 할머니, 미친 듯이 패다 놀라, 멈춰 보면, 바름이다.

봉이할매 오메. 정순경‥. 뭐, 뭔 일‥. (고개 돌리면 봉이 바닥에 웅크린 채 덜덜 떨고 있다. 얼른 봉이 일으키며) 오메 봉이야‥ 아가 아가, 정신 차려, 아가‥
봉이 (덜덜 떨며 다리 끝 쪽 가리키며) 가, 강아‥지‥.
봉이할매 (봉이가 가리키는 쪽 보면 강아지 없다. 무슨 말인지 알아들은. 짠한 눈으로 봉이 품에 꼭 끌어안으며) 괜찮혀‥ 그 똥개새끼 할미가 쫓아부렀시야. 긍게 괜안혀. 암시랑도 안 해‥ 핼미가 미안혀 핼미가‥ (끅끅 우는)

바름, 놀란 눈으로 그런 봉이와 할머니 바라본다. 다리 위 폭우 속 세 사람의 풍경.

S#44 봉이네 집 앞/ 밤/ 비

대문 쾅 열고 휙 들어가 버리는 봉이.

바름 (그런 봉이 보고) 죄송해요. 불러도 못 듣길래‥‥

봉이할매	난 그란 줄도 모르고. 옷에 피가 묻어서 겁나 오해해붓제. 다친 덴 읍고?
바름	아 네, 전 괜찮아요.
봉이할매	맴이 맴이 아니겄고만‥ 친구 후딱 인날것잉게. 넘 속 끼리지 말고. 잉?
바름	(우울한) 네‥ 들어가세요. 가보겠습니다. (인사 90도로 하면)
봉이할매	음마마~ 그 꼬라지로 어딜 간다 그려? 씻고 가.
바름	아니에요‥ 집에 가서 씻으면‥
봉이할매	(바름 옷 마구 벗기며) 음마‥ 이 꼬라지로 동네 할망구들 마주치기라도 허믄 심장마비로 관에 향 피웅당게. 벗어. 벗어. 얼렁
바름	(당황하는) 아, 아니.

S#45   봉이네 집- 거실/ 밤/ 비

줄에 널려있는 바름의 바지. 양말, 팬티, 보이고 거실 한쪽에 상이 차려져 있다. 봉이할매, 바름의 옷이 다 말랐는지 확인하는데 입이 삐쭉 나와 툴툴대는 봉이. 그 앞에 앉은 바름, 봉이 눈치 보고,

봉이할매	가시랑 년아! 똥구네 김장 담가주니라 쪼까 늦어부렀다고 몇 번을 말흐냐.
봉이	(씩씩대며) 보쌈 얻어먹느라 늦었겠지.
봉이할매	(걷으며) 하여튼 저년 말뽄새 보소. 그려. 늙은 핼미가 보쌈 쪼까 얻어 묵고 오는 거시 어떠서.

하며 차려진 상 옆으로 앉아 다리미 꺼내고 카세트 테잎 트는 봉이할매 임영웅의 ‘계단 말고 엘리베이터‘ 노래 나오면 흥얼거리며 다림질하는.

봉이	혼자만 보쌈 먹고 오니까 배부르고 좋아. 나도 보쌈 먹을 줄 안다고!!!

하는데 젓가락 계란말이 향해 쑥 들어온다. 봉이, 젓가락 획 누르며 노려보면 슬그머니 젓가락 빼는 바름, 촌스런 꽃무늬 몸빼에 분홍색 낡은 가디건을 입었다.

봉이할매	(깨작거리고 있는 바름 보고) 왜? 안 묵어? 친구땜시 그려? 음마. 그랄수록

밥심으로 심을 빡! 내야제. 그래야 친구도 발딱 일어나제. 거시기 계란말이 쪼까 묵어봐. 정순경 줄라고 특별히 치즈도 넣어부렀응께.

바름   (봉이 눈치 보며) 저 계란말이 안 좋아해요. (김치 집어 밥에 한 숟갈 먹는)

봉이할매   (바름 먹는 거 보며) 흐미. 울 정순경은 어째 묵는 것도 저래 복시러가 잉.

봉이   (입 비쭉이는)

봉이할매   (다림질마저 하다, 셔츠 소매 단추 떨어져 있는 걸 발견하고, 걸려 있는 봉이 교복 셔츠 단추 하나 슬쩍 뜯어내 바름 소매에 다는*)

바름   (반찬 집는 봉이 손 상처 발견하고) 다쳤네?

봉이   (자신도 몰랐던 표정으로 심하게 긁힌 손등 보는)

바름   (봉이 손잡고 상처 살피며) 많이 까졌네. 아프겠다. (살피는)

봉이   (당황하며 그런 바름보다, 뭔가 시선 느껴져 보면 할머니가 자신과 바름 두 사람을 흐뭇한 표정으로 보고 있다. 짜증나는) 아씨! (손 확 뿌리치며) 남 이사 다치든 말든! (숟가락 탁 내려놓고 일어나 방으로 가버린다)

봉이할매   임빙할 가시내. 밥 안 처먹을 겨?

봉이   (E/버럭) 안 먹어!

봉이할매   저, 저 똥을 바글바글 쌀 년. 너는 쫄쫄 처굶어봐야‥ (하다가 슬쩍 바름 신경 쓰며) 아니‥ 우리 봉이가 저런 척 혀도 속은 아조 기프당께‥. 음‥ 그려. 저것이 시방 부끄라서‥ 저렇거여‥ 수줍어서 그런거‥ 수줍어서….

바름   (이해 안 되는) 수줍어요? 왜요?

봉이할매   음마‥ 맴에 있는 사람이 있응께 저라제‥ (바름 지긋이 바라보며) 좋아하는 사람이 손을 덥썩 잡아부렀는디‥ 얼마나 부끄랍겄어.

바름   (당황) 에? 제가 보기엔 전혀 그런 거 같지‥‥

봉이할매   (말 자르며) 우째 생각은 좀 혀 봤어? 이 핼미가 말헌 거?

바름   (정색하며) 할머니 저 잡혀가요. 농담 좀 그만 하세요. 동네 어르신들까지 다 오해하시잖아요.

봉이할매   음마, 농댐 아니여.

바름   아니 봉이 나이가 몇인데 그러세요. 아직 열여덟‥

봉이할매   (O.L) 음마? 애 나이를 깎어? 아홉이여. 그라고 쟤가 어딜 봐서 애로 보여? 정순경이 몰라서 그랴, 쟈가 빼빼 곯아 뵈도 그라마야 그라마.

바름   에? 드라마요?

봉이할매   아니! (답답한) 글라마!!! 글라마!!!

바름	글래‥머? (순간 사레) 컥‥컥 오‥옷 다 말랐죠? (후다닥 일어나는)
봉이할매	(다림질 다 한 셔츠 건네며 진지한) 쉰 소리 아녀. 진지흐게 생각 혀 봐‥
바름	(당황스러워 미치겠는)

S#46 OBN 방송국 외경 + 사무실/ 밤

책상에 앉아서 파일 보고 있는 홍주. 문득 생각에 잠기는.

모니터 화면 속. (#33 대화에 이어)

홍주	송수호는 복수심 때문에 죽였다 치고‥ 변순영은?
무치	그 여자의 살인에는 아무 감정이 느껴지지 않았어. 변순영은 무작위야.
홍주	‥ 무작위?
무치	헤드헌터 같은 순도 100% 싸이코패스야. 본능이 폭발한 거 같아….
홍주	(영상 스톱 시키고) 싸이코패스라‥

홍주, 인터넷에서 검색하면 '싸이코패스 유전자 발견. 대니얼 교수 노벨상 후보. 수상 불발' 등 관련 기사들. 대니얼 인터뷰 내용 읽다, 시간 확인하고 수화기 들며

홍주	(영어) 저는 한국 OBN 방송국 최홍주 피디라고 합니다. 다니엘 리 교수님이랑 통화하고 싶은데요….

S#47 한국 유전자연구소- 연구실 (혹은 카페)/ 낮

커피 잔 내려놓는 손. 어느덧 세월의 흔적이 역력한 중후한 노교수, 대니얼이다.

대니얼	에드먼드 캠퍼는 조부모 머리에 총을 쏜 뒤 칼로 무참히 살해했습니다. 할머니를 쏘면 어떤 느낌일까 그것이 단지 살해이유였다고 답했습니다.

카메라가 촬영 중이고, 대니얼 앞에 앉아있는 홍주 보인다.

대니얼   이후 6명의 소녀를 살해하고 자신의 엄마 목을 자르고 시간까지 했습니다. 첫 살인 후 내재된 살인 본능이 깨어난 겁니다.

어느새 대니얼 모습 모니터 화면에 담기고 화면 상단 〈설록 홍주〉 자막 떠 있다.

대니얼   대부분, 사이코패스의 의식은 잠재적으로 숨어있다, 어느 한 계기를 통해 폭발하게 됩니다.

이어 화면 전환되며 무치의 인터뷰 나오고, 무치 사건 담당 형사 자막도 뜬다.

무치   범인은 무슨 이유에선지 복수심으로 체육관장을 죽인 후, 내재된 살인 본능이 깨어났고, 그다음 무작위로 유흥업소 종업원을 죽였다고 볼 수 있죠. 놈의 살인 주기는 점점 짧아질 거고, 살인 수법은 점점 대범해질 겁니다.

S#48   프레데터의 집- 지하실 (#9의 지하실)/ 밤

화면에 무치 인터뷰 계속되고 있다.

무치   놈의 살인은 이제 시작으로 보여요. 이 두 피해자 말고도 더 살인이 이뤄졌을지도 모르죠.

그 위로 사이렌 소리 들리며‥.

인서트/ 덮인 포대 사이로 나온 발. 낡은 신발 신겨져 있고 다른 쪽은 맨발이다. 그 주변에 파리 앵앵 날아다니고‥ 경찰 포대 들추다 흡! 코 막으며 고개 돌리는. 머리에 도끼(소형 도끼) 꽂혀있고, 꺾인 중지, 가리키는 곳 십자가 불빛 보인다.

앵커   (E) 어젯밤, 구오동 재건축 현장에서 50대 노숙자의 시신이 발견돼 경찰이 수사 중에 있습니다. 시신은 부패가 상당히 진행된 상태로 사망한지 보름‥

모니터 화면 무치의 인터뷰 계속 이어지는‥

무치 　 더 늦기 전에 이 사건을 연쇄살인 가능성도 배제하지 않고 수사해 나가야
　　　　 할 겁니다. 살인은 멈추지 않을 겁니다. 이것이 정말로 싸이코패스의 짓
　　　　 이라면 지금, 이 순간에도 놈은 사냥감을 찾아다니고 있을 테니까요.

툭 화면 꺼지고. 리모컨 내려놓는 범인의 손. 범인 일어나 지하 계단 오르는‥.

S#49　　차 앞/ 밤

트렁크 열면, 그 안에 벌집 문양 장갑, 트레이닝 복, 마라톤화, 칼, 밧줄, 초대형 비닐
롤 등‥ 들어있다. 이내 트렁크 문 쾅 닫는 암전.

비하인드 >>

#49-1　　차 앞, 바름의 시선/ 밤

바름 트렁크 열면, 그 안에 벌집 문양 장갑, 트레이닝 복, 마라톤화, 칼, 밧줄,
초대형 비닐 롤 등‥ 들어있다. 이내 트렁크 문 쾅 닫는다.

S#50　　한적한 신도시 거리/ 밤

진한 선팅의 승용차, 사냥감 찾는 하이에나처럼 천천히 속도를 낮춰 배회 중이다.
스피커에서는 바흐의 골드베르크 변주곡 중 아리아 흐르고 있다.

프레데터 　 (NA) 컨디션이 별로다. 그래서 오늘은 쉬운 먹잇감을 고르기로 했다.

다리 아래, 산책로에서 이어폰 꽂고 흰색 츄리닝 입고 산책 중인 여대생 보인다.

프레데터   (NA) 저렇게 몸집이 작고 한눈에 봐도 힘이 없어 보이는 사냥감…. 아주
이상적인 사냥감이다.

S#51   TV 모니터 화면/ 밤

무치 인터뷰 화면 스틸로 잡히면서 스튜디오 모니터 앞, 화면 보고 있는 〈설록 홍주〉
MC홍주, 화면 앞으로 걸어오며 클로징 멘트한다.

홍주   물론 체육관 관장 살인범과 여종업원 살인범이 동일범이라는 추론은 아
직은 성급한 추론에 불과합니다.

비하인드 〉〉

#50-1   한적한 신도시 거리, 바름의 시선/ 밤

진한 선팅의 승용차, 카 오디오에서 바흐의 골드베르크 변주곡 중 아리아 흐르고,
사냥감 찾는 하이에나처럼 전방을 주시하며 천천히 속도를 낮춰 배회하는 바름.
바름   (NA) 컨디션이 별로다. 그래서 오늘은 쉬운 먹잇감을 고르기로 했다.

바름 시선으로 다리 아래 산책로에서 흰색 추리닝에 이어폰을 꽂고 산책중
인 여대생 보인다.

바름   (NA) 저렇게 몸집이 작고 한눈에 봐도 힘이 없어 보이는 사냥감…
아주 이상적인 사냥감이다.

S#52   프레데터의 집- 지하실/ 밤 (1부 #93)

어둠 속, 카메라 줌아웃 되면서 주변 조금씩 보이는데, 벽 가득 살인 현장 사진 (시신

들/ 송수호, 변순영, 김철수, 박종호) 컬렉션처럼 붙어있다.

홍주   (E) 하지만, 정말 석진동 체육관장을 살해한 범인이, 금신동 배수로에서
       발견된 여성까지 죽였다면‥ 그가 정말 싸이코패스 살인마라면‥ 더 이
       상의 무고한 살인이 벌어지지 않도록 그를 막아야 합니다.

끼이익‥ 지하실 문 열리는 소리. 계단 내려오는 발소리. 이윽고 시체(*)사진들 붙어
있는 벽 앞에 서는 사내 실루엣. 피 묻은 손으로 사진들 사이에 또 다른 사진 한 장
붙이는데, 사진 속 여인, 산책하던 20대 여대생(조미정) 시신 (*)사진이다.

> 비하인드 》
>
> ### #52-1   프레데터의 집 - 지하실, 바름의 시선/ 밤
>
> 끼이익, 지하실 문 열리며 바름 계단 내려온다. 벽 가득 죽기 직전의 피해자들 사진
> 붙어 있고, 천천히 걸어 벽 앞에 서는 바름, 붙어 있는 사진들 사이에 숨 끊어지기
> 직전의 조미정 모습이 담긴 사진 붙인다. (사진 속 조미정 얼굴 옆, 반짝이는 교복단추)

S#53   TV 모니터 화면

홍주   세기의 연쇄살인마 조디악이 방송국에 마지막으로 보낸 편지에는 이런
       내용이 담겨 있었습니다. '제발 저를 도와주세요. 저 자신을 멈출 수가 없
       습니다.' 만약 범인이 그와 같은 싸이코패스라면, 지금 우리의 도움을 간
       절히 원하고 있을지 모릅니다. (클로징 음악 나오는)

S#54   포도밭 비닐하우스 인근 산책길/ 새벽

개와 산책하는 주민, 갑자기 저만치 포도밭 향해 미친 듯이 끄는 개. 주민, 개 줄 놓

치고 말자 포도밭 비닐하우스 쪽으로 달려가는. 왜 저러지? 싶어 보면 비닐하우스 안에서 뭔가 물고 나오는 개. 주민 뭔가 싶어 보면 피 묻은 조깅화다.

S#55 구동, 하수구 인근/ 새벽

으윽! 토하는 듯 뛰쳐 가는 바름. (마치 앞씬과 연결인 듯 페이크) 쭈그리고 앉아 뭔가 보고 있는 파출소장과 김순경, 그런 바름 보며 쯧 혀 차는

김순경	정순경은 영 이쪽 일이 적성이 아닌 거 같아요··
소장	그르게 말이다. 근데 이 고양이도 그놈 짓 같지? 이빨이 없어.
김순경	그러네요. 죽은 지 꽤 된 거 같은데·· 요샌 좀 뜸하죠?
소장	이사라도 갔나? (저쪽에서 헛구역질하는 바름 보며) 어이 정순경!
바름	네. (손으로 눈 옆 가리며 오는)
소장	넌 죽은 고양이 하나 보고도 이러니 사람시체라도 보면 기절초풍하겠다?
바름	죄송합니다. 노력하겠습니다.
소장	그게 노력으로 되냐. 사무실 가면 캐비넷에 전단지 붙이고 남은 거 있을 거야. 빨리 튀어가서 그거 들고 동네 여기저기 쫙 붙여놔.
바름	네. (뛰어가는데 속도 느린)
소장	(뛰어가는 바름 보며) 저 거북이, 저! 저! 느려 터져가지고. 빨리 안 뛰어!!!!

비하인드 >>

#55-1 구동, 하수구 인근, 바름의 시선/ 새벽

사건 현장에서 뛰쳐나오는 바름, 입을 틀어막은 손을 떼며 '웩'하고 헛구역질을 한다. 현장에 있는 파출소장을 힐끔거리면, 쪼그려 앉아 뭔가를 보고 있다. 짜증이 나는 바름, 더 큰 소리로 '웩' 하고 손가락 넣어 헛구역질하면, 그제야 바름 보며 혀를 찬다. 파출소장 '어이 정순경' 하고 부르자, 입을 닦아내며 대답하는··

바름	네. (손으로 눈 옆 가리며 오는)
소장	넌 죽은 고양이 하나 보고도 이러니 사람 시체라도 보면 기절초풍하겠다?
바름	죄송합니다. 노력하겠습니다.
소장	그게 노력으로 되냐. 사무실 가면 캐비넷에 전단지 붙이고 남은 거 있을 거야. 빨리 튀어가서 그거 들고 동네 여기저기 쫙 붙여놔.
바름	네. (일부러 천천히 뛰는 척하는)

S#56 봉이네 집- 거실/ 아침

소박한 밥상 앞에 앉아 밥숟갈 든 채 낡은 TV 화면에 시선 고정 중인 봉이할매‥
화면에는 실종된 20대 여대생(조미정) 얼굴 사진 떠 있다.

기자	(E) 지난 5일, 산책 나간 A양이 귀가하지 않자 가족들이 경찰에 실종 신고를 했지만, 결국 싸늘한 주검으로 돌아와 안타까움을 더하고 있습니다.
봉이할매	오메메‥ 우찌까‥. 시상에나‥ (부스스한 얼굴로 깨작거리며 밥 먹고 있는 봉이 못마땅한 듯 보며) 가시랑 년. 너도 일쩍 일쩍 좀 댕겨.
봉이	(퉁명스럽게) 고3이 어떻게 일쩍 다녀.
봉이할매	지랄 똥을 바글바글 싸네. 얼른 묵고 씻어. 성당 늦겄어. 오늘 고신부님 울 동네 마지막 미사여. 이레동성당으로 가신디야. (하다 쓸쓸한) 이라고 하나둘 다 떠나는구만‥/
봉이	/바빠! 도서관 가기로 했어. 친구랑.
봉이할매	아따메. 누가 보믄 전교 1등이라도 허는 줄 알긋다. 가시나야.
봉이	전교 1등 하면, 대학 보내줄 능력은 되고?
봉이할매	오오~ 핼미 생각혀서 꼴찌 하는 겨? 오메메 심청이 나부렀다. 나부렀어. 공부허란 말 안 할랑게, 졸업허믄 정순경헌테 시집갈 궁리나 혀. 지발 정순경 앞에서 떽떽거리지 말고.
봉이	(숟가락 꽉 놓으며 밥풀 파파팍 튀겨가며) 또! 또! 아흐 지겨워 증말. 그 인간이랑 나랑 나이 차가 얼만 줄이나 알어? 어디 늙다리한테 팔아넘길라고.
봉이할매	늙다리? 엠병흐든갑다. 정순경 인자 스물 댓밖에 안 묵었어. 까놓고 고만

한 신랑감이 시상에 어딨다냐? 깎아 논 밤톨같이 자알 생겼제.

봉이   밤톨은 무슨. 허여멀건 해가지고. 그런 부류는 권(주먹)으로 칠 필요도 없어. 당수(손날)로만 쳐도 한방이야.

봉이할매   (한심하게 보며) 야 이 가시내야 너는 대구빡에 그런 거밖에 안 들었냐? 오만 군데 다 돌아대녀 봐라, 그런 신랑감이 있나, 심성 좋제, 인물 좋제, 인사성 밝제‥. 뭔 시민상인가‥까지 받았다 안흐냐. 할매 폐지 줍다 자빠져 굴러불 때 정순경이 나 들처 업고 허벌나게 뛰어부렀시야. 정순경 아녔음 니 핼미 애즈녁에 저승 밥 처묵어부땅께.

봉이   뛰긴 왜 뛰어. 전화해서 119 부르면 다 알아서 오구만. 하여튼 머리가 멍청하면 몸이 고생한다니까. (밥 먹는데)

봉이할매   (숟가락으로 봉이 머리통 박으며) 에라 이 못돼 처먹은 년!

봉이   (숟가락 탁 놓는) 아씨. 밥 먹을 땐 개도 안 건드려! (휙 욕실로 들어가는)

봉이할매   염병 개는 꼬랑지라도 치고 반기기라도 하제. 가시내야!

S#57   봉이네 집 앞/ 아침

가방 멘 채, 문 쾅 열고 나오는 봉이. 전봇대에 고양이 살해범 목격자 찾는 전단지 붙이고 있는 바름 보인다. 무시하고 휙 가는 데 등 뒤에서 (E) 어벙이!

봉이   (무시하고 휙 가는데)

바름   (E) 어벙이!

봉이   (어흐! 앞머리 후 불고 휙 돌아보는) 똑바로 발음해라. 확 그 혓바닥 뽑아서 줄넘기 만들기 전에. 어벙이 아니고, 오!봉이거덩. 오! 봉이.

바름   (전단지 한 장 내밀며) 학교 가면 친구들한테 좀 보여주고, 혹시라도 목격자 있으면 신고하라고 말 좀 해줘.

봉이   (전단지 힐끗 보는) 아직도 못 잡았어? 니들은 우리 세금으로 놀고 먹냐? 고양이 죽이고 이빨까지 뽑아가는 그런 미친놈 하나 못 잡아. 몇 달째?

바름   그게 목격자가 없어서‥.

봉이   (전단지 낚아채듯 휙 뺏어 가는데)

바름   (E) 그리고 이거

봉이	(돌아보면)
바름	(주머니에서 약봉지 꺼내주며) 치료 안 하면 덧나.
봉이	(보다) 신경 꺼라. 어? (안 받고 휙 가는)
봉이할매	(E) 옴마. 울 손주 사우~ 나 델러 왔는가?
바름	(돌아보면 봉이할매, 가방 들고 문 앞에 서 있는) 아 어르신. 타세요. 근데 저 오늘은 미사 못 드려요. 모셔다드리고 치국이한테 가봐야 해요.
봉이할매	(절뚝이며 오며) 신부님 섭섭하시겠네. 정순경 얼매나 이뻐라했는디
바름	어? 왜 그러세요? 어디 다치셨어요?
봉이할매	잉? 아녀. (코에 침 막 묻히며) 다리가 저려 그려·· (끼잉 대며 자전거 올라타 는데, 치마 아래로 할머니 발목 보이는데 팅팅 부어있다)
바름	어르신·· (치마 발목 부위 확 걷어보는데 퉁퉁 부어오른) 왜 이래요? (하다 알 겠는) 그때 봉이 마중 나오다 넘어지셨죠? 그래서 늦게 오신 거고···.
봉이할매	아·· 고, 고거시··
바름	것도 모르고 봉이는 보쌈 드시느라 늦게 오신 걸로 오해했으니··. (속상한)
봉이할매	봉이헌텐 말 흐지마. 햘미 다친 거 알믄 신경 쓴 게·· 알았제?
바름	안 되겠어요. 내리세요. (부축해서 내리는)

S#58   봉이네 집- 마당/ 아침

바름	(마루에 앉아있는 할머니 다리에 얼음찜질 하며) 다행히 뼈에 이상이 있는 것 같진 않아요·· 인대가 좀 늘어난 거 같아요··
봉이할매	(그런 바름 물끄러미 바라보는)
바름	(찜질하다 발목 뒤쪽에 상처 자국 보며) 어? 여기도 다치셨는데··. 약도 안 바르고 이러다 곪아요·· (하다 생각난 듯 봉이 주려고 산 소독약과 연고, 고트 맨캐릭터 밴드 꺼내 뜯으며) 귀엽죠? 이 고트맨이 아통령이에요. 아통령. 아 이들 사이에 대통령! 이거 붙이고 다니면 어르신 패플된다니깐요. 패플.
봉이할매	뭔 염생이새끼를·· 그라고 패뭐? 요 염생이가 누굴 패고 다닌갑네?
바름	(미소 짓고. 조심스레 붙이며 진지한) 앞으론 제가 갈게요.
봉이할매	잉? 뭘슬?
바름	비 오는 날 봉이 마중 제가 갈게요. 그니까 어르신은 집에 가만 계세요.

봉이할매	음마. 어쩨 그런 걸 부탁 한단 가. 나랏일 허니라고 바쁜 사람 헌티····
바름	(씽긋 웃으며) 아니에요. 주민 편의. 그게 제 일인 걸요.
봉이할매	그려. 그라믄 요 다리 낫을 동안만 쪼까 부탁혀···.
바름	네. (궁금한) 근데···· 봉이는 왜 비만 오면 다리를 못 건너요?
봉이할매	어? 어어. 그 가시나가 허는 짓거리랑 다르게 겁나 많아 그려. 비만 오믄 다리에 물 차서 행여나 지 떠내려갈까비····
바름	네? (황당한 듯 웃다 문득 생각난) 근데 그때 봉이가 강아지 뭐라고 하던데 그게 무슨 말이에요?
봉이할매	어? 어·· 아녀·· 그냥 뭐 쪼깐헐 때 키우던 똥개를 잃어 부러서 그려····
바름	(얼버무리는 할머니 이상한 듯 보는)

S#59 상가건물 (구동성당) 인근 + 앞/ 아침

봉이 가는데, 저만치 상가 벽에 〈살인마랑 똑같은 신부!〉 빨간 라카 글씨 쓰여 있고, 라카통 든 채 무원 멱살 잡으며 발악하는 수정母(손목에 붕대)와 헤드헌터 유가족 몇 말리는 동구母 등 신자들로 북적이는 모습 보인다.

수정母	당신도 그놈이랑 똑같아. 그놈 살려달라고 탄원서를 내?!!!
무원	(아무 말 않고 묵묵히 서 있는)
동구母	(말리며) 이거 놓고 얘기해요. 왜 애꿎은 우리 신부님한테 이래요·· 증말
수정母	내 딸 죽인 놈을·· 어떻게 방송에 대고 버젓이 용서한단 말을 해!!!

봉이 시선에 저만치 동구와 신도들, 유가족들 데리고 가는 모습 보인다. 유가족들 부축 받으며 통곡하며 가는 수정母 착잡하게 바라보고 있는 무원.

봉이	(E) 신부님은 하느님 믿어요?
무원	(돌아보면 주머니에 손 집어넣고 건방진 태도로 자신을 바라보고 있는 봉이다. 애써 미소 지으며) 봉이 학생. 오랜만이네.
봉이	(수정母 쪽 힐끗 돌아보고는 다시 무원 보며) 하느님 믿냐구요?
무원	그럼. 우리의 마음이 하느님 안에 있을 때, 하느님은 우리의 기도를 들어

주시고, 우리가 고난에 빠져있을 때, 하느님은 우리를 구원하여 주시니/
봉이　　(말 자르며, 아니꼽게) 아니던데? 안 구해주던데?
무원　　?
봉이　　그래서 난 신부님이 믿는 그분! 재수 없어. (휙 가는)
무원　　(가는 봉이 뒷모습 안쓰럽게 바라보는)

S#60　무치의 옥탑방/ 아침

먹다 남은 컵라면 용기와 말라비틀어진 짜장면 그릇, 여기저기 굴러다니는 소주병 등 쓰레기 더미 속에서 하품 늘어지게 하며 일어나는 무치. 쓰레기 더미 사이로 길 만들며 냉장고로 가 물 찾는데 없자 우유 꺼내 마시는데. 흡! 뿜으면 우유 덩어리다. 보면 유통기한 지나도 한참 지났다. 아씨·· 퉤퉤 뱉다 전화벨 소리 들리자, 쓰레기 더미 속에서 한참을 핸드폰 찾다 겨우 받으면.

무치　　(짜증) 아나 씨. 나 오늘 비번이라고·· (하다, 흠칫!) 네?

S#61　구동역 앞 피씨방/ 아침

띠링~ 문 열고 들어오는 봉이. 짝다리 서서 키오스크에 머니 카드 넣고 시간 선택하는데 천장 PC방 TV모니터에 나오는 뉴스. 화면에 얼굴 가리고 체포되는 한 사내 얼굴의 자료화면 밑에 자막 흐른다. 〈9세 여아 성폭행범 강덕수 출소 한 달 앞으로··. 청와대 국민 청원도 소용없어··. 〉화면에 시선 고정한 채 얼어붙은 봉이 위로.

퀵 플래시/법정 복도 화장실 앞에 얼어붙은 채 서 있는 어린 봉이.
강덕수　　(수갑 찬 채 끌려가며 봉이에게 소리치는) 나중에 꼬옥~ 다시 보자, 아가.

뉴스 보며, 다리에 힘 풀려 주저앉는 봉이.

S#62   무진병원 주차장 + 응급센터 앞/ 아침

출근하는 요한. 응급센터 로비로 막 들어서는데·· 막아서는 누군가.

사내   성요한 선생이죠?
요한   (보는 위로)
사내   (E) 보고 싶어 하는 분이 계셔서요.

S#63   포도밭 농장 (비닐하우스) 안/ 낮

다급히 뛰어오는 무치. 무치 시선에 포도나무 덩굴 감긴 철대 위에 대롱대롱 매달린
여대생 시신. 시신의 목에는 수호의 빨간 글러브가 걸려 있고, 손목에는 남성용 시
계, 손가락에는 캐릭터 반지가, 그리고 한쪽 발에는 낡고 더러운 남자 신발 한 짝 신
겨져 있는데. 오른손, 가운뎃손가락을 입에 물고 있는 기괴한 형상이다.

무치   (놀란 눈으로 다가가 살피며) 송수호 글러브·· 변순영 반지·· (발에 신겨진
        신발 돌아보며) 그 노숙자가 아끼던 신발 한 짝 없어졌다고 했죠?
호남   확인했어. 그 사람 꺼 맞아….
무치   (손목에 잘 보이게 채워진 남성 시계 보며) 근데·· 이 시곈 누구 거죠?

S#64   무진병원- 집중치료실/ 낮

테이블 위에 놓여있는 액자. (액자 속 교도복 차림의 치국과 경찰복 차림의 바름 서로 어깨
동무하고 있는데, 손에 #63의 시계 차고 있다.) 의식 없는 치국 얼굴 닦으며 한숨 내쉬는
치국母, 바름 심란하게 보는 위로 (E) 4440 면회!

S#65   무진 구치소- 특별면회실/ 낮

요한   (건조하게) 저를 보고 싶어 하셨다구요?

서준   (요한의 눈 빤히 바라보며) 궁금했다. 내 아들이 어떻게 자랐는지‥.

요한과 서준, 서로 알 수 없는 표정으로 마주 보고 있다. (F.S)

비하인드 ≫ 서준   (E) (다소 실망하는 듯) 눈빛에 많은 게 들어있군‥.

S#66   포도농장 (비닐하우스) / 낮

내려진 여대생의 시신. 바라보고 있는 무치. 주변 두리번거리며‥

무치   교회도, 십자가도 없고‥ 옮긴 흔적도 없는데‥‥.

갸웃하다 문득 입가에 구토한 흔적 (이물질 묻은) 여대생 입에 넣은 가운뎃손가락 빼
내 입안 보면, 입천장에 십자가 모양으로 그어진 칼자국 보인다. 소름 끼치는

무치   십자가를 여기에 긋고 손가락을 넣어서‥ 하‥. (하며 고개 드는데 무치 눈
         에 보이는 천장에 엉켜있는 덩굴 사이로 슬며시 보이는 글씨) 저게 뭐지?

옆에 포도박스들 끌어와 넝쿨들 막 치우면 천장에 쓰여 있는 삐뚤삐뚤한 글씨 '빙고!
고무치 형사님의 추리력에 경의를! 부디, 준비한 선물이 맘에 들길.'

S#67   무진병원- 로비/ 낮

땅 소리 나며 엘리베이터 열리고 내리는 바름. 그 위로 뉴스 소리 들린다.

기자   (E) 사건 현장에서 얼마 전 살해당한 체육관 관장 A씨와 종업원 B씨, 신
         원미상의 노숙자 C씨의 소지품이 발견돼 충격을 주고 있습니다.

터벅터벅 현관 향해 가는 바름. 로비 중앙, 모니터 앞 웅성거리며 서 있는 사람들. 가
던 걸음 멈추고 보면, 모니터에는 비닐하우스 현장 S. K 모습 보이며

기자   (E) 경찰은 이번 사건을 연쇄살인 사건으로 규정짓고 특별 수사본부를
          꾸려 수사를 진행하겠다고 밝혔습니다.

뉴스 보고 있는 바름의 얼굴 위로··.

프레데터   (NA) 엄마가 말했다. 괴물 유전자를 가진 아이가 나 말고 하나 더 있다고····
비하인드 》 바름   (NA) 엄마가 말했다. 괴물 유전자를 가진 아이가 나 말고 하나 더
          있다고··.

바름을 저만치 떨어진 거리에서 바라보고 있는 누군가의 시선 위로····

프레데터   (NA) 살면서 늘·· 궁금했다··. 그 아인··. 어떻게 됐을까?
비하인드 》 바름   (NA) 살면서 늘·· 궁금했다··. 그 아인··. 어떻게 됐을까?

기자   (E) 현장에는 네 명의 피해자의 물건 외에, 남성용 시계도 남겨져 있어 경
          찰은 또 다른 피해자가 있을 것으로 추정하고··

뉴스 보던 바름. 문득 자신에게 향한 시선 느끼고 문득 고개 돌리는데·· (그 뒤로 화
면에 시계 뜨는데, 치국의 시계다. 바름 그 화면 보지 못한 채) 요한과 시선 마주치는 바름.
바름 바라보는 요한의 서늘한 눈빛 위로··.

프레데터   (NA) 나와 같은, 프레데터가 되었을까··?
비하인드 》 바름   (NA) 나와 같은, 프레데터가 되었을까··?
그런 요한 바라보는 바름의 선한 눈빛 위로··.

프레데터   (N) 나와 다른, 보통의 인간이 되었을까··?
비하인드 》바름   (NA) 나와 다른, 보통의 인간이 되었을까··?

허공에서 강렬하게 마주치는 선한 바름 눈빛과 서늘한 요한 눈빛. 화면 슬로우 걸리
며 지나치는 사람들 사이 마주보고 서 있는 바름과 요한이 있는 로비 풍경 (F.S)

the END

제 3 부

S#1   구령 경찰서/ 밤

흰 천으로 덮여 있는 세 구의 시체들 (시신은 보이지 않음) 그 주변에 경찰들, 검시관들 있는 현장 (F.S) 사진 보인다. 그 위로.

비하인드 》 현장 사진 속 세 구의 시신. 대니얼 사진들 더 넘겨보면 두 구는 성인의 시신(불에 타다만 희정과 계부), 한 구는 형체 알아볼 수 없는 소아 소사체다. (새까맣게 탄 재민의 소사체)

대니얼   (E) 큰아들이 용의 선상에 올랐었단 말이죠?

끄덕이는 당시 구령 일가족 살해 사건 담당형사(2부 #1). 세 구의 시신 흰 천에 덮인 현장 사진 보며 착잡한 표정 짓고 있는 대니얼(50대).

대니얼   (사건 파일에 시선 둔 채) 그런데 바로 용의 선상에서 벗어났네요?
형사   네. 실은·· (망설이다) 이건 비밀인데 애가 영 수상해서 비공식적으로 애한테 거짓말 탐지 검사까지 해봤거든요. 근데 이상 없드라구요.
대니얼   (담담히) 싸이코패스는 거짓말 탐지에 반응 않는다는 거·· 모르십니까?
형사   네? 그러니까 꼬맹이가 싸이코패스라도 된단 말입니까?
대니얼   뭐, 그런 뜻은 아닙니다. 범인이 잡히지 않았다기에 경우의 수도 배제할

수 없단 뜻이었죠‥

형사   에이, 설마‥ 겨우 11살짜리가 일가족을 죽였겠어요?‥.

S#2   구령 경찰서 앞/ 밤

생각에 잠긴 대니얼, 나오며 한숨 내쉬는데 저만치 앞에 걸어가는 소년의 뒷모습. 순간 대니얼 눈에 소년의 환영(2부 #2), 터벅터벅 걸어가던 소년, 문득 멈춰 서 어딘가 올려다보면 소년의 시선 따라 보는 대니얼. 멀리 빨간 교회 십자가. 대니얼 다시 소년 보면, 소년 무표정으로 천천히 돌아보며 대니얼과 시선 마주치자 입꼬리 씰룩 올라가는. 대니얼과 소년, 시선 허공에서 부딪히며 페이드아웃. 그 위로

뉴스   (E) 스무 명의 희생자를 발생시키며 전국을 공포의 도가니로 몰아넣었던 헤드헌터 살인사건의 악몽이 25년 만에 되살아나고 있습니다.

마 우 스

S#3   경기도 인근. 한 포도농장 (비닐하우스) 앞 (사건 현장)/ 현재/ 낮

안에서 시신 침상 끌고 나와 구급차에 싣는다. "미정아. 아이고, 미정아‥" 울부짖으며 매달리는 유가족. 구경꾼들 비통해지는 분위기 속, 그 모습 착잡하게 보는 무치.

S#4   포도농장 (비닐하우스) 안/ 낮

막 흐르는 포도나무 사이 뚜벅뚜벅 걸어 들어오는 무치, 헤쳐진 덩굴 사이로 쓰여 있는 삐뚤삐뚤한 글씨(2부 #66) 다시 올려다보는.

무치   (입술 질끈 깨물며) 좋아. 너로 정했다. 이 싸패 새꺄!

S#5   지은의 집 (무진 인근 소도시)- 마당/ 낮

살짝 열린 대문 사이로, 다리 절룩이며 걷는 개(10살). 누군가 끼익 문 열고 들어오면, 마당 구석으로 숨더니 잔뜩 경계하는 눈빛이다. 개 앞에 드리우는 그림자. 대니얼이다. 대니얼, 경계하는 개 앞에 앉아 다리 살피면, 오래전 학대 흔적 보인다. 그때 집 안 현관문 열리며 '복실아~!' 부르는 소리에 돌아보는.

지은   복실아·· 밥 먹·· (하다 개 앞에 있는 대니얼 보고 흠칫!)
대니얼   (일어나며) 오랜만입니다.

S#6   지은의 집- 거실/ 낮

앉아있는 대니얼. 두리번거리며 집 구경하다, 벽에 걸려있는 액자에 시선 멈춘다. 지은과 가운 입은 요한 함께 찍은 사진이다(배경 무진대학병원 이름, 로고 보인다).

지은   (주방에서 나와 대니얼 앞에 꽃차 내려놓고, 소파 밑 복실이 들어 안으며) 얼마
            전에 TV에서 뵀어요.
대니얼   아, 네. 인터뷰 요청을 받아서 겸사겸사 한국에 왔습니다. (한 모금 마시며)
            개인적으로 궁금한 일도 있고 해서··
지은   (순간 긴장하는 기색 스치는)
대니얼   (그런 지은 표정 살피고는 벽에 걸려있는 액자에 다시 시선 두며) 아드님?
지은   (당황하며) 네. 아주 잘 자랐어요. 근데 가게 나가봐야 할 시간이라서요….
대니얼   바쁘신데 제가 시간을 뺏은 거 같네요. (일어나다, 복실이 털 쓰다듬고 앉아
            있는 지은 손 미세하게 떨고 있음을 보며) 그런데 그 개는 어쩌다….
지은   아, 죽어가는 강아질 우리 아이가 데려와 겨우 살려낸 거예요. 우리 애·· 어
            릴 때부터 워낙 심성이 착해서 동물이든 뭐든 그냥 지나치질 못하거든요.
대니얼   (그런 지은 물끄러미 보다) 그럼… (인사하고 돌아서서 가는데)
지은   (가는 대니얼 뒤통수에 대고/E) 틀리셨어요, 박사님이.
대니얼   (돌아보는. 복실이 머리 쓰다듬는 지은 손 여전히 떨고 있음을 본다)

S#7 포도농장 (비닐하우스) 안/ 낮

핸드폰으로 천장 사진 찍고 나가려던 무치, 포도나무 밑 떨어진 커피믹스 발견한다.

플래시 컷/ 조미정 시신, 손에 꽉 쥐어져 있던 커피믹스.

포도 가지 꺾어 젓가락처럼 만들어, 주머니에서 증거 봉투 꺼내 커피믹스 조심스레 담는데 핸드폰 울리는. 홍주다.

무치 (받는) 어·· 최피디. (놀라는) 뭐?

S#8 무진병원- 로비/ 낮 (2부 #67와 동일)

엘리베이터 열리고 내리는 바름. 그 위로 뉴스 소리 들린다.

기자 (E) 시신이 발견된 포도농장에서, 살해된 체육관 관장 A씨와 유흥업소 종업원 B씨, 노숙자 C씨의 소지품이 발견돼 충격을 주고 있습니다.

로비 중앙, 모니터 앞에 웅성거리며 서 있는 사람들 사이로 뉴스 화면 보이고. 바름, 가던 걸음 멈추고 보면, 모니터에는 포도농장 현장 S.K 모습 보이며

기자 (E) 여기에 소유자의 신원이 확인되지 않은 남성용 시계가 추가로 발견되면서 경찰은 또 다른 피해자가 있을 것으로 추정하고….

이때 병원 현관문 열리며 들어오는 요한. 응급센터 쪽으로 걸어가다 모니터 앞, 사람들 뒤에 서서 뉴스 보고 있는 바름 발견한다.

기자 (E) 경찰은 이번 사건을 연쇄살인 사건으로 규정짓고, 특별수사팀을 구성해 본격 수사에 착수하겠다고 밝혔습니다.

바름, 문득 시선 느끼고 돌아보면, 걸어오는 요한. 바름, 요한 불편해 묵례만 하고 가다, 현관으로 들어오던 대니얼과 부딪히는. '죄송합니다' 양해 인사로 스치고

대니얼   (인포로 가서) 성요한 닥터. 어느 과에 근무하는지 알 수 있을까요?

S#9   무진병원 응급센터 복도 + 안/ 낮

걸어오는 대니얼. 응급센터 앞에 서서 안쪽 들여다보면, 비명과 고성으로 난리다. 보면 조폭 무리와 마주 서 있는 의사 한 명. 보자마자 요한임을 알아본다. 그때, 조폭 하나가 '우리 형님 당장 살려내' 하며 자상을 입은 환자 팔에 주삿바늘 꽂고 있는 요한을 뒤흔든다. 칼을 옆구리에 대는데 요한은 눈 하나도 깜빡하지 않고 오히려 미소까지 띤다. 조폭, 그 모습이 섬뜩해서 되레 당황하는데.

요한   칼은 저도 꽤 씁니다만. (어느새 메스를 조폭 목에 대고 있는)
조폭   이게 어디서 조폭한테 협박 질이야? (순간 목 옆에 메스 느끼고 멈칫)
요한   옆구리보단 여기가 빠릅니다. 경동맥이 지나는 자리라 찌르면 피가 분수처럼 솟죠. (꽉 잡은 환자 팔뚝 들어 보이며) 동시에 이 7mm짜리 바늘을 뽑아버리면 두 개의 분수 쇼를 감상할 수 있겠네요. 꽤 인상적인 장면이 될 것 같은데. (눈이 묘하게 반짝이는)

조폭, 자신도 모르게 옆구리 칼 치우면 요한 아무렇지 않게 치료에 들어간다.
복도/ 그 모습 유심히 보고 있는 대니얼. 그때, 시끌시끌한 소리와 함께, 비켜요! 응급환자예요! 대니얼, 옆으로 비켜서면 구급대원들 침상 끌고 안으로 들어간다.

침상 위, 흠뻑 젖어 혼수상태인 수정母. 역시 쫄딱 젖은 채 다급히 따라가는 홍주.

대니얼   (홍주 바로 알아보고) 어? 최홍주 피디‥?

요한, 다가와 젖은 홍주 발견하고, 침상 위 수정母 상태 살핀다.

홍주	(갑자기 요한 팔 확 붙잡으며) 사‥ 살려줘‥ 제발… 제발…
간호사	나가 계세요. (홍주 강제로 데리고 나가는)
홍주	(등 떠밀려 나가며 돌아보면 의식 없는 수정母. 안타깝게 바라보는)

S#10   무진병원 응급센터 복도 + 안/ 낮

정신 차리려는 듯 마른세수하는 홍주. 뛰어오던 무치, 복도 의자에 흠딱 젖은 채 앉아있는 홍주 발견하고 달려온다.

홍주	송수호 사건 취재 차 찾아갔다가, 동네 저수지에 뛰어드는 걸 발견하고….
무치	(몸 떠는 홍주 보고) 감기 들겠다. (잠바 벗어 홍주에게 덮어주려는데)
요한	(처치 끝나고 나오다 그 모습 보는)
홍주	(요한 보고 반사적으로 무치가 덮어주던 잠바 밀치며, 벌떡 일어나고)
요한	(다가와 차가운 말투로) 처치는 잘 됐습니다만 상습적 자살 시도 환자인 건 알고 계시죠? 조만간 또 시도할 겁니다. (돌아서 뚜벅뚜벅 들어가는)
	대니얼, 들어가는 요한 물끄러미 보다, 확신에 찬 표정으로 돌아서서 가는.
무치	저 싸가지를! (하다 홍주 보며) 천만다행이네. 마침 최 피디가 발견해서 망정이지…. (다시 잠바 덮어주려는데)
홍주	(시선은 여전히 응급실 쪽에 두며, 덮어주려는 잠바 거부하며) 됐어‥
무치	(그런 홍주 반응에 무안한지 자신의 잠바에 코 대고 킁킁대며) 냄새나?
홍주	(응급실 안, 자신 쪽 보고 있는 요한 보며 건성으로 대답하는) 어? 어‥.

비하인드 >>
#10-1   무진병원 응급센터 복도 + 안/ 요한의 시선/ 낮

무치	(몸 떠는 홍주 보고) 감기 들겠다. (잠바 벗어 홍주에게 덮어주려는데)
요한	(처치 끝나고 나오다 그 모습 보는)

처치 끝나고 나오는 요한 눈에 잠바 벗어 홍주에게 덮어주는 무치와 홍주의
모습 보는 순간, 요한의 눈빛에 질투심이 서린다. 대니얼 그런 요한의 질투심
가득한 눈빛 놓치지 않고 본다.

S#11   무치의 집- 옥탑 마당/ 낮

무치   (잠바에 코 쿵쿵대고 올라오며) 보름 밖에 안 입었구만·· (열쇠 꺼내는)

관문 열려다 문 앞에 놓여 있는 3단 찬합과 그 위에 메모지 보인다. 보면 〈밥 제때
챙겨 먹어. 술 좀 그만 마시고〉 아이씨!!! 찬합 들어 옆에 놓인 쓰레기통에 쾅! 쑤셔
넣고 들어가려다, 더는 못 참겠단 표정으로, 휙 쓰레기통 돌아보는.

S#12   무진병원- 병실/ 낮

잠들어있는 수정母. 그 앞에 앉아있는 홍주. 슬픈 눈빛으로 보는 위로.

수정母   (E) 수정아! 아이고 수정아!!!

S#13   수정의 집- 거실/ 과거, 홍주의 회상(25년 전)/ 낮

통곡하며 자지러지는 수정母. 부축하며 울고 있는 수호. 열린 대문 사이로 보고 있
는, 꼬질꼬질한 여아(1부 #3). 끅끅거리다, 들고 있던 종이가방 조심스레 놓고 뒤돌
아선다. 가방 안에는 빨간 글러브 담겨 있다.

현재/ 무진병원- 병실/ 낮
홍주, 시선 손목에 붕대 감겨있는 수정母 팔로 향하면.

요한   (E) 상습적 자살 시도 환자인 건 알고 계시죠? 조만간 또 시도할 겁니다,

홍주, 착잡하게 보는.

S#14   바름의 집 2층 옥상/ 낮

공구상자 펼쳐놓고 새장 만들고 있는 바름. 그 옆 종이상자에 들어 있는 새.
망치로 두드리고 펜치로 조이고 하며 새장 만드는 데 철사 부족한. 일어나는

S#15   택시 + 뚱보만물상 앞 (마을버스 정류장 앞)/ 낮

택시 타고 오던 무원. 창밖, 만물상(고트맨 캐릭터 관련 용품들 진열되어 있는)에서 철사
사서 나오는 바름 본다. 바름, 만물상 앞에 세워둔 자전거에 막 올라타려는데 택시
에서 내리는 무원 본다.

바름   (반갑게) 어디 다녀오세요? 미사 참석 못 해서 인사드릴 겸 성당 갔었는데
          안 계시길래‥
여주인   (가게 앞에 팔짱 끼고 서) 또 음식 싸 들고 동생 집 다녀오는 거겠지 뭐.
바름   아, 그 형사 하신다는 동생분이요?
무원   (OL) 치국군은 좀 어때?
바름   (시무룩) 아직….
무원   후‥ (한숨) 오늘 동네 주민들 모두 모여서 기도드렸으니 곧 깨날 거야‥
바름   그럼요. 강한 녀석이라 꼭 이겨낼 거예요. 그럼 언제부터 이레동 성당으
          로 가시는 거예요?
무원   내일부터. 성당 짐 정리를 아직 못 해서. 몇 번 더 올 거야.
바름   (끄덕) 타세요. 바래다 드릴게요. (하는데)
여주인   (생각난) 참, 정순경! 순찰 강환가 뭔가‥ 그거 사인해 달라며? 우리 집 양
          반 일요일이라 집에 있으니까 와서 받아 가.
바름   댁에 계세요? 잠깐만 앉아 계세요. 후딱 받아 올게요. (뛰어 들어가는)

무원, 평상에 앉으려는데, 끼익! 서는 똥차. 무치, 차에서 찬합 들고 내린다.

무원   (놀라 일어서는) 무치야….

무치   (확 내던지며) 이딴 거 갖다 놓지 말랬잖아! 너랑 인연 끊었다고 몇 번을 말해?!!

무원   (달래듯) 어떻게 형제끼리 인연을 끊어. 그게 끊는다고 끊어지는 게 아니
       잖아. 엄마, 아빠가 우리 이러는 거 알면 얼마나 속상해 하시겠/

무치   (OL) 뻔뻔하게 엄마 아빠를 입에 올려?

무원   (슬픈 눈으로 보며 무치에게 다가가며) 무치야‥ 제발‥

무치   백 번을! 만 번을! 천만 번을! 생각해도 도저히 널 이해할 수가 없어. 엄마,
       아빠 죽이고 너 평생 그 몸으로 살게 한 새낄 어떻게 용서해! 어떻게!!! 이
       새끼야. (무원 멱살 확 잡으며) 난 한서준이 그 새끼보다 니가 더 미워! (원망,
       차갑고 잔인하게) 너 나중에 죽어서 엄마 아빠 어떻게 볼라 그래?

무원   (슬픈 눈으로 그런 무치 보는데)

바름   (후다닥 뛰어나오며) 그놈 아니에요! 신부님! (하다 눈 동그랗게 뜨는)

무치   (멱살 잡은 채, 반사적으로 바름 돌아보는)

S#16   무진 구치소 접견실 안 + 밖/ 낮

문신 수용자(2부 #18/이하 문신) 앞에 앉아 취조 중인 무치.

문신   (당당) 몇 번을 말해. 그 자식이 울 헤드헌터님 무시해서 확 쑤셔 부렸다고.

무치   (수사기록 보며) 팬티만 빼고 싹 다 벗겨놨던데…. 나치국 옷은 어쨌어?

문신   태워버렸다고 했잖아. 거기 다 써있을 거 아냐.

무치   흉기는? 흉기는 못 태웠을 거 아냐?

문신   안 알려줘. 니가 직접 찾아. 우리나라 경찰 능력 얼마나 되는지 좀 보게.

무치   (수사기록 계속 보며) 안 알려주는 게 아니라, 못 알려주는 거겠지.

문신   뭐?

무치   (고개 들어 문신 남 빤히 보며) 니가 그런 게 아니니까.

문신   (순간 당황) 내, 내가 쑤셨다고. 그 자식.

무치   그럼 체육관장, 종업원, 노숙자, 여대생 싹 다 니가 죽인 거네? 재주도 좋

아. 이 안에서 한 발짝도 못 나가는 새끼가.

문신   뭐, 뭔 소리야?

무치   그날 니가 죽이려던 나치국이 차고 있던 (시계 꺼내 보이며) 이 시계가 여대생 살인사건 현장에 있었단 소리야. 어떻게 이 시계가 거기까지 가서 그 여대생 팔에 채워져 있었을까? 발이라도 달렸나? 가만, 이게 발인가?

문신   (당황하는)

무치   왜, 니가 그랬다고 하면 한서준 그 새끼가 칭찬이라도 해 줄 거 같디? 가서 그 괴물 새끼 똥꼬나 핥아. 새꺄!!!!

문 열고 나오는 무치, 문 앞 초조하게 기다리고 있는 바름. 무치 보는 얼굴 위로.

S#17   뚱보만물상 안에 딸린 집 마당/ 바름의 회상/ 낮

방문 열린 채, 안에서 엉덩이 북북 긁으며 턱 괴고 뉴스 보고 있는 남편 보며.

바름   (설명 중인) 재개발 지역은 다니는 사람도 적고 빈 건물도 많아서 마을 곳곳 도보 순찰을 강화해달라는 요청서예요. 싸인 좀 부탁드립니다.

남주인   (껄렁하게 돌아보며) 그런 걸 뭐 하러 해…. 조만간 다들 이 동네 뜰 텐데‥

바름   그래도 마지막 남은 한 집까지 주민 모두가 안전해야‥

여주인   아 쫌 해줘! 당신 술 처먹고 길바닥에 드러누워 있는 거 정순경이 몇 번이나 업어다 줬어?

남주인   (귀찮은 듯 몸 일으키고 나와 여주인이 내민 종이에 사인하는)

바름   감사합니다. (인사하는데, 열린 방안에서 티브이 뉴스 들리는데)

뉴스   (E) 현장에는 네 명의 피해자 물건 외에, 남성용 시계도 남겨져 있어 경찰은 또 다른 피해자가 있을 것으로 추정하고‥

바름, 반사적으로 고개 들어 열린 방 사이로 TV 뉴스 화면 보는데 화면에 보이는 시계. 알마니 마크인 독수리에 발이 하나 달려있다.

S#18   뚱보만물상 앞/ 바름의 회상/ 낮 (#15에 이어)

바름	(후다닥 뛰어나오며) 그놈 아니에요! 신부님! (하다 무치에게 멱살 잡힌 무원 보고 이게 무슨 상황인가? 하다, 나뒹굴고 있는 찬합에 시선 옮기는)
무원	(무치에게 멱살 잡힌 채) 무슨 소리야? 그놈이 아니라니?
바름	(정신 든 듯) 아. 치국이 시계가 살인사건 현장에서 발견됐대요. 그. 뭐냐‥. 포도밭 살인사건 현장이요!
무치	(황당한 듯 무원 멱살 놓으며) 뭐? 누구 시계라고?

S#19   무진병원- 치국의 병실/ 과거/ 낮

놀란 얼굴로 무슨 일인가 보고 있는 치국母와 긴장한 얼굴의 바름. 무치, 손에 들고 있는 (증거 봉투 속) 치국 시계와 액자사진 속 바름과 어깨동무하고 있는 치국 손에 찬 시계 비교해 보는데, 동일하다. 무치, 허 놀라 혼수상태의 치국 돌아보는.

S#20   무진병원 응급실 + 복도/ 낮

요한	(수정母 상태 보고 간호사에게) 병실로 옮기세요. (핸드폰 울리면 받는)
대니얼	(F) 성요한씨?
요한	(복도 밖으로 나가며 차갑게) 누구시죠?
대니얼	(F) 한서준씨 아드님‥.
요한	(순간 멈칫!)

인서트/ 호텔 욕실 안.

대니얼	(전화하며) 최근 일어난 살인사건들에 대해 긴히 할 말이 있습니다.
요한	(표정 굳는) 그게 저랑 무슨 상관이죠? (표정 굳은 채 계속 듣다 뭔가 결심한 듯) 좋습니다. 그 시간에 뵙죠.

S#21   구치소- 수용동 밖 쪽/ 낮

무치	(모여 있는 경찰들(전경들)과 수색견들 앞에 무치, 지시 중인) 피해자의 옷과 범행에 사용된 흉기를 아직 찾지 못했다. 그동안 수색 범위를 수용동 내부로 맞췄으나 지금부터는 내부를 포함하여 수용동 밖, 외부인들이 드나들 수 있는 모든 공간으로 수색 범위를 넓혀 재수색한다.
일동	네. (흩어지는)
바름	(옆에서 보다) 외부출입이 가능하면 그날 바로 갖고 나가지 않았을까요?
무치	외부 출입자 경우, 입 출입 때 소지품 검사를 철저히 했다고 하니, 여기서 갖고 나가긴 쉽지 않았을 거야. 없었든, 숨겼든 이 안에 있을 가능성이 커.
바름	(갸웃) 흉기는 그렇다 치고, 치국이 옷 찾는 건 왜 그렇게 중요해요?
무치	놈의 살인 패턴 상 지금까지 피해자 옷을 벗긴 적은 없었어. 그런데 나치국만 벗겼다는 건·· 분명, 나치국 옷에 결정적 증거가 남아 있단 얘기지.
바름	아··. (존경스러운 눈빛으로 무치 바라보는)
비하인드 >> 바름	(존경스러운 눈빛으로 무치 바라보는 척하며) 어쭈 제법인데? 고무치라… (맘에 드는 표정으로 보는)

S#22   구치소- 교회당/ 낮

무대 위. 바름, 매직박스 옆에 서 있고, 무치는 관객석 앞줄에 팔짱 끼고 앉아있다.
바름, 박스에 인형 넣은 후 닫고, 휙 돌린 뒤 다시 열면 인형 사라지고 없다.

무치	(신기한 듯 일어나 무대로 올라오며) 어떻게 한 거야?
바름	여기 대각선으로 거울이 세워져 있어요. 거울 뒤 공간에 사람을 들어가게 하고, 관객에겐 거울이 반사해 빈 것처럼 보이는 딴 공간을 보여주는 거죠.
무치	(상자 안 거울 두드려 확인하고는) 그러니까 이 비어있어야 할 공간에서 나치국이 나왔다? 그럼 이미 안에 들어 있었다는 얘긴데…. (갸웃) 근데 성인남자가 들어있었으면 상자가 제법 묵직했을 텐데 그걸 몰랐다고?
바름	매직박스 자체가 원래 무거워서요·· 그런가 하면 100키로 넘는 사람이 들어가도 굴러가기는 또 쑥 굴러가요. 특수 제작된 바퀴라.
무치	들어가 봐.
바름	네? 아. 네 (박스 안으로 기어들어 가면)

무치	(문 닫고 발로 툭 차기만 해도 스르륵 굴러가는. 무게 전혀 느껴지지 않는)

S#23　　바름의 진술- 구치소- 교회당 뒷문 입구/ (색깔 처리)/ 낮

매직박스 낑낑대며 들고 들어오는 바름과 치국, 내려놓고.

바름	고생했다. (치국 이마에 흐른 땀 닦아주며) 이따 공연 보러 오지?
치국	못 볼 거 같아. 서무과에서 서류 작업하는 거 도와달래서….
바름	동구가 마음 쓰여 하는 것 같던데‥ 이따 끝나고 풀자. 응?
치국	알았어. 오늘 잘해. 쫄지 말고!
바름	(치국 가는 모습 보다가, 상자 바퀴 밀고 안으로 들어가는)
바름	(E) 그 시간이 정오쯤이었던 거 같아요‥

S#24　　바름의 진술- 구치소- 교회당 무대 뒤 대기실(과거) + 현재/ 낮

매직박스 밀고 들어오는 바름, 구석에 둔다.

바름	(E) 들어오자마자 저 구석에 뒀어요. 단원들 다니는데 방해되지 않게요.

현재/

무치	(박스 놓였던 구석 자리 바라보다 바름 돌아보며) 박스 옆을 떠난 적은‥
바름	(절레절레) 제가 무대에 나갔을 때 외엔 없어요. 그때도 다른 단원들이 다 여기 있었구요. (하다 생각난 듯) 아 맞다. 점심때 여길 비웠네.
무치	전부? 다 나갔어?
김교도	(끼어들며) 네. 구내식당 마감 시간 다 됐다고, 빨리 데리고 오래서 제가 전원 인솔해서 갔습니다. 빠진 사람 없나 확인도 했구요.
무치	얼마나 비웠는데?
바름	오고 가는 시간 빼고 30분 정도? 밥 먹고 커피까지 마셨으니까‥

무치	(주변 둘러보며) 근데 여긴 CCTV 같은 거 없나?
김교도	(끄덕) 외부 방문객들이 탈의실로도 쓰는지라·· 항의가 있었거든요.

S#25   구치소- 중앙통제실/ 저녁

무치	(CCTV 보면서) 식당에 몇 시쯤 도착했죠?
교도관	저희 교도관 식사 끝나고 나서니까 아마, 한 시쯤 됐을걸요.

무치, 13시부터 플레이해서 보는. 화면, 13시 10분쯤 교도관 인솔하에 봉사단원들과 바름 들어오는 모습 보인다. 일일이 단원들 숫자 확인하는 무치. 빠르게 돌려, 단원들 식사하고 함께 돌아가는 화면 스톱. 시간, 13시 40분이다.

S#26   요한의 차 + 놀이동산 입구 + 안/ 밤

어둠 속에서 나타나는 차. 내리는 요한, 불 꺼진 놀이동산 간판 보인다. 요한, 주변 슬쩍 둘러보고, 문 잠긴 놀이동산 입구 철문 가볍게 넘어간다. 철문 사이로 길게 뻗어있는 어둠 속으로 사라지는 요한…

인서트/ 구치소 교회당에서 식당 가는 길 어디쯤. 야외/ 밤
동시에 어둠 속에서 걸어 나오는 무치. 손목시계 보며

무치	(E) 강당에서 식당까지 왕복 20분. 점심식사 30분. 그럼 대기실이 비어 있던 시간은 총 50분·· 범행 후, 상자에 집어넣기엔 충분한 시간이군··

어둠 속, 멈춰있는 관람차 안으로 들어가 앉는 대니얼, 누군가 대니얼 보는 시선, 가죽 장갑 낀 손, 버튼 누르면, 덜컹 소리 내며 천천히 움직이는 관람차. 당황한 대니얼, 내리려 하는데·· 누군가 훅 들어오며 대니얼 배 흉기로 푹! 찌르는··

#26-1   놀이동산 안/ 조직원 시선/ 밤

어둠 속, 마우스 프로젝트 비밀요원이 걸어오는 대니얼 미행한다. 멈춰있는 대관람차, 열린 문 안 들어가 앉는 대니얼 보는 요원. 장갑 벗으면 손등에 OZ 문신* 보인다. (이하 문신남)

문신남   (누군가에게 전화하는) 어떡할까요?
최영신   (E) … 처리해
문신남   네. 알겠습니다.

문신남, 가죽 장갑 낀 손으로 대관람차 버튼 누르면, 덜컹 소리 내며 천천히 움직인다. 당황하는 대니얼, 내리려 하는데, 문신남 관람차 안으로 훅 들어오며, 대니얼 흉기로 푹! 찌르는..

〈점핑〉 놀이동산에 울려 퍼지는 멜로디와 함께 조명 반짝이며 빙빙 도는 빈 대관람차. 그 중, 한 칸에서 폭죽처럼 튀어 오르는 붉은 피·· 절박하게 대관람차 유리창을 짚는 피 묻은 (대니얼의) 손···. 흔들리는 대관람차 계속 돌고 F.S

#26-2   대관람차 안/ 밤

대니얼 문신남의 공격 막아보려 하지만 역부족이다. 밀려나며 유리창에 손 짚는 대니얼. 그런 대니얼 계속 찔러대는 문신남.

#26-3   성요한의 시선 - 요한의 차 + 놀이동산 입구 + 안/ 밤

어둠 속에서 나타나는 차. 내리는 요한, 불 꺼진 놀이동산 간판 보인다.

요한, 주변 슬쩍 둘러보고, 문 잠긴 놀이동산 입구 철문 가볍게 넘어간다. 쭉 걸어가면 (놀이동산 전체는 깜깜한 어둠 속인데) 저 멀리 빈 대관람차가 화려한 조명 불빛 반짝이며 빙빙 돌아가는 모습 보인다. 뭔가 이상한 요한 위로

대니얼　　(F) 그 놀이동산에 대관람차가 있어요. 거기에서 기다리고 있을게요.

요한, 어이없는 표정 짓다 '저게 뭐지?' 싶은데. 조명 반짝이며 빙빙 도는 대관람차 중, 한 칸에 유리창 짚는 손..! 흔들리는 대관람차 계속 돌고. 뭔가 이상함을 감지한 요한, 후다닥 뛰기 시작하는.

#26-4　　성요한의 시선 - 대관람차 인근 + 앞

요한, 수상한 관람차 한 칸에서 시선 떼지 않고 계속 보며 뛰어오는데, 가까이 갈수록 관람차에 두 사람의 실루엣 보이고 피범벅인..! 마침 (도는 와중에) 지상으로 내려오는 대관람차.

요한, 그대로 관람차 안으로 뛰어들면, 대니얼 찌르고 있는 사내 허리 잡고 몸싸움 벌인다. 사내, 대니얼 찌르던 칼 바닥에 놓치고 요한을 제압하며, 요한 몸 위에 올라타 요한의 목 조르는데.. 피 흘리며 죽어가던 대니얼, 바닥에 떨어진 칼 집어 힘겹게 일어나 요한 몸에 올라타 목 조르는 사내의 목에 꽂는다! 순간 사내 목에서 뿜어나는 피, 요한 얼굴 위로 팍!!! 튀며 요한 얼굴 피 칠갑 되는... 자신 덮치며 쓰러지는 사내 후다닥 옆으로 밀치고 보면, 대니얼 죽어가고 있다.

요한　　바, 박사님!!!!
대니얼　　(온몸이 난자되어 피 흘리고 있는)
요한　　(핸드폰 꺼내는데)
대니얼　　(막는) 안돼. 병원은 안돼..
요한　　왜요
대니얼　　날 죽일 거야..

요한	죽이다뇨 누가요? (죽어있는 사내 돌아보며) 저, 저 사람은 또 누구구요?
대니얼	(끅끅대며) 지금부터 내 얘기 잘 들어. 성요한… 25년 전, 내가 한국에서 두 임산부의 태아 유전자를 검사했어.. 그중에 한 아이가 지금 일어나고 있는 연쇄살인의 범인이야.. 이름은 정바름.
요한	네? 정바름이라면… 혹시 어릴 때 이름이 정재훈.. 아닌가요?
대니얼	맞아.
요한	맞았어. 그 토끼 배를 가른 아이…
대니얼	그리고 다른 한 명이 바로 자넬세…
요한	네? 저, 저라구요..
대니얼	(끄덕) 다행히 자넨 아주 정상적인 보통의 인간이 되었더군.. 그래서 자네한테 연락한 거야. 그리고 저 사람은.. 최영신이 날 죽이려고 보낸 사조직. 오즈 조직원이고.
요한	누구요? 최영신이라면.. 비서실장…?

S#27   구치소 - 철망 앞/ 밤

무치, 생각에 잠긴 채 나오면, 헤드라이트 아래 경찰&경찰견들 수색 한창이고. 저만치 운동장 철망 앞에서 수용동 보는 바름 보인다. 멀리 성당 십자가 불빛.

무치	(황당한 표정으로 다가가) 안 가고 뭐 해? 가랜지가 언젠데?
바름	(돌아보며) 그 범인 말이에요… 신을 증오해서 십자가가 보이는 데다 시체를 옮겨두고 손가락으로 엿 먹어라 했다면서요.
무치	(끄덕)
바름	근데 치국인 아니잖아요…. 왜 치국이만 다르죠?
무치	(공감하듯 끄덕) 나도 그 부분이 이해가 안 돼….

비하인드 >>
#27-1   구치소- 철망 앞/ 바름 시선/ 밤

바름, 헤드라이트 아래 경찰&경찰견들 수색 한창인 모습 비웃듯 보고 있다. 그때 무치, 생각에 잠긴 채 나오자 일부러 수용동 쪽으로 시선 둔다. (E) 안 가고 뭐 해? 가랜 지가 언젠데? 소리에 표정 싹 바꾸며 돌아보는 바름.

S#28   무치 차 안/ 밤

운전하는 무치. 옆에 생각에 잠긴 채 앉아있는 바름. 두 사람 사이에 침묵 흐른다.

바름	(이윽고) 신부님한테 동생 분 얘기는 많이 들었는데‥ 뵙는 건 처음이네요‥
무치	(운전하며) 너 나 처음 보는 거 같냐?
바름	네? (보면)
무치	그 새는 어떻게 됐냐?
바름	새요? (하다 기억난, 반가워) 어?‥ 아…. 그때! 죄송해요, 많이 놀라셨죠? 그 녀석은 아직 제가 집에 데리고 있어요. 거의 다 나았어요.
무치	겁나 운좋은 새구만‥ 나 같은 놈 만났음 진즉 저승길이었을 텐데‥
바름	(잠시 침묵 이윽고 입 떼는) 신부님이 동생 분 자랑 엄청 하셨거든요. 엄청 훌륭하고 정의롭고 능력 넘치는 형사라고‥
무치	(불편한) 그 인간 얘기하지 마.
바름	그래서 말인데요‥ (눈치 살피며) 저 형사님한테 좀 배워보고 싶어요.
무치	뭐?
바름	저도 끼워주세요. 이번 사건 수사예요… 치국이 저렇게 만든 놈 잡는데, 뭐라도 도움 되고 싶어요‥ 그래야 제 맘도 편할 거 같아요.
무치	참, 너 경찰이랬지?
바름	네. 구동파출소에 근무하고 있습니다. 아직 신입입니다.
무치	연쇄살인범 잡는 일이 동네 순찰 업무랑 같은 줄 알아?
바름	그치만‥ 치국이만 생각하면 이렇게 손 놓고 가만있는 게 아닌 거 같아요….
무치	‥ 너 싸이코패스 만난 적 있어?
바름	(보는)
무치	니가 상상하는 거‥ 이상이야. 너 같은 순딩인 상상도 못 할 무시무시한 괴

물이야. 나처럼 잃을 게 없고‥ 악만 남은 인간이 상대해야 할 대상이라고…

바름   ‥

비하인드 》 바름   (시선 앞에 두는데 무척 비웃는 듯한 눈빛. 입꼬리 씰룩이며 E) 맞아. 니가 상
상하는 거 이상이야. 너 같은 순덩이 상상도 못 할 무시무시한 괴물..

S#29   구동역 앞 격투장/ 밤

미친 듯이 격투 중인 봉이, 상대의 공격에 쾅 넘어진다. 가쁜 숨 가누며 일어나는데
헉 놀란다. 봉이가 일어나길 기다리고 서 있는 상대, 강덕수다. 봉이 보며 씨익 웃는
다(환상). 두려움으로 떨며 경직되는 봉이.

코치   (E) 왜 그래? 오봉이.

봉이   (허억‥ 허억‥ 거친 숨 몰아쉬며 다시 보면 강덕수가 아니라 코치다)

S#30   격투장 내 파우더 룸/ 밤

머리 말리는 봉이, 순간 거울 속에서 강덕수 씩 웃고 서 있다(환상). 봉이, 놀라 드라
이기 떨어뜨리고 보면 거울 속엔 봉이 뿐 아무도 없다. 허억허억‥ 숨 몰아쉬는‥

S#31   구동역 앞 격투장 앞/ 밤

건물에서 나오는 봉이. 고개 푹 숙인 채 터벅터벅 걸어가는데 "지금이 몇 시냐" 소리
에 돌아보면 바름이다.

바름   (건물 올려다보면 만화 간판 보인다) 도서관 간다더니 만화방 간 거였어?

봉이   (짜증) 남이사!

바름   손은 좀 어때? 괜찮아? (다친 손잡다) 손이 왜 이렇게 차?

봉이   (잡힌 손 확 뿌리치며) 죽을래?

바름	안 되겠다. (다시 봉이 손잡아 끌고) 가! (앞장서 가면)
봉이	(손 붙들린 채 끌려가며) 어딜 가? 야! 안 놔!? 놓으라고!!!

S#32   구동역 근처 설렁탕 집/ 밤

우걱우걱 설렁탕 먹는 바름. 그 앞에 앉아 깨작깨작 먹는 봉이.

바름	(우걱우걱 먹다) 왜 이렇게 못 먹어. 푹푹 퍼먹어. (봉이 억지로 한 숟갈 뜨면, 얼른 그 위에 깍두기 얹어주며) 뜨거운 걸 먹어야 몸이 따뜻해져….
봉이	(바름이 얹어준 깍두기 물끄러미 바라보다) 정순경.
바름	(밥 우걱우걱 먹으며) 정순경님! 혹은, 바름 오빠.
봉이	나 정순경한테 시집가도 돼?
바름	(켁!)
봉이	(여전히 퉁명스러운 말투로) 내가 잘할게. 나 밥도 잘 하‥ 아니 잘할 거고‥ 청소도 잘할 거고‥ 나가서 돈 벌어오라고 하면 돈도 벌어올게‥ (기어가는 목소리로 혼잣말처럼) 자격은 안 되겠지만….
바름	(못 듣고. 걱정스레) 너 무슨 일 있어?
봉이	(다시 큰소리로) 아무 일 없거든. 빨리 대답이나 해.
바름	(숟가락 놓으며 부드럽게) 넌‥ 나한테 귀여운 동생이야‥
봉이	(띠껍게) 거절 참 지랄같이도 한다. (숟가락 탁 놓고, 확 일어나 나가는)
바름	보, 봉이야‥ (후다닥 따라 나가는)

비하인드 >>

#32-1   설렁탕 집 건물 앞/ 바름 시선/ 밤

뛰어나오는 바름. 버스에 올라타는 봉이 보인다. 버스 창가에 앉는 봉이, 생각에 잠겨있는.

바름	(그런 봉이 짜증스럽게 보며) 귀찮네... 저 기집애

S#33 북부서 앞/ 밤

버스에서 내리는 봉이. 보면, 경찰서 앞이다. 잠시 멈춰서 핸드폰 열면, 무치 인터뷰
화면 스틸 잡혀있고, 밑으로 북부경찰서 강력팀 고무치 형사라는 자막 보인다.

S#34 북부서 강력팀 사무실/ 밤

사건자료 보고 있던 무치, (옷 갈아입은) 홍주 들어오자 순간 자신이 입고 있는 잠바
보고 어쩔 줄 몰라 하다 얼른 벗어 서랍에 구겨 넣고 확 닫는다.

무치   (시침 뚝 떼는 표정으로 홍주 보며) 송수호 어머닌?
홍주   병실로 옮겼어. 근데 교도관 살인 미수범이 송수호 죽인 놈이란 게 뭐야?
무치   어떻게 알았어? 아직 비밀 수사 중인데‥ (하다 신형사 보며) 너 또!
신형사   (못 들은 척 홍주에게 반갑게) 최피디님 오셨네요~ 커피 한잔 타 드릴까요?
무치   얼씨구 나한텐 꾸정물 한잔 안 타주는 놈이‥ 아차 (차키 집어 후딱 나가는)
홍주   어디 가?

S#35 북부서 현관 앞/ 밤

봉이, 현관 아래서 서성거리다, 뛰어나오는 무치 보고 반사적으로 숨는다. 무치 주
차장에 세워둔 자신의 차 문 열고, 카 박스에서 커피믹스(#7) 담긴 비닐 팩 꺼낸다.
차 문 닫고 현관 쪽으로 향하는 무치. 계단 올라가다, 문득 시선 느끼고 돌아서면, 저
만치 구석에 쭈뼛거리며 서 있는 여학생(봉이) 보인다. (어두워서 자세히는 안 보이는)
무치, 뭐지? 싶어 잠시 보다, 들어가자 봉이 어깨 축 처진 채 돌아선다.

S#36 북부서 강력팀 사무실/ 밤

갸웃하며 들어오는 무치. 커피믹스 담긴 봉지 책상에 올려놓으며 자리에 앉아, 포

스트잇에 포도밭 여대생 살인사건 현장 증거품이라 쓰고, 스티커 떼려다, 책상 유리 밑, 〈1,000원〉짜리 지폐 본다. 순간 뭔가 떠오른 무치. 후다닥 뛰쳐나간다.

S#37　북부서 현관 앞/ 밤

뛰어나오는 무치. 그러나 봉이 없다. 경찰서 정문 밖까지 뛰어나와 두리번거리지만 이미 봉이 모습 보이지 않는다. 헉헉대는 무치 얼굴 위로.

플래시 컷/ 무치 회상/ 경찰서 앞.
순경복 차림 무치. 그 앞에 천 원 지폐 내민 채 서 있는 결연한 표정의 어린 봉이.

무치	(봉이가 내민 천 원 보며 가슴 아픈‥ 애써 웃으며) 그러니까 나한테 살인의뢰 하는 거야? 지금?
어린봉이	(야무지게 끄덕하는)
무치	(받으며) 좋아. 까짓거. 그 새끼 나오면 아저씨가 죽여줄게.
어린봉이	약속해요‥
무치	(그런 봉이 짠한 얼굴로 보다, 고사리 같은 손가락에 자신의 손가락 거는)

무치	그 아이 같은데‥. 왜 왔지‥ (하다 뭔가 짚이는 듯 다시 들어가는)

S#38　북부서- 강력팀 사무실/ 밤

들어오자마자 컴퓨터 앞에 앉아 검색어에 강덕수란 이름 치면, 관련 뉴스들 쏟아져 나온다. 〈강덕수 출소 앞으로 한 달 후‥ 청와대 국민청원에도 불구‥〉. 무치, 하 아‥ 한숨 내쉬는데, 어느새 옆에 와 얼굴 들이밀며 컴퓨터 보는 홍주‥

홍주	(화면 보고) 강덕수? 이 버러지 새긴 왜?
신형사	여기요! 최피디님. (컵에 믹스 봉지로 휘저으며 주는)
홍주	아, 고마워요. (받아서 한 모금 마시면)

신형사	(생색내듯) 그거 우리 사무실 마지막 남은 똥대 커핍니다.
무치	(순간 설마‥ 책상 위 보면, 빈 비닐백 덩그러니) 너 그거‥ 어서 났냐?
신형사	(믹스 봉지 입에 넣고 쭉 빨다 빼며 해맑게) 이거요? 선배 책상에 있던데?
무치	야! 이 낙하산!!! 그거 죽은 조미정이 손에 쥐고 있던 증거품이라고!!!!
홍주	(순간 입에 머금은 커피 욱! 뱉는)

S#39 바다 한가운데/ 새벽

배 위에 피범벅인 (사람 형체의) 자루 놓여 있고, 그 자루에 큰 돌 매달고 있는 손. 돌, 바다 아래로 밀면, 그 무게로 함께 바다에 빨려 들어가는 사람 담긴 핏빛 자루. 손 탈탈 터는 가죽 장갑 낀 손, 달빛에 비추는 얼굴. 요한이다. (F.O)

비하인드 >>>

#39-1 성요한의 시선 - 바닷가 바위/ 새벽

두리번거리며 자루 끌고오는 요한. 정박해있는 작은 배 위에 피범벅인 (사람 형체의) 자루 싣는 요한.

#39-2 성요한의 시선 - 바다 한가운데/ 새벽

요한 자루 풀면 #26에서 대니얼에게 죽은 오즈 조직원 얼굴 드러난다. 미치겠는 요한, 다시 자루 묶고 준비해놓은 큰 돌 끙끙대며 가져와 자루에 묶는다. 이어 자루를 바다 밑으로 밀면, 돌 무게로 바다에 빨려 들어가는 자루. 요한 장갑 낀 손 탈탈 털며 불안한 얼굴로 바다 밑 바라보다 배에 남은 핏자국들 정신없이 물로 씻어낸다.

S#40 구동 뒷산/ 아침 (다음날)

봉이, 운동복 차림에 머리 질끈 동여매고, 결의 찬 표정으로 등산로를 뛰고 있다. 바름, 마을 아래가 내려다보이는 중턱에 앉아 있는데. 그 옆 새장 놓여있다. 봉이, 땀 흘리며 뛰다가 잠시 멈춰 헉헉대는데, 운동화에 푸드덕 내려앉는 새.

봉이   어? (하다 운동화 위에 내려앉은 새 보고 조심스레 앉아 바라보는) 아흐·· 귀여
         워라·· 너 어디서 날아온 거야?
바름   (E) 어벙아.
봉이   (순간 인상 찡그리며 휙 돌아보면 바름 서 있다. 버럭!!) 확 혓바닥을 뽑아버린
         댔지? 어벙이 아니라고. 오봉이! 오봉이!
바름   너 부른 거 아냐·· 그 새 이름이 어벙이야·· 어!벙!이! (헤 웃는)
봉이   뭐? (일어나려 하면)
바름   가만있어. (조심스러운 걸음으로 봉이에게 향하는)
봉이   (찌푸리며) 그러니까 니 새였어? (갑자기 새가 앉은 발 힘껏 발길질한다)

순간 새 놀라 푸드덕 날아오르면. 바름, 놀란 얼굴로 "안 돼!" 하는데, 푸드덕거리며 날아오르던 새, 바로 봉이 어깨 위에 내려앉는다. 이에 바름, 겨우 안도하는.

바름   다리를 다쳤어. 다 나았나 싶어 날려준 건데·· 아직 덜 나았나 봐····.
봉이   (신경질) 뭐야, 진짜! (손으로 다시 쳐내려고 하면)
바름   어어어!!! 잠깐만! (달래듯) 어벙이도 니가 좋은가보다.
봉이   (멈칫, 보는)
바름   동물들도 알아본다잖아, 좋은 사람은.
봉이   (그 말에 피식) 좋은 사람? 난 그냥 귀여운 사람이지. 귀여운 동생··
바름   어제 내가 한 말 갖고 섭섭해서 그래? 그게 봉이야··
봉이   /너, 내가 너 진짜 좋아서 그런 줄 아냐?
바름   어?
봉이   (새 확 잡아, 바름 가슴팍에 팍 안기며) 새나 열심히 지켜. 이 멍충아! (휙 뛰어가는)

S#41   무진청- 특별수사팀 사무실/ 오전

〈특별수사팀〉 천장에 붙은 푯말 아래, 꾸려진 책상을 세팅하느라 분주한 형사들. 박스 들고 오는 무치. 자기 책상 찾다, 봉사단원들 참고인 조사 받는 모습 본다. 강형사 앞에 앉아 취조 받고 있는 무원 발견하고 순간 멈칫하는.

동구   바름이가, 봉사단원이라 마술공연에 조수가 필요하대서‥. 따라갔죠‥
무원   (강형사 앞에 앉아) 새로 들어온 단원은 없고, 모두 1년 이상 봉사활동을 같
        이 다닌 신도들입니다. 저희 단원 중엔 절대 그런 짓을 할 리 없‥.
팀장   (E) 고무치! 나 좀 봐!

무치 발견한 무원, 반가운 표정 짓는데 외면하고 팀장실로 향하는 무치, 가는 길에 힐끗 신형사 보면, 죄인마냥 고개 푹 숙인. 강형사, 팀장실로 가는 무치 본다.

S#42   무진청- 특별수사팀 팀장실/ 오전

무치 들어오면, 복팀장 (이하 호남) 방문 닫는다.

무치   오~ 특별수사팀 팀장실은 소파도 있네? (건방지게 앉는)
호남   그 믹스 말야. 비밀에 부치기로 했으니까 너도 입 다물어.
무치   에? 하지만‥. 피해자가 한 명 더 있을 수 있단 증건데‥.
호남   얌마. 커피믹스가 무슨‥.
무치   죽은 조미정 손에 쥐어져 있었잖아요‥. 분명 다른 피해자 물건이라니까/
호남   /아니, 딴 물건들은 피해자가 소중히 여기는 거였다며. 누가 커피믹스를
        소중히 여겨. 인마.
무치   또 알아요? 믹스커피 애호가라도 될지‥
호남   /입 다물어. 어? 다 니 생각해서 그러는 거야‥. 이거 밖에 새 나가면‥
        증거품 제대로 관리 안 한 너나‥ 그거 훼손한 신형사. 둘 다 끝장이야!
        끝장! 알아? 고무치. 너 형사 때려치고 싶어? 어?
무치   (짜증. 씩씩거리며) 아씨! 저 자식. 저 그러니 낙하산 소릴 듣지. 증말‥.

호남	시끄럽고, 당장 가서 최피디 입단속부터 시켜. 얼른!!!

S#43   무진청- 특별수사팀 사무실/ 오전

무치	(책상 앞에 앉아 박스 정리하는데)
강형사	됐습니다. 궁금한 거 있으면 또 연락드리겠습니다.
무원	아, 네 그럼 수고하십시오. (일어나 인사하는데 순간 휘청 뒤로 넘어질 뻔)
무치	(그 모습 보고 순간 반사적으로 벌떡 일어나고)
강형사	(얼른 무원 부축한다) 괜찮으세요?
무원	아. 네·· 괜찮습니다. 감사합니다. (인사하고 무치 돌아보면)
무치	(부러 시선 피하며 서류 보는 척하는)
무원	(그런 무치 보다 나가는)
무치	(무원 나가자 불만스럽게 구시렁거리는) 그러게 그런 새끼들 뭐 예쁘다고 공연 같은 걸 해줘서 경찰서를 들락거려. 피곤하게··
신형사	네?
무치	(강형사 들으라는 듯 버럭) 몸도 불편한 사람을 오라 가라 해. 직접 찾아가서 물어보면 되잖아. 사람들이 말야. 배려가 없어. 배려가.
강형사	그런 넌 배려가 그렇게 넘쳐서 툭하면 용의자 쏴 죽일 생각부터 해?
무치	(벌떡 일어나 강형사 멱살 잡고) 너 지금 말 다 했어!
강형사	너어? 고무치 넌 이제 위아래도 없냐? 내가 니 보다 몇 살 형인지 몰라?
무치	나이만 처 먹음 형이냐? 형이면 형답게 몸 불편한 사람 배려부터/
신형사	(뜯어말리며) 그만들 좀 하세요·· 제발요··. 둘이 전생에 부부였나 봐. 정말. 그러니 원수같이 저러지.
무치	후·· 참자. 참아. (명단 속 면회자들 신형사에게 넘기며) 사고 당일 구치소 면회자랑 외부인 출입자 명단이야. 한 명도 빠짐없이 전부 신원 파악하고 전과자부터 조사 시작해. (의자 뻥 차고 나가는)
강형사	(씩씩거리며 무치 노려보는)

S#44   OBN 방송국 로비/ 낮

로비 카페에 앉아있는 홍주와 무치.

무치　　증거물 훼손된 거 외부에 알려지면 나 형사질 더는 못할지 몰라‥. 알잖
　　　　아. 가뜩이나 여기저기 찍혀있어서‥. 그러니까 비밀로. 어?

홍주　　(그런 무치 물끄러미 보다 장난스럽게) 그럼, 죄송합니다~ 해봐.

무치　　뭐?

홍주　　몰라 뵈서 죄송합니다~ 후회합니다~ 해보라고. 그럼 입 다물게.

무치　　내가 뭘 못 알아봤는데?

홍주　　정말 기억 안 나?

무치　　(갸웃하다 순간 기억난. 이내 짜증스러운 표정으로) 아씨!!

홍주　　왜? 못하겠어? (핸드폰 꺼내면서 장난치듯) 가만 기레기 양기자 번호가‥

무치　　(벌떡 일어나며 버럭!) 해! 해! 제보해! 하라구! (휙 일어나 가는)

홍주　　(가는 무치 물끄러미 바라보다) 어디 가?

무치　　그 싸이코 새끼 잡으러!!!

비하인드 >>

#44-1　　무진병원- 치국의 병실 (#45 바로 앞 상황)/ 바름 시선/ 낮

병실 들어서면 치국 앞에 앉아 치국의 몸 닦아주고 있는 치국母.
바름, 픽 웃더니 치국母에게서 물수건 뺏어드는.

바름　　제가 할 테니 휴게실 가서 잠깐 눈 좀 붙이고 오세요. 얼른요. (억
　　　　지로 병실 밖으로 밀어내는)

치국母　괜찮아. 내가 할게. (하다 바름에게 밀려나는데, 바름 손 꼭 잡고) 고맙
　　　　다. 바름아. 치국이 저러고 있지만 분명히 고마워할 거야..

바름　　(끄덕) 지치면 안 돼요, 어머니...

치국母　그래.

바름　　얼른 쉬다 오세요. (보내고 치국 돌아본다, 비웃듯) 이것도 스릴 있
　　　　다? 그치? 치국아? (물수건으로 얼굴 닦아주는 눈빛이 텅 비는) 깨지
　　　　마. 안 깨는 게 좋을 거야. 더 처참한 꼴로 죽기 싫음... (하며 닦는

데 무치 들어온다)

S#45   무진병원- 치국의 병실/ 낮

바름. 조심스레 치국 얼굴 닦아주고 있는데. 무치 들어온다.

바름   어? 형사님.
무치   근무 안 하고 여기서 뭐 해?
바름   치국이 어머니 눈 좀 붙이시라고·· 동구랑 시간 될 때 교대로 와 있어요··.
무치   (치국 상태 살피는데 치국 손가락에 감긴 붕대 보는)
바름   그놈이 휘두른 흉기를 막다가 잘린 거 같대요·· 두 개나 잘렸는데·· 하나는
          바로 봉합을 했는데·· 하나는 너무 늦게 가져와서 봉합 시기를 놓쳤어요··.
무치   (끄덕이다 치국 옆 놓여있는 액자 들어 보며) 군이 나치국 시계를 오픈하면서
          까지 자신에게 수사망이 좁혀 들어오게 한 이유가 뭘까….
바름   그러게요….

S#46   무진병원- 응급실/ 낮

무치, 입구에 서서 나치국 치료했던 담당 응급의(2부 #36)와 얘기 중이다.

응급의   그 정도 난도질을 했으면 상대도 죽었을 거라고 생각했을 겁니다. 정말
          살아있는 게 기적이죠.
무치   (끄덕이는)
응급의   근데, 정확한 상태는 수술 집도의한테 물어보시는 게·· (간호사에게) 성요
          한 선생 아직 인가요?
간호사   네. 계속 연락이 안 돼요.
응급의   (중얼거리는) 뭔 일이야. 성요한이 무단결근을 다 하고.
무치   (지갑에서 명함 꺼내 내밀며) 그 선생 출근하면 연락 좀··.

응급의	아, 네. (받고 가는)
무치	(나가려다, 생각난 듯 간호사에게) 어제 실려 온 오미순씨, 병실 어디에요?

S#47　무진병원- 수정母 6인 병실/ 낮

조심스레 들어오는 무치. 구석 침상의 수정母. 멍하니 창밖 보고 앉아있다.

무치	(E) 뭐야 사람 김빠지게.
수정母	(돌아보는)
무치	난 아줌마 아들 그렇게 만든 놈 잡겠다고 똥구녕 빠지게 다니는데‥ 아줌만 뭐야?
수정母	고형사‥
무치	(옆에 앉으며) 내가 그 새끼 반드시 잡는다고 약속했잖아. 잡는 거 봐야 할 거 아냐. 한 번만 더 이딴 짓 하면, 나 그놈 안 잡을 거야. 그래도 좋아?
수정母	(눈물 그렁. 무치 손 꼬옥 잡으며) 잡아줘. 고형사‥
무치	아니 안 잡을 건데?
수정母	(무슨 말인가 보는)
무치	죽일 거야… 그러니까 절대 딴맘 먹지 마.
수정母	(무치 잡은 손에 힘 꽉 주며) 그래. 죽여줘‥ 꼭….

S#48　봉이 학교 외경 + 교실/ 저녁

수업 종 울리면, 창가 맨 뒷자리에 엎어져 있던 봉이 일어나는데. 자신 보고 쑥덕거리는 소리 들리는. 봉이, 모른척하려 하지만 거슬리는. 뭐야? 인상 찌푸리다 신경질적으로 가방 꽉꽉 싸는.

S#49　봉이네 집 마당/ 저녁

봉이 대문 열고 들어오는데, 마당에 새장 걸려있다. 어? 하고 보는데.

봉이할매   (문 열고 나오다) 정순경이 키우라고 갖고 왔드라. 니가 예뻐한다고.
봉이   내가 언제 예뻐했다 그래? 웃기는 자식 아냐. 당장 갖고 가라 그래. 내 몸
           하나 건사하기도 힘들고만. (문 탕 닫고 들어가는)
봉이할매   저, 저 가시내‥. 하여튼 승질머리~ (하는데)
봉이   (다시 문 확 열더니 새장 속 새 음흉한 눈빛으로 보는)

(E)떵동~ 초인종 소리.

S#50   바름의 집- 거실/ 밤

바름 밀고 들어오는 봉이. 바름, 빨래건조대에 널려져 있는 속옷들 보고, 후다닥 걷
어 숨긴다. 아랑곳하지 않고, 바름 집 거실 여기저기 구경 중인 봉이. 집안은 남자 혼
자 사는 집이라고 믿어지지 않을 만큼 깔끔하다. 물건들 정확히 제자리에 놓여있고,
진열장에 잡지들 각 맞춰 똑바로 쌓여있고, 꽂혀있는 책 색깔 어두운 것부터 밝은 것
순서대로 정리되어 있다. 책의 높이와 두께에 따라 정확히 꽂혀있다.

봉이   (쳇!) 아주 개깔끔을 떨고 사는구만‥. (구경하다)

봉이, 시민 영웅상 상패 발견해 보면 승리 고등학교 '정바름' 이라 적혀있다. 바름과
치국, 경찰청장에게 시민 영웅상 받는 사진도 함께 놓여있다. 입술 삐쭉하며 옆 보
는데, 작은 액자에 배냇저고리 입은 아이 안고 있는 여자(#1부 등장한 희정.).
바름   (E) 근데 무슨 일이야 이 시간에?
봉이   (사진 보며) 이거 너야?
바름   (보는) 응.
봉이   이분이 엄마시구나. 미인이시네.
바름   (쓸쓸히 미소 짓는)
봉이   (쓰윽 둘러보며) 뇌물 받냐? 혼자 살면서 이렇게 큰 집에 살고?
바름   (쓸쓸한) 부모님 돌아가시고‥. 보험금으로 얻은 거야….

봉이	(부모님 보험금? 아차 미안하고) 아‥ (화제 전환) 참, 어벙이 고마워.
바름	어? 아‥ 아침에 니가 너무 예뻐하는 것 같아서‥ 잘 키워 봐.
봉이	설렁탕집에서 내가 한 말에 당황했지?
바름	어? 어어‥
봉이	농담인데. 정순경이 너무 진지하게 받아들이는 것 같아서‥
바름	(다행이다 싶은) 난 또‥ 실은 니가 상처 받았을까봐 얼마나 신경 쓰였는데.
봉이	(자존심 확 상해) 상처?! 내가 왜 너한테 상처‥ (윽 참자 참아) 아무튼 미안해서 내가‥ 정순경 주려고, 직접 요리를 만들어봤거든! (테이블에 올려놓은 봉지 속 찬합 꺼내 뚜껑 열어 고기 집어 들고 입 벌리며) 아~~
바름	(당황하는) 어‥?
봉이	미안해서 그래‥ 먹어봐, 내 정성을 생각해서‥ 바름오빠~
바름	(너무 어색) 오빠? 어어‥ (마지못해 받아먹는) 우와. 맛있다‥ 이거 뭐야?
봉이	뭐긴. 닭갈비지. 맛있어? 하나 더 먹어봐 (다시 입에 넣어주면)
바름	(우물거리며) 어쩜 이렇게 살이 연하냐‥ 정말 맛있네.
봉이	그지? 울 어벙이 맛있지? 생긴 것도 귀여운 데 맛도 있나 봐. 살도 연하고
바름	어? 어벙‥ 이? (헉 찬합 속 고기보다, 우웩~!!!)
봉이	어때? 나 귀엽지? 하는 짓까지 정말 귀여운 동생이지? (씨익 웃고 가는)

승리에 찬 눈빛으로 가는 봉이, 가는 뒤로 바름 웩웩 거리는 소리 들린다.

S#51   봉이네 집 마당/ 밤

봉이	(어벙이에게 먹이 주며) 그 닭고기를 니라고 하니까 그 떨떨이가 완전 믿는 거 있지? 그럴 땐 좀 귀엽긴 해 (킥킥거리며 웃는 표정이 무척 행복한)

봉이할머니, 문 앞에 서서 봉이 행복하게 웃는 표정 보며 미소 짓는.

S#52   무진청- 특별수사팀 사무실/ 밤

무치, 사건 관련 자료 보고 있는데, 뛰어 들어오는 신형사.

신형사　　서, 선배 큰일 났어요. (후다닥 리모컨 들어 뉴스 틀면)

뉴스　　　(E) 경찰이 증거품을 먹어 없애는 어처구니없는 일이 발생했습니다. 이는
　　　　　포도밭 살인사건에서 발견된 증거품으로 살해된 A씨의 사체 발견 당시··

무치　　　아씨!!! 누가! (하는데, 동시에 팀장실 문 쾅 열리며)
호남　　　어떤 새끼야! 대체 어떤 새끼가 꼰질렀어!!!
신형사　　(슬쩍 뉴스 화면 보고는) 저거 OBN 뉴슨데·· OBN이면 혹시 최피디님··
무치　　　뭐? (순간 움찔하다 이내) 넌 경찰 새끼란 놈이 증거도 없이 사람을 범인으
　　　　　로 몰아? 최피디 그런 사람 아냐.
호남　　　아으 그 피디. 여길 지 집 안방인 양 들락거릴 때부터 맘에 안 들더라니!
무치　　　(버럭) 아니 최피디가 제보했다 칩시다. 그게 뭔 잘못인데? 막말로 꼰질른
　　　　　사람이 나빠? 숨긴 사람이 나빠? 이래서 경찰이 욕 처먹는 거지! (나가는)
호남　　　저! 저! 저! 시끼! 저 (빗으로 머리 툭툭 치며) 아흐. 머리 빠져 머리~~
강형사　　(씩씩거리며 나가는 무치 힐끔 보는)

S#53　　무치의 차안/ 밤

무치　　　(씩씩대며 운전 중인) 지가 시키는 것 좀 안 했다고 진짜 제보를 해? (전화하
　　　　　는데 신호만 가고 받지 않는) 허! 최홍주·· 안 받는다 이거지?

S#54　　홍주의 집 오피스텔 정원/ 새벽

운전하며 들어오는 홍주. 지하 주차장으로 내려가려다, 문득 보면 오피스텔 현관 옆
화단 구석에 웅크린 채 앉아있는 남자.

홍주　　　(차 한쪽에 세우고 내리고. 다가가 조심스레) 여기서 뭐해?
요한　　　(고개 든다, 요한이다)

홍주	(놀란 얼굴로) 하루 종일 연락이 안 돼서 걱정했었어‥
요한	(일어나더니 홍주 꽉 끌어안는)
홍주	(놀란 눈으로) 왜? 무슨 일 있어?
요한	(끌어안은 채 혼잣말처럼 중얼거리듯) 무서워‥ 무서워요‥
홍주	무슨 일이야? (몸 떼려 하는데)
요한	(더 힘 꽉 주며 안은 채) 잠시만‥ 잠시만‥ 그냥 있어요‥

홍주, 무슨 일이지? 걱정스레 그대로 가만히 있는데 바들바들 떠는 요한의 몸. 마침 차 몰고 들어오던 무치. 차 세우고 핸드폰 꺼내 홍주에게 전화하려다, 화단 옆 누군가 안고 있는 홍주 모습 발견하고. 순간 당황하는 무치 얼굴 위로‥

S#55 사건 현장/ 무치의 회상 + 홍주 오피스텔 앞/ 낮 + 밤

시신 상태 살피는 무치.

홍주	(옆에 앉아 그런 무치 물끄러미 보다) 나랑 연애하자. 고형사.
무치	뭐? (놀라 돌아보는)
홍주	연애하자구.
무치	세상에 살인사건 현장에서 고백하는 여잔 너밖에 없을 거다. (다시 시신 살피며) 싫어.
홍주	싫어? 왜?
무치	최피디. 완전 내 타입 아냐.
홍주	사람 참 비참하게 한다. 단 1초도 고민할 여지가 없다 이거냐?
무치	(계속 시신 살피며 건성으로) 어.
홍주	(그런 무치 보다 일어나는) 너 진짜 별루다. 범인은 잘도 알아내면서, 내가 얼마나 괜찮은 여잔진 못 알아보고 (가며) 나 놓친 거 분명 후회한다.
무치	(씩씩거리며 가는 홍주 뒷모습 바라보는데‥ 그 눈빛이 슬픈)

현재/ 무치 보면, 홍주가 사내(뒷모습) 손잡고 오피스텔 안으로 들어가는 모습. 무치, 아무렇지도 않은 척 차 돌려 나가는데, 씁쓸한 얼굴이다. 후 한숨 내쉬는.

S#56   홍주의 집 (오피스텔)/ 오전

홍주 잠에서 깨면, 침대 옆에 요한 없다. 눈 부비며 보면, 창가(윈도우시트)에 앉아 창밖 바라보며 생각에 잠겨있는 요한 보인다. 그런 요한 불안하게 보는 위로

무치   (E) 그나저나 찾았어? 한서준 아들?

플래시 컷/ 석진동 복싱 체육관/ 홍주의 회상/ 낮 (2부 #35)
무치   그놈 아들한테도 꼭 보여줄 거야….
홍주   ?
무치   내가 본 거‥ 평생 잊을 수 없는‥ 그 끔찍한 기억‥ 한서준 아들도 평생
             갖고 살게 할 거야‥ 그래야 공평하지.

홍주   (일어나, 요한에게 다가가 어깨 감싸며) 뭘 그렇게 골똘히 생각해?

요한, 대답 없이 시선 여전히 창밖에 두고 있다. (12부와 연결씬) 요한의 시선 따라, 창밖 나뭇가지 사이로 반짝반짝 햇살 쏟아져 들어오고 있다. 그 눈부신 햇살 보고 있는 요한의 시선 (묘하게 슬퍼 보이는) 나뭇가지 사이로 쏟아지는 햇살,(시간 경과) 나뭇가지 사이로 툭툭 비 떨어지고. 이어, 쫘아 쏟아지는 장대비 소리.

S#57   요한의 집 외경 + 요한의 집 지하 방/ 새벽 (며칠 후)
세차게 쏟아지는 장대비. 서늘한 눈빛으로 어딘가 보고 있는 요한. 요한 시선 따라, 벽면 가득 살인사건 피해자들의 사진들과 관련 뉴스 자료들 그리고 헤드헌터의 뉴스 자료 등 가득 붙어있다. 그 사진들 보고 있는 요한의 알 수 없는 표정‥ 눈빛에 뭔가 결연함이 서려 있다. 그 위로 쨱쨱 새 지저귀는 소리 들린다.

비하인드 >>
#57-1   바름의 집 방 안/ 아침 (#58앞 상황) /

캐릭터 잠옷 입은 바름. 거울 앞에 서 있다. 무표정하고 텅 빈. 메마른 눈빛
바름, 머리에 고무줄 묶고 방긋 웃는 연습한다. 다시 울먹이는 연습하고..

바름   (NA) 가면을 쓰고 사는 건... 귀찮고 짜증나는 일이다.

반복 연습하는데. 그 위로 탁탁탁 도마 칼 소리. 됐다 싶은 순간 방문 열고 나
간다.

S#58   바름의 집 거실/ 아침

탁탁탁탁! 도마 위 칼 소리가 집안을 채우는 와중, 캐릭터 잠옷과 사과머리 차림의
바름, 소파에 앉아 "어린이에게 희망을"이라는 후원프로그램 보며 울먹이고 있다.
코피노 어린이 김한국 소개 영상과 함께 후원 전화 자막 떠 있고, 한국이 인터뷰.

피디   한국이는 한국이를 버린 아빠가 밉지 않아?
한국   (고개 혼드는) 아뇨. 안 미워요. 아빠한테도 이유가 있을 거예요.
비하인드 >> 티비 보던 바름 순간 표정 굳고 눈빛 서늘해지는

피디   혹시 아빠가 TV보고 계실지 모르니까 하고 싶은 말 있음 해볼래?
한국   (잠시 생각하다, 화면 응시하며) 아빠 보고 싶어요‥ 사랑해요‥
비하인드 >> 어느새 바름 눈빛 텅 비어 있다

피디   한국인 아빠 만나면 젤 먼저 뭐 하고 싶어?
한국   놀이동산이요! 놀이동산 가고 싶어요‥.
비하인드 >> 바름   (E) 좋아. 다음 심판은 너로 정했어! (이내 표정 바꾸고)

바름   (울먹이며 보며, 어느새 핸드폰으로 어딘가 전화하다) 왜 전화가 안 되지?
바름이모   (어이없다는 표정으로) 그거 재방이잖아.
바름   아‥? 아‥ (자막 밑에 전화 후원 종료라고 떠 있는 거 발견한다)

바름이모	(멋쩍은지 머리 긁는 바름 보며) 에휴. 사내놈이 저리 눈물이 많아서야‥. 죽 먹어. 수산 시장 갔다가 전복이 싱싱해서 샀어. 뜨거울 때 얼른 먹어.
바름	그거 좀 싸줘요. 이모. 치국이 어머니 좀 갖다 드리게요. (일어나 거실 창문 활짝 열고 환기 시키며 밖 보며) 밤새 쏟아지더니 그쳤네‥

비하인드 >> (하며 텅 빈 눈빛 되는)

S#59   OBN 방송국 사무실/ 아침

홍주, 컴퓨터 앞에 앉아 <법무부, 무진청내에 증거보관팀 창설! 팀장은 박두석 경위/ 법무부의 강력한 의지. 전국 경찰청은 물론, 검찰청에까지 협조 요청! 강력범죄의 경우, 판결이 난 사건도 증거품 영구 보관한다!> 기사와 <사건담당 형사, 대기발령! 증거 훼손 형사는 지방좌천!> 보다 걱정스런 얼굴로 무치에게 전화하는.

S#60   무진청- 특별수사팀 사무실/ 아침

무치, 핸드폰 발신자 확인하면 최홍주 피디 떠 있다. 일부러 받지 않고. 강형사 책상으로 가서, 연쇄살인 사건 파일 쓱 집는데, 확 잡는 손.

강형사	이거 놓으시지. 이 사건에서 손 떼란 명령 못 받았어?
무치	아니. 이건 내 사건/
강형사	/대기발령이면 가만히 엎어져 잠이나 자.
무치	아씨! 가만‥ 그 기자한테 꼰지른 거‥ 형 아냐?
강형사	(무시하고 자기 일하는)
무치	하! 진짜 의심스런데!!! (핸드폰 울리는) 어 낙하산! 잘 지내고 있어? 거기 공기 좋지. 나? (강형사 째리며) 대기발령 인생이, 바쁠 일이 뭐가 있겠냐?

S#61   봉이네 집 마당/ 아침

봉이, 새장 앞에 앉아 모이 주며 생각에 잠겨 있는데 쫘악!! 등짝 스매싱 날아온다.

봉이	아!!!
봉이할매	핵교 안가? 언젠 싫단 년이 아주 새장에 붙어사네. 살어.
봉이	가기 싫어‥ 애들도 짜증나고….
할매	얼씨구. 핑계는. 졸업은 혀야 할 거 아녀? 중졸을 정순경이 데꼬 가겄냐. 공부하란 말 안 할텡게. 걍 가서 자빠져 자다가 졸업장이나 받어 와.
봉이	아흐! 정순경! 정순경!! 그리 좋음 할머니가 그 자식한테 시집가면 되겠네!
봉이할매	시끄라 이년아. 암만 생각혀도 고만한 총각이 없시야. 그 집 지 집이고, 시상에 공무원만 한 직업이 워딨다냐? 어찌게든 정순경헌테 시집가서 이 핼미한테 효도할 생각이나 혀. 아, 나도 말년에 손주 사우 덕 좀 보자.
봉이	그렇게 나 팔아서 호의호식하고 싶은데, 어떻게 지금까지 참았대에? 인당수에 뛰어라도 들까?
봉이할매	뭐서? (열 받은. 봉이 등짝 막 후려치며) 그려 뛰어들어. 이년아. 뛰어들어
봉이	(등짝 맞다가 확 밀치고 씩씩거리며 할머니 노려보며) 정순경은 내가 좋대? 이런 나래도 상관없어? 물어봤어? 물어봤냐고? (순간 눈에 눈물 맺히는)
봉이할매	(당황하는) 보, 봉이야‥
봉이	(눈에 눈물 가득 한 채, 문 쾅 닫고 나가버리는)
봉이할매	(가슴 무너지는)

S#62 북양주 비포장길/ 신형사의 차안/ 낮

신형사	(운전하며) 에이 아무렴 강선배님이 꼰질렀겠어요? 그런 분 아니에요.
무치	(그 옆에 탄) 아니긴. 그 자식, 나 옷 벗기만 기다리는 놈이잖어.
신형사	하긴‥ (화제 바꾸며) 그나저나 고마워요. 선배님. 여기까지 와줘서‥
무치	뭘. 사무실에 죽치고 앉아 있느니, 바람도 쐴 겸…. 그놈도 아직 조용하고‥
신형사	아니, 난 왜 이렇게 재수도 없을까요? 하필 발령 나자마자 살인사건이야‥
무치	실종사건이라며?
신형사	살인이에요. 시체만 발견 안 됐지. 위에서 쉬쉬하고 있거든요.
무치	위에서? 왜?
신형사	그게‥ 실종자가‥. 대니얼 리 박사예요. 알죠? 노벨상 후보에 올랐던‥.
무치	진짜?

S#63   놀이동산 입구 + 놀이동산 안, 대관람차 앞/ 낮

폴리스라인 쳐져 있는 대관람차 앞에 서 있는 무치와 신형사. 마른 핏자국 보이는.

플래시 컷/ 새벽. 청소도구 들고 오는 청소부. 보면, 계속 돌고 있는 대관람차.

신형사   (E) 평소처럼 개장 전에 청소하려고 왔는데·· 관람차가 혼자 돌고 있더래요.

플래시 컷/ 청소부, 스위치 멈추고 조심스레 다가가면, 관람차 안 온통 피범벅이다.

무치   근데 그 피가 대니얼 박사 피란 건 어떻게 안 거야?
신형사   (현장 사진들 주며) 놀이동산 인근에서 차 한 댈 발견했는데… 확인해보니,
         대니얼 박사가 그날 호텔 통해 렌트한 차였어요. 그래서 차 안 운전석에
         남겨진 DNA와 피 속 DNA를 대조했는데… 일치!
무치   (현장사진 넘겨보며) 근데 시체는 사라지고 없다?
신형사   네··
무치   그 시간에 폐장된 놀이동산에 있었다는 건, 누군갈 은밀하게 만났다는 건
         데…. (넘기다. 피 묻은 지퍼 증거 사진 보는) 이건 뭐야? 지퍼 같은데··
신형사   관람차 안에 떨어져 있었어요. 점퍼 지퍼 같죠? 호텔 CCTV 확인해봤는데
         그날 박사님은 양복 입고 나가더라구요…. 범인 옷에서 떨어진 거 같아요··
무치   (피 묻은 지퍼 사진 곰곰 보다) 박사, 숙소가 어디야?

S#64   봉이네 집- 방/ 낮

속상한 얼굴로 봉이 방 치우고 있는 할머니. 목에 걸린 2G 핸드폰 울린다. "영탁-니
가 왜 거기서 나와~~"

봉이할매   여보쇼, 누구라? (급 공손) 오메메. 아따, 선상님이 우짠 일이라요?

S#65   호텔 (대니얼 숙소)- 방안/ 낮

뒤진 흔적 전혀 없고, 대니얼의 소지품들도 그대로 놓여있다.

신형사   다 확인했는데·· 침입 흔적은 없었어요··
무치   (대니얼 옷들에 지퍼 달린 옷 있는지 확인하지만 없는)

S#66   호텔 보안실/ 낮

복도 CCTV 확인중인 무치. 특이점 발견되지 않는다. 메이드 청소하러 들어가면, 잠시 후 대니얼 박사가 양복 차림으로 나가는 것이 전부다. 무치 나간 시간 확인하고. 무치 여러 번 패스트로 화면 돌려보다 순간 멈추고 다시 리와인드 하다 재생하면, 문이 열리는 찰나, 메이드가 자신의 앞치마 주머니에서 뭔가 꺼내 열린 문안으로 건네주는 모습 포착된다. 화면 확대하면 핸드폰이다.

무치   (신형사에게) 이 여자 찾아서 (화면 시간 짚으며) 이 시간 통화내역 알아봐.

S#67   봉이네 학교- 교무실/ 낮

꽃분홍 가디건 스웨터에 가슴에 브로치 단 채 한껏 차려입은 봉이할머니, 담임과 혜지母 앞 죄인처럼 있고 그 앞 껄렁하게 서 있는 봉이와 꼴 엉망인 혜지 서 있다.

혜지母   니가 깡패야? 어떻게 애 얼굴을 이 지경으로 만들어 놔. 선생님. 저 이대로 못 넘어가니까 당장 경찰에 신고해 주세요.
봉이할매 (헉, 굽신거리며) 아이고. 신고라니. 아직 앞길이 창창혼 앤디··
담임   봉이 너 얼른 사과 안 해?
봉이   (입 꾹 다물고 가만있는)
담임   오봉이! 너 학교폭력으로 퇴학당할 수도 있어. 그리고 싶어?
봉이할매 아이고 슨상님. 퇴학이라뇨. 졸업이 코 앞인디라·· 아그엄마 한 번만 봐

	주쇼잉 (혜지 손 붙들고) 학상. 미안혀. 내가 비께 잉? 한 번만 용서혀 줘.
혜지	(손 확 뿌리치며) 왜 이러세요‥
봉이할매	(혜지 엄마에게 무릎 꿇는) 지발. 한 번만 봐주쇼‥ 우리 손주‥ 불쌍한 애기여라‥ 핼미 잘못 만나서‥ 핵교는 졸업해야 지라 안그요. 지발‥ 응? 지발‥
봉이	(보기 힘든. 버럭!) 그만해! 할머니!
봉이할매	시끄라. 이년아. 내가 너를 깡패짓 하라고 갈켰냐? (등짝 막 두드려 패며) 빌어. 이년아. 얼른 잘못했다고 싹싹 빌어.
봉이	(버럭) 내가 왜 빌어. 내가 왜! 저 기집애가 자꾸 이상한 소문내고 다니잖아! 에이씨! 학교 안 다녀! 안 다님 될 거 아녀. (문 쾅 열고 나가버리는)
혜지母	아휴‥. 정말 배워먹질 못했네‥ 뭐 저런 게 다 있어‥.
봉이할매	(혜지 노려보며) 너 뭐라고 씨부리고 댕겼냐? 어? 우리 봉이에 대해 뭐시라고 씨부리고 댕겼냐?!!!
혜지	아, 아니 나도 (엄마 눈치 보며) 엄마한테 들은 얘기라‥ 엄마‥.
혜지母	(당황하는) 얘, 얘는 내가 뭘‥
봉이할매	(알아챈) 근디 이 잡뇬들이! 뚫린 주뎅이라고. (혜지와 혜지母 양손으로 머리 끄덩이 잡아 땡기며) 내가 오늘 니년들 주뎅이를 확 쪼사불랑께~~~

아악 비명 지르는 혜지 모녀. 뜯어말리는 선생님들‥ 교무실 안이 한바탕 난리인…

S#68   봉이네 학교- 교문 앞/ 낮

교복 주머니에 손 넣은 채, 발로 흙 툭툭 차며 서 있는 봉이. 보면 교문 안에서 할머니 나오는데, 머리 꼴 등이 엉망이다. 봉이 놀라 보면.

봉이할매	앙꾸도 아녀. 집에 가. 어여 (앞장 서 가는)
봉이	(절룩거리는 할머니 뒷모습 보다) 다린 왜 그래?
봉이할매	코에 침 발르믄 되야. (가며) 뭐 묵고 잡냐? 저녁에 뭐 혀주까?
봉이	(퉁명스럽게) 안 먹어.
봉이할매	안 먹기는? 묵고 자운 거 다 얘기 혀. 뭐? 보쌈 혀 줘?
봉이	(버럭) 먹기 싫다고!!
봉이할매	핼미가 맘먹고 괴기 사서 해 준단디 싫어? 하여튼 가시나 징상시럽게 말

도 쳐 안 듣고. 그래서 난중에 뭐시 될라 그냐‥

봉이   (확 빈정) 나! 할머니 말 너무 잘 들어서‥ (이 앙다물고) 이 지경이잖아!

봉이할매   (당황) 뭐, 뭐시?

봉이   내 말 틀려? 내가 말 안 듣는 애였음 그날 할머니 막걸리 심부름도 안 갔
           겠지!!! 그럼 그런 일도‥ (허‥허… 숨 몰아쉬며 씩씩대다, 획 가버리는)

봉이할매   (다리 후들후들 힘 풀리며 그 자리에 주저앉는)

S#69   구동역 앞 격투장/ 낮

봉이, 미친 듯이 격투 연습 중. 링 밖 의자에 놓인 봉이 핸드폰 계속 울린다.

관장   (보고는 집어 들어) 봉이야 전화 계속 온다. (핸드폰 주면)

봉이   (보면 '할머니'라고 뜬다. 전원 확 꺼버리는)

S#70   봉이네 집- 방안/ 낮

밥상에는 보쌈 먹음직스럽게 차려져 있다. 봉이할머니, 계속 전화해보지만 '전원이
꺼져' 안내음만 나온다. 한숨 쉬고 장롱 밑, 깊숙이 숨겨둔 수첩 꺼내 드는데, 신문지
로 둘둘 싸맨 것이 함께 있다. 수첩 펼쳐보면, 삐뚤삐뚤 오타 많은 글씨로 '*년 *월 *
일 강덕수 출소'라고 쓰여 있다.

봉이할매   그려‥ 인자 한 달도 안 남았는디‥ 시방 니가 얼매나 불안흐긋냐‥ (수
           첩에 꽂아두었던 돌돌 싼 신문지 펼치면, 나무손잡이 식칼이다. 수건으로 칼 닦
           으며) 걱정혀지 마. 이 핼미가 다 알아서 할 텐게… (반짝이는 칼 보며 결연
           한) 니 늠 나오는 날이 지삿날이여.

S#71   골목 마지막 집 안/ 낮

이삿짐 한창 나가고 있고, 경찰복 차림의 바름도 이삿짐 나가는 거 도와준다.

주민	아휴‥ 이걸 왜 정순경이 해‥ 이삿짐센터 직원도 아니고.
바름	당연히 도와드려야죠. 막상 이렇게 가시니 너무 섭섭하네요.
주민	그러게. 이 골목서 우리가 마지막 남은 집이었는데‥ 정순경은 언제 나가?
바름	저두 슬슬 이사 갈 집 알아봐야죠‥ 이모네 집 근처로 갈 생각이에요.
주민	그려. 섭섭하네. 암튼 고마워. 순경 일도 바쁠 텐데…. (짐 들고 나가면)
바름	(나가는 주민보다 열심히 남은 짐 정리하는데)
봉이할매	(E) 정순경!
바름	어? 어르신?

〈점핑〉 이미 이사 나가고 텅 빈 집. 할머니 툇마루에 앉아있다.

바름	(아이스크림 사 들고 와 하나 건네주며) 다린 좀 어떠세요? (치마 살짝 걷어보면 파스 붙은) 붓기는 많이 가라앉았네요‥ 찜질 계속하시죠? (너덜거리는 캐릭터 밴드 보며) 에이 밴드도 매일 갈아붙이시라니까. 그래야 상처가 빨리 아물죠.
봉이할매	잉. 그려‥ (하다 마당 한쪽에 떨어져 있는 구겨진 담뱃갑 발견하는)
바름	이따 퇴근하고 제가 하나 사서 가서 새로 붙여드릴게요. (하는데 그새 가서 담뱃갑 집어 가지고 오는 할머니 보고) 걸 뭐 하러 집어오세요.
봉이할매	음마. 두 까치나 남았고만 (갑에서 라이터 빼며) 불도 있고 (피우려는데)
바름	(뺏으려하며) 몸에 해로워요. 피우지 마세요.
봉이할매	(안 뺏기려고 후다닥 주머니에 넣으며) 알았어알았어. 아따 그라도 나 건강 생각해주는 건 울 정순경 밖에 없당께.
바름	(아이스크림 까 드리며) 근데 오늘 무슨 날이에요? 이렇게 곱게 차려입고
봉이할매	어? 어어‥ 오늘 봉이 학교 좀 댕겨오니라고.
바름	아아‥ 진즉 좀 이렇게 차려입고 다니시지. 미모에 눈이 멀겠네! (하다 봉이할머니 가슴에 차고 있는 조악한 브로치 보는) 근데 이건 좀 옥의 티다. 제가 예쁜 거로 하나 사드려야겠다.
봉이할매	(버럭) 음마 눈깔이 꼴았나? 억만금을 줘봐. 안 팔거시여.
바름	?

봉이할매	이거 우리 봉이가 쪼깐홀 때 햄미 생일선물로 맹글어 준 것이여.
바름	아… 봉이가 어릴 땐 어르신한테 참 잘했나 봐요.
봉이할매	(눈빛 깊어지는) 얼마나 할머니 할무니하고 엉기고… 이쁜 짓만 혔는디….
바름	봉이가요? 전 상상이 안 가는데요? (아이스크림 빠는)
봉이할매	(그런 바름 물끄러미 보다) 정순경‥. 내가 쪼까 부탁 하나만 혀도 되까?
바름	(아이스크림 먹으며) 네. 말씀하세요.
봉이할매	혹시 말여‥ 혹시‥
바름	(아이스크림 먹다 보는) 괜찮으니까 편하게 말씀하세요.
봉이할매	거시기‥ 우리 봉이 그 가시나‥ 정순경이 가끔씩 들여다봐 줘‥ 잉?
바름	(뭔가 이상한) 어디… 가세요? 어르신?
봉이할매	아니이~ 혹시나 나가 읍으믄 말이여‥
바름	(걱정스럽게 보는) 어디 편찮으신 건 아니죠?
봉이할매	아따 아조 썽썽흐제. 다리 쪼까 쩔뚝이는 거 빼믄. 암시랑도 안혀.
바름	근데 왜 그런 소릴 하세요?
봉이할매	뭐시‥ 기냥‥ 혹시나‥ 내 부탁 들어줄 거제?
바름	(아무래도 이상한) 왜 그러시는데요? 네? 무슨 일인데요?
봉이할매	(시선 피하는)
바름	어르신 저 좀 보세요. (눈 맞추며) 저 어르신 제 친할머니라 생각하고 뭐든 다 얘기하잖아요. 어르신도 절 친손주다 생각하시고‥ 편히 얘기해주세요… 무슨 일 있으신 거죠?
봉이할매	(후 한숨 내쉬며) 그랑께‥ 그랑께‥ 내가‥ 내가‥ 죽일 년이여… 우리 봉이가 이 죄 많은 년 땜시‥ (눈에 눈물 고이며 먼산 바라보는)

S#72   구동역 앞 횡단보도/ 낮

절룩거리며 걸어오는 봉이할매. 횡단보도 앞에 서 있는데 전봇대에 붙은 파출부, 도우미 소개소 전단. 빤히 보는‥

플래시/ 봉이네 학교- 교무실 (#67 이어)

혜지母	합의금 마련 못 하면 할머니 손녀 졸업도 못 하고, 콩밥 먹을 줄 아세요‥.

봉이할머니, 전단지 확 뜯어, 신호 바뀌자 절룩거리면서 건너는··

S#73   도우미소개소- 사무실/ 낮

소장   (기막힌 표정으로 보다) 요샌 젊은 사람들도 일없어 난리예요. 누가 할머니
          같은 나이 잡수신 분한테 일을 시켜요. 불편해서 다 싫어해요.

봉이할매   음마. 내가 솔찬히 노안이라 그라제 쪼까 밖에 안 묵었어.

소장   (어휴··) 들어오실 때 보니까 다리도 불편해 보이시고··

봉이할매   계단 올라오다가 자빠져서 그랴·· 좀만 지나믄 암시랑도 안 한당께. (사
          정하는) 아따·· 그라지 말고·· 사정 쪼까 봐줘. 바, 반만 받을게 잉?

소장   (냉장고에서 요구르트 꺼내주며) 이거나 잡수고 가세요. (일어나는)

봉이할매   어디 가는디?

소장   화장실이요·· 마시고 가세요. (가는)

봉이할매   (소장 나가자마자 후다닥 냉장고 열고 가방에 요구르트들 쓸어 넣으며) 우리 봉
          이 변비에 그만이여 (소장 책상 위 전화 울리는) 아따. 깜짝이여·· (잠시 전
          화기보다) 여그 소장 시방 똥 싸러·· (하다 듣는) 아. 그라요? 아 그믄 바로
          보내 드려야제. 가만 주소가··

S#74   구동역 앞 격투장 안/ 낮

봉이 미친 듯이 격투 연습하다 문득 고개 들면, 링 밖에 바름 서 있다.

바름   그거 어벙이 아니라며?

봉이   (삐쭉이며) 그거 따질라고 왔냐? (무시하고 다시 격투 연습하는)

바름   어르신이 너 전화 안 받는다고 걱정 하시길래·· 내가 너 찾아본다고 했
          어. 얼른 가. 집에·· 걱정 좀 그만 끼쳐드리고.

봉이   지랄한다. (무시하고 연습하다 문득) 너 경찰이니까 쌈 좀 하지? 잘됐네. 올
          라와 봐.

바름   어?

〈점핑〉 으아악! 메치기·조르기·누르기 등 각종 기술 구사하며 바름을 가지고 놀 듯
요리하는 봉이에게 속수무책 당하는 바름, 최종적으로 암바 기술에 걸리면

바름	(고통스러워하며) 하, 항복 항복‥!!
봉이	(한심한 듯 기술 풀며 일어나는)
바름	(벌러덩 누워서 헉헉거리는)
봉이	(혀 끌 차며) 구동 주민들이 불쌍하다. 이런 비리비리한 경찰한테 마을 치안을 맡기다니‥ 그 저질 체력으로 경찰은 어떻게 됐냐? (내려가려는)
바름	(누운 채로 헉헉거리며) 봉이야‥
봉이	(돌아보면)
바름	할머니… 그날 마중 왜 늦게 나왔는지 알아?
봉이	왜긴 왜야 보쌈 먹느라/
바름	급히 오시다가 빗길에 미끄러져서 발목을 접질리셨어. 팅팅 부으셨드라‥
봉이	(놀란)
바름	어르신 연세도 많으시잖아‥. 그렇게 할머니 속 썩이다가, 돌아가신 담에 후회해. 살아계실 때‥ 잘해드려… 나중에 후회하지 말고….
봉이	(무안한 마음에) 정순경님 앞가림이나 잘하세요! (휙 가려는데)
바름	봉이야‥
봉이	(돌아보는)
바름	(헉헉거리며 봉이 보는) 너 정말 오빠한테 시집올래?
봉이	지랄한다. 증말

휙 내려가는 데 심장이 콩콩 뛰는 봉이, 그 위로 들리는 딩동~ 초인종 소리 (E).

비하인드 >>

#74-1 격투장 안/ 바름의 시선/ 낮

메치기, 조르기, 누르기 등 각종 기술을 구사하는 봉이에게 속수무책으로 당한 척하는 바름,

바름	(암바 기술에 걸려 고통스러워하는 척) 하, 항복 항복!!
바름	(벌러덩 누워 숨을 몰아쉬는 척) 헉헉!

획 내려가는 봉이를 흥미롭게 눈빛으로 보는 위로

바름   (E) 할망군 늙었으니 오래 못 살 거고, 그럼 고아가 되는 거고, 딱히
       친구도 없는 거 같고··그렇다면 내 정체를 들켜도 처리하기 쉬울
       거고… 그래. 저만한 조건이 없지… 내 2세를 낳아줄 와이프로…

#74-2   요한 집- 지하실 안 (#75의 전 상황)/ 낮

사진 붙이는 요한 (검정 후드 차림), 준성 (티셔츠 차림). 한쪽 침상 위에 링겔
꽂힌 채 의식 없는 대니얼 보인다. 요한, 사진 다 붙인 후에 사진들 보는.

준성   끔찍하다. 정말 어떻게 이런 짓을 할 수 있을까..
요한   (불안한) 싸이코패스니까… 자기가 무슨 짓을 하는지 조차 의식
       못할 거야...
준성   (의식 없는 대니얼 보며) 어떡할 거야..
요한   (심난하게 보며) 기다려야지 의식이 돌아올 때까지.
준성   (불안해 죽는) 그러지 말고 그냥 신고하자. 어?
요한   경찰을 어떻게 믿어?
준성   그럼 언론에 터트릴까?
요한   상대는 대한민국 최고실세 최영신이야. 신고했다가 쥐도 새도 모
       르게 개죽음 당할지 몰라. 대체 어디까지 손이 뻗쳐져 있는지 알
       수 없어·· 신중해야해. 이럴 때일수록.
준성   그럼 어떡해..
요한   일단·· (대니얼 보며) 박사님 의식이 돌아올 때까지 기다리자.
준성   무서워… 요한아. … 내가 해킹해서 자료 빼돌린 거 알게 되면…
요한   일단 넌 해외에 나가 있어.
준성   너는?
요한   대니얼 박사 깨면, 그때 박사님이랑 같이 움직일 거야. 걱정 마.
       조만간 깨날 거야..

하는데 딩동 초인종 울리고, 누구지? 놀라 후다닥 벽 한편에 설치된 인터폰 보면, 화면 속 얼굴 들이대고 있는 봉이할머니.

요한   누구지?

불안한 듯 다급히 나가는. 요한, 준성은 벗어놓은 검정색 잠바 들고 나간다.

S#75   요한의 집 앞/ 낮

요한   (후드 차림. 대문 앞에 서서) 누구‥ 시죠?
봉이할매 (씩 웃으며) 누구긴. 청소하러 왔제. (밀고 들어가며) 그 아줌니가 몸이 쪼까
          안 좋대서 내가 대신 왔써.
요한   (황당한) 저, 저기…

S#76   요한의 집 - 거실/ 낮

봉이할매 들어오자 소파에 엉거주춤 어색하게 앉아있는 요한 친구, 준성. (소파에 검정색 잠바 걸쳐져 있다*)

비하인드 ≫ (지하실에서 가지고 올라온 준성의 점퍼잠바 안쪽에 세탁소 라벨 붙어있다.)

봉이할매 오메 손님 계셨네. 난 신경 쓰지 말고 혀던 일 혀.
요한   (준성에게) 엄마가 보내신 거 같아‥ 가끔 이러서‥
준성   그만 갈게. (봉이할매에게 건성으로 인사하고 다급히 나가는)
요한   어? 어‥ (준성 배웅 나가는)
봉이할매 (집 둘러보며) 아따, 집이 겁나 넓구만. (요한 들어오면) 월세여? 전세? 설마
          자가는 아니제?
요한   (들어와) 저기‥ 어머니께서 보내신 거 같은데‥ 전 남의 손에 청소든 뭐
          든 맡기는 거 안 좋아해서요‥ 죄송한데‥

봉이할매	(못 들은 척 막 치우며) 내가 광이 뻔떡뻔떡 나게 닦아서 미끄라져 자빠지게 해 줄랑께 기대혀 봐. 잉? 총각은 가 일 봐. 일 방혀허지 말고 .
요한	(난감한)

S#77   무진청- 특별수사팀 사무실/ 낮

들어오는 호남과 씩씩거리며 따라 들어오는 강형사.

강형사	아니 왜 증거품을 다 제출 해야하냐구요. 그럼 수사를 어떻게 해요?
호남	아 몰라. 일단 제출하고 필요할 때마다 확인받고 가져가라잖아.
강형사	그게 말이 돼요!!!
호남	왜 나한테 그래. 다 저 자식 땜에·· (하며 무치 보면 책상에 엎어져 자고 있다) 으이그! 저 사고뭉치! (하는데 무치 핸드폰 요란하게 울리고 있다) 그만 좀 퍼 자고 전화나 받어!!! (휙 팀장실로 가면)
강형사	아. 팀장님!!! (따라가는)
무치	(엎드린 채 손 더듬어 핸드폰 집고는 귀찮은 듯) 네 사고뭉칩니다.
신형사	(E) 선배님. 대니얼 박사가 통화한 사람 알아냈어요.
무치	(하품 늘어지게 하며 일어나는) 불러봐. (받아 적다 문득) 성요한? (낯익은) 성요한·· (퍼뜩 생각난) 나치국 집도의?

비하인드 >>

#77-1   요한 집- 지하 방 안 (#78 앞 상황)/ 낮

급히 들어오는 요한. 요한의 침상 앞으로 이동형 캐비닛 옮겨서 막은 후 사진 붙어있는 벽 사이로 문 닫고 나오는데 핸드폰 울리는 보면 모르는 번호다.

S#78   요한의 집- 지하 방 앞/ 낮

전화 받으며 지하 방에서 나와 문 닫는 요한. 열쇠 돌려 빼다가 멈칫하는.

요한   경찰이 무슨 일이시죠? (통화하며 올라가는데 열쇠 그대로 꽂혀있다)

S#79   요한의 집- 거실/ 낮

올라오는 요한, 보면 봉이할머니 주방 바닥 박박 닦고 있다. 요한, 식탁에 봉투 올려
두는데 발밑에 뭔가 걸리는. 뭔가 싶어 집어 드는데, 조악한 할머니 브로치다.

봉이할매   (바닥 닦다 요한 손에 들린 브로치 보고는) 오메. 여기 닦다 떨어져 부렀는갑네.
            (끄응 대며 일어나며) 주소. (요한에게 받아 옷에 채우며 자랑하듯) 이쁘제 잉? 울
            손주딸이 맹글어 준거시여. 황금 브라치를 갖다 줘봐. 이거랑 안 바꾸제!
요한   (그 모습보다 차갑게) 거기까지만 하시고, 문 닫고 가시면 됩니다.
봉이할매   (채우고) 잉? 이잉. 그려. 필요흐믄 음식 쪼까 해놓으까? 내가 또 음식하난
            허벌라게 잘흔디·· 뭣을 좋아흐까? 우리 총각은?
요한   (단호하게) 아뇨 됐습니다. 그럼··. (나가려는데)
봉이할매   오메. 그리고 갈라고. 날씨가 영 쌀쌀혀. (소파에 걸려있는 점퍼 후다닥 집어
            들고) 따땃하니 입고 가. (억지로 요한에게 입히는)
요한   (마지못해 잠바 입은 채 나가는)
봉이할매   (요한 나가면) 아따, 칼바람이 쌩쌩 부네. (후다닥 테이블 위 봉투 열어보고)
            흐미·· 뭔 돈을 겁나 넣어부렀대. 와따. (신난) 있시사는 놈은 통이 달르
            고만. 쫌만 더 일흐믄 합의금은 포도시 나오겄는디·· (하다 곰곰 생각하는)

S#80   구동역 앞 격투장 건물 밖 + 특별수사팀 사무실/ 낮

건물 안에서 바름 나오는 데, 핸드폰 울린다. 전화 받는.

바름   네. 제가 정바름 순경인데요·· 아, 네 형사님.
강형사   (F/짜증스러운) 그때 봉합 안 된 나치국씨 손가락 혹시 보관 안했죠?

바름	그건 왜요?
강형사	(F/어이없다는 듯) 그 손가락도 현장 증거품이라고‥ 증거보관 팀에서 제출하라는데‥ 무슨 물건도 아니고 참내‥
바름	(반색하며) 병원에 있을 거예요. 혹시라도 그 손가락에서 범인 디엔에이라도 나올까해서 꼭 좀 보관해달라고 부탁드렸었거든요‥ 당장 확인해 볼게요.

비하인드 >> (전화 끊고 피식 웃는)

S#81 무진병원- 로비 카페/ 낮

무치 앉아 있으면, 들어오는 검정 후드. 검정 점퍼 차림의 요한 보인다.

무치	성요한씨?
요한	(보고 무치 앞에 앉는다.)
무치	(다짜고짜) 대니얼 박사 알죠?
요한	(순간 눈빛 흔들리지만 이내) 대니얼 박사를 모르는 의사도 있나요?
무치	(그 눈빛 포착하며) 그러니까 개인적으론 모르는 사이다? (핸드폰 꺼내 누군가에 전화하면 요한의 핸드폰 울린다)
요한	(당황하는)
무치	(핸드폰 귀에 댄 채, 손짓하며) 받으세요.
요한	(받지 않고 무치 보면)
무치	(핸드폰 끊고는) 대니얼 박사가 이 번호로 전화를 했드라구요.
요한	(침착하게 핸드폰 꺼내 확인하며) 잘못 걸려온 전활 받은 적은 있습니다만.
무치	(어이없다는 표정으로) 성요한씨는 잘못 걸려온 전화를 3분 23초나 받아주시나 보죠?
요한	전 바로 끊었는데요. 끊기질 않나 보죠‥
무치	(미꾸라지 보듯 보면)
요한	용건 끝나셨으면 이만 가보겠습니다. (일어나서 가려는데)
무치	(E) 월요일에 뭐 하셨습니까?
요한	(짜증 난 듯 돌아보는)
무치	아, 나치국 환자 일로 찾아왔었는데 하필 그날, 출근을 안 하셨길래요.

요한	몸이 안 좋아 출근 못 했습니다. 지금도 병가 중이구요….
무치	그럼 일요일 저녁엔 어디서 뭐 하셨습니까?
요한	몸이 안 좋았다구요. 그 시간에 뭘 했겠습니까? 집에서 쉬고 있었습니다!
무치	(끄덕하더니) 증언해 줄 분은요?
요한	대체 왜 이러시는데요?
무치	(정색) 대니얼 박사가 실종됐습니다. 살인사건으로 보고 수사 중이구요.
요한	(잠시 무치 보다) 친구가 같이 있었습니다.
무치	친구분 성함, 연락처 적어 주시죠. (수첩과 볼펜 꺼내 요한에게 내밀면)
요한	(무치 보다, 이윽고 볼펜 집어 수첩에 쓰는데)

"A3번 손님. 주문하신 아메리카노 나왔습니다" 동시에 요한 옆 테이블 손님 키홀더 놓고 커피 받으러 가는. 요한 무심코 테이블에 놓인 키홀더 보다, 순간 흠칫!

플래시 컷/ 통화하며 나오는 요한. 지하실 문, 키 꽂아둔 채 올라가 버리는 (#78)

요한	(낭패인) 더 궁금한 게 있으면 정식으로 출석 요구하십시오. (급히 나가는)
무치	저, 저기, 성요한씨! (하다 다급히 뛰어나가는 요한 보다 수첩 보면 김준성 이름과 연락처 적혀있다)

S#82 무진병원- 냉동 보관실/ 낮

의료진	(손가락 든 냉동 박스 주면)
바름	(받아서 손가락 상태 보며) 잘 보관해주셔서 감사합니다. (하다) 어? (고개 들며) 이상해요 선생님··
비하인드 》 바름	(손가락 상태 확인하는 척, 픽 웃고는 놀란 표정) 어? (고개 들며) 이상해요 선생님..

S#83 무진병원- 카페 밖 로비/ 낮

병원 로비 카페에서 나오는 무치. 저 앞 정신없이 뛰어가는 바름 발견하는.

무치	어? 정순경!!!
바름	(돌아보다, 무치 발견하고 다급히 뛰어오는) 고형사님!
비하인드 >> 바름	(돌아보다, 무치 발견하고 잘됐다 싶은 표정 짓더니 다급히 뛰어오는) 고형사님!
무치	어딜 그렇게 급하게 뛰어가?
바름	이거요‥ (박스 속 치국 손가락 보여주며) 치국이 손가락‥ 아니에요,
무치	어? 그게 무슨 말이야?
바름	사건 나기 일주일쯤 전에 같이 낚시 갔었는데 낚싯바늘에 치국이 손가락이‥ 분명 찢긴 흉터가 있는데‥ (손가락 보며) 없어요‥
무치	(소름 돋는) 그럼 이게 딴 사람 손가락이란 말야?

인서트/ 종교단체 폐 의류공장 안 (살인사건 현장)

경찰 보면, 부패한 시신 오른손 가운뎃손가락 꺾여있고. 왼쪽 손, 가운뎃손가락 잘려지고 없다. 옆에 던져져 있는 가방 옆 커피 믹스들 여러 개 흩어져 있다.

무치	일부러 남의 손가락을 놔뒀다‥‥. 그럼 나치국 손가락은 (순간 번뜩!) 구치소에 성당 있었지?
바름	아. 네.
비하인드 >> 바름	(그런 무치 재밌다는 듯 보며/ E) 오 똑똑한데. 고무치!
무치	(다급히 뛰어가는)
바름	혀, 형사님!!! (후다닥 따라가는)
비하인드 >> 바름	(이내 표정 바꾸며) 혀, 형사님 (따라가는)

S#84   요한의 집 2층 서재 + 거실 (지하실 근처) + 지하/ 낮

임영웅 노래 흥얼거리며 2층 서재 박박 닦는 할머니. 발목에 너덜거리던 고트맨 캐릭터 밴드 떨어지고./1층 거실 주변 박박 닦는 할머니 문득, 지하로 통하는 (17부 #47) 계단 발견하는.

봉이할매	음마. 쩌그는 뭐시여? 그랴 쩌그꺼정도 싹 해주믄 오질 것이여. 그랴. 잘

보여야제 이 집서 계속 일을 허제. (청소도구 들고 계단 내려가는)

절룩거리며 계단 내려가는 봉이할머니. 다 내려오면 방문 보이고 문에 열쇠 꽂혀 있다. 끼익 문 열고 들어가는 할머니. 깜깜한 벽 더듬으며 스위치 불 탁 켜는데‥벽에 뭔가 가득 붙어있다.

봉이할매　저게 뭐여‥? (보는)

인서트/ 정신없이 운전하는 요한. 불안 초조한 낯빛. 전속력으로 액셀 밟는다.

자세히 보다 헉!! 엉덩방아 찧는 봉이할매 눈에 보이는 벽 가득 붙어있는, 죽어있는 시체 사진들(무진연쇄살인사건 피해자들). 포도농장 조미정 사진도 있다.

플래시 컷/ 뉴스 장면에 실종 신고 된 여대생 사진 보이며

(E) 오늘 새벽, 산책 나갔다 실종된 여대생 A씨가 경기도의 한 포도농장에서 싸늘한 시신으로 발견됐습니다.

봉이할매　(충격 받은) 흐미‥.저, 쩌것이 다‥. 뭐시다냐‥
　　　　　　(그 옆 벽 사이 미세한 틈 보이는 - 안쪽에 또 다른 방*•할머니는 못 봄)

S#85　요한의 집 앞 + 거실/ 낮

끼익 주차하는 요한. 후다닥 대문 비번 누르고, 집 안으로 뛰어 들어오는 요한. 다급히 거실 가로질러 지하 계단 쪽으로 뛰어가는데‥

봉이할매　(E) 왔는가?
요한　　　(흠칫 멈춰 서서 돌아보면)
봉이할매　(주방에서 나오며 천연덕스럽게) 어찐가? 아조 빛이 빤딱빤딱나제?
요한　　　(살피듯 봉이할머니 보는)

봉이할매	음마. 시간이 벌써 이라고 되부렀어? 가봐야 쓰겄구만. 가께 잉 (돌아서면
	온몸이 바들바들 떨리는. 덜덜 떠는 손으로 현관문 열고)
요한	(테이블 위에 놓인 돈 봉투 발견하고 집어 들며) 이거 가져가셔야… (하며 돌아
	보는데 문 닫히는 소리와 동시에 봉이할머니 나가고 없다)

S#86 요한의 집 지하 계단 앞 + 지하방 안/ 낮

요한, 급히 계단 내려오면, 다행히 키 그대로 꽂혀있다. 안에 들어가 불 켜고 확인하는데, 누가 들어온 흔적 없자 안심하며 나가려다. 순간, 사진 쪽 돌아보는. 천천히 가보면, 구석에 붙어있던 사진 중 떼어간 흔적! 미치겠고, 다급히 뛰쳐나간다.

S#87 요한의 집 인근 버스정류장/ 낮

차 몰고 버스정류장 향해 달려가는 요한. 정류장 앞에 봉이할머니 서 있다. 차 세우고 막 길 건너려는데. 마침 버스 오자, 후다닥 올라타는 봉이할머니. 버스 놓친 요한 다시 자신의 차에 올라타고 할머니가 탄 버스 쫓기 시작한다.

S#88 버스 안 + 버스 밖 도로/ 낮

봉이할매	(가방에서 가져온 사진 꺼내 주머니에 넣으며) 그려. 우리 손주 사위 실적 올려줘야
	제. (요한 쫓아오는 줄 꿈에도 모르는) 봉이할머니 탄 버스 쫓아가는 요한의 차.

비하인드 >>

#88-1 요한 차 안/ 씬 추가/ 낮

요한	(미치겠는 얼굴로 버스 뒤따르는) 신고하면 할머니까지 위험해질 텐데…

S#89   구동역 인근/ 낮

격투장 건물에서 나오는 봉이, 심란한 표정으로 터벅터벅 걸어가는데 싸구려 주얼리 판매 중인 리어카가 있다. 무심코 보는데 그중에 브로치 하나가 눈에 띈다. 촌스럽지만 모양이나 색깔은 화려하다. 봉이, 다가가 그 브로치 만지작거리는 위로‥

바름   (E) 할머니 연세도 많으시잖아‥ 그렇게 할머니 속 썩이다가 돌아가신
           담에 후회해. 살아계실 때‥ 잘해드려. 나중에 후회하지 말고….
봉이   (집어 들며) 이거‥ 얼마에요?

S#90   구치소 내 집회실 안/ 낮

문 쾅 열며 뛰어오는 무치. 바름과 교도관 뒤따라 들어오고. 성당 안 샅샅이 뒤지는 무치와 바름. 교단 위 미사용 성체, 포도주잔 등 놓여있다. 십자가 뒤, 촛대 등, 샅샅이 뒤지지만, 아무것도 나오지 않는. 신부, 들어오다 무슨 일인가 놀라 보면

교도관   지금 수형자들 미사 있다니까요. 미사 끝나고 다시‥
무치 등 떠미는 동시에 수형자(천주교 교인)들 들어오며 무슨 일인가 보는데.

S#91   구치소 내 집회실 밖/ 낮

팔짱 낀 채 씩씩거리며 서 있는 무치, 김교도관에게 계속 투덜거리고 있다.

무치   지금 저 자식들 미사 보는 게 더 중요하냐고. 그런다고 천당 갈 줄 아나‥
김교도   아니, 말씀을 그렇게 하시면…

옆에 서 있던 바름, 처마 밑에 뚝 떨어지는 빗물 보다 뭔가 이상한 듯 문득 손 내밀면‥

무치   내가 말을 어떻게 하는데? 사람 죽여 놓고, 기도한다고 죄가 없어져요! 어?

바름	(E) 고형사님‥
무치	(신경질적으로 돌아보며) 뭐? 내 말 틀려? (하는데)
바름	이게‥ 뭐죠? (손바닥 보여주면 바름 손바닥에 떨어진 물방울이 살짝 빨간)
무치	(올려다보면 지붕 아래 처마에서 뚝‥. 떨어지는 물. 다시 바름 손바닥 보고 빨간 물 확인하다, 교도관 향해 소리치는) 사다리, 사다리 가져와! 얼른!!

비하인드 >>

#91-1   구치소 내 집회실 밖/ 비름의 시선/ 낮

바름 재밌다는 듯, 앞 보고 있고 그 뒤로 투덜거리는 무치 소리 들린다.

무치	(E) 지금 저 자식들 미사 보는 게 더 중요하냐고. 그런다고 천당 갈 줄 아나..
김교도	(E) 아니, 말씀을 그렇게 하시면…
바름	(내리는 비 사이로 핏물 떨어지자 순간 당황하다/E) 기왕 이렇게 된 거 쇼타임이나 가져볼까? (표정관리 들어가고 이상한 듯 손 내미는)
무치	(E) 내가 말을 어떻게 하는데? 사람 죽여 놓고, 기도한다고 죄가 없어져요! 어?
바름	고형사님‥(E/ 뭐? 내 말 틀려? 하자) 이게… 뭐죠? (손바닥 보여주면 바름 손바닥에 떨어진 물방울이 살짝 빨간)
무치	(올려다보면 지붕 아래 처마에서 뚝… 떨어지는 물. 다시 바름 손바닥 보고 빨간 물 확인하다, 교도관 향해 소리치는) 사다리, 사다리 가져와! 얼른!!
바름	(씩 입꼬리 올라가는)

S#92   구동. 뚱보만물상 앞/ 저녁

마을버스 서면, 잔뜩 겁먹은 봉이할머니 내린다. 만물상 셔터 굳게 내려진, 〈폐업〉 붙어있다. 잠시 망설이다, 바름 파출소 쪽 가려는데, 맞은편에서 헤드라이트 불빛 다가오자 봉이할머니, 반사적으로 만물상 벽 뒤로 몸 숨기면, 만물상 앞에 서는 승용차. 봉이할매, 고개 빼꼼 내밀어 보면 운전석에서 두리번거리는 사내, 요한이다!

봉이할매 (후딱 웅크리며, 바들바들 떨며) 오메메. 시방 여까지 쫓아왔는갑시야‥

요한 차 가기만 숨죽여 기다리는데, 차에서 야구모자 눌러쓴 채 내리는 요한. 할매, 후다닥 골목 안으로 뛰어 들어가는데, 순간, 요한 골목 쪽 휙 돌아보는!!!

비하인드 >>

#92-1   요한 차 앞/ 저녁

차에서 내리는 요한

요한   여기서 내린 거 같은데…? (두리번거리다) 여기‥ 구동인데‥ 정 바름이 사는 동네? 큰일 났다. 파출소에 신고하면.. 정바름이 알 면 안 되는데… (다급히 차에 타는)

S#93   구치소 내 집회실 앞/ 낮

지붕 쪽에 사다리 놓여 있고, 정신없이 사다리 올라가는 무치. 바름과 교도관, 밑에 서 사다리 꽉 잡은 채, 위쪽 올려다보는 데 무치 조용하다.

바름   형사님‥ 고형사님?

인서트/ 구치소 집회실 안
신부 "너희는 모두 이것을 받아 마셔라. 이는 (이 부분 생략하고) 내 피니라." 포도주 든 은잔 하늘 높이 들었다가 내린다.

반응 없자, 바름, 사다리에서 몸 떼고 올려다보면, 지붕 위 모습 드러내는 무치.

바름   왜요? 왜 그래요?

멍한 표정으로 내려다보고 있는 무치. 나치국 명찰로부터 화면 확 빠지면 (부감 샷 / 하늘에서 마치 내려다보는 시선으로) 지붕 위 난자되어 찢겨져 있는 나치국 교도복 십자가 모양으로 만들어져 있고! 그 정중앙에 피 묻은 흉기(칼) 꽂혀있다!!!
그 위로 우르르 쾅쾅! 천둥소리. 동시에. 으아아악!!!! 비명소리.

인서트/ 구치소 집회실 안
신부와 수형수들 놀란 눈으로 내려다보고 있다. 그들의 시선 따라, 바닥에 떨어뜨린 은색 와인 잔 아래 쏟아진 포도주. 그리고 그 안에 덩그러니⋯. 잘린 치국의 손가락 있다.

비하인드 >>

#93-1   구치소 내 집회실 앞/ 바름의 시선/ 낮

지붕 쪽에 사다리 놓여 있고, 정신없이 사다리 올라가는 무치. 바름과 교도관 밑에서 사다리 꽉 잡은 채, 위쪽 올려다보는데 무치 조용하다. 바름 여유로운 표정이다.

바름   (E) 발견했을 텐데⋯ 왜 조용하지? (일부러 크게 부르는) 형사
       님⋯ 고형사님?

바름, 사다리에서 몸 떼고 올려다보면, 지붕 위 모습 드러내는 무치.

바름   (궁금한 듯 연기하며) 왜요? 왜 그래요? (하는데 우르르 쾅쾅! 천둥소
       리. 동시에. 으아악!!!! 비명소리 성당 쪽 보며 씩 웃는)

S#94 　구동파출소 안/ 밤

바름　　(지친 표정으로 문 열고 들어오면)

김순경　무슨 일 있어? 혹시 친구‥

바름　　(주머니에서 꺼진 핸드폰 꺼내 충전기에 꽂고, 전원 키며) 치국이 옷이랑 흉기
　　　　찾았어요‥

김순경　그래? 뭐 좀 나왔어?

바름　　아직. 모르겠어요‥ 결과 나오면 알려준대요. (하는데 계속해서 부재중음
　　　　울리고, 확인하면)

'봉이할머니' 부재중 전화 잔뜩 와 있다. 무슨 일인가 전화 걸면 받지 않는데, 문자메
시지 알림 보고, 내용 확인하는 바름, 급히 뛰어가는데.

비하인드 〉〉

#94-1　구동파출소 안/ 밤/

휘파람 불며 들어가려던 바름, 안에 김순경 보고, 지친 듯한 표정으로 확 바
뀐다. "무슨 일 있냐"고 묻는 김순경에게‥

바름　　　치국이 옷이랑 흉기 찾았어요…

꺼진 핸드폰 충전기에 꽂으며 전원 켜는데. 켜지자마자 계속해서 부재중음
울리는. 바름, '봉이할머니' 부재중 전화 잔뜩 와 있는 것 확인한다. 무슨 일인
가 전화 걸면 받지 않는다. 문자메시지 알림 뜨자 별 생각 없이 확인하는데,
흠칫! 문자, 〈누스에 난 그 학상 죽인 놈 봐 부렀는디. 우째야 쓰냐?〉

바름　　(E/픽 웃는) 내가 여기 있는데 누굴 봤다는 거야? 노망난 할망구!
　　　　(하는데)

음성 1통 와 있다. 확인하는데 봉이할머니 목소리, 'E/우째 전화를 안 받는

겨? 정순경, 나가 무사서 어따 신고도 못 하긋는디·· 버스 탔응께·· 만물상 앞으로 나와 있어. 사진 갖고 왔어.'

바름   (순간 불안한 예감이 드는) 사진? 무슨 소리야? (후다닥 뛰어나가는)

S#95   뚱보만물상 앞/ 밤/ 비

바름, 자전거 타고 급히 달려오면 셔터 내려진 만물상 폐업 붙어있다. 두리번거리다 봉이할머니에게 전화하는데, 골목 안 희미하게 들리는 "니가 왜 거기서 나와~"

바름   어르신. 어르신!!!··. (부르며, 골목 속 어둠 속으로 사라지는)

비하인드 >>
#95-1   뚱보만물상 앞/ 밤

자전거 타고 급히 달려오는 바름. 만물상 셔터 닫힌 채 <폐업> 붙어있다. 자전거에서 내려 두리번거리는 바름.

바름   (E) 사진이라니? 무슨 소리야 대체… (핸드폰 꺼내 전화하는데)

골목 안에서 희미하게 들리는 벨 소리. 골목으로 들어가며..

바름   (걱정스런) 어르신. 어르신·· (하다 점점 느려지며 차가워진 말투) 어르신. 어르신!!

S#96   구동 다리 앞/ 밤/ 비

다리 앞에 도착하는 봉이. 비 쏟아지고 있다. 핸드폰 꺼내 전원 켜고 전화하는데.

봉이   (계속 신호음만 울리는) 아씨. 왜 또 안 받아….

S#97   골목 끝 집- 마지막 빈집/ 창고 안/ 밤/ 비

쏟아지는 빗소리 사이로 하악‥ 하악‥ 거친 숨소리 들린다. 바름 시선 끝 흥건한 핏물, 처참하게 난자된 누군가의 시신, 봉이할머니다. 그때 창고 간이 문 사이로 누군가의 시선 보이자, 반사적으로 바름 확 핸드폰 불빛 비추는. 동시에 후다닥 창고 뒷담 위로 뛰어넘는 누군가(요한)! 동시에 바름, 쫓는다! 거기 서!!!

인서트/ 쏟아지는 폭우 속, 다리 끝에 쭈그린 채, 우들우들 떨고 앉아있는 봉이.

비하인드 >>

#97-1   골목 끝 집- 마지막 빈집/ 바름의 시선/ 밤/ 비

텅 비고 메마른 눈빛의 바름 시선이 흥건한 핏물, 처참하게 난자된 채 고통스러워하는 봉이할머니의 손에 든 사진에 머문다. 목에 걸린 피 묻은 핸드폰, 벨 소리 계속 울린다. 바름 할머니 앞에 앉아 카디건에 달린 브로치 툭 뜯어 주머니에 넣고, 손에 쥔 사진 빼려 하면 더 꽉 움켜쥐는 봉이할매 손. 짜증스럽다는 듯 바름, 일어나 봉이할매 배를 지지대처럼 발로 밟으며 꽂힌 꼬챙이 쑥 뽑는다.

봉이할매   (입술 달싹이는) 내‥ 내 새끼 짠혀 어찌‥ 까… (눈물 떨어지며 눈 감긴다)

봉이할머니 손에 힘 풀리자, 사진 빼앗아 할머니 주머니 뒤져 라이터 꺼내 불 붙이려는데. 문득 다시 사진 찬찬히 보는 바름.

바름   (혼란스러운/E) 뭐지? 대체 누가…

라이터 불붙이고. 바름, 손에서 타들어가는 조미정 사진 본다. 일렁이는 불빛 보며 생각에 잠겨있는데 순간 바스락 소리에 흠칫!!! 소리 나는 쪽에 핸드폰 불빛 비추면, 동시에 후다닥 도망치는 사내(요한)

바름   (E) 아씨! (타고 있는 사진 휙 던지고 요한 쫓는) 거기 서!!!

#97-2   이어 봉이 할머니 시선/ 밤/ 추가

바름이 요한 쫓아 나가면 힘겹게 눈 뜬 할머니, 저만치 떨어진 채 (바름이 휙 던진) 불타고 있는 조미정 시신 사진 향해 힘겹게 손 뻗는‥

할머니   (끄억거리며 입 달싹) 타믄 안되야‥ 봐야써. 잡아야써‥ 내 새끼‥
            내 똥강아지… 살려야써…

겨우겨우 사진 손에 잡히자 불 끄려는 듯 사진 손에 꽉 쥔다.
타던 사진… 할머니 손에서 불 꺼지는. 사진 꽉 쥔 채 숨 거두는 봉이할머니.

#97-3   일각/ 요한의 시선

두리번거리며 할머니 찾는 요한. 막힌 담벼락 보이자, 돌아서려는데 담벼락 너머로 소리 들리는, 순간 뭔가 이상하고. 힘겹게 담 넘어오면 골목길 드러난다. 넘어온 담벼락 바로 앞집 (골목 맨 안쪽 집) 에서 소리 들리자, 조심스레 소리 죽이며 대문 안으로 들어가는 요한.

#97-4   골목 끝 집, 마지막 빈 집/ 요한의 시선

두리번거리는 요한, 창고 돌아서려다 멈칫! 후다닥 몸 숨기고 보면, 라이터로 사진 태우는 바름의 옆모습 그리고 그 앞바닥에 난자된 채 피 흘리며 죽어가는 움직임 없는 봉이할머니 보인다. 순간 흡! 자신의 입 틀어막으며 반사적으로 뒷걸음치는데, 바닥에 버려져 있는 쓰레기 밟는! 순간 부스럭 소리에 바름, 자신 쪽 돌아보며 확 핸드폰 불빛 비추고. 이와 동시에 후다닥 튀는 요한.

#97-5 골목 안 (담벼락 안쪽 골목)

튀어나온 요한. 자신이 넘어온 골목 밖 담벼락을 다시 힘겹게 넘어가고. 뒤이어 튀어나온 바름이 아슬아슬 요한 다리 잡으려는데, 휙 넘어가버리는 요한. 바름, 요한과 다르게 가볍게 담벼락 홀쩍 넘는다.

#97-6 골목 밖 (담벼락 너머)

넘어지듯 담벼락 넘어온 요한 눈에 보이는 부서진 철망(혹은 다리 다칠만한 물건)을 담벼락 아래에 놓으며 튀는/ 홀쩍 뛰어넘어오던 바름, 순간 요한이 둔 부서진 철망 밟고 다리 접질린다. 으윽!!! 다리 잡고 뒹구는 바름. 분노의 눈빛으로 저만치 도망가는 요한 뒷모습 서늘한 눈빛으로 보고는, 이내 뛰어가는.

S#98   몽타주- 비 쏟아지는 골목 추격전 (골목 + 일각. 다른 골목들)/ 밤

달아나는 (검정 모자에 검정 후드, 검정 점퍼) 요한과 쫓는 바름. 추격전 벌어지고, 점점 간격 좁아지더니 두 사내, 아주 짧은 거리를 사이에 두고 쫓고 쫓는다. 손 뻗는 바름, 요한의 등 아슬아슬 잡힐 듯 말 듯!

비하인드 >>
#98-1   몽타주- 비 쏟아지는 구동 골목 추격전/ 바름의 시선/ 밤

잡힐 듯 말 듯하다! 결국 요한의 잠바(준성의 잠바) 등 부분 확 잡는 바름! 동시에 잠바에서 팔 빼버리며 도망치는 요한(이하 후드만 입은 요한)! 바름, 손에 잠바만 남겨지자 옆으로 휙 내던지고, 요한 쫓아가는. (잠바, 옆 전봇대 아래에 툭 떨어지면 세탁소 딱지 보인다)

S#99   인근 도로/ 밤/ 비

골목 안에서 대로로 튀어나오는 (*잠바 없이 검정 후드 차림) 요한, 속력 내 달려오는 차들 사이 아슬아슬 피하며 길 건너고 바름도 골목에서 튀어나온다. 순간 달려오는 승용차! 쾅 부딪히는 바름! 끼익! 서는 승용차. 운전대 잡은 손(*손등에 oz문신)! 붕 허공에 뜨더니 툭 바닥에 떨어지는 바름! 사람들의 비명 소리 아득하게 들리며 정신 잃어가는데 감기는 눈에 비치는 몰려든 인파들 사이로 바름 내려다보는 사내, 다시 한 번 깊게 모자 눌러 쓴 채, 유유히 인파 사이로 사라지며 슬쩍 고개 돌리는 모자 속 날카로운 눈빛, 요한이다. 거기… 서‥ 입 달싹이며 일어나려 하지만 의지와 달리 눈 서서히 감기는‥‥.

비하인드 >>

#99-1   인근 도로/ 요한의 시선/ 밤

골목 안에서 대로로 튀어나오는 (*잠바 없이 검정 후드 차림의)요한, 속력 내 달려오는 차들 사이 아슬아슬 피하며 길 건너고 정신없이 달리는데, 순간 퍽! 쿵! 끼익 소리에 돌아보는.
붕 허공에 뜨더니 툭 바닥에 떨어지는 바름 보인다. 멈춰서는 요한.

요한   (중얼거리는) 저대로 죽어버렸으면.. 제발..

천천히 도로 쪽으로 걸어가는 요한. 몰려든 인파 앞까지 와서 인파들 사이로 바름 본다. 어쩔 줄 몰라 하며 바름 상태 살피고, "119 불러줘요 119!" 소리치는 문신남 보이고, 문신남, 바름 뺨 때리며 "정신 차려요 정신!" 하자 꿈틀하는 바름. 바름이 꿈틀하자 순간 실망하는 요한. 모자 깊게 눌러쓰고 돌아서 간다.

#99-2　인근 도로/ 문신남의 시선/ 밤

문신남 통화하며 다급히 뛰어오는.

최영신　(E/ 다급한) 절대 그 둘이 만나게 해선 안 돼. 어떻게든 막아!
문신남　알겠습니다.

끊고 세워둔 차에 올라타 시동 거는데 손등에 OZ문신 보인다. 전속력으로
어디론가 달리고.

#99-3　문신남의 차안/ 문신남의 시선/ 밤

문신남, 대로로 튀어나오는 요한 보고 엑셀 밟아 속력 내는데. 곧이어 튀어나오
는 바름을 받는! 붕 허공에 뜨더니 툭 바닥에 떨어지는 바름 보고는 문 열고 뛰
어나가 어쩔 줄 몰라하며 바름 상태 살피고. 119 불려줘요 119! 소리치며 바름
뺨 때리며 정신 차려요, 정신!!! 하는데. 바름, 꿈틀하자 안도하는 표정 짓는다.

the END

제 4 부

S#1   구동마을- 골목 안/ 밤/ 비

막다른 골목까지 절룩거리며 힘겹게 달려온 봉이할매 불안해하다, 골목 맨 끝, 열린
대문 (3부 #71에서 이사 나간 집) 안으로 들어가는.

S#2   골목 끝 집- 집 안/ 밤/ 비

폐 쓰레기들 뒹구는 이사 나간 빈집. 두리번거리던 봉이할매 코너 돌아 창고 안, 구
석 쓰레기 더미 뒤에 웅크리고 앉아 숨죽인 채 2G 핸드폰 든다.

봉이할매   (중얼거리는) 저, 저, 정순경이… 그, 그려. 1, 1번‥.

단축키 누르려는 손 덜덜 떨린다. 숨 가다듬고, 다시 막 1번 키 누르려는 순간! (E)
니가 왜 거기서 나와~~ 벨소리에 놀라 폰 바닥에 툭 떨어뜨린다. 계속해서 요란하게
울려대는 벨 소리. 후다닥 핸드폰 집어 드는데, 순간, 드리우는 그림자. 표정 굳는 봉
이할매, 떨리는 눈빛으로 서서히 고개 드는데서… 암전.

#2-1   골목 끝 집- 집 안/ 밤/ 비

조심스러운 발걸음으로 집안 살피는 바름. 그때 창고 뒤편에서 (E) 니가 왜 거기서 나와~ 벨소리 들린다. 멈칫하는 바름, 벨 소리 쪽으로 다가가면 쓰레기 더미 뒤에 숨어, 떨어트린 폰 잡은 할머니 보인다. 바름, 천천히 고개 드는 할머니를 응시하는데.

봉이할매	(반가운) 오메메. 정순경. 아따 애 떨어지는지 알았네.
바름	어르신 무슨 말이에요? 사진이라뇨?
봉이할매	긍게 고거시 내가‥ 뭘슬 봐부렀냐믄 그 포도밭인가에서 죽은 학상있지잉. 그 학상 죽은 사진이..
바름	(흠칫!) 네?
봉이할매	봐봐 얼매나 끔찍혼가‥ (하며 사진 꺼내는데)
바름	(다급해진) 어디서 난 거예요? 네?
봉이할매	고거시‥ (사진 바름에게 주려다 순간 사진 속, 조미정 시신 옆에 떨어져 있는 봉이의 교복 단추, 순간 멈칫!) 이거‥ 봉이 교복 단춘디. 이것이 어째 여그.. (하다 문득)

플래시컷/ 2부 #45 봉이할매, 바름 셔츠 소매애 봉이 교복 단추 달아주는!

봉이할매	(순간 공포스런 눈빛으로 고개 들면)‥ 어째‥ 이것이…
바름	(순간 짜증스런 표정으로 돌변하는) 아씨!!!

바름 표정에 순간 쿵! 심장 내려앉는 봉이할매. 후다닥 도망치려는 데 쓰레기더미에 자빠지는. 쓰레기더미에 버려진 쇠꼬챙이 드는 바름. 일어나 허둥지둥 도망치려던 할머니 붙잡아 세우고 봉이 할머니 배, 등 할 거 없이 푹푹 쑤시기 시작하는 바름.

마우스

푹! 흐읍!! 신음소리- 서서히 화면 밝아지면 스르륵 주저앉는 봉이할매 배에 꽂혀있는 쇠꼬챙이. 봉이할머니, 몸 이미 피로 흥건하다. 고꾸라지듯 쓰러지는 봉이 할머니. 고통스레 죽어가는 그녀 앞에 드리워져 있는 그림자.

요한   (NA) 가끔은 예기치 않던 사냥을 나설 때가 있다. 이 운 없는 늙은이는 보지 말았어야 할 것을 보아 버렸고… 피치 않게, 나의 사냥감이 되었다.

허억‥ 허억… 거친 숨 내쉬며 헐떡이는 봉이할머니 바라보는 프레데터의 시선

요한   (NA) 사냥감은 숨골이 끊어지기 전까지 그악스럽게 반항을 해줘야 한다. 하지만, 이 사냥감은 반항할 힘조차 없어 보인다. 하여, 이번 사냥은 시시하고, 영 재미가 없다.

비하인드 〉〉
#2-2   골목 끝 집- 집 안, 바름의 시선/ 밤/ 비

바름, 계속 쑤시는 푹푹!! 흐읍!! 신음소리. 바름, 손에서 꼬챙이 놓으면 배에 꼬챙이 꽂힌 채 스르륵 주저앉는 봉이할머니. 고꾸라지듯 쓰러지고 고통스레 죽어간다.

바름, 짜증스럽단 표정으로 얼굴에 튄 피 쓰윽 닦는 위로.

바름   (NA) 가끔은 예기치 않던 사냥을 나설 때가 있다. 이 운 없는 늙은이는 보지 말았어야 할 것을 보아 버렸고… 피치 않게, 나의 사냥감이 되었다.

허억·· 허억··· 거친 숨 내쉬며 헐떡이는 봉이 할머니 바라보는 바름의 공허한 눈빛.

바름　(NA) 사냥감은 숨골이 끊어지기 전까지 그악스럽게 반항을 해줘야 한다. 하지만, 이 사냥감은 반항할 힘조차 없어 보인다. 하여, 이번 사냥은 시시하고, 영 재미가 없다.

프레데터의 시선, 봉이할매가 꽉 쥐고 있는 사진에 머문다. 앞에 앉는 프레데터. 사진 빼려 하면, 더 꽉 움켜쥐며 뺏기지 않으려는 봉이할매 손. 프레데터 일어나 봉이할매 배를 지지대처럼 발로 밟으며 꽂힌 꼬챙이 쑥 뽑는다. 콸콸 쏟아지는 피.

비하인드 》 바름, 할머니 앞에 앉아 가디건에 달린 브로츠 툭 뜯어 주머니에 넣고, 손에 쥔 사진 빼려 하면 더 꽉 움켜쥐는 봉이할매 손. 짜증스럽다는 듯, 바름이 일어나 봉이할매 배를 지지대처럼 발로 밟으며 꽂힌 꼬챙이 쑥 뽑는다.

봉이할매　(입술 달싹이는) 내·· 내 새끼 짠혀 어찌··까···. (눈물 떨어지며 눈 감긴다)

힘 빠진 봉이할매 손에서 사진 빼 들더니, 한참 동안 사진 바라보는 프레데터의 시선. 조미정 시신 사진(*)이다. 이윽고 라이터 꺼내 불붙이면, 활활 타는 사진 위로

요한　(NA) ···그땐 알지 못했다. 이 시시하고, 하찮았던 사냥이 훗날··· 나와 그 녀석에게 닥칠 엄청난 운명의 서막이었다는 것을··.

비하인드 》 봉이할머니 손에 힘 풀리자 사진 빼앗아 할머니 주머니 뒤져 라이터 꺼내 불붙이려다가 문득 다시 사진 찬찬히 보는 바름.

　　바름　(혼란스러운/E) 뭐지? 대체 누가...

라이터 불붙이면. 바름, 손에서 타들어가는 조미정 사진 본다. 일렁이는 불빛 보며 생각에 잠겨있는

S#3   구동마을- 다리 앞/ 밤/ 비

비 쏟아지는데, 다리 입구에 웅크린 채 앉아있는 봉이.   핸드폰 보면 8시가 막 넘어
서고, 다시 봉이할매에게 전화하지만, 여전히 받지 않는다.

S#4   골목 끝 집 - 창고 안/ 밤/ 비

봉이할매 목에 걸린 피 묻은 핸드폰, 벨 소리 계속 울린다. 타들어 가는 사진 바닥에
툭 던져지면‥ 숨이 넘어가면서도 타고 있는 사진 보는 봉이할매의 안타까운 시선.
프레데터의 손, 카디건의 브로치 툭 뜯어내는데, 바스락 소리에 흠칫!!!

S#5   무진청- 과학수사계 사무실/ 밤/ 비

특수조명 켜져 있고, 그 아래서 치국 옷과 흉기, 정밀하게 살피고 있는 검시관.

S#6   무진청- 과학수사계 앞 복도/ 밤/ 비

팔짱 낀 채 초조하게 기다리고 서 있는 무치. 신형사 뛰어온다.

신형사   뭐 좀 나왔어요?
무치   아직 검사 중. 참 (쪽지 주며) 성요한이 대니얼 박사 실종 날 집에 있었다
          고 증언해 줄 친구래. 만나봐. 성요한 그 자식 뭔가 있어 (검시관 나오면 다
          급히) 뭐 좀 나왔어?
검시관   아니. 깨끗해.
무치   아씨 (분한) 비 오기 전에 찾았어야 했는데!‥ 포도주에서 나온 손가락은?
검시관   나치국 손가락 맞아.
신형사   그럼 다른 손가락은 누구 거죠?
무치   (핸드폰 울린다. 받는) 네 팀장님. 그래요? 지금 갈게요.

신형사	왜요?
무치	손가락 주인 찾은 거 같다. 너 차 가져왔지?

S#7   폐공장/ 밤

무치 (신형사와) 들어오다 공장 벽 상단에 십자가 보고 의아한 표정 지으면.

경찰   아, 2년 전까지, 종교단체에서 운영하던 의류공장이었답니다.

무치 돌아보면 시신 주변에 뒤집어진 가방과 그 주변에 흩어져 있는 커피믹스들. 다가가 시신 상태 보면, 부패한 시신 가운데 오른쪽 손가락 꺾여있는데 벽 상단에 교회 십자가 가리킨다. 왼쪽 손, 보면 가운뎃손가락 잘려있다.

강형사	(신형사 보며) 넌 여기 웬일이냐?
무치	(호남 보며) 어떻게 된 거예요?
호남	사망한 지 열흘 정도 경과한 거 같대. 열흘이나 출근을 안 했는데 아무도 찾지도 않았나 봐. 세상 참 야박해··
검시관	(E) 목에 뭐가 있는데요? (핀셋으로 목구멍 안에서 부패한 물체 꺼내는)
무치	뭐야? 그게··
검시관	(까맣게 부패한 물체 살피며) 글쎄요·· 너무 부패해서···.

핀셋으로 집은 까맣게 부패한 물체(곤충 종류로 보인다* - 부패한 베짱이)

S#8   구동역 인근 도로 교통사고 현장/ 밤/ 비

웅성거리는 구경꾼들. 가해 차량주(OZ문신남), 경찰과 얘기 중이고 이동 침상에 실린 바름 구급차에 태우고 떠난다.
비하인드 >> 교통사고 현장에 모여 웅성거리는 사람들 틈에 손에 문신 있는 마우스 프로젝트 요원(이하 문신남)이 가해 차량 운전자로 경찰에 사건 진술하며,

이동 침상에 실은 바름 구급차에 태워지는 거 힐끔 본다.

문신남   보험회사에 전화 좀 할게요. (한쪽으로 가서 전화하는) 정바름이
          좀 다치긴 했는데, 어쨌든 두 사람 떼놓는 데는 성공했습니다.

현장 정리 중인 경찰, 바닥에 떨어진 핸드폰 집어 들며.

경찰   (가는 구급차 보며) 어? (피해자 핸드폰인 걸 확인하려고 핸드폰 화면 보다, 봉이
          할머니가 바름에게 보낸 문자 보고, 갸웃하다 헉! 놀라는)

문자 인서트/ 누스에 난 그 학상 죽인 놈 봐 부렀는디. 우째야 쓰냐?

S#9   구동마을 다리 앞 + 신형사 차 안/ 밤/ 비

사이렌 울리며 달려오는 경찰차들과 구급차 행렬 그 뒤를 따라가는 신형사의 차.

무치   (통화 중인) 알겠습니다. 정순경 깨어나면 연락 주세요. (끊는)
신형사   아휴. 별일 없어야 되는데‥ (구동 다리 진입하고 가다) 어?
무치   왜? (백미러 보면, 다리 입구 빗속에 쭈그리고 앉아있는 여학생 보인다)

떨며 앉아있던 봉이, 보면 다리 건너던 경찰차 중 마지막 차가 후진해 온다.

신형사   (차창 열며) 학생. 어디 아파? 왜 그러고 있어?
봉이   (바들바들 떨며 일어나며) 저기‥ 다리 너머까지만 태워주세요….
신형사   타. 얼른!
무치   (운전석 옆자리에서 그런 봉이 무심히 보다 순간 흠칫!!!)

플래시 컷/ 경찰서 현관 앞- 숨어 자기 보고 쭈뼛거리고 있는 봉이 (3부 #35)

봉이 타는데, 앞자리에 앉아있는 무치 발견하지 못한다. 무치, 백미러로 추위에 덜

덜 몸 떨고 있는 봉이 보고 꾀죄죄한 손수건 꺼내 잠시 보다, 손 뒤로 넘기면.

봉이   (건네받으며, 무치 뒤통수에 대고) 감사합니다. (닦는데 꾸리한 냄새 나는)
신형사   (운전하며 힐끗 쭝얼) 지난주에 뽑은 새 찬데‥ 가죽시트 젖으면 안 되는
          데‥
무치   (신형사 보며 눈 부라리고 나지막이) 디질래‥
신형사   (깨갱‥ 못 들은 척 화제 바꾸는) 비 오는데‥ 왜 그러고 있어?
봉이   할머니가 전화를 안 받아서….
신형사   아이고. 그렇다고 이 비를 맞고 기다리고 있었단 말야? 애도 아니고….
봉이   (아무 말 않고 입 꾹 다무는)
무치   (그런 봉이 짠한 듯 보는 위로)

플래시 컷/ 다리 위 (다른 장소 다른 다리)
비 갠 다리 위, 서 있는 젊은 순경복 차림의 무치. 다리 한쪽에 나뒹굴고 있는 찌그러
진 주전자와 낡은 여아 운동화 한 짝.

무치   (후 속상한 듯 백미러로 봉이 보는데)
봉이   근데‥ 우리 동네에 무슨 사건 났어요?
신형사   어? 어. 뭐‥ 암튼 학생 빨리빨리 다녀. 세상이 얼마나 흉흉한데‥
봉이   (입 삐쭉) 꼭 우리 할머니 같은 소리 하시네. 여기 내려주세요.
신형사   어? 그래. 잠깐만 트렁크에 우산 있을 거야. (차 세우고 내리면)
봉이   (내리다 생각난. 손수건 주며) 감사합니다. (무치 뒷모습 힐끔 보고 내리는)
무치   (백미러로 신형사가 트렁크에서 꺼내 준 우산 쓰고 가는 봉이 보며 혼잣말로) 이
          동네 사는구나….
신형사   (타다) 에? 아는 애예요?
무치   (봉이 뒷모습에 시선 두며) 아냐. 얼른 가!
신형사   하아. 저 우산, 전 세계 100개 한정판인데‥. 나중에 돌려달라 그럴 걸.
무치   너희 부모님 10년 만에 겨우 너 가졌다며? 그땐 이런 철딱서니, 속물이
          나올 줄 모르고 무척 기뻐하셨을 거야 그지?
신형사   (입 삐쭉거리며 시동 걸며) 그나저나 이번엔 또 누가 당한 거야….

S#10　구동 마을 골목/ 밤/ 비

봉이　(우산 쓰고 집으로 향하며) 어딜 갔길래, 전화 안 받는 거야? 화 많이 났나?
　　　(후회스러운 얼굴로 주머니에서 새로 산 브로치 꺼내 보다 저만치 모여 있는 주
　　　민들 보고 주머니에 넣고 동구母에게 다가가) 무슨 일 있어요?

동구母　몰라. 우리도 사이렌 소리 듣고 나와 본 건데‥

동구　(잘난 척) 이 정도 규모의 폴리스카면 살인사건으로 봅니다.

동구母　(머리 퉁!) 이 자식은 공무원 시험 때려 치고, 요상한 것만 보더니.

동구　아야! 아 진짜 미래의 히치콕이 될 아들한테 이러기야? 저 생생한 현장
　　　취재 좀 하고 오겠습니다. 먼저 들어가. 장여사~ (뛰어가는)

동구母　으이그‥ 내가 저런 걸 낳고 미역국을 처먹었으니‥ (가려는데)

봉이　참, 아줌마. 우리 할머니 못 보셨어요?

동구母　못 봤는데? (두리번거리다) 그러고 보니 안 나오셨네? (하다) 저기 구경 갔
　　　나부네. 어느 집 모깃불만 피워도 불났다고 구경 가시는 양반이잖어.

봉이　(알겠는) 아흐. 증말!!! 이 망구탱!!! (동구 뛰어간 쪽으로 향하는)

S#11　뚱보만물상 사이골목. 골목 끝 집- 창고 안 (사건현장)/ 밤/ 비

폴리스라인 걷고 들어오는 무치. 경찰이 건네주는 라텍스 장갑 끼고 코너 돌면 (신형
사, 뒤따르는) 창고 안 검시관들 촬영하며, 시신 상태 살피고 있다.

무치　(벌집이 된 몸 상태 보며) 이 새끼가 하다 하다 이제 노인네까지‥ (하다)

봉이할매 손에 뭔가 쥐어져 있는 거 발견하고 다가가 빼내려 하면 너무 꽉 쥔 상태라
잘 빠지지 않는다. 꽉 쥔 손 일일이 떼어내 보면, 거의 다 탄 사진 조각이다.

검시관　(살피며) 손에 화상 흔적이 있네요. 타고 있는 걸 손으로 끈 거 같습니다.

무치　그래? (거의 다 탄 무슨 사진인지 알 수 없는. 증거 봉투에 넣고) 할머니! 이 사
　　　진이 뭔데 그렇게 꽉 쥐고 계셨어요? (하며 얼굴 보다, 멍해지는)

236　마우스

S#12 무진병원- 수술실 앞/ 과거/ 밤

'수술중' 불 들어와 있는 수술실 앞, 주저앉은 채 죄책감과 참담함으로 가슴 뜯으며 통곡하고 있는 봉이할매. 그 앞 순경복 차림의 무치 안타까운 얼굴로 서 있다.

봉이할매   아이고‥ 내 새끼!! 내 새끼!!!
무치   (달래는) 괜찮을 거예요‥. 어르신‥‥ (하는데 술 냄새 확 풍기는)
봉이할매   (갑자기 무치 붙들고 빌며) 아이고 선상님. 내가 잘못했어라 내가 죽일 년이
         요‥ 나 데꼬가고, 내 새끼 쪼까 살려주쇼‥ 지발요‥‥

S#13 골목 끝 집- 창고 안/ 현재/ 밤/ 비

허‥ 멍한 표정으로 다시 벌집처럼 난자당한 봉이할매 몸 보는데‥.

강형사   (무치 보고 불편한) 여긴 또 왜 쫓아와?
무치   니미럴. 그지 같네‥ 씨.
강형사   (돌아보며) 뭐? 뭐 같애? 너 방금 뭐라 그랬어? 지금 나더러/
무치   으아악!!! (소리 지르는)
경찰들   (놀라 보는)
무치   왜 불쌍한 인간들만 계속! 죽어라! 죽어라 하는 건데~~!!!
신형사   (당황스러운) 왜 그래요? 선배. 혹시, 아는 사람이에요?
무치   (입술 잘근 깨물고. 확 돌아서 가는)
강형사   (그런 무치 보며) 미친 새끼! 왜 저래?

S#14 골목 입구- 뚱보만물상 앞/ 밤/ 비

골목 입구에 경찰차와 구급차, 구경꾼들 서 있다. 봉이 다가와 사람들 사이, 두리번 거리며 할머니 찾는다. 골목에서 나오다 봉이 발견하는 무치, 순간 멈칫한다. 봉이, 할머니 보이지 않자 골목 끝으로 들어가려는데, 확 봉이 잡는 누군가! 보면 무치다.

봉이	(놀라보며) 어?·· 아저씨·· (무치가 왜 여기 있나 하는 표정인)
무치	(고통스러운. 입술 잘근 깨물고는) 들어가지 마.
봉이	왜·· (하다 순간 불안감 엄습하는. 확 뿌리치고 골목 안으로 들어가려 하면)
무치	(봉이 팔 더 꽉 붙잡는)
봉이	놔요! 왜 이래요!!! (무치 뿌리치는데)

그때 흰 천으로 덮인 시신 들고 나오는 경찰들, 대기 중인 구급차에 싣는데. 봉이 눈에 천 사이로 드러난 피로 얼룩진 파스 붙인 발목(밴드는 없습니다) 피 묻은 발에 반쯤 벗겨진 낡은 신발 한 짝 보인다. 순간 심장 쿵 내려앉은 봉이. 구급차, 문 닫으려는데·· 봉이, 무치 확 밀치고, 정신없이 사람들 헤치고 구급차 앞으로 달려간다. 경찰들, 달려드는 봉이 저지하고, 구경꾼들 사이, 동구도 놀라본다.

봉이	놔! 이거 놔! (몸부림치며) 놓으라고!!!
경찰1	(그런 봉이 보고) 놔 줘! 가족인지 확인하게·· 이쪽으로 오세요.
경찰2	(봉이 붙잡은 손 놓으려 하는데)
무치	(경찰2에게) 가만있어!
경찰2	에? 아. 예. (놓지 않고 계속 잡고 있는)
무치	(경찰1에게 가, 봉이 쪽에 등 돌린 채, 나지막하게) 애한테 이 지경이 된 할머니 몸을 보여 주겠단 거야?
경찰1	아니 그래도 피해자 신원 확인은 해야··
무치	비켜! (경찰1 밀치고, 천 덮인 시신 앞에서 잠시·· 이윽고 천 살짝 들어 그나마 온전한 상태의 할머니 얼굴, 얼굴에 튄 피 쓱 닦아내고 보여주는)
봉이	(경찰2에게 붙잡힌 채로 할머니 얼굴 보는) 허·· 허··. (멍한)
무치	(다시 할머니 얼굴 덮고, 봉이에게 가면)
봉이	(멍하니 중얼거리듯) 할머니가 왜 저기있어. 왜 저러고 있어? 어? 아저씨 우리 할머니 왜 저래? 하, 할머·· 할머니!! (경찰2 뿌리치고 튀어 나가려 하자)
무치	(바로 봉이 뒤에서 못 가게 안듯이 어깨 꽉 붙잡는)
봉이	으아아아악··. (몸부림치는) 으아아악!!! 하, 할머니!!!!
무치	(몸부림치는 봉이 꼭 끌어안은 채, 놔주지 않는)

구급차 문 닫히고 떠난다. 절규하며 몸부림치는 봉이와 그런 봉이 꼭 끌어안고 있는

무치. 할 말 잃은 채 그 모습 보고만 있는 동구와 동네 주민들.

비하인드 >>

#14-1　　응급실/ 밤

응급의　　(깁스 해주며) 이 정도면 깁스까지는 안 해도 되는데·· 오히려 불
　　　　　　편할 거예요.
바름　　　 그래도 범인 잡으려면 얼른 나아야죠.
응급의　　네. 생활하다 불편하면 풀어달라고 하세요.
바름　　　 네.
응급의　　(가면)
바름　　　 (주머니에서 봉이 할머니 브로치 꺼내 팔에 한 깁스 안에 쓱 넣고 일어나는)

#14-2　　응급실 복도/ 휴게실 앞 + 복도

휴게실 안쪽에서 TV 보는 바름. 구동 70대 노인 살인사건 뉴스 한창이다.

바름　　　 날 봤으면서 신고를 안 했다··? 어떤 새끼지·· 분명 내 얼굴을 봤
　　　　　　을 텐데·· (응급실 쪽으로 걸어가며) 지금까지 신고를 안 했다는
　　　　　　건… 겁을 먹었단 얘기겠지··

문득 창가 보며, 서는

바름　　　 대체 누가 그 사진을 찍은 거야·· 내가 사람 죽이는 걸 다 지켜보
　　　　　　고 있었다는 건데··

돌아서는데 씩씩거리며 들어오는 무치 보고 일부러 절룩거리며 다급히 응급
실로 가는.

#14-3 무진병원 응급실 복도 + 안, 바름 시선 (#15와 연결썬)

다급히 들어와 침상에 걸터앉더니 주위 쏙 살피고는 이윽고 우는 시늉 시작하는 바름. 무치 씩씩거리며 들어온다.

S#15   무진병원 응급실 복도 + 안/ 밤

씩씩거리며 응급실 향해 걸어오는 무치. 둘러보면 왼쪽 팔과, 오른쪽 다리에 깁스한 상태의 바름 침상에 끅끅거리며 앉아있다.

무치	(달려와 바름 다그치듯) 어떻게 된 거야?
바름	(끅끅거리며 울고만 있는)
응급의	(불쾌한, 다가와) 환자분 안정을 취해야/
무치	/(신분증 보이며) 비켜! (눈 부라리고는 바름 턱 확 틀어잡고)대체 어떻게 된 거냐고?
바름	(끅끅거리며 우는) 저 땜에·· 저 땜에·· 제가 어르신 전화만 받았어도··
무치	(버럭!) 징징거리고 있을 때 아냐! 정신 차리고 똑바로 얘기해 니가 본 거 그대로 하나도 빠짐없이! 그래야 그 새끼 잡아!! 알겠어!!
바름	(애써 울음 그치며) 그, 그게·· 형사님이랑 구치소 가 있는 동안에·· 어르신이 저한테 전화를 계속했었나 봐요. 것도 모르고·· 파출소 가서야····

S#16   바름의 진술- 구동파출소/ 밤 (3부 #94)

바름, 핸드폰 꺼내는 데 핸드폰 '봉이 할머니' 부재중 전화 몇 통 있다. 문자 떠 있는 거 보고, 확인하는 바름. 〈누스에 난 그 학상 죽인 놈 봐 부렀는디. 우째야 쓰냐?〉 바름, 무슨 말인가? 보면 음성메시지도 한 통 와 있다. 얼른 확인하는.

S#17　바름의 진술-뚱보만물상 앞/ 밤/ 비 (3부 #95)

우르르 쾅쾅!!! 천둥번개 치고, 자전거 타고 정신없이 달려오는 바름.

봉이할매　(E) 우째 전화를 안 받는 겨? 정순경. 나가 무서서 어따 신고도 못 하긋는
　　　　디‥ 버스 탔응께‥ 만물상 앞으로 나와 있어. 사진 갖고 왔어.

정류장 앞, 만물상 앞에 도착한 바름. 만물상 셔터 내려져 있자 폰 꺼내 전화하는

바름　　　(E) 하필 만물상이 문을 닫았더라구요…. 어르신께 바로 전활 드렸어
　　　　요….

골목 안에서 희미하게 들려오는 핸드폰 소리 순간 골목 쪽 돌아보는 바름.

바름　　　(E) 재개발 지역이라 다들 이사 가고 텅 빈 골목이거든요…. 거기서 어르
　　　　신 핸드폰 벨 소리가 들리는 거예요…. 이상하다. 생각했죠….

바름　　　(조심조심 골목 안으로 들어가며) 어르신. 어르신‥

S#18　바름의 진술- 골목 안/ 밤/ 비 (3부 #95-#97 사이)

어두운 골목. 가로등 깨져 있고, 모두 빈 집들뿐이라, 불빛 하나 없이 깜깜하다. 바름, 핸드폰 불빛 밝히며 골목 끝 막다른 곳까지 가보지만 할머니 보이지 않는. 갸웃하고 돌아 나오면서, 다시 전화하는데, 그때 등 뒤로 들리는 벨 소리. 순간 골목 마지막 빈집 쪽 휙 돌아보는 바름.

S#19　바름의 진술 골목 끝 집- 집 안/ 밤/ 비 (3부 #97)

바름　　　(마당에 들어서서 살짝 겁먹어 조심스레) 어르신‥ 여기 계세요? 어르신‥?

벨 소리 들리는 쪽으로 서서히 다가가는 바름, 코너 돌면 열린 창고 안으로 뭔가 보인다. 핸드폰 불빛 비추며 천천히 창고 돌아 쓰레기더미 쪽으로 가는데 사람이다

바름   (헉, 놀라 뒤로 나자빠지는) 엄마야‥ (자세히 보면 온몸이 난자 된 채 죽어있는 봉이할머니다) 어, 어르신. 어르신!!!! (뛰어 들어가 피투성이로 죽어있는 봉이 할머니 와락 끌어안고) 정신 차리세요 어르신.

그러나 움직임 없는 할머니. 순간 밀려오는 공포. 일어나 뒤로 한두 발짝 물러서며 덜덜 떠는 바름, 그때 바스락 인기척에 휙 뒤도는! 바름, 핸드폰 들어 확 비추면, 곧장 튀는 사내(요한). 쏜살같이 도망친다. 거기서! 사내 쫓는 바름.

S#20   무진병원- 응급실/ 현재/ 밤

무치   (다급히) 얼굴은, 얼굴은 봤어?
바름   (고개 절레절레) 너무 깜깜했고, 워낙 순식간에 튀어 버려서…
무치   다른 건? 뭐든 좋아‥ 생각해 봐. 단서가 될 만한 거…
바름   (곰곰이 생각하는 위로)

플래시 컷/ 골목 추격전/ 밤/ 비 (3부 #98에 이어)

두 사내의 추격전이 벌어지고. 바름 쫓아 뛰는데 엄청 늦게 달리는. 헉헉 숨차고, 간격 멀어지면. 바름 미치겠다가, 갑자기 길 틀어 다른 길로 뛴다. 다른 골목으로 튀어나오는 바름. 아래 골목으로 뛰어가는 사내 머리 위로 확 뛰어내리며 뒹구는 바름과 사내. 바름 오른쪽 얼굴에 날아드는 사내의 왼손.

> 비하인드 〉〉〉
> ### #20-1   골목 추격전/ 바름의 시선 (3부 #98 촬영 때 동 촬영씬)/ 밤
>
> 바름과 요한의 추격전 벌어지고. 요한을 쫓아 엄청 빠른 속도로 뛰는 바름.

요한에게 점점 가까워지는 바름! 거의 다 잡을 뻔했는데, 순간 담벼락 넘을 때 접질렸던 다리 또 삐끗하는. 으윽, 바름이 발목 잡는 사이 요한 저 만치 달아나 간격이 크게 벌어진다. 바름, 안 되겠는지 다른 길로 뛰어가서 보면 아랫길로 뛰어가는 요한 보인다. 뛰어가는 요한 위로 뛰어내리며 뒹구는 순간, 바름 오른쪽 얼굴에 날아드는 요한의 왼손!

바름   왼손잡이였어요.
무치   왼손? (하며 멍든 바름의 오른쪽 빰 보는)
바름   그놈 확실하죠? 그놈도 왼손잡이라고 하셨잖아요····

S#21   구치소 내 집회실 지붕 위/ 낮 (3부 #93에 이어)

나치국 교도복에 꽂혀있는 칼 보고 있는 무치와 바름.

무치   범인은 왼손잡이야. 칼이 한시 방향으로 꽂혀 있잖아. 이건 왼손으로 꽂았을 때 가능한 각도야··
바름   (칼 꽂힌 방향 보며) 아·· 그러네요··. 근데 치국이 몸에 상처는··
무치   나치국 뿐 아니라 다른 피해자들을 살해했을 때는 일부러 양손을 번갈아 이용했어. 자신이 왼손잡이라는 걸 감추고 싶었겠지. 하지만 무의식 상태에서 왼손을 썼다면, 놈은 분명 왼손잡이야··.
비하인드 》 바름   (설명하는 무치 보며 쫏! E) 어떡하나 고무치. 난 양손잡이인데.

S#22   요한의 집- 욕실/ 밤

세차게 쏟아지는 샤워기 물줄기. 샤워부스 바닥에 물과 함께 핏물 흐르고··. 왼손을 더듬어 비누 집는 손, 요한이다.

S#23   요한의 집- 거실/ 밤

도어락 누르는 소리와 동시에 현관 열리고 들어서는 누군가, 지은이다. 장 본 봉지 놓고, 두리번거리다 욕실 앞에 벗어놓은 요한의 옷가지들 (후드와 바지, 모자 등/ 잠바는 없다) 보고 다가가 집어 드는데, 옷 여기저기 묻어 있는 피 보고, 흠칫…

S#24   무진병원- 응급실/ 밤

무치   (다급한) 다른 건? 뭐 또 다른 건?
바름   다른 거… (고민하다 문득 생각난 듯) 아… 놈이랑 뒹굴었을 때…

퀵 플래시/ 바름과 요한 엉겨서 뒹구는 (#20)

바름   향이 났었어요.
무치   향?

S#25   요한의 집- 욕실/ 밤

바디 미스트 집어 드는 왼손. 수건으로 하반신만 가린 요한, 몸에 미스트 뿌린다.

S#26   요한의 집- 거실/ 밤

수건으로 머리 털고 나오는 요한. 욕실 앞에 벗어놓은 피 묻은 옷이 안 보이자 놀라 후다닥 거실로 나오면, 주방에서 찌개 끓이고 있는 지은 뒷모습 보인다.
요한   (불편한 얼굴로) 웬일이세요? 연락도 없이…
지은   (돌아보는) 꽃 전시회 왔다가… 무진 온 김에…
요한   …
지은   도우미 아줌마 손이 아주 야무진가 보다. 구석구석 먼지 한 톨 없네.

요한	(표정 굳는) 그만 보내세요. 집에 모르는 사람 들이는 거 불편해요.
지은	밥 아직 안 먹었지? (식탁에 냄비 올리며) 제발 끼니 좀 제때 챙겨 먹어.
요한	(앉으며 지은 눈치 살피는)
지은	(시선 피하며 식탁에 밥그릇 놓으며) 벗어놓은 옷은 세탁기에 돌렸다‥.
요한	(흠칫!)
지은	(역시 시선 외면하며 옆으로 와 수저 세트 왼쪽에 놓는) 또 퇴근길에 응급 환자 들어왔구나? 그니까 왜 하고많은 의사 중에 하필 응급의를 지원해서‥ 맨날 피나 뒤집어쓰고‥ (문득 요한 몸에서 나는 냄새 느끼고) 향 좋은데‥

인서트/ 무진 병원- 응급실 (#24)

무치	향? 어떤?
바름	그게‥시원한 향인데‥‥ 뭐더라‥ 아, 민트 향이었어요‥‥.

지은	(맞은편에 앉으며) 너 원래 향 있는 제품 안 쓰잖아.
요한	(대꾸 않고, 말없이 밥 먹는)
지은	(그런 요한 보다) 우리 아들 누구 생겼구나‥?
요한	‥
지은	(그런 요한 물끄러미 보다 애써 밝게 웃으며) 결혼도 생각하는 거야? 그래. 엄 마 손주 빨리 좀 보고 싶다. 엄마가 키워줄게.
요한	(밥 먹으며) 생각만해도 끔찍하네요.
지은	(당황하며) 뭐? 그, 그게 무슨 말이야?
요한	(고개 들어 지은 똑바로 보며) 한서준 3세라‥
지은	요한아‥
요한	(다시 시선 내리고 말없이 밥 먹는)
지은	(그런 요한 슬프게 보다) 혹시‥ 누구‥ 찾아오거나‥ 연락 오지 않았어?
요한	아뇨. (문득 고개 들어 지은 빤히 보며) 누가 절 찾나요?
지은	아, 아니‥
요한	(다시 시선 내리고 밥 먹는다)
지은	(그런 요한 불안하게 보는)

S#27   무진병원- 응급실/ 밤

무치	오늘 그 할머니 본 적 있어? 무슨 이상한 말이나 행동이라든가··
바름	낮에 잠깐 뵀는데 손녀딸이랑 좀 다퉈서 속상해하셨던 거 말곤·· 특별히…
무치	…어디 간단 말은 안 하고?
바름	집으로 가신다고 했던 거 같은데…
무치	(버럭) 같은데가 뭐야! 잘 좀 생각해 봐. 건성건성 대답하지 말고.
바름	(주눅 들어서) 아·· 그게·· 저한텐 집에 가신다고··
바름이모	(E) 지금 뭐 하시는 거예요? 아픈 애 붙들고.
무치	(돌아보면, 불쾌한 표정의 이모와 근무복 입은 경찰 서 있다. 신분증 보이며) 수사 차, 몇 가지 질문할 게 있어서··
경찰	(깍듯하게) 수고하십니다. 목격자 보호 차원에서 1인실로 옮기라고 해서…
무치	몸조리 잘하고 있어. 또 올게. (가는)

S#28 요한의 집 거실 + 방 안/ 밤

착잡한 눈빛으로 거실 밖 바라보는 지은. 한숨 내쉬고 돌아보면, 닫힌 요한의 방문 보인다. 문 열고 지은 들어가면 잠든 요한 보인다. 다가가 요한 머리 쓰다듬는.

지은	(눈물 글썽이며 중얼거리는) 이 죄를 다 어찌할까···· 미안하다. 요한아….

잠시 감정 추스르고는 나가는 지은. 방문 닫히는 소리 들리면, 요한 바로 눈 뜬다.
비하인드 >> 닫힌 방문 바라보는 요한, 원망의 눈빛. 이윽고 눈물 한 방울 뚝 흐른다.

S#29 도로 + 지은 차 안/ 밤

달리는 지은 차, 보이며. 그 위로

앵커	(E) 오늘 밤 8시경, 재개발 지역인 구동마을 빈집에서 70대 노인이 수차 례 흉기에 찔려 숨진 채 발견됐습니다. 경찰은 이 사건 역시 최근 일어난 연쇄살인범에 의한 범행으로 보고….

운전 중인 지은. 라디오에서 뉴스 계속 나오고 있다.

앵커   (E) 또한, 새로운 희생자로 추정되는 사망자가 종교단체에서 운영했던 폐공장에서 사망한 지 열흘 만에 추가로 발견되며, 이번 연쇄살인 사건의 희생자가 총 6명으로 늘어났습니다.

운전대 잡고 있는 지은 손, 바들바들 떨리는….

플래시 백/ 재훈의 집 뒷동산/ 낮 (지은의 회상) (1부 #91)

지은   너 같은 건 죽어야 돼!!! 이 괴물!!! 널 낳는 게 아니었어. 널 낳지 말았어야 했어!

끼익 갓길에 차 세우고 이윽고 차장 너머로 끅끅 우는 지은의 모습 보인다.

S#30   요한의 집 - 2층 서재/ 밤

컴퓨터 앞에 앉아 뉴스 보는 요한, 사건 현장 앞 기자(양 기자) 리포팅 중.

양기자   살인범을 쫓던 중 차에 치여 사고를 당한 경찰관은 현재 병원으로 옮겨져‥.

화면 속 병원 건물 보는 요한. 결심한 듯 일어나 불 끄지 않고 그대로 나가는.

S#31   무진병원 바름 병실 앞 + 안/ 밤

경찰(#27) 병실 앞 의자에 앉아있고, 바름 병실 문 앞에 〈면회 금지〉 붙어 있다. 환자복으로 갈아입는 바름. 이모 걱정스러운 얼굴로 갈아입는 거 도와주고 있고 그 뒤 이모부 걱정스런 얼굴로 서 있다.

바름   미안해요. 이모…. (이모부 보며) 이모부….

바름이모   (속상한) 적성에도 안 맞는 경찰 한다고 하더니… (돌아보며) 여보! 오늘은
          나 여기서 자고 갈게.
바름   아니에요. 동구 와서 잔다고 했어요. 동구가 편해요. 들어가요 얼른.
바름이모   그래. 알았다. 그럼 내일 아침 일찍 올게. (이모부랑 나가는)

S#32   요한의 집- 대문 앞/ 밤

홍주, 벨을 눌러도 대답이 없자, 비번 누르고 들어간다.

S#33   요한의 집- 거실 + 2층 서재/ 밤

장 본 봉투 그대로 주방 식탁에 내려놓고, 불 켜진 위층을 보다가 2층으로 올라가는
홍주. 서재에 들어가 살펴보다 불 끄고 나가려는데 책상 밑에 떨어진 피 묻고 너덜
너덜해진 고트맨 캐릭터밴드 발견하는.

홍주   어디 다쳤나? (갸웃) 캐릭터밴드 붙일 사람이 아닌데·· (잠깐 생각하다 쓰
          레기통 쪽에 휙 던지고 1층으로 내려가며 요한에게 전화하는)

S#34   무진병원- 주차장 + 요한의 차 안/ 밤

옆 좌석에서 계속 핸드폰 울리는. 최홍주라고 발신 전화 떠 있다. 받지 않고, 차 세우
는 요한. 콘솔박스에서 일회용 주사기 꺼내 약품 주입한다.

S#35   무진병원 바름 병실 앞 + 안/ 밤

요한, 병실 쪽으로 걸어오면 핸드폰을 하는 경찰 앉아있다. 경찰, 병실 안으로 들어
가는 요한을 무심히 보다 다시 핸드폰 하고. 침상 앞에 선 요한, 잠이든 바름을 서늘

한 눈빛으로 내려 보다 주머니 속, 주사기 꺼내 링거 호스에 막 꽂으려는데….

경찰   (E) 아, 들어가면 안 된다니까!!!
봉이   (E) 비켜요! 비키라구!!!
경찰   (E) 으악! 놔! 놔! 놔!!!
동구   (E) 봉이야! 경찰을 물면 어떡해!!!

순간 멈칫하는 요한, 나가려는데 문 쾅 열고 뛰어 들어오는 봉이. 바름, 소리에 놀라
눈 뜬다. 다급히 화장실 안으로 숨는 요한.

봉이   (다짜고짜 바름 멱살 잡더니) 이 등신 새꺄·· 니가 그러고도 경찰이야.
경찰   (들어와 봉이 잡고) 아니 이 학생. 나가! 얼른!
봉이   (뿌리치며) 왜 전활 안 받았어. 왜…!!! 너 땜에 울 할머니가 죽었어!!!

화장실 문틈으로 그 모습 보는 요한. 경찰, 동구가 봉이 말리느라 정신없는 틈에 슬
쩍 나와 병실 밖으로 나간다. 바름, 경찰에게 괜찮단 눈짓 하면 경찰, 나간다.

봉이   (바름 멱살 잡아 흔들며 울부짖는) 찾아내! 니가 찾아내! 울 할머니 죽인 그
        새끼 찾아내라고. (두 손으로 바름 막 때리는)
바름   (고개 푹 숙인 채 봉이에게 그저 맞고만 있는)
동구   (그 옆에서 어쩔 줄 몰라 하고)

S#36   무진병원- 복도/ 밤

무표정한 얼굴로 뚜벅뚜벅 가는 요한 뒤로 소리 지르며 울부짖는 봉이 목소리 들린
다. 문득 멈춰 병실을 돌아보는 요한. 아쉬운 듯 입술 깨물고 돌아서 가며 (F.O)

S#37   거리/ 다음 날 아침

버스, 지하철 등 불안한 얼굴로 핸드폰 등 관련 기사 검색하는 시민들 출근길 풍경

앵커　　(E) 25년 전, 전국을 공포에 몰아넣었던 헤드헌터사건의 악몽이 되살아
　　　　나고 있습니다. 6건의 연쇄살인 사건이 발생한 지난 두 달간, 경찰은 범
　　　　인의 윤곽조차 파악하지 못한 가운데, 국민들의 공포와 불신은 극에 달해
　　　　있습니다.

S#38　　무진청-특별수사팀 사무실/ 아침

증거 봉투 속의 불타고 남은 사진 조각 보고 있는 무치. 곰곰 생각하는 위로··.

플래시 컷/ 배수로 앞 (금신동 여종업원 살인사건 현장)/ 새벽 (2부 #8)
아줌마　　새벽 기도 가는데, 이쪽에서 뭐가 번쩍하길래··. 뭔가 싶어 와봤더니····

무치　　번쩍·· 카메라 플래시?

무치, 급히 사건 파일 꺼내 넘기다 조미정 현장 사진들에서 멈칫한다. 조미정 트레
이닝 상의에 그려져 있는 캐릭터와 사진 조각에 일부 남은 그림 맞춰보는데! 퍼즐처
럼 들어맞는다.

무치　　(허··) 변태 싸이코 새끼. 사람을 죽이고 사진을 찍어? 근데 할머닌 이 사
　　　　진을 어디서··. (이상한. 벌떡 일어나서 나가는)

S#39　　구동파출소/ 낮

무치　　CCTV가 없다뇨?
소장　　여기가 워낙 오래된 재개발 지역이라… 다 이사 나가고 아직까지 사는 주
　　　　민도 몇 가구 안 되고…
무치　　(미치겠는) 그럼 어제 하루 동안 이 동네에 주차된 차들 블랙박스 싹 다 확
　　　　인 좀 해줘요. 그 할머니 찍힌 건 싹 다··

소장	근데 남은 주민 중에 차 있는 집은 한 명도 없는데·· 죽은 동네라 외부차도 거의 안 들어와요. 들어왔다 쳐도 어느 차가 왔다 갔는지, 어떻게 알아요.
무치	(짜증스러운)

S#40   마을버스 회사/ 낮

CCTV에 할머니 정신없이 내리는 모습 보인다. 스틸 거는

무치	(옆에 서 있는 버스 기사에게 봉이 할머니 짚으며) 이분 어디서 탔죠?

> 비하인드 >>
>
> ### #40-1   횡단보도 앞/ 바름의 시선/ 낮 (#41 촬영때 추가촬영씬)
>
> 목발 짚은 채 서서 주변 보고 있는 바름.
>
> | 바름 | (얼거리는) 대체 어디서 그 사진을 가져온 거야·· 할망구는. (짜증스런) 아씨, 너무 성급하게 죽였어·· 다 알아내고 죽였어야 했는데·· (하는데) 정순경! (부르는 소리에 돌아보면 무치다.) |
> |---|---|

S#41   구동역 인근/ 낮

낡은 구동역 인근, 거리의 행인들, 버스정류장의 사람들, 오가는 버스들로 붐빈다.

무치	(통화 중) 구동역 지하철, 버스 CCTV 싹 다 확인해. 분명히 있을 거야. (끊는데, 저만치 횡단보도 앞 목발 짚은 채, 어딘가 바라보는 바름 발견하고) 어? (다가가며) 정순경!
바름	(돌아보면)

무치	(놀란 얼굴로) 뭐해? 여기서?
바름	할머니 죽인 놈 찾으려고요. 형사님도 버스회사 다녀오시는 길이신가 봐요.
무치	(기막힌, 목발과 깁스 보며) 아니 지금 이 꼴로? (버럭) 얼른 안 들어가?
바름	(무시하고 건너편 CCTV 가리키며) 저기 찍혔을지 몰라요. 확인해야겠어요.
	(목발 짚은 채 쩔뚝거리며 횡단보도 건너는)
무치	야! 정순경!!! (부르며 따라 건너는)

S#42   구동역 횡단보도 (건너편) 앞/ 낮

인서트/ CCTV 화면/ 낮
절룩이며 횡단보도 건너오는 할머니 모습 흐린 흑백 화면으로 보인다. CCTV 화면, 점점 컬러 화면으로 바뀌면서, 마치 횡단보도 건너오는 할머니 마주 보고 있는 것처럼 무치와 바름 앞에 서 있다. 할머니 건너와, 횡단보도 앞에 서 있는 무치와 바름 지나쳐 간다. 무치와 바름, 동시에 할머니 가는 쪽 돌아본다. 할머니, 어느 좁은 골목 안으로 들어가면 골목 안 모습 흑백 화면으로 변하는‥

바름	(할머니 들어가는 골목 바라보며) 대체 어딜 가신 걸까요?

S#43   구동역 인근 구 골목/ 낮

오래된 골목, CCTV 하나 없다. 5층 이하의 낡은 상가건물들이 빽빽하다.

무치	(둘러보며) 역 뒤는 완전 옛날동네구만. 아무리 오래된 동네라도 그렇지. CCTV 하나 없이 너무하네‥
바름	(둘러보는데, 씁쓸한)
무치	여긴 내가 찾아볼 테니까 정순경은 병원으로 가. 얼른!
바름	저 때문에 어르신이 돌아가셨어요. 제가 꼭 그놈 잡을 거예요. (두리번거리다 그중 한 낡은 건물로 목발 짚은 채 들어가 버리는)
무치	(고개 절레절레‥ 다른 건물로 들어가는)

S#44   몽타주 건물 안/ 낮

상가 계단/ 엘리베이터 없는 계단 목발 짚은 채 절룩거리며 올라가는 바름.
상가(다른) 계단/ 두세 계단 뛰듯 성큼성큼 올라가는 무치.
상가들/ 바름과 무치 각자 상가 주인들에게 할머니 사진 보여 주며 본 적 있는지 확
인하고 주인들, 모두 고개 젓는‥ 실망하지만, 다음 가게로 향하는 모습들‥

S#45   도우미 소개소- 사무실/ 저녁

딸랑 문 열리며 바름, 들어온다.

男사장   어서 오세요‥
바름   저기‥ (신분증 보여주고) 혹시 어제 오후에 이분 (봉이 할머니 사진 보여 주
         며) 여기 오신 적 있나 해서‥‥
男사장   (사진 보는) 무슨 일인데요?
바름   어제. 이 동네에서 살인사건 난 건‥ 아시죠?
男사장   아이고. 이 분이 그 할머니예요?
바름   (끄덕) 이 골목으로 들어온 게 CCTV에 잡혀서요‥‥
男사장   아. 그래요‥ 여긴 안 왔는데‥‥
바름   (실망하는)

S#46   도우미 소개소- 복도/ 저녁

옆 사무실에서 나오는 무치. 양손에 요구르트 잔뜩 들고 지나치는 소개소 소장.

소장   (투덜거리며) 참. 요구르트 쓸어갔다고 신고할 수도 없고‥ 증말‥

무치, 할머니 사진 꺼내 들며 저기‥ 부르는데, 듣지 못하고 사무실 문 열고 들어가
는 소장. 동시에 사무실 밖으로 나오는 바름. 무치, 보면 고개 절레절레 젓는 바름.

S#47   도우미 소개소-사무실/ 저녁

소장   (냉장고 문 열고 요구르트 넣으며) 방금 누구야?
男사장   어제 살인사건 났다고 뉴스 났잖아. 그 할머니 혹시 다녀간 적 없냐고….
소장   그래? (냉장고 문 닫고 와서 테이블 위에 놓인 사진 보고) 어? 이 할머니‥
男사장   왜?
소장   어제 요구르트 가져간 그 할머니야‥ (당황하며 전화기 들며) 시, 신고‥
男사장   미쳤어? 그러다 우리 불법 체류자 쓰는 거까지 걸리면 어떡해? (잠시 고민
             하다) 가만있어. 괜히 일 만들지 말고.
소장   아니‥ 그래도 사람이 죽었는데….
男사장   시끄러. 사무실 문 닫기 싫으면!
소장   (마지못해) 알았어. 여보….

S#48   구동-무치 차 앞/ 밤

터벅터벅 걸어오는 무치와 목발 짚은 채 뒤따라오는 바름.

무치   (차 문 열며) 타. 병원에 데려다 줄게‥
바름   (한숨 푹 쉬며 차에 타려는 데, 운전석에 있는 무치 잠바* 보고 멈칫하는)
무치   왜?
바름   아, 아니에요. (차에 타는)
비하인드 >> 플래시 컷/ (3부 #98에 이어진 씬)
             잡힐 듯 말듯! 결국 요한의 잠바(준성의 잠바) 등 부분 확 잡는 바름! 요한,
             동시에 잠바에서 팔 빼버리며 도망치는. (이하 후드만 입은 요한) 바름, 손
             에 잠바만 남겨지자, 잠바 옆으로 확 내던지고 요한 쫓아가는. (잠바, 옆
             전봇대 아래에 툭 떨어지면 세탁소 딱지 보인다)

S#49   무치 차 안/ 밤

심란한 얼굴로 운전 중인 무치와 창가에 머리 기댄 채 지친 표정의 바름. (F.O)

비하인드 >>

#49-1   병원 앞/ 밤

차에서 내리는 바름. 무치 가면, 바름 곧바로 택시에 올라탄다.

49-2   구동마을 골목/ 밤

택시에서 내리는 바름. 걸어 올라가면 전봇대 뒤에 비에 젖어 축축한 잠바 그대로 있다.
주변 둘러보며 잠바 집는 바름. 주머니 뒤지는데, 아무것도 나오지 않고‥ 낭패인 표정 짓다 문득 잠바 안쪽에 세탁소 딱지 본다.

S#50   봉이 할머니 빈소/ 낮

빈소 식당에 앉아, 밥 먹고 있는 마을주민들. 바름, 목발 짚으며, 문상객 맞이하느라 정신없다. 마치 상주처럼 보인다.

동구母   (밥 먹으며) 시상에 그렇게 손주사위 삼고 싶어 하더니‥ 사위가 따로 없네. 주민장례 치르는 것도 하나부터 열까지 다 챙겼대. 지 몸도 저래 불편하면서‥
동구母   그나저나 봉이 저거‥ 짠해서 어쩐대‥ 친척도 하나 없는 것 같은데….

음식 나르던 바름, 주민들 이야기에 돌아보면, 상복 차림의 봉이, 할머니 영정 사진 아래 멍하니 넋 놓고 앉아있다.

S#51 몽타주/ 낮

구동역 뒷골목 안/ 도열하는 경찰들 앞에 서 있는 무치.

무치　　이미 이 골목은 전부 다 뒤졌지만 만에 하나 놓친 게 있을 수 있으니 1조
　　　　는 이 건물 안 사무실들 다시 한 번 훑고. 2조는 이 골목에서 연결되는
　　　　곳, 하나도 빠짐없이 확인해 탐문하고, 3조는 골목 끝나는 지점 너머, 대
　　　　로 건너편 구역까지 탐문한다. 이상!
일동　　네. (흩어져 가면)
무치　　(보는)

CCTV실/ 경찰들, 구동역 인근의 지하철, 버스 CCTV 일일이 확인하고 있다. 무치,
들어와 그 옆에 서서 CCTV 지켜보며 여기 다시 돌려봐‥ 등등 지시한다.

S#52 봉이 할머니의 무덤/ 노을

할머니 무덤 앞에 앉아있는 봉이와 그 뒤에 목발 짚고 서 있는 바름.

봉이　　할머니 무덤 마련해줬단 얘기 들었어. 화장해도 되는데‥. 엄청 비쌀 텐데‥.
바름　　나‥ 우리 부모님‥. 바다에 뿌려서‥ 울고 싶을 때도 찾아갈 데가 없어‥
봉이　　그래서‥ 내가 할머니 보고 싶을 때 갈 곳이 없을까봐?
바름　　(끄덕)
봉이　　(그런 바름이 고마운. 막걸리 따라 무덤 앞에 놓는)
바름　　(보며) 할머니 술 안 드시잖아‥.
봉이　　아냐‥ 울 할머니 막걸리 엄청 좋아했었어‥.
바름　　(가슴 아프게 보는)
봉이　　(쓸쓸한 눈빛으로 무덤 보며) 내가 할머니한테 마지막으로 한 말이‥ 절대
　　　　해선 안 될 말이었어‥. 근데 내가 해버렸어‥.

플래시 컷/ 봉이 학교 교문 앞/ 낮 (3부 #68)

봉이	나! 할머니 말 너무 잘 들어서‥이 지경이잖아. 내 말 틀려? 내가 말 안 듣는 애였으면 그날 할머니 막걸리 심부름도 안 갔겠지!!! 그럼 그런 일도‥

봉이	할머니‥ 마지막 눈 감으면서도‥ 나한테 미안해했을 거야‥ (눈물 후두두 떨어지며) 그것만 생각하면 미칠 거 같아‥
바름	(보는)
봉이	미안해‥ 할머니‥ 잘못 했어‥ 내가 잘못했어. (무덤에 엎드려 흐느껴 운다)
바름	(말없이 그런 봉이 어깨에 손 올려 위로하는)

비하인드 >> (바름, 말없이 그런 봉이 어깨에 손 올려 위로하는 척하지만 눈빛은 텅 비어있다.)

S#53   봉이네 집- 마당/ 밤

바름 봉이, 들어오는. 쩍쩍 소리에 봉이 놀라 돌아보면 새장 속 어벙이다.

바름	걱정 마. 동구한테 부탁해서 매일 먹이 줬어‥
봉이	(끄덕. 새장 속 어벙이 슬픈 눈으로 보는)

S#54   봉이네 집- 방 안/ 밤

들어오는 봉이와 바름. 봉이 슬픈 표정으로 집안 할머니 흔적 둘러보면

바름	한숨 푹 자‥. 아무 생각 말고‥

봉이 끄덕이다 밥상 보 덮인 밥상 발견한다. 뭐지? 열어보면 보쌈이다. (3부 #70) 흡! 바름, 역한 냄새에 반사적으로 코 막는데, 봉이, 밥상 위 보쌈 물끄러미 본다.

퀵 플래시/ 봉이네 집- 거실 /밤 (2부 #45)
봉이	혼자만 보쌈 먹고 오니까 배부르고 좋아. 나도 보쌈 먹을 줄 안다고!!!

퀵 플래시/ 봉이네 학교- 교문 앞/ 낮 (3부 #68)

봉이할매   뭐 묵고 잡냐? 저녁에 뭐 혀주까?

봉이   안 먹어.

봉이할매   안 먹기는? 묵고 자운 거 다 얘기 혀. 보쌈 혀 줘?

봉이   (버럭) 먹기 싫다고!!

봉이, 갑자기 상한 보쌈 고기 손으로 집어 입에 꾸역꾸역 넣는다.

바름   (놀라) 먹지 마!! 상했잖아. (잡는)

봉이   (뿌리치며, 계속 입에 꾸역꾸역 밀어 넣는)

바름   안 돼! 먹지 마!!! (아무리 말려도)

봉이   (고집스레 꾸역꾸역 먹는)

〈시간 경과〉 새벽

배 움켜쥐며 식은땀 흘리는 봉이. 눈앞에 봉이할매(환상) 슬픈 눈빛으로 앉아있다.

봉이   (힘겹게 입 달싹이며) 할머니··

봉이할매   아이고·· 우리 새끼·· 우짜까··· 우짜까··· 짠해 우짜까···

봉이   (식은땀 흘리며 허··허··) 할머니··· 할머니··· (하며 눈 감기는)

비하인드 〉〉

#54-1   봉이네 집- 방 안/ 새벽 〈시간 경과〉 - (동장소 독립장면)

바름 들어오면, 잠들어있는 봉이. 바름, 들고 온 약봉지 두고 찜질 팩 봉이 배에 얹으며··

바름   함부로 아프지 마. 니가 건강해야 나중에 내 2세도 건강하게 태어나잖아. 절대 아프면 안 돼. 알았어? 오봉이.

〈시간 경과〉 동틀 녘

봉이, 눈 뜨면 배 위에 찜질 팩 얹어져 있고 방바닥에 약봉지 있다. 둘러보면 구석에 쭈그린 채 잠들어 있는 바름 보인다. 일어나 바름에게 이불 덮어주는 봉이.

봉이　　할머니‥ 걱정하지 마‥ 나 이렇게 지켜주는 사람 있잖아‥.

S#55　　무진청- 특별수사팀 사무실/ 아침

들어오는 무치. 자리에 앉으면 호남(팀장) 문 열고 나온다.

호남　　뭐 좀 나왔어?

무치　　(고개 절레절레) 아직‥

호남　　이 자식이 수색 지원까지 해 줬구만.

강형사　　뭐요? 대기발령한테 수색 지원을 해줘요? 팀장님!

호남　　아 시끄러 시끄러. (말 돌리며) 구치소 쪽 명단은? 다 확인했어?

강형사　　(불만 가득한) 에. 교도관, 면회자, 그날 외부출입자 명단 전부 다 확인했는데‥ 딱히 의심할만한 용의자는 없어요.

무치　　(보며) 확실해? 다 확인했어? 빠진 사람 없어?

강형사　　(구치소 명단 수사 파일 집어 무치 얼굴에 확 던지며) 그렇게 못 믿겠음 니가 다시 확인하든가! (휙 나가 버리는)

무치　　아씨. 근데 저 자식이!!! 야!!!! (쫓아나가려는데)

호남　　(잡는) 니들 증말 왜 그러냐. 이것들이 예전에는 껌딱지들처럼 붙어 다니더니

무치　　아으씨! (후 참는데 전화 오는) 네 강력팀 고무치‥ 그래? 보내줘 당장!

호남　　왜? 뭐 나왔대?

얼른 자리에 앉아 메일 클릭하면 영상 파일 2개. 구동역 572번 버스 CCTV에 할머니 타는 모습, 다음 파일 클릭하면 내리는 모습. 정류장 확인하고 뛰어나가는 무치.

S#56　　요한의 집 인근- 버스정류장/ 오전

572번 버스정류장에 서고 문 열리면 버스에서 내리는 무치. 할머니 사진 꺼내 정류장 앞에 서 있는 주민에게 묻는‥ 고개 젓는….

S#57   인근 주택단지/ 오전

무치, 두리번거리며 걸어온다.

S#58   요한의 집 2층 창가/ 오전

2층 창문으로 주변 서성거리는 무치 내려다보는 요한. 그때 핸드폰 울리고 받는

인서트/ 사무실

준성   (불안한) 요한아…. 경찰이 찾아왔어. 어떡하지….

요한   (표정 없이) 내가 시킨 대로만 말하면 돼….

S#59   준성 회사 로비 (과학기술부 건물)/ 오전

사원증 목에 건 준성 출입 게이트에서 나오면, 신형사 기다리고 서 있다.

신형사   (자기 신분증 보여주고 준성 목에 찬 신분증 확인한다) 성요한씨 아시죠?
준성   (침 꿀꺽) 네‥ 친군데요….
신형사   지난주 일요일 밤에서 다음날 새벽에 어디 계셨습니까?
준성   지난주 일요일 밤이면‥ (잠시 생각하는 척하다) 아, 요한이가 몸이 많이 안
          좋아서 요한이 집에 갔어요.
신형사   (수첩에 적는 척하다) 아 참. 핸드폰이‥ (주머니 뒤지다) 아씨 차에 두고 왔
          네‥ 죄송한데 전화 한 통만 쓸게요. 급히 통화할 일이 있어서‥
준성   아. 네‥ (아무 생각 없이 핸드폰 주면)

신형사   우와. 이거 신상이네. 성능 죽이죠? (하며 핸드폰 열어보면 최신통화에 요
        한 이름 떠 있다. 누르면 신호가다 받는)
요한   (E/감정 없이) 갔니? 시키는 대로 얘기했지?
신형사   (말없이 끊는) 전화를 안 받네요. (핸드폰 돌려주며) 신상이라 그런지 신호
        음 마저 음질이 기가 막히네요. 더 물어볼 거 있음 연락드리죠. (가는데)
준성   (불안한 눈빛으로 가는 신형사 보는데 핸드폰 울린다) 어 요한아‥. 아니? 전
        화 안 했는데‥ (하다 헉!!! 보면. 통화하며 가는 신형사 뒷모습 보이는 미치는)
        그냥 사실대로 다 얘기하자. 어?
신형사   (가며 통화 중) 선배님 말이 맞는 거 같아요. 성요한 뭔가 구려요. 어쩌죠?

S#60   요한의 집 인근/ 오전

무치   (통화 중) 뭘 어째? 성요한이 차 문 뜯어서 블랙박스 확인해 봐. 그 시간에
        어디 갔었는지….
신형사   (E) 불법이잖아요. 그거‥ 문제 생김 울 아부지 정치생명 끝이에요. 내년
        에 대권 출마하실 거란 말이에요.
무치   아, 그러세요? 그럼 잘난 아버님 안 계신 저랑 상의하심 안 되죠. 전 불법
        수사하느라 바빠서 이만! 끊습니다! (뚝 끊고는 어느 집 초인종 누른다)
주인   (E/인터폰) 누구세요?
무치   (인터폰에 신분증 대며) 경찰입니다.

S#61   몽타주/ 낮

동네. 집집마다, 할머니 사진 보여주는 무치. 고개 저으며 문 닫는 주민들 등등.

S#62   요한의 집 앞/ 낮

무치, 드디어 요한의 집 앞에 선다. 초인종 누르려는데, 핸드폰 울린다. 받자마자

호남	(F) 너 어디야? 빨리 들어와.
무치	바빠요. (끊으려는데)
호남	(버럭!) 당장 들어와 얼른!!! (확 끊는)

아씨, 투덜거리며 뒤돌아가는 무치, 이윽고 차고 문 열리며 차 몰고 나가는 요한. 요한 운전석에서 무치 옆 지나가며 쓱 보지만, 무치 모르고 투덜거리며 가는··

S#63   무진청- 특별수사팀 팀장실/ 낮

무치	(황당한) 헐~ 내가 왜요?
호남	얌마. 살인마 새끼가 고무치 나 잡아봐라 해서 다 니 입만 처다보고 있잖아. 전 국민이 니 입만 보고 있어 지금.
무치	나 팀에서 짤렸잖아요? 대기발령이잖아! 그리고 수사 발표는 팀장이 하는 거지, 어떻게 말단인 날 시켜? 그렇게 안 봤는데 팀장님 치사하게.
호남	(버럭!) 청장님 명령이야!!! 명령불복해서 짤리든가!
무치	아씨!
호남	그러게 뭐하러 방송에다 연쇄살인이다. 그따위 소릴 떠들어서·· 그놈 타겟이 돼···. (시계 보며) 8시까진 아직 시간 충분하니까, 여기 틀어박혀서 수사 발표 준비나 해. 꼼짝 말고!!! (나가는)
무치	(미치겠는 머리 뜯는)

S#64   놀이동산/ 낮

고트맨 가면 쓴 한국과 한국母, 놀이기구 타고 있다. 가면으로 표정은 보이지 않아도 충분히 신나있는 모습이다. 그 모습 〈어린이에게 희망을〉 팀이 촬영 중이다.

S#65   놀이동산- 매점 앞/ 낮

잠시 촬영 멈추면, 촬영 팀 배터리 갈아 끼우고 다음 촬영 구성안 체크 중이다. 의자에 앉아있는 한국이(고트맨 가면)와 한국母. 매점 앞 전시된 고트맨 빵 보며 고트맨 가면 벗으면, 바름이 보던 다큐멘터리(3부 #58) 주인공 아이다.

한국	엄마. 나 저거⋯. 사줘. 고트맨 빵~ 배고파.
한국母	(촬영팀 쪽 눈치 보며 서둘게) 쫌 참아. 이따 방송국 아저씨들이 밥 사준대.
한국	(시무룩하며 다시 얼굴에 고트맨 가면 쓰는)
촬영팀	(E) 한국이 어머니. 잠깐 와 보실래요.
한국母	아 네 (벌떡 일어나며) 잠깐 있어. 엄마 금방 갔다 올게. (가는)

한국, 가면 쓴 채 둘러보면 촬영팀 각자 일에 바쁜데, 매점 바로 옆 숲으로 통하는 길에 고트맨 빵이 놓여 있다. 어? 벌떡 일어나 달려가는 한국. 촬영팀, 한국母 누구도 한국이 가는 걸 보지 못한다. 신나 얼른 빵 집는 한국, 더 깊숙한 숲속에 또 빵 봉지 놓여있는 것을 본다. 헨젤과 그레텔처럼 빵을 따라 숲으로 들어가는 한국.

비하인드 >>

#65-1   놀이동산- 매점 앞/ 바름의 시선/ 낮

바름, 한국이 촬영하는 모습을 모두 지켜보다 가방에서 고트맨 빵 꺼내 숲길 입구에 놓는다. 한국이 와서 빵 집어 드는 거 보고 유인하듯 한국이 시야에 보이는 곳에 빵 봉지 또 꺼내 놓는다.

#65-2   놀이동산 숲길 일각/ 낮

나무 뒤에 숨어있는 바름. 어느새 한국이 품에 빵 5개 들려있고, 한국이 앞에 놓여있는 빵을 또 집어 드는 순간 한국의 입 틀어막으며 낚아채는 바름.

S#66   놀이동산 숲길/ 낮

어느새, 한국이 사라진 곳에 고트맨 빵 봉지만 덩그러니 남아있는 위로‥

앵커   (E) 오늘 오후, 3시경,OBN 〈어린이에게 희망을〉에 출연해, 전 국민의
           심금을 울렸던 김한국군이 놀이동산에서 촬영 도중, 실종됐습니다.

S#67   무진청- 특별수사팀 팀장실/ 밤

호남, 열심히 자판 치고 있고, 그 옆 의자에 다리 쭉 뻗어 올린 채 코 드릉드릉 골며
팔자 좋게 자는 무치 보인다.

호남   (시계 보면 8시 10분 전이다. 발로 툭 차며) 일어나! 시간 다 됐어.
무치   (침 쓱 닦으며 일어나면)
호남   (프린트한 종이 결재판 꺼서 무치에게 안기며) 고대로 읽고만 들어와. 어?
무치   (하품 늘어지게 하며 눈으로 쓱 읽는)
호남   (침 발라 떡진 무치 머리 쓱쓱 문질러주며) 민심이 흉흉하다. 기자들이 뭐라
           고 지랄 떨어도 욱하지 말고 어? 라이브다. 실수하지 마라. 어? 제발~
무치   (귀찮아 죽겠다는 표정으로 귀 후비며) 알았다구요. (나가는)

S#68   준성의 빌라/ 밤

문 열고 심난한 표정으로 들어오는 준성. 불 켜고 방에 들어가 여행 가방 끌고 나온
다. 가만 뭘 더 챙겨야 하나? 하다, 리모컨 들어 TV 틀면 라이브로 무치 수사 발표
모습 보인다. 양복 벗으며 그 장면 심각한 얼굴로 보는데, 그 뒤로 화장실 문 조심스
레 열리며 TV 보는 준성에게 조심스레 다가가는 카메라 시선‥

비하인드 >>

#68-1   준성의 빌라 거실 + 화장실/ 밤

집안 여기저기 두리번거리며 들어오는 바름. 칼 꺼내 들고 소파에 앉아 무심코 소파 테이블에 놓인 수첩 보는데, 수첩 사이에 끼어있는 사진 눈에 들어온다. 문득 꺼내면 바름이 죽인 또 한 명(변순영)의 시체 사진. 놀라는 바름. 그때 현관 열리는 소리에, 들고 있던 사진 가지고 화장실로 급하게 들어가 숨으면, 거실 지나 방으로 급히 들어가는 준성. 사진 다시 보는 바름.

바름   뭐지. 저 새끼..!!

화장실 문틈으로 여행 가방 끌고 나오는 준성 보이고. TV 틀어 뉴스 보며 양복 벗는 준성. 조심스럽게 화장실 문 열고 TV 보는 준성에게 다가가는 칼 든 바름.

S#69   무진청- 수사발표장/ 밤

무치   (국어책 읽듯 호남 써준 발표문 줄줄 읽고 있는) 다행히 마지막 희생자, 구동 마을 70대 노파 살해 현장에서는 목격자 진술과 CCTV가 확보된 상태로, 현재 수사에 매진하고 있습니다. 앞서 언급했던 살인사건들은 비닐하우스 여대생 살인사건 현장에 남겨진 피해자들의 물건 등을 통해 동일범에 의한 연쇄살인으로 규정짓고 수사 진행 중입니다.

플래시 터지며 빨라지는 자판 소리. '동일범에 의한 연쇄살인, 경찰 공식인정'

무치   우리 경찰은 사건의 중대성을 감안, 범행 동기, 피해자와의 관계, 공범 여부 또는 방조 행위가 있는지 등 여러 방향으로 전 방위적인 수사를 진행 중입니다. 더 자세한 내용은 수사 기밀상 밝힐 수 없음을 양해 부탁드립니다. 오늘 수사 브리핑에서는 따로 질의응답이 없음을 말씀드립니다.

하루속히 범인을 검거하여, 국민들의 안전을 위해 최선을 다하겠습니다. 이상입니다. (들어가려는데 기자들 우르르 달려들며)

기자1	두 달 새에 무고한 피해자가 6명이나 발생했습니다. 지금까지 경찰수사가 진척된 게 뭡니까? 손 놓고 있었던 거 아닙니까?
무치	(질문한 기자 휙 쩨려보다 후-) 수사가 진행 중이라, 질의에 답변하지 못한 점 양해 부탁드립니다. (들어가려는데)
기자2	범인이 여대생 살인사건 현장에 고무치 경사에게 메시지를 남겼는데·· 왜 하필 콕 찍어서, 고무치 경사에게 남겼죠?
무치	(짜증 화악!) 아, 그놈한테 직접 물어보세요. 나도 궁금해 죽겠으니까!!!
양기자	얼마 전 출연하신 〈셜록 홍주〉에서 이 사건이 체육관장 이후, 살인본능이 깨어난 싸이코패스의 무작위 살인이라고 하셨죠? 그 말 아직 유효합니까?
무치	(멈칫! 하다, 무시하고 가려는데)
양기자	이번 연쇄살인 피해자가 6명이라고 하셨는데, 7명 아닙니까?
무치	(흠칫! 양기자 돌아보면)
양기자	교도관 살인미수 사건도 동일범의 소행이란 제보가 있는데·· 사실입니까?
기자들	(플래시 터뜨리는)
무치	그, 그건 수사 기밀상··
양기자	/구치소까지 잠입해 교도관 살해를 시도한 걸 무작위라고 볼 수 있습니까? 계획범죄 아닙니까? 피해자들 사이에 연관 관계없는 거 확실합니까?
무치	(당황해 대답 못 하는)
양기자	(몰아붙이는) 혹시 수사를 전혀 엉뚱한 방향으로 잡고 있는 거 아닙니까?
무치	(터지는 플래시 눈부신 듯 인상 쓰며 불쾌한) 저희가 확실하게 다 수사했습니다. 피해자들 간에는 그 어떤 연관성도 없었습니다. (하다 번뜩·· 뭔가 깨달은 듯··. 무의식적으로 중얼거리는) 피해자들 간에는 없지·· 만··
양기자	(무치 중얼거림 눈치 빠르게 캐치해서) 없지만. 뭡니까?
무치	(기자 질문 더 들리지 않는 듯 중얼거리는) 그놈이 피해자들을 선택한 기준이 있다면·· (생각에 빠져있는데··. 그때 지잉 지잉~ 진동 울린다)
기자들	(앞다퉈) 그게 무슨 말입니까··?/ 연관 관계가 있다는 뜻입니까?
무치	(정신 돌아온 듯) 아. 그런 뜻이 아니라··

무치, 계속되는 진동 소리 신경 쓰여 기자들에게 등 돌린 채, 돌아서서 핸드폰 전원

끄려는데, 액정화면을 둥둥 떠다니는 문자. 〈빙고!〉

무치   빙고?

퀵 플래시/ 비닐하우스 안/ 낮 (2부 #66)/ 천장 글씨(문자 메시지)
빙고! 고무치 형사님의 추리력에 경의를! 부디, 준비한 선물이 마음에 들길.

무치, 설마… 하는데, 다시 지잉- 지잉- 진동 울리기 시작한다. 발신 제한표시다.

무치   (긴장한 표정으로 조심스레 받는) 누구야. 너?
프레데터   (F/기계 음성변조) 역시 고무치 형사야‥. 그대의 추리력에 경의를‥‥ 한 번은 틀렸지만 말이야‥ 뭐 그 정도 맞춘 것도 훌륭했어.
무치   뭐? 그럼‥?
프레데터   (F) 맞아. 피해자를 고른 기준이 있지…. 그럼 내가 그 아일 왜 골랐을까?
무치   뭐?
프레데터   (F) 그 아인 왜 죽을까? 대체 뭘 잘못했길래‥‥
무치   너. 이!!!
프레데터   (F) 고형사님. 방송 좋아하지? 무작위라고 헛소리 지껄인 방송이 뭐였더라‥
무치   (입술 질끈)
프레데터   (F) 내가 그 아일 죽이는 이율 찾아서 거기서 말해줘. 이번엔 음주 방송은 사절이야. 진지하게 하라고. 사람 목숨이 달려있는 일이니까.
무치   (나지막이) 뭐? 이 싸이코 새꺄?…
프레데터   (F) 정답을 말하지 못하면 그 방송이 끝나는 시간! 정각에 전 국민이 보는 앞에서 죽일 거야… 약속하지. (뚝 끊는)

허‥ 돌아보는 무치의 표정 위로 플래시 팡팡팡팡!!!! 터지는….

비하인드 ≫

#69-1   준성의 집/ 바름의 시선/ 밤

바름, 엎드린 자세로 꺽꺽대며 고통스레 죽어가는 준성의 목에 흰 운동화 신은 발 올려놓은 채 거만한 자세로 앉아 TV 속 뉴스 보고 있다.

양기자   (몰아붙이는) 혹시 수사를 전혀 엉뚱한 방향으로 잡고 있는 거 아닙니까?

무치   (터지는 플래시 눈부신 듯 인상 쓰며 불쾌한) 저희가 확실하게 다 수사했습니다. 피해자들 간에는 그 어떤 연관성도 없었습니다. (하다 번뜩‥ 뭔가 깨달은 듯… 무의식적으로 중얼거리는) 피해자들 간에는 없지… 만‥

뉴스 보고 있던 바름, 대포폰 꺼내 들어 빠른 속도로 문자 치는.
'빙고! 고무치 형사님의 추리력에 경의를! 부디, 준비한 선물이 마음에 들길.'
전송 누르는. 잠시 등 돌리고 있는 무치 뒷모습 잡힌 뉴스 화면 보다가, 무치에게 전화한다. 신호 가다 받으면.

바름   (핸드폰 음성변조 앱 실행) 역시 고무치 형사야... 그대의 추리력에 경의를‥‥ 한 번은 틀렸지만 말이야‥. 뭐 그 정도 맞춘 것도 훌륭했어/ 맞아. 피해자를 고른 기준이 있지…. 그럼 내가 그 아일 왜 골랐을까?/ 그 아인 왜 죽을까? 대체 뭘 잘못했길래‥‥/ 고형사님. 방송 좋아하지? 무작위라고 헛소리 지껄인 방송이 뭐였더라‥. (하며 다리 바꿔 꼬다가 운동화에 피 튄 거 발견하고 아씨! 짜증내며 준성 머리에 쓱쓱 닦는다) 내가 그 아일 죽이는 이율 찾아서 거기서 말해줘/ 이번엔 음주 방송은 사절이야. 진지하게 하라고. 사람 목숨이 달려있는 일이니까/ 정답을 말하지 못하면 그 방송이 끝나는 시간! 정각에 전 국민이 보는 앞에서 죽일 거야…. 약속하지. (뚝 끊는)

S#70   무진청- 특별수사팀 사무실/ 밤

무치	(이어폰으로 녹음된 범인의 기계 음성 듣고 있다)
프레데터	(F) 이 아인 왜 죽을까? 대체 뭘 잘못했길래….
무치	대체 누굴 죽인다는 거야·· 아씨!!! (신경질적으로 이어폰 확 빼면)
호남	(TV 보며 서서) 왜 이렇게 난리냐. 난리. 연쇄살인에·· 유괴 납치에··
무치	(무심코 뉴스 화면 보면)

| 앵커 | 김한국군은 한국인 남성과 필리핀 여성 사이에 태어난 코피노 소년으로, 소아 당뇨에 걸려 골수이식을 받기 위해 아버지를 찾으러 한국에 왔다가···· |

뉴스 화면에 실종 당일 한국의 모습 화면에 뜬다. 순간!!!

프레데터	(F) 이 아인 왜 죽을까? 대체 뭘 잘못했길래….
무치	(다시 뉴스 속 한국이 얼굴 보며) 혹시·· (뛰어가는)

S#71   한국이의 숙소/ 밤

관할서 유괴 담당 형사와 바들바들 떨고 있는 한국母 앞에, 무치 앉아있다.

담당형사	유괴범이 직접 한국이 어머니께 전화해서 목숨 값을 요구했어요. 이건, 돈을 노린 전형적인 유괴 사건입니다··
무치	목숨 값? (갸웃) 보통은 몸값이라고 하지 않나요?
담당형사	그렇긴 하죠·· 근데 범인이 목숨 값이라고….
무치	얼마나 요구했는데요?
한국母	(덜덜 떨며 서툰 한국어로) 액수는 아직·· 말 안 했어요····
무치	(형사 보며) 통화 녹음됐죠?

〈점핑〉 헤드폰 낀 채 유괴범이 남긴 통화 내용 듣고 있는 무치.

프레데터	(F) 정답을 말하지 못하면 그 방송이 끝나는 시간! 정각에 전 국민이 보는

앞에서 죽일 거야….

이윽고 한국의 울음소리 들린다. 엄마·· 엄마…. (뚝 끊어지는)

무치   (헤드폰 벗으며) 금요일 11시 정각이면··
프레데터   (F) 답을 못 찾으면 그 방송이 끝나는 시간! 정각에 전 국민이 보는 앞에
           서 죽일 거야…. (뚝 끊는)
무치   (눈빛 반짝) 금요일, 11시. 〈셜록 홍주〉 방송 종료 시간!!!

S#72   무진청- 회의실/ 낮

무치   살인마 잭, 조디악. 그들이 오늘날까지 세계적인 살인마로 대표되는 덴
           이유가 있습니다. 바로 그들 스스로 자신의 범죄를 세상에 알렸단 거죠.

경찰청장, 특별수사팀원들 (호남, 강형사 등), 시사국장, 홍주 등 앉아서 듣고 있다.
프로젝트 화면 뜨고 - 살인마 잭 편지.

무치   1888년 당시 런던을 발칵 뒤집어 놓은 편지 한 통이 신문사에 도착합니
           다. 매춘부 5명을 잔인하게 살해한 범인이 보낸 편지였죠. 그는 자신을
           잭 더 리퍼라고 소개하곤 자길 잡아보라며 경찰을 농락했습니다. 이 편
           지로 인해, 그는 순식간에 세계적인 유명세를 얻게 되었고 오늘날, 살인
           마의 대명사가 됐죠. (프로젝트 화면 바뀌고. 조디악 관련사건 자료화면) 1969
           년. 샌프란시스코의 세 곳의 신문사에 편지가 배달됩니다. 편지에는 미
           궁에 빠진 두 살인사건 피해자들의 피 묻은 천이 들어있었고, 동봉한 암
           호문을 신문에 공개하지 않으면 살인을 계속하겠다고 경찰을 압박했습
           니다. 그 일로 그의 살인은 전 세계에 알려지게 됐는데 그가 바로 살인마,
           조디악입니다. (프로젝트 화면 바뀌면. BTK 범죄자 체포되는 모습 보이면)
호남   BTK 살인마, '데니스 레이더'구만.
무치   (끄덕) Bind, Torture, Kill, 묶고 고문하고 죽인다고 해서 스스로를 BTK
           살인마라고 밝힌 그는 1974년 일가족 4명을 살해한 것을 시작으로 30년

동안 최소 10명을 살해했습니다. 그 역시 경찰을 조롱하듯, 계속 편지와 피해자의 유품을 방송사에 보냈죠‥ 이렇듯 최악의 연쇄살인을 저지르는 싸이코패스들의 특징은 자신의 잔혹한 범죄를 자랑하며, 세상에 자신의 존재를 드러내고 싶어 한다는 겁니다. 일종의 과시욕이죠.

국장 그럼 이번 연쇄살인범도 과시욕에 쩔어 있는 싸이코패스라는 거요?

무치 그렇습니다.

청장 (하아‥) 알겠는데 그놈 요구대로 방송하는 게 수사에 도움이 되겠어? (부정적인) 오히려 역효과가 클 거 같은데….

무치 지금으로선 무엇보다 아이를 살리는 게 중요합니다. 청장님.

청장 글쎄‥ 아직 살아있을까? 난 회의적인데….

무치 분명 살아있습니다. 방송 전까지 아이가 살아있어야 놈이 세상에 자신의 존재를 과시하는데, 훨씬 유리하기 때문이죠.

청장 음….

무치 (국장 보며) 또 놈을 잡기 위해서라도 반드시 방송을 해야 합니다.

국장 왜죠?

무치 공무원으로 살며 자신을 철저히 숨긴 BTK살인마가 30년 만에 체포된 이유가, 바로 그가 언론과 경찰에 보낸 편지 때문입니다. 그 편지에 자신의 유전자를 남겼기 때문이죠.

국장 편지에 지 유전자를 남겨요?

무치 일부러 남긴 게 아니라, 자기 과시욕에 취해 치명적인 실수를 한 거죠‥

홍주 맞아요. 지난번 방송 준비할 때 대니얼 박사한테 들었는데 이런 류의 싸이코패스들은 스스로 너무 자만해 가끔 어이없는 실수를 한다고 하더라구요.

무치 (정색하며) 네. 25년 전, 헤드헌터 한서준이 그렇게 잡혔죠. (잠시 사이) 1년 동안 20명을 넘게 살해하면서 목격자는커녕, 단서 하나 남기지 않았던 그가 캠핑카에 탔던 4명의 일가족을 (목소리 떨리는) 3명으로 착각, 막내 아이를 처리하지 않아, 꼬리가 잡혀 체포됐던 사건이었죠. 그 역시 자신의 자만감에 빠져, 결정적 실수를 한 것입니다.

홍주,호남 (안타까운 표정으로 무치 보는)

무치 (다시 목소리 가다듬고) 놈의 과시욕은 지금 최고조에 달하고 있습니다. 과시욕에 취해 있어 제가 무대 위로 올라가 놈을 유인하면 쉽게 걸려들 확률이 높습니다. 그러면 반드시 치명적인 실수를 할 겁니다. 놈은 극장형 범죄를 꿈꾸지만, 우리는 극장형 수사를 하는 것입니다. 수사하는 쪽이 무대 위로 올라가면 우리가 놈에 대해 알지 못했던 새로운 정보들이 입수될 가능성도 매우 높습니다. 그 때문에 방송은 수사에 큰 도움이 될 것입니다.

청장	(끄덕) 그나저나 답은 찾을 수 있겠어? 겨우 나흘밖에 안 남았는데….
무치	(결연한) 반드시 찾아내겠습니다.
호남	범인이 요구해서 방송한다고 하면‥ 비난 여론이 만만찮을 텐데….
무치	네. 그럴 겁니다. 그래서‥극비에 부쳐, 준비해야 할 것입니다.
청장	(고민하는)
무치	믿고 맡겨주십시오. 청장님. 국장님 (간절한 눈빛으로 보는)
청장	(그런 무치 표정 보다 이윽고 결심한 듯 끄덕이며, 국장 보면)
국장	좋아. 해보자고!!!

S#73   무진청- 회의실 앞 복도/ 낮

회의실에서 나오는 청장과 국장. 호남.

양기자	(지나가다 회의실에서 청장과 함께 시사 국장 나오는 거 발견하는) 어?

S#74   무진청- 회의실/ 낮

프로젝트 자료 정리 중인 무치.

홍주	통화 내용 메일로 보내줘. 방송 때 필요할 거 같으니까 미리 편집해 두게.
무치	어. (눈 마주치지 않고, 자료 들고 나가는)
홍주	(E) 왜 그래? 대체?
무치	(돌아보는) 뭘?
홍주	나랑 눈도 안 마주치잖아? 내 전환 왜 씹는데? 나한테 화난 거 있어?
무치	(홍주 시선 피하며) 내가 최피디한테 화날 게 뭐 있어. (가려는데)
홍주	(잡는) 커피믹스 내가 제보한 거 아냐. 그거 오해하고 있는 거야?

무치	(우뚝 서서 홍주 빤히 쳐다본다)
홍주	(억울한 눈빛으로 무치 바라보며) 나 진짜 아냐‥
무치	알아‥ 근데‥.
홍주	?
무치	‥섭섭해‥ (휙 나가는)
홍주	(무슨 말인가? 싶은 얼굴로 가는 무치 뒷모습 보는)

S#75   무진청- 휴게실/ 낮

자판기에서 캔 음료 뽑고 있는 강형사.

양기자	(어느새 옆에 다가와) 뭐예요?
강형사	(캔 꺼내며 보는) 뭐가?
양기자	에이, 시침 떼시긴. 우리 방송국 시사 국장이 여기까지 웬 행차? 것도 청장님이랑 같이 아주 심각한 얼굴이던데‥ 뭐예요? 에?
강형사	(버럭!) 내가 양기자 프락치로 보여? 궁금한 거 있음 직접 알아내. (나가는)

S#76   무진청- 휴게실 밖/ 낮

나오는 강형사 뒤로 양기자 외친다. "왜 이래요?! 커피믹스는 잘만 제보해 주더만‥!" 문 앞 무치 서 있다. 당황해 무치 보는 강형사. 무치, 무시하고 들어가려는데

강형사	(버럭!) 그래. 내가 꼰질렀다. 너 경찰 못하게 하려고 내가 그랬다고!
무치	(멈춰 섰다. 무시하고 그냥 들어가는)
강형사	(그런 무치 보고 속상한)

S#77   OBN 방송국 외경 + 사무실/ 밤

홍주, 이어폰으로 노트북 속 무치가 보내준 전화 녹취 음성파일 듣고 있는데, 문자 온다. 〈선배. 편집 끝났는데 잠깐 좀 봐줘요〉 문자 확인한 홍주 이어폰 빼고 나가 면, 나가는 홍주 확인하고, 슬쩍 들어와 자리에 앉는 양기자. 노트북에 꽂힌 이어폰 자신의 귀에 꽂고, 클릭하면. 플레이되는 통화 내용. 잠시 듣다 흠칫!! 놀라는.

S#78　무진청- 사무실 (임시 수사본부)/ 밤

보드에 송수호(체육관장), 변순영(유흥주점 주방 종업원), 나치국(교도관), 노숙자 김씨 (신원미상), 박종호(비정규직), 조미정(여대생), 김갓난(70대 노인)등. 사건 현장 사진과 자료들 붙어있다. 호남과 형사들 앉아있고 홍주 뒤에서 취재 중이다.

무치	놈에게 당한 사람은 모두 7명. 송수호는 분노로 인한 살인! 제외! 구동 할머니는 놈의 사진을 가져와서 정체가 들통 날까 봐 살해한 걸로 추정! 제외! 이 나머지 내가 무작위라고 언급했던 피해자들이 무작위가 아니란 거죠. 놈이 이들을 살해대상으로 고른 이유를 찾아야 합니다.
호남	(골치 아픈) 내일부터 각자 유가족이랑 주변 인물들 다시 만나자고‥ 피해자들 특이점을 찾다 보면 공통점 나오겠지. 자; 강형사는 변순영 쪽, 이형사는 노숙자들 만나보고. 노숙자 김씨는 신원파악부터 제대로 해 봐.
무치	저는 병원 가서 나치국 어머니랑 친구들부터 만나볼게요‥

S#79　무진병원- 바름 병실(1인실)/ 밤

침대에 앉아있는 바름, 그 앞에 무치 앉아있다.

무치	나치국이랑은 얼마나 알고 지냈어?
바름	고1 때부터 쭉 친구였어요.
무치	그럼 잘 알겠네. 나치국에 대해 얘기해 봐. 뭐든 다 좋아‥ 생각나는 대로‥
바름	왜요? 그게 범인 잡는 거랑 무슨 상관인데요‥?
무치	아. 그게‥

동구   (뛰어 들어오며) 바름아! (무치 보고) 형사님. 뉴스 좀 보세요. (TV 켜는)

TV 화면/

양기자   (TV 화면) 저희 SBC에서 단독 입수한 고무치 경사와 살인마의 통화 내역
         을 다시 한 번 들려드리겠습니다. 편집 없이 그대로 들려드립니다.

프레데터   (F) 이 아인 왜 죽을까? 대체 뭘 잘못했길래….
무치   …
프레데터   (F) 고형사님 방송 좋아하지? 무작위라고 헛소리 지껄인 방송이 뭐였더
         라‥
무치   (나지막이) 뭐? 이 싸이코 새꺄‥‥
프레데터   (F) 내가 이 아일 죽이는 이율 찾으면 거기 나와서 말해줘. 안 그러면 그
         방송이 끝나는 시간 정각, 전 국민이 보는 앞에서 죽일 거야‥. (뚝 끊는)

인서트/ 지하철, 버스 등 시민들 경악스런 얼굴로 핸드폰 뉴스 보는 등 그 위로‥

양기자   (E) 놀라운 것은 여기서 그치지 않습니다. 바로 무진청 특별수사본부팀
         이 극비리에 방송을 준비하고 있다는 제보가 입수되었기 때문입니다.

양기자   (무진청 앞에서 리포팅하는) 과연 대한민국 경찰이 연쇄살인마의 요구대로
         방송 준비를 하며 끌려 다니는 것이 최선인지, 판단은 여러분의 몫입니다.

S#80   무진청- 현관 앞/ 밤

기자들 몰려있다 무치 보고 우르르 달려온다. 쏟아지는 질문들 "통화 내용 사실입
니까?" "방송을 준비하고 있다는 게 사실입니까?" "경찰이 살인마가 시키는 대로 한
다는 겁니까?" 무치, 입 꾹 다물고 신경질적으로 밀치며 안으로 들어가는. 다른 경찰
들, 기자들 안으로 못 들어오게 막는….

S#81 무진청- 로비/ 밤

씩씩거리며 들어오는 무치, 가려는데

두석	(E) 고무치
무치	(돌아보면)
두석	(기다리고 서 있었던 듯) 나… 기억하겠어?
무치	(두석 빤히 보는 위로)

플래시 컷/ 구령병원- 수술실 앞/ 새벽 (1부 #40)

두석	(무치 붙들고 정신 나간 사람처럼) 너 그놈 얼굴 봤어? 어?
무치	(넋 나간 얼굴로 덜덜 떨며, 시선은 불안하게 움직이고 있는)
두석	(그런 무치 얼굴 꽉 붙잡고 버럭!) 정신 차리고! 어? 얼굴 봤냐고?

무치	(이내 띠거운 표정으로) 모르겠는데요. (휙 가는데)
두석	(E) 하지 마. 그 방송!
무치	(다시 돌아보더니 뚜벅뚜벅 두석 앞으로 걸어와 서서) 박두석 경감님! 제가 왜 이 더럽고 치사한 형사질 계속하고 있는 거 같습니까?
두석	…
무치	한서준 내 손으로 죽일 거거든요. 내 부모 죽인. 당신 자식들 죽인!!! 그러려면 그 새끼랑 똑같은 싸이코 새끼 잡아 죽여야, 한서준 그놈 있는 대로 들어가죠. (가려다 다시 돌아보며) 그러니까 세상사람 다 반대해도 아저씬 반대하심 안 되죠….
두석	한서준이·· 내 자식들 왜 죽였는지 알아?
무치	(보는)
두석	내가 한서준이 어떤 놈인 줄 모르고 멋모르고 방송에 대고, 그놈한테 까불어서! 그러니까 너도 까불지 마. 내가 보기엔 그놈, 사람 아냐. 괴물이야. 한서준보다 더했음 더했지, 덜한 놈이 아니라고!
무치	그래요? 잘됐네. 기왕 붙을 거 그런 놈이랑 붙어야 해볼 만하지.
두석	(버럭!) 내 말 못 알아들어? 너의 가장 소중한 걸 잃을 수 있다고!!!!
무치	소중한 거? (허!) 난 이미 여덟 살 때 다 잃었어·· 형사님도 봤잖아요.

두석   (중얼거리듯) 그래서 난 더 잃을 게 없어·· (뒤돌아 가는)

두석   (가는 무치 안타깝게 보는)

S#82   종편 프로그램 + 달리는 댓글 계속 빠른 속도로 오버랩되는

패널1   놈은 미끼를 던져 분 거시고. 경찰은 그 미끼를 덥썩 물어 분 것이죠····.

패널2   인질범이 인질을 잡고 돈을 요구해도 절대 범인과 타협하지 않습니다. 그것이 인질 협상의 기본 원칙입니다. 이것도 같은 경우입니다. 살인범이 아이를 인질로 잡고, 지가 사람을 왜 죽이는지 정답을 찾아서 방송해라·· 시킨다고 시킨 대로 하는 건, 절대 용납해선 안 되는 일이죠.

오버랩되는 방송 반대 댓글들 /
살인마 손에 놀아나는 한심한 견찰. 왈왈. 살인마가 똥 닦아주라면 똥도 닦아줘라. 아이는 이미 죽이고 장난치는 거다. 내 손모가지 검.

패널3   하지만 현재로선 방법이 없질 않습니까? 답을 찾아서 방송에서 답을 얘기해달라고 하는데·· 안 하면·· 아이를 죽인다지 않습니까?

오버랩되는 방송 찬성 댓글들 /
살인마가 시킨다고 안 할 이유 있나? 아이가 먼저다. 아이부터 살리자.

패널2   답을 찾는단 보장 있습니까? 그러다 방송에서 답이 틀리기라도 하면 아이가 더 위험해지는 거 아닙니까? 그걸 누가 책임집니까?

댓글들 오버랩 되며 점점 찬성 댓글 밀리며 반대 댓글들 우위 점유한다. 지금까지 단서조차 못 잡은 경찰이 과연 답 찾을까? 못 찾는다에 내 손모가지 검. 방송이 경찰 꺼냐. 내가 살인마다. 나는 정답을 알지롱. 등등 장난 댓글까지··

S#83   몽타주

OBN 방송국 앞/ 몰려든 시민들. 찬반 피켓 들고 시위 중이다. 〈OBN 시청거부 운동〉 〈살인마와 타협하는 시사 국장 물러가라!〉 차 타고 나가며 그 모습 보는 홍주. 착잡한 표정이다.

무진청 앞/ 몰려든 시민들. 서로 찬반 피켓 들고 시위 중이다. 〈살인마의 똥개. 경찰인가? 견찰인가?〉 〈답을 찾아라! 한국이를 살려주세요!〉 〈살인마의 사유방송이면 어떠랴? 한국이를 살려내라〉 등등‥

비하인드 〉〉

#83-1   무진병원/ 밤

휴게실에 앉아 뉴스 보고 있는 바름.

바름   (중얼거리는) 어허~ 저러다 방송 못 하는 거 아냐? 에이, 그럼 재미 없는 데.. 안 되겠다. 내가 직접 나서야겠어. (핸드폰 꺼내 전화하는) 한국군 어머니 되시죠?

S#84   무진청- 특별수사팀 회의실/ 밤

그 모습 내려다보고 있는 무치. 문 여는 소리에 돌아보면, 호남 서 있다.

호남   접으랜다. 청장님이.
무치   하지만….
호남   여론이 너무 안 좋아. 이대로 방송 밀어붙였다가 애가 죽기라도 하면 우린 정말 빠져나갈 구멍이 없어. 딴 방법 찾자고. (어깨 툭툭 치고 가는)

〈**시간 경과**〉 꼼짝 않고 앉아있는 무치.

홍주	(E) 뭐해··
무치	(홍주 보면)
홍주	국장 회의에서 킬 당했어.
무치	(아무 말 않고 일어나 보드에 붙어있는 자료들 떼어서 박스에 넣는)
홍주	(그런 무치 안타깝게 보는)

그때 문 똑똑 두드리는 소리 들린다. 무치와 홍주, 돌아보는

S#85   무진청- 특별수사팀 팀장실 + 사무실/ 아침

사직서 올려놓는. 호남 고개 들면 무치 서 있다.

호남	근데 이 새끼가!
무치	(아무 말 않고 나가는)
호남	(문 앞까지 나와) 너 사표 내면 다야? 얌마 내가 너 지킬라고 얼마나! 어흐!
강형사	(놀라보는)
무치	(강형사 옆 지나가며) 이제 속이 시원하냐? (가는)
강형사	(나가는 무치 뒷모습 보는 표정 착잡한)

S#86   무진청- 현관 앞/ 낮

찬반 시위대와 함께 기자들 진 치고 있다 박스 든 무치 나오자 우르르 둘러싼다.

양기자	방송, 강행하시는 겁니까?
무치	안 합니다. 방송…. (동시에 플래시 터지는) 특별수사팀에서 다른 방법으로 반드시 한국이를 찾을 것입니다. (기자들 헤치며 나가는)

기자들 따라가며 핸드폰 들이대며 "그럼 한국이 그냥 죽게 놔두는 겁니까?" "방송 안 하면 한국이 죽인다고 했는데·· 고무치 경사님 때문에 죽는다는 거 인정하십니까?"

무치, 입 꾹 다물고 자신의 차에 탄다.

S#87 무진병원 복도 + 바름 병실/ 낮

주변 살피며 걸어오는 요한. 바름의 병실 앞, 경찰 보이지 않는다. 조심스레 안으로 들어가는데‥. 간호사, 침상 정리 중이다.

요한	(보면)
간호사	아침에 퇴원했는데요‥. 안 된다고 선생님이 그렇게 말려도 막무가내로‥‥
요한	(돌아서 나오는. 낭패인 듯 입술 잘근 깨문다)

S#88 무진병원- 응급실 스테이션/ 낮

컴퓨터 앞에 앉는 요한. 환자명단 중, 정바름 검색해서 집 주소 확인하는‥

S#89 바름의 집 외경 + 거실/ 낮

바름	(대문 열고 반갑게 웃으며) 어서 오세요.

대문 앞에, 사건자료 박스 든 무치와 홍주 서 있다. 바름 보는 무치의 얼굴 위로‥

S#90 무진청- 특별수사팀 회의실/ 과거/ 밤 (#84에 이어)

무치, 아무 말 않고 일어나 보드에 붙어있는 자료들 떼어서 박스에 넣고 홍주, 그런 무치 안타깝게 보는데 그때 문 똑똑 두드리는 소리 들린다. 무치와 홍주, 돌아보면 목발 짚은 바름과 동구 들어선다.

무치	(놀라 보는) 웬일이야? (하는데 바름 뒤에서 한국母 나온다) 어? (당황하는)

한국母	선생님. 해 주세요. 방송. 제발·· 우리 애기 살려 주세요··. 저 뭐든 다 할 게요. 제발요 형사님. 제발 포기하지 말아 주세요····
무치	(짠한 듯 보다 바름, 동구 보며 질책하듯) 니들이 모셔왔어?
바름	저도 마찬가지예요. 형사님. 제발 포기하지 말아 주세요. 우리 치국이·· 봉이 할머니·· 그렇게 만든 놈 어떻게든 잡아야 하잖아요··.
무치	(외면하고 박스에 짐 넣는) 모시고 가.
한국母	(갑자기 무치 앞에 무릎 꿇고, 바짓가랑이 잡으며) 선생님. 제발 부탁해요. 제 발··. 우리 애기·· 우리 애기 좀 살려주세요···· (오열하면)
홍주	(한숨 내쉬며) 하자. 어? 우리 국장은 내가 어떻게든 구워 삶아볼게.
한국母	(머리 조아리며) 감사합니다. 감사합니다.
동구	(한국母 일으키며) 가세요. 그만. 모셔다드릴게요. (데리고 나가는)
바름	고형사님··. (간절하게 무치 보면)
무치	후·· (한숨 내쉬고는) 일단, 여긴 철수해야 하고·· 어디서 준비하지?
바름	(다행이다 싶은)
홍주	우리 집 앞은 기자들이 진을 치고 있어서·· 고형사 집도 마찬가지지?
바름	그럼 저희 집에서 하실래요?

S#91   바름의 집- 거실/ 낮

무치, 보드에 이름들 쫙 써 놓고 자료 붙이고 있다. 홍주, 커피 타서 들고 오다가 문 득 장식장 위에서 시민 영웅상 상패와 치국과 바름의 수상 사진 발견하는.

홍주	(상패 보다) 어? (반가운 표정으로 바름, 돌아보며) 나 기억 안 나요?
무치	(보드에 자료 붙이다 돌아보는)
바름	?
홍주	그때 인터뷰했었는데··
무치	뭔데?
홍주	나 수습 때, 첫 인터뷰가 시민 영웅상 받은 고등학생이었거든·· 그때·· 인 터뷰한 학생이 정순경이네··그때 어찌나 인터뷰 안 하려고 날 애먹였는 지··· 자긴 한 거 없다고 다 친구 공이라고··· 인터뷰 내내 그 얘기만 했지··

바름	아, 그거 저 아니고…. 치국이에요.
홍주	(놀라) 어? 그 친구가 나치국 교도관이라구요?
바름	저도 방송 봤는데 치국이가 다 제 공으로 돌렸더라구요…. 걔가 원래 좀 그래요, 필요 이상으로 겸손하달까…. 참, 그때 저희가 구해준 그 친구‥ 얼마 전에 우연히 봤는데…
무치	응? 어디서?
홍주	(당황한 얼른 말 돌리며) 벌써 이틀이나 까먹었어. 방송 하루밖에 안 남았어. 서두르자고!!!

비하인드 >> 바름 앞에 앉아 자료 찾는 홍주, 머리를 쓸어 올려 묶는 모습을 빤히 보는 바름. 홍주는 그런 바름 시선 느끼지 못하고…

바름	(E/ 홍주 보며) 생각보다 흥미진진해지겠어? 마침 치국일 인터뷰 했던 피디라니.. (입꼬리 올라가는)

〈시간 경과〉 다들 정신없이 자료 보고 있고. 무치, 보드 앞에서 생각에 빠져있는. 보드에 변순영 유흥주점 주방 담당. 박종호 비정규직 근로자. 나치국 교도관. 노숙자 김씨(신원미상). 조미정 대학생 자료와 기록들.

무치	(보면서) 지역도 다르고‥ 나이대도 다르고‥ 대체 이 사람들의 공통점이 뭘까‥ 왜‥ 이들을 골랐을까…. (문득 생각난 전화하는) 어. 박종호 목에서 나온 거‥ 뭔지 확인됐어?
검시	(E) 아, 그게 곤충이라고 하는데‥
무치	곤충? (갸웃)

(E) 딩동딩동! 초인종 소리.

S#92   바름의 집- 대문 앞/ 낮

대문 열면 무원이다.

바름	(반가운) 신부님! (반갑게 손잡는)
무원	잘 지냈어?
바름	신부님 이 동네 떠나시고 나니까 너무 적적해요. 참 그 동네 성당은 어때요? 건물도 좋죠?
무원	그래도 이 구동이 그립지. 다음 주에 성당 짐 옮길 건데, 그때 좀 도와줘.
바름	그럼요. 근데 그건 뭐예요?
무원	잡채랑·· 음식 몇 가지 좀 했어·· 같이들 나눠 먹어··
바름	(찬합 열어보다 놀라보며) 무슨 잡채를 이렇게나 많이··
무원	우리 무치가 어릴 때부터 워낙 잡채를 좋아하거든. 두고두고 먹으라고·· 당근은 뺐어. 무치가 당근을 싫어하거든··
바름	네.
무원	무치한텐 내가 만들었다고 말하지 말고·· 알면 안 먹을 거야··
바름	(끄덕)
무원	우리 무치 잘 좀 챙겨줘. 정순경··

인근. 벽 뒤에 몸 숨긴 채, 그들의 대화 듣는 요한.

비하인드 〉〉〉

#92-1　바름의 집- 대문 앞/ 바름의 시선/ 낮 (#92에 이어)

대문 열면 무원이다.

바름	(반가운) 신부님! (반갑게 손잡는)
무원	잘 지냈어?
바름	신부님 이 동네 떠나시고 나니까 너무 적적해요. 참 그 동네 성당은 어때요? 건물도 좋죠?
무원	그래도 이 구동이 그립지. 다음 주에 성당 짐 옮길 건데, 그때 좀 도와줘.
바름	그럼요. 근데 그건 뭐예요?
무원	잡채랑… 음식 몇 가지 좀 했어·· 같이들 나눠 먹어··

바름	(찬합 열어보다 놀라보며) 무슨 잡채를 이렇게나 많이··
무원	우리 무치가 어릴 때부터 워낙 잡채를 좋아하거든. 두고두고 먹으라고·· 당근은 뺐어. 무치가 당근을 싫어하거든··
바름	네.
무원	무치한텐 내가 만들었다고 말하지 말고··· 알면 안 먹을 거야··
바름	(끄덕)
무원	우리 무치 잘 좀 챙겨줘. 정순경··
바름	그럼요 걱정 마세요.
무원	갈게 그럼. (가는데)
바름	(물끄러미 보다 부르는) 신부님
무원	응? (돌아보면)
바름	정말 안 미우세요? 한서준? 화 안 나요? (눈빛 점점 텅 비어가는) 신부님 부모님도 죽이고·· 신부님까지 이렇게 만든 살인만데·· 분노를 느끼지 않나요?
무원	(그런 바름 눈빛 눈치 채지 못하고) 왜? 우리 무치가 뭐래?
바름	아뇨. 정말 궁금해서요. 저한텐 솔직히 말씀하실 수 있잖아요·· 어떻게 용서한다는 말을 할 수 있으세요? 신부님도 사람인데·· 어떻게·· 어떻게 용서를 해요··
무원	(미소 짓는) 주님께 매일 기도 드려. 한서준 그 자가 구원받을 수 있게 도와달라고. 갈게. (돌아서 가는)
바름	(절룩거리며 가는 뒷모습 바라보는 눈빛 어느새 텅 비어버린) 마지막 기횔 준 거야. 고무원!

S#93   바름의 집- 거실/ 낮

무치	(잡채 맛있게 먹으며 보드 가리키는) 변순영은 특이점 없고, 박종호 입에서 부패한 곤충! 나치국도 특이점 없고·· 참 옷이 벗겨졌지. 노숙자는 다른 피해자와 다르게 흉기로 도끼를 사용했고, 여대생 조미정은 집에서 10키로 떨어진 포도밭 농장에서 발견·· 역시 별다른 특이점 없고···. (아무리

	생각해도 모르겠는데 문득) 야. 이거 엄청 맛있다. 정순경 니가 했냐?
바름	에? 아‥ (시선 피하며) 네‥
무치	이야! 그럼 별로 적성에도 안 맞아 보이는데 경찰 때려치고 요리사 해.
바름	아. 뭐‥ (쭈뼛) 고민해 볼게요.
무치	(먹다가) 자, 각자 피해자 유가족, 지인 만나 보자구. 기자들 조심하고.

S#94   몽타주/ 낮

바름 집 앞/ 바름 집에서 우르르 나오는 무치와 바름, 동구, 홍주. 숨어서 그 모습 보는 요한, 홍주 발견하고 흠칫하는.

룸살롱 (고급술집) 주방/ 가게 안에서 마담과 만나는 무치, 주방으로 들어간다.

무치	(E) 변순영 30대 초반. 유흥주점 주방 담당!!!

제철공장/ 바름, 목발 짚은 채 공장에서 직원, 인부들과 얘기 중이다.

무치	(E) 박종호 20대 중반. 하청업체 비정규직 근로자.

역사 밑 굴다리/ 노숙자들 여기저기 누워있거나 음식 먹고 있다. 동구, 코 막는‥.

무치	(E) 김씨. 50대로 추정. 노숙자로 신원 미확인 상태.

조미정 방 안/ 방안 둘러보는 홍주. 컴퓨터 화면에 조미정 먹방 채널 보는

무치	(E) 조미정. 20대 초반 대학생. 먹방 유투버로 활동!!!

치국 병실/ 치국이, 누워있고 간호하고 있는 엄마 모습 보이고

무치	(E) 나치국 20대 중반. 무진구치소 교도관. 유일한 생존자로 의식불명 상태

각자 조사해놓은 내용, 보드에 적으며 서로 보고하고, 회의한다. 그 위로 시간 오버랩… 서로 각 사건의 현장 사진 등 돌려본다. 무치, 머리 싸매고 있고‥ 탁자 위 플립시계 시간 찰칵찰칵 바뀌고‥

S#95   바름의 집- 거실/ 새벽+밤

자료와 사진 등 잔뜩 붙어있는 보드 앞에 서서 뚫어져라 노려보고 있는 무치. 떡진 머리에 수염도 거뭇거뭇 자라있다. 거실 밖, 동 터온다. 무치 뒤, 소파 테이블에는 라면 피자 박스 등등‥ 쓰레기들 잔뜩 어지럽혀져 있고, 바름, 동구, 홍주 소파. 거실 등에 엎드려 자고 있거나‥ 새우잠 자고 있다. 무치, 계속 보드 보다 문득 돌아보면 홍주 구석에서 새우잠 자는‥ 무치. 이불 들고 나와 홍주 덮어주고, 물끄러미 보다 문득 그 옆, 플립시계에 시선 가는데, 금요일 새벽 6시 가리킨다. 미치는 무치. 다시 보드 앞으로 가 고민하는.

⟨시간 경과⟩ 플립시계 금요일 밤 8시 가리킨다. 보드 앞에 서 있는 무치 거실 밖으로는 어느새 밖은 어두컴컴하다.

홍주	(통화 중인) 네 알겠습니다. 국장님. (전화 끊고) 고 형사.
무치	(눈 빨갛게 충혈돼서 돌아보면)
홍주	8시야‥ 방송 두 시간 전이라고…. (후‥) 다‥. 끝났어‥
무치	(절망적인) 으아악!!! (분해서 어쩔 줄 모르고 보드 막 때려 부수는)
비하인드 ≫ 바름	(그런 무치의 흥분한 모습 재밌다는 듯 지켜보는)

S#96   봉이네 집- 거실/ 밤

어두운 방 안 누워있는 봉이, 힘들게 일어나 불 켜면, 밥상 차려져 있다. 밥상 위에 보온병과 그릇 놓여있고‥ 쪽지 붙어있다.

바름	(E) 전복죽 끓여봤어. 맛없어도 내 정성 생각해서 거르지 말고 꼭 먹어.

봉이, 입맛 없다. 밥상 옆으로 치우고, 리모컨 들어 TV 켜고 볼륨은 줄인다. 주변 둘러보는데 여기저기 할머니 물건들 고스란히 보인다. 순간 울컥하는 봉이. 안 되겠는지, 눈물 쓱 훔치더니, 씩씩하게 할머니 짐 박스에 담기 시작한다. 장롱 문 열고, 박스에 옷들 넣는데, 이불 밑 수첩 사이에 신문에 야무지게 싸여진 무언가 보인다. 뭔가 싶어 풀어보면 반짝반짝 빛나는 새 칼이다.

봉이   뭐야··? 왜 여기다 칼을···. (하다가 수첩 넘겨보다, 비뚤비뚤 철자 틀린 할머니 필체의 글씨. '*년 *월 *일 강덕수 출소' 적혀있는)

플래시 컷/ 법정 복도 화장실 앞에 얼어붙은 채 서 있는 어린 봉이.
강덕수   (수갑 찬 채 끌려가며 봉이에게 소리치는) 나중에 꼬옥~ 다시 보자, 아가
봉이할매 (화장실에서 나오다) 저, 저 쳐 죽일 놈의 새끼···
봉이   (그 자리에서 바들바들 떨며 오줌 싸면)
봉이할매 (봉이 꼭 끌어안으며) 괜찮혀. 괜찮혀·· 저 시끼 다신 너 못 볼 겨. 할미가 다신 네 앞에 못 나타나게 할겨·· 긍게 걱정흐지 마···.

봉이   (끄윽끄윽 우는) 할머니·· 할머니···.

흐느끼는 봉이의 어깨너머 TV에는 〈셜록 홍주〉 오프닝 타이틀 뜬다.

S#97   TV 화면 속 + 〈셜록 홍주〉 메인 세트/ 밤 (서서 진행)

오프닝 타이틀 끝나면, 홍주 〈셜록 홍주〉 세트에 서서 오프닝 멘트 시작한다. 머리 세팅이나, 옷차림 등 뭔가 준비 안 된 듯 어수선하고 어딘가 불안정해 보인다.

홍주   오늘 〈셜록 홍주〉에서는 지난주 예고대로 다이어트 마약 현주소에 대해··

〈 방송화면에서 스튜디오로 〉

홍주   방송하려 했으나! 오늘은 긴급 특별생방송을 진행하겠습니다! 지난주 전

국을 떠들썩하게 했던 연쇄살인범의 전화를 다들 알고 계실 겁니다. (동시에 모니터 화면에 live 반짝거리며)

인서트/ 거리 전광판/ TV 앞‥/ 핸드폰 화면 보는 등‥ 치국 간호하다 놀라보는 치국母. 병원에서 보는 수정母‥ 등등‥

홍주   범인이, 아이의 목숨을 담보로 본 방송을 요청했습니다. 많은 분들이 반대했고, 저희 역시 방송을 그만두려 했습니다. 하지만 한국이 어머니의 간절한 부탁이 있었고, 우리는 그 부탁을 외면할 수 없었습니다‥.

한국母, 스튜디오 밑에 마련된 의자에 앉아있는 모습 카메라 비춘다.

홍주   그래서 우리는 그의 쇼에 기꺼이 참여하기로 했습니다. 그가 지목했던 사건 담당 형사, 고무치 경삽입니다!!! (돌아보면)

나오는 무치‥ 머리도 차림도, 엉망에 세수도 안 한 듯 푸석하다. 그 위로 경찰 사이렌 소리 들리고‥.

S#98   준성의 빌라 앞 + 안/ 밤

끼익 서는 신형사의 차. 다급히 내려서 폴리스라인 걷고 헐레벌떡 안으로 뛰어 들어가는 신형사. 거실 바닥에 엎드린 채 죽어있는 준성. 거실 통유리 창에 피로 그려진 십자가 향해, 중지 꺾여있다.

검시관   (신형사 보며) 사망한 지, 사나흘쯤 된 거 같은데요‥.

신형사, 준성의 손에 차고 있는 멈춰 있는 손목시계 보는데, 20일 (월요일-무치 수사 발표하던 시각)이다.

신형사   20일‥ 저녁 8시 5분이면‥ 고선배님 수사 발표하던 시간인데‥? 그럼 김준성을 살해하고 나서‥ (틀어져 있는 TV보며) 여기서‥ 고선배한테 전화‥?

S#99   스튜디오 〈셜록 홍주〉 메인 세트)/ 밤

홍주   (무치 보며) 단도직입적으로 묻겠습니다. 고무치 형사님!
무치   (보면)
홍주   답 찾아내셨습니까? 한국이‥. 살릴 수 있는 겁니까?

인서트/ 시민들. 긴장해서 보는.

무치   (잠시 뜸 들이는 듯‥)
홍주   다시 묻겠습니다. 답‥ 찾으셨습니까?
무치   찾았습니다!!!

인서트/ 거리 - 반대피켓 들고 있던 시위대도 어? 하고, 시민들 안도하며 기뻐한다.

홍주   그렇다면 과연 범인이 왜! 하필! 그 피해자들을 선택한 건가요?
무치   답을 말하기 전에 확인할 게 있습니다. (정면으로 카메라 보며) 보고 있지?

인서트/ 불 꺼진 거실에서 TV 보고 있는 요한.

무치   니가 왜 그 피해자들을 선택했는지 대답하라고 했지? 듣고 싶음 그 전에
         니가 정말 너인지부터! 한국이가 살아있는지부터 증명해! 그래야 게임
         이 공정하잖아? (핸드폰 보여주며) 내 번호 알지? 그러면 나도 네가 도대체
         왜! 그 사람들을 죽였는지, 정확히 말해 줄 테니까.

비하인드 〉〉
#99-1. 바름의 집/ 밤

바름   (TV 속 무치 보며) 시키는 대로 잘하네? (소리 내어 크크크크 웃는)

S#100   요한의 집 거실 + 지하/ 밤

TV 속 무치의 얼굴을 보는 알 수 없는 표정의 요한, 거실 가로질러 지하로 향한다.
계단 내려오는 요한. 지하 방 앞에 서자, 주머니에서 열쇠 꺼내 구멍에 꽂는.

S#101   어딘가/ 밤

어두컴컴한 방안. 고트맨 가면 쓴 아이(한국이 실종 당일 입은 옷) 의자 뒤로 손 묶인
자세로 앉아있다. 문고리 돌아가는 소리에 반사적으로 문 쪽으로 고개 돌리면! 끼익
문 열리고 들어서는 발. 붕대 감고 있다. 서서히 올라가면 깁스한 다리와 목발! 바름
이다!!!

the END-

제 5 부

S#1   바름의 집 어딘가/ 밤

의자 뒤로 손 묶인 채 고트맨 가면 쓴 아이, 바들바들 떨며 앉아있는 아이 위로.

바름   (E) 그렇게 날 못 믿어서야 섭섭하군. 어때? 이제 믿어 주겠어?

카메라 서서히 아이에서 아이 맞은편으로 옮기면. 아이 앞 의자에 앉아있는 바름!
바름, 핸드폰 (음성변조 앱 기능) 입에 댄 채 말하고 있다.

바름   잊지 마. 정확히 방송이 끝나는 시각이야. 그때까지 내가 이 아일 왜
         죽이는지 말 못하면, 이 아인, 지 엄마한테 돌아가지 못한다구.

바름 뒤로 카메라 불빛 깜빡거리다 암전되며 타이틀 뜬다.

마 우 스

S#2   바름의 집 인근/ 밤

헬멧 쓴 퀵서비스에 USB 든 봉투 주는 바름, 가는 오토바이 의미심장하게 보는.

홍주   (E) 유가족들의 동의하에 피해자의 얼굴과 실명을 오픈하기로 했습니다.

S#3   스튜디오 (〈셜록 홍주〉 메인 세트)/ 밤

스튜디오에 사건 희생자들 사진 떠 있다. 노숙자 김씨만 몽타주로-

홍주   (카메라 받으면) 한국이를 구하고, 범인 검거를 위해, 무엇보다 제보가 중요
           하다는 사실을 알고, 유가족 여러분들께서 어려운 결단! 해주셨습니다.

인서트/ 보고 있는 시민들/ 심란한 얼굴로 보는 수정母, 치국母 등등‥/
고통스러운 표정으로 TV 보던 지은, 송수호 사진보고, 낯익은 듯‥ 갸웃하는

S#4   두석의 집 욕실 + 거실/ 밤

흙투성이로 엉망인 아내 얼굴 빡빡 씻기고 있는 두석.

두석   (씻기며) 왜 또 흙 만졌어‥? 오늘도 산에 간 거야?
부인   (묻은 흙 보며) 지지‥지지‥ (하다 중얼거리는) 없어‥ 우리 아가 없어‥
두석   (그런 아내의 모습 짠한 얼굴로 보는)

씻긴 아내 데리고 나오는 두석. TV 속 무치 보고 놀랐다 이내 안타까운 표정 되는.

S#5   스튜디오 (메인 세트 + 서브 세트)/ 밤

홍주   (몽타주 보며) 다만 노숙자 김씨의 경우, 아직 신원이 밝혀지지 않아 시신
           의 얼굴 골격과 주변 노숙인들의 진술을 토대로 몽타주를 작성했습니다.

인서트/ 노숙자 김씨 몽타주 보고 있는 고아원장. 몽타주 보며 갸웃하는…

홍주   시청자 여러분. 그 어떤 사소한 제보라도 좋습니다. 제보할 내용이 있으
           시면 주저 말고 연락 바랍니다. (전화번호, 라이브 톡 주소 등 나간다. 무치 쪽
           돌아보며) 고무치 경사님. 이번 연쇄살인 사건에, 특징이 있죠?

한편에 수사실처럼 꾸며진 서브 세트. 사건 수사 보드판 배경처럼 설치.

무치   네. (십자가 사진 가리키며) 사건 현장 주변엔 모두 십자가가 있었고,

인서트/ 사건 현장 주변의 십자가들/ 각 피해자들의 꺾인 가운뎃손가락.

무치   (E) 피해자들의 가운뎃손가락이 모두 십자가를 향해 꺾여 있었습니다. 범인
           은 극도로 신을 증오하거나, 신에 대한 거부감이 강한 인물로 추정됩니다.
홍주   경사님께서 체육관장 송수호씨와 변순영씨 살해범이 동일범이라 추정하
           셨는데, 사실로 드러나지 않았습니까?
무치   그렇습니다.
홍주   또한, 송수호씨는 원한에 의한 살인이었지만, 변순영씨 경우, 무작위 살
           인이며, 이후 계속해서 무작위 살인이 발생할 거라고도 했었죠?
무치   (끄덕) 그렇습니다. 이번 연쇄살인 사건 피해자들 7명 중 송수호씨와 자신
           의 신원이 노출되자 살해한 걸로 추정되는 구동 70대 노인. 이 두 피해자를
           제외한 5명의 살인 및 살인미수 사건은 무작위 범행으로 확신했습니다.
홍주   그런데 범인이 경사님께 직접 전화를 걸어 '이 5건의 범행이 무작위가 아
           니다'라고 스스로 밝힌 거죠?
무치   네. (사이) 범인과 통화 후, 저는 이 사건들을 전면 재검토했습니다. 사는
           지역, 학교, 직장, 고향 등 연관 관계를 샅샅이 뒤졌지만, 피해자들 간에
           는 그 어떤 접점도 발견되지 않았습니다.

S#6   유흥주점 주방/ 과거 (화면 색깔 빼고/ 혹은 흑백화면)/ 밤

싱크대 가득 쌓여있는 그릇들. 설거지하느라 정신없는 변순영.

무치   (E) 그러다, 그동안 너무 사건, 그 자체만 집중했던 게 아닌가 생각이 들어
              피해자들의 주변을 처음부터 다시 살펴봤습니다.

마담   (답답한 표정으로 팔짱 낀 채, 문 앞에 기대) 장대표가 딱 한 잔만 마시고 싶
              대잖아. 그 인간 건물이 몇 갠 줄 알아? 그냥 눈 딱 감고 옆에 앉아서…/

순영   (버럭) 싫다구요! 굶어 죽으면 죽었지 우리 민지한테 부끄러운 짓 안 해요!

마담   그래! 그 몸뚱이 아끼다 어디 한번 굶어 죽어봐!

아가씨(혜원)   싫다는 사람한테 왜 이래요, 정말. (억지로 마담 데리고 나가는)

마담   (혜원에게 끌려가며) 너만 굶어 죽냐? 니 딸내미도 같이 굶어 죽지!

순영, 속상함도 잠시 손님 남긴 음식 중 깨끗한 것 골라 봉지에 급히 담는 위로.

무치   (E) 피해자 변순영씨는 남편과 사별 후, 유흥주점 주방에서 일하며,

S#7   변순영의 집 안/ 과거 (색 빠진 화면에서 정상 화면으로)/ 밤

식당에서 가져온 밥, 그릇에 덜어 딸(민지)에게 먹이고 있는 순영. 입가 닦아주는/

무치   (E) 어린 딸을 키우며 힘들게 살던 싱글 맘이었습니다.

〈현재〉 어느새 텅 빈 방 둘러보는 무치, 한 눈에도 가난에 찌든 살림살이다. 순영
과 딸이 찍은 액자 들어보는데, 그 옆, OBN 로고 박힌 탁상시계 스치듯 보인다.
인서트/ 라디오국- 피디, 화면 속 변순영 사진 보는데, 순영 뒤, 얼핏 서랍장 위, 배경
으로 보이는 탁상시계 보고는 어? 저거…? 하는 표정 짓는

S#8   제철공장/ 과거 (색 빠진 화면)/ 밤

컨베이어 벨트에서 작업하면서 꾸벅꾸벅 조는 박종호(20대).

무치   (E) 피해자 박종호씨는 밤낮없이 일하던 비정규직 청년이었습니다.

박종호, 주머니에서 커피믹스 꺼내더니 물도 없이 가루 째 입에 털어 넣는 위로

무치   (E) 그에게 커피란‥ 기호식품이 아니라, 졸음을 이겨 내기 위한 생존의
           도구였습니다.

〈점핑〉 폐공장/ 피 흘리며 죽어있는 박종호 손에 들린 커피믹스 뺏어 드는 손.

무치   (E) 전리품인 양, 피해자의 가장 소중한 물건을 가져갔던 범인은 박종호
           에게 커피가 어떤 의미인지 잘 알고 있었을 겁니다.

S#9   몽타주/ 밤

허 끌끌 차는 사람들. '박종호 개처럼 일만 하다 개죽음.' 살인마 새끼 불쌍한 인간
들만 죽임 등등‥ 바쁘게 자판 치는 손들, 쏟아지는 라이브 톡들! 계속 오버랩되는
데… 그때, '개미군의 흙수저 탈출기' 블로그 링크 올리는 누군가의 (사내의) 손.

비하인드 》

9-1   거리/ 밤

걸으며 핸드폰으로 실시간 댓글 반응 즐기는 바름. '개미군의 흙수저 탈출기'
블로그 링크 복사해서 댓글 창에 올린다.

S#10   스튜디오 (메인 세트 + 서브 세트)/ 밤

메인 세트/ 실시간 라이브 톡 체크 중인 홍주 위로 무치 멘트 계속 들리고‥

무치 　　(E) 그리고 유일한 생존자인 교도관 나치국씨는…

인서트/ 병원, 호흡기 달고 누워있는 치국

〈현재〉 홍주 라이브 톡 보는데, 박종호가 개미군? '어쩐지 웬일로 블로그에 글 안 올라온다 했더니‥' '죽어서 못 올렸구나. 흑흑‥!!' '개미군 글 보면서 위로를 받았는데‥' 개미군? 홍주, 누군가 올려놓은 링크 누르면 '개미군의 흙수저 탈출기' 블로그 뜬다. 〈게으른 자여. 먹지도 마라!〉 글귀와 동시에 박종호 사진들과 다이어리 글들 올라와 있다. 그 옆 우수파워 블로그 별 달려있고, 하루 방문자 5만 명이 넘는다.

비하인드 ≫
10-1　구동 공원/ 밤

한적한 공원으로 핸드폰 (방송화면) 보며 걸어 들어오는 바름. 산책로 인적 없자, 집고 있던 목발 빼고 성큼성큼 걷는다. 인근 벤치에 자리 잡고 앉는다. 벤치에 방송 보던 핸드폰 내려놓고, 주머니에서 다른 핸드폰(대포폰) 꺼내 전화하는.

오작가 　　(F) 네. 셜록 홍주입니다.
바름 　　수고하십니다. 범인에 관련된 중요한 제보가 있어서요.
오작가 　　(F) 네, 말씀하세요.
바름 　　아니, 최홍주 피디한테 직접 얘기하고 싶은데요.
오작가 　　(F) 일단 저희한테 말씀해 주시면 확인하고‥
바름 　　(OL) 그럼 됐어요. 별로 안 급하신가 봐요? 진짜 중요한 정보였는데. 어쩔 수 없죠.
오작가 　　(F) 아, 잠시만요. 진짜죠…? 연결할게요.
바름 　　이거 전국에 나가는 건데, 음성변조는 당연히 해주는 거죠? 범인이 제 목소리 알아듣기라도 하면‥ 큰일이잖아요.

서브 세트/

무치   그리고 (몽타주 보며) 신원이 밝혀지지 않은 피해자 김씨는 주변 노숙인들
        사이에 인기 많은 인물이었습니다.

인서트/ #5 고아원장, 뭔가 확신하는 듯 일어나, 앨범 꺼내 급히 넘기기 시작하는

메인 세트 실시간 라이브 톡 계속 확인 중인 홍주의 인이어에 들리는 소리.

오작가   (E) 중요한 제보가 들어왔어 최피디한테 직접 하겠다는데… 연결해? 근
        데 목소리 음성변조 요청! 범인이 자기 목소리 알까 무섭다고.
홍주   (OK 사인하는)

서브 세트/ 카메라 스튜디오에 걸려있는 깡마른 체구의 조미정 사진 보여주는

무치   조미정씨는 몸무게 40kg가 채 안 되는 왜소한 체구의 대학생이었습니다.

S#11   조미정의 방안/ 과거/ 낮 (역시 현재와 차별되는 색 처리)

방 둘러보는 홍주. 컴퓨터에 먹방 화면 떠 있고 주변에 캡처한 사진들 붙어있다.
컴퓨터 화면 켜지면, 애도 글 계속 올라오고 있다.

무치   (E) 집안 형편이 어려웠던 조씨는 학비 마련과 가족의 생계를 위해 인터
        넷 방송에서 먹방 크리에이터를 했습니다.

책상 서랍 열어보는 홍주. 서랍 안에 약통들 들어있다. 약통 들어서 보다 책상 밑, 플
라스틱 양동이 하나 놓여있다. 뭔가 들여다보다, 역한 냄새에 휙 고개 돌리는.

S#12   스튜디오 (메인 세트 + 서브 세트)/ 밤

화면, 스튜디오에 걸려 있는 여대생 조미정 사진으로 넘어오고 그 위로.

무치   (E) 이렇듯 피해자들 모두 사회적 약자이자, 선한 시민들이었습니다.

인서트/ 화면 속 조미정 사진 찜찜하게 보고 있던 깡마른 20대 여자. (#69 등장) 핸드
폰 들어, 화면 하단에 흐르는 연락처 자막 보며 누를까, 말까 망설이는

홍주   계속해서 제보 전화가 들어오고 있는데요. 연결해보도록 하겠습니다.

인서트/ 달리는 오토바이. 퀵서비스맨의 가방에, 바름이 건넨 봉투 꽂혀있다.

홍주   (연결되자) 네. 사건에 관한 중요한 제보가 있으시다구요?
제보자1   (F) (음성변조/공손한) 사건 말고. 고무치 형사님한테 물어볼 게 있어서요.
무치   ?
제보자1   (F/껄렁해지는) 단도직입적으로 물을게요. 고무치 형사님! 본인이 지금 그
          자리에 설 자격이 있다고 생각하세요?
홍주   (황급히) 저기, 사건과 상관없는 통화는/
제보자1   /(F) 형사님 도박장 들락거리고, 범죄자들한테 뒷돈 받는단 소문 있던데··
무치   (표정 굳는/ 카메라 무치 쪽 잡는/ 화면에 무치 1S으로 보인다)
제보자1   (F) 맞나요?
무치   (홍주 쪽 한번 보고 시침) 어디서 무슨 말을 들었는지 모르지만, 근거 없는/
제보자1   (F) 뭐 그렇다 치고. 그럼 헤드헌터 사건 유가족이란 소문은요?
무치   (순간 말 잇지 못하고)
홍주   (역시 당황하다, 순간 촉 온다) 음성변조 풀어.
오작가   뭐? 하지만 제보자와 음성변조 하기로 약속한 건데….
홍주   저 자식 수상해. 내가 책임질 테니까 빨리 풀어!
제보자1   (음성변조 E/ 짜증 섞인) 아, 물어보잖아요. 내 말이 맞냐니까요?
무치   (애써 침착하게) 그게 이 사건이랑 무슨 상관입니까?
제보자1   (음성변조 E) 아, 소문이 맞나보네··
홍주   얼른 풀라구!
오작가   (E) 풀었어! 풀었는데·· 저 자식이 이미 음성변조를 하고 있어.
홍주   뭐? (무치 보면)
제보자1   (E) 헤드헌터가 형사님 눈앞에서 엄마 목을 잘랐다면서요. 충격이 크셨겠다.

무치	(주먹 꽉 쥐고 꾹 참는)
홍주	(그런 무치 보는 데 가슴 아픈) 발신번호 확인해. 얼른!
제보자1	(E) 참 얼마 전에 옥상에서 투신했단 그 자매 망치로 때려죽인 살인범이요. 진짜 뛰어내린 거 맞아요? 혹시 형사님이 민 거 아니에요?
무치	(꾹 참고 입술 잘근 깨무는) ··아닙니다!
제보자1	(E) 흐흐흐 농담이에요 농담. 당연히 아니시겠지. 설마 형사가 사람을 죽이겠어요? 그래도·· 마음속으론 수십 번 수백 번 밀고 싶으셨죠?
무치	(대꾸하지 않는)
제보자1	(E) 대답을 못 하시네… 침묵은 뭐다? 긍정이다?
무치	(숨 가빠지지만 애써 참는)

인서트/ 홍주, 시민들 불안한 표정으로 무치 모습 화면 통해 지켜보고 있는.

제보자1	(E/계속 깐죽대며) 그죠? 이 방송도 그놈 찾아서 죽이는 게 목적이죠? 사실, 아이는 죽든 말든 안중에도 없잖아요. 그죠?
무치	(입술 잘근 깨물고 두 주먹 꼭 쥐고 대꾸 않는)
제보자1	(E) 어쭈 잘 참는데? 흐흐흐 제가요 왜 이런 전활드렸냐면요, 걱정돼서 그래요 걱정. 살인범만 보면 감정조절도 안 되는 분이 남의 귀한 아들 구하겠다고 이런 방송을 한다는 게··
무치	(더 참지 못하고) 걱정? 니 걱정이나 해. 미친 새꺄!!! 이런 개 쌍눔의!!!
홍주	(미치는/ 부조에 대고) 끊어! 얼른!
제보자1	(E) 어? 지금 욕하신 거예요? 와··시청자의 충심 어린 직언에도 이렇게 흥분하시는데, 범인 앞에선 어쩔지··누구보다 침착하고 냉정해야 할 분이/

/스튜디오에 끊긴 전화 소리 울리고. 분한 표정의 무치 모습 카메라에 담긴다.

비하인드 >>

#12-1　구동 공원 독립 씬 (#12와 실시간)

낚아채는 바름. 바름, 손에 쥔 잠자리 텅 빈 눈으로 보더니, 날개부터 다리 하나하나 떼어내기 시작하는. 마지막 남은 몸통과 머리. 머리 떼려는 순간 벤치에 내려놓은 핸드폰(대포폰)에서 홍주 목소리 들린다.

홍주   (F) 네. 사건에 관한 중요한 제보가 있으시다구요?
바름   (잠자리 휙 던지고 핸드폰 들고 공손하게) 사건 말고. 고무치 형사님한
       테 물어볼 게 있어서요. (다른 폰으로는 방송화면 보며 통화하는데 무
       치 화면에 잡히자, 껄렁하게) 단도직입적으로 물을게요. 고무치 형사
       님! 본인이 지금 그 자리에 설 자격이 있다고 생각하세요? 형사님
       도박장 들락거리고, 범죄자들한테 뒷돈 받는단 소문 있던데‥

핸드폰 속 방송 화면/ 무치 굳은 표정이 1S으로 뜨고.

바름   맞나요?

화면/ 카메라 밖으로 시선 주던 무치, 다시 카메라 보며

무치   (F) 어디서 무슨 말을 들었는지 모르지만, 근거 없는/
바름   /뭐 그렇다 치고. 그럼 헤드헌터 사건 유가족이란 소문은요? (하고 기다
       리는데 한참 말이 없자, 짜증 섞인) 아, 물어보잖아요. 내 말이 맞냐니까요?

화면/ 당황한 무치 애써 침착하게

무치   (F) 그게 이 사건이랑 무슨 상관입니까?

바름, 심드렁한 표정으로 통화 이어가고.

바름   아, 소문이 맞나보네‥ (답이 없자, 기다리곤 비아냥거리듯) 헤드헌터
       가 형사님 눈앞에서 엄마 목을 잘랐다면서요. 충격이 크셨겠다.

화면/ 주먹 꽉 쥐고 화 참는 무치.

바름   (그 모습에 더 자극하고 싶은) 참 얼마 전에 옥상에서 투신했다는 그
      자매 망치로 때려죽인 살인범이요. 진짜 뛰어내린 거 맞아요? 혹
      시 형사님이 민 거 아니에요?

화면/ 입술 잘근 깨무는 무치

무치   (F/참으며) 아닙니다!
바름   (그런 무치 보는 게 재밌는) 흐흐흐 농담이에요 농담. 당연히 아니시
      겠지. 설마 형사가 사람을 죽이겠어요? 그래도·· 마음속으론 수
      십 번 수백 번 밀고 싶으셨죠?

화면/ 화를 참으며 대꾸하지 않는 무치

바름   (더 도발하고 싶은 충동 느끼는) 대답을 못 하시네··· 침묵은 뭐다? 긍
      정이다? 그죠? 이 방송도 그놈 찾아서 죽이는 게 목적이죠? 사실,
      아이는 죽든 말든 안중에도 없잖아요. 그죠? (대꾸하지 않고 참는 무
      치 보며 픽 웃는) 어쭈 잘 참는데? 흐흐흐 제가요 왜 이런 전활드렸
      냐면요, 걱정돼서 그래요, 걱정. 살인범만 보면 감정조절도 안 되
      는 분이 남의 귀한 아들 구하겠다고 이런 방송을 한다는 게··

화면/ 더 참지 못하고 폭발하는 무치

무치   (F) 걱정? 니 걱정이나 해. 미친 새꺄!!! 이런 개 쌍눔의!!!
바름   (멈칫) 어? 지금 욕하신 거예요? 와·· 시청자의 충심 어린 직언에
      도 이렇게 흥분하시는데, 범인 앞에선 어쩔지··누구보다 침착하
      고 냉정해야 할 분이 (하는데)

뚜뚜뚜 전화 끊어진 소리 들린다. 피식 웃는 바름. 화면 속 무치, 분해 씩씩거
리는 표정으로 서 있는 모습 보이고.

바름   (화면 만족스럽게 보며) 몸풀긴 이 정도면 됐고, 슬슬 본격적인 게임

을 시작해볼까? (일어나서 가는)

S#13　몽타주/ (거리 + 화면들)/ 밤

화면 속 무치 보고 있는 시민, 동시에 라이브 톡 내용. '고무치', '헤드헌터' 검색하는 손들. 오성 캠프장 관련 기사들 뜨고. 고무치 형사 헤드헌터 유가족? 불쌍하다 vs 흥분하고 욕하는 형사. 방송 자격 없다! 팽팽한 의견들. '한국이가 위험하다', '한국이 살릴 형사로 교체하라' 등 게시판에 글 도배된다.

S#14　부조 (〈셜록홍주〉 부조정실)/ 밤

빗발치는 항의 전화에 정신없는 작가들. '네‥ 알겠습니다.', '그렇게 전달하겠습니다.' 난감한 표정. 모니터 속 무치 보며, 열 받은 얼굴로 씩씩거리고 있는 국장.

작가　　(경찰과 전화 끊고, 스튜디오 홍주 보며) 해외 계정 해킹한 거래.
국장　　(마이크에 대고) 고형사! 왜 헤드헌터 사건 유가족이란 말 안 했어?!!!

인서트/ 방송국 로비 앞 도착하는 퀵서비스. 오토바이 세워두고, 안으로 들어간다.

S#15　스튜디오 (메인 세트 + 서브 세트)/ 밤

국장　　(F/언성) 욕은 왜 하냐고? 여기저기서 고형사 끌어내리라고 난리야 난리! 당신 못 믿겠대. 당신 땜에 한국이가 더 위험하겠다고 당장 방송 중단하래. 게시판 폭파 직전이라고!!!! 어떡할 거요?

인이어에서 들리는 국장의 목소리에 입술을 질끈 깨무는 무치,

홍주   (듣다) 잠깐 끊어갈게요. 현장 연결 좀‥ (하는데)

무치   (E) 맞습니다.

홍주   (놀라 무치 보면)

무치   (잠시 숨 고른 후 카메라 정면 보며) 저는 25년 전 헤드헌터라 불리던 희대의 연쇄살인마에게 부모님을 잃었습니다.

인서트/ 시민들 긴장해서 보는(봉이, 수정母, 치국母 등)/ 잠든 아내 옆, TV 보던 두석도 슬픈 눈빛으로 보는

무치   기회만 된다면 제 부모님 죽인 그놈, 제 손으로 직접 죽이고 싶습니다. 솔직한 심정입니다. (사이) 당연합니다. 제가 단지 개인적 복수심에 헤드헌터 같은 범죄자를 잡아 죽이고 싶어 이 방송을 한다고 생각하실 수 있습니다.

홍주   (가슴 아프게 보는)

무치   하지만 믿어 주십시오. 제가 이 방송을 하는 목적은 오직! 한국일 살리기 위함입니다. 현재로선 이 방송만이 한국일 살릴 유일한 방법이라 생각합니다. 방송, 계속할 수 있도록 도와주십시오. 잘못했습니다. 감정에 휘둘리지 않겠습니다. 약속드리겠습니다.

인서트/ 무치 깊숙이 고개 숙인다. 그 모습 보고 있는 시민들도 숙연해지는…

〈현재〉 그때 스튜디오 문 빼꼼 열리고, 들어오는 퀵서비스1 (헬멧 쓰고 있다)

세트 (무대 위)/

홍주   (인이어로 듣고) 방금 범인이 보낸 것으로 추정되는 물건이 스튜디오에 도착했다고 합니다. 가져다주시겠습니까?

무대 위로 뛰어 올라가 봉투 전해주는 조연출. 홍주, 무치에게 봉투 넘기면 긴장한 얼굴로 봉투 받는. '고무치 형사님께' 적혀있다. 개봉하면 USB가 나온다. 무치 다급히 세트에 세팅된 노트북에 USB 꽂고 홍주와 화면 보는데 놀란 표정 짓는!!!

인서트/ 모니터 화면에 놀란 무치 얼굴 C.U. 시민들 그 모습 보며 웅성거린다.

홍주   아… 범인이 보낸 것으로 보이는 USB에 담긴 영상을 확인했습니다.
            미성년자나 심신 미약자는 시청을 삼가시기 바랍니다. (이어 엔터 치면)

스튜디오 LED 화면: 의자 뒤로 손 묶인 채 앉아있는 고트맨 가면 쓴 아이.

S#16   거리 + 택시 안/ 밤

교차로 대형전광판에 고트맨 가면 쓴 아이 영상 나오고. 경악하는 시민들의 술렁임
속, 신호대기 중이던 택시, 직진 신호 받고 유유히 지나간다.

택시 안/ 핸드폰 속, 아이 영상 보고 있는 바름. (표정 안 보이는)

비하인드 >>
16-1   택시 안/ 밤

택시 안, 뒷자리에 앉아 핸드폰으로 아이 영상 보고 있는 바름. 입꼬리 씰룩
올라간다.

S#17   OBN 방송국 복도/ 밤

헬멧 쓴 채, 폰 보며 걸어오는 퀵맨1, 마주 오던(역시 헬멧 쓴) 퀵맨2, 서로 스친다. 핸
드폰 보며 걸어가던 퀵맨1, 갑자기 걸음걸이 빨라진다.

비하인드 >>

#17-1   OBN 방송국 복도/ 밤

헬멧 쓴 퀵 복장의 동구 걸어가며

동구   아, 떨려… 제발 우리 작전이 먹혀야 할 텐데… (하는데)

맞은편, 핸드폰 보며 걸어오는 퀵맨1, 동구 옆 스쳐 간다. 동구 무심코 돌아 보면, 퀵맨1 다급하게 가는 모습 보인다.

S#18   스튜디오(메인 세트 + 서브 세트)/ 현재/ 밤

LED 백판에 떠 있는 동영상. 고트맨 가면 쓴 아이 보이고, 그 위로…

프레데터   (E/변조) 이제 믿어 주겠어? 정확히 방송이 끝나는 시각이야. 그때까지 이
            아이가 죽는 이유를 말하지 못한다면, 평생 잊지 못할 쇼를 보게 될 거야··

비하인드 >>
#18-1   바름의 집- 지하실/ 밤

눈앞에 고트맨 가면 쓴 아이-한국이 이복동생- 앉아있다.

바름   (아이 찍는 카메라 뒤에서) 이제 믿어 주겠어? 정확히 방송이 끝나는
            시각이야. 그때까지 이 아이가 죽는 이유를 말하지 못한다면 평
            생 잊지 못할 쇼를 보게 될 거야.

인서트/ 부조/ 시청률 가파른 상승세, 60%를 넘기는 순간 쾌재를 부르는 국장
찜질방 등등··/ '세상에·· 저 져 쳐 죽일 놈··!' 흥분하는 시민들

홍주	이 영상을 보낸 자가 진범인지 아직 단정할 수 없습니다. 아이가 가면을 쓰고 있기 때문에 이 아이가 정말 한국이인지 알 수 없기 때문입니다.
무치	(뭔가 이상하다는 표정 짓는)
홍주	(실종일 한국과 영상 속 아이 화면 분할되면) 한국이가 실종 당일에 갖고 있던 고트맨 가면과 입고 있던 복장 그대롭니다. 이것으로만 판단하기에 섣부르니, 한국 어머니께 확인해 보겠습니다·· (화면 보고 있는 한국母에게) 영상 속 저 아이, 아드님 맞습니까?

인서트/ 긴장하며 보는 시민들.

스튜디오 무대 세트 아래/

한국母	(화면 속 고트맨 아이 뚫어지게 보다) 맞아요… 우리 한국이.

인서트/ 지켜보던 시민들 탄식하고… 세상에·· 그래도 아직 살아있네 등등…

〈**현재**〉 그때 스튜디오 문 열고 들어오는 퀵맨2, 보고 왜 또 왔지? 의아한 조연출

퀵서비스2	이거·· 여기 갖다 달라고…. (건네며 고개 들다 LED 보고 멈칫) 뭐야 저거··?
조연출	(퀵2에게서 받은 봉투 보는데, 또 고무치 형사 앞이라 쓰여 있다)
홍주	(세트 아래, 앉아 있는 한국母 보며) 확실한가요?
한국母	(한국말 서툰) 내 아들 나·· 알아요. 우리 한국이 맞아요.
홍주	그렇군요. (하는데 인이어로 들리는 조연출 목소리)
조연출	(F) 형사님 앞으로 또 퀵이 왔는데요?

홍주,무치	(반사적으로 고개 들어 조연출 쪽 보는데!!!)

헬멧 벗는 퀵2, 다름 아닌 동구다. 놀란 얼굴로 화면 보는 동구, 보고 역시 놀라는 무치와 홍주. 순간 무치 핸드폰 진동 울린다. 발신자 정순경 확인하고 후다닥 받는

비하인드 >>

#18-2 택시 안/ (#16. #16-1과 동일 연결 씬)

대포폰으로 실시간으로 방송 보고 있는 바름. 여유롭게 다른 핸드폰(진짜 본인 핸드폰) 꺼내 무치 번호 찾아 누르는. 받으면 일부러 다급히!

S#19 택시 안 + 스튜디오/ 밤

바름 (다급히) 그, 그거, 제가 보낸 거랑 달라요!
무치 뭐? 그게 무슨 소리야?!

S#20 바름의 집- 거실/ 과거 (4부 #95에 이어)/ 밤

< **8시. 방송 시간 2시간 전** > 자막 뜬다.

홍주 8시야·· 방송 두 시간 전이라고… (절망스러운) 다 끝났어…
무치 으아악!!! (분해서 어쩔 줄 모르고, 칠판 막 때려 부수고 씩씩거리는)
홍주,동구 (안타까운 마음으로 보는)/
바름 (E) 해요. 방송
무치 뭐? (놀라 멈추고 바름 돌아보는)
바름 (눈 반짝이며) 도박 한번 해 봐요, 우리! 밑져야 본전이잖아요.
홍주 무슨 소리예요?
바름 놈을 유인하는 거예요. 예전에 뉴스에서 어떤 살인마가 자기가 저지른 살인을 다른 살인마가 한 걸로 보도되니까 엄청 열 받아 한 걸 본 적 있어요.
홍주 그랬죠. 그런 놈들은 과시욕이 엄청나서 자기가 한 짓을 다른 사람이 한 걸로 세상의 스포트라이트를 받으면 못 견디니까….
바름 그래서요·· 짝퉁을 만들면 어떨까요? 그놈 열 받게.

무치	짝퉁?
바름	가짜 한국이요….

S#21 바름의 집- 방안 (4부 엔딩 씬 장소)/ 과거 (방송 시작 전)/ 밤

그 사진 (놀이동산 속 한국의 모습) 내리면, 의자에 고트맨 가면 쓴 아이 앉아있다.

〈 9시. 방송 시간 1시간 전 〉 자막 뜬다.

동구	(아이 앞. 돌아보는) 어때? 감쪽같지? (가면 벗기면 한국 또래 다른 아이)
바름	(끄덕이며 들고 있는 놀이동산 속 한국이 사진과 비교한다) 옷이랑 가면을 그대로 입혀놓으니까 깜빡 속겠네. 체구도 같고…
무치	(구석에서 종이에 '이제 믿어주겠어? 정확히 방송이 끝나는··' 등 쓰다 고개 들어 아이 보며) 구동구 너 재주 좋다. 대체 어서 이런 앨 구했나?
동구	제 여친이 아역배우 연기학원 강사거든요.
아이아빠	우리 애가 또 겁먹은 연기를 워낙 잘하걸랑요. 현금 박치기 아시죠?
무치	(그런 아빠 마뜩찮게 보며) 비밀보장 부탁드립니다. (지갑에서 돈 꺼내주면)
아이아빠	어우 그럼요, 애 목숨이 달린 일인데 (신나서 얼른 돈 받아 챙겨 넣는다)
홍주	(걱정) 하실 수 있으시겠어요? 화면에 영상이 뜨면 제가 질문을 할 거예요.
한국母	(결연한) 우리 애 맞다고만 하면 되는 거죠?
홍주	네. 그렇게 대답하심 돼요. (시계 보며) 한 시간밖에 안 남았어. 가. 얼른.
무치	(종이에 쓰던 내용 마무리 짓고 바름에게 건네며) 잘할 수 있지?
바름	(나가는 무치와 홍주 향해) 네. 걱정 마세요.

〈점핑〉 바름의 집- 방 안/ 밤 (#1) 고트맨 가면 쓴 아이, 의자 뒤로 손 묶인 채 앉아있다. 그 앞 의자에 앉은 바름, 무치가 써 준 종이 외우고, 흠흠 목 가다듬고.

| 바름 | (핸드폰 음성변조 어플, 외운 거 그대로 읽는) 그렇게 날 못 믿어서야…. 섭섭하군·· 어때? 이제 믿어 주겠어? |

의자에 앉아 음성변조기에 대고 이야기하고 있는 바름, 뒤로 카메라 불빛 깜빡거리고, 카메라로 찍고 있는 동구 보인다.

〈점핑〉바름의 집 인근 거리/ 밤(#2) 퀵 옷 입고 오토바이에 탄 동구, 바름 오면 헬멧 쓴다. 바름, 봉투 건네면 동구 오토바이 출발하고, 의미심장하게 보다

바름   (무치에게 전화하는) 고형사님. 지금 출발했어요!

S#22   112 종합상황실/ 현재/ 밤

호남   (화면 속 멍한 무치 보며) 저 새끼 사람 대기 시켜 놓고 뭐 하는 거야, 지금!

호남, 주변 112 직원들, 컴퓨터 앞, 스탠바이 상태로 대형모니터로 방송 보고 있다.

S#23   택시 안/ 밤 (#19에 이어)

바름   (무치와 통화 중인) 그거 내가 보낸 영상 아니라구요! 달라요.

비하인드 ≫

#23-1   택시 안/ 밤 (#19에 이어)/ (#16, #16-1과 동일 연결 씬)

바름   (다급한 척 연기하며) 그, 그거, 제가 보낸 거랑 달라요!
무치   (F) 뭐? 그게 무슨 소리야?!
바름   그거 내가 보낸 영상 아니라구요! 달라요.
무치   (F) 뭔가 이상하다 했어. 퀵 서비스! 그 새끼야!!!
바름   (열 내는 무치가 재밌다는 듯 비죽이며 여유로운)

S#24   스튜디오 + 부조/ 현재/ 밤

무치   (핸드폰 귀에 댄 채 황망한, 중얼거리는) 뭔가 이상하다 했어‥ (분할 화면에 놀이동산 사진 한국 모습 보이고. 번뜩 정신 든 듯) 퀵서비스!! 그 새끼야!!

카메라 질러 정신없이 뛰어나가는 무치, 무치 돌발행동에 홍주와 스텝 당황하고‥
인서트/ 부조, 당황한 국장 "카메라 최피디 잡아, 얼른!"

동구   (그 모습 보고) 아씨 뭐가 어떻게 된 거야 (후다닥 무치 따라 뛰어나가는)
홍주   (카메라 보며, 수습하는) 아. 예 방금 범인으로 추정되는 사람으로부터 온 영상을 확인했는데요‥ 고무치 형사가 사실 확인을 위해 잠시 자리를 비웠습니다. 그럼 계속해서 제보 전화 받아보도록 하겠습니다.

S#25   방송국 앞 + 택시 안/ 밤

바름 탄 택시 도착하면, 퀵1 오토바이 나온다. 바름, 목발 짚고 내리며 오토바이 막으려는데, 아슬아슬하게 바름 칠 듯 지나치는, 반사적으로 오토바이 잡고 늘어지며 넘어지는 바름. 통증 느끼지만 퀵1과 몸싸움. 퀵1, 바름 발목 밟자 비명, 고통스러워하는. 퀵1 일어나 오토바이 타면 일어나 달려드는 바름, 출발하는 오토바이에 질질 끌려가는데, 뛰어나온 무치, 화단 발판 삼아 점핑! 몸 날려 퀵1 덮치는데, 넘어지며 몸싸움 끝에 퀵1 팔 꺾고 수갑 채워, 헬멧 확 벗기는 무치.

퀵서비스1   (겁먹은) 저, 저 아무것도 몰라요. 그냥 퀵이에요, 퀵! 회사에 확인해 보세요.
무치   근데 왜 도망쳐! 새꺄!!!
퀵서비스1   아! 쫄려서요! 배달하고 뉴스 봤는데 재수 없게‥ 범죄에 엮인 것 같아서‥

비하인드 >>

#25-1   방송국 앞/ 밤

수갑 찬 채 헬멧 벗겨진 퀵맨1, 겁먹고 "저, 아무것도 몰라요‥ 그냥 퀵이어 요…." 주저리주저리 얘기하는데. 그 모습 즐기는 듯 보는 바름.

〈점핑〉 퀵서비스1 잡고 있는 바름과 동구. 무치 전화 통화 끝내고, 돌아오며

무치　　대포폰이래. 근데 당신, 그 물건은 어떻게 받았어? 어?

퀵서비스1　그게‥ 심전역 보관함에 뒀다고….

무치　　심전역?

퀵서비스1　네 (눈치 살피며) 그럼 전‥ 이만 가도 되죠? (쭈뼛거리며 가려는데)

바름　　(뒷덜미 확 잡으며) 확인하고 보내드릴게요. (무치에게) 가서, CCTV 확인 하고 올게요. 고형사님은 얼른 들어가세요. 방송하셔야죠.

무치　　(바름 깁스한 다리 상태 걱정스레 보며) 괜찮겠어?

바름　　괜찮아요…. 이 정도로 안 죽어요. (해죽)

무치　　(동구에) 너도 같이 가. (바름에게) 확인하면 바로 연락 줘. (뛰어 들어가는)

비하인드 >>

#25-2　　방송국 앞/ 밤

퀵맨1이랑 뒤돌아 가려는 바름.

무치　　(동구 보며) 너도 같이 가.

바름　　(순간 인상 찌푸리다, 무치가 자신 돌아보자 얼른 인상 펴는)

무치　　확인하면 바로 연락 줘. (뛰어 들어가는)

S#26　　스튜디오 메인 세트/ 밤

홍주　　(진행 중인) 다음 제보 전화 받아보겠습니다. 여보세요?

제보자2	(F) 저기 그게 몽타주라 애매하긴 한데·· 그 노숙자요·· 아는 분 같아서요.

스튜디오 문 열리고 무치, 급히 들어온다. 카메라 피해 서브 세트로 올라가면서, 홍주와는 눈빛 교환, 계속해서 제보 듣는 무치.

홍주	(솔깃) 그래요? 어떻게 아시는 분인지, 자세히 좀 말씀해 주시죠.
제보자2	(F) 저희 고아원에 매년 후원해 주셨던 분 같은데··
	몇 년 전에 큰일 치르고 갑자기 사라지셨어요, 전 재산 몽땅 기부하고
무치	(대화에 끼어들며) 후원했음 혹시 같이 찍은 사진 같은 건 없어요?
제보자2	(F) 그렇지 않아도 마침 저희 원생들이랑 찍은 사진이 한 장 있더라구요.
무치	(다급히) 바로 좀 보내 주세요.

부조/

오작가	(다급히 사진 클릭하며 통화) 네 형사님. 지금 보냈습니다. 확인 부탁드려요

S#27   무진청- 과학수사계 몽타주 분석팀/ 밤

노숙자 김씨 화면 속 3D 몽타주(전체 윤곽이나 이미지)에, 신문에 난 사진 겹쳐서··
화면에 계속 사진과 몽타주 얼굴 맞추면서 돌다가, 잠시 후··· 일치 100% 뜬다.

S#28   스튜디오 메인 세트/ 밤

자판 치는 홍주 손. '김성규' 검색하면 제보자 보낸 얼굴과 같은 사진 뜨고, 기사 뜬다. 이어 LED에 김성규 기사 뜨고. '송주운송 김성규 회장. 500억 기부 후 잠적'

홍주	(카메라 보며) 노숙자 김씨는 과거 대한민국 3대 운송 업체 대표로 김성규 회장으로 밝혀졌습니다. 5년 전 사고로 가족을 잃은 후, 전 재산을 사회에 환원하고 자취를 감췄던 김회장은 평소 무소유의 정신으로 나눔을 실천했던 존경받는 기업인으로··

S#29   심전역 지하철 역사 CCTV실/ 밤

수갑 차고 앉아있는 퀵1. CCTV 모니터에 보이는 심전역 보관함. 뚫어져라 보고 있는 바름과 동구, 그때 누군가 보관함 쪽으로 걸어오는 모습이!

바름   (순간 눈빛 반짝!) 잠시만요! (스톱된 화면 들여다보다) 어? (놀란 듯)

비하인드 >>

#29-1   심전역 지하철 역사 - CCTV실/ 밤

바름 동구와 함께 CCTV 모니터 보는데 누군가 보관함 쪽으로 걸어오는 모습 보이자 일부러 오버해서.

바름   잠시만요! (스톱된 화면 들여다보는 척하다) 어? (놀란 척!)

S#30   스튜디오 (메인 세트 + 서브 세트)/ 밤

홍주   여러분의 적극적인 제보를 통해 그동안 수사당국이 찾아내지 못한 노숙
           자 김씨의 신원을 알아냈습니다. 아주 사소한 것이라도 범인을 찾는 결
           정적인 단서가 될 수 있으니 아래 자막으로 나가는 전화나 라이브 톡 등
           으로··

하며 노트북 보는데, <한국이 목격자 제보 떴어요> 위로 올라가 버린 라이브톡 사라지지 않도록 계속 복붙(복사+붙여넣기)하는 네티즌들. <좀 전에 한국이 봤음. 어떤 남자와 같이 있었음. 전화 주세요. 010-3737-258··>

홍주   아, 지금 한국이를 봤다는 제보가 들어왔습니다. 바로 연결해보겠습니다.
무치   (놀라 보는)

홍주	(적힌 번호로 다급히 전화하면 바로 받는) 여보세요 한국이를 보셨다구요?
제보자1	(음성 변조/F) 아씨 겨우 연결됐네. 왜 맘대로 제보자 전활 끊고 지랄이야. 매너 없이! 왜 연결 안 시켜주는 건데? 멀쩡한 시민을 술 취한 사람 취급 하질 않나. 정신병자 취급하질 않나…
홍주	(황당한. 열 받은) 이보세요!!!
제보자1	(F) 고무치 형사님, 이제 흥분 좀 가라앉으셨나?
홍주	방송 중에 장난 전화하면 처벌받을 수 있다는 거 알고 계신가요?
제보자1	(F) 장난전화 아닌데? 궁금한 거 있어서 전화해도 처벌받나?·· 그거 가짜죠?
홍주,무치	?
제보자1	(F) 방금 그 꼬맹이 영상이요. 암만 봐도 그거 가짜 같던데…
무치	(짜증스러운) 가짜라뇨? 범인이 보낸 영상 맞습니다.
제보자1	(F) 못 믿겠는데·· 그렇잖아요. 범인이 보낸 거면 왜 굳이 가면까지 씌워 가면서 애 얼굴을 가려요? 그 애가 한국이가 아니니까 가린 거 아닌가?
무치	(꾹 참고) 좋습니다. 저 영상이 범인이 보낸 것임을 확인시켜드리겠습니다. 저 영상이 담긴 봉투를 지하철 보관함에 넣은 인물이 포착된 CCTV 를 확보했습니다. 보시죠. (화면 CCTV 속 보관함 보인다)

인서트/ 시민들, 뭔가 싶어 보다가 어? 놀라는데 순간, 화면 속, 보관함 쪽으로 걸어 오는 누군가… 한국이다.

비하인드 >>

#30-1   역무원실 앞 + 역사 공사 중 칸막이 안/ 밤

역무원실서 나온 바름, 조용히 역사 안 공사 중 칸막이 뒤로 들어가 대포폰 꺼내 화면 보면

화면/

홍주	여러분의 적극적인 제보를 통해 그동안 수사당국이 찾아내지 못 한 노숙자 김씨의 신원을 알아냈습니다. 아주 사소한 것이라도

범인을 찾는 결정적인 단서가 될 수 있으니 아래 자막으로 나가는 전화나 라이브 톡 등으로···.

바름, 라이브 톡에 〈좀 전에 한국이 봤음. 어떤 남자와 같이 있었음. 전화주세요 010-3737-258··〉 쳐서 올리면, 〈한국이 목격자 제보 떴어요!〉 위로 올라가 버린 라이브 톡 사라지지 않도록 계속 글이 올라온다. 계속 올라오는 자신이 올린 제보 글 보고 있는 바름.

바름   (비아냥거리듯) 참 대한민국 네티즌들 대단하셔 (하는데 주머니에서 핸드폰 진동 울린다. 여유롭게 폰 꺼내 받으면)
홍주   (F) 여보세요 한국이를 보셨다구요?
바름   (음성 변조 앱 들고) 아씨 겨우 연결됐네. 왜 맘대로 제보자 전활 끊고 지랄이야. 매너 없이! 왜 연결 안 시켜주는 건데? 멀쩡한 시민을 술 취한 사람 취급하질 않나. 정신병자 취급하질 않나···
홍주   (F/황당한. 열 받은) 이보세요!!!
바름   고무치 형사님, 이제 홍분 좀 가라앉으셨나?
홍주   (F) 방송 중에 장난 전화하면 처벌받을 수 있다는 거 알고 계신가요?
바름   장난전화 아닌데? 궁금한 거 있어서 전화해도 처벌받나?·· 그거 가짜죠? 방금 그 꼬맹이 영상이요. 암만 봐도 그거 가짜 같던데···.
무치   (F/짜증스러운) 가짜라뇨? 범인이 보낸 영상 맞습니다.
바름   못 믿겠는데·· 그렇잖아요. 범인이 보낸 거면 왜 굳이 가면까지 씌워가면서 애 얼굴을 가려요? 그 애가 한국이가 아니니까 가린 거 아닌가? (목발 다시 짚고 칸막이 밖으로 나가는)

S#31   심전역 지하철 역사- CCTV실/ 과거/ 밤 (#29에 이어)

바름   (헉! 놀란 눈으로) 한국이야! (다급히 무치에게 전화하는)
동구   살아있어··· (가슴 쓸어내리며) 다행이다.

〈점핑〉 인서트/ 바름과 통화하는 무치 "뭐?/ 당장 CCTV 영상 보내줘!"

바름   네! (하며 CCTV에 시선 두면)

CCTV 속 한국의 표정 잘 안 보이지만 충분히 불안함 느껴지는 모습. 보관함 앞에
서더니 화면 밖 누군가 향해 끄덕하고 보관함(14번) 열고 봉투 넣는 모습에서 스틸

비하인드 >>

#31-1   심전역 지하철 역사- CCTV실/ 과거/ 밤 (#29에 이어)

바름   (헉! 놀란 척) 한국이야! (다급한 척 무치에게 전화하는)
동구   살아있어…. (가슴 쓸어내리며) 다행이다.
바름   고형사님. CCTV에 한국이가 찍혔어요.!!!
무치   (F) 뭐?
바름   CCTV에 한국이가 찍혔는데, 보관함에 뭔가를 넣었어요!
무치   (F) 당장 CCTV 영상 보내줘!
바름   네. (전화 끊고 급히 적어주며) 그 영상 이 메일주소로 좀 보내주세요.
직원   네. (보내는) 보냈습니다.
바름   (무치에게 통화하는) 보냈어요. 얼른 확인해보세요. (끊고는 방송 보
                 느라 정신없는 동구 보며) 동구야. 나 화장실 좀·· (나가는)

#31-2   역무원실 밖 (#30-1 이전 상황)/ 밤

역무원실에서 나와 조용히 역사 안 공사 중 관계자 외 출입 칸막이 뒤로 들어가는.

#30-1   심전역 지하철 역사 공사 중 칸막이 안 씬으로 연결

S#32 　 스튜디오 (서브 세트)/ 밤

무치 　 범인은 자신의 신원을 들키지 않기 위해 한국이를 시켜, 보관함에 USB가
든 봉투를 넣게 하고, 대포폰으로 퀵서비스 업체에 전화해, 제 앞으로 배
달시킨 것입니다. (생각난 듯 제보자1 향해) 이래도 가짜야? 어? (하는데)

한국母 　 (E) 가짜가 아니라고?!

무치 　 (소리 나는 쪽 돌아보면)

한국母 　 (조연출 막을 새도 없이 휘적휘적 세트 위로 올라와 LED 화면으로 다가오며) 우
리 한국이 맞잖아…(LED 영상 속 한국이 만지며 울부짖는)

홍주 　 (당황해 다가와) 한국 어머니‥ 진정하시고‥

한국母 　 (홍주 붙들고) 어떻게 된 거야‥

무치 　 (달려와 한국母 홍주에게서 떼어 내며 설명하려는) 그게‥ 아니라…

한국母 　 날 속였어?!! (하다 영상 속 한국 붙들고 울부짖는) 한국아! 한국아!!!!!

비하인드 >>

#32-1　심전역 앞/ 밤

역사 밖으로 나오는 바름과 동구

바름 　 넌 얼른 들어가 봐.

동구 　 너는?

바름 　 한국이가 여길 왔다 갔잖아. 한국이를 목격한 사람이 있을지 몰라.
난 여기서 한국이 본 사람이 있는 지 좀 찾아볼려고.

동구 　 그럼 나도/

바름 　 /둘 다 여기 있으면 고형사님 쪽에 무슨 일 생김 도와줄 사람이 필
요하잖아. 넌 거기 가있는 게 나.

동구 　 그래도‥

바름 　 (짜증, 애써 표정 관리) 너 범죄 시나리오 쓰는데 여기보다 그쪽에
가있는 게 더 유리하지 않겠어?

동구 　 어‥ 그렇지. 생생한 현장감. 짜식!! 내 생각해주는 건 너 밖에 없

	다. 근데 정말 혼자 괜찮겠어? 다리도 불편한데··
바름	걱정 말고 가. 얼른 (동구 뛰어가는 뒷모습 보며 중얼거리는) 귀찮은 놈 겨우 떼냈네·· (대포폰 꺼내 들어 전화하는) sbc 팩트체크 팀이죠? 다름이 아니구요. 제가 TV를 보는데요. 김한국 어린이 영상이요. 한국이 아니에요. 아니 한달 전쯤인가? 〈어린이에게 희망을〉인가 봤는데 그때 그 아이 귀밑 목 부분에 1센티 정도의 작은 화상 자국이 있었거든요. 근데 아까 범인이 보낸 영상에는 화상 자국이 없던데요. 한번 확인해보세요. (씨익 입꼬리 올리는)

S#33   스튜디오 밖 복도/ 밤

혼절한 채 조연출한테 업혀 가는 한국母. 안타깝게 그 모습 보는 홍주와 무치.

무치	(자책하는) 미처 생각 못 했어. 미리 말씀드렸어야 했는데….
홍주	그럴 경황없었잖아…. 그래도 한국이 살아있다는 거 확인하셨으니….
동구	(달려오며 걱정) 왜 저래요? 한국이 보고 쓰러지신 거예요?
무치	(한숨 쉬며 끄덕) 수고했다. 정순경은?
동구	경찰들이랑 심전역 인근 수색 중이에요. 목격자 찾아본다고
무치	근데 넌 왜 왔어?
동구	미래의 히치콕에겐 거기보다 여기가 더 생생한 현장 취재지가 아니겠어요?
무치	(기막힌) 근데 이 자식이! 아픈 친구를 두고! (하는데)
라디오피디	(E) 홍주야
홍주	어? 민정아? (무치에게) 아, 내 동기. 라디오 피디.
라디오피디	(무치와 눈인사 나누고는) 그 변순영이란 피해자 말이야, 우리 프로에서 그 여자 딸이랑 통화한 적 있는 거 같아서··
홍주	(놀란 눈으로) 변순영 딸이랑?
라디오피디	두어 달쯤 전인가 우리 프로 '고백해요' 코너에 사연 보냈던 아이 같아….
무치	(문득) 라디오 사연…?

플래시 컷/ 변순영 모녀 사진 옆. OBN 로고 박힌 탁상시계 (5부 #7)

무치   그럼 그 방송국 로고 박힌 시계가?
라디오피디 네. 기념 시계 보내줬거든요. 그날 애 사연이 워낙 반응이 뜨거워서,,
무치   (순간 뭔가 퍼뜩 스치는)

S#34   스튜디오 (메인 세트 + 서브 세트)/ 밤

광고 중, 홍주 라이브 톡 보면 계속 올라오는 글. '방송사고? 갑자기 광고? 아이엄마 왜 그럼? 가짜라고 한 거 같은데 뭔 말? 뭐가 가짜?' 홍주 심란하게 본다. "광고 3초 남았습니다." 듣고 카메라 보는

홍주   (온에어 불 켜지면) 잠시 예기치 않은 상황이 있었습니다. 김한국군 어머니께서 CCTV 속 한국이 모습에, 충격 받으셨는데요. 병원으로 이송돼 안정을 취하고 계십니다. 시청자 분들 역시 한국군 어머니와 같은 마음이실 겁니다. 반드시 한국이가 엄마 품으로 돌아올 수 있도록 최선을 다하겠습니다.

한쪽에서 노트북에 헤드폰 끼고 듣고 있는 무치, 변순영 딸과 통화내용 나온다.

디제이   (F) 화요일 코너 고백해요! 자 다음 전화 사연 들어볼까요? 여보세요.
순영딸   (F) 안녕하세요.
디제이   (F) 아이고, 이번엔 꼬마 아가씨네요. 소개해 주세요.
순영딸   (F) 금신동에 사는 6살, 변민지입니다.
디제이   (F) 우리 민지는 누구한테 고백하려고 전화했어요?
순영딸   (F) 엄마요….

계속 듣던 무치, 갑자기 헤드폰 벗고 보드판으로 가서 변순영 관련 사진, 자료들 본다. 이윽고 박종호 관련 사진 포함 자료 쪽으로 시선 옮기며‥

무치   (E) 파워블로거…. (조미정 관련 자료로 시선 이동) 먹방 채널 진행 (김성규

관련 자료로 시선 이동) 사회적으로 존경받는 중소기업 회장….

무치, 다시 시선 옮겨 나치국 관련 사진과 자료들 보며, 이해 안 가는 듯 갸웃하는.

무치   (E) 이상하다. 나치국은 아닌데‥ 하. 여기서 이가 빠지는데‥ (하다 벗긴 치
              국 몸 사진 찬찬히 보고, 눈빛 반짝! 중얼거리는) 알았어!! 피해자들의 공통점!

S#35   라디오 부스/ 과거 (두 달 전)/ 저녁

디제이   (변순영 딸과 통화 중인) 아, 엄마? 그럼 어떤 사연인지 한 번 들어볼까요.
순영딸   (F) 우리 아빠는 내가 엄마 배 속에 있을 때 돌아가셨대요.

S#36   유흥주점 주방/ 과거 (두 달 전)/ 저녁

주방 선반 위, 미니 라디오에서 사연 나오고 있고, 순영 설거지하며 듣고 있다.

순영딸   (F) 자다가 오줌 마려서 깼는데요. 할머니가 엄청 돈 많은 아저씨가 엄마
              랑 결혼하고 싶다고 한댔어요. 근데 엄마가 싫다고 했어요. 민지만 있으
              면 된다고요. 그래서 그냥 코… 자는 척했어요. 쉬 마련데 꾹 참았어요.
순영   (눈물 얼른 훔치며 그릇 헹구는)

S#37   스튜디오 (서브 세트)/ 밤

스튜디오에 순영 딸의 목소리 계속 들린다. 무치 그 앞에 서 있다.

디제이   (F) 자 그럼 고백타임입니다. 고백해볼까요?
순영딸   (F) 엄마. 민지를 키워주셔서 고맙습니다…. 민지가 커서 돈 많이 벌 거
              예요. 민지랑 오래오래 살아요. 사랑해요 엄마.

무치   그날 이 사연은 청취자들의 심금을 울렸고 큰 화제가 되었습니다. (LED
            화면, 〈개미군의 흙수저로 살기〉 블로그 뜨면) 박종호씨는 방문자 수 5만 명
            의 파워블로거 개미군 이었습니다. 그의 블로그는 누구나 내용을 볼 수
            있는 공개 블로그였습니다. (화면 먹방하는 조미정 영상으로 바뀌면) 조미정
            씨는 구독자 수 3만 명에 이르는 인기 먹방 채널을 운영하던 인터넷 크리
            에이터였습니다. (화면 〈기부 천사, 김성규 회장, 전 재산 사회에 환원〉신문
            기사로 바뀌면) 노숙자 김씨는 송주운송 김성규 회장…

S#38   심전역 밖 광장/ 밤

행인들 붙들고 한국 사진 보여주는 바름의 간절한 표정 위로.

무치   (E) 전 재산을 사회에 환원하고, 홀연히 자취를 감춘 인물로 언론에 화제
            가 된 바 있습니다.
역무원   (역 입구에서 다급히 손짓하며) 어이 경찰 총각! 좀 와봐야겠어요.
바름   (돌아보고 놀래서 목발 짚고 절룩이며 가며) 왜요?
역무원   어떻게 좀 해줘. 지들 맘대로 CCTV 영상 훔쳐 가더니만·· 이제 보관함
            까지 뜯으려고 하고·· 깡패야? 뭐야?
바름   누가요?

비하인드 》

#38-1   심전역 인근/ 밤

행인 붙들고 한국사진 보여주며 본 적 있냐고 절실히 묻는 바름. 행인, 모르
겠다며 지나가고

바름   (시계 보며 중얼거리는) 슬슬 올 때가 됐는데··
CCTV 쪽 슬쩍 보고, 자연스레 CCTV 잘 비추는 쪽으로 가서 행인들 붙들고
한국 사진 보여주는 척 하는데

역무원	(E) 어이 경찰 총각! 좀 와봐야겠어요.
바름	(알고 있단 표정) 왔나보네. (돌아보면 놀란 척! 목발 짚고 절룩이며 가며) 왜요?
역무원	어떻게 좀 해줘. 지들 맘대로 CCTV 영상 훔쳐 가더니만·· 이제 보관함까지 뜯으려고 하고·· 깡패야? 뭐야?
바름	(일부러 모른 척) 누가요?

S#39 스튜디오 (메인 세트 + 서브 세트)/ 밤

무치	피해자들에겐 이런 숨겨진 공통분모가 있었습니다. 나치국 교도관을 제외하고 말이죠. 그런데 그 열쇠가 바로 최홍주 피디에게 있었습니다. (보면)
홍주	(받아서) 입사 후 첫 취재라, 생생한 기억으로 남아있습니다. 집단폭행을 당해 중태에 빠진 학생이 있었습니다. 조금만 늦었더라도 사망했을 거라고 담당의사는 얘기했습니다. 그 학생을 죽음으로부터 구한 학생들이 있어 생존이 가능했던 것입니다. 그 중 한 학생이 바로 이 사람입니다.

VCR 뉴스 화면 속, 치국 인터뷰/

치국	전 무서워서 망설였거든요. 근데 친구가 먼저 뛰어가 말리니까… 제 친구가 의인이지, (손에 든 상패 난감하게 보며) 전 정말 이 상 받을 자격 없어요.
홍주	(치국 얼굴 스틸로 잡히면) 이 학생이 바로 교도관 나치국씨입니다.

S#40 어딘가/ 밤

홍주	(E) 8년 전, 〈시민 영웅상〉을 받은 나치국씨를 제가 인터뷰했고, 그날 저녁 뉴스에 이 인터뷰가 전국에 방영됐습니다.

어둠 속, 소파에 앉아 TV 보고 있는 요한. 그 표정 없는 얼굴 위로-

플래시 백/ 무진병원 복도/ 요한의 회상 (2부 #37)

바름   고등학교 때요… 그때 선생님 구해 준‥

요한   (잠깐 생각하다, 흠칫! 보면)

바름   치국이‥ 저 친구거든요…. 이번엔 선생님이 우리 치국이 살려주세요, 네?

S#41   공터/ 요한의 회상/ 과거/ 밤

고등학생 요한, 피투성이로 널브러져 있고 그 앞 에워싸고 있는 불량 학생들 무리

불량학생1   헤드헌터 아들이면 이 자식한테도 싸이코 피가 흐를 거 아냐‥

불량학생2   이 새끼 대가리도 댕강 잘라놔야 하는 거 아냐?

요한   (무섭게 노려보는)

불량학생1   눈깔 봐라. (파이프로 머리 툭툭 밀며) 이게 사람 눈깔이냐? 괴물 눈깔이지.

요한   (힘겹게 일어서며 노려보는) 그래. 이 몸뚱아리에 살인마 피가 흐르고 있어. 그러니까 건들지 마!!! 니들부터 죽여 버리기 전에!!!

학생들   (순간 움찔하는)

불량학생1   (일부러 더 세게) 근데 이 새끼가!!! 야 우리 영웅 한번 돼 보자!!! 죽여!!

몰려들어 쇠파이프로 요한 때리는. 무참히 맞다, 의식 잃는 요한 눈에 누군가 학생들 물리치는 모습 어렴풋 보이고. 이윽고 요한 귀에 아득하게 들리는 목소리.

치국   (E) 어떡해‥ 죽었나 봐…. 바름아….

바름   (E) 아직 숨 쉬어! 119에 전화해. 치국아, 빨리!

S#42   스튜디오 (서브 세트)/ 밤

무치   눈치 채셨습니까? 피해자들은 모두 의도하든, 의도치 않던 자신의 사생

활이 세상에 드러난 사람들입니다. 범인은 방구석에 숨어 라디오를 듣고, 블로그를 뒤지고, 개인방송을 보고, 뉴스를 탐색하며, 살인 타깃을 정한 것입니다.

인서트/ 찜질방 모여앉아 〈셜록 홍주〉 보고 있는 사람들, 오…! 웅성거리는데 누군가 핸드폰 보다 후다닥 리모컨 집어 채널 돌린다.

동시에 세트 밑, 폰 보며 웅성이는 스텝들. 홍주, 무슨 일인가? 싶다. 조연출, 급히 모니터 홍주 보이게 돌리면 모니터에, SBC 〈팩트체크〉 앵커와 양기자 대화 중이고, 하단자막 OBN 〈셜록 홍주〉, 조작방송 의혹! 범인이 보냈다는 영상은 가짜?

무치   (황당한) 뭐야…? 저거….

모니터 속/
LED 영상 속 한국母 말리는 무치 모습 보인다. (5부 #32)

한국母   (무치 보며) 날 속였어? (그 장면에서 스틸)
앵커   속였다? 한국 어머님의 이 말이 일파만파 논란이 되고 있습니다. 저희 팩트체크 팀에 그 영상이 가짜라는 제보를 접수하고 긴급히 〈팩트체크〉에 나섰습니다. 저희는 한 달 전, OBN에서 방영된 다큐 〈어린이에게 희망을〉에 출연했던 김한국 군의 영상을 긴급 입수, 범인이 보냈다는 영상 속 아이와 비교해 보았습니다.

이어, 화면에 다큐멘터리 〈어린이에게 희망을〉에 출연한 한국의 모습(3부 #58) 보이다. 스톱 걸리고, 고트맨 가면 쓴 아이의 영상과 분할되는.

앵커   그러다 저희는 놀라운 사실을 발견했습니다. (두 영상 속 아이들 목 뒷부분 클로즈업되면) 자세히 보시면, 한 달 전, 방영했던 프로그램에서 김한국군의 (화면 속 귀밑 부분 화상에 동그라미 발생) 귀밑 목 부분에 1센티 정도의 작은 화상 자국이 있습니다. 그러나 오늘 범인이 보냈다고 주장하는 이 영상에는 아이 목에 (동영상 귀밑 목 부분 동그라미 발생) 화상 자국이 보이지 않습니다. 이 아이는 한국이가 아닙니다.

스튜디오/ 무치와 홍주, 놀란 얼굴로 본다.

앵커　　　한국이를 데려간 범인이 왜, 다른 아이를 대역으로 촬영했을까요? 결국,
　　　　　이 영상은 제작진이 촬영한 것으로밖에 볼 수 없습니다. 저희 주장에 대
　　　　　해서 OBN 〈셜록 홍주〉팀에 반론권을 드릴 테니, 연락 바랍니다.

홍주　　　(인이어로 길길이 뛰는 국장 F/어떻게 된 거야!!! 최홍주! 니들 가짜 영상 만들어
　　　　　서 튼 거야?) (당황한 얼굴로 무치 돌아보는데)

무치　　　반론하겠습니다. 전화 연결해주세요!!!

홍주　　　지금 SBC 〈팩트체크〉팀에서 한국군의 영상을 저희 제작진이 조작한 게
　　　　　아니냐는 의혹을 제기하며 반론을 요구했는데요. 통화 연결해보겠습니다.

LED 화면, 분할되면서 무치와 앵커 나란히 화면에 잡힌다.

앵커　　　반론, 하시겠다구요?

무치　　　저희가 내보낸 영상은 범인이 보낸 영상이 맞습니다.

앵커　　　영상 속 아이가 한국이가 아닌 걸로 확인됐는데도요?

무치　　　먼저 지금 그쪽에서 비교한 영상이 조작본 인지부터 검증되어야겠지요.

앵커　　　그러니까 방송에 나온 영상이 절대 본인들이 만든 영상이 아니다?

무치　　　그렇습니다. 범인이 보낸 것이 확실하다고 이미 말씀드렸습니다.

앵커　　　알겠습니다. 지금 아주 중요한 분과 통화 연결되어있는데요. 누구시죠?

아이아빠　(F) 저 영상 속 가면 쓴, 아이, 제 아입니다. 애 다니는 연기학원 쌤한테 연락
　　　　　이 와서 제가 데리고 갔는데요. 저도 한국이 구하는 일이라고 해서 방송 끝
　　　　　날 때까지 입 다물기로 하긴 했는데… 그래도 이건 아니잖아요. 형사님.

무치　　　(당황하는)

앵커　　　아 고무치 경사를 직접 만나셨군요.

아이아빠　(F) 그럼요. (홍주 보며) 저 여자 분도 그 자리에 같이 있었는걸요.

앵커　　　네. 통화 감사드립니다. (끊고) 대체 왜 가짜영상을 만들어 전 국민을 속
　　　　　이고, 조작방송을 하신 겁니까?

무치　　　(버럭!) 조작방송 한 적 없다고!!!

앵커   아, 고무치 경사가 많이 흥분하신 거 같아 통화를 이어나가기 어려운 상
         황인 것 같습니다. 반론 잘 들었습니다. (끊는)

인서트/ 시민들 분노하는. 와 미친 것들. 완전 조작방송. 지금 뭐 하는 거야!!!!

S#43   부조/ 밤

무치와 홍주, 당황하는 모습 모니터로 보이고
국장   (시청률 팩트체크로 역전되는 그래프에 열 받아 소리 지르는) 광고 틀어!!!!

S#44   스튜디오(서브 세트)/ 밤

LED 화면에 신나는 광고 나가고 있고.

무치   (통화 중인) 두 영상 원본 보낼 테니 진위 여부 확인해줘 (끊고는 결심한 듯
         부조에) 광고 끝나면 나부터 잡아주세요. (하며 팩트체크 방송 보는)

모니터 속/

앵커   결국 그 영상은 범인이 보낸 게 아니란 건데‥그렇다면, 김한국 군은 어
         떻게 된 걸까요?
양기자   사실, 아이가 유괴되고, 48시간이 지나면, 사망했다고 보는 게 유괴전문
         가들의 통상적인 견해입니다.

광고 끝나자마자, 카메라 무치 1S으로 잡는다.

무치   (온에어 되면) 인정합니다. 아이 아빠 말대로, 가짜영상을 만들었습니다.

인서트/ 우와‥ 미친 새끼들‥ 시민들 비난 쏟아지고. 비난의 라이브 톡들

무치   가짜영상이 등장하면 분명 범인이 연락해오리라 생각했기 때문입니다. 어떻게든 범인을 이 자리에 끌어내기 위해서였습니다.

인서트/ 팩트체크 화면 하단에 자막 OBN 〈설록 홍주〉 가짜 영상 조작 시인!

무치   하지만 저희는 그 가짜영상을 틀지 않았습니다. 엄밀히 말하면, 저희가 만든 가짜영상을 틀기도 전에 범인이 보낸 영상이 먼저 도착했기 때문입니다. 저희가 튼 이 영상은, 분명 범인이 보낸 것입니다.

모니터 속 SBC 〈팩트체크〉

앵커   (모니터 속 무치 보며) 가짜영상은 만들었는데, 틀지는 않았다‥ 술은 마셨는데, 음주운전은 하지 않았다? 그래서 저희가 또 다른 증거를 입수했죠?
양기자 그렇습니다. 화면부터 보시죠!

S#45   심전역 지하철 역사 보관함 앞/ 밤

달려오는 바름. 보관함 뜯으려는 기자와 막으려는 역무원들 몸싸움 중이다. "이거 취재방해야! 취재방해!" "공공기물 파손 행윕니다."

바름   (E) 꼼짝 마‥
기자   (돌아보면)
바름   ‥세요. (신분증 내보이며) 그 안에 든 건 수사증거물입니다. 증거물을 함부로 가져가는 건 증거인멸, 공무집행방해, 절도죄에 해당됩니다. 떨어지세요! 협조해주지 않으면 현행범으로 체포하겠습니다!
기자   아씨… (철수하는. 전화하며 가는)

비하인드 〉〉
#45-1   심전역 지하철 역사- 보관함 앞/ 밤

달려오는 바름. 보관함 뜯으려는 기자와 막으려는 역무원들 몸싸움 중이다.
"이거 취재방해야! 취재방해!" "공공기물 파손 행윕니다." 즐기듯 보다, 이내
표정 바꾸며

바름   꼼짝 마··

S#46   SBC 〈팩트체크〉 스튜디오/ 밤

CCTV영상1/ 보관함 앞 한국이 나타나고, 보관함에 봉투 넣는 장면

기자   (E) 이 화면은 OBN이 방송한 한국이가 보관함에 봉투를 넣는 영상입니다.

CCTV영상2/ 보관함 앞 퀵서비스1 나타나고, 보관함에서 봉투 꺼내는 장면

기자   (E) 저희가 긴급 입수한 이 CCTV 화면은 퀵서비스 기사가 봉투를 꺼내
는 영상입니다. (두 화면 분할되며) 자세히 보시면, (한국이 봉투 넣은 보관함
클로즈업하면 보관함 번호 14) 한국이가 봉투를 넣은 보관함은 14번 보관함
이죠? 그런데 퀵서비스 기사가 봉투를 빼 간 보관함은 (퀵서비스가 봉투 빼
간 보관함 클로즈업하면 번호13) 13번입니다.

인서트/ 무치, 홍주 놀라보는

양기자   한국군이 14번 보관함에 봉투를 넣은 시간은 (화면 하단 시간 클로즈업) 21
시 50분, 퀵서비스 기사가 도착해 봉투를 빼간 시간은 (화면 하단 시간 클
로즈업) 20분 후인, 22시 10분입니다.

앵커   그럼 13번 보관함에 봉투를 넣은 사람과 시간이 확인됩니까?

CCTV 화면들 시간대별로 계속 보여주고, 그 위로 기자 설명.

양기자   (E) 보시다시피, 김한국군이 사물함에 나타나기 10분 전인 21시 40분에
         는, 13번, 14번 사물함이 비어있습니다. 잠시 후, 열차가 들어오고 승객
         들이 쏟아져 나오자 보관함 부분이 인파에 가려 잘 안 보이죠. 자, 인파가
         모두 빠져나간 후, 13번 사물함이 사용 중으로 뜹니다. 그리고 10분 후
         엔, 21시 50분 한국이가 나타나 14번에 봉투를 넣습니다. 한국이가 가고
         나서, 20분 후, 퀵서비스가 13번 사물함에서 봉투를 빼갑니다.

퀵, 봉투 빼고, 보관함 닫는데 13번 보이고, 그 화면. 실사화면으로 바뀌는 위로…

앵커   (E) 그럼 한국군이 넣은 14번 보관함의 봉투 내용물은 확인했습니까?

S#47   심전역 지하철 역사- 보관함 앞/ 밤

13번 보관함에서 14번으로 카메라 이동하면 14번 보관함 문 여는 손.

기자   (E) 안타깝게도 경찰의 제지로 보관함 속 내용물을 확인하지 못했단 연
        락을 받았습니다.

바름, 역무원들과 14번 보관함 속 봉투 꺼낸다. 장갑 낀 손으로 봉투 열면, 고트맨 아
이 동영상 담긴 것과 같은 USB 나온다.

모니터 속/

앵커   그런데, 어떻게 OBN에서 만든 영상과 범인이 한국이를 시켜 물건을 둔
        장소가 둘 다 심전역이죠? 그것도 바로 옆 사물함? 우연의 일치로 보기
        엔…
양기자   그렇습니다. 정리해보면 OBN에서 가짜영상을 만들어 보관함에 넣은 것
        을 범인이 알고 보란 듯이, 한국군을 시켜 바로 옆 사물함에 또 다른 봉투
        를 넣은 것으로 해석됩니다.
앵커   이건 뭐, 방송국에서 튼 영상이 가짜라는 걸, 알려주려고 범인이 의도한

거 아니겠습니까?

양기자   통계적으로 인질범을 자극했을 때, 인질이 살아남을 확률은 아주 낮습니다
              (목소리 일부러 살짝 떨며) 부디 한국군이 아직 살아있길 간절히 바랍니다.

S#48   부조/ 밤

홈페이지 마비되고, 라이브 톡 엄청난 항의 글로 폭주하고 있다. 항의 전화 수습하
느라 정신없는 작가진. 씩씩거리며 보고 있던 국장. 전화 온다.

국장   (정색하며 받는) 네. 사장님.

S#49   스튜디오 (메인 세트+서브 세트)/ 밤

LED판(혹은 모니터)에 광고 나가고 있다.

홍주   어떻게 된 거지? 범인이 가짜영상을 우리한테 보냈다고? 그게 말이 돼?
무치   (심각한) 확인해봐야 하겠지만, 맞는 거 같아.
홍주   왜? 왜? 그런 짓을 해?
무치   어쩌면 첨부터 이런 상황을 노린 걸지도·· 이 방송을 끝까지 하지 못하게··
홍주   자기가 요구한 방송이잖아, 대체 왜?
무치   방송이 목적이 아니었는지도 몰라. 어쩌면 방송을 더 드라마틱하게 만들
              어서 사람들에게 자신의 존재감을 더 과시하려는? 그게 아니면…
홍주   아니면 뭐?
무치   (불안한) 이 모든 게 그가 짜 놓은 판이라면…? (그때 핸드폰 진동 울리는. 정
              순경이다. 받는) 어 정순경. 뭐? USB? 당장 확인해!

비하인드 >>

#49-1   심전역 지하철 역사- 보관함 앞/ 밤 (#47상황에 이어)

역무원 입회하에 14번 보관함 속 봉투 꺼내는 바름. 장갑 낀 손으로 조심스레 봉투 속 물건 꺼내면, 고트맨 아이 동영상이 담긴 것과 같은 USB다.

바름	(무치에게 전화하는)
무치	(F) 어 정순경
바름	기자들이 13번 옆 보관함을 뜯으려는 걸 제가 막았는데 그 보관함 안에도 USB가 있어요.
무치	(F) 뭐? USB?
바름	네
무치	(F) 당장 확인해.
바름	알겠습니다. (씩 웃는)

S#50   심전역- 역무원실/ 밤

바름 뛰어 들어오며, 역무원들에게 컴퓨터 좀 쓸게요. 급해요. 역무원 자리 비켜주면, 후다닥 컴퓨터에 USB 넣는 바름, 클릭하는데 화면 나오지 않는다.

바름   (낭패인, 무치와 통화하며) 파일이 손상됐나 봐요. 아무것도 안 나와요.

비하인드 >>

#50-1   심전역- 역무원실/ 밤

바름   (낭패인 척 무치와 통화하며) 파일이 손상됐나 봐요. 아무것도 안 나와요.

#50-2   바름의 집 지하실/ 바름의 회상/ 밤

다큐멘터리 '용서' 화면 보고 있다, 끄고 나서 USB 뽑아든다.

바름   (USB 보며) 시간을 벌어야겠지? 쇼의 클라이막스를 위해? 흐흐흐

핀셋으로 얼핏 육안으로는 보이지 않을 정도로, 미세하게 꺾어놓는다.

무치   (F) 무진청으로 갖고 가. 빨리! 택시 타면 5분 거리야.
바름   알겠습니다. (다급히 USB 빼 들고 절룩이며 뛰어나가는)

S#51   스튜디오 (메인 세트+ 서브 세트)/ 밤

무치   (통화 중) 지금 인편에 영상 하나 더 갈 거야. 복원 좀 부탁해 최대한 빨리!
홍주   (보고 있는데. 인이어로 들리는)
국장   (F) 방송 마무리해! 사장님 지시야!
홍주   무슨 소리예요? 아직 방송 시간 15분··/
국장   (F) 니들 조작 방송했다고 난리야! 사장님 노발대발이라고! 잔말 말고 광
         고 끝나면 클로징 멘트 해! MC 클로징 딸 카메라 한 대 빼곤 다 철수해!!

카메라 팀 철수하자, 홍주 인이어 빼고 철수하는 팀들 당황스러운 표정으로 보는.
택시 안/ 발 동동 구르는 바름. 기사님 빨리요 빨리!

S#52   부조/ 밤

뛰어들어오는 홍주, 다급히 부조문 잠가 버리는. 그 모습 보고 놀란 엔지니어

홍주   제가 디렉팅합니다. 진행은 고형사 혼자 할 거니까/
엔지니어 (갑갑한) 최피디 그냥 들어가서 클로징 해. 이런다고 방송 못 해.
홍주   (사정하는) 거의 다 왔어요·· 조금만 부탁드려요.

엔지니어	(난감한) 곤란하게 왜 이래·· 사장님 명령이라구 (하며 오작가 쓱 눈치 보면)
작가	여보. 우리 샛별이라고 생각하자. 어? 샛별이 생각해서 버텨줍시다.
엔지니어	(후 한숨 내쉬고 자리에 앉는) 에라. 모르겠다. 나 짤림 당신이 먹여 살려.
홍주	고마워. 오작가. (돌아보며) 고마워요 감독님.

S#53 무진청 영상분석팀 (디지털 증거분석팀)+ 스튜디오(서브 세트)/ 밤

바름	(USB 복원 중인 모습 보며 무치에게 전화하는) 지금 복원 시작했어요.
무치	오케이. 복원되면 바로 연락 줘. (끊으려다) 참, 한국이 비교 영상들 보낸 것도 있는데, 그거 어떻게 됐는지 물어봐.
바름	네 (끊고) 저기 한국이 비교 영상 어떻게 됐냐는 데요?
경찰1	(돌아보며) 아, 그거요, 지금 막 비교 끝냈는데요···.

S#54 부조 안 +밖/ 밤

문 열어! 문 열라고!!! 열 받은 국장, 길길이 뛰며 문을 발로 찬다.

S#55 무진청- 영상분석팀/ 밤

한국이 다큐 영상과 납치 동영상 비교하며 바름에게 설명하고 있는 영상팀.

영상팀	여기 화상 자국 있네요. 여긴 없고·· 귀 모양도 다르고. 다른 애들이에요.

S#56 스튜디오 (서브 세트)/ 밤

스튜디오에는 카메라1 감독만 남아있고, 온에어 불 들어오면 무치 원샷.

무치   확인 결과 이 영상 속 아이는 한국이가 아닌 것이 맞았습니다. 하지만 이 영상은 분명, 범인이 보낸 것입니다.

인서트/ 라이브 톡에‥ 거짓말 마!! 니들이 만든 거잖아. 양치기 소년이냐. 거짓말 좀 작작해라! 한국이 죽었어. 국민 기만 그만하고 당장 방송 중단해‥ 계속 올라온다.

S#57   무진청- 영상분석팀 (디지털 증거분석팀)/ 밤

핸드폰으로 라이브 톡들 보고 있는 바름. 고개 들어 속상한 얼굴로 TV 속 무치 보는. (그 옆 영상팀 직원들) 바름, 다시 분석팀 컴퓨터 화면 속, 범인이 보낸 가면 쓴 아이 영상 돌아보다 "어?"

비하인드 >>

#57-1   무진청- 영상분석팀 (디지털 증거분석팀)/ 밤

폰으로 라이브 톡 보고 있는 바름. 고개 들어 속상한 얼굴로 TV 속 무치 보는데.

바름   (화면 속 무치 보며/E) 게임이 너무 싱겁잖아. 고무치 분발 좀 하라구. 좀 팽팽해야 게임이 재미있지‥ 흠… 좋아. 고무치. 힌트 하나 쏘지.

쓱 돌아보면 바름 옆 영상분석팀 직원들 분주하게 있다. 바름, 다시 컴퓨터 화면 속 자신이 보낸 고트맨 가면 쓴 아이 영상 보는 척하다 일부러 큰소리로 "어?"

S#58   부조/ 밤

홍주, 디렉팅하고, 밖에서는 (경비들 동원해) 부조 문 뜯는 소리 들린다.

S#59 무진청- 영상분석팀/ 밤

바름   (다급히) 여, 여기 좀 확대해주세요! (가면 아크릴로 된 눈 부위 가리키면)

직원   (바름 요구대로 고트맨 가면 눈 부위 아크릴 부분 확대하면)

S#60 스튜디오 (서브 세트)/ 밤

무치   범인이 군이 이런 가짜 영상을 만들어, 저희 손으로 틀게 한 것은 어쩌면 이 방송을 포기하는 모습을 보고자 한 함정일지 모릅니다. 그러나 전 기필 코 방송을 끝마쳐, 한국일 살릴 겁니다. 그만 나와! 자신 있으면 이런 같잖 은 장난 그만 치고 나오라고! (폰, 카메라 향해 들어 보이며) 전화해! 당장!

인서트/ 라이브 톡에 계속 올라오는 글들… 거짓말쟁이들. 답 알고 있다는 것도 구 라인 듯. 그러니 저렇게 시간 끌지‥ 등등.

〈현재〉 씩씩거리고 거칠게 숨 쉬고 있는 무치. 미치겠는‥ 그때 징징 울리는 핸드 폰 진동 소리! 무치, 놀라 후다닥 확인하면 정순경이다! 실망하는….

S#61 부조/ 밤

동시에 문 쾅 열리고, 뛰어 들어오는 국장과 청경들. 청경들 홍주와 작가, 엔지니어 밖으로 끌어내고, 국장 뛰어와 동시에 버튼 누르려는 순간, 블랙아웃! (효과)

비하인드 >>

#61-1 고물상 폐가전 집하장

택시 서고, 폰에서 시선 떼지 않고 택시에서 내리는 바름. 옆 골목길로 들어 가더니 골목 입구 고물상 뒤에 방치된 폐 가구(냉장고) 문 열면 트렁크와 백팩 들어있다.

백팩 열면, 촬영장비와 검정잠바, 야구모자, 대포폰 그리고 늑대와 염소 캐릭터 그려져 있는 동화책(늑대와 아기 염소 일곱 마리) 들어있다. 대포폰과 잠바, 모자 꺼내고, 하고 있던 깁스 빼고 목발도 분리해서 냉장고 안에 넣어 두는.

S#62   스튜디오 (서브 세트)/ 밤

화면 밝아지면 무치, 비닐 속 부패된 물체 카메라 바로 앞에 내보인다.

무치 (클로즈업된 물체) 이게 뭐 같아 보이십니까? 네. 부패가 심해서 확실친 않지만, 곤충으로 보입니다. 곤충학자 이필성 박사님을 연결했습니다.

LED 화면에 곤충학자 페이스 톡. 페이스 화면 뜨는

무치 박사님 (카메라에 부패된 곤충 보이며) 뭔지 아시겠습니까? 자세히 좀 봐주십시오. (화면 클로즈업되면) 메뚜긴가요?
박사 날개가 좀 짧아 보이네요. 메뚜기는 날개가 길어 배를 넘습니다.
무치 그럼 여친가요?
학자 여치는 날개 길이가 비슷하고 가슴에 돌기가 있는데 저건·· 돌기가 없고 뒷날개가 앞날개보다 기네요.
무치 그럼 혹시… (잠시 쉬고) 베짱인가요?
학자 아·· 가시가 보이네요…. 맞습니다. 앞가슴 등판의 뒷가장자리에 보이는 담갈색 테두리 선을 보니 검은 테 베짱이네요.
무치 전화 감사드립니다. (끊고 다시 화면에 부패된 베짱이 담긴 증거봉투 내밀며) 네. 이것은 베짱입니다. 피해자 박종호씨의 목에서 나온 것입니다. 여러분, 베짱이 하면 뭐가 떠오르십니까? 네. 개미와 베짱이라는 동화가 생각나시죠? 이 5명의 죽음은 모두! (정면 보며) 동화와 관련되어 있습니다.

S#63   무진청- 영상분석팀 (디지털증거분석팀)/ 과거/ 밤

확대된 고트맨 가면 눈 아크릴 부분에 비친 반대편 벽 가득 붙어있는 범행 사진들과
관련 자료들(신문 기사 등)과 두 장의 그림 희미하게 보이는데‥

바름   (무치에게 전화) 고형사님. 아이가 쓴 가면 눈에 뭐가 비쳐요. (자세히 보며)
        벽인데요, 무슨 사진들이랑 신문기사 그런 것들 같은데 잘 안 보이고‥ 그
        림도 있는데‥ 만환가? 아! 만화가 아니고 지금 확대한 영상 보내드릴게요.

비하인드 >>
#63-1   무진청- 영상분석팀 (디지털 증거분석팀)/ 과거/ 밤

바름   (영상 보내는 거 보며) 보냈어요. 확인해보세요 (하고는/ E) 자, 이제
        맞춰봐 고무치! (끊고) 전 방송국에 들어가 봐야 할 거 같아요. 복
        원되면 연락주세요 (나가는)

S#64   스튜디오 (서브 세트)/ 과거/ 밤

LED 화면에 광고 나가고 있다. 무치, 바름이 보내준 영상 노트북에 뜬 확대화면으
로 보는데 흐릿하다 서서히 그림 드러나면 개미와 베짱이와 빨간 모자 동화다. 후다
닥 보드판 앞으로 가 서는 무치, 사건 현장 사진들 막 찾다가 변순영 시신 사진에서
변순영 머리에 씌워진 빨간 모자 눈에 들어본다.

무치   (다급히 전화하는) 아, 사장님. 변순영씨 퇴근할 때 모자 썼습니까? (실망하
        는) 아‥ 썼어요? (끊으려다 문득) 무슨 색이죠? 확실해요? (하다 그 옆 치국
        벗겨진 사진 보며 중얼거리는) 알았어, 나치국 옷이 벗겨져 있던 이유…
오작가   (인이어/F) 전화 좀 받아보셔야겠어요….

무치   (돌아보는)

S#65   스튜디오 (서브 세트)/ 밤

무치   변순영씨가 퇴근할 때 썼던 모자는 자주색이었습니다. 그런데 (인서트 컷/ 변순영 시신에 씌워진 빨간 모자) 시신에 씌워져 있던 모자는 빨간색이었습니다. 범인이 일부러 바꿔 씌운 거란 뜻이죠. 나치국씨는 (인서트 컷/ 매직박스에서 벗겨진 채 나온 나치) 다른 피해자들과 달리, 교도복이 벗겨진 채 발견되었습니다. 저는 그동안 범인의 DNA가 옷에 남겨져있어 흔적을 없애기 위해서라 확신했었습니다. 그런데 처음부터 교도복에는 범인의 DNA 따위는 남겨져 있지도 않았던 것입니다.

인서트/ 방송 보고 있는 시민들 모습 + 라이브 톡. 뭐야? 뭔데? 이제 답 나온다. 답 알고 있었네. 누가 모른다고 했어? 흥미진진.

비하인드 >>
#65-1   골목 밖/ 밤

검은색 잠바차림. 검은색 야구모자 깊이 눌러쓴 바름. 백팩 메고, 트렁크 끌고 있다.
다시 골목 밖으로 나가며 폰 화면 속 방송 계속 보는 바름.

화면/

무치   (E) 그 뿐만이 아닙니다. 범인은…

무치   그뿐만이 아닙니다. 범인은 (인서트 컷/ 노숙인 김씨에 꽂혀있던 손도끼) 김성규 회장으로 밝혀진 노숙자의 사건 현장에 보란 듯이 살인 흉기인 손도끼를 남겨 두었습니다! 여대생 조미정씨는 (인서트 컷/ 포도밭 덩굴에 매달려있던 조미정 시신) 굳이 집에서 10키로나 떨어진 포도밭 하우스에 시신을 옮겨다 두는 수고를 했습니다. 대체   까요? (화면 보며) 보고 있지? 잘 들어. 지금부터 니가 왜 (피해자들 사진 가리키며) 저들을 선택했는지 얘기할 테니까! 변순영, 빨간 모자! (이하 각 동화 삽화 인서트 컷들) 박종호 개미와 베짱이! 나치국 벌거벗은 임금님! 김성규, 금도끼 은도끼! 조미정, 여우와 포도밭! 넌 사람을 죽이고 동화 코스프레를 한 거야.

비하인드 >>

#65-2   골목 밖/ 밤

폰 방송화면 보며 나오는 바름. 백팩에 있던 대포폰 주머니에서 꺼내 무치에게 전화한다.

씩씩거리는 무치, 그때 지잉~ 지잉~ 폰 진동 울린다, 보면 발신 제한 표시, 무치, 순간 긴장, 조심스레 전화 받으면

프레데터   (F) 빙고! 고무치 형사에게 경의를~

비하인드 >>

#65-3   거리/ 밤

바름   (무치 전화 받으면) 빙고! 고무치 형사에게 경의를….

인서트/ 무진청 112 종합상황실

경찰   왔습니다!
호남   추적해! (긴장한 표정으로 모니터 보는)
프레데터   (F) 생각보다 영리한데? 그걸 찾아내다니… 고무치 형사.

무치	전화 잘했어. 혼자 떠들려니 재미가 없었는데‥
프레데터	(F) 많이 답답했는데, 이제야 답에 가까워지는 거 같아 반가워. 칭찬이라 도 해줘야 할 거 같아서. 난 또 형사님이 아무것도 모르면서 쇼 하나 했 지…

비하인드 >>

#65-4   거리/ 밤

바름	(걸어가며) 생각보다 영리한데? 그걸 찾아내다니… 고무치 형사.
무치	(F) 전화 잘했어. 혼자 떠들려니 재미가 없었는데‥
바름	많이 답답했는데, 이제야 답에 가까워지는 거 같아 반가워. 칭찬 이라도 해줘야 할 거 같아서. 난 또 형사님이 아무것도 모르면서 쇼 하나 했지…

S#66   부조/ 밤

보고 있는 홍주. 뒤로 국장, 서서 실시간 시청률 보면 80%를 넘어선다. 실검, SNS 홈페이지 다운, 인터넷 생중계 반응 등…계속 보는…

국장	(신난) 최피디야. 답을 알고 있었으면 진즉 깠어야지‥ (그때 전화 오면 후딱 받으며 굽신) 네 사장님. 시청률 80% 넘어갑니다. 세계신기록일겁니다~
오작가	(째려보는)
홍주	(모니터 속 무치 보며) 자, 이제부터 최대한 시간 끌어! 알지?

S#67   스튜디오 (서브 세트)/ 밤

무치	(듣고) 한국이 무사한지부터 말해.

프레데터	(F) 아주 잘 있어. 자, 이제부터 네가 찾아낸 답을 들어볼까?
무치	네가 코스프레한 그 동화의 결말들에서 기막힌 사실을 알아냈어. 모든 동화에는 가르침이 있더군. 개미와 베짱이는 일하지 않고 놀고먹은 베짱이의 게으름을, 금도끼 은도끼는 산신령을 속이고 모든 도끼를 가지려 했던 나무꾼의 욕심을, 여우와 포도밭은 여우의 식탐을 경고했지···.
프레데터	(F) 오호~ 빨간 모자는?
무치	늑대의 더러운 욕정, 성욕에 대한 경고!
프레데터	(F) 그럼, 벌거벗은 임금님은?
무치	권력에 취해, 자신이 나체인 줄도 몰랐던 어리석은 임금의 교만을 비웃었지
프레데터	(F) 재밌네, 그래서 결론은?
무치	빨간 모잔 성욕! 베짱이는 나태! 도끼는 탐욕! 벌거벗은 임금님은 교만! 여우와 포도밭은 식탐! 을 경고하는 동화야!! 성욕, 나태, 탐욕, 교만, 식탐! 단테의 신곡에 나오는 7대 죄악이잖아, 이 새끼야!!!

인서트/112 상황실- 신호 잡는 직원들과 초조히 보는 호남. 순간 신호 잡혔습니다!

프레데터	(F) 오~ 그럴듯한데··· 그런데 내가 죽인 인간들이 그런 죄를 저질렀나? 아니잖아? 근데 왜 내가 그들을 죽였지?
무치	네가 왜 그랬냐면 넌!!!/ (하는데 인이어 호남 목소리)
호남	(F) 신호 잡혔어! 시간 좀만 더 끌어!!!
무치	(듣고, 시간 끄는) 알지? 우리 부모님 헤드헌터한테 살해당한 거? 그래서 내가 싸이코패스에 대해 공부 좀 했는데 말야, 그 새끼들은 일 처리가 치밀해. 근데 넌 아니더라. 여기저기 질질 흘리고 다니더만?!
프레데터	···
무치	니가 어따 흘렸는지 맞춰 봐·· 힌트를 주자면 한 보름쯤 전의 일이야···.
프레데터	(다 알고 있다는 듯 담담하고 차분하게, F) 고무치 형사님~ 지금 이 번호 위치 추적하느라 시간 끄는 거야?
무치	(흠칫하지만 태연한 척)
프레데터	(F) 아님 정답을 못 찾아서 횡설수설하나? 약속 시간 얼마 안 남았어·· 애 살리고 싶음 서둘러~ (뚝 끊는 동시에)
무치	(다급하게) 야 이 새끼야 내 말 아직 안 끝났어! (하는데 뚜뚜뚜··)

인서트/ 순간 112 상황실에 뜬 위치표시 사라지고. 동시에 아 놓쳤어! 탄식하는 직원들과 호남. 호남 머리 쥐어뜯는

비하인드 >>
#67-1   거리/ 밤

바름	(통화 중인)
무치	(F) 한국이 무사한지부터 말해.
바름	아주 잘 있어. 자, 이제부터 네가 찾아낸 답을 들어볼까?
무치	(F) 네가 코스프레한 그 동화의 결말들에서 기막힌 사실을 알아냈어. 모든 동화에는 가르침이 있더군. 개미와 베짱이는 일하지 않고 놀고먹은 베짱이의 게으름을, 금도끼 은도끼는 산신령을 속이고 모든 도끼를 가지려 했던 나무꾼의 욕심을, 여우와 포도밭은 여우의 식탐을 경고했지….
바름	오호~ 빨간 모자는?
무치	(F) 늑대의 비뚤어진 욕정, 성욕에 대한 경고!
바름	그럼, 벌거벗은 임금님은?
무치	(F) 권력에 취해, 자신이 나체인 줄도 몰랐던 어리석은 임금의 교만을 비웃었지
바름	재밌네, 그래서 결론은?
무치	(F) 빨간 모잔 성욕! 베짱이는 나태! 도끼는 탐욕! 벌거벗은 임금님은 교만! 여우와 포도밭은 식탐! 을 경고하는 동화야!! 성욕, 나태, 탐욕, 교만, 식탐! 단테의 신곡에 나오는 7대 죄악이잖아, 이 새끼야!!!
바름	(일어나 공원 밖으로 걸어 나오는) 오~ 그럴듯한데… 그런데 내가 죽인 인간들이 그런 죄를 저질렀나? 아니잖아? 근데 왜 내가 그들을 죽였지?
무치	(F) 네가 왜 그랬냐면 넌!!! (사이) 알지? 우리 부모님 헤드헌터한테 살해당한 거? 그래서 내가 싸이코패스에 대해 공부 좀 했는데 말야, 그 새끼들은 일 처리가 치밀해. 근데 넌 아니더라. 여기저기

질질 흘리고 다니더구만?!

바름   (듣는데, 복잡한 거리다)

무치   (F) 니가 어따 흘렸는지 맞춰봐·· 힌트를 주자면 한 보름쯤 전의 일이야….

바름   (걸으며 담담하고 차분하게) 고무치 형사님~ 지금 이 번호 위치 추적하느라 시간 끄는 거야? (대답 없자) 아님 정답을 못 찾아서 횡설수설하나? 약속 시간 얼마 안 남았어·· 애 살리고 싶음 서둘러~ (통화종료버튼 누르고 다른 폰, 화면 보는)

핸드폰 화면에 다급한 무치, 야 이 새끼야 내 말 아직 안 끝났어! 하는데 바로 옆에서 택시 잡는 사내(#80) 가방에 방금 통화했던 대포폰 쓱 넣고 가던 길 가는. 사내, 아무것도 모른 채 택시 타고 가고. 쓱 뒤돌아 멀어지는 택시 보는 바름. 서둘러 빠르게 걷는.

S#68   스튜디오 (서브 세트)/ 밤

무치   (카메라 노려보며) 이 새끼 전화 끊는 거 보니까, 걸리는 게 있나보네? 그래 맞아. 순간 니 뇌리에 스치는 그 여자, 보름 전! 니가 살려준 여자!!!!

S#69   제보자3의 집 (과거)/ 밤

20대 여자(#12, 제보자3). 초조한 얼굴로 TV 보는데. 무치(#60) 모습 보이며,

무치   (E) 전 기필코 방송을 끝마쳐서, 한국이를 살리고자 합니다. 이제 그만 나와! 자신 있으면 이런 같잖은 장난 그만 치고 나오라고!! (핸드폰 카메라 향해 들어 보이는데) 전화해! 당장!

무치의 간절한 모습에 여자, 결심한 듯 휴대폰으로 화면 밑 제보 전화 누르고.

제보자3   ‥ 저기‥ 제보할 게 있어서요….

S#70   스튜디오 (서브 세트)/ 과거/ 밤 (#64 이어)

무치   (벗겨진 치국 사진 보며 중얼) 알았어, 나치국 옷이 벗겨져 있던 이유…
오작가   (인이어 E) 전화 좀 받아보셔야겠어요….
무치   (돌아보는)
오작가   (인이어 E) 중요한 제보 같아요.
무치   (전화 받는) 무슨 제보죠?
제보자3   (F) 확실친 않는데‥ 느낌이 왠지… 그놈 같아서요….
무치   (눈 번쩍) 그놈이요? 범인이요?
제보자3   (F) 제가 식자재 마트에서 알바를 했는데요‥ 보름쯤 전인가? 혼자 야근
           하고 있었는데‥

인터 컷/ 마트 안 - 제보자3, 물건 진열하는데 갑자기 목에 칼 쑥 들어온다. 놀란 제
보자3, 나지막이 '사 살려주세요.' 하는데‥

제보자3   (F) 누가 갑자기 목에 칼을 들이대더니 거기 있는 걸 다 먹으라는 거예요.

어둠 속, 정신없이 음식물 우걱우걱 집어 먹는 제보자3. 목에 칼 드리워진, 눈물이
쏟아지는데도, 계속 꾸역꾸역 집어넣는다. 구토가 나오지만, 나오지 못하도록 스스
로 계속 입을 틀어막으며 꾸역꾸역 먹다 돌아보면 아무도 없다‥

비하인드 >>
70-1   인터 컷/ 마트 안

바름 보면 제보자3, 물건 진열 중이다. 바름 서서히 다가가 그녀 뒤에서 그녀

의 목에 칼 들이대는. 놀란 제보자3 나지막이 '사 살려주세요.' 하는데…

바름   (목에 칼 댄 채 속삭이듯) 먹어 전부 다. 안 먹으면 니 목구멍에 구멍
               이 뚫리게 될 거야

진열 중이던 것들 미친 듯이 꾸역꾸역 입에 쑤셔넣는 제보자3. 유심히 보는
바름. 목구멍으로 꿀꺽꿀꺽 넘어가는 모습 보이자, 만족스런 표정 짓더니 뒤
돌아 가는…

제보자3   (F) 안 먹으면 죽인다고 해서 정말 미친 듯이 먹었거든요…. 너무 먹어서
           토할 거 같은데‥ 토하면 죽일까 봐 입을 틀어막고 계속 삼켰어요. 그러
           다, 조용해서 슬쩍 돌아보니 없더라구요…
무치   (답답한 표정으로) 대체 왜 신고 안 했어요?
제보자3   (F) 무서웠어요‥
홍주   (순간 뇌리를 스치는 무언가)

플래시 컷/ 조미정의 방안/ 낮 (5부 #11)
홍주, 조미정 책상 밑, 양동이 발견, 들여다보다 역한 냄새에 욱하며 고개 돌리는

홍주   (다급히) 혹시 체중이 어떻게 돼요?
제보자3   (F) 네?‥ 삼‥ 삼십팔키로요‥
홍주   (역시나!) 혹시 SNS나… 그런 건? 그런 거 해요?
제보자3   (F) 아뇨? 안 하는데요….
홍주   그럼 TV나 뭐 그런덴? 사람들 앞에 오픈된 적 없어요? 전혀?!!!
제보자3   (F) 아뇨‥아‥ 제가 모델지망생이라‥ 패션 잡지에 몇 번 실린 적은 있
           어요.
홍주   잡지? (무치 보면)
무치   (후다닥 어딘가 전화하는) 어, 박검시. 조미정 말야. 위에서 뭐 나왔지?
검시관   (F) 잠시만‥.
무치,홍주 (긴장한 얼굴로 기다리는)

검시관	(F) 위가 비어있었어. 아‥ 식도에 음식물 찌꺼기가 쪼금 남아있었는데‥
무치	식도에‥? (순간)

플래시 컷/ 비닐하우스 안/ 낮(2부 #63)- 조미정 입가에 묻은 구토 흔적 (이물질)

비하인드 >>

#70-2 포도농장

포도들 꾸역꾸역 정신없이 따먹는 조미정. 그러나 결국 우엑우엑 게워내고 마는. 바름, 못마땅한 표정으로 보다 다가가 토하는 조미정 머리채 확 휘어잡곤 바로 찔러버리는.

무치	못 먹었어‥ 토해 버린 거야‥ 그래서 죽인 거야‥ (돌아보는)
홍주	(끄덕이는)

비하인드 >>

#70-3 구동. 장미상가 앞

야구모자 깊이 눌러쓴 채 빠르게 걸어오던 바름, 고개 들면 장미상가다. 출입문에 〈구동성당 폐쇄 - 재개발로 인해 구동성당 폐쇄합니다. 〉. 씨익 미소 짓고, 계단 내려가는.

스튜디오 (현재)/

무치	(온에어 들어오면) 배고픈 여우가 포도밭에 난 작은 구멍을 보았습니다. 식탐에 눈먼 여우는 그 구멍으로 기어들어 가 포도를 실컷 훔쳐 먹었죠 다시

나가려 했을 땐, 들어왔던 그 구멍은 너무 작아져 버렸습니다. 결국 여우는 다시 쫄쫄 굶어 피골이 상접해진 후에야 빠져나올 수 있었습니다. 여대생, 조양 서랍에서 이 약이 나왔습니다. 거식증 환자가 먹는 약입니다.

플래시 컷/ 컴퓨터 보며 미친 듯이 먹는 조미정. 손 흔들며 그럼 안녕~~ (먹방 화면 종료되자마자) 책상 아래 둔 양동이 집어 들고 우웩우웩 토하는.

무치	(E) 그녀는 생계를 위해 먹방을 진행하면서도 몸무게가 느는 것에 대한 공포가 극도로 달해 방송이 끝나면, 곧바로 먹은 것을 전부 게워냈습니다…
무치	그녀는 거식증 환자였습니다. (다시 한 번 강조) 식탐!이 없었습니다! (정면 보며) 겨우… 그게 이유였어? 니가 왜 그들을 죽였냐고? 무슨 이유인지 모르겠지만 넌 신에게 아주 감정이 많은 놈이지. 신을 증오해서 사람 죽여놓고, 십자가 향해 손가락 꺾어놓은 놈이잖아. 너! 신의 청개구리가 되기로 작정했지? 그래서 넌 신이 정한 7대 죄악을 행하지 않는 자들을 죄인으로 생각했어. 교만!하지 않는 자! 탐욕!스럽지 않은 자, 나태!하지 않는 자, 성욕!이 없는 자, 식탐!이 없는 자, 시기!하지 않는 자, 분노!하지 않는 자, 이게 니가 세운 7대 죄악이잖아!!! 그래서 그들을 심판한 거잖아!!!

비하인드 »

#70-4   구동 성당 예배당

촬영장비 세팅하고, 바름 옆에 비품창고 문 열면 그 안에 무원 의자 뒤로 손 발 묶여있고 재갈 물린 채 들어있다. 끌어내고 세팅된 장비 잘 보이는 곳에 두고.

바름	(무원에게 미소 지으며) 자 쇼를 시작해볼까요? (흔들리는 무원의 눈동자 보며) 아아. 긴장하지 마시고… 신부님 동생 분 똑똑한 친구니까 분명히 정답 맞출 거예요. 설마 신부님 죽게 내버려두겠어요? 안 그래요?
무원	(눈 꼭 감는)

바름 그 모습 재밌다는 듯 보며 대포폰 꺼내 무치에게 전화하는.

그때 지잉 지잉 무치의 핸드폰 드디어 울린다. 무치 바로 받으면

프레데터	(F) 빙고~ 역시 똑똑해. 고무치 형사. 이래서 내가, 당신 팬이라니까….
홍주	(F) (인이어/ 무치에게) 시간 끌어!
무치	(들으며) 변순영! 어떤 유혹에도 흔들리지 않고, 오직 딸만을 키우며 살았단 이유로 죽였지?! 성욕이 없다는 이유로!
프레데터	(F) 미련한 년. 얼굴도 반반한데 적당히 몸뚱이 좀 굴리고 사는 게 뭐 어때? 그럼 지 년 딸도 편하게 살았을 텐데 말이야‥
무치	세상 열심히 산다는 이유로 박종호를 살해하고 목구멍에 배짱이를 쳐 넣어?
프레데터	(F) … 그 자식 조금만 게으르게 살았으면 안 죽었을 거 아냐‥ 그렇게 아등바등 살면 뭘 해. 개미 새끼처럼 찍소리도 못하고 나한테 밟혀 죽을걸…. 뭐, 그래도 끝까지 억세게 반항해줘서 아주 즐거웠어.
무치	뭐 이 새끼야?
홍주	(F) (인이어/ 다급히) 흥분하지 말고!! 시간 더 끌어! 더!
무치	(애써 참으며) 그래서 조미정은?
프레데터	(F) 처먹고, 방송 끝나면 토하고‥ 그러면서 마치 살이 안 찌는 체질인 것처럼. 처먹는 게 어때서? 말라비틀어진 꼬라지란‥ 역겨워서 정말
무치	(기막힌)
프레데터	(F) 나치국은 말야‥ 위선자마냥 겸손 떠는 그놈 인터뷰를 보는 순간, 빨리 죽여서 저놈의 죄를 덜어 줘야겠다‥ 싶었지.
무치	(울컥!!) 그 불쌍한 할머니는 왜 죽였어… 왜!!!!
프레데터	(F) 아 그거? 그냥 재수가 없었던 거지‥ 나라고 그런 노인네 죽이는 게 재밌었겠어? 좀 반항도 하고, 버텨줘야 죽일 맛도 나는데‥ 영 시시했어‥

비하인드 >>
#70-5 구동 성당 예배당

바름	(묶여있는 무원 쪽 보며) 빙고~ 역시 똑똑해. 고무치 형사. 이래서 내가, 당신 팬이라니까….
무치	(F) 변순영! 어떤 유혹에도 흔들리지 않고, 오직 딸만을 키우며 살았단 이유로 죽였지?! 성욕이 없다는 이유로!
바름	미련한 년. 얼굴도 반반한데 적당히 몸뚱이 좀 굴리고 사는 게 뭐 어때? 그럼 지 년 딸도 편하게 살았을 텐데 말이야··
무치	(F) 세상 열심히 산다는 이유로 박종호를 살해하고 목구멍에 베짱이를 처넣어?
바름	(눈빛 텅 빈 중얼거리듯) 그 자식 조금만 게으르게 살았으면 안 죽었을 거 아냐·· 그렇게 아등바등 살면 뭘 해. 개미 새끼처럼 찍소리도 못하고 나한테 밟혀 죽을걸···. 뭐, 그래도 끝까지 억세게 반항해줘서 아주 즐거웠어.
무치	(F) 뭐 이 새끼야? (사이, 좀 진정된 말투로) 그래서 조미정은?
바름	처먹고, 방송 끝나면 토하고. 그러면서 마치 살이 안 찌는 체질인 것처럼. 처먹는 게 어때서? 말라비틀어진 꼬라지란·· 역겨워서 정말
무치	(기막힌)
바름	나치국은 말야·· 위선자 마냥 겸손 떠는 그놈 인터뷰를 보는 순간, 빨리 죽여서 저놈의 죄를 덜어 줘야겠다·· 싶었지.
무치	(F/울컥하는 목소리로) 그 불쌍한 할머니는 왜 죽였어··· 왜!!!!
바름	아 그거? 그냥 재수가 없었던 거지·· 나라고 그런 노인네 죽이는 게 재밌었겠어? 좀 반항도 하고, 버텨줘야 죽일 맛도 나는데·· 영 시시했어···.

S#71   봉이네 집- 방 안/ 밤

보고 있던 봉이, 부들부들 떨린다. 충격 받은 얼굴이 이내 증오로 채워진다.

S#72   112 종합상황실/ 밤

컴퓨터 화면에 범인이 전화한 번호의 신호 잡고 있는데!

직원   (다급히) 끊어진 번호 확인됐고, 위치 잡혔습니다!!!
호남   오케이. 출동해! (후다닥 뛰어나가는)

S#73   부조 + 스튜디오 (서브 세트)/ 밤

홍주   (흥분한 무치 보며) 조금만! 조금만 더 끌어!
무치   그걸 말이라고 해? 그 가족 생각 안 해봤어? 네가 그러고도 사람 새끼야?!

인서트/ 거리 + 차 안/ 밤
사이렌 소리 울리며 특공대, 경찰 차량. 차 안, 호남, 상황실과 정신없이 교신한다.

상황실   (F) 멈췄습니다. 성오동 123번지!!!
호남   (눈 반짝) 됐어!!!
홍주   (모니터 보며) 위치 확인됐대! 특공대 무전 고형사 인이어로 공유했어!

S#74   스튜디오 (서브 세트)/ 밤

무치   (그런 홍주 말 듣는)
프레데터   (F) 내가 낸 문제는 그게 아니잖아. 시간 다 돼가‥ 아인 왜 죽을까?
무치   (식빵 조각 꺼내 들며) 한국이가 사라진 자리에 빵조각이 있었어. (인서트
          컷/ 한국이가 캐릭터 빵을 집자 더 안쪽에 놓여 있는 빵. 보고 들어가는 한국의
          모습) 넌 한국일 이 빵으로 유인했겠지. 결국 한국이는 집에 돌아오지 못
          했어, 이 빵조각을 새가 먹어버리지도 않았는데 말이야‥
프레데터   (F) 새? 오~
무치   그래. 넌 이번엔 〈헨젤과 그레텔〉의 결말을 네가 정한 죄악에 끼워 맞췄지.
프레데터   (F) 그래서 아이의 죄명은?
특공대   (F) (무치 인이어로 들리는) 거의 다 왔습니다! 집을 포위했습니다!

350   마우스

무치	7대 죄악에서 남은 건 둘. 시기! 와 분노!

부조/ 홍주VCR 플레이
동시에 LED 화면에 다큐 〈어린이에게 희망을〉 한국이 인터뷰 뜬다. (3부 #58)

피디	한국이는 한국이를 버린 아빠가 밉지 않아?
한국	아뇨. 안 미워요. 아빠한테도 이유가 있을 거예요.
피디	혹시 아빠가 TV 보고 계실지 모르니까 하고 싶은 말 있으면 해봐.
한국	(화면 정면 응시하며) 아빠 보고 싶어요·· 사랑해요···.
무치	넌 이걸 봤어…
프레데터	(F) 그래서?
무치	헨젤과 그레텔의 결말! 아이들을 잡아먹은 마녀를 솥에 넣어 죽이지. 분노에 차서 말이야. 화내지 않는 자! 분노하지 않는 자! (한국 스틸 화면 가리키며) 저 아이는 자신을 버린 아버지한테 화를 냈어야 했겠지! 아빠가 밉다고 분노했어야 했겠지! 넌 지금 아무 죄 없는 아이를 죽이려고 하고 있어!!! 그런 말도 안 되는 이유로!
프레데터	(F) …
무치	자, 답을 맞혔으니, 그 엿 같은 짓 멈추고 당장 아일 풀어줘!!!
특공대	(F) (인이어로 들리는) 도착했습니다!
무치	(그런 홍주 말 듣는)

비하인드 〉〉
#74-1 구동 성당 예배당/ 밤

바름	내가 낸 문제는 그게 아니잖아. 시간 다 돼가·· 아인 왜 죽을까?
무치	(F) 한국이가 사라진 자리에 빵조각이 있었어. 넌 한국일 이 빵으로 유인했겠지. 결국 한국인 집에 돌아오지 못했어. 이 빵조각을 새가 먹어버리지도 않았는데 말이야··
바름	새? 오~
무치	(F) 그래. 넌 이번엔 〈헨젤과 그레텔〉의 결말을 네가 정한 죄악

에 끼워 맞췄지.

바름	그래서 아이의 죄명은?
무치	(F/잠시 사이) 7대 죄악에서 남은 건 둘. 시기! 와 분노!

바름, 화면 보면 다큐 〈어린이에게 희망을〉한국 인터뷰장면 나온다. 동시에 LED에 다큐 〈어린이에게 희망을〉한국이 인터뷰 뜬다. (3부 #58) 보는 바름, 화면 속 한국 얼굴 보이고

피디	(E) 한국이는 한국이를 버린 아빠가 밉지 않아?
한국	아뇨. 안 미워요. 아빠한테도 이유가 있을 거예요.
피디	(E) 혹시 아빠가 TV 보고 계실지 모르니까 하고 싶은 말 있으면 해봐.
한국	(화면 정면 응시하며) 아빠 보고 싶어요·· 사랑해요···.

바름, 보고 있는데 다시 화면에 무치 나오며··

무치	(F) 넌 이걸 봤어···
바름	그래서?
무치	(F) 헨젤과 그레텔의 결말! 아이들을 잡아먹은 마녀를 솥에 넣어 죽이지. 분노에 차서 말이야. 화내지 않는 자! 분노하지 않는 자! 저 아이는 자신을 버린 아버지한테 화를 냈어야 했겠지! 아빠가 밉다고 분노했어야 했겠지! 넌 지금 아무 죄 없는 아이를 죽이려고 하고 있어!!! 그런 말도 안 되는 이유로!
바름	(보는)
무치	(F) 자, 답을 맞혔으니, 그 엿 같은 짓 멈추고 당장 아일 풀어줘!!!

S#75   주택 인근/ 밤

요한 집으로 보이는 주택 인근 사방에 잠복해있는 특공대와 호남. 호남, 망원경으로 보면, 창문 너머 TV 보며 등 돌린 채 통화 중인 (요한으로 보이는) 사내 뒷모습.

호남   (E) 안에 범인이 있다! 지금 방송을 보며, 통화 중인 것으로 확인된다!

S#76   부조 + 스튜디오 (서브 세트)/ 밤 (연결)

홍주   (다급히) 고형사, 범인이 다른데 주의 돌리지 못하도록 집중시켜. 계속!
무치   (카메라 경멸의 눈빛으로 보는) 넌 니가 신이라도 된 줄 알지?
프레데터   (F) …
비하인드 ≫ 바름   …
무치   너 같은 새끼 본 적 있지… 신이 말한 죄악을 부정하고 오히려 그 반대로
         그 죄악을 저지르지 않는 사람들을 니 맘대로 죄인으로 정하고 처단했지,
         마치 니가 신이라도 된 듯 착각에 빠져서 말이야…
홍주   (마이크에 대고) 조금만 더 시간 끌어! 눈치채지 않게….
무치   근데 어쩌냐‥? 넌 신은커녕, 인간도 아냐. 넌 그냥, 끔찍한 괴물일 뿐이
         야. 결코 구원받을 수 없는…. 괴물… 버러지만도 못한 참 불쌍한 새끼‥

S#77   두석의 집- 거실/ 밤

쌕쌕거리며 잠들어있는 아내. 옆에 앉아 TV 보고 있는 두석의 슬픈 표정 위로

S#78   살인사건현장/ 과거 (두석의 회상)/ 낮

(목 없는)시신 덮고 폴리스라인 밖으로 나오는데, 기자들 둘러싸는…

기자1   또 헤드헌터 짓입니까? 이번에도 목이 잘렸습니까?
기자2   1년 가까이 헤드헌터를 잡지 못하는 경찰에 대한 국민적 불신이 대단한
         데 못 잡는 이유가 뭘까요? 경찰에겐 놈이 그렇게 대단한 존잰가요?
두석   (확 빈정 상한) 대단해요? 그 버러지 새끼가요? 그 새낀 세상에 절대 태어
         나지 말았어야 할 돌연변이 괴물 새끼에요. 버러지만도 못한‥

S#79　두석의 집 안/ 과거 (두석의 회상)/ 밤

두석　　　(녹초가 된 채, 피곤한 얼굴로 들어오며 불 켜는) 왜 불을 끄고 있어?

장난감 어질러져 있고 난장판인, 순간 서늘한 두석, 후다닥 아이들 방문 열면 벽에 피로 그려진 그림, 목 없이 몸통만 있는 (졸라맨 형태의) 그림.

두석　　　(헉‥) 혀, 혀, 현수야. 현석아!!!! (뛰쳐나가는)

S#80　스튜디오 (서브 세트)/ 밤

무치　　　(차분하게) 자, 네가 원하는 아이 목숨 값 지불했잖아. 약속 지켜.
프레데터　(F) …

인서트/ 시청자들, 스텝들, 모두 긴장해서 본다.

특공대　　(F) (무치 인이어로 들리는) 안에 아이가 있다! 조심해라! 생포한다!
무치　　　(됐다! 싶은 계속 귀 기울여 듣는)

인서트/ 현관 앞에 서 있는 특공대 서로 눈짓, 손짓하고. 특공대 1, 잠긴 문 쾅 부수고 동시에 들어가는

특공대　　(F) (인이어로 들리는, 우당탕 현관문 부서지는 소리와 동시에) 꼼짝 마!!!

무치와 홍주, 인이어 통해 긴장해서 듣고 있는데…

특공대　　(F) 잡았습니다!
무치　　　(순간 안도하는, 자신도 모르게 중얼거리듯) 넌 이제 끝났어. 새꺄…(하는데)
프레데터　(F/ 담담하고 나지막한) 땡! …틀렸어! (전화 끊는다)
무치　　　(순간 뚜뚜뚜… 전화 끊김 소리 들리고‥ 멍한) 뭐야?

인서트/ 주택 안-뒤로 팔 꺾인 사내. 제압당하고 특공대에 고개 돌리면, 요한 아니다.

사내   (놀라고 황당한 얼굴로) 왜, 왜 이래요? (특공대 보고 겁먹은) 뭐예요?
              "대체 왜 이래요?!" 소리치는 사내 목소리 고스란히 들린다.

스튜디오/ 멍한 무치 표정 위로…
인서트/ 주택 안-호남, 테이블에 놓인 사내의 가방 안에서 다급히 핸드폰 꺼낸다.

사내   그게 뭐예요? 그거 제 꺼 아니에요! (손에 들고 있던) 제 건 이거에요!
호남   (뺏으면 들리는 다급한 여자 소리) 여보! 무슨 일이야? 무슨 일이냐고?! (허…
              황당한 듯 가방에서 나온 핸드폰 보는 위로)

S#81   거리/ 과거/ 밤 (5부 #67에 이어)

프레데터   (음성변조기 소매에 감춰 입에 댄 채 /F) 오~ 그럴 듯한데…그런데 내가 죽인
           인간들이 그런 죄를 저질렀나? 아니잖아? 근데 왜 내가 그들을 죽였지?
           ·· 약속한 시간·· 얼마 안 남았어… 서둘러~ (뚝 끊고는)

택시 잡던 사내(#80) 가방에 폰 쓱 넣고 가는·· 사내 아무것도 모른 채 택시 타는.

비하인드 ≫
#81-1   구동 성당 예배당/ 밤

무치   (F/ 차분하게) 자, 네가 원하는 아이 목숨 값 지불했잖아. 약속 지켜.
바름   (입꼬리 씰룩하는)
무치   (사이… F/중얼거리듯) 넌 이제 끝났어. 새꺄… (하는데)
바름   (담담하고 나지막한 말투) 땡! ·· 틀렸어! (전화 끊고 의자에 묶인 무원
           돌아보며) 어떡하죠? 신부님. 동생분이 틀려버렸네? (하며)

의자 발로 차면, 무원 바닥으로 떨어지는. 바름, 무원 뒤에 한쪽 무릎 꿇고 앉아 무원 입 재갈 확 풀고는 목에 칼 들이대고 리모컨으로 라이브 버튼 누른다. 노트북 화면에 목에 칼 들이대진 무원 보인다.

S#82   스튜디오 (서브 세트) + 부조/ 밤

덩그러니 서 있는 무치, 정신 아득해오는. 눈앞 스텝들 분주한 움직임 슬로우비디오처럼 보이고, 인이어 통해 다급히 들려오는 홍주 목소리 귓가에 웅얼웅얼 울릴 뿐이다. 인이어 빼버리는 무치, 정신 차리려 애쓰는 데 눈에 독기 서리는데….

무치   (정면 응시하며) 맞잖아. 분노 맞잖아! 약속 지켜! 애 어딨어? 어딨냐고!!!

인서트/ 무진청 영상분석팀
경찰, 전화로 "심전역 보관함 USB 영상 복원됐습니다!" 하며 클릭하면
화면 열리고, 어둠 속 TV 모니터를 보는 누군가의 실루엣 영상

비하인드 >>
#82-1   바름의 집 지하실

카메라 세팅하는 바름. 의자에 앉아 TV 켜면 다큐멘터리 '용서' 한다. 바름. 시청하는 모습 카메라 화면에 담긴다.

스튜디오/

무치   (소리 지르는) 어딨어 이 개새끼야!!! 당장 나와!!! 애 내놔!!! 내놓으라고!

그때 스텝들 핸드폰에 갑자기 쏟아지는 카톡 소리. 징징 핸드폰 소리… 주변 웅성거

린다. 무치, 스텝들 각자 정신없이 문자 확인하는 모습·· 뭔가 싶어 보는데·· 무치 핸드폰 울린다. 보면 발신 제한표시다. 그놈이다! 무치 얼른 받는다.

부조/

홍주	(충격 받은 얼굴로 핸드폰 화면 보고 있는)
국장	(시청률 추이 90%에서 오르락내리락 그래프 보더니) 화면 띄워!
홍주	미, 미쳤어요? 안 돼요! (하는데)
국장	(홍주 확 밀치며, 버튼 확 눌러버리는)

스튜디오/

무치 눈에 스텝들 경악하는 모습이 보인다. 무치, 전화기 든 채 뒤돌아보면 LED 화면에 무릎 꿇린 무원. 목에 시퍼런 칼이 겨눠져 있다. 무치 귀에 들리는 목소리

프레데터 (F) 분노는 한국이가 아니라 얘지… 분노하지 않은… 죄인…!!!

비하인드 >>

#82-2   구동 성당 예배당/ 밤

촬영 계속되고 무릎 꿇린 무원 그 뒤에서 무원의 목에 시퍼런 칼을 겨누고 있는 바름 (자신의 모습은 보이지 않게)

바름 (핸드폰 입에 댄 채) 분노는 한국이가 아니라 얘지… 분노하지 않은… 죄인…!!!

인서트/ 복원된 USB 화면. TV 모니터 속 무원 모습 보이고, 암체어에 앉아 TV 속 무원 보고 있는 프레데터의 실루엣.

부조/

국장	(100% 향해 치솟는 시청률에 미쳐) 카메라 고무치 얼굴 클로즈업!
홍주	그만 해요! 그만해! (국장에게 덤벼들면)
국장	(그런 홍주 확 밀치며) 끌어내!!!
홍주	(스텝들에게 붙잡힌 채) 놔!! 꺼! 당장 끄라고! 이 미친 새끼야!!!

S#83 봉이네 집 - 방 안/ 밤

봉이   (얼어붙은 채 보고 있다) 시, 신부님…!!

문득 책상 위에 놓인 할머니 사진(성당에서 찍은/ 배경에 촛대 아주 작게 보이게)보다 뭔가 결심한 듯! 사진 주머니에 넣고 후다닥 장롱 깊숙이 숨겨둔 신문에 싼 식칼 꺼내 들더니 뛰쳐나간다.

S#84   스튜디오 (서브 세트)/ 밤

LED 화면 속, 목에 칼 드리운 채, 무릎 꿇고 앉아 있는 무원 보며.

무치	(헉!!!) 허, 형…!!
프레데터	(F) 답을 못 알아내면 방송 끝나는 정각에 죽인다고 했지… 시간 됐어.
무치	허‥허…
프레데터	(F) 말이 돼? 헤드헌터가 자기 엄마, 아빠를 머릴 잘라 죽였는데‥ 지 몸을 이렇게 만들어 놨는데‥다 용서했잖아. 아주 가관이더라구‥
무치	(바들바들 떨리는 표정 위로)

> 비하인드 >>
> ### #82-3   구동 성당 예배당/ 밤

바름	(씩 웃고 있는)
무치	(F) 혀, 형…!!
바름	답을 못 알아내면 방송 끝나는 정각에 죽인다고 했지… 시간 됐어.
무치	(F) 허‥허…
바름	말이 돼? 헤드헌터가 자기 엄마, 아빠 머릴 잘라 죽였는데‥ 지 몸을 이렇게 만들어 놨는데… 다 용서했잖아. 아주 가관이더라구‥

인서트/ 복원된 영상화면-어둠 속 TV 모니터 보이고 누군가의 실루엣 보이고 화면은 다큐멘터리 〈용서〉 속 무원의 인터뷰 모습이다. 그 모습 앉아서 보고 있는 프레데터의 실루엣. 화면 속, 무원 모습 점점 스튜디오 LED 화면으로 바뀌며…

무원	마음에 분노를 가득 채우고 사는 건 당연한 일이죠. 아마 분노가 지금의 날 살게 하는 힘이었을 거예요. 그런데 용서하기로 마음먹고 모든 게 달라졌어요. 동생을 위해서라도 좀 더 열심히 살아야겠구나…. 한서준에게 용서한다고 말하고 돌아온 날‥ 정신없이 잤어요. 그날 이후, 처음으로 푹 잤어요‥

장면 바뀌고, 탄원서 제출하는 무원의 모습 보인다. 그 위로 홍주 나레이션 깔리는

홍주	(NA) 늦은 나이에 신학공부를 시작한 고무원 신부는 한서준의 사형을 면하게 해달라는 탄원서를 제출했습니다. 용서가 비로소 그를 살게 했습니다.

LED 화면 속, 목에 칼 드리운 채, 무릎 꿇고 앉아 있는 무원 보며.

S#85 무치의 집- 방안/ 과거/ 밤

탄원서 제출하는 무원 모습 화면에 보이고, 분노에 찬 눈으로 보고 있는 무치

무원	(문 열고 들어오다 티브이 보고 있는 무치 보며) 너 잠복근무라더니….

무치	(멱살 잡으며) 네가 그러고도 사람이야!! 이 미친 새끼야‥ 탄원서를 내? 난 그놈 사형시켜 달라고 탄원서를 내는데‥ 넌 사형을 면하게 해 달라고 탄원서를 냈다고? 니가 어떻게 그럴 수가 있어!!!
무원	용기를 갖자. 무치야…
무치	뭐? 용기?
무원	그래‥ 한서준, 그 자를 용서할 수 있는 용기!
무치	니가 그 그지 같은 용기로 그 새끼 용서하는 동안, 난 무슨 짓까지 했는 줄 알아? 어? 나 그 새끼 와이프한테 찾아가서 빌었어. 돈 좀 달라고! 네 수술비 좀 하게 돈 좀 달라고 했다고!! 경찰 돼서도 나 네 수술비 갚느라 도박에 손대고 뒷돈까지 받으면서 살았어! 알아? 고무원, 너 하나 살리겠다고 죽기보다 싫은 짓 다 하며 살았는데 뭐? 용기? 뭐가 용긴데?
무원	(가슴 아픈) 무치야….
무치	(증오서린) 다신 보지 말자. 평생 보지 말고 살자. 우리! (문 쾅! 닫고 가는)

S#86 스튜디오 (서브 세트) + 구동성당/ 밤

무치	(덜덜 떨며 화면 속 무원 본다.) 허‥ 허엉…
프레데터	(F) 분노가 죄악이라고? 왜? 분노하지 않는 게 죄악이지.
무원	‥
프레데터	(F) 지금이라도 그놈한테 화를 내‥ 분노를 터뜨려.

구동성당/ 밤

화면 속 덜덜 떨고 있는 무치 가슴 아프게 보는 무원 위로‥

프레데터	(E) 그럼 당신 죄를 용서해주지. 자, 당신 부모를 죽인 헤드헌터 그놈에게 분노를 터뜨려 봐. 어서!

무치가 보이는 생방송 화면 옆, 또 하나의 모니터 쪽으로 무원이 시선 돌리면‥ 모니터 속, 세상모르고 잠든 한국이 몸에 사제폭탄과 전선들 감겨있다. 무원 목에 칼 대고 있는 프레데터의 손! 다른 손은 주머니 속에 들어가 있는데, 주머니 속 깜박거리

는 빨간 불빛(폭탄 리모컨). 금방이라도 버튼 누를 듯한 자세인 프레데터!

S#87   스튜디오 (서브 세트)/ 밤

무치   (애타는 눈빛으로 무원 보며) 혀, 형·· 해! 그 새끼 욕해, 제발·· 엄마 아빠
         죽인 놈이잖아. 형도 한서준이 그 새끼 죽이고 싶잖아. 제발 형··

무원   (슬프게 보는) 무치야···

무치   그, 그럼 나한테 화내. 내가 형 그렇게 만들었잖아. 그때 그 캠핑카에서
         내가 소리만 안 냈어도. 형 그놈한테 안 잡혔을 거야. 내가·· 내가 형 그
         렇게 만든 거잖아·· 그래놓고 내가 오히려 화내고··그러니까 으흐흐흐
         흑···. 제, 제발 나한테 화를 내·· 제발···허엉! 내가 이렇게 빌게···

무원   (슬픈) 무치야·· 난 한 번도 널 원망한 적 없어.

무치   (심하게 도리질 치며) 아냐, 아냐·· 제발 원망해. 날 좀 원망하라고!!!

무원   난 네가 망가지는 거·· 복수심 때문에 니 인생 망치는 거 보고 싶지 않아.

무치   (털썩 무릎 꿇고 싹싹 빌기 시작하는) 서, 선생님··· 자, 잘못했어요···.

인서트/ 전광판. 핸드폰 화면 등에 무치 무릎 꿇은 장면. 시민들 경악, 짠하고··· 두
석, 가슴 아프게 보는··

무치   우리 형·· 불쌍한 우리 형. 제발·· 제발 좀 놔 주세요·· 제, 제가 잘못했
         어요. 제가 뭣도 모르고 선생님께 까불었어요··

인서트/ 쏟아지는 전화 제보들. '거기 이레동 성당이에요. 이레동 신부님이에요··'
인서트/ 칼 품고 뛰어가는 봉이. 택시! 잡아타는 "아저씨 이레동이요!"
인서트/ 거리, 폴리스카 사이렌 울리고 달려간다.
인서트/ 부조/ 홍주, 모니터 속 무치 모습, 가슴 아프게 보고 있는.

무치   (바들바들) 저, 저를 죽이세요·· 제발요·· 제발·· 불쌍한 우리 형 살려주
         시고.

무원   무치야, 형 괜찮아. 형한테 무슨 일이 생겨도 니 잘못이 아니야. 알았지?

프레데터   (F) 마지막 기회야! 화를 내! 분노하라고! 네 부모를 죽인 헤드헌터에게!

그놈을 사형시키지 않는 세상에!!! 분노를 터뜨리라고!

무치   제발·· 형·· 형···

무원   무치야·· (눈에서 눈물 뚝) 복수심으로 니 인생을 망치지 마··

순간 무원 목에 댄 칼에 힘 들어가는! 동시에 안 돼!! 외치는 무치. 국장 밀치며 동 버튼 확 누르는 홍주 손. 이 모든 것이 동시에 이윽고 암전!!!

비하인드 >>

#82-4   구동 성당 예배당/ 밤

바름, 무원 목에 칼 겨눈 채 즐기고 있는데

무치   (F/떨리는) 저, 저를 죽이세요·· 제발요·· 제발··· 불쌍한 우리 형 살려주시고···

무원   (화면으로 그런 무치 보며 가슴 아픈) 무치야, 형 괜찮아. 형한테 무 슨 일이 생겨도 니 잘못이 아니야. 알았지?

바름   (감정 동요 없이 차분한 어조로) 마지막 기회야! 화를 내! 분노하라 고! 네 부모를 죽인 헤드헌터에게! 그놈을 사형시키지 않는 세상 에!!! 분노를 터뜨리라고!

무치   (F) 제발·· 형·· 형···

무원   무치야·· (눈에서 눈물 뚝) 복수심으로 니 인생을 망치지 마··

바름, 텅 빈 눈빛으로 무원 목에 대고 있는 칼에 힘 확 주며 무원의 목 쓰윽 긋는!

S#88   몽타주/ 밤

화면 속/ 무원의 목 칼로 쓰윽 그어버린다.

지은의 집/ 충격으로 털썩 주저앉는 지은.

거리 등/ 충격으로 휴대폰 보고 있는 시민 등, 차마 휴대폰 꺼버리는 시민 등

택시안/ 봉이(할매 사진 보며) "할머니. 그놈 죽이러가. 지금!" (하다 문득 이상한)

어딘가/ 택시에서 내리는 봉이. 결연한 표정으로 어딘가 바라본다. 들어가는

S#89   스튜디오 (서브 세트)/ 밤

무치 몸부림치며 절규, 스텝들 충격 받아 차마 말 못하고 보는 데서 서서히 F.O.

비하인드 >>

#82-5   구동 성당 예배당/ 밤 (6부 #1-1)

꿀럭꿀럭 피 뿜어져 나오는 목. 그제야 손에 묶인 줄 뚝 끊기자 목 부여잡은 채 고통스러워하는 무원. 목 밖으로 달랑거리는 십자가 목걸이. 툭, 뜯어내는 바름의 손, 무원의 손, 뺏기지 않으려 허공을 가르다 바름의 바지자락 꽉 움켜쥔다. 올려다보는 힘겨운 시선,

무원   (입 달싹거리는) 주님이·· 널···. 구원하길···.

볼에 튄 피 손등으로 쓱 닦아내며 무원 내려다보는 바름의 서늘한 눈빛, 손에 힘 풀리며 숨 멎는 무원. 바름 피범벅 된 자신을 내보이듯 두 팔 벌려 예수상 향해

바름   어때? 내 꼴이? 괴물이 되지 않게 해 달라고 했잖아·· 빌었잖
          아···. 근데 넌 내 기도를 철저히 외면했어···.

바름의 눈빛 어느새 원망에서, 냉소와 경멸의 눈빛으로 바뀌며···.

바름   그러면서 니 따위가 무슨 신이야! 이제부터 내가 신이야! 니가 하
          는 개소리를 믿고, 따르는 인간들 싹 다 심판할 거야···.

다시 무원 내려다보는 바름, 무원 목 그었던 칼로 신부복 입은 무원의 배를 가른다. (배 가르고 창자 꺼내지만 보여주지 않음) 바름 트렁크에서 돌멩이 든 자루 꺼내고 (돌멩이 넣는 장면 보여주지 않음) 배 얼기설기 꿰맨다. 바닥에 내려놓은 십자가에 무원 끌고 가서 예수상처럼 무원 손을 못으로 드득 박는다. 무원, 십자가에 고정되면 성당 기둥에 밧줄을 걸어 십자가 세워 올린다. 바름, 사다리 타고 올라가 무원의 피로 글씨를 쓰고 내려와 사다리 치우고 나가려는데‥ 계단 내려오는 소리에 바름 커튼 뒤에 숨어 보면. 봉이다!

(이하 봉이와 격투씬)

S#90   장미 상가 (구동 성당) 앞/ 밤

다시 화면 점점 밝아지고. (이하 장면 모두 슬로우 처리) 폴리스라인 쳐진 상가 입구, 세워진 경찰차들. 인산인해 이루는 구경꾼들. 택시에서 내린 바름. 절룩거리며 구경꾼 뚫고 안쪽 들어가면, 폴리스라인 앞 정신 나간 얼굴로 상가 들어가려 발악하는 무치와 결사적으로 막는 경찰 모습. 이 모든 모습이 슬로우로 잡히는 위로…

무치(E)   넌 니가 신이라도 된 줄 알지? 너 같은 새끼 본 적 있지… 신이 말한 죄악을 부정하고 오히려 그 반대로 그 죄악을 저지르지 않는 사람들을 니 맘대로 죄인으로 정하고 처단했지.

결국 경찰 뚫고 안으로 뛰어가는 정신 나간 무치, 그 뒤 절룩거리며 쫓는 바름 위로.

무치   (E) 마치 니가 신이라도 된 듯 착각에 빠져서 말이야…

상가 안/ 미친 듯 계단 뛰어 내려가는 무치. 절룩거리며 따라가는 바름 위로.

무치   (E) 근데 어쩌냐‥? 넌 신은커녕, 인간도 아냐…

계단 끝 굳게 닫힌 성당 문 쾅!! 열어젖히는 무치 위로 무치   (E) 넌 그냥, 끔찍한 괴물일 뿐이야!!!

허억!!!! 충격 받은 무치의 시선…

무치   (E) 결코 구원받을 수 없는… 괴물…

십자가에 무원 시신 처참히 매달려있고. 화면 서서히 줌아웃, 무원 시신 매달린 십
자가 뒤로, 벽 전체를 차지하는, 피로 쓰여 있는 글씨….

내가 신이야…

비하인드 >>
#90-1   구동 성당 예배당 안/ (독립씬) (5부 #1 이전 상황)

들어오는 바름. 예배당 의자에 무원 앉아 핸드폰으로 방송 보고 있다가

바름	안녕하세요 신부님. (90도로 깍듯이 인사하는)
무원	(돌아보고 반갑게) 어 정순경. 무슨 일인데 여기서 보재? 무슨 일 있어?
바름	(건조하게) 네, 그게 누굴 어딜 좀 보낼까 말까 고민이 돼서 상담 좀 드릴려구요.
무원	누가 어디 가?
바름	(무원 옆에 앉아 의미심장한 표정 지으며) 갈 지‥ 안 갈 지‥ 아직은 모르겠어요.
무원	어? (못 알아들은)
바름	(십자가 올려다보며) 마지막으로 물을게요.
무원	마지막? (무슨 말인가) 뭘?
바름	(돌아보는) 정말, 한서준한테 화 안 나세요?
무원	(보면)

바름	분하지 않냐구요? 신부님을 이렇게 만들었는데·· 고형사님 저렇게 사는 것도 다 그 한서준 때문인데…
무원	(슬프게 십자가로 시선 돌리며) 난 이미 한서준을 용서했어…
바름	(그런 무원 서늘하게 보다, 무원 손에 들려있는 핸드폰 화면에 시선 두며) 대체 정답이 뭘까요? 뭐길래…?
무원	그러게·· 시간이 얼마 안 남았는데… 문젤 못 맞추면 아일 죽일 텐데··
바름	(눈빛이 텅 비어가며 중얼거리는) 아일 죽인다고는 안했는데··
무원	(무슨 말인가) 어? (보는데)
바름	죽인다고만 했지…
무원	(바름 눈빛 이상한)
바름	아이라고는 안했거든요.
무원	(순간 소름!!! 돋는)
바름	(씩 웃으며) 맞아 너야.

꽉! 순식간에 무원이 목 확 틀어잡는 바름의 손힘에 버둥거리는 무원.

#90-2   장미상가 앞 (독립 씬)

나오는 바름. 상가 입구 문에 <구동성당 폐쇄-재개발로 인해 구동성당 폐쇄합니다> 붙어있다.

the END

제 6 부

S#1   구동 성당- 예배실/ 밤

꿀럭꿀럭 피 뿜겨져 나오는 목 부여잡은 채 고통스러워하는 무원. 목 밖으로 달랑거리는 십자가 목걸이 툭 뜯어내는 프레데터의 손. 무원의 손, 뺏기지 않으려 허공을 가르다 프레데터의 바지자락 꽉 움켜쥔다. 올려다보는 힘겨운 시선,

무원   (입 달싹거리는) 주님이‥ 널… 구원하길….

볼에 튄 피 손등으로 쓱 닦아내며 무원 내려다보는 서늘한 눈빛, 어린 재훈(11살)이다. 손에 힘 풀리며 숨 멎는 무원. 재훈 시선, 무원에서 벽에 걸려있는 십자가로 옮겨진다. 재훈, 피범벅 된 자신을 내보이듯 두 팔 벌려 예수상 향해.

재훈   어때? 내 꼴이? 괴물이 되지 않게 해 달라고 했잖아‥ 빌었잖아….
         근데 넌 내 기도를 철저히 외면했어….

재훈의 눈빛 어느새 원망에서, 냉소와 경멸의 눈빛으로 바뀌며….

재훈   그러면서 니 따위가 무슨 신이야! 이제부터 내가 신이야! 니가 하는 개소
         리를 믿고, 따르는 인간들 싹 다 심판할 거야….

고단한 표정의 예수에서 서서히 F.O. 다시 화면 밝아지면, 무원 얼굴 보이며 서서히 줌아웃 되고 십자가에 매달린 무원 드러난다. 그 위로 타이틀 뜨고 암전된다.

비하인드 >>
#1-1 　구동성당- 예배당/ 밤/ 추가

꿀럭꿀럭 피 뿜어져 나오는 목. 손에 묶인 줄 뚝 끊기자 목 부여잡은 채 고통스러워하는 무원. 목 밖으로 달랑거리는 십자가 목걸이. 툭, 뜯어내는 바름의 손. 무원의 손, 뺏기지 않으려 허공을 가르다 바름의 바지자락 꽉 움켜쥔다. 올려다보는 힘겨운 시선,

무원　　(입 달싹거리는) 주님이·· 널··· 구원하길···.

볼에 튄 피 손등으로 쓱 닦아내며 무원 내려다보는 바름의 서늘한 눈빛, 손에 힘 풀리며 숨 멎는 무원. 바름 피범벅 된 자신을 내보이듯 두 팔 벌려 예수상 향해

바름　　어때? 내 꼴이? 괴물이 되지 않게 해 달라고 했잖아·· 빌었잖아·· 근데 넌 내 기도를 철저히 외면했어···.

바름의 눈빛 어느새 원망에서, 냉소와 경멸의 눈빛으로 바뀌며···.

바름　　그러면서 니 따위가 무슨 신이야! 이제부터 내가 신이야! 니가 하는 개소리를 믿고, 따르는 인간들 싹 다 심판할 거야···

마우스

무원 내려다보는 바름, 무원 목 그었던 칼로 무원의 배를 가른다. (배 가르고 창자 꺼내지만 보여주지 않음) 바름 트렁크에서 돌멩이 든 자루 꺼내고 (돌멩이 넣는 장면 보여주지 않음) 배 얼기설기 꿰맨다.

S#2   구동 성당- 예배실 앞 + 안/ 밤

칠흑 같은 어둠. 끼익 문 여는 소리. 들어오는 봉이, 벽 더듬으며 스위치 찾아 켜지만 불 들어오지 않자, 핸드폰 꺼내 들고 약한 조명에 의지해 걸어가면 제단 앞 촛대 보인다. 이리저리 빛 비추며 가스라이터 찾아 초 점화하자 주변 환해지는데, 순간 봉이 머리 위로 일렁이는 그림자, 흠칫! 천천히 고개 들어보면 십자가에 매달린 무원 시신이다. 으악! 털썩 주저앉는 봉이, 떨리는 손으로 품에서 칼 꺼내 드는 동시에 확 덮치는 그림자. 반사적으로 휙! 피하며 프레데터 등 향해 칼로 확 내리찍지만, 프레데터 팔꿈치로 일격 당한다. 뒤로 쾅 나가떨어지며 들고 있던 칼 떨어뜨리는. 으윽 신음과 함께 일어서는데, 다가오는 프레데터. (검정 모자에 검은 후드 차림) 재빨리 칼 집어 프레데터에게 달려들며 '죽어! 이 살인마!!!' 동시에 프레데터, 촛대 확 집어 달려드는 봉이 향해 휘두른다. 순간 촛농, 봉이 얼굴에 쫙 뿌려지며, 악!!! 비명과 함께 눈 부여잡는 데서 암전… 그 위로 사이렌 소리 들리고…

#2-1   구동 성당 예배당 앞 + 안, 바름의 시선/ 밤

칠흑 같은 어둠속 드르륵 소리를 내며 무언가 올라가고 바름, 당기고 있던 로프를 뒤에 보이는 기둥에 묶는다. 단상 위 대롱대롱 매달린 무원의 십자가, (신부복에 동화책 끼어있고) 바름, 마음에 드는지 기분 좋은 미소 짓고 밖으로 나오려는데 때마침, 끼익 소리를 내며 열리는 문 사이로 빛이 들어오고 봉이 모습 보인다. 놀란 바름, 주변을 살피다 소리 내지 않고 단상 위로 오르고 다시 어두워진 예배당, 암막커튼 뒤로 숨으면 탁 하고 봉이, 스위치 켜는 소리 들린다. 바름, 한쪽 눈만 살짝 빼 보면 핸드폰 불빛에 의지한 봉이, 어느새 단상 위까지 왔다. '아씨 망할 년!' 하며 조심스럽게 단상 아래로 내려간다. 그때 촛대에 불이 켜지고 바름, 환해지는 곳을 보는데 무원의 시신을 본 봉이, 털썩 주저앉자 바름, 봉이 뒤에서 확 덮치는데 봉이 바름을 피하며 어느새 꺼내든 칼 내리 찍는다. 바름, 피하며 봉이 얼굴 팔꿈치로 가격하고 촛대의 불을 끈다. 어두워 진 예배당 안에 울리는 쿵하고 봉이 나가떨어지는 소리, 들고 있던 칼 떨어뜨리며 신음소리를 낸다. 봉이 앞으로 다가가는 바름 (검정모자에 검은 후드 티), 봉이 재빨리 칼을 집어 들고 "죽어 이 살인마!" 하며 달려들면 바름, 뒤에 있던 촛대를 집어 들고 달려드는 봉이를 향해 휘두른다. 봉이, 비명을 지르며 주저앉으면, 그 위로 사이렌소리 들린다.

인서트/ 도로- 줄지어 달리는 특공대차량들, 경찰차들. 호남과 강형사도 타고 있다.

성당 예배당 + 사제실/ 밤

한 치 앞도 보이지 않는 어둠 속. 촛농 때문에 고통스럽지만 신음 새어 나올까봐 입 틀어막는 봉이. 딸각! 안쪽에서 성당 문 잠그는 소리에 다급하게 더듬더듬 칼 찾는데. 뚜벅뚜벅 봉이 향해 좁혀오는 프레데터의 발소리. 봉이, 예배 의자들 밑으로 숨어 덜덜 떠는데, 프레데터 발소리 점점 가까워지자, 두려움에 떨며 반대편 의자 쪽으로 엉금엉금 기어간다. 프레데터, 여우몰이 하듯 휘파람까지 불며 다가오고, 더욱 다급해진 봉이, 앞으로 기어가다 순간 차가운 금속 촉감 느낀다. 봉이 후다닥 칼 잡는데! 아아악! 머리채 확 낚아채는 프레데터의 손. 머리채 잡힌 채 집어든 칼을 마구 휘두르는 봉이. 순간 프레데터 왼쪽 팔에 칼끝 스친다. 으윽 낮은 신음과 함께 봉이 머리채 놓는 프레데터. 그 틈에 도망가는 봉이. 앞 보이지 않아 여기저기 부딪히다 결국 큰 벽에 가로막혀 넘어지며 칼 떨어뜨린다. 으윽 신음 뱉으며 일어나는 순간, 자신을 덮치는 프레데터를 발로 차내는 봉이. 그러나 프레데터의 괴력에 밀려 바닥에 떨어지고. 프레데터, 봉이 목 틀어잡고 벽에 쳐대는데… 봉이 그대로 축 늘어진다. 프레데터, 바닥에 떨어진 칼 집어 들어 여유롭게 자신의 옷에 쓰윽 닦아내고는 망설임 없이 봉이 목 향해 확 칼 내리꽂으려는 순간! 힘겹게 눈뜬 봉이, 반사적으로 칼날 확 잡고 필사적으로 막아낸다. 봉이 얼굴 향해 파고들어 오는 칼날…. 악으로 버티는 봉이. 칼날 잡은 양손에서 피가 투두둑 떨어지고. 칼날 봉이 얼굴까지 들어오며, 더 이상 버티기 힘들어진 순간! 우당탕 소리와 함께 성당 문 뜯는 소리 아득하게 들리며 정신 잃는다.

총 겨누며 들어오는 특공대원들. 랜턴 비추면 죽은 듯 움직이지 않는 봉이 보인다. 동시에 "여기!!!" 소리에, 일제히 사제실로 들어가면, 사제실 안 벽에 날개 통째로 크게 뜯긴 (건장한 사내 한 명 정도 빠져나갈 정도) 환풍기 구멍 본다.

비하인드 >>
#2-2   구동 성당 예배당 안, 바름의 시선/ 밤

바닥을 더듬는 봉이를 보다 입구로 향하는 바름, 예배당 문을 잠근다. 다급하게 더듬거리는 봉이를 향해 가는 바름, 어두운 예배당 안 바름의 발자국 소리로 가득하다. 엉금엉금 기는 봉이 의자 밑으로 숨으면 바름, 봉이가 있는 의자로 향한다. 다시 기는 봉이 반대편으로 너머 가고 바름, 그 모습을 지켜본다. 비릿하게 웃는 바름, 휘파람을 불며 봉이가 기어가는 곳을 따라 다니며 여유를 부리다 순간 봉이 앞에 반짝이는. (떨어져있는 칼) 발견하고 못 잡게 하려고 하지만 그보다 먼저 봉이가 칼 잡자, 곧바로 봉이 머리채를 확 낚아챈다. 순간 집어든 칼을 막 휘두르는 봉이 미처 피하지 못하고 칼날이 바름의 왼쪽 팔 스친다. "윽" 낮은 신음소리와 함께 봉이 머리채 놓는 바름. 보면 소매 피로 물든. 바름 돌아보면 벽에 부딪혀 넘어져 신음하며 일어나는 봉이에게 달려들고, 발길질하는 봉이 막아내며 봉이 목 벽에 쳐댄다. 축 늘어지는 봉이, 그제야 봉이 놓고 바닥에 떨어진 자신의 피 묻은 칼을 주워드는 바름, 자신의 옷에 피 쓱쓱 닦아낸 후에 쓰러진 채 누워있는 봉이 목 향해 휙 내리 꽂는데 순간 봉이의 손 칼날 확 잡고 필사적으로 막아낸다. 바름, 어쭈! 제법인데… 가소롭다는 듯 손에 힘주는데 끝까지 버티고 막아내는 봉이. 거의 봉이의 눈 찌르기 직전 문밖에서 들리는 우당탕 소리 들리자, 들고 있던 칼 챙겨 단상 옆 사제실로 뛰어 들어간다.

#2-3   사제실, 바름의 시선/ 밤

환풍기 뜯어내고 빠져나가는 바름. 뒤에서 들리는 뻥뻥 문 차는 소리 아슬아슬하게 성당건물 뒤편에 이어진 환풍구로 빠져나온다.

#2-4   성당건물 뒤편에서 이어지는 길, 바름의 시선/ 밤

정신없이 뛰는 바름. 저만치 달려오는 경찰차 피해 바로 옆길로 들어간다.

#2-5   고물상 폐가전 집하장 (5부 #61-1), 바름의 시선/ 밤

주변 살피며 급히 들어오는 바름, 냉장고 문 열고 그 안에 숨겨둔 옷으로 갈아입고, 몸 상태 확인하며 깁스까지 장착하는 바름, 골목에서 나와 절룩거리는 척 하며 택시 잡아탄다.

#2-6   택시 안, 바름의 시선/ 밤

택시 타고 출발하면, 비 오듯 쏟아지는 땀 닦는 바름. 뉴스에 고무원 신부 살해 속보 들린다.

기사   아이고. 저 미친 새끼·· 시상에·· 아이고 시상에···
바름   (완전 놀란 척) 에? 신부님이 살해됐다구요?
기사   아이고 신부를 죽였어. 그 미친 새끼가.
바름   (다급한척) 기사님. 구동성당 쪽으로 가주세요.

S#3   상가 (성당) 건물 앞/ 밤

구경꾼들과 취재진, 구름떼처럼 모여 있다. 상가 앞, 폴리스라인 쳐 있고 경찰 통제 중이다. 들것에 실려 나오는 봉이. 이내 구급차에 태워져 출발하고 곧바로 구경꾼들 뒤로 끼익 서는 택시. 정신없이 목발 짚으며 내리는 바름. 잠시만요! 잠시만요! 절룩 이며 한 손으로 군중들 밀며 힘겹게 들어가는데, 이때 바름 손에 밀쳐진 검정 야구모 자에 검정 후드 차림의 사내, 요한이다.

바름   (구경꾼들 밀치고 앞으로 나오고 나서야, 멈칫!) 민트?!!!

퀵 플래시/ 무진병원- 응급실/ 밤 (4부 #20 플래시)
바름, 요한 머리 위로 확 뛰어내리며 뒹구는

비하인드 >>
#3-1   상가 (성당) 건물 앞, 바름의 시선/ 밤

바름   민트 향이야·· (휙 돌아보면, 어느새 사내-요한- 보이지 않는다, 표정
            굳으며) 이상하다·· 그 놈·· 죽였는데···

플래시 컷/ 김준성 숨넘어가는···(4부 #69-1)

바름, 갸웃하다 돌아서서 다급한 척 절룩거리며 인파들 뚫고 상가 안으로 들
어간다. 멀리서 그 모습 지켜보는 요한의 몸 바들바들 떨리는···

S#4   구동 성당 안/ 밤

현장증거 사진 찍고 있는 검시관들. 현장 보존과 지문채취 등 한창이고,

강형사   (충격에 메슥거려하는)
호남   (분한) 그 새끼! 우리가 이레동 성당으로 달려갈 걸 다 계산한 거야··

쾅! 문 열리는 소리에 돌아보면, 무치 헉헉거리며 서 있다. 십자가에 걸려있는 무원의 시신. 무치, 눈앞에 펼쳐진 광경 믿어지지 않는·· 허어·· 허어·· 거친 숨소리 위로.

퀵 플래시/ 무진청 로비/ 밤 (4부 #81)

두석　　(E) 그놈, 사람 아냐. 괴물이야. 너의 가장 소중한 걸 잃을 수 있다고!!!!

무치　　(E) 소중한 거? 난 이미 여덟 살 때 다 잃었어·· 그래서 난 더 잃을 게 없어··

무치　　(이어 괴성 지르는) 으아아아악~~~~!!!! 혀엉~~~~ 혀영~~~!!!!

경찰들 붙잡을 새도 없이 달려가, 십자가에 매달린 무원 다리 잡는 무치. 순간 휘청 흔들리는 무원 시신. 동시, 무원 사제복 주머니에 접힌채 꽂혀있던 책자 바닥으로 툭 떨어지고. 호남 등 경찰들 일제히 몰려들어 무치를 시신으로부터 강제로 떼려 하지만, 무치 경찰들 뿌리치며 발악하고, 뒤늦게 절룩거리며 뛰어 들어오는 바름.

역시, 무원의 충격적인 모습 보고 놀란 표정. (무원 사제복 속 배 불룩 올라와 있다.) 문득 십자가 아래 떨어져 있는 동화책 발견하고는 홀린 듯 다가가 집어 드는··카메라, 바름 손에 들린 책 찬찬히 비추면, 피범벅인 표지에, 피 묻지 않은 부분에 귀여운 염소 캐릭터 (얼굴) 그려져 있다. 그 위로

앵커　　(E) 조금 전, 저희 팩트체크팀 앞으로 범인이 보낸 영상이 배달됐습니다.

S#4-1　　구동 성당 예배당 안, 바름의 시선/ 밤

경찰들 붙잡을 새도 없이 달려가, 십자가에 매달린 무원 다리 잡는 무치. 순간 휘청 흔들리는 무원 시신. 동시에 무원 사제복 주머니에 접힌 채 꽂혀있던 책자 바닥으로 툭 떨어지고 호남 등 경찰들 일제히 몰려들어 무치 시신으로부터 강제로 떼려 하지만, 무치 경찰들 뿌리치며 발악하고, 뒤늦게 절룩거리며 뛰어 들어오는 바름. 무원의 충격적인 모습 보고 즐거운 그러나 일부러 놀란 표정 짓는 문득 십자가 아래, 떨어져 있는 동화책 발견하는 척 다가가 피범벅인 동화책 표지 끝 깨끗한 염소 캐릭터 (얼굴) 부분 집어 드는…

S#5   SBC 〈팩트체크〉 방송/ 밤

앵커 1S 화면 잡히고, 속보 자막 〈살인범이 촬영한 김한국 군 영상 입수·공개〉

앵커   (비장한) 총 3분 길이의 이 영상 속엔 김한국 군의 모습이 들어있었습니다. 저희는 긴급논의 끝에 이 영상을 공개하기로 했습니다.

S#6   프레데터가 촬영한 핸드폰 영상

줌인 한 영상 속, 어느 집 정원 바비큐 굽는 30대 남자와 테이블에 앉은 한국 또래 아이. 행복한 부자의 모습. 아들에게 고기 먹이고 아이 입가 다정하게 닦아준다.
줌아웃 되며 핸드폰 화면 옆으로 돌리면, 옥상에서 그 모습 내려다보는 한국 옆모습 보인다. 한국 눈가로 줌인 되면… 한국의 슬픈 눈빛‥

한국   (E) 농부가 당나귀에게만 맛있는 음식을 먹이자, 염소는 질투가 났습니다.
프레데터   (E) 원래 저 자리가 니 자린데… 쟤가 니 자릴 뺏은 거야.
한국   (말없이 보고만 있는)

S#7   옥상/ 과거/ 낮

영상화면 어느새 실사로 바뀌며

프레데터   (E) 어때? 쟤가 밉지? 쟤가 없어져 버렸음 좋겠지?
한국   …
프레데터   (E) 왜 대답이 없어? 말해. 저 아이한테 질투 난다고.
한국   (입 꾹 다문 채, 아빠와 아이의 다정한 모습 보고만 있는)

비하인드 〉〉

#7-1   옥상, 바름의 시선/ 과거/ 낮

바름 핸드폰 카메라로 줌인해서 바비큐 굽는 한국부와 테이블에 앉은 한국의 이복동생. 행복한 부자의 모습 찍고 있다, 화면 옆으로 돌려 그 모습 보고 있는 한국 찍는다. 줌인해서 한국의 슬픈 눈빛 담는다.

바름   원래 저 자리가 니 자린데…. 쟤가 니 자릴 뺏은 거야.
한국   (말없이 보고만 있는)
바름   어때? 쟤가 밉지? 쟤가 없어져 버렸음 좋겠지? (말없는 한국 보며)
바름   왜 대답이 없어? 말해. 저 아이한테 질투 난다고.
한국   (입 꾹 다문 채, 아빠와 아이의 다정한 모습 보고만 있는)
바름   (그런 한국 모습 짜증스런)

S#8   프레데터의 지하실/ 과거/ 낮

고트맨 가면 벗기는 손, 드러나는 얼굴. #6의 그 아이다. 의식 없이 고개 떨어뜨린 채 의자에 묶여있는 아이 보며 놀란 한국 얼굴 위로.

프레데터   (E) 니가 대답을 안 해서 데려왔어. 직접 보니 어때?
한국   (아이 보면서 아무 대답 않는)
프레데터   (E) 거짓말하면 나쁜 아이야·· 사실은 이 아이가 미워 죽겠잖아·· 말만
          해. 질투 난다고. 그럼 아저씨가 저 아이 없애줄게…
한국   (화난 듯 씩씩거리며) 질투 안 나요! 그러니까 쟤 얼른 집에 보내줘요.
프레데터   (E/ 차갑고, 건조하게) 시기, 질투하지 않는 인간은 죄인이야…
한국   (갑자기 화면 쪽 휙 돌아보더니) 아저씨·· 참 불쌍한 사람이에요.

순간 핸드폰 들고 있는 손 미세하게 떨리다. 종료 버튼 누르며 바로 암전. 그 위로

한국   (E) 그래서 염소는 당나귀가 농부에게 미움을 받도록 꾀를 냈습니다.

#8-1　프레데터의 지하실, 바름의 시선/ 과거/ 낮

바름 #6의 아이(한국이복동생) 얼굴에 씌워진 고트맨 가면 벗긴다. 바름, 의식 없이 고개 떨군 채 의자에 묶여있는 아이 보며 놀란 한국 표정 살피며.

바름　　니가 대답을 안 해서 데려왔어. 직접 보니 어때?
한국　　(아이 보면서 아무 대답 않는)
바름　　거짓말하면 나쁜 아이야‥ 사실은 이 아이가 미워 죽겠잖아‥ 말
　　　　만 해. 질투 난다고. 그럼 아저씨가 저 아이 없애줄게‥.
한국　　(화난 듯 씩씩거리며) 질투 안 나요! 그러니까 쟤 얼른 집에 보내줘요.
바름　　(차갑고, 건조하게) 시기, 질투하지 않는 인간은 죄인이야⋯⋯
한국　　(갑자기 화면 쪽 휙 돌아보더니) 아저씨‥ 참 불쌍한 사람이에요.

순간 바름의 눈빛 서늘해지며 핸드폰 켠 손 미세하게 떨린다. 바름 무표정하게 변하더니 종료 버튼 누른다.

S#9　놀이동산- 매점 앞/ 과거 (한국이 유괴 당일)/ 낮 (4부 #65)

고트맨 가면 쓰고 앉아있는 한국 눈에 저만치 숲길에 떨어져 있는 빵 봉지 보이고 후다닥 일어나 빵 향해 숲속으로 걸어가는 한국의 뒷모습 위로.

한국　　(E) 염소는 당나귀에게 속삭였습니다. 온종일 일하느라 너무 힘들지?
　　　　병에 걸린 척 쓰러져 버려. 그럼 편하게 쉴 수 있을 거야⋯.

숲길에 있던 빵 집고, 신나서 바로 뜯어 안에 든 고트맨 딱지 꺼내 보는 위로.

한국　　(E) 당나귀는 염소가 시키는 대로 땅바닥에 쓰러진 척하다 온몸에 멍이

들었습니다.

순간 한국의 입 틀어막는 프레데터의 손. 한국 버둥거리며 빵 봉지 떨어뜨리는‥

S#10 〈셜록 홍주〉 스튜디오/ 과거/ 밤

숲길에 떨어져 있는 뜯어진 빵 봉지 어느새 보드에 붙어있는 사진으로 변하고.

무치   (보드판 앞에 서서 사진 노려보며) 빵이 숲길에 놓여 있었다‥ (생각하다 문득) 헨젤과 그레텔? 남은 7대 죄악은 시기와 분노뿐인데‥ (하다) 분노! 아이들을 잡아먹은 마녀에 대한 분노!!! 자길 찾지 않는 아빠에 대한 분노!!!

S#11 프레데터의 지하실/ 과거/ 낮

의식 없는 채 묶여있는 아이 맞은편 한국, 손에 동화 들고 소리 내어 읽고 있다.

한국   걱정된 농부는 수의사를 찾아가 치료법을 물었고 수의사는 대답했습니다. "염소 허파를 달여 먹이세요. 그럼 당나귀가 건강을 찾을 거예요."결국 염소는 당나귀 치료를 위해 농부 손에 죽음을 맞게 되었답니다.

동화책 덮는 한국. 동화, 이솝우화 염소와 당나귀다. 한국 향해 다가오는 핸드폰 화면. 화면 보고 있는 한국 얼굴에, 프레데터 손, 고트맨 (염소) 가면 씌우고.

프레데터   (E/ 한국 귀에 속삭이듯) 고트맨! 살고 싶음, 저 당나귀를 죽여야 해. 선택해. 당나귀를 죽이지 않으면 염소가 죽어…

고트맨 가면 씌워져 있는 한국 얼굴에서 화면 스틸 잡히고‥

앵커   (E) 정말 고무치 형사가 틀렸습니다. 헨젤과 그레텔의 분노가 아니었습니다.

#11-1   프레데터의 지하실, 바름의 시선/ 과거/ 낮

손에 동화 들고 소리 내어 읽고 있는 한국, 그 모습 핸드폰으로 촬영 중인 바름, 계속 촬영하며 테이블 위에 놓인 고트맨 가면 가지고 와 한국 얼굴에 씌우고는

바름   (한국 귀에 속삭이듯) 고트맨! 살고 싶음, 저 당나귀를 죽여야 해. 선택해. 당나귀를 죽이지 않으면 염소가 죽어…

S#12   뉴스 화면 + OBN 〈셜록 홍주〉 스튜디오/ 밤

뉴스 화면/

앵커   납치범이 한국군을 살해하려는 이유는 '염소와 당나귀'라는 이솝 우화 속 염소처럼 시기, 질투하지 않았기 때문입니다.

텅 빈 스튜디오. 넋 나간 표정으로 모니터에 팩트체크 방송 보고 있는 홍주 위로.

앵커   (E) 한편, 저희 팩트체크 팀의 확인 결과, 김한국 군과 함께 잡혀 있던 영상 속 어린이는 무사히 귀가했다고 합니다. 전문가들은 조심스레 김한국 군의 생존 가능성이 높지 않을 것으로‥

S#13.   무진병원- 응급센터 앞/ 밤

응급센터 밖은 취재 열기로 후끈하다. 기자들 제치고 안으로 들어가는 홍주.

양기자   (홍주 발견하고 질문하는) 고무치 형사의 잘못으로 형이 사망하고, 김한국

군의 생존마저 위험에 처했는데 이 사태에 대해 어떻게 생각하십니까?

어느새 홍주 주변에 기자들 둘러싸고 있다. 홍주 잠시 호흡 가다듬고, 카메라 본다.

홍주   살인범의 요구를 받아들여 방송을 강행한 건 담당피디인 접니다. 오늘
             일어난 사태에 대한 모든 책임은 저에게 있습니다. 고무치 경사와 저를
             도와 방송을 진행해준 스텝들 모두 아무 잘못이 없으니, 제가 모든 책임
             을 지겠습니다. 고무치 경사는 김한국 군을 살리기 위해 최선을 다했습
             니다. 그리고 그는 지금 눈앞에서 형을 잃었습니다. 제발, 그를 비난하지
             말아 주십시오. 부탁드립니다. (고개 숙여 사죄 인사하는)

S#14.   무진병원- 응급센터 안 / 밤

홍주, 들어서면 눈과 양손에 붕대 감은 채 의식 없는 봉이. 기도하듯 앉아있는 바름
과 걱정스러운 동구 보인다. 동구, 홍주에게 눈빛으로 구석 무치 가리키고. 홍주 무
치 곁으로 다가가, 초췌한 얼굴로 죽은 듯 잠들어있는 무치 본다.

동구   (다가와) 강제로 진정제 투입해서… 데리고 왔대요…. 형사님들이….
홍주   (가슴 아프게 무치 내려다보는)

S#15   홍주 오피스텔 앞/ 밤

들어오는 홍주의 차. 홍주, 차창 밖 화단 앞에 앉아 기다리고 있는 요한 보인다. 멈춰
서는 홍주의 차. 발견하고 일어서는 요한, 차에서 내리는 홍주.

요한   (홍주 상태 살피며) 괜찮아요? 걱정돼서….
홍주   (참았던 감정 복받치는) 좋은 피디가 되고 싶었는데… 좋은 피디가 되겠다
             고 약속했는데‥ 결국 사람 죽이는 방송을 하고 말았어….
요한   (보는)

홍주	(자책하는) 방송하지 말았어야 했어‥ 그 살인마가 시킨 대로 하지 말았어야 했다구… 내가 말렸어야 했어… 그럼 그런 끔찍한 일은….
요한	(단호하고 차갑게) 방송이랑 상관없어요. 하든 안 하든 죽였을 거예요.
홍주	(고개 저으며 고통스러워 우는) 아냐‥ 아냐‥ 내가 그 사형 다큐를 만들지만 않았어도‥ 신부님을 거기 출연시키지만 않았어도‥ 그럼 신부님이 그놈 타겟이 되지도 않았을 거야‥(요한 품에 안겨 꺽꺽 우는) 어떡해… 불쌍해서 어떡해‥ 고무치‥
요한	(홍주 품에 안은. 표정 서늘한)

S#16   홍주 오피스텔- 방안/ 밤

협탁 위 놓여있는 수면제와 컵, 악몽이라도 꾸는 듯 식은땀 흘리며 잠든 홍주, 몸을 움찔거리며 헛소리하고 그 모습 서늘하게 보고 있는 요한, 핸드폰 진동 울리는

요한	네. 제 친군데‥

S#17   영안실/ 밤

처참한 준성 시신 보인다. 요한, 고통스러운 듯 숨 몰아쉬는. 비하인드 >> (연기가 아니고 실제 감정) 신형사, 문에 기대 서, 팔짱 낀 채, 그런 요한 모습 의심스러운 눈빛으로 본다.

S#18   성당 + 청와대 춘추관/ 아침

말끔한 사제복 차림으로 관에 누워있는 무원. 장례미사 진행 중. 참담한 몰골 무치, 영혼이 말라버린 표정. 그런 무치 안타깝게 비하인드 >> (안타까운 척) 보는 바름 위로 담화 발표 중인.

대통령	(E) 존경하는 국민 여러분. 저는 오늘 참담한 마음으로 이 자리에 섰습니다.
/대통령	한 무고한 생명이 무자비하게 살해당하는 모습이 전 국민에게 방송되었
	습니다. 아직도 그 충격과 공포 속에서 헤어 나오지 못하고 계실….

참모진들 단상 아래 서 있는데 맨 끝 1부의 최영신(비서실장) 모습도 보인다.

인서트/ 어촌마을 방파제/ 아침
방파제 위에 건져져 있는 포대자루. (3부 #39 포대) 사이렌 소리와 함께 도착하는 경찰차들. 차에서 내려 방파제로 올라가는 신형사 위로

대통령	(E) 더 이상의 희생자가 발생하지 않도록 모든 수사력을 동원해, 하루속
	히 범인을 검거하는데 총력을 다하겠습니다.

/비서관 들어오더니 조심스레 단상 아래 경청 중인 장관들 맨 끝 최영신에게 달려가, 황급히 귓속말한다.

비서관	방금 대니얼 박사로 추정되는 시신이 발견됐다고 합니다.
최영신	(놀란) 확실해?(*)
비서관	그게 아직…. 물속에 오래 있어서 부패가 심한 상태라….
최영신	(심각한 표정 짓는 위로)
대통령	(E) 다시 한 번 피해자 유가족 분들께 진심으로 애도의 말씀을 드리며,

성당/ 장례미사 계속되고, 영혼 나간 듯 보이는 무치 아프게비하인드 >> (아픈 척) 보는 바름, 홍주 위로

대통령	(E) 더는 이런 참담한 희생이 발생하지 않도록 조속한 시일 내, 전 국민이
	범죄 없는 세상에서 살 수 있는, 강력범죄 예방 대책 안을 내놓을 것을 약
	속드리겠습니다.

금방이라도 무너질 거 같은 무치. 아프게 바라보는 바름 얼굴에서 F.O.

(E) (문 두드리는 소리) 쾅쾅쾅!!!

비하인드 >>
#18-1　성당/ 아침

말끔한 사제복 차림으로 관에 누운 무원. 장례미사 진행 중. 참담한 몰골의 무치, 영혼이 말라버린 듯, 금방이라도 무너질 거 같은 무치를 냉담한 표정으로 보다 아픈 척 바라보는 바름.

S#19　무치의 집 앞 + 안/ 아침

현관문 앞 쌓여있는 우유 팩, 신문 더미. 바름이 갖다 놓은 음식들 그대로 있다··

바름　문 좀 열어봐요·· 벌써 며칠 째에요? (바닥에 풀지 않은 찬합 보고) 이러다 굶어 죽어요. 제발 좀 열어봐요. 살아있는지, 얼굴이라도 보여달라구요….

바름　(닫힌 현관문 보며 피식 E) 그러게 왜 내 앞에서 까불어.

무치의 집 안/ 낮

커튼 쳐져 있는 어두운 실내. 여기저기 나뒹굴고 있는 술병들. 죽은 듯 바닥에 엎어져 있는 무치 모습 보인다. 그 위로 계속 쾅쾅!!! 현관문 두드리는 소리

바름　(E) 제발요…. 문 좀 열어줘요. 고형사님·· 저랑 얘기 좀 해요 네?

무치의 집 앞/ 낮

바름　얼굴만 보고 갈게요. 제발요 (하는데 핸드폰 울리는) 네. (반갑게) 깼어요?

비하인드 >>

#19-1   무치의 집 앞, 바름의 시선/ 낮

바름   (전화 끊고 다시 두드리는) 문 좀 열어봐요. 한국이 찾아야죠. 고형
          사님. (묵묵부답이자 텅 빈 눈빛으로 나직이 중얼거리는) 아씨 재미없
          잖아. 니가 그러고 있으면‥ 얼른 기어 나와. 그래야 내가 재밌어
          지지.

S#20   무진병원- 병실 앞 + 안/ 낮

가운 차림의 요한 걸어와서 서면, 병실 지키고 있는 경찰들 보인다.
/봉이의 눈, 펜 라이트 비추는… 펜 라이트 끄는 요한이다.

요한   각막에 큰 손상도 없고. 손도 신경 부위는 비켜 가서 문제는 없을 겁니다.
봉이   (퉁퉁 붓고 멍투성이인 얼굴로 요한 보며) 그 놈‥ 잡혔어요?
요한   (멈칫. 물끄러미 보다) 아뇨
봉이   (실망하는)
요한   (그런 봉이 살피다) 얼굴‥ 봤어요?
봉이   (고개 떨군 채) 아뇨‥ 바보같이‥ 얼굴부터 확인했어야 했는데‥
요한   (서늘한 말투로) 그랬음 죽였겠죠 ‥(돌아서 가는)
봉이   네? (멍하니 요한 보다가 갸웃) 저기… 선생님
요한   (돌아보면)
봉이   혹시 우리 만난 적 있지 않아요?
요한   (그런 봉이 알 수 없는 표정으로 물끄러미 보는데)

비하인드 >>

#20-1   구동 마을 다리/ 요한의 과거/ (10부 1씬 이후)

요한, 어린 봉이 발견하고 들쳐 업고 정신없이 뛴다.

요한   죽지 마. 죽으면 안 돼!

그때 응급실로 뛰어 들어오는 바름과 동구. 바름, 봉이 보자마자 달려가서 버럭!

바름   거기가 어디라고 혼자 거길 가! 겁도 없이!
봉이   (당황스러운 얼굴로 바름보다) 할머니 죽인 놈이 거기 있잖아.
바름   그렇다고 혼자 가면 어떡해! 그깟 격투 좀 배웠다고 살인마랑 맞짱 뜨려고 했어? 너 살인마가 장난으로 보여?
봉이   (울컥) 그럼!!!
바름   ?
봉이   (버럭) 신부님‥ 죽이는데‥ 안 가냐? (울먹) 그걸 봤는데… 그냥 있어?
바름   다들 무서워서 집에 있었잖아. 어르신이 너 이렇게 다친 거 알면 얼마나
동구   (그만하란 뜻으로 팔꿈치로 바름 옆구리 툭 치는)
바름   (짠한 눈으로 엉망이 된 얼굴과 붕대 칭칭 감긴 봉이 손 보는)
봉이   (눈 내리깔고) 고형사님은? 어떡하고 계셔‥?
바름   어? 너 고형사님 알아? (하는데)
동구   /아. 그게‥ 술이 떡이 돼서‥ 집 밖을 안 나오셔. 저러다 송장 치르지 싶다.

어느새 눈가 촉촉해져 있는 봉이, 그런 봉이 보는 바름.

강형사   (E) 괜찮아? 학생?
일동   (돌아보면)
강형사   (이형사와 다가오며) 우리가 조금만 늦게 도착했어도 큰일 날 뻔했어. 다들 이레동으로 몰려가는 동안, 학생은 어떻게 알고 구동성당으로 간 거야?
봉이   저도 이레동성당으로 갔어요‥ 근데….

플래시 컷/ 택시 안 (5부 #87 인서트 + #88 몽타주)

봉이, "이레동이요!" 하고 택시타고 가다, 품에서 할머니 사진 꺼내 보며, '할머니. 내가 그 놈 죽일 거야‥' 하는 데 사진 속 성당 뒤 촛대 화면에서 봤던 촛대다.

봉이   할머니 사진 속 촛대가 구동성당에 있던 촛대였어요.

플래시 컷/ 택시 안, 봉이 "아저씨 차 돌려주세요! 빨리요! 구동성당으로 가주세요!"

강형사   신고부터 했어야지.

봉이   했죠. 근데 성당 촛대는 다 똑같다고….

강형사   (끄덕) 그래도 학생이 신고한 덕분에, 학생 목숨은 건졌어‥ 뭐 본 건 없고?

봉이   죄송해요. 깜깜해서 아무것도 못 봤어요, 눈에 촛농까지 튀어서….

강형사   (실망하는) 그럼 아무것도 못 본 거야?

봉이   (고개 젓는) 근데 힘이 엄청나게   어요.

동구   하기야 20대 남자도 반항 한 번 못 해보고 당했으면 말 다했지 뭐.

이형사   또? 기억나는 거. 더 뭐 없어요? 뭐라도!

봉이   (기억하려 애쓰다 퍼뜩!) 아! 왼손잡이가 아니었어요.

바름   왼손잡이가 아니라고? 분명히 날 공격할 땐‥ 왼손잡이였는데? 성당 지붕에 꽂혀있던 칼도 왼손잡이가 꽂은 게 확실하고‥

봉이   그래? 아닌데… (곰곰 생각하는)

플래시 컷/ 누워있는 봉이 향해 칼 내리꽂는 (#2)

봉이   (확신하는) 아냐. 분명 오른손잡이였어.

이형사   (적다) 뭐야. 그럼 양손잡인가?

강형사   뭐 또 더 기억나는 건?

봉이   그게 잘… 더 생각해 볼게요…

강형사   (수첩 접고) 그래. 뭐라도 떠오르는 게 있음 연락하고… (이형사와 가는)

동구   (생각난 듯) 온 김에 치국이 좀 보고 올께‥ (나가는)

바름   (동구 나가면 걱정스레 봉이 보는)

비하인드 >>
#20-2   무진병원- 응급실, 요한의 시선/ 낮

"거기가 어디라고 혼자 거길 가! 겁도 없이!" 버럭 하는 바름의 모습에 흠칫! 요한, 바름이 무섭고 끔찍하다. 병실 밖으로 나가서 돌아보면, 바름이 짠한 눈으로 엉망이 된 얼굴과 붕대 칭칭 감긴 봉이 손 보는데. 그런 바름을 경멸스럽게 보고 서 있는 요한, 뒤에서 인기척 들리고, 돌아보면 강형사다. 고개 돌리고 가는.

S#21   무진병원 응급실 복도 + 응급실 앞/ 낮

지은, 핸드폰 귀에 대며 걸어온다. 신호만 가고 받지 않고 음성으로 넘어가는.

지은   요한아. 엄마 일 보러 무진 왔다가 너 보러 병원 왔는데, 전활 안 받네.

하는데 저 앞, 응급실 문 앞에 서서 안쪽 보고 있는 요한 보이는.

지은   (바로 전화 끊고는 다가가며) 요한···. 아·· (하는데)

지은, 응급실 안쪽 서늘하게 노려보는 요한 표정 보고 멈칫. 응급실 안 보다, 뒤돌아가는 요한. 지은, 가는 요한 보다, 이상한 듯 응급실 앞으로 가서, 요한 바라보던 쪽 보면, 봉이와 봉이 앞에 앉아있는 바름 보인다.

비하인드 >>
#21-1   무진병원 응급실 복도 + 응급실 앞, 지은의 시선/ 낮

봉이에게 다정하게 대하는 바름 보는 지은, 그런 바름 바라보는 봉이의 눈에

서 사랑에 빠진 눈빛을 본다.

지은   (그런 봉이 눈빛 보다가 다시 바름에게 시선 돌리면)

#21-2   꽃집, 지은의 과거/ 26년 전

꽃 손질하며 사랑에 빠진 눈빛으로 어딘가 보는 지은. 지은의 눈빛, 가게 입구에서 꽃향기 맡고 있는 한서준에게 가 있다.

S#22   무진병원- 응급실 안/ 낮

바름   (봉이 얼굴 속상한 듯 보며) 어떻게 애 얼굴을 이렇게 만들어… 아프겠다··
            (봉이 얼굴 멍든 부위에 살짝 손대면)

비하인드 >>
#22-1   응급실 밖, 지은의 시선/ 낮/ (연결)

지은, 봉이 얼굴에 손대는 바름 보는 위로··

플래시 컷/ (1부 #62)

지은   싸이코패슨 자기 말곤, 누구도 사랑할 수 없대. 첨부터 그렇게 태어났대! 말해!! 왜 나랑 결혼했냐고! 사랑하지도 않으면서!!! 왜!
서준   (물끄러미 보다 어깨 으쓱. 피식 웃으며) 뭐·· 일종의 종족 번식이랄까··?
지은   (바름 손 치우며 쑥스러워하는 봉이 보며) 설마·· 저 아이도·· 나처럼··?

순간 우욱 헛구역질 올라오고 입 틀어막으며 뛰쳐나가는.

봉이   안 아퍼. (하며 바름 손 치우는데, 쑥스러운)

바름   어르신이랑 약속했단 말이야.

봉이   약속? 무슨?

바름   혹시 당신이, 니 옆에 안 계시면‥ 나더러 가끔 들여다봐달라고 하셔서
       그러겠다고 약속했어.

봉이   그런 말을 했어? 울 할머니가?

바름   그래. 그러니까 너한테 뭔 일 생김 내가 어르신께 면목 없단 말이야. (봉
       이 머리 쓰다듬으며) 그러니까 앞으론 절대 혼자 행동하고 그러지 마. 알
       았지?

봉이   (끄덕이는. 그런 바름 믿음직스러운 눈빛으로 보는)

인서트/ 멀리 봉이 엉망인 모습 고통스럽게 보던 지은, 입을 틀어막고 뛰어나간다.

바름   좀 자. (눕히며) 입원실로 옮겨야 하니까 가서 세면도구랑 좀 챙겨올게.
       (봉이 눈 감는 거 보고, 일어나 나가는데)

봉이   (감은 눈 갑자기 번쩍 뜨며) 참!

바름   (돌아보는)

봉이   내가 칼로 그놈 팔을 그은 거 같아.

바름   비하인드 ≫ (순간 움찔!) 진짜? 뭐야. 그은 거야? 그은 거 같아?

봉이   그게 그놈한테 머리채를 잡혔을 때 들고 있던 칼을 휘둘렀는데 뭔가가 살
       짝 스쳤어‥ 근데 그놈이 작게 신음 소리를 냈던 거 같아‥

바름   어디? 어디를 스쳤는데?

봉이   잘… (혼자 시뮬레이션 해보더니) 아마 왼쪽 팔 쪽이었던 거 같아‥

바름   그래? 알았어. 얼른 자… 강형사님께 얘기할게…

봉이   응. (눈 감는)

#22-2　무진병원- 응급실 밖, 바름의 시선/ 낮

나오는 바름, 쓱 한번 돌아보면 잠이든 봉이 모습 보인다. 바름 눈 파르르 떨리고 소매 걷어 보는데 칼로 그은 자국. 아씨! 짜증스런.

S#23　무진병원 현관 앞/ 낮

허겁지겁 뛰어나오던 지은. 화단에 대고 우욱‥우욱…. 헛구역질하는 위로

플래시 컷/ 재훈의 집 뒷동산/ 지은의 회상/ 낮 (1부 #91)

지은　　　(정신없이 재훈 목 조르며) 죽어! 죽어! 이 괴물! 너 같은 건 죽는 게 나!!

지은　　　(E) 그때 죽였어야 했어‥ 그때…

누군가의 손. 지은의 등 두드리는, 놀라 돌아보면 바름이다. 흠칫!

바름　　　(걱정스러운 얼굴로 보며) 괜찮으세요?
지은　　　괘, 괜찮아요. (뿌리치듯 후다닥 뛰어가는)
동구　　　(나오다 그 모습 본) 누구야?
바름　　　(가는 지은 걱정스러운 눈으로 보며) 몰라‥ 많이 체하신 거 같은데….

#23-1　무진병원 현관 앞, 바름의 시선/ 낮

나오던 바름. 우엑 거리는 소리에 돌아보면 화단 앞에 쭈그리고 앉아있는 지은.

바름   (E) 아씨‥ 드럽게‥

달려가 등 두드려주며 "괜찮으세요?" 걱정스런 표정 짓는 바름. 지은 돌아보
는데 순간 지은 눈에 서 있는 바름 모습 재훈으로 오버랩 되는‥

지은   괘, 괜찮아요. (뿌리치듯 후다닥 뛰어가는)

S#24   무진병원- 응급실 복도 창가/ 낮

휘적휘적 정신없이 가는 지은과 그런 지은 걱정스레 보는 바름의 모습.
창가에 서서 내려다보는 요한의 눈빛, 차가우면서도 의미심장한 눈빛이다.

S#25   무진청- 특별수사팀 사무실/ 낮

화면 속 고트맨 가면 쓴 아이(5부 #15) 보고 있는 홍주. 그 옆에 호남 서 있다.

홍주   범인이 보낸 이 가짜 한국이가 한국이 배다른 동생이었단 거네요. 그 아
        인 만나봤어요?
호남   네. 뭐 본 게 없더라고요. 집 앞에서 혼자 놀고 있는데 갑자기 누가 입을
        틀어막았대요… 깨고 보니, 집 앞이었고…
홍주   (한숨 쉬다) 근데, 고신부님한텐 동화 관련해 뭐 남긴 거 없어요? 왜 다른
        피해자들한테는 다 관련 동화 하나씩… 남겼잖아요.
호남   (잠시 고민하다 후 한숨 내쉬고) 따라와요… (가는)

S#26   무진청- 증거보관실/ 낮

피로 범벅인 돌덩이들. 그 앞에 충격받은 표정으로 서 있는 홍주.

홍주	(호남 돌아보며) 고형사도 봤나요?
호남	(고개 젓는) 그땐 제정신이 아니었죠… 지금 그놈 상태가 너무 안 좋아서 말 못 하고 있어요.

홍주 피범벅 돌멩이들과, 그 옆에 놓여있는 피로 물든 염소캐릭터 보이는 동화책 보는. (다른 부분 닦인 마른 흔적 있지만, 피 얼룩 때문에 그림 잘 보이지 않는)

S#27   바름의 집- 거실/ 낮

심란한 얼굴로 앉아있는 홍주와 바름.

바름	저도 첨엔 몰랐어요‥ 근데 신부님 몸이 좀 이상해서….
홍주	(한숨) 고형사는 아직 그 상태지…?
바름	저러다 큰일 치를까 걱정이에요… 보고만 있어도 되나 싶고‥(하는데)

화장실 벌컥 열리며, 바지춤 추스르며 뛰쳐나오는 동구. 집안 뒤지기 시작하는.

바름	뭐해? 갑자기?
동구	쉿! (목소리 낮춰) 똥 누고 있는데 퍼뜩 생각났단 말이지. 이상하잖아.
바름	뭐가?
동구	그놈이 우리가 가짜 영상을 만드는 걸 알고, 지도 가짜를 만든 거잖아. 그걸 어떻게 알았을까? 이 코난 돈는 촉으로 보자면, 도청! 이야.
바름,홍주	도청?
동구	응. (계속 뒤지다) 하기야. 도청 장치가 아직 이 집에 있을 리가 없지. 니가 봉이 간호한답시고, 계속 집을 비웠으니, 그새 싹 다 치워갔겠지.
바름	(갸웃) 근데 그 살인마가 우리 집을 어떻게 알고?
동구	고형사님이나 최피디님 뒤만 밟으면‥ 왜 니 집을 몰라?
바름	그러네… (하다) 혹시 동구 니가 어따 떠들고 다닌 거 아니고?
동구	근데 이 자식이. 날 뭘로 보고!!! (휙 홍주 째리며) 혹시 최피디님?
홍주	우리 중 누가 떠들어서가 아냐. 생각해봐. 우리가 방송 밀어붙이기로 하

고, 가짜 동영상 찍은 게 불과 방송 1~2시간 전이야‥ 그동안 우리가 누굴 만난 적도 없고, 주변에 얘기하고 다닐 상황도 아니었잖아.

바름   그럼 어떻게 알았을까요… 정말 도청이라도 한 걸까요?

홍주   글쎄… (생각에 빠지는)

S#28   몽타주/ 낮 - 밤

한국父 집 내려다보이는 옥상 위 서 있는 호남과 강형사./ 심전역 일대 일일이 탐문하는 경찰들./ 한국이 전단 거리 바닥에 떨어져 있는‥ 밟힌 자국들‥

기자   (E) 실종 *일째, 무진의 한 놀이동산에서 유괴된 김한국 군의 행방은 여전히 오리무중입니다. 범인이 보내온 동영상을 바탕으로 경찰은 심전역 일대와 친부의 집 일대를 대대적으로 수색 중이지만 별다른 진척이 없는…

S#29   바름의 집 거실 + 주방/ 낮

현관문 열리고, 찬합 손에 들고 힘없이 들어오는 바름과 동구. 주방 식탁에 찬합 올려놓고 뚜껑 열어, 안에 든 내용물 보는 바름.

동구   (보며) 손도 안 댔네…

바름   (한숨 내쉬며 음식들 음식물쓰레기통에 버리는)

동구   빈속에 술만 계속 마시면 급성 알코올 중독인가로 급사 할 수도 있다던데‥

바름   어떻게든 먹여야지. (냉장고 안 재료 훑어보며) 이번엔 뭘 만들어 보지‥

동구   너도 지극정성이다. 살 의지가 없는 사람한테 뭘 갖다 준들 먹겠냐….

바름   (이번엔 냉동고 열어보며) 그래도 어떻게든 한술이라도 뜨게‥ (하다, 검은 비닐에 싼 통 보는) 이게 뭐지? (풀어보다) 하!! 이거야!!!

동구   뭔데? (보려는데)

방안에서 쿵 뭔가 떨어지는 소리!

바름   (방 쪽 돌아보는) 어? 이모 오셨나? 방에 좀 가봐.

방 쪽으로 가는 동구. 방문 확 열면 방안에 아무도 없다. (방 창문 열려 있다)
무심히 다시 문 닫는 동구. 닫는 문 뒤로 벽에 기대서 있는 누군가. 요한이다!
비하인드 >> (닫힌 문 뒤에 숨어 있는 요한의 손에 낡고 두꺼운 일기장 들려있다)

동구   안 계신데? (바름, 볶고 있는 프라이팬 보며) 웬 잡채?

비하인드 >>

#29-1   바름의 집- 방안, 요한의 시선/ 낮

옷장도 열어보고 침대 밑도 보고, 서랍도 열어보고 여기저기 살피는 요한. 별
다른 것 나오지 않자 실망하는데 문 열리는 소리에 흡! 후다닥 창문 열고 나
가려다 문득 천장 보고 의자 끌고 와 천장 밀면 밀리고 그 안 더듬으면 뭔가
손에 잡히고, 꺼내면 낡은 일기장이다. 후루룩 넘겨보는 요한. 찾았다! 싶은
데 순간 의자 위에 올라 서 있던 몸 뒤뚱 기울고, 넘어지지 않으려 버티지만
쿵 떨어지는. 으으 벌떡 일어나 의자 제자리에 갖다 놓는데 방문 열리자 후다
닥 방문 뒤로 숨는. 잔뜩 긴장한 채 숨죽이고 있는 요한. 이윽고 문 닫히면 후
한숨 내쉬고는 후다닥 창문 밖으로 빠져나간다.

S#30   무치의 집 문 앞/ 낮

손에 찬합 들고 계단 올라오는 바름. 문 앞 가득 쌓여있는 우유팩과 신문들.

바름   (닫힌 대문 보며) 방송 준비한다고 우리 집에 모여 있을 때‥ 잡채랑 음식들
             맛있게 드셨잖아요. 기억나죠? 그때 맛있다고 누구 솜씨냐고 물어보셨잖
             아요‥ 사실 그때 저 거짓말했어요. 그거 제가 만든 거 아니에요. 그거‥
             신부님이 갖다 주신 거예요‥ 형사님이 또 안 드실까봐 거짓말한 거라구

요. 왜 이렇게 많이 만들어 주셨냐고 했더니 형사님이 잡채 좋아한다고 두고두고 먹으라고 많이 만들었대요‥ 형사님 당근 싫어하신다고, 당근도 빼서 만든 거에요. 그래서 조금 덜어서 냉동고에 넣어놨었거든요. 그동안 까맣게 잊고 있었는데, 이게 남은 전부에요‥ 드시든, 버리든‥ 형사님이 알아서 하세요. 여기 둘게요‥ 신부님이 만드신 마지막 음식이에요‥ 이젠 먹고 싶어도 못 먹는다구요. (그러나 아무 대답 없고. 한숨 내쉬고 가려다 돌아서서) 신부님, 고형사님 그러고 있는 거 정말 바라지 않을 거예요‥

비하인드 >>

#30-1   무치의 집 문 앞, 바름의 시선/ 낮

손에 찬합 든 채 계단 올라오는 바름. 문 앞 가득 쌓여있는 우유팩과 신문들 보고 따분한 듯한 표정 짓는다.

바름   아‥ 심심해‥ (중얼거리는) 고무치 니가 나랑 놀아줘야지. 시작한
           게임은 마무리를 해야 할 거 아냐… 나와 얼른 기어 나오라고. 얼
           른. (이내 사정하는 말투로 바꾸며) 방송 준비한다고 우리 집에 모여
           있을 때‥ 잡채랑 음식들 맛있게 드셨잖아요… (생략) …신부님,
           고형사님 그러고 있는 거 정말 바라지 않을 거예요….

안에서 아무 반응 없자, 굳게 닫힌 문 향해 픽 비웃으며

바름   좋아. 이래도 집구석에 쳐 박혀 있는지 한번 보자구!

#30-2   바름 집 지하실, 바름의 시선/ 낮

염소 들쳐 업고 내려오는 바름, 김장비닐 위로 툭 던져놓고 카메라 세팅하는.
녹화가 시작되면 염소 배를 가리고 뭔가를 꺼내는데‥ 화면 가까이 가는 바름의 장갑 낀 손, 피 범벅인 염소 허파다.

바름	이게 고트맨의 최후야. 고무치 형사님. 뭐 하고 있어? 이대로 한
	국이 포기할 거야? 사흘 안에 날 찾지 못하면 전 국민이 허파 없는
	한국이 시체를 보게 될 거야!!! 정확히 사흘 후 자정까지야!!!

바름, 카메라 돌리면 구석 낡은 소파에 잠들어 있는 한국. 쌕쌕거리며 뒤척이는 한국의 모습 화면에 담고 종료버튼 누른다. 노트북으로 동영상 딥웬(다크웹)계정으로 올리는 바름.

S#31   무치의 집 안/ 낮

엎드린 채 듣고 있던 무치 눈에서 눈물 한 방울 뚝 떨어지는…

기자   (E) 속봅니다. 범인이 다시, 김한국군의 동영상을 공개했습니다.

S#32   무진병원- 봉이의 병실/ 밤

놀란 눈으로 노트북으로 한국이 동영상 보고 있는 바름, 봉이, 동구.

S#33   노트북 동영상 화면

김장비닐 위에 죽어있는 염소. 갈라진 배에서 뭔가 꺼내는 프레데터의 손. 화면 가까이 보여주는데, 피범벅인 염소 허파다. 그 위로.

프레데터   (음성변조) 이게 고트맨의 최후야. 고무치 형사님. 뭐 하고 있어? 이대로 한국이 포기할 거야?

S#34   무치의 집 안/ 밤

무치 엎드린 채 손 더듬더듬… 방안에 뒹구는 술병 중 반쯤 남아있는 술병 집어 들어 앞으로 누워 벌컥벌컥 마신다, 병 안에 든 술 다 떨어지자, 비틀거리며 일어나 다른 술병 집어 들고 마시며 자리로 돌아오는데, 발로 이불 속 리모컨 밟는!

프레데터   (E) 사흘 안에 날 찾지 못하면 전 국민이 허파 없는 한국이 시체를 보게 될 거야!!! 정확히 사흘 후 자정까지야!!!

인서트/ 소파에 잠들어 있는 한국. 쌕쌕거리며 뒤척이는 한국 얼굴 스틸로 잡히는.

S#35   몽타주/ 밤

한국아‥한국아‥ 화면 붙들고 울부짖는 한국母. 말없이 티브이 보는 한국父, 아이, 아이母. 시민들, 컴퓨터 혹은 핸드폰 등등으로 영상 보며 어머어머 아직 살아있네 살아있어!!! SNS에 실시간으로 미친 듯이 올라오는 글들‥ /하필 또 고무치냐?. 그 능력 없는 형사 땜에 또 사람 죽는 거 구경하겠네‥/고무치 좀 그만 괴롭혀라. 불쌍해 죽겠다‥ 이 싸이코 살인마 새끼야 고무치한테 돈 떼였냐? 징글징글하다. 변태새끼 알고 보니 고무치 형사 사랑하는 거 아님? 등등. 각종 댓글들‥

> 비하인드 >>
> #### #35-1   바름의 집 방안, 바름의 시선/ 밤
> 실시간 댓글 확인하며 만족스러운 표정 짓는 바름.

S#36   무진청- 특별수사팀 사무실/ 밤

| 홍주 | (영상으로 부산한 특본팀 보며 바름과 통화 중) 경찰이 지금 영상 서버 추적 중이긴 한데 딥웹 계정으로 올라온 거라, 최초로 올린 사람 찾는 게 불가능한가 봐‥ 고형사도 올라온 영상 봤을까‥? |

S#37 무진병원 병실 복도 + 봉이 병실 안/ 밤

바름	(홍주와 통화 중인) 못 봤을 거예요. 차라리 안 보는 게 나아요‥ 얘기 안 할래요. 피디님. (버럭!) 그 새끼. 고형사님한테 대체 왜 그러는 건데요!
봉이	(문밖 바름의 그런 뒷모습 슬픈 눈으로 바라보는)
바름	(끊고 돌아보다 봉이와 눈 마주친다, 병실 들어와서) 봉이야. 나 좀 나갔다 올게‥ (나가는)

비하인드 >>

#37-1 무진병원 병실 복도 + 봉이 병실 안, 바름의 시선/ 밤

| 바름 | (홍주와 통화 중인) 못 봤을 거예요. 차라리 안 보는 게 나아요‥ 얘기 안 할래요. 피디님. (버럭!) 그 새끼 고형사님한테 대체 왜 그러는 건데요! (끊고 피식, 중얼) 왜 그러긴? 심심해서 그러지‥ (뒤돌면 병실 안 봉이 슬픈 눈으로 자기 보고 있다) |
| 바름 | (전화 끊고 병실 들어와) 봉이야. 나 좀 나갔다 올게… (나가며) 봤어야하는데‥ 뭐 못 봤음 내가 알려주면 되고. 크크크크 |

S#38 무치의 집 안/ 밤

시뻘건 눈으로 TV 노려보는 무치. TV속 프레데터 영상에, 기자 리포팅 계속된다.

| 기자 | (E) 살인마는 또다시 고무치 형사를 무대로 불러냈습니다. 고무치 형사 |

가 형을 잃은 충격을 딛고 한국군을 찾을지 귀추가 주목되고 있습니다.

S#39   무치 집 현관 앞/ 밤

집 앞 온 바름, 현관 앞에 놨던 찬합 통 사라지고 없다. 반가운 표정으로 대문 보는.

비하인드 >>

#39-1   무치집 현관 앞, 바름의 시선/ 밤

바름, 현관 앞에 놓여있는 찬합 통 사라지고 없는 것 보고 반가운 표정으로
대문 보는.

바름   (중얼거리는) 오호 ~ 좋았어. 고무치. 자, 이제 게임을 즐겨보자고!

S#40   무치 집 안/ 밤

열어놓은 찬합 안 가득 있는 당근 없는 잡채 보고 있는 무치. 잡채 위로 후두두 떨어
지는 눈물. 잡채 집어서 우걱우걱 먹는데‥

무원   (E) 천천히 먹어. 그러다 체해‥
무치   (고개 들면, 무치 눈앞에 무원의 환상 앉아있다) 혀영…
무원   (미소 지으며) 좀 싱겁지? 아무리 노력해도 엄마 맛은 안 나네…
무치   (눈물 그렁) 미안해‥ 형… 나 때문에‥ 나 때문에.
무원   너 때문이 아니야… 그때도‥ 지금도 절대 너 때문이 아니야‥

끄덕이는 무치, 다시 잡채 먹기 시작하고. 그런 무치 미소 지으며 바라보는 무원.
어느새 끅끅거리며 혼자 잡채 먹고 있는 무치의 모습에서 페이드 아웃된다.

S#41   무진청- 특별수사팀 사무실 + 팀장실/ 아침

부스스한 얼굴로 이 닦으며 들어오던 호남. 놀라보면, 책상 서랍 뒤지고 있는 무치.

호남   (눈 동그랗게 뜨며) 너 여기서 뭐 해?
무치   뭐하긴요. 내 신분증이랑 총 찾는 거지.
호남   (황당한) 잊었어? 너 사표 냈어. 인마.
무치   아직 수리 안 됐잖아요. 아마 내 사표 수리할 정신도 없었을 껄?
호남   그렇긴 하지만‥
무치   (총 허리에 차며) 수리되면 얘기해요. 그때 반납할게요. (휙 나가는)
호남   야!!! 야 인마!!! (쫓아 나가는)

S#42   요한의 집 대문 앞/ 낮

들어오는 요한의 차. 차고 옆에 쭈그리고 앉아있던 신형사 일어난다.

신형사   (내리는 요한 보며) 오우~ 차가 신상라인이네요? 쥑이네. 당근 풀 옵션?
요한   (무시하고 들어가려는데)
신형사   (정색) 김준성씨 사망 전, 마지막 통화가 성요한씨더라구요?
요한   (돌아보는)
신형사   하루 한 통 이상, 통화하던 사이던데 왜 일주일간이나 전화 안 하신 거죠?
요한   그날, 마지막 통화 때, 준성이가 여행 좀 다녀올 거라고 해서 해외에 나가
       있는 줄 알았습니다. 그래서 전화하지 않은 것뿐입니다.
신형사   대니얼 박사 실종 사건의 알리바이를 대준 유일한 사람이 살해됐다.?
요한   그날, 집에 있었다고 말씀드렸는데요.
신형사   (지지 않고) 그러니까요. 대니얼 박사 실종 시간에도 집에 계시고, 그 알리
       바이 대준 친구 김준성씨 살해됐을 때도 집에 계시고‥ 집돌이신가봐요?
요한   네. 집에 있는 거 아주 좋아합니다. (문 쾅 닫고 들어가는)

S#43   무치의 집 안/ 낮

집 안 깨끗이 치워져 있다. 테이블 위에 관련 수사자료 펼쳐져 있고, 벽에는 사건 관련 사진, 자료 쫙 붙어있다. 붙어있던 사진 쭉 훑어보는 무치. 문득 봉이 할머니가 손에 쥐고 있던 불탄 사진에 시선 멈추는. 자세히 들여다보는

무치   뭐지? 이건? (사진 뭔가에 반사된 듯하지만 형체를 알 수 없는)

조미정(여대생) 사건 현장 사진과 비교해보는데. 어느 사진에도 반짝이는 건 없다.

무치   (갸웃하며) 할머니는 이 사진이 대체 어디서 난 걸까….?

할머니 CCTV 영상 재생시키며 동선 체크하는데 뭔가 발견한다. 다시 비교해보면 차에 타는 할머니 손엔 가방이, 내리는 모습엔 빈손이다. 무치, 서둘러 할머니 관련 증거품 목록 뒤지는데, 할머니 가방은 목록에 없다.

S#44   버스 분실물 센터/ 낮

CCTV 속 할머니 가방 사진 뽑아들고, 분실물 일일이 확인하는 무치. 구석에 사진 속 할머니 가방 놓여있다. 가방 열면, 터지기 직전의 요구르트들만 가득하다.

무치   뭐야 이건‥ (요구르트들 꺼내고, 다른 소지품 확인하지만 별다를 게 없는. 실망한. 다시 소지품들 가방에 넣다 문득 요구르트 병 다시 보는)

플래시 컷/ 도우미 소개소- 복도/ 저녁 (4부 #46)

소장   (요구르트 잔뜩 안고 무치 지나며) 요구르트 쓸어갔다고 신고할 수도 없고‥ 증말‥

무치   혹시‥?!!! (후다닥 뛰어나가는)

S#45   도우미 소개소- 사무실/ 낮

냉장고 안 요구르트들 보고 있는 무치. 할머니 가방 속 요구르트와 같은 상표다.

소장   아니, 왜 남의 냉장고 문을 맘대로 열고 그래요.
무치   (두리번거리다 신분증 보이며, 설치된 CCTV 확인하고) 저거 좀 봅시다.
소장   (미치는. 할 수 없이) 그게 실은·· 그날 일 구하러 오긴 했는데… 아, 그냥
        보냈어요. 누가 그런 노인네를 도우미로 써요.
무치   그럼 그때 말하지. 왜 그땐 온 적 없다고 뚝 시치미 뗐는데에!!!
소장   그게·· 암튼 화장실 다녀왔더니 가고 없었어요… 진짜예요.
무치   (갸웃하다 사무실 전화기 보며) 그 시간이 언젠데?

S#46   도우미 소개소- 사무실 밖/ 낮

무치   (다급히 통화하며 나오는) 어. 내가 보낸 번호. 4시 10분에서 20분 사이. 발
        신자 번호랑 주소 좀 확인해줘. 아! 당장!

S#47   구치소 정문 앞/ 낮

주머니 뒤적거리는 동구, 아차 싶은.

동구   아 맞다. 외상술 먹느라고 맡겼다.
바름   그럼 어떡해 이 구치소는 신분증 없음 정문에서부터 통과가 안 된다는
        데··
동구   그럼 너 혼자 들어갔다 와. 난 여기서 기다릴게.
바름   알았어. 그럼 후딱 갔다 올게. (하며 신분증 꺼내는데)
김교도   정순경! 웬일이야?

바름 동구, 돌아보면 차량 출입구 앞에서 멈춰서는 차, 창문 내리는 데 김교도다.

S#48   김교도의 차안/ 낮

동구   (그대로 정문 통과하자) 오호~ 완전 하이패스네~

김교도   (주차하고 옆자리에 앉은 바름에게) 근데 무슨 일로 왔어?

바름   아, 치국이가 듣던 음반이 있는데 집에 없길래 사무실에 뒀나 해서요.

김교도   아‥ 그거‥ 알지. 쉬는 시간마다 듣고 다닌 그‥ 재즈 음반? 그건 왜?

동구   치국이한테 들려주고 싶어서요‥

김교도   ?

동구   그거 치국이 아빠 유품이에요. 그 가수를 너무 좋아해서 내한공연 왔을 때 직접 녹음하신 거래요. 치국이도 자다가도 그 음악만 틀어주면 벌떡 깼던 놈이라‥ 혹시나 해서‥

김교도   아‥ (속상한) 그런다고… 깨나겠어‥?

동구   최선을 다해보고 싶어서요…

S#49   지은의 집- 거실/ 낮

불안한 표정으로 소파에 앉아있는 지은. 딩동 소리에 인터폰 보고는 흠칫 놀라는. 지은, 어쩔 줄 몰라 하다 거실에 걸어둔 요한과 찍은 사진보고 후다닥 내리는.

〈점핑〉 소파에 앉아있는 무치. 주변 두리번거리고 있다. 지은과 요한 찍은 액자 사진 자리는 비어있고 거실 가득 꽃들 가득한데 대부분이 백일홍이다.

지은   (꽃잎차 담긴 찻잔 들고 와 무치에게 내주고, 맞은편에 강아지 안고 앉는)

무치   감사합니다. (한 모금 마시고) 근데 낯이 좀 익는데…

지은   (강아지 안은 손 미세하게 떨리며) 그런가요? 워낙 개성 없는 얼굴이라‥

무치   (갸웃하다 이내) 구동역 인근에 있는 도우미소개소 아시죠? 13일, 그러니까 지난주 *요일, 4시 10분에서 20분경에 거기 전화하셨던데?

지은   네? 아‥ 네… 청소해주실 분이 필요해서‥

무치   춘천에서 굳이 무진시에 있는 도우미소개소라… 누구랑 통화하셨죠?

지은   나이 드신 분이셨는데‥

무치	그래서 그분이 여기 일하러 오셨나요?
지은	아뇨. 원래 일해주던 이모님이 계셔서 늘 그 분 보내주셨는데‥ 그날은‥ (하며 칭얼대는 개 내려놓으며) 잠시만요. 복실이가 식사 때를 놓쳐서 밥 좀 줘야겠어요. (주방으로 후다닥 가면)
무치	(갸웃) 어디서 봤는데… (하는데)

테이블 위 지은 핸드폰 알림과 함께 출금 메시지 뜬다. 〈계좌에서 고무치. 금액 300만 원. 출금〉 무심코 보다 자기 이름에 놀라는 무치. 뭐지? 하다가 문득 고개 들어 거실 주변 다시 보면 거실에 잔뜩 있는 꽃들, 백일홍이다. 그 백일홍 과거의 백일홍으로 바뀌며 그 앞에 서 있는 고딩 무치.

플래시 백/ 지은의 꽃가게 앞/ 무치의 회상/ 낮 (2부 #12)

지은	(E) 백일홍이야‥
무치	(고개 들면)
지은	떠난 사람을 그리워한다는 꽃말을 가졌단다. 꽃말이 좀 슬프지?

무치	설마…

후다닥 자기 핸드폰 은행 앱에서 계좌 보면 입금된 바 없다. 갸웃하다 생각난, 오랜 휴면계좌 찾아서 확인하면 매달 300만 원씩 입금되어있고 꽤 상당한 금액 쌓여있다. 방금도 300만 원 입금되어있다. 허어‥ 기막힌 무치의 표정 위로…

플래시 백/ 지은의 꽃가게 앞/ 무치의 회상/ 낮 (2부 #12)

무치	미안? 나 미안하단 말 필요 없어! 돈 달라구! 돈!
지은	하… 학생…
무치	얼른 줘! 얼른 달라고~!! 이건 아니잖아! 왜 우리가 이렇게 살아! 당신은 아무 일 없는 듯 사는데 왜 우리만 이렇게 살아야 하냐고!!

S#50 병원 은행 ATM기 앞/ 무치의 회상

큰 금액이 찍혀있는 통장 보는 고등학생 무치.

S#51   지은의 집- 거실/ 낮

무치   (허 강아지 밥 주고 있는 지은 보며 중얼거리는) 한서준 와이프였어‥ 그 후에
       도 매달 이 통장에 돈을 보내고 있었‥어‥

S#52   지은의 집 앞/ 낮

무치   (시동 걸며 백미러로 배웅 나온 지은 보며 혼잣말) 한서준! 니 아들 찾았어.

S#53   주민센터 안/ 낮

무치   (이종아 직원에게) 무진청에서 공문 받았죠?

직원이 서류 내밀면, 무치, 성진아 호적 본다. 아들에 성요한이라고 적혀있다.

무치   개명을 했네‥ (하다, 요한 이름 보고) 성요한? 설마‥ 그 의사‥ (급히 전화
       하는, 받자마자) 어 낙하산! 난데/
신형사   (F) /선배님. 괜찮아요? 계속 전화했는데 안 받아서 너무 걱정했
무치   /성요한. 그 의사 말이야. 혹시 가족관계 확인했어?
신형사   (F) /것보다 선배님. 김준성이 살해됐어요. 성요한 친구 말이에요.
무치   뭐?

S#54   준성의 빌라 거실/ 낮

거실에 흰색 시신 라인 그려져 있고, 집안은 잔뜩 어지럽혀진 상태 그대로다.
그 앞에 서서 현장사진 보고 있는 무치. 옆에서 설명 중인 신형사.

신형사　집을 온통 뒤졌고 심한 구타 흔적이 있었어요… 고문이라도 한 것처럼.
무치　　성요한은? 만나봤어?
신형사　네. 본인 말론 김준성이 여행 간다고 해서, 일주일간 연락 안 했답니다.
　　　　살해 다음날 첫 비행기 편 스위스 행 표와 캐리어 확인했구요. 제 생각엔
　　　　해외로 도피하려던 김준성을 기다렸다 살해한 것 같습니다. (그때 핸드폰
　　　　울리면 받으며 나가는)
무치　　(혼자 남아 현장 사진 보는데 준성 시신에 채워진 손목시계 멈춰진 시간 보이는)
　　　　사망 추정 시간이 9일. 8시 10분. 가만 그 시간이면·· 나 기자회견 하던
　　　　날… 그 새끼가 나한테 전화했던·· 시간··?

그때 꺼진 TV 쪽에서 뉴스 소리 들리는. 무치 반사적으로 고개 들어 TV 보면, 기자
회견장 속 자신의 모습 보인다.

S#55　　무진청- 수사발표장/ 과거 (사흘 전, 수사발표당일)/ 밤 (4부 #69)

무치, 기자들에게 둘러싸여 있고.

무치　　저희가 확실하게 다 수사했습니다. 피해자들 간에는 그 어떤 연관성도 없었
　　　　습니다. (하다 문득! 무의식적으로 중얼거리는) 피해자들 간에는 없지… 만··
양기자　(무치의 중얼거림, 캐치한) 없지만. 뭡니까?
무치　　(중얼거리는) 그놈이 피해자들을 선택한 기준이 있다면··
기자들　(앞 다퉈) 그게 무슨 말입니까··?/ 연관 관계가 있다는 뜻입니까?
무치　　(정신 돌아온 듯) 아. 그런 뜻이 아니라…

신형사　(E) 선배!
무치　　(어느새 꺼져있는 TV, 정신 든 듯 돌아보면 신형사 다가와)
신형사　성요한, 엄마만 있다는데요. 춘천에서 꽃가게를 운영하구요. 이름이.

무치	성진아?
신형사	어? 어떻게 알았어요?
무치	(허…) 성요한이 한서준 아들이었어….

무치, 고개 들면 어느새 TV 속에 멍하니 화면 보는 자신의 모습 보는 위로

| 프러데터 | 고형사님. 방송 좋아하지? 무작위라고 헛소리 지껄인 방송이 뭐였더라‥ |

준성의 집- 거실/ 무치의 상상

문득 발아래 내려다보면, 다리 아래로 흐르는 핏물. 시선 따라가면 소파 앞 엎드린 자세로 꺽꺽대며 고통스레 죽어가는 준성. 그의 목 부위에 올려져 있는 흰 운동화 사내의 다리. 뻗은 다리 바꿔 꼬다 운동화 바닥에 피 튄 거 발견하고 아씨! 짜증 난 듯 준성 머리에 쓱쓱 닦으며 통화 중인 사내, 요한이다.

요한	내가 그 아일 죽이는 이율 찾으면 거기 나와서 알려줘. 안 그러면 그 방송이 끝나는 시간에 전 국민이 보는 앞에서 죽일 거야! (전화 끊고 자신 보는- 현재 무치 보는)
무치	(눈에 핏발 서며) 한서준, 그놈이 울 엄마 아빨 죽였는데‥ 걸로도 부족해 그놈 아들인 니가 내 형을 죽여?
요한	(어깨 으쓱하는)
무치	기다려! 네놈부터 죽이고 들어가서, 니 애비 목도 따 줄 테니까‥

피식 입꼬리 올려 웃는 요한…. 그 위로… 탕!탕!탕!

S#56   무진청 외경- 사격실/ 낮

계속 빗나간 과녁. 총 겨누고 있는 무치 모습. 하지만 손 바들바들 떨리고‥ 쏘지만 빗나가는 아씨‥ 그 놈의 술!!!

S#57   구치소- 사무실 복도/ 낮

홍주 취재 수첩에 적으며, 교도관과 이야기 나누며 걸어오는.

홍주   외부인 중에도 용의자가 없다는 건, 내부근무자 중에 있단 말이 되는데‥

교도관   말이 안 되죠‥

홍주   (끄덕) 자기 직장에서 그런 무모한 행동을 할 리가 없긴 하죠‥ (수첩 덮으며) 일단, 나교도 동료 교도관들 좀 만나보죠‥

교도관   그러시죠‥ 이쪽으로 오세요.

교도관 안내 따라 가는데, 마침 사무실에서 CD 들고 나오는 바름과 마주치는.

바름   어? 최피디님.

홍주   정순경. 여긴 웬일이야?

바름   치국이 물건 좀 가져갈 게 있어서‥ 취재 오신 거예요?

홍주   어. 그날 구치소에 들어온 외부인 중엔 용의자가 없다고 해서‥내부근무자들 좀 만나보려고.

바름   아. 네. (하다가) 참, 방명록 안 쓴 사람들은요?

교도관   안 쓰면 정문에서부터 못 들어와요. 신분증 다 받고‥

동구   우린 프리패스였는데? 신분증 없어서 김교도관님 차로 들어왔어요.

교도관   (질책의 눈으로 김교도 보면)

김교도   (살짝 당황하며) 그게… 제 차는 등록 차량이라‥

홍주   (순간!) 직원 차로 들어오면, 그날 방명록에서 누락될 수도 있네요?

김교도   접견실에서 한 번 더 신분증 확인하긴 하지만, 직원 출입구로 들어오면 누락될 수도 있죠.

바름   (다급히) 그럼 그날 리스트 다시 확인 좀 해줘요!

S#58   구치소- 접견실/ 낮

나치국 사고 당일 방명록 리스트 보고 있는 김교도관. 그 옆에 바름 홍주, 동구 등 긴장한 얼굴로 서 있다.

김교도	(확인하다 갸웃) 이상하다? 그날 의무실에 누가 왔었는데….
바름	(눈 반짝) 누가 와요?
김교도	그때, 일 터지고, 내가 의무실에 전화했었는데··

플래시 컷/ 구치소 교회당/ 낮 (2부 #32)

김교도	(전화하는) 나 교도가 크게 다쳤어요. 빨리 강당으로 오셔야겠어요.
구치소의	(E) 네. 지금 갈게요… (끊기지 않은 채 들리는) 누가 다쳤나 봐. 갔다 올게.
누군가	(E) 나도 그만 가봐야지. 근무 시간 다 됐어….

김교도	분명 누가 같이 있었는데….
홍주	그 의사 지금 어딨어요?

S#59   구치소 운동장/ 낮

운동장 벤치에 앉아 신문 읽고 있는 서준., 〈무진구치소. 에이즈 환자 수용 뒤늦게 발견. 구치소 수용자 전원 혈액 검사〉 타이틀 보고.

서준	(뭔가 알아차린) 교도관!
교도관	(달려오면)
서준	(일부러 가슴 움켜쥐며) 수, 숨이 안 쉬어져….

S#60   요한의 집 앞/ 낮

보안장치 전선 끊고 있는 손. 사내(전과자), 선 끊고 있고 그 옆 무치 망보고 있다.

전과자	아니, 손 끊은 지가 언젠데·· 형사가 착실하게 사는 사람한테 이런 일을 시켜요. 잡아넣을 땐, 다신 이런 짓 하지 말라더니….
무치	(지갑에서 만 원짜리 두어 장 꺼내 쥐어 주며) 사람 살리는 좋은 일이야.

S#61   요한의 집 마당 + 거실/ 낮

담 넘어오는 무치, 경고등 울리지 않는. 현관문 따고 들어가면 깨끗이 정리된 집안.
요한의 방 등 여기저기 뒤지다 문득 거실 뒤편 지하실 통로 발견하고 내려가는.

S#62   요한의 집- 지하실 방 앞/ 낮

잠겨있는 철문. 두리번거리면 주변에 놓여있는 골프채. 무치 들어서 두드려 깨려는
순간! 현관문 열리는 소리에 흠칫!!! 제자리에 두고 후다닥 올라가는데, 지하실 통로
쪽 향해 걸어오는 요한의 발소리. 무치 두리번거리다 뒷문 발견하고. 요한, 다가와
뒷문 열고. 그와 동시에 다른 문을 열고 나오는 무치. 차고다.

S#63   요한의 집- 지하실 방 앞/ 낮

무치, 차고로 통하는 문으로 들어가자마자 요한 내려온다. 지하실 문 굳게 잠겨있는
거 확인하고, 다시 올라가려는데 차고로 통하는 문 미세하게 열려있음을 발견한다.

S#64   요한의 집- 차고 안/ 낮

무치, 다급히 밖으로 통하는 차고 문 열고 나가려는데 굳게 닫힌 (밖으로 통하는)차
고 문. 이어, 후다닥 차 트렁크 뒤에 있는 공구 캐비닛 속으로 숨는다. 동시에 문 열
고 들어오는 요한! 한번 휘 둘러보던 요한, 이내 나가면 그제야 안심한 무치 캐비닛
에서 나와 문 닫으려는데, 캐비닛 바닥 구석에 살짝 열린 공구박스 안 갈색구두 설핏
보이는. 무치, 공구박스 열어 공구들 치우면 핏자국 있는 갈색구두 보인다. 옆엔 지
퍼 하나 떨어져 있다. 순간 떠오르는!

플래시 컷/ 신형사가 보여준 사진 속 지퍼 (3부 #63)

S#65   요한의 집 뒤/ 낮

쓰레기통에 버려져 있는 구두(#64) 위로 찰칵 핸드폰 카메라 소리

신형사   (화면에 담긴 구두 확인하며) 들어갔죠?
무치   어딜?
신형사   가지고 나와서 여기 버리고 저한테 신고한 거잖아요··
무치   아냐.
신형사   아니긴. 범인이 이런 결정적인 증거를 이런 데다 막 버린다구요? 저 인간
        이 바보예요? 수색영장 없이 집에서 가지고 나온 거면 증거 채택 안 되는
        거 알잖아요. 심리학적 관점으로 봤을 때 지금 선배님은/
무치   /내가 갖고 나온 거 아니라고!! 잔말 말고 빨리 수색영장이나 신청해.
신형사   선배님!
무치   (진지한) 저 안에 한국이 있음 어떡할래? 한국이 죽은 다음에 저 안에서
        찾으면 어떡할래? 새꺄. 이제 딱 하루 남았어. 시간 없다고.
신형사   (잠시 고민하다 증거 봉투에 구두 담는) 가끔 바보 같은 범인이 있긴 하죠. 결
        정적인 증거품을 이런 데다 막 버리는··· 잡히고 싶었나 보죠 뭐.
무치   고맙다 낙하산. 아니 신형사야·· (어깨 두드리며) 나중에 니 아부지 출마
        하면 내가 소중한 한 표 행사하마.
신형사   퍽도 고맙네요. 암튼 이 피가 대니얼 박사 핀 것만 확인되면 수색영장 바
        로 떨어질 거예요.

S#66   구치소 의료과 진료실/ 낮

청진기로 서준 가슴 대며 상태 살피고 있는.

의사   별문제 없는 거 같은데요?
서준   성요한이라고 아나?
의사   네? (서준 보며) 요한이요? 어떻게 요한이를···
서준   그 날, 여기 왔었나? 그 신입 사고 난 날 말이야··

의사	(순간 당황) 그, 그걸 어떻게? (하는데)
김교도	(문 열고 고개 빼꼼 내밀며) 선생님 (서준 슬쩍 살피며) 진료 중에 죄송한데 잠시만‥ 손님이 좀 뵙자고‥
의사	아, 네. (서준에게) 잠시만요. (나가는)
서준	(표정 서늘해지며 중얼거리는) 성지은 이 발칙한 년‥

S#67   구치소- 의료과 진료실 복도/ 낮

홍주	나치국 교도관 사고 당일‥ 여기 누구 왔었죠?
의사	네? 아… 그게‥ 대학 동기가 왔었어요‥ 할 얘기가 있다고 굳이 구치소로 오겠다고 해서 오라고 했는데 신분증을 안 갖고 나왔다고 해서 인근으로 데리러 가서 제 차 타고 같이 들어 왔어요…
김교도	근데 왜 경찰한테 얘길 안 하셨어요?
의사	그땐 뭐 깜빡했는데 그렇다고 뭐 요한이가 범인일 리도 없고‥
홍주	(순간 흠칫!) 누, 누구요?
의사	아. 성요한이라고.
홍주	(순간 충격!)
바름	성요한이면…. 혹시… 치국이 수술해준 그 의사 선생이요?
의사	아 네. 그랬다고 들었어요.
홍주	(멍한)
바름	(급히 전화하는) 강형사님. 치국이 사고 난 날 방명록에 누락된 사람 있어요!

S#68   홍주의 차 안/ 낮

운전하는 홍주. 혼란스러운 표정인데….

플래시 컷/ (3부 #54) 바들바들 떠는 요한의 몸.
*(4부 #33) 요한 서재 책상 아래, 고트맨 캐릭터 밴드 집는 홍주

홍주   설마…. 아이…. 말도 안 돼. 무슨 생각을 하는 거야….

요한에게 전화하는데, 계속 신호만 가는‥ 안 되겠는지 홍주 핸들 확 트는‥

S#69   무치의 차 안/ 낮

요한 집 근처. 요한 집 잘 보이는 위치에서 뻗치기 중인 무치.

무치   (전화하는) 어 신형사. 수색영장 떨어졌어? 뭐? 아직! 아씨!!! 알았어!

전화 끊는데, 급히 달려오는 차. 요한의 집 앞에 세우고 차에서 내리는 홍주다.

무치   최피디가 여긴 왜…?

홍주, 요한의 집 벨 누르지만 답 없자, 비번 누르고 들어가는. 충격받는 무치.

S#70   요한의 집 거실 + 서재/ 낮

현관문 열고 들어오는 홍주, 다급히 2층 올라가고. 서재 올라와 다급히 책상 아래 쓰레기통 뒤지는데, 잘린 전선 장치 본다.

홍주   이게 뭐지? (자세히 보다 헉!!) 설마… 도청…?

플래시 컷/ 바름의 집 (6부 #27)
동구   하기야. 도청 장치가 아직 이 집에 있을 리가 없지. 니가 봉이 간호한답시
         고, 계속 집을 비웠으니, 그새 싹 다 치워갔겠지.

홍주   (충격 받는, 안 되겠는지 다급히 쓰레기통 뒤지지만, 캐릭터 밴드는 보이지 않는)
         버렸나 보네‥ (하다)

플래시 컷/ 4부 #33- 홍주 툭 던지는데, 고트맨 밴드 쓰레기통 툭 맞고 떨어지는.

홍주, 쓰레기통에 다시 전선 장치 넣고 일어나다 책상 위 건드리고. 순간, 우당탕 쏟아지는 책과 서류들. 놀란 홍주 후다닥 집어서 책상에 올리고 쓰레기통 옆 치우는데. 책장 밑에 끼워져 있는 고트맨 밴드! 떨리는 손으로 집어 드는데‥

요한   (E) 언제 왔어요?

순간 긴장하는 홍주, 손에 든 밴드 꽉 쥔 채 돌아서며. 얼른 요한 꽉 끌어안는다. 요한 허리 감은 손 뒤로 자기 소매단에 고트맨 밴드 숨기는‥.

S#71   요한의 집 밖/ 낮

망원경으로 요한의 집 2층 보고 있는 무치. 순간 요한 끌어안고 있는 홍주의 모습 보이자 당황해서 얼른 내리는.

무치   (허…) 그놈이었어? 성요한이…?

플래시 컷/ 석진동 복싱 체육관/ 낮 (2부 #35)

홍주   찾아서 어떡하려고? 한서준 대신 그 아들한테 해코지라도 하게?
무치   (그런 홍주 반응 이상한 듯 보는)
홍주   아니, 고형사 마음은 이해하지만‥ 아들까지 찾을 필요 있어? 자식이 무슨 죄야‥

무치   (혼잣말) 성요한이 누군지 알고 있었어. 최홍주!!!

S#72   요한의 집- 2층 서재/ 낮

요한   (뭔가 이상한 듯, 홍주 떼어 내며) 무슨 일 있어요? 연락도 없이…
홍주   그냥‥ 그냥 보고 싶어서‥.

요한	(여전히 이상한) 일단 내려가요.
홍주	어? 어어. (앞장서가면)

요한, 내려가는 홍주 서늘하게 바라보다 시선 책상으로 가면 홍주가 대충 올려 쌓아놓은 서류들 중 맨 위에 놓여있는 서류 봉투 슬쩍 집어 책상 안에 넣는데. 봉투에 '유전자 검사연구소' 라고 쓰여 있다. 서랍 열쇠로 잠근 후 1층으로 내려가는.

S#73   요한의 집-1층 거실/ 낮

주방에서 음료 만들고 있는 요한. 소파에 앉아있는 홍주. 두리번거리다, 지하실 쪽 보는‥ 요한 주방에서 나오자 얼른 미소 지으며 음료수 받아 꿀꺽꿀꺽 마시는.

요한	내일 저녁에 시간 어때요?
홍주	어? 어 괜찮아. 왜 무슨 일 있어?
요한	내일 얘기할게요. 다…
홍주	다? 어. 어 그래 (그때 홍주 핸드폰 울리는) 응. 고형사 내가 지금 좀 바쁜데 이따 전화할게 (하는데)
무치	(E) 방금 용의자 수색영장 떨어졌어!!!
홍주	수색영장? (하며 요한 눈치 보며) 용의자가 누군데?
요한	(눈빛 살짝 흔들리는)
무치	(E) 일단 사무실로 와서 들어. 30분 후에 출발한다니까 특종 잡으려면 빨리 와. 사무실로.
홍주	어? 어. (서둘러 일어서며) 가봐야겠어. (후다닥 나가는)

요한, 거실 창으로 급히 가는 홍주 모습 서늘하게 보는. 홍주, 대문 열다 돌아보면 요한과 눈 마주치고 흠칫. 홍주 나가자 휙 돌아선 요한, 서둘러 지하실로 내려가고.

S#74   요한의 집 앞/ 낮

차고 열리고. 요한, 어린애 들어갈 정도의 커다란 캐리어 들고 나와 뒷좌석에 싣는.

S#75   거리 일각/ 낮

신호에 걸려 서는 요한의 차, 쿵 뒤에서 박는. 차에서 내리는 20대 여성. 요한 차 문
톡톡 두드리며 차 창문 쓱 열리는.

여성   아이고 죄송합니다. 제가 초보운전이라‥

요한   괜찮습니다. 그냥 가세요. (창문 닫으려는데)

여성   (얼른 올라가는 창문 잡고) 에이 왜 이러실까. 그래놓고 뺑소니 신고 당한
         적이 있어서 그래요‥ 기다리세요. 경찰 불렀으니까 바로 올 거예요….

요한   (불쾌한) 제가 괜찮다고 하지 않았습니까….

하는데, 도착하는 경찰차. 차에서 내리는 경찰들

여성   오셨어요. 제가 전방주시에 소홀해서 앞차를 박았습니다.

요한   괜찮습니다. 그만 가도 되죠, 제가 급한 일이 있어서‥

교통1   (차 부딪힌 상태 살피면)

여성   (교통2에게 슬쩍 다가가) 저기‥ 저 뒷자리에서 무슨 소리가 나던데‥
         애 신음 소리 같기도 하고

교통2   (순간 긴장하는) 애요?

여성   (끄덕) 확인해보셔야 할 거 같은데… 요새 시국이 시국인 지라…

교통2   (뒷좌석에 가 살피면 대형 캐리어 놓여있다) 저건 뭐죠?

요한   의료 봉사 가는 길입니다. 제 옷가지랑 의료품들이구요‥ (신분증 보여주는)

교통1   꺼내서 열어주시겠습니까?

요한   (서늘해지는) 교통사고 처리 와서 왜 남의 캐리어를 열라는 겁니까‥

교통1   아시겠지만 지금 전국이 살인마 때문에 비상사태라서요. 협조해 주시죠.

요한   싫습니다.

교통2   (테이저건 꺼내 들며) 협조 안 하시면, 서까지 가셔야 할 겁니다.

요한   (마지못해 뒷좌석에서 캐리어 내리고 캐리어 바닥에 내려놓는)

교통2	(테이저건 겨누며) 빨리 여십시오!
요한	(잠시 망설이는 듯하다 캐리어에 손대는데)

S#76   거리 일각/ 낮

차 안에서 그 모습 지켜보고 있는 무치. 결연한 눈으로 보고 있는 위로

인서트/ 무치의 차 안/ 무치의 회상(#69)에 이어/ 낮

무치	(혼잣말) 성요한이 누군지, 알고 있었어. 최홍주!!! (하는데 똑똑 차문 두드리는 소리에 돌아보면 신형사. 차 문 내리는)
신형사	왜 전화를 안 받아요?
무치	어 미안. 밧데리가 나갔네? 수색영장은?
신형사	기각됐어요··
무치	뭐? 기각? 아니 왜?
신형사	그 구두에 묻은 피… 대니얼 박사, 피 아니에요…
무치	뭐? 대니얼 박사 피가 아니라고?
신형사	네. 다른 피해자들 혈흔이랑도 다 대조해봤는데·· 다 아니에요…
무치	(황당한) 뭐야·· 그럼 누구 피란 말이야?

〈점핑〉 차 안/ 생각에 빠져있는 무치와 그 옆 신형사 앉아있다.

신형사	시간 없어요. 그냥 몰래 들어가서 지하실 부수고 한국이 데리고 나오죠.
무치	안 돼. 만에 하나, 한국이가 거기 없고 내가 틀렸다면…
신형사	(보는)
무치	이미 난 내 무모한 행동으로 형을 잃었어. 섣불리 잠입했다 저 녀석이 눈치 채기라도 하면, 시간 전에 한국일 죽일 수도 있어. 게다가 한국일 찾지 못한 상태에서 놈이 증거물이나 흔적을 없애 버리면 우리가 저 새끼 잡아넣어도 결국 미꾸라지처럼 빠져나갈 테고.
신형사	그럼 어떡해요. 영장도 기각되고 딴 방법이 없잖아요. 오늘 지나면··
무치	(결연한) 우리가 못 들어가면, 그놈이 데리고 나오게 하면 돼.

신형사	네?
무치	(핸드폰으로 홍주에게 전화하는, 받으면 큰소리로) 어. 최피디. 방금 용의자 수색영장 떨어졌어!!! 30분 후에 출발한다니까 특종 잡으려면 빨리 와. (끊고) 니 여친 이 근처 산댔지? 차 갖고 빨리 오라고 해. 접촉사고 좀 내자.
신형사	에?

S#77   사고현장 + 일각/ 다시 현재/ 낮 (#73 이어)

경찰과 신형사 여친 시선, 캐리어에 몰려있고 요한 드디어 캐리어 여는데!!

무치	(허리춤에서 총 꺼내 들어 요한 향해 총구 겨누며) 한국이만 구하면 넌 내 손에 죽었어. 한서준. 네 아들 죽이고, 너 죽이러 간다. 이제!!!

S#78   요한의 차 트렁크 앞/ 낮

열리는 캐리어. 한국이 없다! 응급구조 키트와 담요, 요한의 옷 등 들어있다.

인서트/ 무치 차 안/ 낮

무치	뭔가 이상한데·· (핸드폰 울리면 받는)
신형사	(F) 선배, 한국이 없어요. 없다구요.
무치	(황망한··) 뭐? 없다고····?

요한	(담담히) 됐습니까? 제가 좀 바쁜데·· 그만 가도 되겠죠? (캐리어 닫고 뒷좌석에 다시 실으면)
신형사여친	(교통에게 귓속말로) 생각해보니 트렁크에서 나는 소리였던 거 같아요
교통2	(눈빛 반짝) 트렁크도 좀 확인시켜주시죠··
요한	(순간 긴장한)
교통2	(그 눈빛 캐치하는) 협조해 주시죠.

요한   (차 뒤로 다가가 트렁크 앞에 서다, 이윽고 트렁크 문 연다)

인서트/ 무치 차 안/ 무치 총 꽉 쥔 채 긴장한 얼굴로 보면

경찰, 황당한 얼굴로 신형사 여친 본다. 신형사 여친 민망함에 차안 신형사 째리는. 트렁크 안도 간단한 짐들뿐이다.

요한   됐죠? (하고는 트렁크 문 신경질적으로 쾅 닫고 운전석에 타는)

인서트/ 무치 차 안/ 낮

무치   (황당한) 어떻게 된 거야…. (시계 보며) 시간 얼마 안 남았는데‥

눈앞에서 요한 차 유유히 사라지자 미치는 무치. 급히 신형사에게 전화하는

무치   (신형사와 통화하는) 넌 저 새끼 차 쫓아!!! (시동 걸고 확 핸들 트는)

S#79   요한의 집 앞 + 거실/ 낮

끼익 서는 무치의 차. 현관문 열고 들어오는 무치. 곧바로 지하실로 달려가는.

S#80   요한의 집- 지하실/ 낮

굳게 닫힌 문. 골프채로 내리쳐도 꿈쩍 않자, 총 꺼내 들어 쏘고 정신없이 들어가면 이미 말끔하게 치워진 듯 텅 비어있다.

S#81   도로/ 낮

트렁크 틈새 사이로 사람의 눈빛 보인다. 요한, 백미러로 쫓아오는 신형사의 차 슬쩍 보고 샛길로 빠지는. 쫓아오던 신형사 차, 순간 놓치고. 미치겠는 신형사, 차에서 내려 두리번거리는데·· 다른 차로 갈아탄 채, 운전하며 가는 요한. 저만치 떨어진 곳에서 두리번거리는 신형사 보이고. 숲 나무에 가려진 요한이 타고 온 차.

비하인드 >>
#81-1   도로/ 낮

트렁크 틈새 사이로 사람의 눈빛, 대니얼의 눈빛이다.

S#82   요한의 집- 지하실/ 낮

무치   (전화 받는) 뭐 놓쳐? 아씨!!! (전화 끊고 호남에게 전화) 복팀장님. 차량 위치추적 좀 해줘요. 얼른요!

무치 나가면, 카메라 한쪽 벽으로 서서히 줌인. 벽 틈새에 살짝 보이는 사진 조각…

S#83   숲속 폐병원 앞/ 낮

차에서 내리는 요한, 주변 두리번거리며 트렁크 열고 트렁크에 둔 가방 꺼내면 그 밑에 열림 장치, 확 여는…

비하인드 >>
#83-1   숲속 폐병원 앞, 요한의 시선/ 낮

요한, 트렁크에 둔 물건 꺼내고 그 밑에 열림 장치 열면 그새 의식 잃은 대니

얼 들어 있는··

S#84　무진청- 특별수사팀 사무실/ 낮

사무실에 앉아 불안한 듯 기다리는 홍주. 강형사 들어오자 벌떡 일어나면.

강형사　(홍주에게 다가가) 밴드에 붙어있던 상피조직···
홍주　　(침 꿀꺽 삼키면)
강형사　한국이 DNA가 아니랍니다···
홍주　　하아·· (안심하는)
강형사　그래도 혹시 모르니 다른 피해자들 DNA랑 맞춰보고 있습니다.

S#85　무진청- 특별수사팀 복도/ 낮

사무실에서 나오는 홍주, 마침 다급히 뛰어오는 무치 발견하는.

홍주　　고형사. 왜 거짓말한 거야? 어? 수색영장 떨어졌다고 한 이유가 뭐야.
무치　　(뿌리치고 가려다 무섭게 노려보며) 너 알고 있었지? 성요한이 한서준 아들
　　　　인 거?
홍주　　(흠칫! 놀라는)
무치　　그래서 그때 그놈 아들이 뭔 죄냐고 했어? 알고도 그놈이랑!!! 너!!! 그놈
　　　　이 어떤 놈인지 알기나 해?
홍주　　(순간 심장 쿵 떨어지는) 그게··· 무슨 말이야? 어떤 놈이라니··?
무치　　(노려보다 차마 말하지 못하고) 놔! (뿌리치고 사무실로 들어가는)
홍주　　(멍한 진짠가·· 싶어 불안한데 욱! 헛구역질 올라오고 화장실로 뛰어가는)

S#86　무진청- 특별수사팀 사무실/ 낮

무치	(정신없이 뛰어 들어오며) 차 발견됐어요?
호남	아직·· 찾고 있어.
무치	(불안한) 빨리!! 얼른! 한국이 죽어. 죽는다고!!!
호남	진정해 고무치! 안보여? 다들 최선을 다해 찾고 있잖아!!

보면, 형사들 매달려 고속도로 CCTV, 시내 방범 CCTV 확인하며 차량추적 하느라 정신없다. 무치, 시계 보면 정각 지나고, 미치겠는. 머리 뜯으며 발 동동 구르다, 문득 회의실 창문 블라인드 틈새로 사진 보이는데··

무치	(뭔가 이상한) 저게 뭐야··?

S#87 무진청- 특별수사팀 회의실/ 낮

문 열고 들어오는 무치 눈에 보드 가득히 연쇄살인 사건의 피해자 시신 사진들.

무치	(그중 한 사진 보며) 저게·· 뭐·· (하는데)

놀라 뛰어 들어오는 강형사와 호남, 이미 무치가 본 상태라는 걸 알고 멈칫! 서는.

무치	(호남과 강형사 돌아보며) 왜···. 왜 이래·····? 우리 형. 배가···.

하며 다시 보드 보는데, 보드에 붙어있는 피해자 시신 사진 중 무원의 십자가에 걸려 있는 사진에서 배 불룩 나와 있는…

플래시 컷/ 구동 성당 앞+안/ 밤 (6부 #4)
실사로 바뀌며 걸려있는 무원의 불룩 불러온 배 부위 경찰들에게 제압된 채 드러누워 오열하는 무치 뒤로 하고. 카메라, 바름 손에 들린 책 찬찬히 비추면, 피범벅인 표지. 피 묻지 않은 부분엔 귀여운 염소 캐릭터 얼굴 그려져 있다. 그 위로

프레데터	(NA) 분노로 가득 찬 염소 엄마는 늑대의 배를 갈라, 아기들의 시체를 다

꺼내고, 배에 돌멩이를 가득 담은 후, 그 배를 꿰맸습니다.

으아악 소리 지르며 보드에 붙은 무원 시신 관련 사진 뜯어내는 무치. 바닥에 떨어진 무원 관련 사진 중, 피범벅인 돌멩이, 염소 그림 그려진 피범벅인 동화책… 그리고 불룩 솟아오른 배 위로 듬성듬성 꿰맨 자국의 부검 사진 등··

프레데터   (NA) 분노하지 않는 자는 죄인이야. 고무원 신부. 내가 널 심판할 거야!

S#88   폐병원 뒷마당/ 밤

둘둘 말린 피 묻은 이불 가지고 나오는 요한, 소각장에서 피 묻은 이불 태운다
그리고 함께 가지고 나온 서류 봉투〈유전자연구소〉도 함께 태운다.

앵커   (E) 한국이에게 주어진 시간인 어젯밤 자정을 넘기면서… 안타까운….

S#89   무치 동네 허름한 술집/ 낮

관련 뉴스 보며 테이블 훔치는 주인, 테이블 닦으며 돌아보면. 무치, 옆 테이블에 엎어져 잠들어있다. 테이블에는 엄청난 양의 소주병들 즐비하다.

주인   문 닫아야 해. 그만 들어가. (꿈쩍도 안 하고) 얼마나 속상하겠어.

S#90   봉이네 집/ 낮

어벙이, 바름 손 위에 올라가 새 먹이 쪼고 있다. 봉이, 그 모습 물끄러미 본다. 바름, 시선 느끼고 돌아보면 봉이랑 눈 마주치고.

봉이   (괜히 쑥스러워 버럭!) 그만 가. 얼른!!!

동구	하튼 기집애. 퇴원한다고 해서 똥꼬 빠지게 대청소해놨더니만…
봉이	누가 해 달래. 가라고!
바름	(새장 닫고 돌아보며) 말 들어. 우리 집으로 가자. 어? 그 손으로 어떻게 혼자 있으려고 해.
봉이	(무시하고 등 돌린 채 드러눕는)
바름	(후 한숨) 알았어. 그만 가자 동구야‥ 죽 끓여 놨어‥ 빨대 꽂아뒀으니까 식혀서 그냥 먹기만 하면 돼. 낼 일찍 올게…
봉이	알아서 한다고!!! 빨리 가!
동구	(걱정스러워 발 못 떼는 바름 끌고 나가는)

S#91 국과수 외경 + 검사실/ 밤

직원	(DNA 결과 보다 다급히 전화하는) 네 팀장님. 결과 나왔는데요.

S#92 봉이네 집- 방 안 + 화장실/ 밤

할머니 사진 보며 누워있는 봉이, 오줌 마려운. 일어나는 봉이, 욕실에서 지퍼 내리려 하는데 두 손이 붕대로 감겨 있어 쉽지 않은. 억지로 내리려다, 미끄러지며 뒤로 벌러덩 넘어지는. 으윽 신음 내며 일어나지 못하고 그대로 꼼짝도 못 하는…

S#93 무진청- 특별수사팀 팀장실/ 밤

강형사	(문 벌컥 열고 들어오며 통화 중인 호남에게) 성요한 구두의 피 말이에요. 얼마 전 바다에서 떠오른 시체랑 DNA가 일치한답니다.
호남	(황망한 듯 전화 끊으며) 그 새끼 맞았어.
강형사	네?
호남	성요한 말이야. 지금 국과수에서 전화 왔는데 그 고트맨 밴드. 오봉이 할머니 DNA랑 일치한대. 빨리 영장 쳐!!!

S#94   지은의 집- 거실/ 밤

걸려 있는 액자에 지은과 함께 요한의 사진. 그 앞에 서서 사진 보고 있는 요한.
테이블에 앉아 가위로 꽃가지 다듬고 있는 지은, 불안한 얼굴로 요한 뒷모습 보는.

지은   연락이나 좀 하고 오지. 할 얘기가 뭔데··

요한   (여전히 지은에게 등 돌린 채 시선은 사진에 두고 있는)

지은   아들. 뭔데 그래?

요한   (등 돌린 채) 알고 계셨죠?

지은   (순간 쿵! 떨리는 목소리) 뭘…?

요한   (지은 돌아보는. 서늘한 눈빛으로 지은 보며) 아들이 살인마라는 거…

순간 지은 들고 있던 가위 떨어뜨리면, 옆에 있던 화병 건드리며 화병 바닥으로 떨어
지고 쨍그랑… 소리와 함께 산산조각 나는··

비하인드 >>

#94-1   지은의 집- 거실, 요한의 시선/ 밤

걸려 있는 액자에 지은과 함께 찍은 요한의 사진. 그 앞에 서서보고 있는 요
한. 테이블에 앉아 가위로 꽃가지 다듬어 유리화병에 꽂고 있는 지은, 불안한
표정으로 요한 뒷모습 바라보는.

지은   연락이나 좀 하고 오지. 할 얘기가 뭔데….

요한   (여전히 지은에게 등 돌린 채 시선은 사진에 두고 있는)

지은   아들. 뭔데 그래?

요한   (등 돌린 채) 알고 계셨죠?

지은   (순간 쿵! 떨리는 목소리로) 뭘…?

요한   (지은 돌아보는. 서늘한 눈빛으로 지은 보며) 아들이 살인마라는 거…

순간 들고 있던 가위 떨어뜨리며, 옆에 있던 화병 건드리는데. 화병, 바닥으

로 떨어지고 쨍그랑… 소리와 함께 산산조각 나는…

요한 (억눌렀던 분노 폭발 하는) 어떻게 이럴 수가 있어! 어떻게!

지은 요, 요한아… (무릎 꿇는) 어, 엄마가 잘못했어. 엄마가…

요한 당신도 똑같아!! 당신 남편 한서준, 당신 아들 정바름이랑 똑같다
   고!! 용서 못해!! 용서 안 해!! 절대!!! 내 가족 죽인 당신 아들. 내
   하나밖에 없는 친구 준성이 처참하게 죽인 당신 아들 정바름! 그
   모든 걸 다 알고도 방조한 당신!!!

지은 (끅끅 오열하고 있는)

요한 (그런 지은 분노의 눈으로 노려보며) 두고 봐. 나 지금 당신 아들 죽이
   러 갈 거야! 내 손으로 죽여 버릴 테니까 지켜봐!!! (휙 나가려는 데)

지은 (후다닥 요한 잡으며) 안돼. 요한아. 그 놈은 괴물이야. 괴물. 니가
   죽어, 니가 죽는다고!!!

요한 비켜! 비키라구!!!! (휙 밀치면)

쿵 떨어지는 지은. 순간 바닥에 떨어진 꽃가위 집어 자신의 목 찌르려는 순
간, 놀란 요한 뛰어와 잡고. 많이는 아니지만 찔려서 피 나는 지은, 가위 놓지
않고 계속 자신의 목 찌르려고 한다. 지은의 몸에 올라타 뺏으려는 요한, 결
국 지은 손에서 억지로 가위 뺏어드는데··

현관문 열리며 "사장님 영수증 가져왔…" 돌아보면 직원 놀란 얼굴로 서 있
는, 요한, 손에 들린 피 묻은 가위 집어던지고 현관 앞에 굳은 채 서 있는 직
원 밀치고 뛰쳐나간다.

직원 (거실로 뛰어올라와) 사장님 사장님!!! (하는데 이미 목에 피 흘리며 의
   식 잃은)

S#95 홍주의 오피스텔 / 밤

화장실 문 열고 나오는 홍주, 멍한 표정. 홍주 손에 들린 임신테스트기, 두 줄이다.

S#96   봉이네 집- 화장실/ 밤

봉이야! 부르며 뛰어 들어오는 바름. 열린 화장실 안에 벌러덩 넘어져 있는 봉이 발견하고 후다닥 일으키는데 봉이 일어나다 아악 비명 지르는.

바름   (살피며) 안 되겠다 업혀.
봉이   왜?
바름   우리 집으로 가. 고집부리지 말고.

S#97   구동마을 골목/ 밤

봉이 등에 업고 걸어가는 바름. 봉이, 그런 바름 등 따뜻하다··

봉이   오빠···.
바름   응?
봉이   아냐·· (바름 등에 얼굴 푹 파묻는)

S#98   무치 동네 허름한 술집/ 밤

엎드려 자고 있는 무치. 식탁 위에 울리는 핸드폰. '복팀장 부재중 20통' 이다.

비하인드 >>
#98-1   바름의 집, 거실/ 밤

바름   (업고 있던 봉이 소파에 조심스레 앉히며) 여기 잠시만 앉아있어.
         (방으로 들어가는)

#98-2   바름의 집, 방안/ 밤

들어와 옷장에서 이불 빼는 바름. 이불 탈탈 털다 문득 천장 쪽 시선 두는데 천장이 살짝 떠 있다. 순간 헉!!! 놀라 침대 위로 올라가 뚜껑 밀고 손으로 더듬으면 자신의 다이어리 없다. 불안한 눈빛의 바름 '누구지…? 누가…?'

S#99   바름의 집- 방 안/ 밤

바름   (이불 깔아주고 봉이 조심스레 부축하며 눕히고는) 내가 덮던 이불인데 오늘만 덮고 자. 내일 깨끗이 빨아놓을게‥

봉이   (그런 바름이 좋은) 참, 어벙이 먹이 줘야 하는데‥

바름   내가 주고 올게. 아니다 데려오지 뭐‥ 간 김에 니 옷도 좀 챙겨오고(가는)

봉이   (이불 냄새 맡고 좋은)

두리번거리며 바름 방 둘러보던 봉이, 협탁 위에 놓인 리본 붙어있는 작은 상자 발견한다. 뭐지? 궁금해서 열어보려 하지만 붕대 감은 두 손 때문에 쉽지 않다. 결국 뜯으려다 상자 바닥으로 툭 떨어지면, 아이스플라워 펜던트 목걸이다. 뭔가 하고 쭈그려 앉아 보는데. 그 옆에 같이 떨어져있는 카드. <봉이야. 성인 되면 오빠 여친 하자!> 순간 울컥해지는 봉이. 행복한 미소 짓는‥

S#100   구동마을- 골목/ 밤

어벙이 새장과 봉이 옷가지 담은 가방 들고 걸어오는 바름. 핸드폰 벨 울리는데.

바름   (새장 내려놓고 전화 받는) 네. 강형사님… 고형사님이요? 집에 없어요? 네?
        (충격 받은) 봉이 할머니 DNA가 나와요? 그 의사 집에서요?

바름, 멍하니 잠시 생각하다 정신없이 뛰어가면 텅 빈 골목 덩그러니 남겨진 새장.

#100-1 구동마을- 골목, 바름의 시선/ 밤

바름   (새장 내려놓고 전화 받는) 네. 강형사님…. 고형사님이요? 집에 없어
        요? 네? (충격 받은) 봉이 할머니 DNA가 나와요? 그 의사 집에서요?

바름   (멍하니 서 잠시 생각하는/E) 성요한 집에서 왜‥? (하다) 설마‥? 아
        씨! (정신없이 뛰어가는)

인서트/ 달리는 요한의 차. 옷과 손이 피투성이인 채, 눈빛 서늘하다.

S#101   요한의 집 담장 안 + 거실/ 밤

담장에서 뛰어내리는 바름.
현관 열고 들어와 거실 두리번거리다, 지하 통로 발견하고 뛰어가는.

#101-1   요한의 집 앞- 담장 안, 바름의 시선/ 밤

가뿐하게 훌쩍 담 넘어가는 바름.

S#102   요한의 집- 지하실 방 앞 + 안/ 밤

계단 내려오면 부서진 채 열려 있는 지하실 문. 들어가 보면, 아무것도 없다. 나가려
다 문득 돌아보는데, 문 틈 사이에 끼어있는 (사진)조각 발견하는‥ 다가가 벽 사이에
낀 사진 쭉 빼서 보면 변순영 시신 사진. 멍한 표정으로 보는 바름. 바름 사진 뺀 틈 살

짝 벌어져있는 걸 발견하고 확 열어젖히면 그 안, 벽에 온통 무진연쇄살인사건 관련 스크랩들(송수호, 변순영, 나치국 등등 사건들 기사 스크랩 등) 붙어있고, 문득 반대쪽 벽 돌아보면 바름 자신과 봉이 함께한 일상 사진들. 하나하나 다 찍혀있고 바름의 집 구조 사진까지 샅샅이 찍혀있는. (화분 있던 뒷마당도) 순간 흠칫! 하는 바름 뛰쳐나가는.

비하인드 >>

#102-1 요한의 집- 지하실 방, 바름의 시선/ 밤

부서진 채 열려 있는 지하실 문. 들어가 보면, 아무것도 없다. 바름 나가려다, 문득 돌아보는데, 벽 사이에 끼어있는 미세한 (사진) 조각 발견한다. 변순영 시신 사진! 벽 사이에 틈 발견한 바름, 확 열면, 그 안 온통 무진 연쇄살인 사건 스크랩!

바름   (E) 성요한이었어‥? 김준성이 아니라‥? 이 새끼가 어떻게 이 사
           진들을‥?

문득 사진들 옆쪽 구석에 자신과, 봉이와 함께한 일상 사진까지 찍혀있고 바름의 집 구조 사진까지 샅샅이 찍혀있는. (화분 있던 뒷마당도) 순간 흠칫! 하는 바름

바름   (E/생각하다) 다 알고 있어! 나에 대해… (내 뱉으며 뛰어 나가는) 아씨!!!

S#103   바름의 집 + 요한의 집/ 거리 교차/ 밤

/ 끼익 도착하는 요한 차. 바름 집 노려보는‥
/ 요한 집에서 뛰어나오는 바름, 오토바이 시동 걸고 가면‥ 사이렌 소리와 함께 경찰차들 들이닥치는… 내리는 호남과 강형사 등.

/ 문 쾅 열며 바름 집으로 들어오는 요한, 방마다 문 쾅쾅 여는‥

S#104 바름의 집- 방안/ 밤

잠들어있던 봉이. 문소리에 일어나 밖 확인하는데, 요한 뒷모습 보고 후다닥 핸드폰 앞으로 가서 팔꿈치로 힘겹게 버튼 누른다. '바름 오빠' 뜨지만 신호만 가고 받지 않아 미치는. 고민하다 다른 번호 누르기 시작한다.

S#105 무치 동네 허름한 술집 + 바름의 집/ 밤

엎드려 자던 무치. 울리는 핸드폰, 전원 끄려다 발신자 봉이 보고 고민하다 받는데.

봉이   아저씨. 그놈 지금 여기 있어요… 도와주세요‥ 얼른요. (덜덜 떨며 보는)
무치   뭐? (벌떡 일어나는) 너 지금 어디야?

S#106 바름의 집- 방안 + 뒷마당/ 밤

방으로 다가오는 실루엣 느껴지자 봉이, 얼른 뒷문으로 나가면 뒷마당과 연결된다. 그러나 뒷마당은 벽으로 꽉 막혀있어 더 나갈 데가 없다. 두리번거리는 봉이. 마당 한쪽에 큰 화분 보고 그 뒤로 가 몸 숨기는‥
/ 봉이가 자고 있던 방안으로 들어와 둘러보던 요한. 봉이 자던 이불 만져보고 온기 느끼고, 뒤돌아 뒷마당으로 연결된 문 확인하고 나가는.

S#107 바름의 집- 뒷마당/ 밤

뒷마당 나오는 요한, 화분 뒤에서 숨죽이는 봉이. 칼 들고 두리번거리던 요한, 화분 쪽으로 성큼 걸어온다. 붕대 감긴 손 땜에 미치는 봉이. 순간 봉이 입 틀어막는 손!

봉이	(흡! 몸부림치려는데)
바름	쉿! (놀라 보는 봉이 보며) 이리 와. (봉이 끌고 담벼락 위로 올려주며)
	도망쳐! 얼른!
봉이	싫어! 같이 가.
바름	난 그놈 잡을 거야! 내 손으로! 어르신 죽인 놈이야. 내 손으로 잡을 거야!
	(기척 나자) 얼른 신고해! 알았지 (봉이 담벼락 아래 내려주고 돌아서는데)

봉이 숨어있던 화분 앞, 요한이 손에 칼 든 채, 바름 노려보고 있다. 바름과 요한, 서로 화분을 가운데 둔 거리에서 팽팽하게 노려보는데··

비하인드 >>

#107-1 바름의 집- 뒷마당, 바름의 시선/ 밤

바름	그래 이 민트 향? 너였구나··
요한	(노려보는)
바름	(서늘하게 보며) 내가 엉뚱한 사람을 죽였네? 김준성 그 새끼가 왜 그렇게 끝까지 입을 다무나 했더니·· 너 때문이었네·· 널 지켜주려고·· (피식) 멍청한 새끼였어.
요한	(분노로 바들바들 떠는)
바름	대체 그 사진은 뭐야. 니가 어떻게 그 사진을 가지고 있어?
요한	··· 그 아이부터 살려줘.
바름	어?
요한	니 발밑에 있는 한국이··
바름	(지그시 요한 보며) 오호라~ 한국이 구하러 온 거구나?
요한	(보는)
바름	참, 오봉이도?
요한	아이 보내줘. 부탁이야
바름	어떡하지? 늦었는데?
요한	뭐!
바름	흐응~ 고무치가 졌잖아. 게임에서. 약속한 시간을 넘겼지 뭐야.

지 형 몸에서 나온 돌멩이 땜에 충격 받았나 봐. 애고 뭐고 다 팽개치고 술 처먹느라…

요한   (절망스런)

바름   안타깝지 뭐야? 근데 어떡해. 약속은 약속인걸, 뭐 그래서 약속 시간 지나자마자 아일 심판했지. 시기 질투하지 않는 자, 죄인이다!!!

요한   (어느새 분노의 눈빛으로 변하며) 미친 새끼!!!

바름   그래. 난 그런 분노에 가득 찬 눈을 사랑하지. 넌 나의 백성이 될 자격이 충분해.

요한   (노려보는데)

바름   근데 혼자 온 거야? 짭새들도 안 달고? 아니 왜?

요한   내 손으로 (어금니 꽉 물고) 직접 널 죽이려고!

바름   오호~ 니 친구 죽었다고 화 많이 났쩌?

요한   신고해봐야 소용없을 거니까··

바름   ? (무슨 말인가)

요한   내 손으로 죽이지 않으면 얼마나 끔찍한 일이 더 벌어질지 모르니까.

바름   뭐? 뭐래는 거야?

요한   (분노의 눈빛이 안타까움과 측은의 눈빛으로 바뀌며) 내 손에 죽어. 그게 널 위한 최선이야…

바름   (자신을 측은하게 보는 요한의 눈빛에 기분 나쁜) 뭐야 그 눈빛은.

요한   (슬픈) 너나 나나·· 어쩌면 참 불쌍한 인간이야…

바름   (불쾌한) 불쌍해? 내가? 허. 근데 이 새끼가!

바름 달려드는 순간, 요한 품에서 칼 빼들며 달려들어 바름 찌르려는데! 아슬아슬하게 칼 피하며 요한 손에서 칼 뺏는 바름. 그대로 넘어지는 요한, 분한표정으로 바름 보면,

바름   (서늘한 눈빛으로) 다시 말해봐. 불쌍해? 내가? (어이없다는 표정 지으며) 난 신이야. 신이라고! 신인데·· 신이 왜 불쌍해··

요한   신? (가엾은 표정으로 보며) 넌 그냥 돌연변이 염색체를 가진 싸이코패스야··

순간 바름 살벌하게 급 표정 변하며 들고 있던 칼 요한 향해 내리찍는데·· 요한, 발로 바름 배를 찬다. 뒤로 밀리는 바름 피해 옆에 보이는 계단 뛰어오르는 요한, 밀리며 뒤로 넘어진 바름, 윽 소리 내며 벽에 부딪히고, 뛰어오르는 요한 뒷모습 보는 바름 눈에 초점이 없다.

#107-2   바름의 집- 옥상, 요한의 시선/ 밤

2층으로 뛰어 올라온 요한, 계단 입구 돌아보며 난간까지 달려간다. 뛰어내리려고 하는데 문득 만들다 만 새장, 공구 박스 옆에 대충 던져져 있는 망치 (3부 15씬/ 새장 만들 때 됐던 그 공구박스 망치) 보고 집어 드는. 이어, 숨을 곳 찾다가 작은 창고 같은 공간 보인다. 창고 문 일부러 열어두고 다급히 창고 위로 뛰어오르는 요한. 바짝 엎드린 채 숨죽이며 보고 있으면 계단 올라온 바름 보인다.

옥상 아래 내려다보는 바름 그러나 요한 보이지 않자, 문 살짝 열려 있는 창고 발견하고 창고 문 향해 조심스럽게 가, 창고 문 벌컥 여는 순간! 창고 위에서 뛰어내리는 요한, 망치 휘두르며 뛰어내린다. 망치가 바름의 머리에 닿자 강한 충격에 휘청거리며 뒤로 물러서는 바름. 요한, 그런 바름에게 "죽어! 죽어! 이 괴물새끼!" 온몸의 힘을 실어 바름 머리 계속 내리치는데, 순간 '탕'하고 총소리 들리고. 놀라 돌아보는

S#108   구동 거리 + 골목/ 밤

전속력으로 달려오는 무치 탄 택시. 무치, 미치겠는데·· 그때 갑자기 골목에서 튀어나오는, 놀라 보면 봉이다. 무치 급히 택시에서 내리면.

봉이   저, 저기요! 바름 오빠가·· 빨리요 빨리! (골목으로 절룩거리며 뛰어가는)

따라 뛰어가는 무치의 눈에 저만치 바름의 집 2층 옥상이 달빛에 비치는데…

(망치로) 바름의 머리 내리치고 있는 요한의 실루엣 보인다. 순간 놀라 멈춰서는 무치, 후다닥 허리에 찬 총 꺼내 들어 겨누지만 거리가 너무 멀다. 이내 집중해서 요한 향해 총 겨누는데·· 바들바들 떨리는 손. 무치 침 꼴깍 삼키고 요한 향해 방아쇠 당기는, 탕! 소리와 함께!

S#109   바름의 집 옥상 위 + 구동 골목/ 밤

빗맞은 총성에 바름 머리 내리치다 반사적으로 돌아보는 요한. 바름 이미 머리에 큰 부상을 입고 피 흥건한 채 눈 까무룩 넘어가고. 무치, 순간 자신 보는 요한에게 총 겨누는데, 술기운에 덜덜 떨리는 무치의 손! 방아쇠 당김과 동시에 탕!! 요한 복부 관통한다. 동시에 복부에서 피 뿜어지며 쓰러지는 요한. 그 모습 보는 바름 의식도 가물가물해진다. 바름과 요한, 눈 마주치며 까무룩 눈 감기는 바름 시선에 보이는 요한·· 슬픔 서린 눈빛으로 자신을 보며 입 들썩이다 눈 감는 요한 보던 바름 눈도 이내 스르륵 감기는·· 그 위로 요란한 사이렌소리 들리고··

비하인드 》

#109-1   바름의 집 옥상 위 + 구동 골목 , 요한의 시선/ 밤

탕! 총성에 바름 머리 내리치다 놀라 돌아보는 요한. 저 멀리 총 겨누고 있는 무치 보인다. 요한, 두려움과 슬픔이 섞인 눈으로 무치 보는데·· 순간 탕 소리와 함께 배에 총알 박히며 복부에서 피 뿜으며 쓰러진다. 끄억거리며 고통스러워하는 요한, 힘겹게 고개 돌리면 얼굴 피 범벅된 채 끄억거리며 눈 까무룩 감기려는 바름 보이자, 바름 향해 삐끔거린다.

요한   (슬픈 눈빛으로 바름 보며 힘겹게 입 들썩이는) 우, 우리는 실험쥐야···.

S#110   무진병원- 응급센터 복도/ 밤

두 개의 침상 바퀴 나란히 달려가고, 침상에 실린 바름과 요한. 바름 머리에서 흐르는 피로 얼굴 온통 피범벅이고 요한 복부 주변은 피로 흥건하다. 두 침상 동시에 수술실 들어가고 문 쾅 닫히고 암전. 이윽고 서서히 짹짹 새소리 들리기 시작한다.

S#111   무진병원- 바름 병실/ 아침

이내 무겁게 눈꺼풀 들리듯 화면 밝아지면, 천장에 달린 형광등 어른거리며 보인다. 머리에 붕대 감은 채, 멍한 표정으로 눈 뜬 바름. 다시 들려오는 새소리. 바름 새소리 따라 시선 돌리면, 창가에 걸려 있는 새장 속 새(어벙이) 울어댄다. 힘겹게 몸 일으켜 앉는 바름. 이윽고 침대에서 일어나 창가 새장 앞에 가 선다. 새장 속, 어벙이 멀건 눈빛으로 바라보던 바름. 새장 문 열어 조심스레 손바닥 펼치면 올라앉는 어벙이. 다시 째잭째잭 울기 시작한다. 그런 어벙이 멍한 눈빛으로 바라보는 바름. 순간! 확 움켜쥐더니, 어벙이 목 확 비틀곤 획! 창밖으로 던져버린다.

바름   (다시 침대로 돌아가 눕더니) 이제 좀 조용하네··

평온한 표정으로 눈 감는. 이윽고 쌕쌕거리며 잠든 바름의 숨소리 들린다. 카메라 시선 잠시… 잠든 바름 비추다 창문 쪽으로 이동, 창 아래 비추면 땅바닥에 목 비틀어진 채, 죽어있는 새.

the END

〈셜록 홍주 생방송〉 시작 전 상황

5부 　　#70-1 마트 안/ 추가씬

바름 보면 제보자3, 물건 진열 중이다. 바름 서서히 다가가 그녀 뒤에서 그녀의 목에 칼 들이대는. 놀란 제보자3 나지막이 '사 살려주세요.' 하는데…

바름 　　(목에 칼 댄 채 속삭이듯) 먹어 전부 다. 안 먹으면 니 목구멍에 구멍이 뚫리게 될 거야.

진열 중이던 것들 미친 듯이 꾸역꾸역 입에 쑤셔 넣는 제보자3. 유심히 보는 바름. 목구멍으로 꿀꺽꿀꺽 넘어가는 모습 보이자, 만족스런 표정 짓더니 뒤돌아 가는…

5부 　　#70-2 포도농장 (독립씬)

포도들 꾸역꾸역 정신없이 따먹는 조미정. 그러나 결국 우엑우엑 게워내고 마는. 바름, 못마땅한 표정으로 보다 다가가 토하는 조미정 머리채 확 휘어잡곤 바로 찔러 버리는.

6부   #7-1 옥상, 바름의 시선/ 과거/ 낮/ 추가

바름 핸드폰 카메라로 줌인해서 바비큐 굽는 한국부와 테이블에 앉은 한국의 이복 동생. 행복한 부자의 모습 찍고 있다, 화면 옆으로 돌려 그 모습 보고 있는 한국 찍는 다. 줌인해서 한국의 슬픈 눈빛 담는다.

바름　　원래 저 자리가 니 자린데…. 쟤가 니 자릴 뺏은 거야.
한국　　(말없이 보고만 있는)
바름　　어때? 쟤가 밉지? 쟤가 없어져 버렸음 좋겠지? (말없는 한국 보며)
바름　　왜 대답이 없어? 말해. 저 아이한테 질투 난다고.
한국　　(입 꾹 다문 채, 아빠와 아이의 다정한 모습 보고만 있는)
바름　　(그런 한국 모습 짜증스런)

6부   #8-1 프레데터의 지하실, 바름의 시선/ 과거/ 낮/ 추가

바름 #6의 아이(한국이복동생) 얼굴에 씌워진 고트맨 가면 벗긴다. 바름, 의식 없이 고개 떨군 채 의자에 묶여있는 아이 보며 놀란 한국 표정 살피며.

바름　　니가 대답을 안 해서 데려왔어. 직접 보니 어때?
한국　　(아이 보면서 아무 대답 않는)
바름　　거짓말하면 나쁜 아이야‥ 사실은 이 아이가 미워 죽겠잖아‥ 말만 해.
　　　　질투 난다고. 그럼 아저씨가 저 아이 없애줄게….
한국　　(화난 듯 씩씩거리며) 질투 안 나요! 그러니까 쟤 얼른 집에 보내줘요.
바름　　(차갑고, 건조하게) 시기, 질투하지 않는 인간은 죄인이야‥‥‥
한국　　(갑자기 화면 쪽 휙 돌아보더니) 아저씨‥ 참 불쌍한 사람이에요.

순간 바름의 눈빛 서늘해지며 핸드폰 쥔 손 미세하게 떨다. 바름 무표정하게 변하 더니 종료 버튼 누른다.

6부   #11-1 프레데터의 지하실, 바름의 시선/ 과거/ 낮/ 추가

손에 동화 들고 소리 내어 읽고 있는 한국, 그 모습 핸드폰으로 촬영 중인 바름, 계속 촬영하며 테이블 위에 놓인 고트맨 가면 가지고 와 한국 얼굴에 씌우고는

바름   (한국 귀에 속삭이듯) 고트맨! 살고 싶음, 저 당나귀를 죽여야 해. 선택해. 당나귀를 죽이지 않으면 염소가 죽어….

5부   #18-1 바름의 집 지하실/ (독립씬)

눈앞에 고트맨 가면 쓴 아이-한국이 이복동생- 앉아있다.

바름   (아이 찍는 카메라 뒤에서) 이제 믿어 주겠어? 정확히 방송이 끝나는 시각이야. 그때까지 이 아이가 죽는 이유를 말하지 못한다면 평생 잊지 못할 쇼를 보게 될 거야.

5부   #82-1 바름의 집 지하실/ (독립씬)

카메라 세팅하는 바름. 의자에 앉아 TV 켜면 다큐멘터리 '사형' 한다. 바름. 시청하는 모습 카메라 화면에 담긴다.

5부   #50-2 바름의 집 지하실/ 밤 (독립씬)

다큐멘터리 '사형' 화면 보고 있다, 끄고 나서 USB 뽑아든다.

바름   (USB 보며) 시간을 벌어야겠지? 쇼의 클라이막스를 위해? 흐흐흐

핀셋으로 얼핏 육안으로는 보이지 않을 정도로, 미세하게 꺾어놓는다.

5부 　 #90-1 구동 성당 예배당 안/ (독립씬) (5부 #1 이전 상황)

들어오는 바름. 예배당 의자에 무원 앉아 핸드폰으로 방송 보고 있다가

바름	안녕하세요 신부님. (90도로 깍듯이 인사하는)
무원	(돌아보고 반갑게) 어 정순경. 무슨 일인데 여기서 보재? 무슨 일 있어?
바름	(건조하게) 네, 그게 누굴 어딜 좀 보낼까 말까 고민이 돼서 상담 좀 드리려구요.
무원	누가 어디 가?
바름	(무원 옆에 앉아 의미심장한 표정 지으며) 갈 지·· 안 갈 지·· 아직은 모르겠어요.
무원	어? (못 알아들은)
바름	(십자가 올려다보며) 마지막으로 물을게요.
무원	마지막? (무슨 말인가) 뭘?
바름	(돌아보는) 정말, 한서준한테 화 안 나세요?
무원	(보면)
바름	분하지 않냐구요? 신부님 몸 이렇게 만들었는데·· 고형사님 저렇게 사는 것도 다 그 한서준 때문인데…
무원	(슬프게 십자가로 시선 돌리며) 난 이미 한서준을 용서했어…
바름	용서…(그런 무원 서늘하게 보다, 무원 손에 들려있는 핸드폰 화면에 시선 두며) 대체 정답이 뭘까요? 뭐길래…?
무원	그러게·· 시간이 얼마 안 남았는데… 문젤 못 맞추면 아일 죽일 텐데··
바름	(눈빛이 텅 비어가며 중얼거리는) 아일 죽인다고는 안했는데··
무원	(무슨 말인가) 어? (보는데)
바름	죽인다고만 했지…
무원	(바름 눈빛 이상한)
바름	아이라고는 안했거든요.
무원	(순간 소름!!! 돋는)
바름	(씩 웃으며) 맞아 너야.

팍! 순식간에 무원이 목 확 틀어잡는 바름의 손힘에 버둥거리는 무원.

5부 　　#90-2 장미상가 앞 (독립씬)

나오는 바름. 상가 입구 문에 〈구동성당 폐쇄-재개발로 인해 구동성당 폐쇄합니다〉
붙어있다.

생방송 온에어

5부 　　#9-1 거리

걸으며 핸드폰으로 실시간 댓글 반응 즐기는 바름.
'개미군의 흙수저 탈출기' 블로그 링크 복사해서 댓글 창에 올린다.

5부 　　#10-1 구동 공원

한적한 공원으로 폰 (방송화면) 보며 걸어 들어오는 바름. 산책로 인적 없자, 집고 있
던 목발 빼고 성큼성큼 걷는다. 인근 벤치에 자리 잡고 앉는다. 벤치에 방송 보던 핸
드폰 내려놓고, 주머니에서 다른 핸드폰(대포폰) 꺼내 전화하는.

오작가	(F) 네. 셜록 홍주입니다.
바름	수고하십니다. 범인에 관련된 중요한 제보가 있어서요.
오작가	(F) 네, 말씀하세요.
바름	아니, 최홍주 피디한테 직접 얘기하고 싶은데요.
오작가	(F) 일단 저희한테 말씀해 주시면 확인하고··
바름	(OL) 그럼 됐어요. 별로 안 급하신가봐요? 진짜 중요한 정보였는데. 어쩔 수 없죠.
오작가	(F) 아, 잠시만요. 진짜죠···? 연결할게요.
바름	이거 전국에 나가는 건데, 음성변조는 당연히 해주는 거죠? 범인이 제 목 소리 알아듣기라도 하면·· 큰일이잖아요.

5부 #12-1 구동 공원 (#12와 실시간)

바름 텅 빈 눈으로 벤치 옆 나무에 앉아있는 잠자리 본다. 순간 휙 낚아채는 바름. 바름, 손에 쥔 잠자리 텅 빈 눈으로 보더니 날개부터 다리 하나하나 떼어내기 시작하는. 마지막 남은 몸통과 머리. 머리 떼려는 순간 벤치에 내려놓은 핸드폰(대포폰)에서 홍주 목소리 들린다.

홍주 (F) 네. 사건에 관한 중요한 제보가 있으시다구요?

바름 (잠자리 휙 던지고 핸드폰 들고 공손하게) 사건 말고. 고무치 형사님한테 물어볼 게 있어서요. (다른 폰으로는 방송화면 보며 통화하는데 무치 화면에 잡히자, 껄렁하게) 단도직입적으로 물을게요. 고무치 형사님! 본인이 지금 그 자리에 설 자격이 있다고 생각하세요? 형사님 도박장 들락거리고, 범죄자들한테 뒷돈 받는단 소문 있던데··

핸드폰 속 방송 화면/ 무치 굳은 표정이 1S으로 뜨고.

바름 맞나요?

화면/ 카메라 밖으로 시선 주던 무치, 다시 카메라 보며

무치 (F) 어디서 무슨 말을 들었는지 모르지만 근거 없는/

바름 /뭐 그렇다 치고. 그럼 헤드헌터 사건 유가족이란 소문은요? (하고 기다리는데 한참 말이 없자, 짜증 섞인) 아, 물어보잖아요. 내 말이 맞냐니까요?

화면/ 당황한 무치 애써 침착하게

무치 (F) 그게 이 사건이랑 무슨 상관입니까?

바름, 심드렁한 표정으로 통화 이어가고.

바름 아, 소문이 맞나보네·· (답이 없자, 기다리곤 비아냥거리듯) 헤드헌터가 형사님 눈앞에서 엄마 목을 잘랐다면서요. 충격이 크셨겠다.

화면/ 주먹 꽉 쥐고 화 참는 무치.

바름   (그 모습에 더 자극하고 싶은) 참 얼마 전에 옥상에서 투신했다는 그 자매
        망치로 때려죽인 살인범이요. 진짜 뛰어내린 거 맞아요? 혹시 형사님이
        민 거 아니에요?

화면/ 입술 잘근 깨무는 무치

무치   (F/참으며) 아닙니다!
바름   (그런 무치 보는 게 재밌는) 흐흐흐 농담이에요 농담. 당연히 아니시겠지.
        설마 형사가 사람을 죽이겠어요? 그래도‥ 마음속으론 수십 번 수백 번
        밀고 싶으셨죠?

화면/ 화를 참으며 대꾸 하지 않는 무치

바름   (더 도발하고 싶은 충동 느끼는) 대답을 못 하시네… 침묵은 뭐다? 긍정이
        다? 그죠? 이 방송도 그놈 찾아서 죽이는 게 목적이죠? 사실, 아이는 죽든
        말든 안중에도 없잖아요. 그죠? (대꾸 않고 참는 무치 보며 픽 웃는) 어쭈 잘
        참는데? 흐흐흐 제가요 왜 이런 전활드렸냐면요, 걱정돼서 그래요, 걱정.
        살인범만 보면 감정조절도 안 되는 분이 남의 귀한 아들 구하겠다고 이런
        방송을 한다는 게‥

화면/ 더 참지 못하고 폭발하는 무치

무치   (F) 걱정? 니 걱정이나 해. 미친 새꺄!!! 이런 개 쌍눔의!!!
바름   (멈칫) 어? 지금 욕하신 거예요? 와‥ 시청자의 충심어린 직언에도 이렇
        게 흥분하시는데, 범인 앞에선 어쩔지‥누구보다 침착하고 냉정해야 할
        분이 (하는데)

뚜뚜뚜 전화 끊어진 소리 들린다. 피식 웃는 바름. 화면 속 무치, 분해 씩씩거리는 표
정으로 서 있는 모습 보이고.

바름   (화면 만족스럽게 보며) 몸 풀긴 이 정도면 됐고, 슬슬 본격적인 게임을 시
        작해볼까? (일어나서 가는)

5부   #16-1 택시 안/ 밤

택시 안, 뒷자리에 앉아 핸드폰으로 아이 영상 보고 있는 바름. 입꼬리 씰룩 올라간다.

5부   #17-1 TBN 방송국 복도/ 밤

헬멧 쓴 퀵복장의 동구 걸어가며

동구   아, 떨려… 제발 우리 작전이 먹혀야 할 텐데… (하는데)

맞은편, 핸드폰 보며 걸어오는 퀵맨1, 동구 옆 스쳐간다. 동구 무심코 돌아보면, 퀵
맨1 다급하게 가는 모습 보인다.

5부   #18-2 택시 안/ (#16. #16-1과 동일 연결씬)

핸드폰 화면으로 실시간으로 방송 보고 있는 바름. 여유롭게 다른 핸드폰 (진짜 본인
핸드폰) 꺼내 무치번호 찾아 누르는. 받으면 일부러 다급히!

5부   #23-1 택시 안/ 밤 (#19에 이어) /(#16. #16-1과 동일 연결씬)

바름   (다급한 척 연기하며) 그, 그거, 제가 보낸 거랑 달라요!
무치   (F) 뭐? 그게 무슨 소리야?!
바름   그거 내가 보낸 영상 아니라구요! 달라요.
무치   (F) 뭔가 이상하다 했어. 퀵 서비스! 그 새끼야!!!

바름   (열 내는 무치가 재밌다는 듯 비죽이며 여유로운)

5부   #25-1 방송국 앞/ 밤

수갑 찬 채 헬멧 벗겨진 퀵맨1, 겁먹고 "저, 아무것도 몰라요·· 그냥 퀵이어요··" 주
저리주저리 얘기하는데. 그 모습 즐기는 듯 보는 바름.

5부   #25-2 방송국 앞/ 밤

퀵맨1이랑 뒤돌아 가려는 바름.

무치   (동구 보며) 너도 같이 가.
바름   (순간 인상 찌푸리다, 무치가 자신 돌아보자 얼른 인상 펴는)
무치   확인하면 바로 연락 줘. (뛰어 들어가는)

5부   #29-1 심전역 지하철 역사 - CCTV실/ 밤

바름 동구와 함께 CCTV 모니터 보는데 누군가 보관함 쪽으로 걸어오는 모습 보이
자 일부러 오버해서.

바름   잠시만요! (스톱된 화면 들여다보는 척하다) 어? (놀란 척!)

5부   #31-1 심전역 지하철 역사 - CCTV실/ 과거/ 밤 (#29에 이어)

바름   (헉! 놀란 척) 한국이야! (다급한 척 무치에게 전화하는)
동구   살아있어··· (가슴 쓸어내리며) 다행이다.
바름   고형사님. CCTV에 한국이가 찍혔어요.!!!

무치	(F) 뭐?
바름	CCTV에 한국이가 찍혔는데, 보관함에 뭔가를 넣었어요!
무치	(F) 당장 CCTV 영상 보내줘!
바름	네. (전화 끊고 급히 적어주며) 그 영상 이 메일주소로 좀 보내주세요
직원	네. (보내는) 보냈습니다.
바름	(무치에게 통화하는) 보냈어요. 얼른 확인해보세요. (끊고는 방송 보느라 정신없는 동구 보며) 동구야. 나 화장실 좀 (나가는)

5부 #31-2 역무원실 밖 (#30-1 이전 상황)

역무원실에서 나와 조용히 역사 안 공사 중 관계자 외 출입 칸막이 뒤로 들어가는

5부 #30-1 역무원실 앞+ 역사 공사중 칸막이 안/ 밤

주머니에서 대포폰 꺼내 화면 보면

화면/
홍주 여러분의 적극적인 제보를 통해 그동안 수사당국이 찾아내지 못한 노숙자 김씨의 신원을 알아냈습니다. 아주 사소한 것이라도 범인을 찾는 결정적인 단서가 될 수 있으니 아래]

자막으로 나가는 전화나 라이브 톡 등으로….

바름, 라이브 톡에 좀 전에 한국이 봤음. 어떤 남자와 같이 있었음. 전화 주세요 〈010-3737-258‥〉 쳐서 올리면, 〈한국이 목격자 제보 떴어요〉 위로 올라가 버린 라이브 톡 사라지지 않도록 계속 복붙(복사+붙여넣기) 올라온다. 계속 올라오는 자신이 올린 제보글 보고 있는 바름.

바름	(비아냥거리듯) 참 대한민국 네티즌들 대단하셔 (하는데 주머니에서 핸드폰

진동 울린다. 여유롭게 폰 꺼내 받으면)

홍주   (F) 여보세요 한국이를 보셨다구요?

바름   (음성 변조 앱 틀고) 아씨 겨우 연결됐네. 왜 맘대로 제보자 전활 끊고 지랄 이야. 매너 없이! 왜 연결 안 시켜주는 건데? 멀쩡한 시민을 술 취한 사람 취급하질 않나. 정신병자 취급하질 않나…

홍주   (F/황당한. 열 받은) 이보세요!!!

바름   고무치 형사님, 이제 흥분 좀 가라앉으셨나?

홍주   (F)방송 중에 장난 전화하면 처벌받을 수 있다는 거 알고 계신가요?

바름   장난전화 아닌데? 궁금한 거 있어서 전화해도 처벌받나?…그거 가짜죠? 방금 그 꼬맹이 영상이요. 암만 봐도 그거 가짜 같던데…

무치   (F/짜증스러운) 가짜라뇨? 범인이 보낸 영상 맞습니다.

바름   못 믿겠는데·· 그렇잖아요. 범인이 보낸 거면 왜 굳이 가면까지 씌워가 면서 애 얼굴을 가려요? 그 애가 한국이가 아니니까 가린 거 아닌가? (칸 막이 밖으로 나가는)

5부   #32-1 심전역 앞/ 밤

역사 밖으로 나오는 바름과 동구

바름   넌 얼른 들어가 봐.

동구   너는?

바름   한국이가 여길 왔다 갔잖아. 한국이를 목격한 사람이 있을지 몰라. 난 여 기서 한국이 본 사람이 있는 지 좀 찾아볼려고

동구   그럼 나도/

바름   /둘 다 여기 있으면 고형사님 쪽에 무슨 일 생김 도와줄 사람이 필요하잖 아. 넌 거기 가 있는 게 나.

동구   그래도··

바름   (짜증스런, 애써 표정 관리하며) 너 범죄 시나리오 쓰는 덴 여기보다 그 쪽에 가 있는 게 더 유리하지 않겠어?

동구   어·· 그렇지. 생생한 현장감. 짜식!! 내 생각해주는 건 너 밖에 없다. 근

데 정말 혼자 괜찮겠어? 다리도 불편한데‥

바름   걱정 말고 가. 얼른 (동구 뛰어가는 뒷모습 보며 중얼거리는) 귀찮은 놈 겨우
       떼냈네‥

(대포폰 꺼내 들어 전화하는) sbc 팩트체크팀이죠? 다름이 아니구요. 제가 TV를 보는
데요. 김한국 어린이 영상이요. 한국이 아니에요. 아니 한달 전쯤인가? <어린이에
게 희망을>인가 봤는데 그때 그 아이 귀밑 목 부분에 1센티 정도의 작은 화상 자국
이 있었거든요 근데 아까 범인이 보낸 영상에는 화상 자국이 없던데요. 한번 확인해
보세요. (씨익 입꼬리 올리는)

5부   #38-1 심전역 인근/ 밤

행인들 붙들고 한국사진 보여주며 본 적 있냐고 절실하게 묻는 바름.
행인들 모르겠다며 지나가고

바름   (시계 보며 중얼거리는) 슬슬 올 때가 됐는데‥

(다시 CCTV 쪽 슬쩍 확인하고 자연스레 더 CCTV 잘 비추는 쪽으로 가서
행인들 붙들고 한국 사진 보여주는 척 하는데

역무원 (E) 어이 경찰 총각! 좀 와봐야겠어요.

바름   왔나보네 (이미 알고 있는 표정 지으며 돌아보고 놀란 척! 목발 짚고 절룩이며
       가며) 왜요?

역무원 어떻게 좀 해줘. 지들 맘대로 CCTV 영상 훔쳐 가더니만‥ 이제 보관함까지
뜯으려고 하고‥ 깡패야? 뭐야?

바름   (일부러 모른 척) 누가요?

5부   #45-1 심전역 지하철 역사- 보관함 앞/ 밤

달려오는 바름. 보관함 뜯으려는 기자와 막으려는 역무원들 몸싸움 중이다. "이거 취재방해야! 취재방해!" "공공기물 파손 행윕니다." 즐기듯 보다, 이내 표정 바꾸며

바름   꼼짝 마‥

5부   # 49-1 심전역 지하철 역사- 보관함 앞/ 밤 (#47상황에 이어)

역무원 입회하에 14번 보관함 속 봉투 꺼내는 바름. 장갑 낀 손으로 조심스레 봉투 속 물건 꺼내면, 고트맨 아이 담긴 동영상과 같은 USB다.

바름   (무치에게 전화하는)
무치   (F) 어 정순경
바름   기자들이 13번 옆 보관함을 뜯으려는 걸 제가 막았는데 그 보관함 안에도 USB가 있어요.
무치   (F) 뭐? USB?
바름   네
무치   (F) 당장 확인해.
바름   알겠습니다. (씩 웃는)

5부   #50-1 심전역- 역무원실/ 밤

바름   (낭패인 척 무치와 통화하며) 파일이 손상됐나 봐요. 아무것도 안 나와요.

5부   #57-1 무진청- 영상분석팀 (디지털 증거분석팀)/ 밤

핸드폰으로 라이브 톡들 보고 있는 바름. 고개 들어 속상한 얼굴로 TV 속 무치 보는

표정이다.

바름   (화면 속 무치 보며 /E) 게임이 너무 싱겁잖아. 고무치 분발 좀 하라구 좀
              팽팽해야 게임이 재미지지… 흠… 좋아. 고무치. 힌트 하나 쏘지.

쓱 돌아보면 바름 옆 영상분석팀 직원들 분주하게 있고, 바름, 다시 컴퓨터 화면 속
자신이 보낸 고트맨 가면 쓴 아이 영상 보는 척 하다 일부러 큰소리로 "어?"

5부   #63-1 무진청- 영상분석팀 (디지털 증거분석팀)/ 과거/ 밤

바름   (영상 보내는 거 보며) 보냈어요. 확인해보세요 (하고는/ E) 자, 이제 맞춰봐
              고무치! (끊고) 전 방송국에 들어가 봐야 할 거 같아요. 복원되면 연락주
              세요 (나가는)

5부   #61-1 구동 일각

택시 서고, 핸드폰에서 시선 떼지 않고 택시에서 내리는 바름. 옆 골목길로 들어
가더니 골목 입구 고물상 뒤에 방치된 폐가구 (냉장고) 문 열면 트렁크와 백팩 들
어있다.
백팩 열면, 촬영장비와 검정잠바와 야구모자, 대포폰 그리고 늑대와 염소 캐릭터 그
려져 있는 동화책 (늑대와 아기 염소 일곱 마리) 들어있다. 대포폰과 잠바, 모자 꺼내
고, 하고 있던 깁스 빼고 목발도 분리해서 냉장고 안에 넣어 두는.

5부   #65-1 골목 밖/ 밤

검은색 잠바차림. 검은색 야구모자 깊이 눌러쓴 바름. 백팩 메고, 트렁크 끌고 있다.
다시 골목 밖으로 나가며 폰 화면 속 방송 계속 보는 바름

화면/

무치   (E) 그 뿐만이 아닙니다. 범인은…

5부   #65-2 골목 밖/ 밤

폰 방송화면 보며 나오는 바름. 백팩에 있던 대포폰 주머니에서 꺼내 무치에게 전화한다.

5부   #65-3 거리/ 밤

바름   (무치 전화 받으면) 빙고! 고무치 형사에게 경의를…

5부   #65-4 거리/ 밤

바름   (걸어가며) 생각보다 영리한데? 그걸 찾아내다니… 고무치 형사.
무치   (F) 전화 잘했어. 혼자 떠들려니 재미가 없었는데··
바름   많이 답답했는데, 이제야 답에 가까워지는 거 같아 반가워. 칭찬이라도 해줘야 할 거 같아서. 난 또 형사님이 아무것도 모르면서 쇼 하나 했지…

5부   #67-1 거리/ 밤

바름   (통화 중인)
무치   (F) 한국이 무사한지부터 말해.
바름   아주 잘 있어. 자, 이제부터 네가 찾아낸 답을 들어볼까?
무치   (F) 네가 코스프레한 그 동화의 결말들에서 기막힌 사실을 알아냈어. 모든 동화에는 가르침이 있더군. 개미와 베짱이는 일하지 않고 놀고먹은 베짱이의 게으름을, 금도끼 은도끼는 산신령을 속이고 모든 도끼를 가지려 했던 나무꾼의 욕심을, 여우와 포도밭은 여우의 식탐을 경고했지….

바름 오호~ 빨간 모자는?

무치 (F) 늑대의 비뚤어진 욕정, 성욕에 대한 경고!

바름 그럼, 벌거벗은 임금님은?

무치 (F) 권력에 취해, 자신이 나체인 줄도 몰랐던 어리석은 임금의 교만을 비웃었지

바름 재밌네, 그래서 결론은?

무치 (F) 빨간 모잔 성욕! 베짱이는 나태! 도끼는 탐욕! 벌거벗은 임금님은 교만! 여우와 포도밭은 식탐! 을 경고하는 동화야!! 성욕, 나태, 탐욕, 교만, 식탐! 단테의 신곡에 나오는 7대 죄악이잖아, 이 새끼야!!!

바름 (일어나 공원 밖으로 걸어 나오는) 오~ 그럴듯한데… 그런데 내가 죽인 인간들이 그런 죄를 저질렀나? 아니잖아? 근데 왜 내가 그들을 죽였지?

무치 (F) 네가 왜 그랬냐면 넌!!! (사이)알지? 우리 부모님 헤드헌터한테 살해당한 거? 그래서 내가 싸이코패스에 대해 공부 좀 했는데 말야 그 새끼들은 일 처리가 치밀해. 근데 넌 아니더라. 여기저기 질질 흘리고 다니더만?!

바름 (듣는 데 복잡한 거리다)

무치 (F) 니가 어따 흘렸는지 맞춰 봐‥ 힌트를 주자면 한 보름쯤 전의 일이야….

바름 (걸으며 담담하고 차분하게) 고무치 형사님~ 지금 이 번호 위치 추적하느라 시간 끄는 거야? (대답 없음) 아님 정답을 못 찾아서 횡설수설하나? 약속 시간 얼마 안 남았어‥ 애 살리고 싶음 서둘러~ (통화종료버튼 누르고 다른 폰, 화면 보는)

핸드폰 화면에 다급한 무치, 야 이 새끼야 내 말 아직 안 끝났어! 하는데 바로 옆에서 택시 잡는 사내(#80) 가방에 방금 통화했던 대포폰 쓱 넣고 가던 길 가는… 사내 아무것도 모른 채 택시 타고 가고. 쓱 뒤돌아 멀어지는 택시 보는 바름. 서둘러 빠르게 걷는

5부   #70-3 장미상가 앞

야구모자 깊이 눌러쓴 채 빠르게 걸어오던 바름, 고개 들면 장미상가다. 출입문에 〈구동성당 폐쇄 - 재개발로 인해 구동성당 폐쇄합니다.〉. 씨익 미소 짓고, 계단 내려가는.

5부   #70-4 구동 성당 예배당

촬영장비 세팅하고, 바름 옆에 비품창고 문 열면 그 안에 무원 의자 뒤로 손 발 묶여 있고 재갈 물린 채 들어있다. 끌어내고 세팅된 장비 잘 보이는 곳에 두고.

바름   (무원에게 미소 지으며) 자 쇼를 시작해볼까요? (흔들리는 무원의 눈동자 보며) 아아. 긴장하지 마시고‥ 신부님 동생분 똑똑한 친구니까 분명히 정답 맞출 거예요. 설마 신부님 죽게 내버려두겠어요? 안 그래요?

무원   (눈 꼭 감는)

바름, 그 모습 재밌다는 듯 보며 대포폰 꺼내 무치에게 전화하는.

5부   #70-5 구동 성당 예배당

바름   (묶여있는 무원 쪽 보며) 빙고~ 역시 똑똑해. 고무치 형사. 이래서 내가, 당신 팬이라니까….

무치   (F) 변순영! 어떤 유혹에도 흔들리지 않고, 오직 딸만을 키우며 살았단 이유로 죽였지?! 성욕이 없다는 이유로!

바름   미련한 년. 얼굴도 반반한데 적당히 몸뚱이 좀 굴리고 사는 게 뭐 어때? 그럼 지 년 딸도 편하게 살았을 텐데 말이야‥

무치   (F) 세상 열심히 산다는 이유로 박종호를 살해하고 목구멍에 베짱이를 처넣어?

바름   (눈빛 텅 빈 중얼거리듯) 그 자식 조금만 게으르게 살았으면 안 죽었을 거 아냐‥ 그렇게 아등바등 살면 뭘 해. 개미 새끼처럼 찍소리도 못하고 나한테 밟혀 죽을 걸…. 뭐, 그래도 끝까지 억세게 반항해줘서 아주 즐거웠어.

무치   (F) 뭐 이 새끼야? (사이 좀 진정된 말투로) 그래서 조미정은?

바름   처먹고, 방송 끝나면 토하고‥ 그러면서 마치 살이 안 찌는 체질인 것처럼. 처먹는 게 어때서? 말라비틀어진 꼬라지란‥ 역겨워서 정말

무치   (기막힌)

바름   나치국은 말야‥ 위선자 마냥 겸손 떠는 그놈 인터뷰를 보는 순간, 빨리 죽여서 저놈의 죄를 덜어 줘야겠다‥ 싶었지.

무치   (F/울컥하는 목소리로) 그 불쌍한 할머니는 왜 죽였어… 왜!!!!

바름   아 그거? 그냥 재수가 없었던 거지‥ 나라고 그런 노인네 죽이는 게 재밌었겠어? 좀 반항도 하고, 버텨줘야 죽일 맛도 나는데‥ 영 시시했어‥

5부   #74-1 구동성당 예배당/ 밤

바름   내가 낸 문제는 그게 아니잖아. 시간 다 돼가‥ 아인 왜 죽을까?

무치   (F) 한국이가 사라진 자리에 빵조각이 있었어. 넌 한국일 이 빵으로 유인했겠지. 결국 한국이는 집에 돌아오지 못했어, 이 빵조각을 새가 먹어버리지도 않았는데 말이야‥

바름   새? 오~

무치   그래. 넌 이번엔 〈헨젤과 그레텔〉의 결말을 네가 정한 죄악에 끼워 맞췄지.

바름   그래서 아이의 죄명은?

무치   (F/잠시 사이) 7대 죄악에서 남은 건 둘. 시기! 와 분노!

바름, 화면 보면 다큐 〈어린이에게 희망을〉 한국이 인터뷰장면 나온다. 동시에 LED 화면에 다큐 〈어린이에게 희망을〉 한국이 인터뷰 뜬다. (3부 #58) 보는 바름 화면 속 한국 얼굴 보이고

피디   (F)한국이는 한국이를 버린 아빠가 밉지 않아?

한국   아뇨. 안 미워요. 아빠한테도 이유가 있을 거예요.

피디   (F)혹시 아빠가 TV 보고 계실지 모르니까 하고 싶은 말 있으면 해봐.

한국   (화면 정면 응시하며) 아빠 보고 싶어요‥ 사랑해요‥

바름 보고 있는데 다시 화면에 무치 나오며

무치   (F) 넌 이걸 봤어…

바름   그래서?

무치   (F) 헨젤과 그레텔의 결말! 아이들을 잡아먹은 마녀를 솥에 넣어 죽이지. 분노에 차서 말이야. 화내지 않는 자! 분노하지 않는 자! 저 아이는 자신을 버린 아버지한테 화를 냈어야 했겠지! 아빠가 밉다고 분노했어야 했겠지! 넌 지금 아무 죄 없는 아이를 죽이려고 하고 있어!!! 그런 말도 안 되는 이유로!

바름   (보는)

무치   (F) 자, 답을 맞혔으니, 그 엿 같은 짓 멈추고 당장 아일 풀어줘!!!

5부   #81-1 구동 성당 예배당/ 밤

무치   (F 차분하게) 자, 네가 원하는 아이 목숨 값 지불했잖아. 약속 지켜.

바름   (입꼬리 썰룩하는)

무치   (사이… F/중얼거리듯) 넌 이제 끝났어. 새꺄… (하는데)

바름   (담담하고 나지막한 말투로) 땡! ‥ 틀렸어! (전화 끊고 의자에 묶여있는 무원 돌아보며) 어떡하죠? 신부님. 동생분이 틀려버렸네? (하며)

의자 발로 차자 무원 바닥으로 떨어지는. 바름 무원 뒤에 한쪽 무릎 꿇고 앉아
무원 입에 물린 재갈 확 풀고는 목에 칼 들이대고 리모콘으로 라이브 버튼 누른다.
노트북 화면에 목에 칼 들이대진 무원 보인다.

〈셜록 홍주〉 온에어

5부   #82-2 구동 성당 예배당/ 밤

촬영 계속되고 무릎 꿇린 무원 그 뒤에서 무원의 목에 시퍼런 칼을 겨누고 있는 바름
(자신의 모습은 보이지 않게)

바름   (핸드폰 입에 댄 채) 분노는 한국이가 아니라 얘지… 분노하지 않은… 죄
             인…!!!

5부   #82-3 구동 성당 예배당/ 밤

바름   (씩 웃고 있는)
무치   (F) 혀, 형…!!
바름   답을 못 알아내면 방송 끝나는 정각에 죽인다고 했지… 시간 됐어.
무치   (F) 허‥허…
바름   말이 돼? 헤드헌터가 자기 엄마, 아빠 머릴 잘라 죽였는데‥ 지 몸을 이렇
             게 만들어 놨는데… 다 용서했잖아. 아주 가관이더라구‥

5부   #82-4 구동 성당 예배당/ 밤

바름, 무원 목에 칼 겨눈 채 즐기고 있는데

무치   (F/떨리는) 저, 저를 죽이세요‥ 제발요‥ 제발…불쌍한 우리 형 살려주
             시고…
무원   (화면으로 그런 무치 보며 가슴 아픈) 무치야, 형 괜찮아. 형한테 무슨 일이
             생겨도 니 잘못이 아니야. 알았지?
바름   (감정 동요 없이 차분한 어조로) 마지막 기회야! 화를 내! 분노하라고! 네 부
             모를 죽인 헤드헌터에게! 그놈을 사형시키지 않는 세상에!!! 분노를 터뜨
             리라고!
무치   (F) 제발‥ 형‥ 형…
무원   무치야‥ (눈에서 눈물 뚝) 복수심으로 니 인생을 망치지 마‥
바름   텅 빈 눈빛으로 무원 목에 대고 있는 칼에 힘 확 주며 무원의 목 쓰윽

긋는!

〈셜록 홍주〉 방송 종료 후 상황

6부   #1-1 구동성당- 예배당/ 밤

꿀럭꿀럭 피 뿜어져 나오는 목. 그제야 손에 묶인 줄 뚝 끊기자 목 부여잡은 채 고통스러워하는 무원. 목 밖으로 달랑거리는 십자가 목걸이. 툭, 뜯어내는 바름의 손, 무원의 손, 뺏기지 않으려 허공을 가르다 바름의 바지자락 꽉 움켜쥔다. 올려다보는 힘겨운 시선,

무원   (입 달싹거리는) 주님이‥ 널…. 구원하길….

볼에 튄 피 손등으로 쓱 닦아내며 무원 내려다보는 바름의 서늘한 눈빛, 손에 힘 풀리며 숨 멎는 무원. 바름 피범벅 된 자신을 내보이듯 두 팔 벌려 예수상 향해

바름   어때? 내 꼴이? 괴물이 되지 않게 해 달라고 했잖아‥ 빌었잖아….근데 넌 내 기도를 철저히 외면했어…

바름의 눈빛 어느새 원망에서, 냉소와 경멸의 눈빛으로 바뀌며….

바름   그러면서 니 따위가 무슨 신이야! 이제부터 내가 신이야! 니가 하는 개소리를 믿고, 따르는 인간들 싹 다 심판할 거야…

무원 내려다보는 바름, 무원 목 그었던 칼로 무원의 배를 가른다. (배 가르고 창자 꺼내지만 보여주지 않음) 바름 트렁크에서 돌멩이 든 자루 꺼내고 (돌멩이 넣는 장면 보여주지 않음) 배 얼기설기 꿰맨다.

6부 　 #2-1 구동 성당 예배당 앞 + 안, 바름의 시선/ 밤

칠흑 같은 어둠속 드르륵 소리를 내며 무언가 올라가고 바름, 당기고 있던 로프를 뒤에 보이는 기둥에 묶는다. 단상 위 대롱대롱 매달린 무원의 십자가, (신부복에 동화책 끼어있고)바름, 마음에 드는지 기분 좋은 미소 짓고 밖으로 나오려는데 때마침, 끼익 소리를 내며 열리는 문 사이로 빛이 들어오고 봉이 모습 보인다. 놀란 바름, 주변을 살피다 소리 내지 않고 단상 위로 오르고 다시 어두워진 예배당, 암막커튼 뒤로 숨으면 탁 하고 봉이, 스위치 켜는 소리 들린다. 바름, 한쪽 눈만 살짝 빼 보면 핸드폰 불빛에 의지 한 봉이, 어느새 단상 위까지 와있다. '아씨 망할 년!' 하며 조심스럽게 단상 아래로 내려간다. 그때 촛대에 불이 켜지고 바름, 환해지는 곳을 보는데 무원의 시신을 본 봉이, 털썩 주저앉자 바름, 봉이 뒤에서 확 덮치는데 봉이 바름을 피하며 어느새 꺼내든 칼 내리 찍는다. 바름, 피하며 봉이 얼굴 팔꿈치로 가격하고 촛대의 불을 끈다. 어두워 진 예배당 안에 울리는 쿵하고 봉이 나가떨어지는 소리, 들고 있던 칼 떨어뜨리며 신음소리를 낸다. 봉이 앞으로 다가가는 바름(검정모자에 검은 후드 티), 봉이 재빨리 칼을 집어 들고 "죽어 이 살인마!" 하며 달려들면 바름, 뒤에 있던 촛대를 집어 들고 달려드는 봉이를 향해 휘두른다. 봉이, 비명을 지르며 주저앉으면, 그 위로 사이렌 소리 들린다.

6부 　 #2-2 구동 성당 예배당 안, 바름의 시선/ 밤

바닥을 더듬는 봉이를 보다 입구로 향하는 바름, 예배당 문을 잠근다. 다급하게 더듬거리는 봉이를 향해 가는 바름, 어두운 예배당 안 바름의 발자국 소리로 가득하다. 엉금엉금 기는 봉이 의자 밑으로 숨으면 바름, 봉이가 있는 의자로 향한다. 다시 기는 봉이 반대편으로 너머 가고 바름, 그 모습을 지켜본다. 비릿하게 웃는 바름, 휘파람을 불며 봉이가 기어가는 곳을 따라 다니며 여유를 부리다 순간 봉이 앞에 반짝이는. (떨어져있는 칼) 발견하고 못 잡게 하려고 하지만 그보다 먼저 봉이가 칼 잡자, 곧바로 봉이 머리채 확 낚아챈다. 순간 집어든 칼을 막 휘두르는 봉이 미처 피하지 못하고 칼날이 바름의 왼쪽 팔 스친다. "윽" 낮은 신음소리와 함께 봉이 머리채 놓는 바름. 보면 소매 피로 물든. 바름 돌아보면 벽에 부딪혀 넘어져 신음하며 일어나는 봉이에게 달려들고, 발길질하는 봉이 막아내며 봉이 목 벽에 쳐댄다. 축 늘어지는 봉이, 그제야 봉이 놓고 바닥에 떨어진 자신의 피 묻은 칼 주워드는 바름, 자신의 옷에 피 쓱쓱 닦아낸 후에 쓰러진 채 누워있는 봉이 목 향해 휙 내리 꽂는데 순간 봉이의 손 칼날 확 잡고 필사적으로 막아낸다. 바름, 어쭈! 제법인데… 가소롭다는 듯 손에 힘주는데 끝까지 버티고 막아내는 봉이. 거의 봉이의 눈 찌르기 직전 문밖에서 들리는 우당탕 소리 들리자, 들고 있던 칼 챙겨 단상 옆 사제실로 뛰어 들어간다.

6부 #2-3 사제실, 바름의 시선/ 밤

환풍기 뜯어내고 빠져나가는 바름. 뒤에서 들리는 뻥뻥 문 차는 소리 아슬아슬하게 성당건물 뒤편에 이어진 환풍기로 빠져나온다.

6부 #2-4 성당건물 뒤편에서 이어지는 길, 바름의 시선/ 밤

정신없이 뛰는 바름. 저만치 달려오는 경찰차 피해 바로 옆길로 들어간다.

6부 #2-5 고물상 폐가전 집하장 (5부 #61-1), 바름의 시선/ 밤

주변 살피며 급히 들어오는 바름, 냉장고 문 열고 그 안에 숨겨둔 옷으로 갈아입고, 몸 상태 확인하며 깁스까지 장착하는 바름, 골목에서 나와 절룩거리는 척 하며 택시 잡아탄다.

6부 #2-6 택시 안, 바름의 시선/ 밤

택시 타고 출발하면 바름 비 오듯 쏟아지는 땀 닦는데 뉴스에서 계속 고무원 신부 살해 속보 들린다.

기사   아이고. 저 미친 새끼·· 시상에·· 아이고 시상에…

바름	(완전 놀란 척) 예? 신부님이 살해됐다구요?
기사	아이고 신부를 죽였어 그 미친 새끼가.
바름	(다급한척) 기사님. 구동성당 쪽으로 가주세요.

6부　#3-1 상가 (성당) 건물 앞, 바름의 시선/ 밤

바름	민트 향이야‥ (휙 돌아보면, 어느새 사내-요한- 보이지 않는다)
	(표정 굳으며) 이상하다‥ 그 놈…죽였는데…

플래시 컷/ 김준성 숨넘어가는…(4부 #69-1)

바름, 갸웃하다 돌아서서 다급한 척 절룩거리며 인파들 뚫고 상가 안으로 들어간다. 멀리서 그 모습 지켜보는 요한의 몸 바들바들 떨리는…

6부　#4-1 구동 성당 예배당 안, 바름의 시선/ 밤

경찰들 붙잡을 새도 없이, 달려가, 십자가에 매달린 무원 다리 붙잡는‥ 순간 휘청 흔들리는 무원 시신. 동시에 무원 사제복 주머니에 접힌 채 꽂혀있던 책자 바닥으로 툭 떨어지고 호남 등 경찰들 일제히 몰려들어 무치 시신으로부터 강제로 떼려 하지만, 무치 경찰들 뿌리치며 발악하고, 뒤늦게 절룩거리며 뛰어 들어오는 바름. 무원의 충격적인 모습 보고 즐거운 그러나 일부러 놀란 표정 짓는 문득 십자가 아래, 떨어져 있는 동화책 발견하는 척 다가가 피 범벅인 동화책 표지 끝 깨끗한 염소 캐릭터 (얼굴)부분 집어 드는…

6부　#18-1 성당/ 아침

말끔한 사제복 차림으로 관에 누운 무원. 장례미사 진행 중. 참담한 몰골의 무치, 영혼이 말라버린 듯, 금방이라도 무너질 거 같은 무치를 냉담한 표정으로 보다 아픈 척 바라보는 바름.

6부   #19-1 무치의 집 앞, 바름의 시선/ 낮

바름   (전화 끊고 다시 두드리는) 문 좀 열어봐요. 한국이 찾아야죠. 고형사님. (묵
        묵부답이자 텅 빈 눈빛 되며 나직이 중얼거리는) 아씨 재미없잖아. 니가 그러
        고 있으면‥ 얼른 기어 나와. 그래야 내가 재밌어지지.

6부   #20-2 무진병원- 응급실, 요한의 시선/ 낮

"거기가 어디라고 혼자 거길 가! 겁도 없이!" 버럭 하는 바름의 모습에 흠칫! 요한, 바
름이 무섭고 끔찍하다. 병실 밖으로 나가서 돌아보면, 바름이 짠한 눈으로 엉망이
된 얼굴과 붕대 칭칭 감긴 봉이 손보는데. 그런 바름을 경멸스럽게 보고 서 있는 요
한, 뒤에서 인기척 들리고, 돌아보면 강형사다. 고개 돌리고 가는.

6부   #21-1 무진병원 응급실 복도 + 응급실 앞, 지은의 시선/ 낮

봉이에게 다정하게 대하는 바름 보는 지은, 그런 바름 바라보는 봉이의 눈에서 사랑
에 빠진 눈빛을 본다.

지은   (그런 봉이 눈빛 보다가 다시 바름에게 시선 돌리면)

6부   # 22-1 응급실 밖, 지은의 시선/ 낮

지은, 봉이 얼굴에 손대는 바름 보는 위로

플래시 컷/ (1부 #62)
지은   싸이코패슨 자기 말곤, 누구도 사랑할 수 없대. 첨부터 그렇게 태어났냬!
        말해!! 왜 나랑 결혼했냐고! 사랑하지도 않으면서!!! 왜!
서준   (물끄러미 보다 어깨 으쓱. 피식 웃으며) 뭐‥ 일종의 종족 번식이랄까‥?

지은 (바름 손 치우며 쑥스러워하는 봉이 보며) 설마·· 저 아이도·· 나처럼··?

순간 우욱 헛구역질 올라오고 입 틀어막으며 뛰쳐나가는.

6부 #22-2 무진병원- 응급실 밖, 바름의 시선/ 낮

나오는 바름, 슥 한번 돌아보면 잠이든 봉이 모습 보인다. 바름 눈 파르르 떨리고 소매 걷어 보는데 칼로 그은 자국. 아씨! 짜증스런

6부 #23-1 무진병원 현관 앞, 바름의 시선/ 낮

나오던 바름. 우엑 거리는 소리에 돌아보면 화단 앞에 쭈그리고 앉아있는 지은.

바름 (E) 드럽게··

달려가 등 두드려주며 "괜찮으세요?" 걱정스런 표정 짓는 바름. 지은 돌아보는데 순간 지은 눈에 서 있는 바름 모습 재훈으로 오버랩 되는··

지은 괘, 괜찮아요. (뿌리치듯 후다닥 뛰어가는)

6부 #29-1 바름의 집- 방안, 요한의 시선/ 낮

옷장도 열어보고 침대 밑도 보고, 서랍도 열어보고 여기저기 살피는 요한. 별다른 것 나오지 않자 실망하는데 문 열리는 소리에 흡! 후다닥 창문 열고 나가려다 문득 천장 보고 의자 끌고 와 천장 밀면 밀리고 그 안 더듬으면 뭔가 손에 잡히고, 꺼내면 낡은 일기장이다. 후루룩 넘겨보는 요한. 찾았다! 싶은데 순간 의자 위에 올라 서 있던 몸 뒤뚱 기울고, 넘어지지 않으려 버티지만 쿵 떨어지는. 으으 벌떡 일어나 의자 제자리에 갖다 놓는데 방문 열리자 후다닥 방문 뒤로 숨는. 잔뜩 긴장한 채 숨죽이

고 있는 요한. 이윽고 문 닫히면 후 한숨 내쉬고는 후다닥 창문 밖으로 빠져나간다.

6부   #30-1 무치의 집 문 앞, 바름의 시선/ 낮

손에 찬합 든 채 계단 올라오는 바름. 문 앞 가득 쌓여있는 우유팩과 신문들 보고 따분한 듯 한 표정 짓는다.

바름   아·· 심심해·· (중얼거리는) 고무치 니가 나랑 놀아줘야지. 시작한 게임은 마무리를 해야 할 거 아냐··· 나와 얼른 기어 나오라고. 얼른. (이내 사정하는 말투로 바꾸며) 방송 준비한다고 우리 집에 모여 있을 때·· 잡채랑 음식들 맛있게 드셨잖아요··· (생략) ···신부님, 고형사님 그러고 있는 거 정말 바라지 않을 거예요··

안에서 아무 반응 없자, 굳게 닫힌 문 향해 픽 비웃으며

바름   좋아. 이래도 집구석에 처 박혀 있는지 한번 보자구!

6부   #30-2 바름 집 지하실, 바름의 시선/ 낮

염소 들쳐 업고 내려오는 바름, 김장비닐 위로 툭 던져놓고 카메라 세팅하는. 녹화가 시작되면 염소 배를 가리고 뭔가를 꺼내는데·· 화면 가까이 가는 바름의 장갑 낀 손, 피 범벅인 염소 허파다.

바름   이게 고트맨의 최후야. 고무치 형사님. 뭐 하고 있어? 이대로 한국이 포기할 거야? 사흘 안에 날 찾지 못하면 전 국민이 허파 없는 한국이 시체를 보게 될 거야!!! 정확히 사흘 후 자정까지야!!!

바름, 카메라 돌리면 구석 낡은 소파에 잠들어 있는 한국. 쌕쌕거리며 뒤척이는 한

국의 모습 화면에 담고 종료버튼 누른다. 노트북으로 동영상 딥웬(다크웹)계정으로 올리는 바름.

6부   #35-1 바름의 집 방안, 바름의 시선/ 밤

실시간 댓글 확인하며 만족스러운 표정 짓는 바름.

6부   #37-1 무진병원 병실 복도 + 봉이 병실 안, 바름의 시선/ 밤

바름   (홍주와 통화 중인) 못 봤을 거예요. 차라리 안 보는 게 나아요·· 얘기 안 할래요. 피디님. (버럭!) 그 새끼 고형사님한테 대체 왜 그러는 건데요! (끊고 피식, 중얼) 왜 그러긴? 심심해서 그러지·· (뒤돌면 병실 안 봉이 슬픈 눈으로 자기 보고 있다)

바름   (전화 끊고 병실 들어와) 봉이야. 나 좀 나갔다 올게… (나가며) 봤어야하는데·· 뭐 못 봤음 내가 알려주면 되고. 크크크크

6부   #39-1 무치집 현관 앞, 바름의 시선/ 밤

바름, 현관 앞에 놓여있는 찬합 통 사라지고 없는 것 보고 반가운 표정으로 대문 보는.

바름   (중얼거리는) 오호 ~ 좋았어. 고무치. 자, 이제 게임을 즐겨보자고!

6부   #79-1 도로/ 낮

트렁크 틈새 사이로 사람의 눈빛, 대니얼의 눈빛이다.

6부 　　#81-1 숲속 폐병원 앞, 요한의 시선/ 낮

요한, 트렁크에 둔 물건 꺼내고 그 밑에 열림 장치 열면 그새 의식 잃은 대니얼 들어 있는··

6부 　　#92-1 지은의 집- 거실, 요한의 시선/ 밤

걸려 있는 액자에 지은과 함께 찍은 요한의 사진. 그 앞에 서서 보고 있는 요한. 테이블에 앉아 가위로 꽃가지 다듬어 유리화병에 꽂고 있는 지은, 불안한 표정으로 요한 뒷모습 바라보는.

지은　　연락이나 좀 하고 오지. 할 얘기가 뭔데….
요한　　(여전히 지은에게 등 돌린 채 시선은 사진에 두고 있는)
지은　　아들. 뭔데 그래?
요한　　(등 돌린 채) 알고 계셨죠?
지은　　(순간 쿵! 떨리는 목소리로) 뭘….?
요한　　(지은 돌아보는. 서늘한 눈빛으로 지은 보며) 아들이 살인마라는 거….

순간 들고 있던 가위 떨어뜨리며, 옆에 있던 화병 건드리는데. 화병, 바닥으로 떨어지고 쨍그랑… 소리와 함께 산산조각 나는….

요한　　(억눌렀던 분노 폭발 하는) 어떻게 이럴 수가 있어! 어떻게!
지은　　요, 요한아… (무릎 꿇는) 어, 엄마가 잘못했어. 엄마가…
요한　　당신도 똑같아!! 당신 남편 한서준, 당신 아들 정바름이랑 똑같다고!! 용서 못해!! 용서 안 해!! 절대!!! 내 가족 죽인 당신 아들. 내 하나밖에 없는 친구 준성이 처참하게 죽인 당신 아들 정바름! 그 모든 걸 다 알고도 방조한 당신!!!
지은　　(끅끅 오열하고 있는)
요한　　(그런 지은 분노의 눈으로 노려보며) 두고 봐. 나 지금 당신 아들 죽이러 갈 거야! 내 손으로 죽여 버릴 테니까 지켜봐!!! (휙 나가려는 데)

지은   (후다닥 요한 잡으며) 안돼. 요한아. 그 놈은 괴물이야. 괴물. 니가 죽어, 니
        가 죽는다고!!!
요한   비켜! 비키라구!!!! (휙 밀치면)

쿵 떨어지는 지은. 순간 바닥에 떨어진 꽃가위 집어 자신의 목 찌르려는 순간, 놀란
요한 뛰어와 잡고. 많이는 아니지만 찔려서 피 나는 지은, 가위 놓지 않고 계속 자신
의 목 찌르려고 한다. 지은의 몸에 올라타 뺏으려는 요한, 결국 지은 손에서 억지로
가위 뺏어드는데·· 현관문 열리며 "사장님 영수증 가져왔…" 돌아보면 직원 놀란 얼
굴로 서 있는, 요한, 손에 들린 피 묻은 가위 집어던지고 현관 앞에 굳은 채 서 있는
직원 밀치고 뛰쳐나간다.

직원   (거실로 뛰어올라와) 사장님 사장님!!! (하는데 이미 목에 피 흘리며 의식 잃은)

6부   #98-1 구동마을- 골목, 바름의 시선/ 밤

바름   (새장 내려놓고 전화 받는) 네. 강형사님…. 고형사님이요? 집에 없어요?
        네? (충격받은) 봉이 할머니 DNA가 나와요? 그 의사 집에서요?
바름   (멍하니 서 잠시 생각하는/E) 성요한 집에서 왜··? (하다) 설마··? 아씨! (정
        신없이 뛰어가는)

6부   #99-1 요한의 집 앞- 담장 안, 바름의 시선/ 밤

가뿐하게 훌쩍 담 넘어가는 바름.

6부   #100-1 요한의 집- 지하실 방, 바름의 시선/ 밤

부서진 채 열려 있는 지하실 문. 들어가 보면, 아무것도 없다. 바름 나가려다, 문득
돌아보는데, 벽 사이에 끼어있는 미세한 (사진) 조각 발견한다. 다가가 벽 밀면, 벽

안 새로운 벽 나타나고‥ 벽 가득 붙어있는 자신이 죽인 피해자들의 시체 사진들.
멍한 표정으로 보는 바름.

바름   (E) 성요한이었어‥? 김준성이 아니라‥? 이 새끼가 어떻게 이 사진들
        을‥?

문득 사진들 옆쪽 구석에 자신과, 봉이와 함께한 일상 사진까지 찍혀있고 바름의 집
구조 사진까지 샅샅이 찍혀있는. (화분 있던 뒷마당도) 순간 흠칫! 하는 바름

바름   (E/생각하다) 다 알고 있어! 나에 대해… (내 뱉으며 뛰어 나가는) 아씨!!!

6부   #106-1 바름의 집- 뒷마당, 바름의 시선/ 밤

바름   그래 이 민트향? 너였구나‥
요한   (원망스런 눈빛으로 노려보는)
바름   (서늘하게 보며) 내가 엉뚱한 사람을 죽였네? 김준성 그 새끼가 왜 그렇게
        끝까지 입을 다무나 했더니‥ 너 때문이었네‥ 널 지켜주려고‥ (피식)
        멍청한 새끼였어
요한   (분노로 바들바들 떠는)
바름   내 다이어리도 니가 훔쳐간 거고.
요한   (애써 분노 억누르는)
바름   다 알고도 신고를 안 한 이유가 뭐야? 대체 그 사진은 뭐고? 니가 어떻게
        내가 죽인 것들 시체사진을 가지고 있어?
요한   … 그 아이부터 살려줘.
바름   어?
요한   니 발밑에 있는 한국이‥
바름   (지그시 요한 보며) 오호라~ 한국이 구하러 온 거구나?
요한   (보는)
바름   참, 오봉이도? 니가 뭘 착각하고 있나본데 오봉이는 안 죽일 거야? 내 2세
        를 낳아줄 여자거든.

요한	(그런 바름이 끔찍한. 주먹 꽉 쥐고) 한국이 보내줘. 부탁이야·· 한국이 보내 주면 다 얘기할게. 나도 어떻게 그 사진들을 갖고 있는지…
바름	(어깨 으쓱) 어떡하지? 늦었는데?
요한	뭐!
바름	흐응~ 고무치가 졌잖아. 게임에서. 약속한 시간을 넘겼으 뭐야. 지 형 몸에서 나온 돌멩이 땜에 충격 받았나봐. 애고 뭐고 다 팽겨치고 술 처먹느라… 그렇게 안 봤는데 사내새끼가 영~ 유리멘탈이드라고.
요한	(절망스런)
바름	안타깝지 뭐야? 근데 어떡해. 약속은 약속인걸 뭐 그래서 약속 시간 지나자마자 아일 심판했지. 시기 질투하지 않는 자, 죄인이다!!!
요한	(어느새 분노의 눈빛으로 변하며) 미친 새끼!!!
바름	그래. 난 그런 분노에 가득찬 눈을 사랑하지. 넌 나의 백성이 될 자격이 충분해.
요한	(노려보는데)
바름	근데 혼자 온 거야? 짭새들도 안 달고? 아니 왜?
요한	내 손으로 (어금니 꽉 물고) 직접 널 죽이려고!
바름	오호~ 니 친구 죽었다고 화 많이 났쩌?
요한	신고해봐야 소용없을 거니까··
바름	? (무슨 말인가)
요한	내 손으로 죽이지 않으면 얼마나 끔찍한 일이 더 벌어질지 모르니까
바름	뭐? 뭐래는 거야?
요한	(분노의 눈빛이 안타까움과 측은의 눈빛으로 바뀌며) 내 손에 죽어. 그게 널 위한 최선이야…
바름	(자신을 측은하게 보는 요한의 눈빛에 기분 나쁜) 뭐야 그 눈빛은
요한	(슬픈) 너나 나나·· 어쩌면 참 불쌍한 인간이야…
바름	(불쾌한) 불쌍해? 내가? 허. 근데 이 새끼가!

바름 달려드는 순간 요한 품에서 칼 빼들며 달려드는 바름 찌르려는데 아슬아슬하게 칼 피하며 요한손에서 칼 뺏는 바름, 그대로 넘어지는 요한, 분한표정으로 바름 보면,

바름   (서늘한 눈빛으로) 다시 말해봐. 불쌍해? 내가? (어이없다는 표정 지으며)
      난 신이야. 신이라고! 신인데·· 신이 왜 불쌍해··
요한   신? (가엾은 표정으로 보며) 넌 그냥 돌연변이 염색체를 가진 싸이코패스
      야··

순간 바름 살벌하게 급 표정 변하며 들고있던 칼! 요한 향해 내리찍는데·· 요한, 발
로 바름 배를 찬다. 뒤로 밀리는 바름 피해 옆에 보이는 계단을 뛰어오르는 요한, 밀
리며 뒤로 넘어진 바름, 윽 소리를 내며 벽에 부딪히고, 뛰어 오르는 요한의 뒷모습
을 보는 바름 눈에 초점이 없다.

6부   #106-2 바름의 집- 옥상, 요한의 시선/ 밤

2층으로 뛰어 올라온 요한, 계단 입구 돌아보며 난간까지 달려간다. 뛰어내리려다
문득 만들다 만 새장, 공구 박스 옆에 대충 던져져 있는 망치 (3부15씬-새장 만들 때 뒀
던 그 공구박스 망치) 보고 집어 드는. 숨을 곳 찾다가 보는 작은 창고 같은 공간 보인
다. 창고 문 일부러 열어두고 다급히 창고 위로 뛰어오르는 요한. 바짝 엎드린 채 숨
죽이며 보고 있으면 계단 올라온 바름 보인다.

옥상 아래 내려다보는 바름 그러나 요한 보이지 않자, 문 살짝 열려 있는 창고 발견
하고 창고 문 향해 조심스럽게 가, 창고 문 벌컥 여는 순간, 창고 위에서 뛰어내리는
요한, 망치 휘두르며 뛰어내린다. 망치가 바름의 머리에 닿자 강한 충격에 휘청거리
며 뒤로 물러서는 바름. 요한 그런 바름 쫓아가며 "죽어! 죽어! 이 괴물새끼!" 온몸의
힘을 실어 바름 머리 계속 내리치는데, 순간 '탕'하고 총소리 들리고. 놀라 돌아보는.

6부   #107-1 바름의 집 옥상 위 + 구동 골목, 요한의 시선/ 밤

탕! 총성에 바름 머리 내리치다 놀라 돌아보는 요한. 저 멀리 총 겨누고 있는 무치 보
인다. 요한, 두려움과 슬픔이 섞인 눈으로 무치 보는데·· 순간 탕 소리와 함께 배에
총알 박히며 복부에서 피 뿜으며 쓰러진다. 끄억거리며 고통스러워하는 요한, 힘겹

게 고개 돌리면 얼굴 피범벅된 채 끄억거리며 눈 까무룩 감기려는 바름 보이자, 바름 향해 뻐끔거린다.

요한   (슬픈 눈빛으로 바름 보며 힘겹게 입 들썩이는) 우, 우리는 실험쥐야….

the END

제7부

S#1   분만실/ 지은의 꿈/ 밤

입술 꽉 깨물고 고통스러워하는 땀범벅인 지은의 얼굴.

산부인과의 머리 보여요. 조금만 더 힘주세요. 더! 더!

으으윽!!! 온 힘을 다해 힘주는 지은. 이윽고 응애~ 응애~ 아기 울음소리 들린다.

지은   (탈진된 상태로 겨우 입 달싹이는) 아기·· 괜찮··아요? (묻는데)
서준   (E) /고생했어.

순간 지은, 눈 번쩍 떠지면. 아이 싼 포대기 안고 지은 내려보며 미소 짓는, 서준!

서준   (포대기 속 만족스레 들여다보며) 어쩜 이렇게 날 똑 닮았을까? 누가 한서준
          2세 아니랄까봐.
지은   (공포에 질려 바들바들 떠는)
서준   (그런 지은 힐끗 쳐다보더니, 안고 있던 포대기 지은 품에 건네며) 당신도 안아
          봐야지. 우리 아인데~

지은, 포대기에 시선 향하면, 순간 소스라치는. 아이, 흉측한 괴물 모습. 으앙으앙 울고 있는 괴물 아기의 모습 위로 타이틀.

마 우 스

S#2   병원 응급실/ 밤

악! 하며 벌떡 깬 지은 얼굴, 땀 흥건하다. 숨 몰아쉬는 지은 목에 피 물든 붕대.

직원	(E/조심스러운) 악몽 꾸셨어요‥?
지은	(고개 돌리면 걱정스레 자신 보고 있는 직원 있다) 악‥ 몽‥? (문득 주변 둘러보며 응급실임을 확인하고 불안한 눈빛으로) 여긴 어떻게‥?
직원	영수증 갖다 드리러 사장님 댁에 갔다가… 마침 제가 봐서 망정이지… 안 그랬음 큰일 날 뻔했어요‥ 신고하려다가… (눈치 살피며) 아드님‥ 맞죠?
지은	(당황하며 변명하듯) 오, 오해야‥ 내가 자해하는 걸 말리려고 한 걸‥ 자기가 보고 오해한 거야…. 그러니까 절대 신고하면 안 돼. 절대. 알았지?
직원	(마지못해 끄덕이는)
지은	그래. 고마워. (뭔가를 찾다) 혹시 내 핸드폰‥
직원	/챙겨왔어요. 여기‥ (자신의 가방에서 지은의 핸드폰 꺼내 주면)
지은	(다급히 요한에게 전화하는)

S#3   바름의 집- 옥상/ 밤

울리는 핸드폰 액정, 엄마라고 뜬다. 주변 피로 흥건하다. 배에서 엄청난 피 나오는 요한, 숨넘어가며 충혈 된 눈으로 보면, 머리 함몰될 정도의 상처 입은 채 피범벅인 바름, 이미 의식 없다. 이때, 쿵쾅거리며 뛰어 올라오는 발소리, 무치와 봉이다.

봉이	오빠! (비명 지르며 바름에게 달려가 부둥켜안는) 오빠! 정신 차려!!! 오빠!
무치	(바름 살피고 119에 전화) 여기 구동산 5번지 파란 대문 옥상! 위급환자 둘

발생했어요! 위중한 상태에요. 빨리 구급차요! (끊고 요한의 멱살 잡으며) 한국이 어딨어! 한국이‥ 어딨냐고‥

요한   (힘겹게 입 달싹이며) 하‥

무치   그래! 한국이! 한국이 어딨어. 말해. 얼른! 얼른!

요한   하. (화‥) 미‥

무치   뭐?

요한   미…지… (입 달싹이며 시선 옆으로 돌리다, 이내 눈 감기는)

무치   안 돼!!! 새꺄. 정신 차려! 정신! 한국이 어딨어! 어딨냐고!!!!

S#4   거리 + 구급차/ 밤

사이렌 소리와 함께 전속력으로 달리는 구급차. 안에선, 바름과 요한 응급처치 중.

기자   (E) 오늘 밤 9시경, 무진 연쇄살인사건 용의자와 경찰이 몸싸움을 벌이던 중, 두 사람 모두 중상을 입고 병원으로 이송됐습니다.

S#5   무진병원 응급센터 복도 + 센터 입구/ 밤

정신없이 뛰어오는 홍주 위로‥

기자   (E) 속봅니다. 자신을 신이라 주장하는 무진 연쇄살인사건 용의자와 몸싸움을 벌인 20대 남자는 구동 파출소 정바름 순경으로 밝혀졌습니다.

응급센터 앞 멈추는 홍주. 입구 의자에 떨며 앉은 피투성이(바름의 피) 봉이 보인다.

S#6   무진병원- 응급센터 안/ 밤

안으로 들어가려는 홍주와 막는 경찰 실랑이 벌이는데 커튼 열리며 침상 끌고 나오는 의료진. 홍주, 의식 없는 요한 본다. 거즈 댄 배에서 꿀럭대며 나오는 피에 얼어붙고! 밖으로 나가는 의료진 후다닥 따라가려는데, 옆 커튼 열리며 또 다른 침상에 머리 박살 난 처참한 바름 모습! 이에 엄청난 충격으로 거친 호흡하는 위로.

기자   (E) 용의자가 휘두른 둔기에 머리에 큰 부상을 입고 중태에 빠진 정바름 순경은 구동 노파 살인사건의 주요 목격자로, 용의자가 정순경 집에 침입해 입막음 하려던 것으로 경찰은 추정하고 있습니다.

S#7   무진병원- 응급센터 센터장실/ 밤

바름의 뇌 CT 사진. 한눈에 봐도 엉망이다. 미치겠는 얼굴로 보고 있는 무치.

센터장   (사진 보며 설명) 여기가 뇌의 전두엽인데, 보면 아시겠지만 개방성 복합 함몰골절이 심한 상탭니다. 환자가 통증에도 전혀 반응이 없을 정도로 의식이 나빠서 예후가 좋지는 않을 것 같아요. (하다) 우리 머리가 아주 단단하게 뇌를 보호하고 있는데, 얼마나 세게 내리쳤길래 이 지경인지·· 제가 뇌 전문의는 아니지만 이 정도면 가망 없어요.
무치   (입술 잘근 깨무는) 성요한은요?
센터장   역시 심각해요. 총알이 복부를 관통하면서 소장과 주변 장기들이 크게 손상된 상태입니다. 역시 어려울 것 같습니다. 일단 수술 경과를 지켜봐야죠.

S#8   무진병원- 응급센터장실 앞 복도/ 밤

나오는 무치, 심란한 표정으로 걸어가는데 저만치 스테이션 앞 지은 보인다.

지은   (정신 나간 얼굴로, 발 동동 구르며) 예? 어딨냐구요. 우리 아이…
간호사   상태가 너무 안 좋아서 수술부터 들어갔습니다. 보호자 사인부터…
지은   (정신없이) 어, 얼마나 안 좋은데요. 네? (문득 시선에 돌아보면 무치다. 흠칫! 떨리는 목소리) 니가 쐈어? 우리 불쌍한 요한이, 그 불쌍한 아이·· 니가 쐈냐고!!

무치	(빡친) 불쌍해? 당신 아들이? 그럼 정순경은?
지은	(순간 멈칫!)
무치	당신 아들이 내리친 망치에 뇌가 박살나서 죽는대! 근데도 당신 아들이 불쌍해!! 어?!!

순간 털썩 주저앉는 지은. 무치 씩씩거리며 그 모습 보다가 휙 돌아서는데 저만치 지켜보던 홍주와 눈 마주친다. 원망 가득한 눈으로 홍주 보는 무치 이내 성큼성큼 홍주 옆 지나쳐 가버리고. 홍주, 가는 무치 보다 주저앉아 있는 지은 돌아보는데.

지은	(멍하니 넋 놓은 눈빛으로 중얼거리는) 어떻게 감당하려고‥ 어떻게‥

S#9   무진병원- 수술실 앞/ 밤

초조히 앉아있는 동구, 봉이, 바름이모. 맞은편 구석, 넋 나간 듯 앉은 지은, 멍하니 창밖 보는데. 전광판, 속보 화면으로 바뀌며 25년 전 한서준 앞에 선 만삭 지은(1부 #62) 서준 멱살 잡고 난리 치다 쓰러지는 뉴스 뜬다. 〈속보! 무진 연쇄살인사건 범인, 헤드헌터 한서준 아들!!〉절망스러운 눈빛의 지은, 이내 눈 질끈 감고 마는.

S#10   구치소- 서준의 수감실 안 + 밖/ 밤

교도관	핸드폰으로 속보 기사 보고 있는 굳은 표정의 서준. 〈살인도 부전자전?!! 무진 연쇄살인사건 범인, 헤드헌터 살인마, 한서준의 아들로 밝혀져‥〉

S#11   무진청- 특별수사팀 사무실/ 밤

무치 들어오면, 요한의 행적을 추적하느라 정신없는 강형사 이형사 등

무치	한국이는? 아직 못 찾았어?
강형사	어. 성요한 집은 물론, 집 근처 샅샅이 다 뒤졌는데 안 나와…

무치	(미치겠는. 잠시 생각하다) 아무래도 그때 딴 데로 옮긴 거 같아…
강형사	그때라니?
무치	실은 차 세워서 트렁크 뒤진 적 있었거든. 근데 거기 없었는데‥ (갸웃)

S#12   몽타주 (스피드하게)

숲길/ 무치, 강형사, 신형사, 이형사와 경찰들, 수색 중이다. 그때, 강형사 무전기에서 들리는 소리 "찾았어요!"

인근 우거진 수풀/ 지렛대로 트렁크 문 따면 바닥에 드러난 고리. 고리 열면 그 안에 사람 하나 누울 공간 있다. 무치, 루미놀 뿌리면 선명하게 드러나는 핏자국.

신형사	아씨! (미치겠는)
무치	분명 차를 바꿔 탔을 거야.
강형사	(끄덕) 여기서 이어지는 큰길에 CCTV 확인하고 같은 시간 지나간 차량들 싹 다 조회해 아! 대포 차량도 확인해 보고.

교통정보센터/CCTV 차량들 넘버 일일이 컴퓨터에 조회하는 무치. 신형사 조회시키는데, 번호 없음이라고 뜬다. "찾았어요! 대포차!"

CCTV 화면/ CCTV 쭉 쫓다, 더 이상 나타나지 않는 차!

무치	여기서부터 안 잡히는데‥ (화면 확대하다) 여긴 뭐지?
강형사	아… 20년 전에 폐쇄된 요양병원 건물이 하나 있어.

폐병원 앞/ 경찰차 도착 후, 경찰들 건물 안으로 뛰어가는. 무치, 혼자 주변 살피는

S#13   폐병원- 뒷마당/ 밤

무치, 뒷마당 쪽으로 와서 이리저리 살피다 구석에 뭔가 탄 흔적 본다. 다가가 보면, 불타고 남은 이불조각과 옷가지 등·· 무치 살피면, 어느새 신형사 다가온다.

신형사   뭐 있어요? (탄 옷가지 보며) 어? 이거 그 캐리어에 들어있던 옷이었어요.
무치   그래? (눈빛 빛내는) 여기가 맞았어.
신형사   가서 얘기할게요. (뛰어가면)

무치, 재 들추며 더 살피는데 타다만 서류에 찍힌 마크 일부 보이는.

무치   이건 뭐지? (하는데)
신형사   (E) 선배님. 빨리 와 보세요!!!

S#14   폐병원- 병실/ 밤

들어오면, 서 있는 호남, 강형사. 신형사, 이형사 등. 깨끗이 치워진 폐병원 안. 사람이 지냈던 흔적들 보인다. 이형사, 약품 뿌리면 바닥에 혈흔 흔적들 보인다.

강형사   이렇게 깔끔하게 치웠다면… 이미…

호남검시팀 불러. 아일 데리고 멀리 이동하진 못했을 거다. 근처 시신 유기 가능성 염두에 두고! 건물 내부 주변, 숲 속 샅샅이 수색한다.

일동   네·· (뛰어나가는)
무치   (절망스러운)

인서트/ 무진산-주변 숲속 경찰견 킁킁거리는, 경찰견 끌고 다니며 수색하는 경찰.

기자   (E) 무진 연쇄살인사건의 진범으로 추정되는 A씨의 수술이 진행되는 가운데 경찰은 실종된 김한국군을 찾는 데 총력을 기울이고 있습니다.

S#15   두석의 집- 거실/ 밤

땅 파는 모습 화면에 나오는, TV 보는 두석처. 그 옆에 앉아 같이 보는 두석처제.

두석처   (멍하니 그 장면 보고 있는 위로)
기자   (E) 경찰은 기동대 2개 중대를 투입하고 군부대 병력까지 동원, 경찰견과
드론을 현장에 추가 투입해, A씨가 김한국 군을 감금했던 곳으로 추정되
는 무진산에 위치한 폐병원을 중심으로 수색하고 있습니다.

S#16   두석의 차 안 + 집 앞/ 밤

운전해서 오는 두석 저만치 집 앞에 발 동동 구르며 서 있는 두석 처제.

두석   (후다닥 차에서 내리면)
두석처제   (달려와) 형부. 언니가 없어졌어요. 잠깐 마트 다녀오는 사이에…
두석   뭐? (하는데 핸드폰 울리는. 보면 호남이 이름 떠 있다)

S#17   무진병원- 응급센터 밖/ 밤

멍하니 나오는 홍주. 털썩 쭈그리고 앉아 머리 감싸 쥔 채 괴로워하는 위로…

플래시 컷/ 무진병원- 응급센터 안/ 밤 (#6) -머리 완전 박살 난 처참한 바름.

기자들 우르르 안에 들어가며 "경과 브리핑한대!" 홍주, 벌떡 일어나 뛰어 들어가는.

S#18   무진산/ 밤

난감한 표정으로 어딘가 보는 호남과 무치, 삽으로 열심히 땅 파고 있는 두석처. 그

때 허겁지겁 달려와 확 삽 뺏는 두석.

두석처   (두석 보며) 줘! 줘! 우리 애기 우리 애기‥

두석   (버럭) 그만해! 제발 그만 좀 하라고! 언제까지 대한민국 산이란 산은 다
          파고 다닐 건데.

두석처   (화내는 두석 보고 울먹) 우리 애기. 우리 애기. (두석 손에 삽 뺏으려는)

두석   (삽 집어 던지며) 제발! 제발 좀 그만해! 당신 눈으로 똑똑히 현수 시체 봤
          잖아‥ 우리 손으로 직접 묻었잖아!!! 현석이 옆에 있잖아!!!

두석처   아냐 아냐!! 우리 애기 찾아야 해‥ (삽 주워들어 다시 땅 파는)

두석   제발. 제발 정신 좀 차려 제발. (꽉 끌어안는)

무치와 현장에 있는 일동, 그 모습 말없이 바라보는데‥ 무치 핸드폰 울린다.

무치   (한쪽으로 가서 받는) 수술 끝났어요? (긴장하는) 어떻게 됐어요?

S#19   무진병원- 로비/ 밤

다급히 뛰어오는 봉이. 기자들에 둘러싸여 있는 병원장과 수술 집도의들, 수술 경과
발표 중이다. 기자들 뒤쪽에 홍주도 서 있다.

요한집도의 성요한의 수술은 잘됐습니다. 장기손상이 심한 부위는 절제했으며, 오염
          부위를 제거하기 위한 복강세척과 괴사조직 제거 등을 진행했습니다. 피
          격 당시 대량출혈로 장기간 쇼크 상태에 빠졌기 때문에 의식이 돌아오는
          데는 상당한 시간이 필요할 것입니다.

양기자   정바름 순경 상태는 어떻습니까?

박민준   뇌압 상승으로 인한 뇌허혈로 전두엽, 측두엽이 크게 손상된 상태입니
          다. 뇌압이 계속 상승하고 있어 뇌탈출이 우려되어 응급 수술 들어갔습니
          다만, 뇌출혈이 심해서 수술 계속 강행하면 테이블 데스 가능성이 높았
          습니다. 우선 일부 지혈하고 일부 손상된 뇌는 남겨두고 수술 중단했습니
          다. 중환자실에서 약물치료하고 뇌부종이 조금 가라앉으면 호전될 때

2차 수술 고려 해봐야 하는 상황입니다.

인서트/ 거리, 찜질방 등등/ 뉴스 화면 보며 탄식하는 시민들

봉이   (입술 잘근 깨무는) 그 새끼가 살아‥? 오빠 죽어 가는데‥?

S#20   무진병원- 요한의 집중치료실 밖/ 낮

삼엄한 경계 속, 경찰들 지키고 서 있다. 경찰들 뒤 창문 너머 배에 붕대 칭칭 감은 채 호스 꽂고 힘겹게 호흡하는 요한 모습 보고 있는 홍주, 복잡한 표정이다.

플래시 컷/ 무치 "당신 아들이 내리친 망치에 뇌가 다 박살나서 죽는대! 그런데도 당신 아들이 불쌍해!! 어!!" (#8)

홍주   (원망스럽게 바라보며/E) 살인마 아들이란 이유만으로 고통 받는 니가 안
            쓰러웠어. 널 볼 때마다 날 많이 닮았다고 생각해서‥ 그래서 널… 니가
            한 짓‥ 죽어서도 구원받지 못할 거야. (결심 굳힌 표정으로) 이게 내가 널
            위해 해줄 수 있는 최선이야‥ 성요한!

S#21   무진병원- 로비/ 밤

현관 향해 걸어가는 홍주 위로.

앵커   (E) 김한국 군의 수색에 진척이 없는 가운데, 정바름 순경의 상태가 위중
            해져 수술을 중단했다는 소식까지 전해졌습니다. 이번 사태를 두고 정부
            를 향한 국민들의 비난이 강하게 쏟아지고 있습니다.

홍주, TV 보면 화면에 청와대 앞 피켓 들고 선 한국母 〈대통령님. 제발 우리 한국이 찾아주세요!〉 보이고/ 시위하는 시민들 '무고한 시민이 참혹하게 살해당하고, 경찰

의 뇌가 터지고 한국이가 돌아오지 못하는 동안, 정부는 무얼 하고 있었는가!'

앵커   (E) 리얼미터 여론조사 결과 대통령의 국정수행 지지율이 지난달 대비,
              40%나 급락했습니다.

S#22   청와대 비서실장실/ 낮

(E)   무진 연쇄살인사건의 대처 방식이 부정평가의 큰 원인으로 꼽히면서 여
              당의 지지율도 역사상 최악을 기록하고 있습니다.

뉴스 보고 있는 비서실장 최영신의 알 수 없는 표정.

S#23   숲 입구 + 숲 속/ 낮

차에서 내린 홍주. 숲 쪽 바라보는 눈에 고통스러움 역력한. 이윽고 결심한 듯 주먹
꽉 쥐고 숲 안으로 걸어 들어간다.

S#24   실내/ 낮

육중한 철문 열고 들어오는 홍주, 순간 코를 찌르는 쾌쾌하고 역한 냄새, 코 틀어막
는. 실내 온통 거미줄 천지에 먼지 가득 쌓여있고 오랜 세월 사람의 흔적 없다. 고통
스러운 표정의 홍주. 가빠지는 호흡 진정시키고, 핸드폰으로 손전등 켜고 주변 벽
비추면 불빛에 뭔가 스치는‥ 유리관들 슬몃 보인다. 옆에 손전등 비추면 구석에 놓
인 선반, 다가가 서랍 열면 안에 먼지 수북이 쌓인 오래된 비디오테이프 들어있다.

S#25   청와대 비서실장실/ 낮

앵커   (E) 대선을 1년 앞둔 지금, 레임덕현상이 가속화되는 가운데, 여당의 장기집권이 유지될지, 오랜 숙원인 야당의 정권 탈환이 이뤄질지….

TV 보고 있는 비서실장. 노크 소리 들리고 문 열린다.

비서관   실장님 앞으로 퀵이 도착했습니다.
최영신   누가 보냈는데?
비서관   그게 발신인이 없어서‥

영신, 가져오란 손짓. 비서관 봉투 주면 뜯어보는데. USB-비디오테이프(#24)-다.

S#26   무진병원- 집중 치료실 밖/ 밤

바름의 침상 나오면, 동구 벌떡 일어서고, 이모와 이모부 다급히 달려오는.

동구   왜요?
바름   이모수술 한 번 더 시도해본대. (이모부와 침상 따라가면)
동구   (두리번거리며) 근데 봉이 앤 어디 간 거야?

S#27   무진병원- 요한의 집중치료실 앞/ 밤

"우리 애 어딨는지 물어봐야 해! 놔!!" 들어가려 난리 치는 한국母와 경찰 실랑이가 한창이다. 경찰들 한국母 데리고 가는 동안, 봉이. 슬쩍 병실 안으로 들어가는.

S#28   무진병원- 요한의 집중치료실 안/ 밤

어두운 병실. 온몸에 기계 장치 달린 채, 힘겹게 호흡 유지하고 있는(이불 덮인*) 요한. 그 앞에 서는 봉이. 독기어린 눈으로 요한 바라보는.

플래시 컷/ 골목입구 뚱보만물상 앞/ 밤(4부 #14) 할머니의 시신
바름의 집 옥상/ 밤(7부 #3) 머리가 함몰된 채 망가진 바름

봉이   (눈에 독기 어린) 죽어! 이 새끼야!!!!

팔꿈치로 밀어 요한 입에서 호흡기 떼어내고, 베개 힘겹게 빼 요한 얼굴에 덮는다.
봉이, 팔꿈치에 온 몸의 힘을 실어 베개 꽈악 누르는!

S#29   무진병원- 로비/ 밤

병원장   (카메라 플래시 세례 받으며 브리핑하는) 정바름 순경의 뇌 부기가 조금 가라
                앉았습니다. 그래서 신경외과 의료진들과 회의 끝에 다시 한 번 수술을
                시도해 보기로 결정했습니다.

인서트/ 거리, 식당 등등 화면 속 병원장 발표 간절하게 지켜보는 시민들 위로.

집도의   (E) 메스!!!

S#30   무진병원- 수술실/ 밤

메스 잡은 수술용 장갑 낀 손. 바름의 꿰매진 머리에 메스대는··

인서트/ 병원 로비/ 로비를 가득 메운 바름의 쾌유를 위한 꽃다발 등··
현관 밖/ 바름을 위해 기도하는 시민들

바름의 머리 열고 뇌수술 진행되는·· (타이트한 모습만 보여줄 것!)

S#31   무진병원- 로비/ 낮

기자들 여기저기 앉아서 꾸벅꾸벅 졸며 대기 중이고 어느새 창밖 날 밝은.
시계 오전 11시를 넘긴다. 그때 병원장과 집도의, (수술복 차림의) 박민준 나온다.

박민준   (살짝 긴장한 표정으로 브리핑하는) 수술은 성공적으로 끝났습니다. 환자의
         경우 두개골골절로 인한 일차적인 뇌손상뿐만 아니라 뇌압상승으로 인
         해 이차 손상까지 발생한 심각한 상황이었습니다.
홍주   (한쪽에서 심각한 얼굴로 듣고 있고. 그 위로)
박민준   (E) 수술 후 감염이 발생하지 않도록 주의하면서, 뇌압강하제를 투여하
         여 뇌압을 적절히 낮추는데 성공했습니다. 덕분에 골절로 손상된 전두엽
         와 측두엽 쪽 수술도 무사히 마쳤고, 환자 상태가 안정되면 한두 차례 수
         술을 더 해야 하겠습니다. 수술 후 경과는 앞으로도 지켜봐야합니다. 이
         상입니다.
병원장   이제 저희 의료진의 손은 떠났습니다. 국민 여러분의 간절한 기도가 필
         요한 때입니다. (하는데 직원 급히 다가와 귓속말하자 놀란 표정 짓는)
기자들   뭡니까?/ 수술이 잘못됐습니까?/ 정바름 순경 위독합니까?
병원장   아. 그게 아니라 성요한 환자가…

인서트/ 집중치료실-천 거두면, 사망한 요한 얼굴. (*가르마 다르게 혹은 유사 가발) 통
곡하며 끌어안는 지은 위로‥

병원장   (E) 성요한 사망의 직접사인은 급성 패혈성 쇼크사입니다.
/병원장 선행된 수술 도중, 오염 부위를 최대한 제거했지만 남아있던 복강 내 감
         염으로 인한 쇼크사로 추정됩니다.

S#32   몽타주/ 낮

거리 전광판/ 성요한 급성 패혈증으로 사망 속보 뜨고 사람들 보고 있는.
수색 현장/무치 (전화기 집어 던지며) 한국이 어딨는지 알려주고나 디지든가!!!!
로비/ 요한 사망 속보 보고 있는 봉이. 표정 읽을 수 없는‥
병실/ 머리에 붕대 칭칭 감은 채 의식 없는 바름 위로

기자   (E) 세 차례에 걸쳐 대수술을 받은 정바름 순경의 의식이, 열흘이 지나도
             록 돌아오지 않아 전 국민의 안타까움을 사고 있습니다. 모두가 한마음
             으로 정순경이 깨어나길 간절하게 기도하며‥

병실 앞/ 꽃다발 계속 쌓이고, 쪽지들 잔뜩 붙어있다. 깨어나 주세요…
화장터/ 불타는 요한의 관. 그 모습 퀭한 눈빛으로 멍하니 바라보는 지은.

S#33   무진병원- 바름 병실/ 낮

창가에 새장 달고 있는 남자간호사. 보고 있는 봉이.

간호사   원래 병실에 동물은 절대 안 되는데 원장님께서 정바름 순경이라 특별히
            허락해 주신 거예요. (웃고 나가면)
봉이   감사합니다. (의식 없는 바름에게 다가가) 오빠… 어벙이 소리 들리지? 오빠
            빨리 일어나라고 하잖아‥ 어벙이 소리 듣고 후딱 일어나. 어?
바름   (의식 없는)
봉이   (바름 앞에 앉아 붕대 감은 두 손 모아 기도하는) 할머니‥ 바름오빠 살려줘‥
            제발‥ 할머니가 하느님한테 빽 좀 써줘‥ 어? 할머니 제발…

S#34   무진병원- 바름 병실 앞/ 해 질 무렵

회복실로 들어가려던 무치, 바름 앞 쭈그려 앉아 기도하는 봉이 보고 속상한.

S#35   무진병원- 응급실/ 해 질 무렵

봉이 억지로 침대에 눕히는 무치. 그 옆에 간호사 링거 들고 서 있는.

봉이   (눕지 않으려고 버티는) 난 괜찮다니까요.

무치	(버럭!) 괜찮긴 뭐가 괜찮아. 인마. 니 꼴 좀 봐. 너 금방 쓰러질 거 같다고.
봉이	나 쓰러지는 게 뭐 대수예요? 바름오빠 나 땜에‥ (말 잇지 못하고 울먹)
무치	(그런 봉이 보다, 봉이 앞에 앉아 눈 똑바로 쳐다보며) 너 때문 아냐‥ 그니까 죄책감 갖지 마‥ 그리고 수술 잘 됐다잖아. 곧 일어날 거야.
봉이	(그런 무치 물끄러미 보다, 시키는 대로 눕는다)
간호사	(봉이 팔에 링거주사 꽂는)
무치	(지켜보다가 간호사 가면) 한숨 푹 자… 아무 생각 말고…
봉이	(끄덕이고 눈 감는)
무치	(그런 봉이 짠하게 보다 돌아서 나가는데)
봉이	(E) 고마워요 아저씨‥
무치	(돌아보면)
봉이	아저씨 아니었음 오빠 죽었을 거예요.
무치	…
봉이	그리고… 다시 기운 내주셔서…
무치	(그 말에 씩 웃어주고 나가는)
봉이	(나가는 무치 보다, 이내 눈 감는)

S#36   바닷가 바위 위/ 해 질 무렵 (석양)

바위에 걸터앉아있는 지은. 바다에 요한의 유골가루 뿌리는…

| 지은 | (넋 나간 듯 멍한 얼굴로) 내 죄를 어찌할까… 내 죄를… |

유골가루 둥둥 떠가는 바닷물 서서히 페이드 아웃되고 짹짹 청량한 새소리 들린다.

S#37   무진병원 외경 + 바름의 병실/ 아침
눈꺼풀 들리듯 화면 밝아지면, 천장등 보인다. 머리에 붕대 두른 채, 멍한 표정으로
눈 뜬 바름. 들려오는 새소리에 시선 돌리면, 창가 새장 속 어벙이 보인다.

S#38   무진병원- 응급실/ 아침

뒤척이다 깨는 봉이 핸드폰 시계 보고 헉 놀라 벌떡 일어나 후닥 나가는.

S#39   무진병원- 바름 병실/ 아침

후다닥 병실 문 열고 들어오는 봉이 눈에 열린 창문과 열린 새장 들어온다.

봉이　　　어? 어벙이·· 어디 갔어?

창문 쪽 달려가 밖 내려 보면. 창 아래 화단, 아이들 모여 있다. 뭔가 싶어 보는데,

바름　　　(E) 여기가 어디죠··?
봉이　　　(돌아보면 바름 앉아있다 헉!) 오빠!!!! (달려가 바름 끌어안으며) 오빠!!!
바름　　　(봉이 떼어내며) 누구·· 세요?
봉이　　　(놀라 보는) 오·· 빠··?

〈시간 경과〉 동공에 비추는 불빛. 바름 눈 깜빡이는·· 박민준, 플래시로 바름 눈동자 비추다가 거둔다. 그 옆, 바름 이모부부, 동구, 봉이 긴장한 눈으로 보고 있다.

박민준　　(손가락 접으며) 이게 몇 개죠?
바름　　　두 개요.
박민준　　(손바닥 펴며) 이거 더하기 이거는요?
바름　　　열 개.
박민준　　(볼펜 보여주며) 이건 뭐예요?
바름　　　볼펜…
일동　　　(안심하는)
박민준　　이름이 뭐죠?
바름　　　··
일동　　　(순간 긴장하는)

박민준	나이는요?
바름	(잠시 생각하다 고개 젓는)
박민준	(이모 가리키며) 이 사람 누구예요?
바름	(물끄러미 보다가 모르겠다는 표정 짓는)

S#40   무진병원- 뇌신경센터장실/ 낮

바름	이모(불안한) 애가 왜 아무것도 기억을 못 하죠?
박민준	(뇌 사진 보면서) 수술은 아주 성공적으로 잘 됐고·· 보기엔 별 이상이 없는데·· 언어중추 쪽에도 이상 없고·· 연산 작용도 문제없고··
동구	(답답한) 근데 왜 우릴 기억 못 해요?
박민준	부상 부위가 전두엽과 측두엽 쪽인데·· 측두엽 바로 안쪽에 해마가 있어요 이 해마를 건드렸으면, 기억장애가 생길 수도 있고··
이모,동구	(걱정스러운)
박민준	자신에 관련된 건 기억 못 하지만 일상적인 건 다 인지하는 걸로 봐선··· 해마 손상보다는···.

인서트/ 초점 없이 멍한 표정으로 창밖 바라보고 있는 바름. 그 위로

박민준	(E) 수술로 인한 일시적 쇼크 때문인 것 같습니다. 뇌수술이란 게 워낙 대수술이라 뇌가 정상적으로 기능하기엔 아직 무리가 있을 수 있습니다. 경과를 지켜보시죠. 차차 나아질 겁니다.

S#41   무진병원- 바름 병실/ 낮

봉이	(창밖만 보는 바름 보며) 나 정말 기억 안 나? 아무 것도··?
바름	(E/봉이 돌아보고는) 누구·· 지··? (경계의 눈빛으로 보는)
봉이	(그런 바름 눈빛 낯설고 섭섭한) 그런 낯선 눈빛 하지 마. 오빠가 나한테 얼마나 다정하고··· 친절한 사람이었는데···.

바름	피곤해요. 나 좀 잘래요. (누워서 등 돌린 채 눈 감아버리는)
봉이	(그런 바름 속상하게 바라보는 위로)

S#42   구동 골목/ 밤 - 봉이의 회상/ 낮 (6부 #97에 이어)

봉이	(바름 등에 업힌 채) 오빠…
바름	응?
봉이	(잠시 망설이다) 아냐 (등에 얼굴 묻는데)
바름	(E) 나한테 시집올래? 봉이야?
봉이	(놀라 눈 번쩍 뜨는)
바름	졸업하면, 오빠한테 시집와라. 내가 우리 봉이 행복하게 해줄게.

너무 좋아 입술 꽉 깨물고 바름 뒷모습 보다, 이내 등에 얼굴 묻는.

S#43   무진병원- 바름 병실/ 낮

어느새 쌕쌕거리며 잠든 바름을 슬픈 눈빛으로 바라보는 봉이.

봉이	(잠든 바름 보며) 오빠… 나한테 약속한 말 꼭 기억해내야 돼. 꼭….

S#44   무진병원 현관 앞/ 낮

기자들과 꽃다발 선물 피켓 등 시민들 모여 있다. 기자 그 앞에서 리포팅하는

기자	연쇄살인마와 싸우다 중상을 입고 세 차례의 뇌수술을 받은 정바름 순경의 퇴원을 축하하기 위해 병원 앞은 전국에서 모여든 시민들로 인산인해를…

머리에 붕대 감은 바름, 동구와 이모 부축 받으며 나오면. 인터뷰하려는 기자들과

선물, 꽃다발 전달하려는 시민들 몰려들며 순식간에 아수라장 되고. 그 안에 갇혀 꼼짝 못 하고 당황하는 바름 위로 터지는 플래시 세례들!

S#45   바름집- 거실/ 낮

이모, 부축 받으며 들어오는 바름.

바름이모   쉬고 있어. 죽 좀 끓일게. (짐 놓고 바로 주방으로 가는)

소파에 앉는 바름. 집이 낯선지 두리번거리다 장식장에 놓여있는 상패와 사진들 보고 일어나 장식장 앞으로 가서는, 치국과 찍은 사진과 그 옆 상패 보인다.

바름   (상패에 쓰여 있는 시민영웅상 글씨 보고 안심하는) 전 좋은 사람인가 봐요.
바름이모   (미소 짓는) 말이라고. 넌 어릴 때부터 사고 한번 안 치고 자란 바른 생활
           아이였단다. 지금도 그렇고 바름아. 넌 정말 착하고 정의로운 사람이야.
바름   (그 말에 기분 좋은) 다행이네요 (하다 그 옆 사진 액자 보는데)

배냇저고리 입은 갓난아기(바름) 안고 있는 희정 (바름母)

바름이모   (전복 썰다, 액자 들고 있는 바름 보며) 니 백일 사진이야.
바름   (그 말에 사진 속 희정 보며) 엄만‥ 어디 계세요?
바름이모   (속상한 얼굴로) 너 어릴 때 빗길 사고로 돌아가셨어‥
바름   아… 그래서 이모가… (한숨 내쉬며) 어떻게 하나도 기억이 안 나죠?
바름이모   큰 수술을 몇 차례나 해서 그런 거래. 의사 선생님이 걱정 말래. 천천히
           돌아올 거라니까 너무 조바심 내지 말고‥ 푹 쉬면 괜찮아질 거야….
바름   (끄덕이며 액자 다시 장식장에 올려놓는)
바름이모   (다시 칼질하며) 그나저나 이사 서두르자. 안 그래도 재개발 땜에 집 비웠
           어야 했는데…. 이 끔찍한 집에, 더는 너 혼자 두고 싶지 않구나….
바름   (끄덕이며 액자 속 희정과 갓난쟁이 자신의 사진 다시 들여다보는)

S#46   무진 지방경찰청 징계위원회 사무실 앞/ 낮

무치와 신형사 정복 차림으로 대기 중이고.

호남	무조건 오발이라고 해. 알았지? 다리를 겨냥 했는데 잘못 맞은 거라고.
무치	‥
호남	그리고 넌 한국이만 한 조카가 있어서 조카 생각나서 그런 거라고 하고
신형사	(해 맑게) 저 조카 없는데요. 저 외동이에요. 10년 만에 가진 귀한 외동.
호남	그냥 있다 그래. 새꺄!! 그래야 징계 안 먹을 거 아냐!! 임마. (신형사 보고) 저 사고뭉치가 시킨다고 그걸 또 같이하고 앉았냐! 으이그 콱씨! 아빠 빽 믿고 까불지‥ (하는데)
간사	(문 열고) 들어오세요.

S#47   무진청- 징계위원회 사무실 안/ 낮

무치, 회의실 중앙에 정복 차림으로 서 있다. 뒤쪽 의자에 호남 안절부절 앉아있다.
회의 테이블에는 위원장(총경)을 중심으로 옆에 감찰계장 양쪽으로 마약 폭력 등 각
부서 계장 등 앉아있다. 맨 끝자리에 두석도 앉아있다.

신형사	(시킨 대로) 그게… 한국이만 한 조카가 있어서 조카 생각나서 그런 겁니다‥
폭력	(무치 보며) 고무치 경사. 왜 범인의 다리부터 쏘지 않았습니까? 공포탄 경고 후, 하반신 겨냥 총기 사용 수칙 모릅니까?
무치	‥
호남	(대답 안 하자 조바심 나는. 일어나) 경찰을 둔기로 내리치고 있는 상황에 총기 사용 수칙을 지켰다간, 지금 정바름 순경 살아있지 못합니다.
폭력	(편드는 호남 맘에 안 드는) 직접 애기하세요. 고무치 경사.
무치	‥
두석	(역시 편드는) 오발인 거죠? 다리를 겨냥한 건데 잘못 맞은 거죠?
무치	(똑바로 보며) 아닙니다. 오발! 그 새끼 죽이고 싶어서 정조준해서 쐈습니다. 그러니까 살인죄로 수사해주십시오.

일동	(웅성거리는)
호남	저, 저 미친 새끼!! (뒷목 잡는)
두석	(말없이 보는)

S#48 무진청- 징계위원회 사무실 밖/ 낮

문밖 의자에 정자세로 앉아있는 무치와 눈치 보는 신형사. 문 열리고 간사 나온다.

S#49 무진청- 징계위원회 사무실 안/ 낮

들어오면 모두 제자리에 앉은 채 무치 본다. 무치, 신형사 중앙에 와 선다.

간사	고무치 경사의 징계위원회 결과를 알려드리겠습니다.
무치	…
간사	긴급한 상황에서 피해자를 구하기 위해 총기를 사용하였기에 혐의없음으로 결론 났습니다.
무치	(버럭) 뭔 개소리야. 작정하고 쐈다고! 사람을 죽였다고. 얼른 나 깜빵에 처넣으라고!!! (임원들 앞으로 가서) 못 알아들어? 내가 사람을 죽였다잖아!!!!
호남	(놀라 무치 잡는) 미쳤어? 고무치!
신형사	(역시 말리며) 선배님!!
간사	(무시하고) 고무치 경사. 정직 1년. 감봉 6개월. 이상! 징계위원회를 해산한다. 그리고 신상 경장은 감봉 2개월··
무치	(뿌리치고 총경 앞으로 가) 사람을 죽였다구요. 제발 처넣어달라구요!
다른 팀장들	(달려와) 뭐 하는 거야. 고무치!!! (하며 잡는데)
무치	나 잡아넣으라고! 그 새끼 있는 구치소로 보내 달라고·· 으아아악!!!
두석	(그 모습 안쓰러운 눈빛으로 바라보는)
다른 팀장들	근데 이 새끼가! (무치 멱살 격하게 잡는데)
신형사	(윽!) 놔요. 지금 고선배님 제정신 아니라 그래요 그러다 다쳐요. 놓으라

고오! (다른 팀장들 떼어 내다 무치 뿌리치는 바람에 얼결에 총경 얼굴 퍽 치는 욱 얼굴 잡는 총경 코피 터지자 나지막이) 아이고 아부지….

S#50   산부인과 건물 앞 + 수술실/ 낮

산부인과 간판 앞에 서 있는 홍주, 자신의 배에 손 올리며

홍주   미안하다. 아가…. (이윽고, 결심한 듯 들어가면)

수술실/ 분주하게 수술 준비하는 간호사들, 수술대 위에 다리 올리고 누운 홍주. 팔에는 수액 주사 달고 있다. 의사, 수술대 앞에 서면.

간호사   최홍주님 마취제 투여하겠습니다.

홍주, 눈 질끈 감으면 눈물 한 방울 뚝 떨어지는데‥

S#51   무진청- 브리핑실/ 낮

호남 수사 종결발표 브리핑 중이다. 그 위로 연신 카메라 플래시 터지고….

호남   성요한 자택 지하실에서 두 번째 피해자 변순영의 시체 사진이 발견 됐습니다. 또한 피해자들의 사망 추정 시각에 성요한의 핸드폰 기지국 위치가 사건 현장 인근으로 특정됐습니다.

S#52   바름의 집- 욕실/ 낮

거울 앞에 서 있는 바름. 모자 벗으면 흉측한 뇌수술 흉터 보이고. 흉터 찬찬히 살펴보는 바름 얼굴 위로.

호남	(E) 목격자인 정바름 순경과 A양을 집까지 쫓아가 살해하려던 정황증거 까지 더해져 성요한을 총 7명을 살해한 무진 연쇄살인사건의 진범으로 확정하였습니다.
동구	(E) 바름아!
바름	어. 나가. (모자 쓰고 나가는)

S#53   바름의 집 마당 + 뒷마당/ 낮

바름, 나오면. 이삿짐센터 직원들 짐 나르느라 한창이다. 같이 정리하던 동구,

동구	(마당 정리하며) 이건 버린다.
바름	응.
동구	(바름의 책들 든 박스에서 공무원시험 교재 꺼내며) 이건 내가 가져갈게.
바름	(보면)
동구	이건 과목이 겹쳐서·· (하다) 나 다시 교정공무원 시험 준비하기로 했어.
바름	교도관?
동구	응. 치국이한테 가서 약속했거든. 나중에 치국이 깨면, 꼭 같이 근무할려고!
바름	치국이··· (잘 기억 안 나는)
동구	(그런 바름 보며 한숨) 치국이랑 너랑 나랑 셋이서 삼총사였어, 임마···.
바름	아··
동구	(후 한숨) 뒷마당에 혹시 챙길 물건 있나 살펴봐. (하곤 박스 든 이삿짐센터 팀장 우재필 보며) 거기 박스는 버릴 거니까 싣지 마시고 밖에 내놔주세요.
재필	알겠습니다. (들고 있던 박스 물건 들고 가는)

뒷마당 둘러보는 바름. 마당 한쪽에 대형 화분 놓여있다. 바름, 화분 보는데·· 순간 밀려오는 심한 두통·· 으윽 머리 잡는 순간 파바박!!!

플래시 컷/바름의 집 뒷마당/ 밤 (6부 #107) 마주 보고 대치하듯 선 바름과 요한.

바름	(관자놀이 누르며 두통 가라앉길 기다리는데)
재필	(E) 이것도 실어요?
바름	(고개 들어 보면 이삿짐센터 복장의 재필 서 있다) 그냥 두세요.
재필	네. 그럼 다 실었습니다. 나오세요, 출발해야 하니까. (가는)

바름, 가다 문득 화분 돌아보는‥ 괜히 기분 안 좋은‥ 돌아서 가는 위로…

호남	(E) 그러나 성요한이 사망하였기에 공소권 없음으로 사건을 검찰에 송치 할 예정입니다. 사건송치 후에도 김한국 군 수색은 계속될 것입니다.

S#54   바름의 집 대문 앞 + 이모 차 안/ 낮

재필, 운전석에 앉아있고, 이모 차 타는 바름. 재필, 이삿짐 트럭 출발하면 뒤따르는 이모 차. 바름, 멍하니 창밖 바라보는데, 멀리서 자신을 바라보는 봉이 보인다. 바름, 그런 봉이 무심하게 바라보다, 고개 돌리는.

S#55   구동 골목길 + 외경/ 낮

그 모습 보고 있는 봉이. 멀어지는 바름 탄 차 슬픈 눈빛으로 바라보다 목에 걸고 있 는 아이스플라워 펜던트(6부 #99) 툭 잡아 뜯는. 줄 뜯어진 펜던트 슬프게 바라보던 봉이, 속상한 듯 주머니에 쑤셔 넣는다. 화면 서서히 텅 빈 재개발마을 구동 부감 샷 으로 페이드 아웃되고 암전.

앵커	(E) 주취 감형이 인정돼 10년 형을 선고받고 복역 중이던 강덕수의 출소가 하루 앞으로 다가왔습니다. 경찰은 만일의 사태에 대비, 치안에 만반의…

S#56   교도소 앞/ 새벽 (다음 날)

화면 밝아지면 기자들과 시위대 바글바글 몰려있고, 차에서 내리는 무치 두리번거린다. 시위 중인 인파들. 사이 두리번거리는데·· 저만치 교복 차림의 여고생 뒷모습.

무치   (후다닥 달려가 팔 잡아채며) 오봉이!
여중생   (돌아보는데 봉이가 아니다)
무치   아, 미안. (다시 시위대 인파들 사이로 두리번거리지만, 봉이 모습은 보이지 않는) 그나마 다행이네. 여긴 안 온 거 같아서··

그때, 무치 등 뒤로 교도소 문 열리는 소리 돌아보면, 재소자들 나온다. 우르르 몰려가는 기자들·· 이윽고 강덕수 나오자, 시위대 격렬해지고·· 당황한 듯 한 강덕수. 경찰들 호위 아래, 빠져나오던 덕수 시선 느끼고 돌아보면 무치, 노려보고 서 있다.

강덕수   (무치에게 다가와) 고순경님?
무치   (노려보며) 기억력 좋네. 그래 나다. 니 잡아 처넣은 장본인.
강덕수   여기까진 웬일로?
무치   경고하러 왔다. 한 번만 더 그따위 짓거리하면 넌 그때 내 손에 디진다고
강덕수   죄송합니다. 평생 속죄하며 살겠습니다.
무치   나 지금 누구 하나 죽일라고 눈깔에 레이다 달았다. 어? 내 말 명심해라!
강덕수   네. (꾸벅 인사하며) 정말 열심히 살겠습니다. (경찰들 보호받으며 가는)

관용차량에 타는 덕수 떠나면 우르르 따라가는 기자&시위대. 혼자 남은 무치.

무치   (후 한숨 내쉬며) 그나저나 대체 어디로 사라진 거야·· 오봉이··
혼자 남은 무치 모습 F.O되며… (E) 오늘부터 제 *대 대통령 선거 공식 선거운동이 시작됩니다.

S#57   누군가의 차 안/ 밤

화면 밝아지면, "여당인 국선당 이경선 후보가 압도적 지지를 얻고 있어 싱거운 대선전이 펼쳐질 것으로" 라디오에서 들리는 뉴스, 버튼 끄는 사내 손. 차창 문 내리면 젊

은 여자(강민주), 반가운 표정으로 차 쪽으로 걸어오면서 서서히 암전된다.

(E)   찐찐찐찐 찐이야. 완전 찐이야 ~

S#58   무치의 집/ 아침

'이경선이 완전 찐이야~ 기호 1번이 완전 찐이야 ~ !!!' 밖에서 들리는 유세 차량 소리
에 귀 막으며 이불 속으로 파고들던 무치, 이불 발로 차며 벌떡 일어나 앉는다.

무치   (창문 확 열어젖히고) 야! 잠 좀 자자. 잠 좀. 꼭두새벽부터 지랄들이야 지
       랄들!!!! 암만 떠들어봐라. 사형 부활시키는 후보 찍어줄 거야 나는!!!!

하는데 어디선가 들리는 핸드폰 소리, 이불 들추며 주섬주섬 핸드폰 찾는다.

무치   (겨우 찾아 받는) 여보세요··
호남   (F) 1년 동안 푹 쉬었지? 너 발령 났다.
무치   (반색하는) 어디로요?

S#59   평안 파출소 안/ 아침

신형사   (달력에 빨간 동그라미) 이야 이런 데 짱 박혀 있느라 수고했다 신형사 (하
        며 자신 칭찬하다 생각할수록 열 받는) 밴댕이들! 고의로 그런 것도 아니고
        총경 틱 쪼가리 고거 하나 날렸다고 1년씩이나 이런 데다 귀양을 보내냐!
        암튼 이제 강력 팀으로 돌아가면 근무복 안 입어도 되고… (하는데)
바름   (E) 오늘부터 평안파출소 근무를 명받은 순경 정바름입니다.

닫힌 유리문 뒤로 기자들 웅성대고, 문 앞에 서서 경례하는 바름, 씩 웃는다.

신형사   (격하게 반기는) 오! 정순경~ 내 후임으로 발령 났단 소식은 들었어. 반가워

바름	(신형사가 내민 손, 두 손으로 공손하게 잡으며) 잘 부탁드리겠습니다.
파출소장	아이고 우리 평안파출소의 얼굴 정순경 왔는가? (밖에 기자들 의식하며) 남순경~ 뭐해? 얼른 갖고 오지 않고·· (바름 보며) 전 국민이 응원한 거 알지? 적응기간이다 생각하고 무리하지 말고·· 알았지?
바름	(긴장한 자세로) 네! 열심히 하겠습니다.
파출소장	열심히 하지 말라니까 그러네·· (잔 받으며) 이거 한잔하고 있어. 총명탕이야. (밖에서 찍고 있는 카메라 의식하며 방긋)
바름	아 네 감사합니다. (한 모금 마시면 계속 밖에서는 카메라 플래시)
신형사	따라와. 정순경. 인수인계할 게 한두 개가 아니니까. (하는데)
파출소장	(잔 내려놓고 신형사 따라가려던 바름 억지로 앉히며) 아냐 아냐, 쉬어 쉬어.
신형사	왜요? 저도 빨리 인수인계해야… (하다 소장에게 구석으로 끌려가는)
파출소장	(신형사와 남순경 세워두고) 위에서 지침 내려왔어. (바름 슬쩍 보며) 저거 아직 정상 아니래. 더 쉬어야 하는데…
신형사	에? 다 나은 거 아니었어요? 근데 왜 복직시켰어요?
파출소장	대선 얼마 안 남았잖아. 전 국민이 정바름 살아나길 얼마나 바랬어? 그 정바름이 무사히 복직하고, 순경 생활 잘하는 거 보여주면, 여당 후보 지지율 더 팍팍 올라갈 거고, 굳히기 들어가는 거지·· (눈치 보며) 신형사한텐 미안한 말이지만….
신형사	(바름 꼴 보기 싫은) 그래서요? 뭐 어쩌라구요?
파출소장	무리했다가 아프거나 문제 생김 안 되니까 일시키지 말고 냅두라고. 그냥 뭘 하든 냅둬. 집에 가고 싶다면 보내고, 출근 안하면 그런가보다 하고 어?
신형사	아이고 상전 나셨네. 남순경만 개고생 하겠네. (차 홀짝홀짝 마시는 바름 띠껍게 보며) 쳇! 국민 아들 빽 쎄네.

S#60   순찰차 안/ 낮

보조석에 앉은 바름, 뚱한 표정으로 운전석에 앉아있는 신형사.

신형사	기억은? 다 돌아온 거야?
바름	아. 그게… 좀 끊어진 기억들이 있긴 하지만 뭐 거의 대부분 돌아왔어요.
신형사	그래? 그럼 고선배도 기억하겠네?
바름	아·· 그게 (우물쭈물) 동구한테 얘긴 많이 들었는데…아직은….

신형사   고선배도 기억 안 나? 하아‥ 얘 진짜 아직 정상이 아니네.

바름   에?

신형사   어? 아냐. 이 동네 산다며?

바름   네. 이모 집 근처로 옮기자고 해서‥ 그나저나 제가 복직을 너무 서두른 게 아닌가 싶긴 합니다. 잘 해내야 하는데 괜히 민폐라도 끼칠까봐‥

신형사   (가시 돋친) 그러게. 민폐네. 나야 떠나면 그만이지만 참 남겨진 남순경이 고생 좀 하겠네 (하는데)

바름   잠시만요!

신형사   (차 세우면)

바름   (내려서 담벼락 앞으로 다가가면 대선 후보들 벽보 사진들 붙어있는) 누가 이런 짓을 한 거야.

대선후보 벽보 기호 순서대로 붙어있고 맨 마지막 무소속 신성민 얼굴 위에 꼴찌! 머리에 땜빵. 코에 콧물 등 우스꽝스럽게 낙서 돼 있는.

신형사   (그 모습에 속상한) 아씨. 그러게 왜 출마는 해가지고 이런 꼴을 당해.

바름   (차에서 물티슈 가져오더니 낙서 정성스레 닦아내며) 전 이분 찍을 거예요.

신형사   어?

바름   집에 있다 보니, 시간이 많아서 후보들 연설 다 들어보고 공약들도 다 찾아봤거든요. 전 이 분이 제일 진정성 있고, 우리나라 미래에 대한 확고한 플랜이 있는 분이라 생각해요. 존경스러워요.

신형사   (순간 울컥! 와락 끌어안는) 고마워! 정순경!

정순경   (당황) 왜 이러세요? (하는데 길 건너 은행에서 나오는 여자, 옆으로 지나치는 오토바이 여자 백 냅다 채가는) 어? 저기?

신형사   아씨 저 새끼 또 지랄이네. 차에 들어가 있어. (뛰어가는)

S#61   인근 거리/ 낮

소매치기 약 올리듯 속도 내 달아나고 쫓아 뛰는 신형사. 헉헉거리는데… 순간 자기
앞지르는 누군가 보면 전속력으로 소매치기 쫓는 바름.

신형사   어? 저 정순경! 안돼 안돼! 뇌 흔들려. 뛰지 마!! (하다) 어? 겁나 빠르네‥
바름   (어느새 소매치기 옆에서 같이 뛰며) 그만 뛰시죠. 수갑 채워야 하니까요.
소매치기 (헉!) 엄마야… (후다닥 옆길로 튀어 가는)

S#62 하천 길/ 낮

소매치기, 길 밖으로 튀어나오며 뒤돌면 무섭게 쫓아오는 바름. "아씨! 우싸인볼트
야 뭐야" 하며 하천으로 뛰어내리는. 첨벙거리며 하천 건너는데 어느새 쫓아온 바
름, 점핑해서 덮치면 도랑물에 빠져 엎치락뒤치락하다 바름, 소매치기 손에 수갑 채
우는데. 소매치기, 으헉!! 벌떡 일어서면. 바름, 수풀 사이 엎드려 죽어있는 눈뜬 여
자 시신 보이고. 약간 부패한 시신, 옷 벗겨진 상태로 허리 뒤로 두 손 밧줄로 묶여있
다. 바름, 그 자리에 서서 시체 보는데 순간적으로 눈빛 빛난다!

바름   (E/흥미로운 표정 지으며) 뭐지… 이 기분은…?

S#63 무진청- 증거보관팀 창고/ 낮

문 앞에 어처구니없는 얼굴로 팔짱 낀 채 서 있는 무치.

두석   (증거자료 분류하며) 거기 서서 뭐해? 할 일이 태산 같은데‥ 일단 저기 보
          이지? 저거부터 싹 다 분류하고 목록 다 만들어.
무치   (기막힌) 지금 저걸 다 나 혼자 정리하라구요?
두석   그럼 여기 너랑 나 말고 또 누가 있어?
무치   아니 이 부서 팀원이 딸랑 둘이에요? 아이고 언제는 법무부가 사활을 걸
          고 대대적으로 창설한다고 그렇게 언론에 대고 떠들어 대더니….
두석   (씁쓸한) 윗대가리들 사건 터지면 수습하느라 대충 뭐 만들어놨다가 여론

잠잠해지면 팽치는 거 몰라?

무치	(짜증스런 표정으로) 차라리 교통과나. 민원실로 가겠습니다. (돌아서 가는)
두석	거기서도 너 안 받는대서 이리 데려온 거야.
무치	참나. 이 고무칠 뭘로 보고.
두석	뭘로 보긴 사고뭉치. 시한폭탄으로 보는 거지! (무시하고) 결론적으로 자넬 데려가겠단 덴 없어. 그러니까 군소리 말고 일해.
무치	그럼 사표 내죠 뭐. (가려는 데)
두석	(E) 아직 할 일 남지 않았어?
무치	(돌아보는) 에?
두석	(손 탈탈 털며 일어나는) 증거보관팀, 이래봬도 총기 지급되는 거 몰라?
무치	에? 내근직인데두요?
두석	누가 내근직이래? 이 안에만 처박혀 증거품 정리만 할 거란 생각 마. 상황에 따라 사건 현장에 직접 증거 수집하러 가야 하니까 특별 지급!
무치	(순간 눈 반짝!)
두석	기회를 잡기에 여기가 더 좋을 수 있어. (가는)
무치	?
두석	(돌아보는) 돌봐야 할 마누라가 있어. 마누라만 아니었음 내가 했을 거야 자네가 하려고 하는 그 일 말야. (돌아서 가는)
무치	(가는 두석 물끄러미 보는)

S#64   하천 밑 (사건 현장)/ 낮

구경꾼들 몰린 채 통제 중인 현장 앞. 폴리스라인 둘러져 있고 그 앞 신형사와 바름 지키고 있다. 안쪽에는 검시팀, 시체 사진 찍고 있고. 강형사 보고 있다.

이형사	(가방 안 보며) 지갑도 없고··· 휴대폰도 없고··· 강도 살인이네요.
바름	(E) 아닌데···
강형사	(돌아보는)
이형사	뭐?
바름	강도로 위장한 건데···

이형사	(꼬운 듯) 너 뭐야? 뭔데 그런 헛소리를 해?
신형사	(바름 편드는) 헛소린지 아닌지 니가 어떻게 알아?
이형사	뭐? 근데 이 자식이. 너 몇 살이야? (신형사랑 한판 붙으려는데)
형사2	여기요! 여기 타이어 자국이 있어요··

뛰어가 타이어 자국 보는 강형사와 이형사, 옆에 끌린 자국 발견하는. 어느새 뒤에 와서 그걸 보는 신형사.

신형사	(신난) 오. 우리 국민 아들, 정순경 말이 맞네.
강형사	(고개 들어 신형사 보면)
신형사	(손으로 바름 부르며) 그렇잖아요. 타이어 자국이 있고 시체가 끌린 자국이 있다는 건, 시체를 차로 옮긴 후에, 여기까지 끌어다 옮겼다는 건데. 세상에 어느 강도가 사람 죽이고 굳이 시체랑 가방을 옮겨요. 그잖아요. 선배님.
이형사	(같잖은 표정으로) 어디서 말 같지도 않은/
강형사	/일리 있어.
이형사	(당황하는) 네?
강형사	소지품이 없어졌지만, 범행도구는 철저히 준비했고···.
신형사	(당황한 이형사 보며 신난)
강형사	강도 살인으로 꾸미기 위해 일부러 핸드폰과 지갑을 가져갔고···.
신형사	그렇죠. 더구나 얼굴을 뒤집어 놓고 죽였다는 건 잘 아는 사람이 저지른 거고 원한 관계나 뭐. 복수 살인이네요.
강형사	(끄덕. 형사1에게) 피해자 신원 확인부터 하고, 주변 관계 다 알아봐.
형사1	알겠습니다. (가는)
바름	(E) 아닌데··
강형사	(보는)
바름	복수 살인도 아니라구요···.
신형사	아니 정순경 (강형사 보고) 아·· 이 친구가 머리를 다쳐서··· 기억하시죠? 그 성요한이랑 맞짱 떴다가 머리 다쳐서 수술한···.
강형사	(바름 보다) 자넨 증거 훼손 안 되게 가서 통제라인이나 지켜 (가는)
바름	···

S#65 무진청- 증거보관팀 창고/ 낮

잔뜩 쌓여있는 박스들. 목록표와 박스 안 증거물들 하나하나 맞춰보는 무치. 정리 마친 박스 뚜껑 닫고, 다음 박스 끌어와 무심하게 열려다, 순간 박스에 <헤드헌터 연쇄살인사건> 라벨 보고 멈추는. 잠시 긴장한 얼굴로 보던 무치, 뚜껑 열면 증거 품 중 눈에 띄는 게 보인다. 피 말라붙고 찌그러진 채 풀어보지도 못한 선물상자. 무 치, 상자 풀어보면 그 안에 카봇로봇 들어있다. 옆에 피 묻은 생일 카드 열어보면, 글 씨 피로 얼룩져 있는데·· <우리 무치가 사달라고 노래 부르던 헬로카봇(95년) 한정 판이야. 이거 구하느라 아빠가 새벽부터 줄 서서 산 거 알아주라. 우리 무치. 엄마아 빠가 얼마나 사랑하는지 알지?> <무치야. 생일 축하해. 내 동생 괴롭히는 놈 있으 면 형아가 다 혼내줄게> 무치, 로봇 보다 로봇 목에 걸려 있는 십자가 목걸이 열어 보면, 가족사진 있다. 무치 눈에 눈물 고이는 위로.

플래시백/ 오성캠프장 안/ 밤 (1부 #27)

무치	싫어. 안 갈래. 그냥 캠핑하자. 어 어엉. 엄마아~ (땡깡 부리는)
무치父	그래 지금 출발하며는 집에 새벽에나 도착한다이가. 야들 배도 고플긴데.
무치母	(땡깡 부리는 무치 보며) 에휴 그래, 고무치! 니 생일이라 봐주는 거야.

무치, 눈물 쓱 닦는데··

두석	(다른 사건 박스 들고 와) 이것도 정리하고
무치	(얼른 주머니에 목걸이 넣고는 박스 덮는다)
두석	(무치 앞에 놓인 헤드헌터 증거 박스 본다)
무치	(두석 시선에) 한서준 사건 대법 판결까지 났는데 증거물들이 왜 여기있 어요?
두석	검찰청에서 폐기하려던 걸, 협조공문 보내서 받아왔어. 국내뿐만 아니라 전 세계까지 떠들썩했던 사건이었잖아. 한서준 사건은 증거물 하나하나가 우리 경찰 수사에 엄청난 자료가 되고 있어. 단순히 증거물을 정리하고 보관하는 것만 우리 팀 업무가 아니라, 수사 연구자료를 축적하는 게 더 주된 업무야.
무치	쳇! 꿈보다 해몽이네.
두석	마찬가지야. 다른 주요 강력 사건들도 재판이 끝나도, 피의자가 사망하더 라도 관련 증거물은 폐기하지 않고 일단 우리 쪽에 보내기로 되어 있어.

무치	(비아냥) 아이고 그런 대단한 부서였어요? 그럼 팀원 좀 더 보충해줘요
두석	오려는 녀석이 없어. 니가 스카웃 해 오든가 (가는)
무치	(두석 가면, 주머니에서 십자가 목걸이 다시 꺼내 보는 데 슬픈 눈빛)

S#66   무진병원 외경 + 치국의 병실/ 밤

여전히 의식 없는 치국. 그 앞에 앉아있는 바름. 치국 손 꼭 잡고 있다.

치국母	우리 치국이도 얼른 깨나서 바름이 너처럼 건강해져야 할 텐데….
바름	꼭 깨날 거예요·· 어머니. 절대 희망 놓으시면 안 돼요··

S#67   실내포차/ 밤

동구	(소주잔 들며) 내 친구 정바름의 복직을 축하하며!
바름	(콜라 담긴 잔 들어 건배하는) 내 친구 구동구의 결혼과 교도관으로서의 첫 출근을 축하하며!
동구	(한 모금 들이키고) 참 여기 청첩장. (건네주며) 사회는 당근 넌 거 알지?
바름	내가? (청첩장 보는)
동구	그럼 누구한테 맡기냐? 치국이 저리되고, 해줄 사람은 너밖에 없는데·· (하다) 오늘 첫 출근 해보니까 치국이가 얼마나 맘고생 심했을지 알겠더라.
바름	왜 많이 힘들어?
동구	하아 (한숨) 내 담당 수형동에 조폭똘마니가 하나 있는데 같은 방 수용수를 자꾸 괴롭혀. 지 아빠뻘 되는 몸도 안 좋은 아저씰 말야··
바름	왜?
동구	그게·· (무슨 말 하려다) 아니다·· 암튼 억울하게 누명 쓰고 들어오신 분 같은데·· 너무 괴롭혀서 내가 그러지 말라고 했더니 이제 나더러 개똥구란다. 내가 야동구 소린 들어봤어도 개똥구라니. 누굴 개똥 으로 알아 씨! 신삥이라구 무시하구. 깔보구·· 그래서 콱 손 좀 봐주/
바름	(깜놀) /손 봐 줬다고? 너 미쳤어?

동구	아니 손금 좀 봐줬다고·· 딱 범죄자 손금이더라고~
바름	(한심하게 보며) 얌마. 농담이 나오냐? 조심해··
동구	(문득 서운한) 봉이도 내 결혼식에 오면 좋을 텐데·· 기집애 대체 어디로 사라진 거야?
바름	봉이?
동구	이 자식·· 아직도 봉이 기억은 안 돌아오나 보네. (쓸쓸, 한잔 들이키고) 그래, 너는 어땠어, 오늘? 복직 소감 좀 말해봐.
바름	나··· 시체 봤다.
동구	시체? 진짜 사람시체? 와! 개 쫄았겠다. 바지에 오줌 지렸지? 어디 보자.
바름	아, 왜 이래? (이내 진지한) 뭐랄까, 기분이 좀 이상했어·· 심장이 뛰고··
동구	심장이 뛰어? 짜식. 진짜 놀래긴 했나보다. 하기사 너 예전에도 고양이 시체 보고 와서 심장이 벌렁벌렁했다고 했었지··
바름	그런 게 아니야·· 그런 느낌이 아니라···
동구	/아니긴. 너 고양이시체 봤을 때도 메슥거린다고 종일 토하고. (하다 문 쪽 보고) 여기!!
바름	(돌아보면, 여자 1명과 사내들 3~4명 들어온다. 우형철도 함께다)
동구	(일행 와서 앉으면) 인사해. 전에 영화 같이 했던 후배들이야. 그리고 내 시나리오 법률자문 도와 주셨었던 우형철 변호사님. 바름이 아시죠? 국민아들.
형철	그럼. (바름 보고 미소 지으며) 건강한 모습으로 봬서 반가워요.
바름	아. 네 감사합니다.
동구	여긴 (어깨동무하며) 마이 피앙세. 김슬기. 내 단편영화 주연으로 만났어.
바름	결혼 축하드립니다.
동구	자, 오늘 제 결혼을 미리 축하하러 모이신 분들께 감사드리며 건배할까요?
일동	건배!!! (건배하는)

〈시간 경과〉 거나하게 취한 일행들. 옆에 앉은 바름, 홀짝홀짝 콜라만 마신다.
슬기나 화장실 좀·· (비틀거리며 화장실로 가는)

후배	(슬기 가자, 동구에게) 형 아직 안 늦었다니까. 슬기랑 결혼 다시 생각해.
동구	(듣기 싫은) 그만해라! 어?
후배	쟤 배우병 못 버린다니까. 공무원 와이프로 만족할 거 같애. 쟤가? 누가

지 영화 주인공 시켜준다 그럼 바로 갈아탈걸?

동구   (버럭) 주둥이 닥쳐. 새꺄!

형철   (당황하며 후배에게 나무라듯) 그만해! 아무리 취해도 그렇지 어떻게 그런/

후배   쟤 별명이 뭔지 아세요? 나무꾼 갈아타는 선녀! 쟤 이 바닥에 소문 쫙 났
           는데 저 형만 모른다니까요. 으이그. 저 순진한 형. 호구동구 (큭큭 웃는)

동구   근데 이 새끼가!!! (벌떡 일어나 후배 얼굴 주먹으로 갈기는)

우당탕 상 엎어지며, 동구와 후배 엎치락뒤치락. 후배 미친 듯 패는 동구 말리는 바
름과 형철. 바름, 말리다 뿌리치는 동구 손에 옆 테이블로 넘어지며 음식물 함께 쏟
아진다. 놀란 동구, 바름 일으키려는 데 후배, 형철 뿌리치고 동구 뒤에서 공격! 전세
역전돼 후배, 동구 위로 올라타자 바름, 후배 잡는다. 후배, 바름에 주먹 뻗는데 바
름, 피하며 주먹 날리자 나가떨어지는 후배, 놀란 바름. 자기 주먹 본다.

S#68   실내포차 화장실/ 밤

거울 속 상처 보던 바름, 물 틀고 세수하는데, 순간 세면대 배수로로 빨려 들어가는
연한 핏물. 반사적으로 코 막고 거울 보는데 코피 안 난다. 어? 하며 세면대 보면 깨
끗한 물. 뭐지? 싶은데 문 열리는 소리 들리고 돌아보면 동구 들어온다.

동구   (걱정스런) 괜찮아? 다친 덴 없어? 이마가 긁혔네.

바름   괜찮아. 살짝 긁힌 건데 뭐…

동구   (눈치 보며) 정호 그 자식 코뼈 부러졌어.

바름   (놀라) 뭐? 그럼 어떡해?

동구   지가 한 짓이 있으니까 그냥 넘어가기로 했어. 근데 너 언제부터 주먹이
           쎄진 거야? (바름 주먹 만지며) 이 새끼 두더지게임도 거의 빵점이었는데…

바름   (자신의 주먹 낯설게 보는)

S#69   무진청- 증거보관팀 사무실/ 밤

TV 속, 방송 중인데 진행자 홍주가 아니다. 무치, 씁쓸하게 보고 있는데··

경찰   (E) 증거품이요.

S#70   무진청- 증거보관팀 창구/ 밤

슬리퍼 쫙쫙 끌고 껄렁하게 나오는 무치.

이형사   (띠꺼운 표정으로 박스 건네며) 평안동에서 발생한 살인사건 증거품입니다.

S#71   무진청- 증거보관팀 창고/ 밤

상자 열어 목록표 현장사진들이랑 비교해가며 증거품 정리하다, 뭔가 찾는··

무치   이 자식들 증말. (전화하는) 너네 일 똑바로 안 해? 증거품이 두 개나 누락
        됐잖아. 매듭이랑 흉기! 당장 갖다 놔!
강형사   (F) 우리 그렇게 한가한 사람들 아냐. 한가한 니가 직접 가지러 오든가.
무치   (뚝 끊기자) 허. 끊어~?

S#72   무진북부서 사무실 + 팀장실/ 밤

무치 씩씩거리며 들어와 두리번거리면, 저만치 열린 팀장 방 안으로 강형사, 호남 등
전문가와 서서 얘기 중인 모습 보인다.

전문가   (매듭 상태 보며) 이건 스페니쉬 보울 라인 매듭이라고 산악 도중 낙하사고
        피해자들을 구조할 때 쓰이는 매듭이에요. 몸통에 하나 다리에 하나 묶
        는데 피해자들 몸에 무리가 가면 안 되니까 다른 매듭보다 헐렁해요.
강형사   그럼 (증거봉투 안, 칼 보여주며) 이 칼도 등산 칼인가요?

전문가	네. 맞아요.
강형사	그럼 피해자 주변에 등산전문가부터 찾아봐야겠네.
전문가	어? 잠시만요 (자세히 보며) 이거 매듭이 약간 변형되어있네요. 여기 이 부분은 원래 이렇게 묶지 않는데 특이하게 묶었네요. 스페니쉬 매듭법에서 일부러 변형했거나, 아님 서툴러서 잘못 묶었거나 그런 거 같은데요
호남	(매듭 보며) 아 그러니까 100% 스페니쉬 매듭은 아니다? (하다 돌아보면 문 앞에 무치 서 있다) 고무치! 뭐해. 거기서
무치	뭐하긴요. (강형사 째리며) 직접 가져가래서 직접 가질러 왔습니다. (매듭 든 증거 봉투와 등산용 칼 든 증거 봉투 확 뺏으며 강형사에게) 필요하면 직접 와서 사인하고 다시 가지고 가. (휙 가는)
호남	저 자식 저‥저‥
강형사	(불쾌하게 보는)

무치, 증거 봉투 들고 나가는데… 사무실에 앉아서 대화 중인 형사들.

형사1	근데 아까 그 지구대 순경 말 뭐에요. 면식범 소행이 아니라는 게‥
이형사	헛소리야 신경 쓰지 마. 뇌수술을 크게 해서 정상이 아닌 놈이야.
무치	(듣고 멈추는 돌아보는)
형사1	그 살인범하고 붙었다가 머리 다친 그 순경이에요?
이형사	어.
무치	(중얼거리는) 정순경? (피식 미소 지으며) 복직했나 보네?

S#73   무치의 차 안 + 밖 (평안동)/ 낮

무치	(운전하며 두리번거리며) 평안동 파출소가… 이 근처 같은데‥?

주변 살피다, 순간 억! 놀라 반사적으로 끼익 브레이크 밟는. 무치 놀라 고개 보면, 차 밑에서 누군가 쓰윽 올라오는데‥

무치	저런 미친 새끼! (놀라 보는) 어? 정순경?
바름	(90도로 인사하며) 죄송합니다. 죄송합니다. 골목에 버려져 있는 쓰레기

분리수거 하다가, 이게 굴러가는 바람에‥ 죄송합니다. 많이 놀라셨죠?

무치   (그런 바람 보며 피식 웃는) 여전하네. 정순경.

바름   저를‥ 아세요? (하다 문득 두통 오는지 인상 찌푸리며 머리 잡다 무치의 차 범퍼 보는데)

플래시 컷/ 구치소 내부- 무치의 차 안+밖/ 낮 (2부 #13)

다친 새 안고 차 밑에서 일어나는 바름, 눈앞에 열 받은 무치 보이는

바름   (무치 보면)

무치   (걱정스레 보며) 왜? 머리 아파?

바름   (반갑게 보며) 고‥무치…형사님?

   •

S#74   평안파출소 앞/ 낮

바름   (자판기 커피 건네고 옆에 앉는)

무치   (받는) 머린 좀 어때?

바름   괜찮아요. 계속 병원 통원치료 받으면서 약도 먹고 뇌 재활치료도 하고 많이 좋아졌어요. 어떤 사람에 관련된 게 뭔가 하나 떠오르면 그다음부터는 관련된 기억들이 연산 반응을 하며 떠올라요.

무치   (끄덕) 그래도 날 기억해주니 고맙네.

바름   근데 저 여ㅡ는 건 어떻게 아셨어요? 아, 신형사님한테 들으셨구나‥

무치   아니. 강력팀 놈들이 정순경 욕하고 있던데. 면식범이 아니니 뭐니, 헛소리 지껄이고 있다고.

바름   아, 그게‥ 이거 좀 보세요. (핸드폰 꺼내 사진 보여주며) 형사님들 도착하기 전에 제가 찍은 건데요….

무치   (보는)

바름   여기 이 매듭 좀 자세히 보세요. 이게 이렇게 묶어놓으면 피해자가 손을 많이 움직일 수 있어요. 그리고 쉽게 풀 수도 있을 것 같은 매듭이잖아요.

무치   맞아. 이 매듭이 구조용 스‥ 무슨 매듭이래. 그래서 피해자 주변 인물 중에 등산전문가가 있는지 조사할 거라던데….

바름	전문가라면 이 매듭이 쉽게 풀릴 걸 알면서. 굳이 왜 이런 매듭법으로 손을 묶었을까요. 그리고 여기 좀 보세요. (현장 사진 화면 확대해 보여주는)

피해자 손목이 많이 긁혀있다. 피부가 다 일어나고 피도 흐른 상태다.

바름	피해자가 매듭을 풀려고 손을 엄청 움직였던 흔적이 있죠?
무치	(화면 보며) 그러네. 왜 이런 매듭법으로 묶었지?
바름	(눈 반짝) 즐긴 거예요.
무치	뭐?
바름	즐기려고 일부러 이렇게 묶은 거라구요·· 이렇게 헐렁하게 묶이면 피해자는 풀 수 있겠구나 희망을 갖는 거죠··

플래시 컷/ 피해자, 등에 칼 찔린 채 엎드려 스페니시 보울라인 형태의 매듭 묶인 채, 손 계속 움직이는·· 그 뒤에 서 보고 있는 사내.

바름	(E) 살아날 수 있다는 희망을 갖고 매듭을 풀려고 몸부림친 거 같아요. 그걸 범인은 지켜보며 구경한 거죠.
무치	(갸웃) 죽어가는 걸 구경하는 놈이라면 왜 등에 칼을 찔러?
바름	보세요. 자상들이 얕잖아요. 일부러 얕게 찌른 거라면요. 죽지 않을 만큼 찌르고 피해자가 고통스러워하는 걸 즐기다 마무리로 목을 조른 거죠.
무치	(갸웃하는) 에이, 그런 짓은 싸이코패스나 저지르는 범죄인데…
바름	첫 살인이 아닐 거예요.
무치	뭐?
바름	발견했을 때 현장이 너무 깨끗했어요. 처음 사람을 죽이면 경황이 없어서·· 현장을 깨끗하게 치울 정신이 없을 거예요 (다음 화면 보여주며) 그런데 여기 보세요, 현장이 너무 깨끗해요. 지문이나 머리카락 아무것도 나온 게 없더라구요. 빨리 잡지 않으면 조만간 또 살인이 일어날 거예요.
무치	(이상한 눈으로 바름 보는) 그걸 어떻게 단정해?
바름	그냥요…. 그냥 느껴져요··
무치	느껴져··? (이상하게 바름 보는)
바름	(물끄러미 자기 보고 있는 무치 보며) 왜요?

무치	좀‥ 변한 거 같아···. 전이랑 뭔가 좀 달라졌어‥
바름	제가요?
무치	(물끄러미 보는)

S#75 무진청- 증거보관팀 사무실/ 낮

들어와 자리에 앉는 무치 생각하는 위로.

바름	(E) 즐긴 거예요. 즐기려고 일부러 이렇게 묶은 거라구요.

S#76 북부서- 강력팀/ 낮

사무실 안에 들어와 어슬렁거리는 무치. 호남과 강형사 보이지 않는다.

무치	팀장님은?
이형사	왜 또요? (띠껍게) 범인 잡아서 취조 중이에요.
무치	(눈 동그래지며) 잡았어? 범인?

S#77 북부서 취조실 안 + 밖/ 낮

들어오면. 매직미러 안쪽 취조 중인 강형사와 용의자 보고 있는 호남.

무치	(안쪽 보며) 저 사람이에요?

취조실 안/ 용의자, 강형사 노트북으로 CCTV 영상 보고 있는. 호프집에서 나오는 강민주. 잠시 후 뒤따라 나온 사내, 강민주 뒤따르는. 다른 CCTV 화면 속 걸어가는 강민주. 뒤따르는 사내. 얼굴 화면 확대하는.

강형사	호프집 사장이 확인해줬어. 당신이 한 달째 강민주한테 치근댔다고…
용의자	(미치겠는)
강형사	그리고 이거! (타이어 자국 찍힌 사진들 보여주며) 이건 사건 현장에서 발견된 타이어 자국. 그리고 이건 당신 차 타이어. 당신 눈에도 같지?
용의자	저 정말 거기 간 적 없어요. 그리고! 타이어 같은 차가 어디 한두 댑니까?
강형사	끝까지 잡아떼시겠다? (박스 뒤집어 우르르 쏟는) 이건 당신 집 압수수색해서 나온 물건들이야.

우르르 쏟아지는 등산용품들. 시신에 묶인 것과 같은 밧줄. 등산용 칼 등등‥

용의자	(억울해 팔짝 뛰는) 정말 제가 안 죽였다구요!!! 진짜예요! 전 그냥 등산을 좋아할 뿐이에요. 등산 좋아한다고 범인입니까?
강형사	그럼 사건 당일 그 시간에 어딨었는지 말하면 될 거 아냐. 말해!
용의자	그게… (우물쭈물)

취조실 밖/

무치	(억울해하는 용의자 지켜보며) 헛다리 짚는 거 같은데… (호남에게) 저 사람이 어딜 봐서 싸이코패스야‥ 저 사람 범인 아닌 거 같은데…
호남	뭐? 누가 범인이 싸패래? 오바 입지 마라. 어? (하는데)
신형사	(문 쾅 열고 들어오며) 팀장님. 국과수에서 연락 왔는데요. 피해자 강민주 몸에서 나온 정액. 저 놈 DNA랑 일치 하답니다.
호남	(무치 보며) 헛다린 니가 짚었어. 인마!
무치	(쩝…할 말 없어진)

S#78   무진청- 증거보관팀 사무실/ 낮

무치	(들어오다 헛웃음 짓는) 그냥 느껴져? 뇌가 정상이 아닌 놈 말을 믿고‥ (책상 위에 올려둔 매듭 든 증거 봉투. 박스에 툭 던져 넣는)

S#79   바름의 집- 거실/ 낮

뉴스, 용의자 수갑 찬 채 마스크로 얼굴 가리고 고개 푹 숙이고 가는 모습 위로

기자   (E) 지난 5일, 경찰은 호프집 아르바이트생 살인사건 유력 용의자로 피해
            자 A씨의 스토킹범 B씨를 체포했습니다. 현재 그는 합의에 의한 성관계
            였을 뿐이라며 범행을 부인하고 있어….
바름   (말간 눈빛으로 뉴스 보며. 중얼거리는) 아닌데‥ 저 사람…

S#80   무진청 외경 + 증거보관팀 사무실 (다른 날)/ 낮

다리 꼬고 앉아 꾸벅꾸벅 졸고 있는 무치.

노진경찰   (못마땅한) 노진동 부녀자 살인사건 증거품 가져왔습니다.

무치, 하품 늘어지게 하며 받아서 박스 열고, 현장 사진과 증거품들 비교하며 확인하
다, 문득 시신 손목에 상처들. 강민주(평안동) 손에 난 흔적과 비슷하다.

무치   (갸웃. 가려는 경찰 불러 세우며) 어이! 증거품 빠진 거 없어? 피해자 손목에
            난 흔적은 뭔데? 밧줄이나 끈 그런 거 없었어?
노진경찰   (시큰둥하게) 없었는데요.
무치   그래? (시신 사진 속 피해자 손 상처 다시 찬찬히 보며 갸웃하는)

S#81   홍나리의 집/ 거실 (노진동)/ 낮

증거보존 테이프 떼며 안으로 들어오는 무치. 방안 둘러보면, 구석에 깨진 거울 조
각들 보이고 라인 그려져 있다. 거실은 물론 방안 등 주변 둘러보지만 손에 묶을 만
한 끈 종류는 발견하지 못한다. 갸웃하며 나오는 무치. 현관 앞에 서서 신발 신다가
문득 베란다에 빨랫줄에 걸려있는 옷가지들 본다. 각이 정확히 맞춰져 있다.

무치   군대라도 갔다 왔나? 뭔 각을 저렇게 맞춰놨어? (하다 뭔가 이상한)

다시 신발 벗고 베란다로 가서 걸려 있는 옷가지들 자세히 살피며 갸웃, 그러다 문득 옆에 걸린 티셔츠 살피는데 소매 자국에 김칫국물 자국 발견하는 무치.

무치   빨지도 않은 옷을 널어놨다‥?

양쪽 배수관에 묶인 빨랫줄 매듭 확인하면 왼쪽 매듭이다! 후다닥 빨랫줄에 걸린 옷 가지들 집어 던지곤 장갑 꺼내 낀 채로 줄 찬찬히 살펴보는 무치. 접힌 흔적들 보이고, 미세하게 피 스며든 자국 발견! 역시! 눈 반짝이며 핸드폰 꺼내 사진 찍고 빨랫줄 풀어서 접은 흔적대로 묶어보는데‥ 스페니쉬 매듭처럼 묶인!

플래시 컷/ 바름 "조만간 또 살인이 일어날 거예요." (#74)

무치   (허‥) 정순경 말이 맞았어….

S#82   홍나리의 집 외경 + 거실 안/ 밤

어둠 속, 뭔가 찾고 있는 장갑 낀 손. 그때 들어오는 소리에 후다닥 주방 뒤 다용도실로 숨어 슬쩍 밖 내다보는데, 바름과 무치 들어온다.

무치   (사건파일 보며 설명하는) 발견 당시 앞니가 깨져 있었고, 이마에 피가 흐르고 있었어.
바름   (현장 사진과 현장 비교하며 보는)
무치   증거품 중에 거울 조각이 있었는데 피가 묻어 있는 걸로 봐서 저항하던 홍나리 얼굴을 거울에 내려쳐서 이마가 찢어지고 앞니가 깨진 거 같아. (사건 파일 읽으며) 현관 잠금장치도 멀쩡하고‥ 안에서 밖으로 탈출하려는 흔적도 없는 걸로 봐선 분명 면식범이야‥ (목마른지, 크음 거리는)
바름   (계속 현장 살피는데)
무치   (냉장고 열고 뒤적거리며) 물이 없네. (하다 우유 발견하고 유통기한 확인하고

통째로 벌컥벌컥 마시는) 이상한 건, 강민주 살인이랑 패턴이 달라. 강민주는 납치를 한 장소와 살해 장소, 시체를 유기한 장소가 달라. 그런데 홍나리는 집에서 발견됐어. 시신을 옮기지 않았다구. 강민주 때와 달리 범행 도구도 남겨두지 않았고.

바름   엎드려 있지 않았고 옆으로 누워있었네요. 그것도 다르네요.

무치   그렇지‥ (하다) 다른 놈인가?

바름   아뇨. 같은 놈이에요.

무치   어떻게 확신해?

바름   거울이요.

바름의 상상 - 동 장소/ 피해자 얼굴을 거울에 내려치는 누군가의 손.

바름   (E) 피해자의 얼굴을 일부러 거울에 내려친 거예요.

무치   일부러?

바름   네, 고통스러워하며 죽어가는 피해자의 모습을 더 자세히 보려구요.

바름의 상상 - 동 장소/ 거울에 비치는 피해자. 묶여있는 손 풀려고 버둥거리는데 목 조르는 누군가. 거울에 그 모습 그대로 비치는.

무치   그러니까 거울을 통해서 죽어가는 피해자를 더 자세히 보려고 했다고?

바름   (끄덕이고는 시체 분필 라인 앞에 서며) 범인은 일부러 피해자의 고통스러운 표정을 보기 위해 여기, 이 위치에서 죽였어요…

무치   그놈이 죽이고 달아난 후에 피해자 남편이 발견하고 CPR을 한 거고

바름   (돌아보며) 심폐소생술이요?

무치   응. 피해자 몸에 CPR을 한 흔적이 남아서, 피해자 남편이 용의자로 체포됐어. 사이가 아주 안 좋았고 별거 중이었대. 살인 동기는 충분한 거지.

바름   CPR도 범인이 한 게 맞을 거예요.

무치   뭐? 정순경 말대로라면 피해자를 죽이는 걸 즐기던 싸패 놈인데 왜 피해자를 다시 살리려고 했단 말야? 왜 갑자기 마음이 변했지?

바름   변한 게 아니에요…. 살려 놓은 담에 다시 죽이고 싶어서‥ 죽어가는 걸더 오래오래 즐기기 위해서….

무치	허…
바름	수법이 악화되고 있는 거 같아요. 지난번보다 더 폭력적이에요. 계속 즐겁게 살인하는 방법을 찾아 실험 중인 거 같아요. 빨리 안 잡으면 얼마나 더 죽어나갈지 몰라요.
무치	(그런 바름 이상하게 보며) 어떻게 그렇게 확신해?
바름	그냥요‥ 내가 그 범인이라면 어떡했을까‥ 곰곰 생각해보면‥ 그렇게 했겠구나‥ 그냥 떠올랐어요.
무치	(그런 바름 이상하게 보는데)
바름	(시선 신경 안 쓰고 무치 손에 들린 봉투 속 빨래줄 보며) 매듭이 나오면 동일 범죄라는 걸 눈치챌까봐 들키지 않으려고 이 집에 있는 빨랫줄을 이용해서 살해했어요. 살해 후, 다시 제자리에 걸어 놓은 거고… 분명 걸려있던 옷가지 등은 흐트러짐 없이 각이 정확히 맞춰져 있었을 거고요.
무치	(놀라보며) 어. 그걸 어떻게?
바름	그냥‥ 그럴 거 같아요. 놈은 분명 한 치의 흐트러짐 없는 완벽주의 성격일 거 같아요‥
무치	정순경! 너 나랑 같이 그놈 잡자.
바름	네? 형사님이요? 강력팀에 넘겨야 하는 거 아니에요?
무치	이제 얘기가 달라지. 정순경 말 대로면 그 새낀 벌써 두 명을 죽였어. 더구나 지난번에 정순경이 그랬잖아. 첫 살인이 아닐 거라고. 그럼 강민주, 홍나리 전에도 누군가를 죽였을 거고. 그럼 싸이코패스 연쇄살인마란 뜻이지.
바름	(끄덕) 그렇죠‥
무치	(눈빛 반짝) 내가 말야 꼭 죽어 마땅한 새끼를 내 손으로 잡아야 할 일이 있거든. 지난번엔 실패했지만, 이번엔 꼭 성공할 거야. 도와줄 거지?
바름	말씀은 고마운데… 제가 파출소 업무도 해야 하고‥
무치	걱정 마! 정순경, 파출소 일 안 해도 문제없어.
바름	에?
무치	내가 신형사한테 들은 얘기가 있어. 정순경 일 안 해도 된대는데?

에? 그게 무슨 말이에요? 있어 그런 거‥ 대화하며 바름과 무치 나가면, 숨어있던 정체 쓱 나오는데… 홍주다! 거실 창밖으로 가는 무치와 바름 뒷모습 씁쓸하게 바라보는 홍주.

S#83 무진청 화장실/ 밤

화장실에 앉아 있는 무치.

무치   으~ 뭘 잘못 먹었길래. 씨·· 똥꼬가 헐겠네. 헐겠어 (인상 찌푸리며) 분명
       면식범인데 왜 두 피해자 사이에 겹치는 사람이 없지? 대체 뭘 놓치고 있
       는 걸까? (하며 손에 들린 두루마리 휴지 스패니쉬 매듭처럼 묶어보는데)
바름   (E) 즐긴 거예요·· 일부러 헐렁한 매듭을 묶은 거예요···
무치   (어느새 이상하게 묶인 화장지 보며) 이게 뭐야·· (하다 퍼뜩!!!)

플래시 컷/ 헤드헌터 박스에 로봇 넣는데, 그 옆 증거 봉투 속의 매듭 (#65 등장)

S#84 증거보관팀 증거창고/ 밤

창고로 뛰어 들어오는 무치. 쌓여있는 박스들 헤치며 〈헤드헌터 연쇄살인사건〉 박
스 꺼내 정신없이 뒤지면 매듭 나온다. 후다닥 꺼내, 다른 두 매듭과 비교하는데 같
은 매듭이다. 끝처리가 엉성한 매듭 든 박스 보면 〈헤드헌터 연쇄살인사건 21번째
피해자 박현수양 사망 사건〉

S#85 실내 포차/ 밤
호남   (술 마시려다 멈칫) 현수? 갑자기 현수는 왜···
무치   그냥 뭐. 전에 박팀장님 부인 땅 파는 것도 그렇고··· 그때 우리 애기 찾아
       야 한다고 그랬잖아요. 무슨 사연인지 궁금하기도 하고··
호남   (한숨 한잔 들이키고 후 한숨) 그게··

S#86 헤드헌터 살인사건현장/ 낮 (5부 #78 동일씬)

기자   21년 가까이 헤드헌터를 잡지 못하는 경찰에 대한 국민적 불신이 대단한

데 못 잡는 이유가 뭘까요? 경찰에겐 놈이 그렇게 대단한 존잰가요?

두석   (확 빈정 상한) 대단해요? 그 버러지 새끼가요? 그 새낀 세상에 절대 태어
나지 말았어야 할 돌연변이 괴물 새끼에요.

호남   (E) 그날 그 발언이 화근이었지. 한서준의 심기를 건드린 거야…

S#87   몽타주/ 과거

두석의 집 안/ 밤 (5부 #79)

두석   (녹초가 된 채, 피곤한 얼굴로 들어오며 불 커는) 왜 불을 끄고 있어?

장난감 어질러져 있고 난장판인 집 안. 순간 뭔가 서늘한 두석, 후다닥 아이들 방문
열면 벽에 피로 그려진 그림, 목 없이 몸통만 있는 (졸라맨 형태의) 그림.

호남   (E) 그놈이 선배 집에 침입해 현수랑 현석이를 데리고 가 버린 거야….

도로변/ 교통사고 현장 경찰들 서 있고. 현석이 시체 끌어안고 우는 두석과 두석처

호남   (E) 다음 날 새벽, 현석이는 집에서 30킬로 떨어진 도로변에서 차에 치였
어. 놈한테 도망치다 도로로 뛰어나온 모양이야··

숲속/ 수색 중인 경찰들.

호남   (E) 대대적인 군경이 투입됐지만 끝내 현수는 발견되지 않았지. 그리고
반년 후, 무치 니 덕에 한서준이 잡혔지··

경찰청 취조실 앞/ 낮 (1부 #55)

형사들에게 붙들린 채 서준을 향해 "내 딸 어딨어? 살아있지? 응? 내가 이렇게 빌게.
제발!" 절규하듯 두석 안타깝게 보는 호남.

호남   (E) 그런데 한서준 그놈은 선배를 갖고 놀았어.

취조실/ 호남, 취조실에 앉아 한서준 취조하는 데 피식 웃는 서준 위로…

호남   (E) 끝내 입을 열지 않았어. 검경이 총동원됐지만 결국 현수를 찾아내지
          못했어. 그리고 5년쯤 지났을 때… 구령산에서 터널 공사가 시작됐는데…

S#88   구령산기슭/ 낮/ 과거

굴착기 땅 파는 데·· 뭔가 턱 걸리는·· 으악! 소리 지르는 인부.

〈점핑〉 폴리스라인 둘러져 있고, 구덩이 안에 유골. 꽃무늬 잠옷… 등 뒤로 매듭…
그 앞에서 통곡하는 두석의 아내와 눈물 삼키는 두석.

호남   (E) 옷과 신발이 현수를 납치했을 당시 입고 있던 것과 같았고, 현장에서
          발견된 현수 머리끈에 있던 머리카락으로 DNA 검사를 했는데 일치했어.

S#89   두석의 집- 욕실/ 현재/ 밤

흙 가득 묻힌 아내의 얼굴 씻기는 두석의 슬픈 표정 위로··

호남   (E) 선배 속옷 챙겨주러 가느라 아이들만 집에 남겨두고 왔다는 죄책감
          에 괴로워하던 형수에게 결국 문제가 생겼어·· 형수는 현수가 죽었단 사
          실을 받아들이지 못하고 아직도 땅을 파고 다녀. 현수시신 찾겠다고.
두석처   우리 애기·· 우리 애기·· 찾아야 해··

S#90   홍주의 사무실/ 낮

노진동 부녀자(홍나리) 살인사건, 손목에 난 상처 사진 보는 홍주 위로…

무치   (E) 호프집 알바생 살인사건이랑 패턴이 달라. 호프집 알바생 강민주는
         납치를 한 장소와 살해 장소, 시체를 유기한 장소가 달라. 그런데 홍나리
         는 집에서 발견됐어.

호프집 알바생 살인사건 기사 클릭하는 홍주. '매듭 묶인 채로 시신 발견…' 보는.

홍주   (전화하는) 네 신형사님. 호프집 알바생 살인사건 피해자 강민주 손에 묶
         인 매듭 실물 좀 볼 수 있을까요? 증거보관팀에요?

S#91   증거보관팀 사무실/ 낮

전문가   (현수 증거품 매듭과 강민주 매듭 비교해서 보는) 맞아요. 스페니쉬 매듭법을
         응용한‥ (하다) 동일인이 묶은 거 같긴 한데‥ 근데 (강민주 매듭)이 매듭이
         랑 다르게 (현수 매듭)이 매듭은 좀 엉성해요. 마치 어린애가 묶은 것처럼‥
무치   (갸웃하는)

S#92   무진청 증거보관팀 앞 + 보관창고/ 낮

'계세요?' 하며 들어오는 홍주, 대답 없고, 두리번거리다 <증거품 창고> 슬쩍 문 열
면 열리는. 조심스럽게 들어가, 연도별로 정리된 증거품 박스들 중 최근 연도 선반
쪽으로 가서 <강민주 살인사건 증거품> 박스 찾아낸다. 박스 안 뒤적거리며 매듭
확인하다, 구석에서 들리는 소리에 놀라 서둘러 박스 제자리에 올리고 조심스레 소
리 나는 쪽으로 가는데. 멈칫! 무치와 바름, 구석에 앉아 심각하게 얘기 중이다.

바름   (E) 대체 한서준이 그 매듭을 어떻게 알고 묶었을까요?
홍주   (멈칫! 무치와 바름, 창고 구석에 앉아 얘기 중이다)
무치   외과의들이 기본적으로 의료용 매듭을 만들곤 하지만 이건 구조 매듭의
         응용이라 분명 누구한테 배웠을 거야. 한서준이 그 매듭을 누구한테 배
         웠다면 가르쳐준 사람! 혹은 한서준이 누군가에게 가르쳐줬을 수도 있

	어·· 한서준이 가르쳐줬다면 배운 사람!
바름	(눈빛 반짝) 그 사람이 결정적 용의자가 되겠군요.
무치	한서준을 만나봐야겠어. (일어나는)
홍주	(듣다가, 당황해 후다닥 밖으로 나가는)
바름	(무치와 함께 창고 밖으로 나가려다 문득) 어? 누가 왔다 갔나 봐요.
무치	뭐?
바름	(선반 위 강민주 박스 가리키며) 위치가 저 들어왔을 때랑 살짝 달라요.
무치	뭐가 달라? 다르긴.
바름	달라요.
무치	(기막힌) 니가 천재냐? 위치 틀어진 거까지 기억하게. 실없는 소리 말고 가!! 면회 시간 끝나기 전에 얼른 다녀와야 해!

S#93   구치소- 대기실/ 낮

무치	면회 거부요?
김교도	그게·· (눈치 보며) 그대로 전하래요 자기 아들 죽인 놈 꼴도 보기 싫다고.
무치	(낭패인. 하는 수 없이 돌아서 가려는데)
김교도	(E) 대신…
무치	(돌아보는)

S#94   구치소- 면회실/ 낮

잔뜩 긴장한 얼굴로 바름 앉아있다. 그때 문 열리는 소리에 후다닥 자리에 앉으면 교도관 따라 들어오는 한서준 벌떡 일어나는 긴장한 얼굴의 바름 바라보는 위로.

바름	저는 만나겠다고 하셨다고··
서준	(미소 짓는) 자네군. 우리 요한이 때문에 죽을 뻔했다던…. (자리에 앉으며) 아들놈 대신 사과하고 싶었어.
바름	(대답 않고 바로 준비해온 증거 봉투 속 매듭 꺼내려고 하는데)
서준	(E) 우리 본 적 있지?

바름   (놀라 고개 들며) 저‥요? (갸웃하는데)

서준   (그런 바름 물끄러미 보는)

플래시 백/ 구치소/ 의자에 앉아 신문 읽고 있는 서준 문득 고개 들면, 철망 너머, 자신을 바라보고 있는 바름(그 뒤 치국). 서준, 바름 흥미롭게 보는. (2부 #19)

서준   섭섭하군. 날 기억 못 하다니. 수술이 성공적이지 않은 모양이군. 유감이야.

바름   (그런 서준 보는)

서준   근데 수술 전이랑 눈빛이 달라졌어.

바름   제가요? (하다 문득)

무치   (E) 기 싸움에서 절대 밀림 안 돼.

바름   (일부러, 마음 다잡고 매듭 꺼내서 보이며) 이거‥ 기억나세요?

서준   (보는)

바름   그쪽이 박두석 형사님 딸, 박현수 손에 묶은 매듭이에요. 이게 등산 구조용 스페니쉬 매듭이랑 유사하다고 하던데 누구한테 배운 겁니까?

서준   배운 적 없어.

바름   그래요? 그럼 본인이 개발한 매듭법이란 말이죠? 그럼 이 매듭법을 누구한테 가르쳐준 적은요?

서준   가르친 적 없어.

바름   흠… 그럼 묶는 걸 본 사람은요?

서준   (피식) 없어.

바름   (답답한) 아 기억을 좀 더듬어보세요. 이거 아주 중요한 문젭니다.

서준   묶은 적도! 배운 적도! 가르쳐준 적!도 없다고!

바름   거짓말 마세요. (강민주 사진 꺼내 아크릴 벽에 붙이며) 아무한테도 알려준 적이 없는데 어떻게 25년 전 그쪽이 살해한 아이를 묶은 매듭과 똑같은 매듭이 나올 수 있냐구요!

서준   (자세히 사진 보다 피식 웃으며 어깨 으쓱하는) 그걸 왜 나한테 물어

바름   (열 받은) 어차피 당신 같은 인간한테 기대하지 않았습니다. (매듭 챙겨 넣으며) 아들 대신하겠다는 그 가짜 사과 따위 받아들일 생각 추호도 없구요. (벌떡 일어나 뒤돌아 가는데)

서준   거짓말 아니라는데도 안 믿네. 내 말 못 알아듣겠어?

탄식 뱉는 바름, 무시하고 나가려다 문득! 발 멈추고 돌아보는. 씩 웃고 있는 서준

바름   (E) 저 사람 아냐… 26년 전, 그 아일 살해한 사람‥
서준   참. 내 친구하고 인사는 하고 가야지 (주머니에서 뭔가 꺼내며) 인사해. 나
      랑 같은 방 쓰는 친구야…

쥐다! 바름 황당해 보는데 쥐머리에 뭔가 튀어나와 있다. 저게 뭐지? 다가가 자세히
보면, 머리에 튀어나온 건 의료용 실. 순간 파박! 섬광처럼 떠오르는 플래시 컷!

플래시 컷/ 골목/ 아침 (1부 #76)
쭈그리고 앉아 보는 재훈. 쥐머리 털 깎여 있는 부분에 실 끝 툭 튀어나와 있는.
아악! 순간 극심한 두통 시작되는. 고통에 머리 잡는 바름 뇌리에 또 파바박!!!

플래시 컷/ 가방에서 생쥐 꺼내 먹이 구멍 안에 쓱 넣는 재훈. 유리관 안, 먹구렁이
역공격하는 생쥐 보는, 무표정하면서도 흥미로운 듯 한 묘한 재훈. (1부 #1)

바름   (깨질 것 같은 두통에 머리 부여잡으며) 뭐지?… 이 기억은‥?

고개 들어 서준 보면, 바름 관찰하듯 보며 미소 짓고 있는 서준.

                                                            the END

제 8 부

S#1 애니멀 테마파크 파충류 관/ 낮 (1부의 #1 상황과 이어지는)

유리관 속, 먹구렁이 역공하는 생쥐. 그 모습 호기심 어린 눈빛으로 보고 있는 재훈.
어느새 온몸이 상처투성이인 구렁이, 더 이상 움직임 없다. 재훈, 먹이 구멍 열면 쪼
르르 달려오는 생쥐, 재훈 손에 다다르자 막 잡으려는데 쏙 빠져 나가버리는.

S#2 애니멀 테마파크 현관 앞/ 낮

생쥐 쫓아 뛰어나오는 재훈, 그때 잽싸게 쥐 밟아 세우는 신발(운동화). 재훈 올려다
보면, 여학생(13세) 서 있다. 운동화 밑으로 보이는 쥐꼬리.

재훈   (다가가) 쥐! 내 거야.
여학생   얠 살려두면, 너도 저 구렁이 신세가 될 텐데. 그래도 좋아?
재훈   (그 말에 반사적으로 뒤로 한발 물러서는)

여학생 발에 힘 꽉 주는. 놀란 눈으로 여학생 운동화 쪽 흥미롭게 시선 두는 재훈, 쥐
머리 짓이긴 운동화 밑으로 피 흘러나오고 그 위로 타이틀 뜨고 암전.

마우스

S#3   무진구치소 접견실/ 낮 (7부 #94)

아크릴 벽 너머 쥐 머리 쓰다듬고 있는 서준. 바름, 저게 뭐지? 다가가 자세히 보면
쥐 머리에 튀어나온 실밥. 인지하는 순간! 섬광처럼 떠오르는 플래시 컷!
플래시 컷/ (1부 #76) 쭈그려 앉아 쥐머리에 실 매듭 튀어나온 부분 보는 재훈.

아악! 순간 극심한 두통이 시작되는, 고통에 머리 잡는 바름 뇌리에 또 파바박!
플래시 컷/ (1부 #1) 가방에서 생쥐 꺼내 유리관 먹이 구멍 안에 넣는 재훈. 유리관
안, 역공격하는 생쥐 보는 무표정하면서도 흥미로운 듯한, 묘한 재훈의 눈빛.

바름, 깨질 듯한 두통에 머리 부여잡으며 고통스런 표정으로 고개 들면, 생쥐 쓰다듬
으며 바름 관찰하듯 보는 서준 보인다. 바름과 눈 마주치자 씨익 미소 짓는.

S#4   무진구치소 접견실 앞/ 낮

무치   (초조하게 기다리다, 바름 나오자 뛰어가) 뭐래? (하다 창백한 바름 안색 살피며)
         얼굴이 왜 이래? 뭔 일 있었어?
바름   아니에요. 한서준…
무치   뭐?
바름   이거 한서준이 묶은 게 아니라구요. 이 매듭법 누구한테 배운 적도, 가르
         친 적도 보여준 적도 없대요.
무치   그 새끼 뻥 치는 걸 믿냐? 순진하긴‥
바름   정말 한서준이 묶은 매듭이 아니에요. (표정 위로)

S#5   과거. 무진구치소 접견실/ 바름의 회상/ 낮 (#3에 이어)

자신을 향해 미소 짓고 있는 서준의 품에 안긴 생쥐 바라보는 바름.

바름   (밀려오는 두통 참으며 중얼거리는) 저게 뭐야?

가까이 다가가 서준 품의 생쥐 찬찬히 보는데, 쥐머리 위에 튀어나온 실밥 마무리 오른쪽 처리되어있는.

바름   (E) 쥐머리에 튀어나온 실 매듭 끝이 오른쪽으로 되어있었어요.

S#6   현재. 무진구치소 접견실 앞/ 낮

바름   (봉투 속 매듭 들어 보이며) 근데 이 매듭 끝은 왼쪽이잖아요‥
무치   (황당한) 쥐 머리에 실밥이 있다고? (나오는 김교도 향해) 교도관!

S#7   무진구치소 내 하수구 앞/ 낮

황당한 듯 보고 있는 무치와 바름. 하수구 여기저기에 버려진 생쥐들 시체.

무치   (E) 쥐 대가리에다 뭔 짓을 해놓은 거야. 변태새끼.
김교도   (E) 잘 나가던 뇌 신경외과 의사였다면서요. 그 시절을 못 잊겠나봐요.
바름   (죽은 쥐 옆에 쭈그리고 앉아) 봐요. 오른쪽 매듭이죠? 동일인이 묶은 거라면 아무리 다른 매듭법이더라도 매듭 끝처리 방향은 같을 거 아니에요.
무치   (쥐머리에 튀어나온 실밥 보며 곰곰 생각하는)

S#8   구령병원. 뇌 신경외과/ 낮

외과장   (자료 건네며) 한서준의 수술기록은 학생들 수업자료로 남은 게 다입니다.

서준의 수술 자료 보는 바름 무치, 기록 속 매듭(의료용 매듭) 방향 모두 오른쪽.

무치   한서준은 분명 왼손잡인데‥ 왜 실 끝처리가 오른쪽이죠?

외과장   그런 의사들 간혹 있어요. 왜 야구선수들 평소엔 오른손 쓰다가 배트 잡을
           때만 왼손 쓰는 선수들 있잖아요. 그런 거랑 비슷하다고 생각하면 돼요.

S#9   구령병원. 주차장 앞/ 낮

차에 타는 무치와 바름.

바름   그럼 박두석 팀장님 딸을 죽인 범인이 한서준이 아니란 거잖아요?

무치   (시동 걸며) 두 가지 경우의 수가 있지. 한서준이 죽인 게 아니거나… 죽인
           건 한서준이지만 매듭을 묶은 건 다른 사람이거나.

바름   (하!) 공범…?

S#10   무진. OBN 방송국 임시 사무실/ 낮

헤드헌터 살인사건 자료 보는 홍주, 신문 기사 확인하는데‥ 〈헤드헌터 사건 담당
형사 딸, 5년 만에 유골로 발견〉 〈머리카락 DNA 검사 결과 담당 형사 딸로 확인〉
고통스러움이 역력한 홍주 얼굴 위로‥

S#11   과거. 창고 안/ 실내/ 홍주의 회상/ 밤 (7부 #24 동장소)

바닥에 툭 던져지는 송수정, 현수(8세) 덜덜 떨며 의식 없는 송수정 보고 있다.

서준   (밧줄 집어, 현수에게 획 던지며) 묶어놔! 깨기 전에.

현수   (바들바들 떨리는 손으로 수정 손에 밧줄 묶기 시작하는)

S#12   무진청 증거보관팀 사무실/ 낮

증거보관실 비밀번호 누르는 무치. 뒤에서 바름 무심히 보고 있는.

S#13   현재. 무진청 증거보관팀 증거보관실/ 낮

현수 매장지에서 나온 매듭 보는 바름. 무치, 현수 유골 발견 당시 현장 사진 보다 문득 한 사진에 시선·· 패인 나무 밑, 차 미등 파편들과 핏자국 보이는 현장 사진.

S#14   구령 인근 변두리. 비포장길 인근/ 낮 (1부 #4 동장소)

어느새 사진 속, 나무 앞에 서 있는 무치와 바름, 사진과 공간 비교하며 보는데··

무치   당시 여기 있던 나무가 패여 있었고 미등이 깨져 있는 걸 보면 차 사고로
        위장해서 유인했을지도 몰라.
바름   근데 좀 이상하지 않아요?

S#15   구령 인근 변두리. 비포장길/ 낮 + 과거. 비포장길/ 밤 (1부 #3 동장소)

1부 #3에서 택시 기사가 송수정 내려준 장소에 서 있는 바름과 무치.

바름   (E) 송수정이 사라진 그날은 폭설이 내렸던 날이었잖아요.

어느새 주변에 어둠 깔리고 무치와 바름 위로 눈 쏟아지는··

바름   (E) 택시기사가 여기서 송수정을 내려 줬다고 진술했구요.

저만치 택시 불빛. 택시, 그들 앞에 멈춰 서더니 차에서 수정 내린다. (1부 #3)공중전

화박스로 들어가는 송수정. 통화하는 수정 뒷모습 보는 바름과 무치.

무치 송수정은 저 공중전화박스에서 동생, 송수호에게 전화를 했어.
바름 (고개 돌려 공중전화부스 보면, 어느새 송수정 사라지고 없다.)
무치 끌고 갔다면 굳이 사고 현장을 꾸미지 않았겠지?
바름 그런데 한서준은 어떻게 송수정을 사고 현장까지 데리고 갔을까요? 자정
    이 넘은 시간에 사고 났다고 함부로 첨 보는 남자를 따라가진 않았을 텐
    데‥ (하다) 한서준이 아니라‥ 송수정이 경계하지 않아도 되는 사람? (하
    다) 역시 공범이 있었군요.
무치 (끄덕) 신고된 파출소에 가보자구. 당시 출동일지가 남아 있을지도 몰라.

S#16 구령 출동 파출소/ 낮

노소장 내가 갖고 있었어. 맘이 아파 안 버렸지.

낡고 허름한 파출소 안. 송수정 관련 출동일지 보고 있는 무치와 바름. 그 옆 정년 앞
둔 노소장 짠한 표정으로 이야기한다.

노소장 가 엄마가 딸내미 방송국에 취직했다고 온 동네 떡 돌리고 그랬거든.
바름 (출동일지 보다가 목격자 있음에 줄 그어진 부분 보며) 이건 뭐죠?
무치 목격자? (노소장 보며) 수사기록엔 그런 거 없었는데?
노소장 (보다) 아 김씨라고 수정이 없어진 날 동네서 외지 차를 봤다캐가 적었었지.
바름 외지 차요?
노소장 어. 혹시나 해서 물어봤는데 아가 같이 타고 있었다 카드라고. 설마 아 데
    꼬 댕기는 놈이 사람들 목 따고 다니겠나 싶어가 보고를 안 했지.
무치 애요?

플래시 컷/ "이 매듭은 좀 엉성해요. 마치 어린애가 묶은 것처럼‥" 7부 #91

무치 이분, 아직 여기 사세요?

S#17   목격자(김씨)의 집 마당/ 낮

김씨   그 길이 비포장 길이라 평소 차가 잘 안 다니거든. 근데 차 한 대가 어디 서 쑥 오더라고. 내가 우리 동네 차는 다 아는데, 모르는 차였어.

맞은편 승용차 불빛에 눈 찡그리며 보면, 운전석은 안보이고 옆 좌석, 고개 푹 숙인 채 앉아있는 스포츠머리의 아이 보이는.

김씨   (E) 운전석은 라이트 땜에 안 보였고, 조수석 사내 애가 얼핏 보였지.
바름   사내아이요?
김씨   (기억 더듬으며) 어. 한 열 살쯤 됐을라나? 하도 오래돼서…
무치   (갸웃) 한서준은 그때 자식이 없었는데·· (곰곰 생각하는)

S#18   구령청 실종전담팀/ 낮

화면에 실종 아동 사진과 기록 한 장씩 넘어가는데, 8~10세 또래 아이는 여자아이 한 명뿐이다. 화면엔 8살, 긴 머리 여아(정수진, 목에 토끼펜던트) 얼굴 떠 있다.

담당   그해에 실종 신고 된 또래 남자아이는 없는데요.
무치   전국 실종 아동 명단 다 본 건가요? 빠진 애들 없어요?
담당   네. 근데 지금이야 보육원 체계가 좋지. 옛날엔 지원금 줄어들까봐 애들 없어져도 신고 잘 안 했대요. 더구나 이런 지방에서 앵벌이 하던 애들은 누가 데려가도 없어졌는지 전혀 파악이 안 됐죠, 뭐.

S#19   차안/ 낮

바름   정말 한서준이 피해자들 유인책으로 아이를 이용했을까요? 만약 그 아이 가 제 2의 한서준으로 자랐다면… 생각만 해도 끔찍하네요.
무치   (운전하며) 아직까진 추론일 뿐이야. 들어가서 두 피해자들 사이에 공통된 30대 남자부터 찾아보자구.

S#20   무진청 증거보관팀 증거보관실 구석/ 밤

피해 여성들 사진 옆, 마지막 남은 30대 남자 사진 떼는 무치.

바름   피해 여성들 주변 인물 중에, 고아원 출신이나 25년 전 한서준을 도왔을
       만한 의심이 드는 30대 남자는 한 명도 없어요.
무치   그것뿐만 아니라, 사는 지역, 직업, 학교! 강민주와 홍나리 사이에 그 어
       떤 연관 관계도 없어. (미치겠는) 이해가 안 가. 분명 면식범 소행인데…
바름   에? 면식범 소행이라구요?
무치   응. CCTV에 강민주가 차에 스스로 올라탄 장면이 찍혔어. 것도 미소까
       지 지으면서. 홍나리 집 역시 강제로 침입한 흔적이 없고. 홍나리 스스로
       문을 열어줬단 얘기지. (보드 보며) 강민주 홍나리 둘 다 잘 알고 있는 사
       람인데.
바름   (중얼거리는) 아닐 텐데…
무치   (돌아보며) 뭔가?
바름   피해자들이랑 아무 상관없는 사람일 거에요. 놈은 분명 죽이는 걸 즐겼
       어요. (골똘히 생각하는) 저라면‥ 절대 주변 사람을 고르지 않을 거 같아
       요‥ 들키지 않고 오래오래 즐겨야 하니까요.
무치   (어이없다는 듯) 이 정순경아. 너라면 생판 모르는 놈 차에 빵긋 웃어가면
       서 냉큼 올라타고 아무한테나 대문을 막 열어 주겠냐?
바름   (무안한) 아니 뭐…
무치   두 사람 교집합 중에 분명 우리가 놓치고 있는 놈이 있을 거야. 첨부터 다
       시 살펴봐야겠어. (강민주 박스 열다) 어? (뒤진 흔적) 진짜 누가 만졌네?
바름   거봐요. 제 말이 맞죠?
무치   (천장에 달린 cctv 올려다보는)

〈점핑〉 컴퓨터 화면 속 여자 뒷모습 들어온다. 무치, 긴장해 보면 강민주 박스 열
고 물건 만지다 뒤돌아보는 홍주다! 놀라는 무치. 바름, 무치 반응 이상한 듯 보는.

S#21   OBN 화려한 외경 + 임시 사무실 앞 + 안/ 밤

청원경찰 따라 한참을 걷는 무치와 바름, 소품실 지나 복도 맨 끝 창고 방 앞에 선다. 한눈에 봐도 볼품없는.

무치   (당황하며) 여기에 있다구요?
청원   1년 휴직 끝나고 한 달 전에 복직했는데·· 여기서 대기발령 중이에요. 이
            쯤 되면 나가라는 건데… (하며 가고)
무치   (문 앞에서 잠시 망설이는데)
바름   (그런 무치가 의아한) 대체 누군데 그래요?

무치 대답 없이 서 있자 바름, 개의치 않고 똑똑 노크하고는 문 밀고 들어가는.

S#22   OBN 임시 사무실/ 밤

바름, 끼익 소리 내고 들어오면 낡고 비좁은 창고 같은 사무실 전경. 뒤따라 들어온 무치. 테이블 위 각종 자료 가득하고, 보드에 '구령산 터널 공사 현장서 여아 추정 유골 발견' '헤드헌터 한서준에 납치된 형사 딸로 밝혀져' 등 오래된 스크랩 기사들. 그 옆 강민주, 홍나리 살인사건 관련 기사들도 붙어있다.

무치   (의아한) 이걸 왜? (하는데)

문 열리는 소리에 보는 무치 바름, 문 앞에 선 홍주. 순간 세 사람 사이 묘한 정적. 홍주, 무치와 바름 번갈아 보며 긴장한 표정. 미세하게 떨리는 눈으로 홍주 보는 무치. 쿵, 심장 내려앉는 바름.

홍주   (바름 보며 담담하게) 건강한 모습으로 만나 반가워. 정순경.
바름   (가슴이 저릿해오는/E) 뭐지. 이건…?

S#23   OBN 임시 사무실 앞 복도 + 임시 사무실 안/ 밤

드르륵 소리 내며 떨어지는 자판기 속 캔 음료. 멍하니 서 있는 바름.

임시 사무실/ 마주 앉아 있는 무치와 홍주 사이에 어색한 침묵 감돌고 있다.

홍주	(먼저 입 떼는) 미안해. 일부러 속이려던 건 아니었어. 그게/
무치	/(말 자르며 냉랭하게) 그 얘기 듣자고 온 거 아냐.
홍주	(보면)
무치	경찰증거물 함부로 만지면 어떻게 되는지 몰라? CCTV에 찍혔으니까 발 뺌할 생각은 마.
홍주	(잠시 침묵, 이윽고) 홍나리 사건 현장 사진에서 손목에 상처를 봤어. 뭔가로 결박됐던 흔적이었어. 그래서 그거 확인하려고‥ 홍나리 집엘 갔었는데‥ 고형사랑 정순경이 하는 얘길 들었어. 그래서 강민주 매듭을 확인하려고/
무치	/그걸 왜 최피디가 확인하려고/

하는데 바름, 캔 음료 들고 들어온다. 말 잠시 멈추는 무치, 시선 피하는 홍주 힐끔 보는 바름, 테이블 위로 캔 음료 내려놓는다.

무치	(박현수 사건 스크랩 붙어있는 보드판 보며) 저거랑 상관있는 거야?
홍주	(끄덕) 강민주와 홍나리, 손에 묶였던 매듭이‥ 혹시 20년 전에 발견된 헤드헌터 담당형사의 딸 유골에 묶여있던 매듭과 같은지 확인하려고 한 거야.
무치	(놀라보는) 그걸 어떻게 알았어? 박팀장님 딸한테 묶여있던 매듭이 강민주 매듭이랑 같은 걸 어떻게 알았냐고.
홍주	사형 다큐. 그거 준비할 때, 헤드헌터 사건자료집에서 그 아이 유골에 묶인 매듭을 봤었어. 특이한 매듭이라 기억하고 있었고. 최근 똑같은 매듭을 보게 돼서 취재 중이었어.
무치	거짓말 마. 강민주 손이 밧줄로 묶여있었단 건 언론에 공개됐지만, 매듭 모양은 공개되지 않았어. 근데 어떻게 같은 매듭 모양이란 걸 알고 취잴 해.
홍주	(그런 무치 보다) 강민주 매듭을 본 게 아냐.

홍주 일어나 책상 서랍에서 뭔가 들고와 툭 던져놓는다. 바름, 홍주의 표정, 몸짓 하나까지 놓치지 않고. 봉투에 담겨있는 매듭 보고 놀란 무치, 강민주 매듭과 같다!

홍주   강민주가 첫 살인이 아닐지 몰라. 이미 한 달 전에 살인이 시작됐을지도…

S#24   과거. 공원 벤치 앞/ 한 달 전. 사건 당일/ 밤

강아지(포메라니안) 데리고 산책하는 김영희. (비니 씀) 한 달 전 자막 뜬다. 벤치에 앉아 강아지 목줄 풀어주면 신난 강아지 쪼르르 돌아다니는‥

홍주   (E) 복직하자마자 한 아주머니가 찾아왔어. 자기 딸이 살해된 것 같다고

그 모습 흐뭇하게 보고 있는데 김영희에게 달려오는 흰 강아지. (스피츠)

김영희   아휴. 이뻐라‥ (강아지 안으면 김영희 앞으로 드리우는 그림자. 올려다보며) 애 이름이 뭐예요? (하다 반갑게 미소 지으며) 어? 안녕하세요?

〈점핑〉 과거. 공원 안. 사건 현장/ 밤 + 현재. 공원 안. 사건 현장/ 밤
강아지, 벤치 앞으로 쫄래쫄래 오는데 아무도 없다. 강아지, 주인 찾아 벤치 뒤 숲길로 가면 김영희(비니) 허리 뒤로 결박된 손에 매듭 묶인 채 엎드린 상태다. 짖던 강아지, 김영희 손에 묶인 매듭 물어뜯기 시작하고 거의 다 끊어져 가는데‥ 강아지, 자기 위로 드리운 그림자 향해 멍멍 짖는다. 어느새 강아지 짖던 자리에 무치와 바름, 홍주 서 있고 강아지 소리 들리지 않는다. 그들 시선에 나무에 매달린 채 죽어있는 강아지 사체, 바닥에 털 잔뜩 붙은 김영희 비니 덜렁 남겨져 있다.

홍주   경찰은 단순 가출 사건으로 봤어.
바름   단순 가출이요? 반려견이 죽은 채 발견이 됐는데두요?
홍주   (끄덕) 평소 김영희는 심한 우울증을 앓고 있었대.

인서트 컷/ 과거. 공원 안. 사건 현장/ 낮/ 현장 보고 있는 경찰, 수색 중인 경찰들.

홍주   (E) 그래서 경찰은 우울증이 극심해진 김영희가 반려견을 죽이고, 잠적
한 걸로 보고 가출신고 접수만 한 채 수사를 종결했어.

S#25   현재. 공원 안/ 밤

무치   아니, 이 매듭이 있는데, 단순 가출로 봤다고?
홍주   /여기 있었던 게 아냐. 여기서 50미터 정도 떨어진 곳에 있었어. 당시 경
찰이 발견 못 했던 거고··
바름   근데 그걸 어떻게 찾으셨어요?
홍주   김영희 엄마 얘기를 듣고, 단순가출이 아니란 걸 직감했어. 그래서 취잴
시작했는데사건 당일 공원 청소 리어카가 한 대 없어진 사실을 알았어.

바름, 보면 어느새 주변 어둠으로 변하고 김영희 시신 덮인 채 리어카 끌고 가는 사
내의 실루엣. 유유히 어둠 속으로 사라진다.

S#26   과거. 수로 위 + 아래/ 밤

어둠 속, 누군가 끌고 가는 리어카. 돌부리에 걸려 덜컹하자 김영희 손에 덜렁거렸
던 밧줄 뚝 끊어지며 리어카 밖으로 툭 떨어지면, 수로 아래로 떨어지는··

홍주   (E) 범인은 몰랐을 거야. 강아지가 물어뜯어 매듭이 헐거워졌던걸··

물에 떠내려가던 밧줄 순간, 배수구 철망에 툭 걸리는…

S#27   현재. 하수구 수로/ 밤

철망 앞, 서 있는 바름, 무치와 홍주.

홍주   여기 걸려 있었어.
무치   찾았음 경찰에 당장 갖다 줘야지. 왜 갖고 있어?
홍주   나 뒷방 신세인 거 봤잖아? 다시 셜록홍주 부활시키려면 대박 아이템 하
         난 갖고 있어야지.
무치   뭐? 당장 안 내놔!? 사람이 죽었어. 또 누가 죽어나갈지도 모르는데, 당신
         사람 목숨으로 장사할래? 내놔!
홍주   (빤히 보다) 그냥은 못 줘. 조건이 있어.
무치   뭐? (기가 막힌) 뭔데?
홍주   나 이번 사건 단독 취재할 거야. 그러니까 사건 수사 관련해서 나온 내용
         전부 나랑 공유해.
바름   그거야 뭐. 그러면 되겠네요/
무치   /싫어. 난 당신이 불편해.
바름   (이게 무슨 상황인가 당황하는)
홍주   뭐 나라고 고형사가 편할 거 같아? 하지만 어떡해. 대기발령 상태로 손
         놓고 앉아 있다가 회사에서 짤릴 순 없잖아!
무치   (그런 홍주 물끄러미 바라보며 담담하게) 진짜 이유가 뭐야?
홍주   (당황스런) 뭐?
무치   내가 당신을 몰라? 진짜 이유가 뭐냐고. 그 놈 잡고 싶은 거잖아. 대체 왜
         그렇게 그 놈을 잡고 싶어 안달이 났는데?
바름   (그런 무치와 홍주 무슨 일인가 번갈아 보는)

S#28   편의점 앞 야외테이블/ 밤

생각에 잠겨 터덜터덜 걸어오는 바름, 정바름! 부르는 소리에 돌아보면 동구
야외테이블에 앉아서 맥주 마시고 있다.

바름   어. 동구야. (가서 앉으면)
동구   뭔 일인데? (맥주 한 모금 마시는)

바름	(망설이다) 결혼준비는 잘 되가?
동구	그거 물어볼라고 보자 그랬냐? 말마라. 아오!! 결혼하기 왜 이렇게 힘드냐. 평생 싸울 거 지금 다 싸우는 거 같아. 넌 장가가지 말고 살아.
바름	(위로하는) 결혼하는 게 쉬운 건 아니겠지·· 잘 할 수 있을 거야.
동구	(마시고는 살피며) 말해봐. 진짜 만나자고 한 이유? 뭔데? 니가 우리 동네까지 오는 거 보면 중요한 얘기 같은데··
바름	그게 아니라… 그게… (망설이다) 너 최홍주 피디라고 알아?
동구	최피디님? 알지! 성요한 잡는다고 니네 집서 동고동락했잖아. 어 기억났어?
바름	혹시 말야·· (망설이는)
동구	혹시 뭐.? 새끼 뜸 드럽게 들이네. 뭐어~~
바름	내가 그 분 좋아했었니?
동구	뭐? (황당한) 니가? 음흉한 새끼. (실눈 뜨고 보다) 넌 어쨌는지 모르지만 피디님한테 넌 아냐~ 고형사님이랑 뭔가 분위기가·· (하다 갑자기 욱) 얌마 근데 너 봉이한테 그럼 안 되지!
바름	봉이? 아·· 니가 자주 얘기하던 그 오봉이라는··
동구	(허!) 그 오봉이? 최피디님은 기억나고, 봉이는 기억이 안 난다? 이거 완전 도그베이비네. 개자식! 너 나한테 코뼈 뿌러져볼래?
바름	그게 아니라·· (야옹 하며 길냥이 다가오자 테이블에 놓여있는 육포 주는)
동구	(놀라 후닥 뺏으며) 얌마. 그걸 주면 어떡해. 짠 거 먹이면 죽어. 얘네들.
바름	어? 아… 미안. 아무 생각 없이…
동구	에휴·· 것도 잊었나 보네. 길냥이들 간식을 직접 만들어 멕이던 놈이·· 쯧··
바름	(시무룩해지는)

S#29 바름 집 방 + 거실/ 밤

현관문 열고 들어오는 바름, 피곤한지 소파에 털썩 주저앉아 생각하는.
플래시 컷/ 재훈 앞, 비에 젖은 채 떨고 있는 머리에 실밥 나온 생쥐. (1부 #76)
플래시 컷/ 재훈 시선, 먹구렁이를 역공격하며 물어뜯는 생쥐의 모습. (1부 #1)

바름	(혼란스러운) 뭘까? 대체 그 기억은… (생각난 듯 후다닥 일어나)

거실 장식장 밑 서랍 등 열어보며 뭔가 열심히 찾다, 창고 안에 쌓여있는 물건들 뒤지는데, 그러다 녹슨 빈 새장 발견한다. 뭔가 싶어 보는데‥

바름이모   (E) 뭐 찾아?
바름   (돌아보면 이모, 냄비 싼 보자기든 채 현관 앞에 서 있다) 아. 혹시 앨범이 있나 해서요, 저 유치원 때 사진 있음 좀 보려구요.
바름이모   유치원 때? 갑자기 사진은 왜?
바름   아‥ 그냥 어릴 때 기억이 얼핏 떠오르는 것 같아서‥
바름이모   그래? 우리 집에 몇 장 있긴 한데‥ 담에 올 때 갖고 올게.
바름   아. 네. 그래주세요. (구석에 녹슨 새장 가리키며) 근데 저건 뭐예요?
바름이모   아, 저거? 사고 전에 니가 잠깐 새를 키웠었어‥
바름   (이모 말에 새장 다시 돌아보는데)

플래시 컷/ 창가에 걸린 새장 속 지저귀는 새 보는 바름. (6부 #111)

바름   아‥ 얼핏 기억이 나는 거 같아요‥ 근데 어딨어요?
바름이모   (당황하며) 저녁 안 먹었지? 너 좋아하는 청국장 끓여왔는데. (뚜껑 열면)
바름   (인상 찌푸리며 코 막는) 어흐‥
바름이모   왜 역해? (이상한) 치울게. (얼른 뚜껑 닫고 거실 창 활짝 열고 바름 보며) 근데 너 입맛이 변했다? 청국장이라면 자다가도 벌떡 일어나던 녀석이‥
바름   제가요? (하는데 핸드폰 울리는) 네. 제가 정바름인데요. 철거 사무실이요?

S#30   무진북부서 강력팀 팀장실 안 + 밖/ 낮

증거 봉투 속, 김영희 손에 묶였던 매듭 보는 호남. 그 앞, 무치 서 있다.

호남   그러니까 김영희, 강민주, 홍나리 모두 한 놈이 저지른 소행이다?
무치   (끄덕) 이 매듭 안에 혹시 상피조직 같은 게 있을지 모르니까 국과수에 확인해보세요.
호남   알았어. (하며 김영희 매듭 봉투 들고 나가려는데)

무치	이 새끼 제가 잡을게요.
호남	뭐? 니가 그 놈을 왜 잡아. 넌 증거보관팀 소속이야. 강력팀이 아니라고.
무치	에이. 그러지 말고 국과수 결과 나오기 전까지만, 며칠만 시간 줘요. 아시
	잖아요. 나 뼛속까지 강력계 형사인거·· 언제까지 증거보관팀에 처박혀있
	어요. 강력팀에 복귀하려면 성과가 있어야 할 거 아니에요. 한 번만 기회
	줘요. 범인 잡아다 팀장님 앞에 딱 대령시킬게. 예?
호남	(간절한 눈빛에 흔들려 못 이긴 척) 알았어. 대신 이거 결과 나올 때까지다!

신난 무치, 팀장실 문 벌컥 열고 나오면. 강형사, 나가는 무치 못마땅하게 보는.

S#31 현재. 구동 재개발추진사무실/ 저녁 (오후)

바름	(서류에 사인하며) 철거는 언제 되나요?
관계자	(달력 보며) 대선 전에는 철거될 거예요.
바름	그럼 이 동네 지금 아무도 안 사나요?
관계자	예. 아무도 안 산 지 꽤 됐죠.
바름	아. 그럼 가보겠습니다. (가려다 문득) 저기·· 제가 살던 집이 어디죠?

S#32 구동 바름의 집 앞마당 + 뒷마당/ 저녁 (오후)

끼익 대문 열고 들어가는 바름. 지저분한 마당 서는 순간 떠오르는 기억들. 거실 커튼 사이로 새장 속 어병이 짹짹거리고, 주방, 청국장 끓이고 있는 이모. 까치집 머리의 바름 기지개 켜며 나와 어병이 밥 주는. 한숨 내쉬고는 뒷마당으로 가면, 이미 시든 대형 화분. 기억 속 정성껏 물주는 자신 모습. 바름, 화분 쪽 가면 화분 앞 대치 중인 자신과 요한 모습 보인다. (6부 #107) 순간 머리 깨질듯 한 두통! 바름, 비틀거리며 가는데·· 바름 사라진 후에도 카메라 죽은 화분 한참을 비춘다.

S#33 구동 바름의 집 밖/ 밤/ 흐림 -> 비

두통 가시질 않는지 관자놀이 누르며 나오는 바름. 후두둑. 빗방울 떨어지는.

S#34   구동 마을 다리 앞 + 위/ 밤/ 비

쏟아지는 빗속. 바름, 손으로 머리 가리며 다리 위 뛰어가는데·· 저 앞 가방 쓴 채, 종종걸음으로 뛰어가고 있는 여학생 보인다. 순간 바름 기억 속에서 파박!

퀵 플래시/ 구동마을 입구 다리 앞/ 땅거미 (2부 #43)
바름의 시선. 비 맞으며 다리 건너는 봉이의 뒷모습.

바름   (어느새 홀린 듯 뛰어가 여학생 어깨에 손 짚으며) 오봉이?

엄마야! 놀라 엉덩방아 찧는 여학생 봉이 아니다. 바름, 멍하니 보는 위로·· 파바박!

퀵 플래시/ 구동마을 입구 다리 앞/ 땅거미 (2부 #43)
봉이, 자신의 어깨 잡은 손길에 으악! 뿌리치며 발작하듯 드러눕는다.

퀵 플래시/ 골목 마지막 집 안/ 낮 (3부 #71)
봉이할매, "거시기·· 우리 봉이 그 가시나… 정순경이 가끔씩 들여다봐 줘·· 잉?"

뭐야? 하는 표정으로 가는 학생 멍하니 보는 바름. 빗속에 우두커니 서 있다.

S#35   공원/ 밤/ 비

김영희가 사라진 곳 앞에 쪼그려 앉아있는 무치, 생각에 잠겨있다.
눈앞, 환상처럼 보이는, 엎드린 채 끅끅거리는 김영희 손에 매듭 묶는 실루엣.

S#36   봉이네 학교 전경 + 현관 앞/ 낮

현관 나오는 바름 위로.

담임 (E) 할머니 일 있고, 학교를 안 나왔어요. 안타깝죠. 졸업이 코앞이었는데‥

S#37 구동역 앞 체육관/ 낮

바름 (쪽지에 자신의 전화번호 적어주며 관장에게 주는) 혹시 연락되면 저한테 바로 연락 좀 부탁드립니다. (인사하고 나가려다 문득, 링 쪽 돌아보는데)

동장소/ 바름의 회상 메치기. 조르기, 누르기 등 각종 기술 구사하며 바름 가지고 놀듯 요리하는 봉이 보인다. (3부 #74)

바름 (헉헉거리며) 너 정말 졸업하면 오빠한테 시집올래?
봉이 지랄한다. 증말….

바름 (쓸쓸히 텅 빈 링 바라보며) 어딨는 거야‥ 오봉이….

S#38 바름 집 근처 골목/ 밤

터벅터벅 걸어오는 바름. '야옹' 작게 들리는 고양이 울음소리. 바름, 소리가 나는 쪽 보면 쓰레기 더미가 있다. 쓰레기 더미 치우면 축 늘어져 있는 만삭의 고양이.

S#39 바름의 집 거실/ 밤

바름 (조심스레 고양이 안고 들어와 소파에 조심스레 놓으며) 가만‥ 새끼 낳으려면 안락한 공간이 필요한데‥ (둘러보다 생각난) 참! 잠깐만 있어.

창고에서 녹슨 새장 꺼내오는 바름. 찌그러진 문 떼어내고, 걸레로 철망에 긴 녹 닦아내자 새것처럼 깨끗해진다. 새장 안, 푹신하게 담요 깔고 안에 넣어주며.

바름   오! 새것 같네. 어때? 맘에 들지? (새장 보다가 퍼뜩! 후다닥 뛰어나가는)

S#40   홍나리의 집 안/ 아침

하품 늘어지게 하며 들어오는 무치. 바름, 이미 집 안에 들어와 있다.

무치   대체 뭔데 꼭두새벽부터 호출이야?
바름   저기요! (가리키는 곳, 창에 설치되어있는 방범창이다.)
무치   저게 뭐?
바름   (핸드폰 꺼내 줌인해서 촬영된 피해자들 집 동영상 보여주며) 이거 보세요.

바름의 회상 (몽타주/ 플래시 컷)
바름, 피해자(김영희, 강민주) 동네, 집 외경, 담벼락, 외부 쪽 방범창, 집안 구석구석
찢긴 벽지, 벽지에 낀 곰팡이 등 줌인해 영상 촬영하는 컷컷! (줌인 촬영 PPL)

바름   (E) 어젯밤에 김영희, 강민주 집에 가서 찍어온 사진들이에요.
/바름   (줌인 촬영한 영상 보여주며) 동네도 집도 다 낡았죠. 벽지에 곰팡이도 보이
              고, 여기저기 금도 가 있고‥
무치   근데?
바름   여기 봐요. (줌인 촬영된 김영희, 강민주 방범창 짚으며) 그에 비해 방범창만
              너무 새것 같지 않아요?
무치   (고개 들어 창에 설치된 방범창 보며) 새로 달았다?
바름   네, 보세요. (줌인 촬영한 동네 다른 집 반 지하, 1층 창문 보여주며) 피해자들
              이 살던 동네들은 모두 반 지하나 1층 같은 곳에 방범창이나 CCTV가 거
              의 설치돼있지 않잖아요. 그런데 세 피해자 모두 혼자 살고 있는데 집에
              새 방범창이 달려있어요.
무치   (눈 반짝) 방범창 달아준 직원? 그래서 우연히 만나도 의심하지 않았을 거
              야. 공통된 지인에서도 빠진 거고?

바름   (끄덕)

S#41   몽타주 (방범창 업체, 구청 여성가족과)/ 낮

방범창 업체/ 낮

업체   (방범창 사진 확인하는) 이 모델은 시에서 계약해서 공급한 건데요.

무진시청 여성가족과/ 낮

시담당자   맞아요. 우범지역에 혼자 사는 여성들을 대상으로 한 캠페인이었죠.
무치   어느 지역이죠?
시담당자   (지도 가져와 여기. 여기. 여기! 짚는)
무치   (눈빛 반짝) 김영희, 강민주, 홍나리 집이 다 포함되어있어.
바름   설치는 누가 해준 건데요?
시담당자   아‥ 자원봉사자분들이요.
무치   자원봉사요?
시담당자   네. 한국방범협회 회원사들과 함께 한 캠페인이었는데‥ 자원봉사단 모
            집을 그쪽에서 진행해서, 명단도 그쪽에서 가지고 있어요.

S#42   마당 있는 1층짜리 봉사팀 사무실 마당/ 낮

사무장 따라가는 바름과 무치. 마당에 흰색 개(스피츠)자고 있다.

바름   (문득) 저 개는 여기서 키우는 건가요?
사무장   네. 유기견인데 여기 봉사자분들이 돌아가면서 돌봐줘요.
바름   (보는데)

플래시 컷/ #22에서 본 김영희 비니 사진 떠올리는 바름. 비니에 붙어 있는 흰 털.

바름	죽은 김영희 개도 흰색이었죠?
무치	(끄덕이며 전화하는) 복팀장님. 김영희 모자에 묻어 있던 개털에 다른 종류가 있는지 좀 확인해줘요.

S#43   봉사팀 사무실 안/ 낮

봉사자 명단 보는 무치.

사무장	(설명하는) 교사, 변호사, 일반 직장인분들까지 아주 다양하죠.
무치	(명단들 훑어보며) 각 집마다 누가 달아줬는지 알 수 있나요?
사무장	그게 일시적인 이벤트라, 워낙 많은 사람들이 봉사를 와서 누가 어느 집을 달아줬는지는 일일이 기록돼 있지 않습니다.

난감한 무치. 돌아보면 바름, 벽에 전시된 기념사진 본다. 봉사자들이 방범창 달아주고 집 앞에서 찍은 사진들이다.

무치	(눈 비비며) 이렇게 타이트하게 찍으면 누가 누구네 집인지 어떻게 알아··
바름	(사진 하나 뚫어지게 바라보다 사무장에게) 혹시 이 사진, 원본 있어요?

〈점핑〉 컴퓨터 화면 보면. '여성 안심 프로젝트' 현수막에 가려 보이지 않는데··

무치	(화면 속 사진 원본 보며) 여기가 뭐?
바름	홍나리 집 빌라예요.
무치	여기가? 어딜 봐서?
바름	(플랜카드 아래 확대해) 이거요. (1층 확대해) 홍나리 옆집 베란다에 책장이 있었는데 거기 거북이 스티커가 붙어있었어요·· (화면 속 거북이 스티커)

S#44   홍나리 집(샛별 빌라) 앞/ 낮

확대된 사진 속 스티커 붙어있는 베란다 책장 속 거북이 스티커.

무치   (비교해서 보고 있는) 어떻게 여기 이런 게 있는지 알았어?

바름   그때 형사님이랑 왔을 때요. 나가는 길에 봤어요.

무치   옆집 베란다에 있는 것까지 기억한다고? 뇌 수술하더니 천재 된 거 아냐?

바름   (피식) 정말 그랬음 좋겠네요.

무치, 사진 다시 보면 노란 조끼 입고 [여성 안심 프로젝트]라는 현수막 앞에서 웃으며 사진 찍은 7명의 봉사자들 (만호와 형철 포함)

무치   그럼 이 중에 있겠군. 그 살인마 새끼! (사진으로 줌인 되는)

S#45   봉사팀 사무실 + 모니터 화면/ 낮

봉사자 7명 사진 속 순서대로 앉아있고, 그 앞 카메라 세팅되어있다.

홍주   (인사하는) 여성 범죄에 관한 다큐를 준비 중인 OBN 최홍주 피딥니다. 바쁘실 텐데 이렇게 시간 내주셔서 감사합니다. 자, 인터뷰 시작해볼까요?

컷컷컷! (스피드하게 한 컷씩)

봉사자1   (손 제스처) 딸이 서울에서 혼자 대학 다니면서 자취하거든요. 딸 생각에··

김백기   (손 제스처) 제가 딸만 다섯. 딸 부자거든요. 가끔 뉴스에 여성 범죄가 일어나면 남의 일 같지가 않아서 이런 좋은 일에 참여해 보자 해서 신청했죠.

정만호   (무표정하게) 딸 생각이 나서 참가했어요··

우형철   (손 제스처) 아내가 임신을 했어요. (핸드폰 초음파사진 보여주며) 이쁘죠? 딸이래요. 이제 딸 가진 아빠가 될 생각을 하니, 세상에 모든 여성들이 그 부모들에겐 목숨보다 소중한 보물이겠구나 싶은 마음에·· 세상 모든 딸들이 안전하게 살 세상에 조금이라도 일조하고 싶어서··

카메라 뒤에서 봉사자들 인터뷰하는 모습 유심히 보는 바름과 무치.

〈점핑〉

홍주   바쁘신데 인터뷰 응해주셔서 감사드립니다. 약소한 선물 준비했습니다.

바름, 7명에게 보자기와 상자(포장 마무리 안 된) 가져다주면. 일동, 상자 뚜껑 열어보면 고기 포장이다. "뭘 이런 걸?" 등등의 감사 표시 하는.

S#46   모니터 화면 + 봉사팀 사무실/ 낮

카메라 모니터 화면 속, 선물상자 보자기 싸는 일동, 자세히 보고 있는 홍주와 무치. 정만호, 김백기, 왼쪽 매듭으로 싼다.

무치   두 명이 왼쪽 매듭이야, 정만호. 김백기.
홍주   난 정만호 같던데‥ 표정도 없고 거짓말도 하고‥

플래시 컷/ 봉사팀 사무실/ 낮 (#44 상황)
정만호   딸 생각이 나서 참가했어요‥
김백기   정씨. 자식 없잖아?
정만호   (당황하는) 아니. 그게‥

홍주   당황하는 거 봤지? 거짓말로 둘러댄 거야.
무치   흠… 그렇긴 해…

S#47   봉사팀 사무실 복도/ 낮

무치, 홍주 나오다 창밖 보고 있는 바름 시선 따라 보면 마당에 개 보이는.

무치	뭔 생각을 그렇게 해?
바름	그 놈 김영희 반려견을 잔인하게 죽였다고 했잖아요. 나무에 매달아서…
무치	근데?
사무장	(복도 끝에서 걸어오며) 인터뷰는 끝나셨어요?
홍주	네. 끝났/
바름	/아직 안 끝났는데요.
홍주,무치	(바름 보면)
바름	야외에서 인터뷰 한 번만 더 부탁드리죠. 김백기, 정만호씨 만요.
사무장	알겠습니다. (뛰어가는데)
바름	(사무장에게 소리치는) 참, 우형철씨두요!

S#48   봉사팀 사무실 마당/ 낮

김백기 오면, 강아지 놀아주고 있는 바름. 옆엔 인터뷰용 의자, 카메라 세팅돼있다.

바름	여기서 잠시 기다려달라던데요. 차에서 카메라 장비 좀 가지고 온다구요··
김백기	네. (자리에 앉아 자연스레 강아지 쓰다듬어주는)

〈점핑〉 우형철, 바름이 강아지 쓰다듬는 모습을 흐뭇한 표정으로 보고 있다.

바름	(강아지 쓰다듬으며) 앉으세요. 금방 오실 거에요.
우형철	(앉자, 강아지 비벼 대면 아빠 미소 지으며 자연스레 강아지 쓰다듬어주는)
바름	(보는데)
홍주	(뛰어와 다른 삼각대 펴며) 기다리게 해서 죄송해요. 그럼. 인터뷰할게요.

〈점핑〉 정만호, 못마땅한 얼굴로 와서 의자에 털썩 앉으면, 강아지, 정만호 다리에 몸 부비지만 정만호, 귀찮다는 듯 강아지 손으로 휙 치우며.

정만호	비켜! (투덜대며) 바빠 죽겠는데. 뭘 더 물어볼 게 있다고. (바름 보면)
바름	(강아지 양 목 긁어주며) 그게 야외 인터뷰 컷도 필요한가 봐요. (하며 강아

지 옆구리, 꼬리 밑까지 쫙 쓰다듬어 준다)

정만호   (강아지, 다시 만호에게 비비자 계속 싫은 듯 밀치는)

바름   (강아지 끌어안으며 꿍 불편해하는 만호 보며) 강아지 안 좋아하시나 봐요.

S#49   봉사팀 사무실 복도/ 낮

창밖으로 인터뷰 중인 홍주와 정만호 모습 지켜보고 있는 무치. 바름, 다가오면.

무치   역시 정민순가? 개를 싫어하는 게 역력하게 보이던데.

바름   (고개 젓는) 아뇨.

S#50   OBN 임시 사무실/ 낮

홍주   뭐? 우형철? (황당) 우형철은 보자기를 묶을 때 오른쪽 매듭이었어. 강아지도 제일 예뻐했구‥ 것보다 아이 초음파 사진 보여주던 눈빛이 절대 살인마가 아니었다구.

바름   확실해요. 보세요 (모니터 화면 틀어주면)

모니터에 봉사자1. 김백기. 정만호 인터뷰하는 모습

바름   (보며) 김백기, 정만호, 다른 봉사자들은 제스처가 모두 일정해요. 그런데 보세요. (우형철 인터뷰 화면 틀어주면)

우형철   딸이래요. 이제 딸 가진 아빠가 될 생각을 하니, 세상에 모든 여성들이 그 부모들에겐 목숨보다 소중한 보물이겠구나 싶은 마음에‥ 세상 모든 딸들이 안전하게 살 세상에 조금이라도 일조하고 싶어서‥

바름   봐요. 우형철이 세상에 모든 딸들이 안전한 세상에 조금이라도 일조하고 싶어서‥ 라고 할 때 제스처가 커지고 많았어요‥ 세상에 모든 여성들이 그 부모들에겐 목숨보다 소중한 보물이겠구나, 할 때는 마치 제2 외국어를 하는 사람 같이 자신이 이해하지 못하는 개념을 설명하는 사람 같죠?

무치   (자세히 살펴보는)

홍주   손동작만 가지고 판단하는 건 억측 아닌가?

바름   저도 그럴까봐 한 번 더 확인한 거예요. 야외 인터뷰 때 확신했어요.

S#51   과거. 봉사팀 사무실 마당/ 바름의 회상/ 낮

바름, 강아지 쓰다듬고 있으면 정만호 온다.

바름   (E) 저는 일부러 봉사자들 앞에서 강아지를 똑같은 방식으로 쓰다듬었어요.

바름의 강아지 쓰다듬는 행위 (차례로)

바름   (목 쓰다듬는/E) 목 양옆을 긁어주고, /(E) 옆구리를 쓰다듬어주고, /(E) 꼬리 밑까지 쫙 쓰다듬어주었죠.

강아지 불편해서 만지지도 않는 정만호 위로

바름   (E) 정만호는 아예 강아지를 쓰다듬지 못하고 불편해하는 기색을 드러냈고, 김백기와 우형철은 둘 다 강아지를 애정 있게 쓰다듬어주는 것 같았지만··

김백기, 강아지 귀여워하며 쓰다듬는 위로

바름   (E) 김백기는 강아지의 목 양옆, 옆구리, 귀 뒤를 쓰다듬어줬어요.

우형철 쓰다듬는 순서 위로

바름   (E) 하지만 우형철은 목 양옆, 옆구리, 꼬리 밑을 쓰다듬어줬죠.

S#52   현재. OBN 임시 사무실/ 낮

무치   그게 뭐?

바름   강아지들은 대부분 꼬리 밑을 쓰다듬는 것을 불편해하기 때문에, 강아지

를 진짜 좋아하는 사람은 절대 꼬리 밑을 쓰다듬지 않아요‥

홍주   그런데 왜 우형철은 꼬리 밑을 쓰다듬었지?

바름   그건 저 때문이죠.

무치,홍주   ?

바름   제가 그 사람들 보는 앞에서 일부러 꼬리 밑을 쓰다듬었거든요. 그런데 김백기는 꼬리를 쓰다듬지 않았어요.

플래시 컷/ 바름 쓰다듬는 걸 보는 우형철. 똑같이 쓰다듬는 우형철. (#47 상황)

바름   (E) 하지만 우형철은 제가 꼬리 밑을 쓰다듬는 것을 보고 똑같이, 순서까지 맞춰서 꼬리 밑까지 쓰다듬었어요‥ 저를 그대로 따라 했다는 거죠.

바름   그건 우형철이 진짜 강아지를 좋아해서 쓰다듬은 게 아니라, 경찰인 저에게 자기가 강아지를 좋아한다는 걸 보여주기 위해 계산하고 모방한 거예요. 우형철은 싸이코패스가 확실해요.

홍주   그럼 매듭은? 어떻게 설명할 건데? 분명 매듭을 오른쪽으로 마무리했는데.

바름   놈은 우리 인터뷰가 가짜라는 걸 진즉 눈치챘어요. 그래서 일부러 평소와 다른 쪽으로 매듭을 묶은 거죠. 이거 보세요. (핸드폰 영상 찾아 보여주며) 우형철이 패널로 출연한 방송인데요. 보세요.

무치, 바름이 준 핸드폰 영상 보면 종편에 출연한 우형철 변호사다. 성요한 연쇄살인사건 유가족 소송 변호인 네임자막.

무치   우형철이 유가족 측 변호사였네? 근데 이건 왜‥? (하는데)

바름   (같이 보다가 영상 스톱 시키며) 펜이요! 왼손으로 잡고 있죠?

무치   (영상 속 형철 볼펜 쥐고 쓰는 모습 확인하고는 눈빛 반짝) 왼손잡이네. 그런데 오른손으로 매듭을 묶었다. 마치 오른손잡이인 것처럼‥ (문득 바름 보며) 근데 너 싸이코패스에 대해 공부라도 했나? 뭘 근거로 그렇게 확신해?

바름   (뭐라고 얘기해야 하나) 그냥‥ 그냥 알겠던데…

무치   또! 또! 그냥 같은 소리 하네. 뭐 싸이코패스 대가리 속에 들어갔다 나오기라도 했나?

홍주   (그 말에 순간 긴장한 눈으로 바름 보는!)

S#53　거리 + 우형철 차 안/ 낮

우형철　(통화중인) 네. 아버지. 사무실 근처요? 잠깐 계세요. 거의 다 도착했어요.

S#54　우형철 변호사 사무실 앞/ 낮

주차하고 보자기 들고 내리는 우형철, 들어가려는데 누군가 기다리고 서 있다.

강덕수　(씨익 웃으며) 오랜만입니다. 우변호사님.

우형철　(순간 알아보고 반갑지 않은) 아. 출소했단 뉴스는 봤습니다.

강덕수　다 변호사님 덕분입니다. 감사드리고 있습니다. 주취 감형이란 아주 훌
　　　　륭한 법 조항을 알려주셔서 가지고‥

우형철　누가 들으면 오해하겠네요. 강덕수씨가 술에 취해 아무것도 기억이 안 난다
　　　　고 한 걸 제가 믿어서‥ 그땐 초임변호사 시절이라 제가 참 순진했습니다.

강덕수　그러게요. 제가 거짓말한 거 알고는 바로 사임계 제출해서 참 섭섭했습
　　　　니다. 끝까지 변호해주셨음 더 빨리 나왔을 텐데‥

우형철　(불쾌한 표정 지으며) 절 찾아오신 용건이 뭡니까?

강덕수　그 아이 지금 어딨는지 아시나 해서‥

우형철　그 아이라뇨? 허… 설마‥

강덕수　아, 오해는 마십시오. 직접 만나 무릎 꿇고 사죄하고 싶은데‥ 우리 변호
　　　　사가 절대 가르쳐주질 않아서‥ 정말 사과하고 싶은데‥

우형철　제가 어떻게 압니까?

강덕수　그때 서류에‥ 혹시 주소라도‥

우형철　모릅니다. 그리고 그때 대리인 사임했을 때 사건 관련 서류 바로 폐기했
　　　　구요. 그리고 설사! 어디 사는지 안다고 해도 절대 알려줄 수 없습니다.

강덕수　할 수 없죠 뭐. 보다시피 다리에 이걸 차고 있어서 막 찾아다닐 수도 없
　　　　고, 아쉽지만 찾는 거 포기해야겠네요. 그럼‥ (인사하고 가는)

우형철　(가는 덕수 불쾌한 표정으로 보는데)

우재필　(E) 누구냐? 저 사람?

우형철　(돌아보면 이삿짐 센터복 입은 재필 서 있다)

S#55 무치의 집/ 밤

피곤한 얼굴로 들어오는 무치. 잠바 벗어 책상 의자에 툭 던지듯 걸쳐놓는데.
잠바 속에서 핸드폰 울리는. 얼른 꺼내 보면 복팀장이다.

무치   (의자에 앉으며 받는) 확인했어요?
호남   응. 김영희 모자에서 나온 개털이 한 종류가 아니라, 두 종류라 그러네.
무치   (눈빛 반짝) 그래요? 알겠어요. (끊고는)

일어나려다 문득 책상 책장 빼곡이 꽂혀있는 너덜너덜 닳아빠진 책들에 시선 가는.
전부 싸이코패스 범죄 관련 책들뿐이다. 보는 위로

무치   (E) 너 싸이코패스에 대해 공부라도 했냐? 뭘 근거로 그렇게 확신해?
바름   (E) (뭐라고 얘기해야 하나) 그냥·· 그냥 알겠던데… (#51)

그 중 〈싸이코패스 연구〉 꺼내면, 역시 너덜너덜 닳아있다. 책 넘기다 한 페이지에
시선 멈추면, 밑줄 쫙쫙 있고 깨알같이 쓴 코멘트(자신의 의견, 생각 등) 달아놓은.

무치   (읽는) 싸이코패스는 가족관계 같은 추상적이고 정서적인 내용을 설명할
       때 손 제스처 중 특히 비트 제스처를 많이 쓰고··

플래시 컷/ #49 - 바름 "우형철이 세상에 모든 딸들이 안전한 세상에 조금이라도 일
조하고 싶어서·· 라고 할 때 제스처가 커지고 많았어요··"

무치   이야기의 흐름이 막히거나 설명이나 언어에 대한 이해도가 약해 말이 막
       혔을 때 실제 사건에 대한 내용을 설명하는 손 제스처는 일반인과 크기나
       횟수가 비슷하다…

플래시 컷/ #49 - 바름 "세상에 모든 여성들이 그 부모들에겐 목숨보다 소중한 보물
이겠구나 할 땐 마치 제2외국어를 하는 사람 같이 자신이 이해하지 못하는 개념을
설명하는 사람 같죠?"

무치	(갸웃) 공부해서 나온 말이 아닌데… 그 자식 대체 뭐야‥? (책 다시 꽂고 신형사에 전화) 어, 낙하산! 뭐하냐? 내일 너 안바쁘면 와서 나 좀 도와라.

S#56 봉사팀 사무실 외경 + 마당/ 낮 (다음날 낮)

무치	(강아지 집에 떨어져 있는 털 집게로 집어 증거 봉투에 넣으며) 정순경 너 우리 팀으로 올래?
신형사	(은근 섭섭한) 에? 정순경을요?
바름	(눈빛 반짝) 제가요?
무치	응. 정순경 보기랑 다르게 형사로써 촉이 대단한 거 같애. 어때? 촌 동네 파출소에서 재능 썩히지 말고. (털 봉투에 넣고, 신형사에게 건넨다) 이거 김영희 모자에서 나온 털하고 같은지 확인해.
신형사	네. 근데‥
무치	그리고 정만호, 우형철. 이 사람들 강민주, 홍나리 사망 당일이랑 김영희 실종 당일 행적도 조사해 보고‥
신형사	근데 정순경은 아직 아파서‥ 선배랑 일하긴 좀 무리가‥ 그치? 정순경?/
바름	좋아요 좋아. (신나 무치 졸졸 따라가며) 그럼 이제부터 저, 정순경 아니고 정형사로 불리는 겁니까? 정형사‥ 정형사‥ 정바름 형사.
신형사	(묘하게 질투 나는, 입 뚱~)

S#57 봉사팀 사무실/ 낮

사무장	(E) 우변호사님이요? 네. 개집도 맡아 관리해 줄 만큼 강아지를 아끼시죠.
무치	혹시, 강아지 산책도 시켜주고 그랬나요?
사무장	네 가끔요.
무치	(확신하는)
바름	봉사차량 가지고 나갈 때 혹시 기록 남기나요?
사무장	그럼요.
바름	그럼 *월 *일 기록 좀 보여주세요.

사무장	잠시만요. (찾다가) 여기요.
무치,바름	(보면. 사인한 사람, 우형철이다. 역시! 하는 표정)

S#58   우형철 변호사 사무실 복도/ 낮

바름, 무치 앉아있고, 인사하며 나가는 여고생에게 미소 짓고 배웅하는 우형철.

우형철	(바름과 무치 향해) 들어오시죠. (들어가면)
무치	(들어가고)
바름	(들어가려다 가는 여고생 보며 직원에게) 누구예요?
직원	변호사님이 가출청소년 무료 상담도 해 주시고 계시거든요.
바름	아··

S#59   우형철 변호사 사무실/ 낮

무치	(들어와 둘러보다 아내와 찍은 사진 보며) 부인이 아주 미인이시네요.
우형철	(보면)
무치	(또 두리번거리다, 문득 안마소 카드 전단지 집어 들어 보며) 근데·· 부인 놔두고 좋은데 다니시네?
우형철	형사 분인 줄 몰랐습니다. 근데 무슨 일로?
무치	*월 *일 봉사차량 가지고 나간 기록이 있던데 어디 봉사 나가셨습니까?

S#60   주민동/ 방범창 단 집 다세대 주택 앞/ 낮

세입자	(폰 속 형철 사진보며) 네. 맞아요. 그날 오셔서 방범창 달아주셨어요.
신형사	확실해요?
세입자	그럼요. TV에 자주 나오던 변호사님이라 정확히 기억해요. 제가 싸인 좀 해달라고 해서·· 싸인도 받아 기념으로 걸어놨는데요.

신형사   (신발장 옆에 우형철 싸인과 그 밑 날짜 확인하고 실망하는, 무치에게 전화 걸어)
        다 확인했는데 전부 알리바이가 있어요. 헛다리짚은 듯·· 제가 뭐랬어
        요. 정순경이 촉은 무슨···

S#61   우형철 변호사 사무실 앞/ 낮

무치   (실망하는. 바름 보며) 그럼 김백기랑 정만호 당일 알리바이도 확인해봐.
바름   (이해가 안 가는) 분명 우형철이 범인 맞는데···
무치   그럼 그렇지. 어쩌다 소 뒷다리 밟은 걸 가지고. 촉이 좋다느니·· 어쩌니···
바름   (시무룩해서) 그럼 증거보관팀 데려간단 말 취숩니까?
무치   으이그! 그래 취소다. 취소!
바름   그런 게 어딨습니까? 남아일언 중천금인데! 벌써 동구한테 자랑도 했다
        구요.
무치   시끄럽고. 가서 방범창 신청자 명단에 싹 다 전화 돌려봐. 혹시 강민주,
        홍나리, 김영희랑 비슷한 일 당했는데 신고 안 한 사람 있을지 모르니··
바름   네. 하아·· 동구한테 뭐라고 하지·· (어깨 축 늘어져 가는)
무치   (그런 바름 귀엽다는 듯 보다 가는)

S#62   북부서 강력팀 복도/ 낮

무치, 보면 강형사 앉아있자 들어가지 않고 문 앞에 서서 신형사 손짓으로 부른다.

신형사   (나오며) 그렇잖아도 전화하려고 했는데·· 그 강아지 털이요. 김영희 모
        자에서 나온 털 아니래요. 다른 종류라는데요? (하는데 핸드폰 벨 울리고,
        받는)
무치   (허··) 완전 헛다리였네. (가려는데)
신형사   네? 그래요? (다급히 무치 불러 세우며) 선배! 홍나리 살해추정 시간에 정만
        호 핸드폰 기지국이 홍나리 집 근처로 잡혔대요.
무치   뭐? 정만호?

S#63   취조실 밖 + 안/ 낮

무치 밖에서 보고 있고, 취조실 안 정만호 앉아있다. 그 앞 호남, 강형사 앉아있다.

정만호   정말 내가 안 그랬다구요.

강형사   그럼 홍나리 살해되던 시각에 왜 그 동네에 가 있었어요?

정만호   친구가 하는 목공소가 그 동네에요. 친한 형님 생신선물로 공구 상자 하
         나 만들어 드리려고 간 거라구요.

강형사   증언 해 줄 사람 있어요?

정만호   아뇨. 그날 목공소가 문 닫는 날이어서 혼자 있었어요.

호남   어이구야. 마침?

정만호   미치겠네‥ 아 맞다. 완성된 공구 상자 사진 찍어서 형님한테 보냈어요‥

강형사   보낸 사진 보여줘 봐요.

정만호   (핸드폰 꺼내 보여주려다) 아, 삭제했는데‥ 핸드폰 용량이 넘쳐서‥

호남   어이구야. 또 마침?

정만호   (버럭) 진짜라구요. 포렌식인가 뭔가 그거 해보시든가!

강형사   그 형님 분 연락처 주세요. 받은 사람한텐 남아있을 거 아니에요?

정만호   그게‥ (핸드폰 검색하는) 재필이 형님이‥ 형철이 아부지로 돼 있나.

호남   (놀라) 재필? 설마… 그 우재필이?

정만호   어? 아시나 보네. 맞다. 예전에 형사였는데…

호남   (곧바로 핸드폰 꺼내 우재필 번호 찾아 전화하는데 받지 않는) 안 받는데.

무치   (밖에서 보다, 후다닥 뛰어나가는)

S#64   우재필(우형철의 아버지) 의 집 앞 + 마당/ 해질녘

무치, 문자에 찍힌 우재필 주소 보며 대문 조심스레 열고 들어오면, 마당 구석 커다
란 개집 있고 그 앞 묶여있는 흰 강아지. 무치 향해 왈왈 짖는.

무치   실례합니다. (인기척 없자 열린 현관 쪽으로 가는) 계십니까?

S#65　우재필 집 현관 + 집안/ 해질녘

들어오면 조용하다. 무치, 현관 앞에서 '계십니까?' 아무도 없고. 돌아 나가려다 문득 거실 돌아보면 벽에 걸린 익숙한 사진. 샛별 빌라에서 찍은 단체 사진이다. 무치, 벽 앞에서 사진 한참 바라보다 퍼뜩! 급히 핸드폰 꺼내 호남에게 전화하는.

무치	복팀장님. 정만호 좀 바꿔주세요.
정만호	(F) (의기양양) 맞죠? 재필이형님한테 내가 보낸 공구상자 사진 있죠?
무치	혹시 우재필씨도 자원봉사자였습니까? 명단에선 못 봤는데‥
정만호	(F) 아뇨. 이사 없는 날엔 형철이 따라다니긴 했지만 정식단원은 아녜요.
무치	따라다녀? 혹시 샛별빌라 앞에서 찍은 단체사진, 우재필씨가 찍어줬어요?
정만호	(F) 그럴걸요? 늘 형님이 찍사였죠.

플래시 컷/ 샛별빌라 (홍나리 빌라) 앞/ 낮 (#43 봉사단 사진 속 상황)
빌라 앞. 서 있는 봉사자들. 맞은편에서 사진 찍어 주는 우재필.

무치	아들이 아니라 아빠였어? (전화 끊고 집안 뒤지기 시작하는)

S#66　평안 파출소/ 해질녘

바름	(통화 중인) 이상한 일은 없었단 말이죠? 수상한 사람도 없었구요?

전화 끊고, 방범창 설치 신청자명단 중 한 이름에 줄긋고 다음 장 넘기면 마지막 장 이다. 이어서 전화하려다 문득 명단 맨 마지막 이름 보고 멈칫! 오봉이다.

바름	봉이?

이름 옆에 주소 적혀있고 전화번호는 없다. 종이 북 찢어 후다닥 뛰어나가는.

S#67   봉이네 집 앞/ 해질녘

봉이 주소 적힌 명단 쪼가리 들고 두리번거리며 오는 바름. 허물어져 가는 낡은 집 앞에 선다. 집안은 불 꺼져있다.

바름   (부르는) 봉이야! 봉이야!

S#68   봉이네 집 안/ 해질녘

어둠 속, 뒤로 손 묶인 봉이. (스페니쉬 변형 매듭) 봉이 입 막은 사내의(반지 낀) 손.

S#69   봉이네 집 앞/ 해질녘

기척 없자 <봉이야 나 바름이야 메모 보면 연락 줘> 메모 문에 끼우고 가는 바름.

S#70   봉이네 집 안/ 해질녘

어둠 속, 봉이 입 막은 복면 사내, 인기척 사라지고 입 막은 손 느슨해지면, 순간 봉이, 머리 쳐들어 사내 턱 강타! 신음하며 기우뚱하는 사내. 봉이, 뒤돌려 차기로 복부 가격! 사내, 휘청이며 싱크대 쪽으로 넘어진다. 봉이 사내 밀어붙이며 복면 벗기려 하고, 사내, 더듬거리며 칼 집으려하자, 봉이, 칼 쳐버리는데, 믹서기 집어 봉이 얼굴 후려갈기는 사내! 휘청이는 봉이 머리채 잡아 주방 벽에 쿵쿵 들이박는다.

인서트/ 골목/ 해질녘

바름   (걸어가며) 동네가 위험하게 가로등도 없네. (둘러보며) 씨씨티비도 없고··

사내, 마지막 일격으로 봉이 머리 벽에 확 박으려는 순간! 확 주저앉는 봉이, 사내 몸 휘청이자 바로 일어나 사내 급소 내리찍는! 사내, 고통스러워하면, 봉이, 바닥의 칼 들어 손 뒤 매듭 자르고, 의자 들어 내리찍으려는데. 밖으로 도망치는 사내!

S#71　봉이네 동네 골목1 일각/ 해질녘

걸어가던 바름 팍 밀치고 도망치는 복면 사내. 쿵 넘어지는 바름, 뭐야 싶어 뛰어가는 사내 뒷모습 보는데··

봉이　　(E) 거기서!! 이 호로 쌍놈의 새끼야!!!
바름　　(돌아보면 봉이!) 어? 봉이야·· (순간 느낌 오는) 그놈?!! (바로 일어나 쫓는)
봉이　　(놀라 보며 서는) 어? 바름 오빠···?

S#72　우재필 집 마당 개집/ 밤

실망한 얼굴로 나오는 무치. 개집 앞, 개 계속 무치 보며 짖어댄다.

무치　　(미친 듯이 짖는 개 소리에 짜증) 시끄러! 이 얼굴이 어딜 봐서 도둑으로 보여. 그만 좀 짖으라고! 생각 좀 하게·· (하다 문득) 흰색 강아지?

무치, 봉투 꺼내 개집 안에 있는 털 담다, 털 위에 말라버린 핏자국 본다. 후다닥 개집 안으로 머리 집어넣고 핸드폰 후레쉬로 개집 안 비추면, 천장에 붙어있는 머더킷. 눈 반짝 빛내며 머더킷 뜯어내고 나와 열어보면, 피 묻은 옷, 장갑, 칼 등 들어있다. 찾았다 싶은 순간! 인기척 느끼고 반사적으로 총 확 꺼내 뒤돌아 겨누면!

S#73　골목2 일각/ 밤

사내 쫓던 바름. 코너 돌면 복면 사내 보이지 않는다. 바름, 사라진 사내 찾으며 골목 안 조심스레 살피는 데 퍽!! 바름의 뒤통수 몽둥이로 갈기는 사내. 우재필이다.

인서트/ 우재필 집 마당 개집/ 밤 (#72 이후)
무치, 총 겨누면 놀라 손들고 있는 우형철이다.

우형철   (손 든 채, 마당에 있는 물건들 황당하게 보며) 이게 다 뭡니까‥?

골목2/ 밤
속수무책으로 얻어맞던 바름, 아슬아슬 피하며 우재필 발로 차내자 넘어지는 재필.
바름 일어나 우재필 몸 위로 올라타 미친 듯이 주먹 날리는데, 그 눈에 살기 돈다.

바름, 축 늘어지는 우재필을 보면서도 멈추지 않고 계속 패는데, 순간 우재필 얼굴
송수호의 얼굴과 오버랩 되는. 극심히 몰려오는 두통. 섬광처럼 떠오르는 장면‥

플래시 컷/ 이미 만신창이 얼굴이 된 송수호 때리는 사내의 주먹.

아악! 머리 부여잡으며 털썩 주저앉는 바름. 그 틈에 우재필 일어나, 몽둥이 다시 집
어 바름 뒤통수 확 내리치려는데. 바름, 돌아보면 푹 쓰러지는 우재필. 놀라보면 봉
이 날라차기 마친 후, 주먹 꽉 쥔 채 공격자세로 씩씩거리며 서 있다.

S#74   무진병원 복도 + 우재필 병실 앞/ 밤

정신없이 뛰어오는 무치와 홍주.

S#75   무진병원- 우재필 병실/ 밤

눈 꼭 감고 있는 우재필 보고 있는 바름.

플래시 컷/ 송수호 패는 누군가의 손. (#73)
뭐지? 싶어 혼란스러운 표정 짓는 바름, 그때 뛰어들어오는 무치와 홍주.

홍주	(우재필 보고 흠칫. 문 앞에 그냥 서 있는)
무치	(우재필에게 다가가) 우재필. 당신이 그 여자들 죽인 거 맞아?
우재필	(끄덕)
무치	박두석 팀장 딸도 당신이 죽였어?
우재필	(끄덕)
무치	왜 죽였어?
우재필	(침묵하는)
무치	(허리에 찬 총 확 빼 들고 머리에 박으며) 말 안 해?
바름	(말리며) 형사님. 왜 이러세요··
무치	놔! 이 자식아 (바름 확 밀치고) 말하라고. 디지기 싫으면!
호남	(E) 고무치!

무치 바름 보면, 호남 강형사 문 앞에 서 있다. 강형사 와서 무치 손의 총 확 뺏는.

무치	저 새끼 쏴 죽여야 해. 저 새끼가 박팀장님 딸 죽였다고요!!
호남	뭐? (믿어지지 않는, 충격받은 듯) 마, 말도 안 돼…
무치	지 입으로 다 얘기했어요!
호남	재필아·· 너… 너… (눈 꼭 감은 채 입 꾹 다물고 있자 쿵! 충격받은)
무치	(그 모습 보다가 획 나가버리는)
바름	고형사님·· (따라나가는)

S#76 무진병원 복도/ 밤

무치	(씩씩거리고 가다 획 돌아보며 바름에게) 봉이는? 봉이는 어딨어?
바름	응급실에요.

S#77 무진병원 응급실/ 밤

들어오는 무치. 쌕쌕거리며 잠들어있는 봉이. 얼굴이랑 팔뚝 등에 멍 잔뜩 들어있다 그 모습 보는 무치, 속상하다.

무치   인마. 얼마나 찾아다녔는데·· 어떻게 그 동네에 가 있어··
바름   (봉이 앞에 서 있는 무치 뒤에서 보고 있다가 조용히 나가는)

S#78   무진병원 앞/ 밤

벤치에 앉는 바름. 생각에 잠기는
플래시 컷/ 송수호 때리는 누군가의 손.

바름   (갸웃하며) 대체 누구지? 어디서 본 얼굴인데···
동구   (택시에서 내리는 동구. 현관 안으로 뛰어들어가려다, 벤치에 앉아있는 바름 발
            견하고는 뛰어와) 봉이 찾았다며?
바름   (끄덕이며) 응급실에 있어. (걱정스런 동구 얼굴 보며) 크게 다치진 않았어.
동구   (옆에 앉으며) 그나저나 니들도 참 인연인가보다. 이렇게 다시 찾게 되네··
바름   그러게·· (하는데 무치 나오는 모습 보이자, 일어나는)

S#79   무진병원 응급실/ 밤

바름 들어오는데, 응급실 침대에 봉이 없다.

바름   (지나가는 간호사 붙들고) 여기 있던 환자 어디 갔어요?
간호사   방금 퇴원했어요. 그렇게 말렸는데 퇴원하겠다고.

S#80   무진병원 현관 앞/ 밤

뛰어나오는 바름. 하늘 보면, 금방이라도 비 쏟아질 듯하다.

봉이할매   (E) 그 사건이 있던 날·· 비가 엄청 쏟아졌어·· 그래서 비만 오면·· 그 짠한 것이·· (3부 #71에 이어)

S#81   봉이네 동네. 다리 앞/ 밤/ 비

봉이, 다리 건너기 시작하는데 굵은 빗방울 떨어지기 시작하고. 떨리는 발걸음으로 뛰기 시작하는데, 번개 번쩍! 다리 끝 강아지(환상) 보인다. 뒷걸음질 쳐 도망가 다리 끝에 쭈그려 앉는 봉이. 비 점점 굵어지고 오들오들 떨며 고개만 푹 숙이고 있던 봉이, 망설이다 핸드폰 꺼내 바름에게 전화 거는데. 신호 길어지고 점점 눈물 차오르던 찰나, 여전히 비 내리지만 봉이 발밑으로 떨어지던 비 멈춘다. 올려보면 찢어진 캐릭터 우산. 봉이 천천히 고개 돌리면 우산 든 채 서 있는 바름 보인다.

바름   미안해… 늦어서… 너무 늦게 기억해내서…

봉이, 바름 보자마자 안도감에 긴장 풀려 눈에 눈물 가득 찬다. 바름에게 그 모습 보이기 싫어 고개 푹 숙인다.

바름   (알지만 모른 척) 가자.
봉이   (우산 낚아채는) 어디서 이런 유치한 걸 주워 와서…

봉이, 우산 쓰고 혼자 성큼 걷는다. 그런 봉이 귀엽고 안쓰러운. 바름 천천히 뒤쫓아 걷는다. 봉이, 바름 의식하며 멀어지는 것 같으면 걸음 늦췄다가 가까워지면 다시 종종걸음. 알아챈 바름 피식 웃는. 그러다 강아지 있던 자리에서 멈칫하는 봉이.

봉이   (뒤 보지 않고) 빠, 빨리 좀 걸어.
바름   (뛰어서 봉이 곁에 서는) 니가 싫어할까 봐.
봉이   … 팔 아파.
바름   (피식 나오는 웃음 참으며 우산 드는) 가자.

비 오는 다리 위, 투명 우산 아래 바름과 봉이 나란히 걷는다.

S#82   공사장 함바집 안/ 밤

강덕수, 밥 먹으며 티비 속보 보고 있다.

기자	(E) 혼자 사는 여성만을 노리며 살인을 저질러 왔던 범인이 안신동에서 다시 범죄를 저지르려다, 여성의 기지로 현장에서 검거되었습니다.
강덕수	안신동이라… (핸드폰 꺼내 전화하는) 엄마 걔 혹시 그 동네 살아?
덕수母	(E/버럭) 걔가 왜 여기 살아. 동네 뜬 지가 언젠데. 여기 살고 싶겠냐?
강덕수	안 살면 안 살았지 뭘 그리 역정을 내? 나 엄마 보러 한번 갈까?
덕수母	(E/당황) 니가 여길 왜 와. 제발 나 좀 조용히 살자. 내가 음식도 싸들고 보러 갈게 내가. 넌 절대 이 동네 오지 마. 알았지?!

인서트/ 전화 끊는 덕수母 불안히 가는데 저만치 봉이, 바름 우산 쓰고 지나간다. 봉이 불안하게 보는 덕수母.

강덕수   (전화 끊고는 실눈 뜨며) 이 할망구가 영 수상한데… (식판 들고 옆에 앉는 김씨 보고) 김씨. 내일 쉬는 날이지? 부탁 좀 하자. 담뱃값 줄게.

S#83   무진청 증거보관팀/ 밤

들어오는 무치. 두석, 증거품 정리 중이고. 그 앞에 호남, 쭈뼛거리고 서 있다.

무치	(호남에게 눈짓하면)
호남	(미치겠는)
두석	(정리하다) 뭔데 그래? 뭔데 똥 마런 강아지들 마냥 그러고 있어?
무치	(얼른 얘기하라는 눈짓 주면)
호남	그게 재필이 말이야··
두석	재필이? 우재필이? 재필이 봤어?
호남	(끄덕)
두석	(자료박스 들며) 어떻게 지내? 그 자식. 형사 때려치고는 한 번 연락도 안

	하고. 나한테 뭐 섭섭한 일 있나?
무치	(답답한. 안 되겠는지) 현수 범인 잡혔어요.
두석	(순간 들고 있던 자료박스 툭 떨어뜨리며) 뭐? 그게·· 무슨 말이야··
호남	(미치겠는) 그게…

S#84   무진병원- 우재필 병실/ 밤

쾅, 문 열리고 우재필, 흠칫 놀라 몸 일으키면. 병실 안으로 들어오려는 두석, 경찰들한테 잡혀있다. 실랑이하다 결국 병실로 들어오는 두석.

두석	(믿을 수 없는) 아니지? 우리 현수·· 말이 안 되잖아··
우재필	맞아. 내가 죽였어.
두석	그게 무슨 말이야. 우리 현수·· 한서준이 납치해갔잖아.
우재필	구령산 수색 중에 현수 찾았어. 도망쳤는지, 숲 속에 웅크리고 자고 있었어.
두석	(허…) 그, 그런데?
우재필	나보다 실적 높은 선배가, 그래서 잘난 척하는 선배가 싫었어. 한서준이 현수 현석이 납치해 갔단 말 들었을 땐 솔직히 좀 쌤통이라 생각했거든.
두석	뭐? (기막힌)
우재필	현석이 발견됐을 때 울부짖던 선배, 현수 때문에 아무 일 못 하는 무능력한 선배 모습이 좋았는데 현수가 살아온 거야. 그래서 순간 나도 모르게 죽여버렸어. 나중에 발견돼봐야 한서준이 죽였다 생각하겠지 그렇게 생각했어.
두석	(폭발하는) 야 이 새끼야!!! 죽여버릴 거야 죽어!!! 죽어!!!!

재필 위 올라타 살기 가득한 눈으로 재필 목 조르는 두석. 재필 숨넘어가는 찰나 누군가 잡아떼는 '놔요! 이거!' 두석, '놔! 놓으라고!' 뿌리치면, 나가떨어지는 홍주.

두석	(정신 든, 씩씩거리며 숨넘어가는 재필보다) 죽어서 지옥에나 떨어져 (가는)
홍주	(나가는 두석 뒷모습 슬프게 보는)

S#85   무진병원 우재필 병실 앞/ 밤

넋 나간 얼굴로 나온 두석. 어느새 뛰어온 호남 본다. 호남 품에 안겨서 통곡하는··

S#86   무진병원 우재필 병실/ 밤

홍주	(꺽꺽거리며 힘들어하는 재필 보며) 왜 거짓말하는 거예요.
우재필	(힘겹게 눈 뜨며 홍주 올려보는)
홍주	박현수, 당신이 죽인 거 아니잖아.
우재필	(놀라 홍주 보다, 믿을 수 없는 눈빛으로 변하며) 설마··· 너···

S#87   과거. 숲속 어딘가/ 밤 (7부 #23 동장소)

덜덜 떠는 스포츠머리 아이, 끅끅 거리고 울고 있다. 그 위로 누군가(성인 여성)의 끄윽거리는 신음 소리 들린다. 카메라 시선 누군가의 몸 위에 올라앉아있는 아이를 누워있는 누군가 안고 있는 듯한 모습 롱샷으로 보인다.

S#88   현재. 두석의 집 + 거실/ 아침

티비에 온통 관련 뉴스다. 두석, 티비 끄고 보면 열린 방문 안으로 자고 있는 두석처럼 보인다. 코드 뽑고 나가려던 두석, 돌아와 가위 들고 아예 코드선 잘라버린다.

S#89   봉이네 집 앞/ 아침

쓰레기 봉지 들고 나오는 봉이. 재활용 분류하다 문득

플래시 컷/ 봉이, 천천히 고개 돌리면 우산 든 채 서 있는 바름. (#81)

바름   미안, 늦어서. 늦게 기억해내서‥

봉이, 혼자 좋아 해죽 웃는‥ 찰칵 핸드폰 사진 찍는 소리와 핸드폰 화면에 담기는.

S#90   공사장/ 낮

핸드폰 화면 사진 속 봉이 모습 보인다. 얼굴 확대하는 손. 봉이 해죽 웃고 있는.

덕수   (피식/E) 이 망구탱이 날 속여?
김씨   뭔 사연인진 몰라도 사진으로만 보지 말고 가서 만나. 10년이나 못 봤으
                 면 딸래미도 아빠 많이 보고 싶어 할 거야.
덕수   (입맛 다시며) 그래야지. 그동안 못 푼 긴긴 회포를 풀어야지….

S#91   평안 파출소 안/ 낮

바름 열심히 순찰차 닦고 있는데 전화 온다. 받으면

봉이   (F) 오빠. 이따 영화 보기로 한 거 안 까먹었지?
바름   그럼. 여섯 시에 영화관 앞에서 봐.
봉이   (F) 참, 그리고 부탁이 있는데
바름   뭔데?
봉이   (F) 할머니‥ 내가 만들어준 브로치 차고 계셨는데 그거 아직 못 받았거든.
바름   그래? 알았어. 내가 찾아다 줄게. 이따 봐. 응 (끊으면)
파출소장   (쓱 고개 들이밀며) 연애하는구나? 정순경?
바름   네? (얼굴 발개지며) 아, 아니에요.
파출소장   아니긴. 표정 관리부터 하고 거짓말해. 좋을 때다‥ (들어가는)
바름   (멋쩍은 듯 머리 긁다 순찰차 닦는데 얼굴에 미소 가득한)

S#92   무진청 증거보관팀 사무실 + 증거보관실/ 낮

사복차림으로 들어오는 바름. 사무실에 아무도 없다.

증거보관실/ 두리번거리며 성요한 연쇄살인사건 증거물 박스 놓여있는 데로 가는.
관련 증거물 박스 내리고 박스 뒤지는데, 할머니 브로치 없다‥

바름   없네? 다른 박스에 섞였나? (하며)

그 옆 송수호 박스 뒤지는 데 빨간 글러브 나오고, 글러브 치우는데 글러브 안에서
툭 떨어지는 사진. 보면 송수호와 송수정 함께 찍은 사진이다.

바름   (사진 집어넣으려다 문득 사진 속 송수호 얼굴 보는) 이 남자‥?

플래시 컷/ 퍽퍽 주먹에 얻어터지는 송수호의 얼굴 (#72, 2부 #33)

바름   뭐지? 성요한이 죽인 남자가 왜 내 기억 속에…
무치   (E) 뭐해? 여기서?
바름   (멍하니 무치 돌아보는)

S#93   두석의 집 밖/ 낮

열린 문 안으로 마당에서 흙장난하는 두석처. 슬픈 눈으로 보고 있는 홍주. 두석처,
문득 고개 들어 홍주 보면 홍주 손의 팔찌 보이는, 당황한 홍주 뒤돌아서는데.

두석처   (벌떡 일어나 쫓아가며 애기처럼) 우리 애기 꺼야. 내놔 내놔!!!

홍주, 두석처가 따라나온 거 발견하지 못하고 그대로 운전해 출발하고 가버리는.

S#94 무진청 증거보관팀 사무실/ 낮

무치   송수호? 갑자기 송수호는 왜?

바름   그냥 좀 궁금해서요…

무치   잠시만 (송수호의 시신 사진 찾아 주면)

바름   (보는데 가슴에 칼 꽂힌 채 시커멓게 탄 상태다) 태워‥ 죽인 거에요?
            혹시 구타 흔적은. .(하다) 모르겠군요. 타 버려서‥

무치   아냐. 골절이란 골절은 다 됐어. 연골이 남아나질 않았더라구.
            그 정도면 죽기 직전까지 팬 거지.

바름   아… (찜찜한)

S#95 두석의 집 안/ 낮

두석   (뛰어 들어오며) 언제 없어졌는데?

처제   (발 동동 구르며) 잠깐 부엌에서 밥 차리고 있었는데‥

두석   (미치겠는 뛰어나가는)

S#96 거리/ 낮

쭈그리고 앉아 두리번거리는 두석처. 바로 앞 전자마트 TV에서 뉴스 나오고 있다.
멍하니 화면 보는데 울부짖는 자신 모습 자료화면으로 나오며, 자막 〈헤드헌터 연
쇄살인사건 담당 형사 딸 A양 살해 진범, 한서준이 아닌 것으로 밝혀져〉〈피의자
B씨 현재 건강 악화로 무진병원 입원. 경찰서 후송〉

순찰경찰   (차 세우고 내려서 다가와) 아주머니 여기서 뭐해요?

두석처   (멍하니 티비에만 시선 고정하는)

순찰경찰   (두석아내 정상이 아니구나 감지하고) 집이 어디에요?

두석처   (티비 화면 가리키며) 저기! 저기! (화면 속 무진병원이다)

S#97   무진병원 뇌신경센터 박민준 진료실/ 낮

바름   왜 그러는 거죠? 왜 머릿속에 성요한이 죽인 사람의 기억이 떠오르냐구요··

박민준   음·· 정바름씨가 사고 전에 성요한 피해자 관련 파일들을 많이 봤을 거예요.

바름   (끄덕) 그랬을 거예요. 고형사님이랑 같이 사건 수사했다고 들었어요.

박민준   파일에서 본 내용과 피해자 얼굴을 마치 바름씨 기억인양 착각한 거예요.

바름   (그렇겠구나 이해한) 아··

박민준   염려 마세요. 조만간 바름씨 기억과 자료에서 본 내용들이 분리될 거예요.

바름   (끄덕이다) 어린 시절 기억도 그럴 수 있나요? 유치원 때 기억 같은 거요··

박민준   물론이죠. 책이나 영화에서 습득한 내용이 기억으로 착각되기도 해요.

바름   아·· 그렇군요. (안심하는)

박민준   약은 꾸준히 먹고 있죠?

바름   네.

박민준   좋아요. 그럼 약을 한 번 바꿔봅시다.

S#98   무진병원 지하 약국/ 낮

약봉지 받는 바름. 약사 약 성능과 복용법 설명하는 거 무심히 듣다,

바름   (갸웃) 이거랑 똑같은 약을 어디서 봤는데?

S#99   무진청 증거보관팀 사무실/ 낮

기자   (E) 입원 중인 피의자 A씨는 내일 아침 경찰에 이송돼 조사를 받을 것으로

무치   (총 닦는) 지금 아냐 시간이 없어. (들어오는 바름 보고 총 서랍에 감추는)

바름   저기·· 조미정 증거품 좀 볼 수 있을까요? 확인할 게 있어서요.

S#100   무진청 증거보관팀 증거보관실/ 낮

조미정 증거품박스 뚜껑 열고, 그 안 내용물 뒤지는데, 약봉지 나온다. 자기 주머니에 가지고 온 약과 비교하는데 같은 약이다.

무치	아, 그거 거식증 치료제. 조미정 책상에서 나왔던 거야.
바름	(다급히) 조미정 부모님 연락처 좀 주세요.

S#101 무진청 복도/ 낮

바름	(통화하며 걷는/공손하고 조심스럽게) 안녕하세요, 어머니. 정바름 순경입니다. 건강은 좀 어떠세요··
미정母	(F) 뭐 그럭저럭 지내고 있어요. 요샌 운동도 하고·· 밥도 잘 먹고··
바름	다행이네요. 다름이 아니고 사건자료 정리하다 궁금한 게 있어서·· 혹시 따님이 예전에 뇌수술 받은 적 있나··요··?
미정母	(F) 맞아요·· 2년 전에 자전거 타다 크게 넘어져서··
바름	(하아··) 수술한 의사가 누구죠?
미정母	(F) 이름이 뭐더라. 그게 무진에서 뇌수술로 제일 유명한 선생인데··
바름	박민준 선생이요?

S#102 무진병원 뇌신경센터 박민준 진료실/ 낮

박민준	맞아요. 거식증이 아니라 뇌외상 후유증이죠. 머리를 다쳤을 때 전두엽 기저부가 손상되면서 후각을 잃었어요.
바름	그래서 그렇게 살이 빠졌던 건데, 성요한은 거식증인 줄 알았던 거군요··
박민준	뉴스 보고 참 안타깝게 생각했어요.
바름	(문득) 그럼 반대로 뇌 손상으로 없던 후각이 생길 수도 있나요?
박민준	그건 왜요?
바름	제가 수술 전엔 청국장 같은 걸 좋아했다는데, 지금은 냄새도 못 맡겠어요. 수술하고 입맛이 변한 건가 싶었는데 혹시 뇌수술 영향 때문인가요?
박민준	그건 아니에요. 뇌 손상으로 갑자기 없던 후각이 생기는 건 불가능해요.

(미소 지으며) 뭐 딱 한 가지 방법이 있긴 하죠.

바름   뭔데요?

S#103   무진병원- 뇌신경센터 박민준 진료실 앞/ 낮

봉이 걸어오는데, 저만치 진료실에서 나오는 바름과 박민준 모습 보는. 박민준, 바름 어깨 두드리고 가면 바름 90도로 인사한다.

봉이   (E) 오빠!

바름   (돌아보고) 어? 봉이야! 병원엔 웬일이야?

봉이   금 간 뼈 잘 붙었는지 엑스레이 한번 찍어보자고 해서. 근데 오빠는?

바름   아. (가는 박민준 쪽 보며) 나 수술해 준 선생님 좀 뵈러 왔어.

봉이   저 사람이 오빠 수술해준 의사라고? (갸웃) 아닌데?

바름   맞아 저 분.

봉이   아닌데·· 훨씬 더 늙은 의사였는데··

바름   뭐? 니가 어떻게 알아?

봉이   아. 그게·· 실은···

S#104   과거. 무진병원 요한의 집중치료실 안/ 봉이의 회상/ 밤 (7부 #28이어)

베개로 요한 꽉 누르는 봉이. 하지만 결국 베개 떼고 마는. 어깨 축 처진 채 나가려는데 웅성거리는 소리 들리고. 놀란 봉이 어쩔 줄 몰라 하다 커튼 뒤에 숨는. 숨은 채로 슬쩍 보면, 요한 앞에 서서 보고 있는 병원장과 수술복 입은 중년의 사내.

(E)   이 지경인데도 살아난 걸 보면 삶의 의지가 대단한 친구야.

(E)   안타깝지만 어쩔 수 없지.

(E)   암튼 정바름 수술 꼭 성공시켜야 합니다.

(E)   걱정말라구.

S#105 현재. 무진 병원 로비/ 낮

컴퓨터 앞, 홈페이지 보면서 의료진 사진들 보고 있는 바름과 봉이.

봉이　아닌데… 여기 없는데‥
바름　그래? 이 병원 뇌 신경외과 의사들 전분데… (갸웃하는데)

바로 뒤 스테이션 앞에선 경찰, 간호사가 얘기 나누고 있고, 그 뒤 두석처 있다.

경찰　이 병원 환자분 같은데요. (돌아보는데 사라지고 없다) 어? 어디 갔어?

S#106 두석 집 근처/ 낮

두석　(아내 찾다 전화받는) 네. (반색하는) 지금 어딨는데요? 무진 병원이요?

S#107 무진병원 뇌신경센터 박민준 진료실/ 낮

똑똑! 노크소리에 진료차트 보다 고개 드는 민준. 바름 쭈뼛거리며 들어온다.

박민준　왜 또?
바름　저기 선생님. (주저주저하다) 저 수술해주신 거‥ 선생님 맞죠?
박민준　(순간 당황! 하지만 바로 표정 관리, 어이없는 질문이란 듯) 그럼요.
　　　　(하며 머리 쓸어 올리는데, 손끝이 미세하게 떨린다)
바름　(그런 민준의 표정과 떨림 놓치지 않고 포착해서 보는 날카로운 눈빛)
박민준　근데 갑자기 왜 그런 질문을…
바름　그냥‥ 혹시 다른 분이랑 같이 하셨나 해서요‥
박민준　당연히 저 혼자 했습니다. 제 자랑은 아니지만 뇌수술에 관해선 대한민
　　　　국에서 제일 수술 잘하는 전문의로 인정받고 있고, 저 또한 자부하고 있
　　　　습니다.

바름	네. 죽어가는 절 살려주신 거 늘 감사하고 있습니다. 그럼 가보겠습니다.
	(인사하고 나가면)
박민준	(문 닫히자마자 다급히 누군가에게 전화) 정바름이 의심하는 거 같아요….

S#108　무진병원 복도/ 낮

바름	(닫힌 박민준의 진료실 문 보며/E) 거짓말하고 있어….

생각에 빠진 채 걸어가는 바름 옆 지나는 두석처. 간호사가 스테이션 위 의료용품 두고 잠시 다른 일 하는 사이, 의료용품 안의 메스 집어 주머니에 넣는 두석처.

바름	뭐지? 대체 왜 거짓말을 하는 거지··? (답답한 지 무의식적으로 머리 마구 박
	박 긁는데 툭 걸리며 확 긁히는 수술 자국. 반사적으로 아흐~ 낮은 비명 지름)

S#109　무진병원 주차장/ 낮

차에서 내리는 무치. 허리에 찬 총 다시 한 번 점검하고··

무치	(무전기에 대고) 무진병원 1층에 흉기를 든 남자가 병실을 돌아다닌다. 긴
	급 상황이다. 병원 내 경찰 도움 요청한다. (무전 끊고, 결연한) 기다려 한
	서준. 우재필 죽이고 너한테 간다. (가는)

인서트/ 우재필 병실 앞/ 낮/ 무전 듣는 경찰들. 후다닥 뛰어간다.
현관 향해 빠른 걸음으로 가는 무치 옆 지나쳐 가는 두석 차. 주차장에 선다.

S#110　무진병원 우재필 병실 앞 복도 + 병실 안/ 낮

두석 뛰어와 병실 문 열면, 문 앞에 등 댄 채 서 있는 총 든 무치 보이는.

두석   고무치! 네가 왜 여 ··· (하는데, 무치 뒤 온몸이 피투성이인 아내 보인다)

병실 안에는 우재필이 이미 목 찔린 채 사망한 상태다.

S#111   무진병원- 화장실/ 낮

머리 만지며 들어오는 바름. 거울 앞에서 긁힌 수술 흉터 상태 살펴보는데·· 문득
거울에 비치는 실매듭 나온 쥐 안은 채 자신을 보고 있는 듯한 한서준. (7부 #94)
그런 한서준 얼굴의 흉터 자국!

S#112   과거. 무진병원 로비/ 바름 회상 + 현재. 무진병원 화장실/ 낮

봉이   (화면 속 의사들 보며) 아닌데··· 여기 없는데··
바름   그래? 이 병원 뇌 신경외과 의사들 전분데··· (갸웃하는데)
봉이   아냐. 그 의사 얼굴엔 흉터가 있어·· 이렇게·· 길게···
바름   흉터?

바름   설마·· (갸웃하는데)

퀵플래시/ (8부 #7) 무치 "쥐 대가리에다 뭔 짓을 해 논 거야. 변태새끼."
교도관 "잘 나가던 뇌 신경외과 의사였다면서요. 그 시절을 못 잊겠나봐요."

바름   (헉!) 서, 설마·· (하다) 에이, 무슨 생각을 하는 거야·· 말이 돼? 감옥에 있
           는 사람인데·· 근데 왜 하필 뇌신경외과 출신이야·· (찜찜한, 전화하는) 김
           교도관님. 혹시 한서준 최근 사진 좀 구할 수 있을까요?
김교도   (F) 재소자 사진은 외부 유출금지야. 근데 한서준 최근 사진은 왜?
바름   아, 그게·· 좀 확인할 게 있어서···
김교도   (F) 전에 사형 다큐에서 인터뷰해 간 적 있었는데·· 그거 보면 되잖아.
바름   아!

S#113   무진병원 우재필 병실 안/ 낮

피 묻은 메스 휙 뺏는 무치. 피투성이 아내 보고 있는 두석 향해 다급히.

무치   내가 죽인 걸로 할게요! 내가!
두석   뭐?
무치   제발, 나 한서준 그 새끼한테 가게 도와줘요. 현수, 현석이 복수까지 할
      게. 그놈한테 죽은 사람들 한! 가족들 한! 내가 다 풀어줄게.

간절한 무치 눈빛에 망설이는 두석. 무치, 두석아내 손에 묻은 피를 자기 손에 묻힌
후, 메스 옷으로 닦아 고쳐 잡는다. 달려오는 경찰. 병실 안 상황 보고 경찰2 뛰어 들
어가고. 경찰1 당황해 서있는데.

무치   (경찰1 향해 피범벅 메스 든 손 내밀며) 내가 죽였어. 체포해

경찰1, 당황하며 두석 보면. 두석, 경찰1의 시선 외면한다. 경찰1 수갑 꺼내 무치 손
에 채우고 경찰2와 데리고 가면.

두석처   (그 모습 보고만 있는 두석 잡고 애처럼) 아냐. 아냐… 안 그랬어. 아냐
두석   (그런 아내 꼬옥 끌어안는) 무치가 우리 현수, 현석이 죽인 그 놈·· 죽여준
        대·· 나 정말 나쁜 놈인지 아는데… 우리 그냥 모른 척 하자. 한 번만 눈
        딱 감자·· 응? (아내 꼭 끌어안은 채, 끅끅 우는)

S#114   OBN 임시 사무실 (홍주 사무실)/ 낮

홍주   (긴장한 눈빛으로) 한서준 인터뷰?
바름   네. 영상을 찾아서 봤는데 한서준 인터뷰만 없어서…
홍주   방송 나가고 유가족들 항의가 심해서 한서준 인터뷰만 삭제했어. 근데 왜?
바름   (머뭇) 그냥 좀 보고 싶어서·· 대체 고형사님이 뭐 땜에 빠져서 저러는지…
홍주   (이상한 듯 보다) 잠시만 거기 앉아 있어·· 찾아볼게.

영상자료 검색하며 슬쩍 소파에 앉아있는 바름 보면, 안절부절하는 모습 역력한. 불안한 표정으로 그런 바름 살피듯 보는 홍주.

S#115 OBN 방송국 앞 거리/ 낮

정신없이 뛰어나오며 봉이에게 전화하는 바름.

바름   어. 봉이야. 사진 한 장 보낼 테니까, 그 의사 맞는지 확인 좀 해줘.

S#116 봉이네 마을. 다리 입구 + OBN 방송국 앞 거리/ 낮

마을버스 서면, 버스 문 열리고 내리는 사내의 발. 바름과 통화하며 지나가는 봉이.

봉이   (통화 중인) 사진? 알았어. 지금 볼게.
바름   (F) 영상 캡처본이라 좀 희미하긴 한데, 잘 봐봐.

봉이, 핸드폰 보며 가는데 누군가와 스치는. 가는 봉이 뒷모습 보는 강덕수!

강덕수   (음흉스럽게 입맛 다시며) 이쁘게 잘 컸네. 우리 애기‥

OBN 방송국 앞 거리/

바름   (잔뜩 긴장한 얼굴로 기다리는데)
봉이   (F) 어, 이 사람 맞아. 오빠 수술해준 의사!!!
바름   (순간 멍해지는)

S#117 무진 구치소 접견실/ 낮

바름   (독기 서린 눈으로) 무슨 짓을 한 겁니까? 내 머리에.

바름 시선에, 아크릴 벽 너머 서준 앉아있다.

바름   (수술한 흉터 확 까 보이며) 여기에 뭘 넣은 거냐구요?
서준   (그런 바름 빤히 보면)
바름   내 머리에 성요한! 그 살인마 뇌를 집어넣은 거야? 어?!!

서준, 서늘한 눈빛으로 자신을 독기 서린 눈으로 바라보는 바름 바라보는.
그렇게 바름과 서준의 시선 허공에서 강렬하게 마주치는.

                                                    the END

제9부

S#1　　수술실/ 밤

어둠 속, 바흐의 〈골든베르크 변주곡 아리아〉 흐르고 수술대 조명 탁 켜지면 암막으로 차단된 조용한 공간 드러난다. 수술대 위 고정된 누군가의 머리, 그 앞 등진 채 서 있는 집도의, 귀에 꽂은 이어폰에서 바흐의 아리아 흐르고 수술 장갑 낀 손 들어 허공에 지휘하듯 젓다가‥ 혼잣말로 "메스!" 수술대 위 두피 절개하는 손, 의료용 루페와 마스크 사이로 드러나는 날카롭고 진지한 눈빛, 서준이다. 드릴 집는 서준의 손, 윙 소리 내는 드릴, 두개골 절단하는 장면 수술용 현미경에 연결된 모니터에 비치고, 카메라 서서히 이동하면‥ 요한 누워있다.

서준　　(중얼거리는) 억울해 말거라. 넌 또 이렇게 살아있는 거니까…

요한 머리에 연결된 중간의 가장 큰 혈관 등 잘라내고, 이어 작은 혈관 잘라내는 서준의 손길 빠르고 섬세하다. 옆 침상으로 이동하는 서준. 그 반대편, 뇌파 장치와 심전도계 모니터 있고. 수액과 수혈액 링거에서 한 방울씩 떨어지고 튜브 따라 이동하면 수술대 위 개두 상태의 바름 있다. 서준, 바름의 망가진 전두엽 부분 잘라낸 후, 요한의 뇌(전두엽) 일부를 봉합시킨다. 침상 위 나란히 누워있는 바름과 요한의 모습 부감 샷으로 잡히며 서서히 암전되고 바흐의 〈골든베르크 변주곡 아리아〉 계속해서 흘러나오며 타이틀 뜬다.

마우스

S#2   한서준 인터뷰 영상 + OBN 홍주 사무실/ 낮

한서준 인터뷰 영상화면 시작되고.

서준   제 삶에 마음의 평화가 찾아왔습니다. 더는 악몽에 시달리지 않습니다‥ 하느님께 회개하고 용서받으니 이렇게 마음이 편할 수 없습니다. 요새는 잠도   푹 잡니다.

서준 인터뷰 영상 보던 바름, 스톱 하고 자신의 핸드폰으로 한서준 얼굴 부분에 맞춰 (죄수복 보이지 않게 얼굴만) 사진 찍는.

S#3   OBN 방송국 앞 거리/ 낮

정신없이 뛰어나오며 봉이에게 전화하는 바름.

바름   어. 봉이야. 사진 한 장 보낼 테니까, 그 의사 맞는지 확인 좀 해줘.
(바로 전송해서 보내고, 잔뜩 긴장한 얼굴로 기다리는데)
봉이   (F) 어, 이 사람 맞아. 오빠 수술해준 의사!!!
바름   (허… 순간 멍해지는) 왜 한서준이 내 머리를 수술했지…? 대체 왜…
(곰곰 생각하다, 다급히 주변 두리번거리는. PC방 간판 발견한다)

S#4   인근 PC방/ 낮

후다닥 자리에 앉아 포털 검색란에 한서준 이름 치면 〈헤드헌터〉 〈헤드헌터 살인 사건〉 관련 내용 블로그 글 등 각종 옛날 기사들 쏟아져 나오고. 기사 타이틀에 〈 머리 없는 시신 유기〉 〈머리 절도범. 범죄전문가들의 다양한 해석 쏟아져…〉 그

중 한 타이틀에 바름의 시선 머문다. 〈구멍 난 새끼손가락·기호학, 변태성욕자·종교의식 가능성 높아〉 클릭하면 현장사진(1부 #7) 속 사체 덮은 천 사이로 손가락 클로즈업된 사진-새끼손가락 편칭-과 그 밑 희미한 글씨 보인다.

바름   F25.17sex? 뭐야. 이건…? (갸웃하다 후다닥 일어나 나가는)

S#5   무진청 증거보관팀 사무실/ 낮

뛰어 들어온 바름. 잠긴 증거보관실 보고,

플래시 컷/ 무치, 비번 누르는 뒷모습 무심히 보는 시선에 번호 보이는 (8부 #12)
그 번호 기억해내서 그대로 누르면, 증거보관실 문 열리는.

S#6   무진청 증거보관팀 증거보관실/ 낮

바름, 둘러보다 〈헤드헌터 살인사건〉 파일 발견하고, 꺼내 보면 20개의 피해자별 서류들 정리 되어있고, 사건별, 시신별 현장 사진들 급히 확인한다. 각 피해자들 사진 모두 훑어보면, 모든 시신에 공통적으로 새끼손가락 편칭구멍과 'sex' 써 있다.

바름   F는·· 여자? 그럼 M은 남자? (비교해서 보다) 맞네. 그럼 숫자는 (피해자 신상 나이와 비교해보며) 오! 피해자들 나이야. 그 뒤 숫자는 죽인 순선가? (사진들 번갈아 비교해보면) 아닌데·· (7 적혀 있는) 김현식이 (6 적혀있는) 주미혜보다 먼저 납치됐는데? (갸웃 SEX 단어 보며) 섹스? 뭐야. 섹스라니·· (암만 봐도 모르겠고) 이 새끼손가락 구멍은 또 뭐냐고?

하다 문득 사진에 시선 멈춘다. 찬찬히 보다, 손이 크게 찍힌 사진 보는데, s아래 보일 듯 말 듯 흐릿한 점 발견하는.

바름   점? (후다닥 다른 사진들 다 확대해서 확인하면, 역시 s 아래 점 찍힌 자국 보이는) 섹스가 아냐! 뭔가의 약자 같은데. s와 ex. 대체 무슨 약자지?

딱히 뭔가 떠오르지 않는 바름, 손가락 구멍 한참 바라보는데·· 순간 퍼뜩!

플래시 컷/ 무진 구치소 접견실/ 낮/ 8부 #5
실밥 튀어나온 쥐 머리. 그리고 귀에 난 구멍.

후다닥 옆에 놓인 컴퓨터 인터넷 검색 창에 실험쥐 검색하려는데, 인기척 들린다.
두석, 증거보관박스 들고 들어와서 정리하면, 바름, 들키지 않게 몰래 빠져나오는.

S#7   인근 PC방 외경 + 인근 PC방 안/ 낮

바름, 인터넷 검색 창에 실험쥐 검색하고. 실험쥐 화면에 뜨면, 쥐 귀에 구멍 뚫려 있
다. 그 밑 동물실험식별법이라 쓰여진 부분 읽는 바름.

바름   동물실험식별법이란 동물 실험 시, 개체를 식별하고·· (눈으로 읽다) 동
         물 개체를 하나하나 식별하는 방법을·· (마우스 드래그, ex) ear tag, ear
         punch, 꼬리 마킹) 실험을 마친 쥐는·· 이어 태그·· 귀에 구멍을 내는 등
         표식을 한다·· 실험…?

바름, 검색란에 실험, 실험동물. 실험체 등 쳐본다. 순간 실험체의 영어 subject
experiment라는 단어 뜬다.

바름   subject의 s. experiment의 ex. 실험체의 준말? 송수정 F 여자 25. 스물다
         섯 살. 그리고 17번째 실험체·· 실험체··? 그럼 펀칭을 할 귀가 없으니··
         귀 대신 손가락에 구멍을 낸 건가? 사람한테 뭘·· 뭘 실험했다는 거지?

도저히 모르겠는데 순간 홈·· 라면냄새에 고개 돌리면 알바생, 옆 손님 자리에 라면
갖다 주고. 옆 손님, 젓가락 들어 먹기 시작하는. 그 모습 보는 바름 위로.

바름   (E) 뇌 손상으로 없던 후각이 생길 수도 있나요?

인서트/ 뇌신경외과 진료실/ 바름의 회상/ 낮/ 8부 #102에 이어진 씬

박민준   아뇨. 뇌 손상으로 갑자기 없던 후각이 생기는 건 불가능해요. (웃으며)
          뭐 딱 한 가지 방법이 있긴 하죠··
바름   뭔데요?
박민준   후각 망울이 있는 전두엽 부분을 갈아 끼우면 가능하겠죠.

바름   (중얼거리는) 전두엽을 갈아 끼워? (하는데)

바름   전두엽을 갈아 끼워요? 그게 가능해요?
박민준   뇌가 뭐 스페어타이언가요? 갈아 끼우게? 공상과학영화에서나 가능하죠.

바름   그래. 말도 안 돼. 불가능하다고·· (하다)

플래시 컷/ 머리에 매듭 있는 쥐 쓰다듬고 있는 한서준·· (7부 #94)
무치   (E) 쥐 대가리에다 뭔 짓을 해놓은 거야·· (8부 #7)

바름   혹시 그래서··· 한서준이·· 설마··?

순간 바름, 머리 깨지는 두통 오고, 으윽 주저앉아 고통스러워하는데.

S#8   과거. 애니멀 테마파크 현관 앞 + 현재. PC방/ 낮

여학생   얠 살려두면, 너도 저 구렁이 신세가 될 텐데. 그래도 좋아?
재훈   (순간 움찔, 반사적으로 뒤로 주춤)
여학생   이 쥐엔 나쁜 뇌가 들어가 있어. 살려두면 너도 물어뜯어 죽일지 몰라.

바름   나쁜 뇌가 들어있어··?

순간 허… 충격에 멍한 바름 얼굴 위로…

플래시 컷/ 평안파출소 앞/ 낮 (7부 #74)
무치   (E) 좀‥ 변한 거 같아‥ 전이랑 뭔가 좀 달라졌어‥

플래시 컷/ OBN 임시 사무실/ 낮 (8부 #52)
무치   (E) 싸이코패스 대가리 속에 들어갔다 나오기라도 했냐?

퀵 플래시> 하천 길/ 낮 (7부 #62)
바름, 엎드려 죽어있는 시신 바라보는데 순간적으로 눈빛 빛난다!

바름   (E/흥미로운 표정 지으며) 뭐지‥ 이 기분은‥?

바름   (허‥털썩 주저않는) 그래서 성요한 기억이 내 머리 속에…

넋 나간 바름 얼굴에서 페이드 아웃되고‥

S#9   무진구치소 접견실/ 현재/ 낮/ 8부 #117 상황

바름   (버럭) 내 머리에 성요한! 그 살인마 뇌를 집어넣은 거야? 어?!!
서준   (씨익 입꼬리 올리며) 생각보다 빨리 알아챘네. 시시하게.
바름   (쿵!) 뭐? 저, 정말이야‥?
서준   헤드헌터‥ 사람들이 나한테 붙여준 그 별명 말야. 아주 맘에 들어.
바름   (허‥) 그러니까… 사람들을 죽이고 머리를 잘라간 이유가…?
서준   죽이고? (피식) 산 채로 열기도 했는데?
바름   (끔찍하고 기막힌)
서준   (지금 생각해도 아쉬운 듯한 표정으로) 모든 게 완벽했는데.
          살인도! 실험도! 성공을 눈앞에 두고 있었는데… 하필 그 꼬맹이 때문에!

S#10   무진병원 현관 앞/ 낮

수갑 찬 채 나오는 무치. 끽 서는 강형사 차, 급히 내리는 강형사와 신형사.

신형사   (후다닥 뛰어가) 뭐하는 거예요? 우리 선배님한테?
경찰1   우재필 살해 혐의로 현장에서 체포됐습니다.
신형사   에? 우재필을 죽여요?
강형사   너 결국·· (멱살 잡으며) 이 미친새꺄!! 어쩔라고! 이제 니 인생 어쩔라고!!!

강형사 무치에게서 떼내려는 신형사와 경찰들. 자신의 멱살 잡아 뜯으며 소리치는 강형사 보고 순간 울컥하지만, 애써 당당한 표정 지으며 꿈쩍 않는 무치 얼굴 위로

서준   (E) 그 꼬맹이 덕분에 이 신세가 됐단 말이지…

S#11   무진구치소 접견실/ 낮/ #9에 이어서

바름   (소름 끼치는 표정으로 보는)
서준   그런 눈으로 보지 마. 난 그저 인류를 위해 인간 머리 몇 갤 희생 시켰을 뿐이야. 모든 업적에는 아주 소소한 희생이 따르기 마련이잖아? 안 그래?
바름   (버럭!) 소소해? 사람 목숨이 소소해?!
서준   (그런 바름 빤히 보며) 그 희생된 목숨들 덕에, 지금 니가 살아서 그 자리에 있는 거야. 정바름!
바름   (인정하고 싶지 않은) 아냐·· 거짓말이야. 다 구라지? (버럭) 다 뻥이잖아!!! 현대의학으로 뇌 이식은 불가능하다고. 불가능 해!!!
서준   믿고 싶지 않나 보군. 뭐, 그럼 직접 가서 니 눈으로 확인해.
바름   (무슨 말인가?) 확인? 뭘?

S#12   북부서 강력팀- 유치장/ 낮

뛰어 들어오는 홍주, 두리번거리다 유치장 안에서 팔짱 낀 채 다리 쭉 펴고 눈 감고 있는 무치 발견한다.

홍주   (침 꼴깍 삼키고는 다가가) 어떻게 된 거야? 정말 우재필 죽인 거야?
무치   (눈 꼭 감은 채 꿈쩍도 않는)
홍주   (쿵!) 왜? 왜 그랬어!!! 왜?!!!
강형사   (홍주 진정시키며) 나가서 얘기하시죠.

강형사, 홍주 데려가자 그제야 눈뜨는 무치. 슬픈 눈으로 나가는 홍주 뒷모습 보는.

S#13   북부서 강력팀- 복도/ 낮

충격받은 표정으로 강형사 보고 서 있는 홍주.

홍주   그러니까‥ 한서준을 죽이겠다고 우재필을 죽인 거라구요? 한서준 있는
         구치소에 들어가려구?
강형사   (끄덕 한숨 내쉬며) 늘 조마조마했는데‥ 결국 이렇게 사고를 치네요.
홍주   (허‥ 멍하니 서 있다 황망한 표정으로 뒤돌아 가는)
강형사   (잠시 망설이다 가는 홍주 뒤통수에 대고) 그게 이유였어요…
홍주   (돌아보는)

S#14   무진구치소 접견실 앞 + 소장실/ 낮

넋 나간 듯 멍하니 나오는 바름.

구치소장   (바름 가는 모습 창가에 서서 내려다보며 통화 중인) 면회 마치고 돌아가는 길
         입니다. (순간 휘청이며 주저앉는 바름 보며) 충격이 꽤 큰 듯합니다.

S#15   무진구치소- 서준의 독방/ 낮

가부좌로 앉아 매듭 쥐 머리 쓰다듬으며 눈 감고 있는 서준 위로…

S#16   30여 년 전. 캠브리지대학 병원 외경 + 병실/ 낮 (영어로)

머리에 붕대 감고 있는 뇌성마비 여자 환자 침상 앞에 서서 수술경과 보고 중인 주치의(펄린), 존(신경외과장) 등 닥터들. 젊은 서준 뒤에서 열심히 뭔가 적고 있다.

펄린   TA(교통사고) 환자로 들어왔고, SDH(급성 경막하 출혈), 응고된 혈종제거술을 시행하여 현재까지 부종도 없고 혈압 맥박 모두 정상입니다.

서준 열심히 수첩에 내용 적는 것 같지만, 사지 찢어지고 목 잘린 환자의 모습 그리는. 씨익 웃으며 고개 들다 문득 환자 머리맡에 있는 책 발견하고 갸웃하는데.

존   CP(뇌성마비)에다가 출혈 위치도 골치 아팠을 텐데 잘했어. 지금 환자 상태도 좋고‥ (환자 보면서) 게리박사 환자라지?
펄린   네, 만 5세였던 15년 전 게리박사님께 CP(뇌성마비) 진단받았습니다.
서준   (교수 및 의료진들 나가자) 이 책 환자분이 읽으시는 거 맞죠? (묻다가
        환자 꽉 쥔 손 보고 뭔가 이상한. 손 억지로 펴면 알약이다) 레보도파?
        이건 도파민 결핍 보충젠데? (눈빛 반짝하다, 환자에게) 누가 줬어요?
환자   (입 꾹 다무는)
보호자   이상하다. 어디서 났지? 아까 여기 쓰레기통 치우던 분밖에 없었는데‥
서준   청소부요? (호기심 반짝이는 눈빛)

S#17   과거. 캠브리지대학 병원- 병실 앞/ 낮 (영어로)

서준 나오면 복도에 의사들 서서 얘기 중이다. 서준 나오자 일순 침묵하고 가는. 서준, 그 모습 보다 가려는데. 남아있던 펄린, 서준 향해 비아냥거린다.

펄린	왜 교수님이 니가 해야 할 수술을 나한테 하라고 했을까?
서준	(무시하고 가려는데)
펄린	니 환자, 엠마. 의료사고로 죽은 게 아니라고 다들 생각해. 니가 죽였지?
서준	(서늘한. 이내 세상 억울한 표정으로 돌아보며) 그게 무슨 말이야.
펄린	게리박사님이 조사 중이야. 니 얼굴에 그 가면 벗겨질 날 얼마 안 남았어.
서준	(가는 펄린 보며 중얼거리는) 눈치채버렸네? 내가 너무 방심했나?
	(손에 쥔 약 #16 보고 킥킥거리며) 그럼 진짜 연기를 보여줘야겠네?

S#18   현재. 구령산 앞 (숲 입구)/ 저녁/ 7부 #23 동장소

택시에서 내리는 바름. 어둑어둑해진 숲속 두려운 눈빛으로 바라본다.

서준	(E) 믿고 싶지 않나 보군. 뭐, 그럼 직접 가서 니 눈으로 확인해.

S#19   과거. 캠브리지대학 병원- 컨퍼런스장/ 낮 (영어로)

못마땅한 표정의 게리, 의료진들 앉아있고 서준, 환자(#16) 휠체어 밀며 들어온다.

서준	(중앙에 서서) 아시다시피 이 환자는 5살 때 게리박사님으로부터 뇌성마비 판정을 받고, 15년을 휠체어에 의존하며 살고 있습니다. 지금부터 제가 이 분이 일어날 수 있는 기적의 마술을 보여드리겠습니다.
게리	장난해 지금? (하는데)

게리교수, 불쾌한 표정 지으며 나가려는데 술렁이는 소리에 돌아보면. 휠체어 환자 다리 조금씩 움직인다. 게리, 당황스런 표정으로 서 있는 모습 보며 씩 미소 짓는 서준. 휠체어 환자 결국 혼자서 일어선다. 의사들 웅성거리고‥

서준	이 환자는 15년 동안 자신이 뇌성마비라고 생각했습니다.
게리	(버럭!) 내가 지금 오진이라도 했단 말이야?!!

서준	오진 맞습니다. 게리박사님. (손에 쥔 리모컨 누르면 빔 화면에 CT, MRI, 유전자 검사자료 뜬다) 이 환자는 뇌성마비가 아니라, 14번 염색체에 위치한 GCH-1 유전자 돌연변이로 인해 체내 도파민이 부족해진 희귀병 환자입니다. 도파 반응성 근긴장이상증! 일명 세가와 증후군이라고 부르죠.
게리	세가와‥ 증후군?
서준	100만 명당 한 명 꼴로 발생하는 희귀병으로, 무의식적 근육 수축으로 인한 비정상적인 운동, 자세 때문에 게리박사님이 뇌성마비로 오진한 겁니다.
게리	(입술 잘근 깨물며) 그렇게 판단한 근거는?
서준	환자병실에서 책을 봤습니다. 선천적 뇌성마비 환자들은 지적장애도 동반하는데 이 환자에겐 보이지 않았죠. 그래서 보호자와 GP(영국 1차 진료소 일반의)에게 자료를 받아 봤습니다. 교통사고 전 뇌성마비 증상이 오전보다 오후가 될수록 악화 된다는 특징이 있었습니다. 그래서 환자에게, 도파민 결핍을 보충하기 위해 레보도파(Levodopa)를 0.5알씩 하루 세 번 복용케 했습니다. 결과는 보시는 것과 같습니다.
환자	땡큐! 서준. (끌어안으며) 당신은 내게 새 삶을 주었어요. 나의 은인이에요.
서준	(환자와 포옹한 채, 당황해하는 게리와 펄린 존 등 보며 미소 짓는)

객석 뒤쪽 쓰레기통 든 채 서서 보고 있는 청소부 복장의 대니얼, 경비들 들어와 대니얼 끌고 데리고 나가려는데‥ 대니얼 안 나가려고 버티다 실랑이가 벌어진다.

서준	(환자에게서 몸 떼며) 감사해야 할 사람은 제가 아닙니다. 바로 저분입니다.
일동	(놀라 대니얼 보면)
서준	(미소 지으며 대니얼 보는 위로)

S#20   과거. 대니얼 집 인근/ 서준의 회상/ 밤 + 현재. 컨퍼런스장/ 낮

음침하고 지저분한 빈민가, 주소 적힌 쪽지 들고 두리번거리는 서준.

관계자	(E) 그 병동 청소 담당은 대니얼입니다. 좀 전에 퇴근했는데…

다시 주소 확인하는데 오빠! 부르는 소리에 돌아보면 저만치 한국 남자 향해 힘겹게 걸어오는 미모의 한국여자 제니퍼 보인다. (1부 #25 사진 속 여자)

제니퍼	오빠! (대니얼 다가가면 팔짱 끼며 자랑하듯) 나 혼자 400보나 걸었다~
대니얼	우와. 역시 약효가 좋네. 들어가 얼른. 약 먹자. (주머니에서 약 꺼내면)
제니퍼	(걱정스럽게) 그만 가져와. 그러다 병원에서 알면 어쩌려고 그래.
대니얼	걱정 마. 아무도 몰라.
제니퍼	참, 그 환자는 어떻게 됐어? 나랑 같은 병을 앓고 있다는 환자 말이야··
대니얼	이 약 몰래몰래 주고 있어. 뇌성마비라니. 의사들이 그거 하나 못 알아내고.
제니퍼	알려주지 그랬어.
대니얼	그랬다가 내가 약 훔친 거 들키면 어떡해. 들어가자 얼른.

제니퍼 부축하며 다정하게 가는 대니얼. 그 모습 보는 서준의 눈빛 흥미롭다. 대니얼과 제니퍼 집안으로 들어가자, 따라온 서준이 집 주변 쓱 보는데. 열린 창문 보이자, 그 앞으로 가서 안쪽 보면 휘날리는 커튼 사이로 벽에 붙어있는 방대한 유전자 염기서열들. 흠칫 놀라는 서준.

서준	역시 세가와 증후군이었어. (흥미로운) 청소부가 제법인데? (뭔가 생각하는)

컨퍼런스장/ 낮

서준	(놀라 자신을 보고 있는 대니얼과 의사들 보며) 저 친구가 바로 이 환자가 세가와 증후군이란 걸 알아낸 장본인입니다! 저 친구가 아니었다면 이 환자분은 평생 휠체어 신세였을 겁니다.

환자, 대니얼 향해 땡큐 연발하면 당황하는 대니얼. 미소 지으며 보는 서준.

서준	(E) 덕분에 내 정체를 의심했던 게리박사는 병원을 그만뒀고, 난 환잘 죽였단 혐의에서 완전히 벗어나게 됐지.
대니얼	(놀란 눈으로 서준을 보다 이내 감사함의 눈빛이 되는)

서준   (그런 대니얼 눈빛 보는)

서준   (E) 어디 그뿐인가? 난 불우한 한 천재청소부를 발굴하고, 모든 공을 그
           친구에게 돌린 아주 멋진 인간이 됐고!

S#21   과거. 캠브리지대학- 캠퍼스/ 밤

학교 안 야산(공원), 쥐 잡으려고 안간힘 쓰는 서준. (한국어 대화)

대니얼   (E) 저기··
서준   (돌아보면 대니얼, 쥐 가득 든 철망 들어 보이며 씩 웃고 있다)
대니얼   선물입니다. 뭘 해드릴 능력은 안 되고·· 저희 동네에 쥐가 엄청 많거든요.
서준   이걸 왜?
대니얼   학교에서 연락이 왔습니다. 유전자연구실에서 일해 볼 생각 없냐고. 학
           교도 다닐 수 있게 해주겠답니다. 다 한서준씨 덕분입니다. 고맙습니다.
서준   (쥐 받으며 대니얼 보는/E) 내가 고마워해야지. 니 덕에 날 의심했던 게리
           박산 병원을 그만뒀고, 난 환잘 죽였단 혐의에서 완전히 벗어났는걸?
대니얼   (서준을 향해 고마움과 존경스런 눈빛)
서준   (그런 대니얼 눈빛 보는 위로)

서준   (E) 대니얼! 그 놈은 내 정체를 숨기게 한, 최고의 작품이었어!!!

S#22   현재. 숲속 + 덤불 앞/ 밤

헉헉거리며 두리번거리는 바름.

바름   이 근처에 덤불이 있다고 했는데·· (계속해서 주변 살피다) 그래. 역시 거
           짓말이었어. 실험실이 있었으면 아직까지 발견이 안 됐을 리가 없잖아··

하는데 순간 바름 앞에 나타나는 우거진 덤불. 긴장하는 바름. 마음의 준비 하고, 덤불 헤치고 안으로 들어가면 낡은 창고 있다. 긴장한 얼굴로 문 앞에 서는 바름.

서준 　　(E) 내 실험실이 있어. 아직까지 그 누구에게도 발견되지 않은 곳이지. 그 문을 열면 판도라의 상자가 열리는 거야… 자신 있나? 진실을 알 자신‥?

S#23   과거. 낡은 창고(실험실) 안/ 낮

대니얼 둘러보면, 온갖 뇌구조와 뇌 관련 사진, 그림들 붙어있다. 전시된 뇌 모형을 손으로 꾹꾹 눌러보는 대니얼, 젤리 같은 촉감에 '윽' 소리 내고.

대니얼 　　근데 쥐로 무슨 실험을 하는 건데?

서준 　　(귀찮. 그러나 친절하게 쥐 뇌 이식 실험하며) 뇌 이식.

대니얼 　　(눈 동그래지는) 진짜? 그게 가능해?

서준 　　아니. 뇌는 엄청난 신경회로로 연결되어있어 신경접속 자체가 불가능해. 난 그 복잡한 뇌 신경회로를 연결 중이야. 이식한 후에, 면역거부 반응을 일으키지 않는 방법도 찾는 중이고.

대니얼 　　(머리 꿰매지는 쥐 보며 눈 찡그리며) 대체 이걸 왜 도전하는데?

서준 　　(순간 텅 빈 눈빛 되는) 고작 1.4키로 밖에 안 되는 뇌에 한 사람의 인생이 다 들어 있다는 게‥ 재밌지 않아? 내가 그 사람의 인생을 좌우할 수도 있고. 이게 신이지, 신이 뭐 따로 있나?

대니얼 　　뭐?

서준 　　(화제 바꾸려고) 넌? 넌 꿈이 뭐야?

대니얼 　　나? 음 난‥ (꿈꾸듯) 좋은 유전자를 찾아내고 싶어… 인간의 선한 유전자‥ 선한 유전자를 찾아내서 전쟁과 범죄가 없는 평화로운 세상을 만들고 싶어. (눈빛 빛내며) 우리 연구소, 선임연구원이 한국인인데 그런 유토피아를 만들고 싶어 해. 나, 영신에게 도움이 되고 싶어. 존경스런 분이야‥

서준 　　차라리 나쁜 유전잘 찾는 게 빠르겠네. 범죄 유전자를 가진 인간들을 찾아내서 범죄 자체를 차단하면, 니 말대로 평화로운 세상이 될 거 아냐?

대니얼	그러네? 역시 서준은 천재야. 좋아. 나쁜 유전자를 찾아보겠어!
서준	(그런 대니얼 한심한 듯 보다, 손 내밀며) 좋아. 우리 꼭 꿈을 이루자. 넌 범죄 없는 세상을 이루기 위한 유전자 찾기 성공! 난 인간의 뇌 이식에 성공!

S#24   현재. 창고 (서준의 실험실) 앞/ 밤

망설이는 바름. 이윽고 결연한 눈빛. 입술 질끈 깨물고 창고 문 끼익 여는!

S#25   과거. 몽타주 (수술실, 스튜디오)/ 낮

수술실/ 수술복 차림의 서준, 능숙한 솜씨로 수술 중인 모습 보이고‥

서준	(E) 영국에서의 경력은‥ 내가 한국에 돌아와서도 최고의 뇌신경의로 인 정받기에 충분했지.

스튜디오/ 말끔한 양복 차림으로 패널로 출연 중인 서준. 뇌에 대한 정보를 얘기하 며 진행자와 유쾌하게 웃는 위로…

서준	(E) 스타닥터라는 타이틀에 취해 있는 동안, 잠시 내 꿈을 잊고 있었어.

웃으며 무대 밖 모니터 쪽 돌아보다, 순간 얼굴 확 굳어지는 서준 위로

서준	(E) 대니얼‥ 그 놈이 세상을 발칵 뒤집어 놓기 전까진 말이야.

TV 모니터에 속보 자막 떠 있다. 〈영국 캠브리지 유전학연구팀 대니얼 리 박사, 사 이코패스 유전자 발견!〉

S#26   현재. 창고(서준의 실험실) 안/ 밤/ 7부 #24 동장소

끼익! 문 열고 들어오는 바름, 깜깜하다. 바름 휴대폰 꺼내 플래시로 주변 비추면 거미줄 잔뜩 있다. 플래시로 실내 안 쓰윽 비춰보면 먼지 수북한 수술대부터 수술 도구들 사방에 널브러져 있다. 이게 뭐지? 싶은‥

S#27　　과거. 서준 병원 진료실/ 밤

문 쾅 열고 들어오는 서준, 신경질적으로 넥타이 풀어헤치고 자리에 앉아, 신문 펼쳐서 대니얼에 관련된 쏟아지는 기사들 읽어 내려가기 시작하는데‥

서준　　(E) 그냥 던진 말이었는데…

대니얼 관련 기사들. 〈사이코패스 유전자, 범죄연구 새로운 場 열다〉〈천재 유전학 박사 대니얼리 연구팀 英 여왕 초대받아〉 서준, 서늘한 눈빛으로 기사들 보는 위로

서준　　(E) 이용가치가 끝나면 자동 폐기처분 되어야 되는데‥ 감히 내 신의 영역을 침범해?!!

S#28　　현재. 창고 (서준의 실험실) 안/ 밤/ 7부 #24 동장소

불빛에 의지해 한 발 한 발 내딛던 바름, 바닥 구석에 떨어져 있는 뭔가 발견한다. 어린아이 방울머리끈이다. 바름, 주머니에서 손수건 꺼내 방울머리끈 감싸 넣고는 다시 주변 살피는데. 선반 위 유리병 속에 포르말린 용액에 담겨 있는 무언가‥ 바름 뭔가 싶어 찬찬히 보다, 헉!!!

S#29　　과거. 창고 (서준의 실험실) 안/ 밤

영혼 없는 눈빛의 서준, 기계적으로 쥐의 뇌 이식 실험중이고, 그 옆 철망 안에, 개, 고양이, 원숭이 등등… 각종 동물들 실험 꼬리표 붙은 채 들어있다.

서준   (확 집어던지며) 이따위 걸로 안 돼! 안된다고!! (하다 눈빛 서늘해지는)

S#30   과거. 한적한 다리 밑/ 밤

이불 뒤집어쓰고 엎드려 있는 노숙자, 그 앞에 드리우는 그림자.
노숙자, 고개 들면 서늘하게 내려다보고 있는 서준.

서준   식사 못 하셨죠? 고기 드시러 가실래요?
노숙자   꼬기? (신나서 일어나면)

서준, 부축하는 척하며 노숙자에 주사기 찌른다. 푹 쓰러지는 노숙자. 서준, 노숙자
겨드랑이에 두 손 끼운 채 어둠 속으로 끌고 가는 위로‥

서준   (E) 난 뇌가 필요했어. 진짜 사람 뇌 말이야…

S#31   현재. 창고 (서준의 실험실) 안/ 밤/ 7부 #24 동장소, #28 이어

충격 받은 바름 시선에, 선반 위 유리병 속 포르말린 용액에 담겨 있는 뇌들(온전한
뇌부터 해부한 뇌. 잘라진 뇌조각 등)이다. 공포 가득한 얼굴로 주춤주춤 물러서다 상
자에 걸려 넘어지는데, 동시에 상자 엎어지며 쏟아지는 두개골들! 우욱 입 틀어막고
뛰어나가려던 바름, 문 앞에서 우욱 토한다. 그 순간 아지트에 불 탁! 켜지고 토하다
돌아보면, 어느새 희미한 수술조명 아래 인간의 뇌 적출중인 서준의 모습. 바름 그
광경 공포어린 눈으로 본다. 허‥허‥ 숨 가쁘게 몰아쉬는 바름. 카메라 다시 비추
면 어느새 적막감만이 감도는 텅 빈 실험실.

S#32   영화관 티켓박스 앞/ 밤

얼굴에 화장도 하고 예쁘게 차려입은 봉이. 영화 티켓 들고 서 있다. 안내방송 나오

자 사람들 들어가는. 봉이, 바름에게 전화하지만 부재중 신호음 넘어가는데.

봉이   (걱정스러운) 무슨 일 생겼나…? (고개 드는데)

영화관에 세팅된 대형 TV에 뜬 속보 화면, 모자이크 처리됐지만 무치로 보이는 사
내가 수갑 찬 채 체포돼서 북부경찰서로 들어가는 화면. 아래 자막 〈현직 형사, 매
듭 살인사건 용의자 A씨 살해〉 헉! 놀라는 봉이.

S#33   서준의 집 앞 (구령)/ 밤

택시에서 내리는 바름. 바름 보면, 폐허가 된 집(1부 서준의 집) 눈앞에 있다. 집 벽과
현관문 앞, 온통 락카 스프레이로 '살인마의 집. 악마의 집. 괴물 헤드헌터 사형시켜
라!!!' 등등 온통 낙서로 뒤덮여 있고, 낡은 팻말에는 〈집 팝니다〉 글씨 거의 지워
진 채 있다. 그 모습 보고 선 바름, 어느새 벽과 현관에 가득한 낙서 사라지며 1부의
동화 같은 집으로 바뀌어 있다. 이윽고 문 열리고 누군가 나오는. 바름 긴장해서 보
면, 환하게 미소 짓고 서 있는 지은.

서준   (E) 모든 게 완벽했어. 뇌 이식 성공도 목전에 둔 상황이었고.

순간 바름, 지은의 불룩 올라온 배 보는 위로‥

서준   (E) 이 한서준 2세도 곧 태어날 예정이었지….

S#34   서준의 집 거실/ 밤

끼익 낡은 문 열리고 들어오는 바름. 집안 여기저기 살림들 그대로 엉망진창이 되어
있고, 거미줄 가득하다. 그 모습 둘러보는 바름 위로.

서준   (E) 그런데 대니얼에게 연락이 왔어. 한국에 들어온다고.

웃음소리에 휙 돌아보면, 어느새 거실엔 즐겁게 식사하는 서준과 지은 대니얼 모습 (1부 #19)보인다. 바름 시선에 여유로운 미소의 대니얼 보는 서준 보이고.

서준   (E) 그저 내 연기에 사용됐던 하찮은 소품 따위가‥

S#35   과거. 호텔(대니얼 숙소) 로비 밖 (1부 #24에 이어)/ 서준의 회상/ 밤

차에 타려다 돌아보면 로비 안, 어느 여성(형철母)와 얘기 중인 대니얼 보인다.

서준   (E) 대니얼 따위 열등 유전자한테 내가 꿈꿨던 신의 영역을 내줄 수 없어!

차에 타 시동 거는 서준의 서늘한 눈빛 위로.

S#36   과거. 거리/ 서준의 회상/ 밤/ 1부 #60 + #61

서늘한 눈빛으로 운전하고 오는 서준.

서준   (E) 마음이 다급해졌지. 당장 사냥감이 필요했어. 마지막 실험만 하면!!!

하는데 빨간 신호 뜨고 좌회전 차선에 멈춰 서는데 빵 소리 들리고, 차 창문 내리면 옆 차선 운전석에서 자신 내려다보고 있는 무치父 보인다. (1부 #60)

무치父   이 마을 사십니꺼? 혹시 오성 캠핑장이 어덴지 압니꺼?

〈점핑〉 운전석의 서준, 캠핑장 위치 알려주고 있다.

무치父   (서준 가리킨 곳 보며) 저서 우회전 해가꼬 10분만 쭉 올라가면 된단기죠.
서준   (백미러로 뒤에 세워진 캠핑카 운전석 옆자리 엄마보고/E) 둘. (뒤, 창문 열고 내 다보고 있는 초등학생 아이, 무원 보고/E) 셋.

서준   (E) 뇌가 셋! 그 정도면 충분한 재료였지. 최종실험을 하기엔.

캠핑카 안/ 서준 시선에 보이지 않는, 무치母 무릎 베고 잠들어 있는 무치.

서준   (무치父 인사를 뒤로하고 차 문 올리며 입꼬리 씩 올려 웃고. 쏟아지는 눈 바라보며 중얼거리는) 사냥하기 좋은 날씨네‥

S#37   현재. 오성 캠프장 안/ 바름의 상상/ 밤/ 1부 #27

바름 들어오면 폐쇄된 지 오래돼 캠프장 흔적 없다. 바름, 슬픈 눈빛으로 보는데 저만치 모닥불 보이고, 언 강 위에서 노느라 정신없는 무치와 무원. 숯에 불붙이느라 정신없는 무치父. 순간, 어둠 속에서 랜턴 들고 걸어 나오는 무치母. 쌀, 채소 들어있는 그릇 들고 바름 지나쳐 캠프장 밖으로 나간다. 그 뒤를 따라가는 바름.

S#38   약수터 앞/ 바름의 상상/ 밤/ 1부 #29 동장소

약수터 물 뜨는 무치母. 그 모습 뒤에서 바라보는 바름, 숨어 지켜보는 우비 차림의 서준과 눈 마주친다. 서준, 마치 바름에게 다가오는 듯하고 바름, 긴장하는데. 바름 지나쳐 무치母에게 가는. 서준 발견하고 뒷걸음치는 무치母 공격하는 서준. 달려오는 무치父와 몸싸움 벌어지고, 도망치는 무치母.(1부 #29상황) 서준, 무치父 머리 잡고 칼 꺼내 쳐드는데. 눈 질끈 감는 바름, 순간 바름 얼굴에 좍 튀는 피!

서준   (E) 모든 게 완벽했어. 1년간 스무 명 가까이 죽여가면서 그 어떤 실수도 하지 않았지. 완벽한 살인이라고 생각했는데…
(E)   사이렌 소리‥

S#39   과거. 서준의 집 앞/ 동틀 녘/ 1부 #50

경찰차에 뒤로 손 꺾인 자세로 호남에게 붙들려 있던 서준. 지잉- 창문 내려가는 소리에 쳐다보면, 차 안에 있던 무치와 눈 딱 마주치는!

S#40   현재. 북부서- 유치장 안/ 밤

1부 #45와 똑같은 눈빛 하고 있는 무치. 손에 꽉 쥐고 있는 무원 십자목걸이 펜던트 안, 가족사진 (무치부모, 무치, 무원) 보고 있다.

무치   (독기 서린) 기다려. 한서준!

S#41   무진구치소- 서준의 독방/ 밤

눈 감은 채 쥐 머리 쓰다듬으며 추억에 젖어있는 한서준 위로··

교도관   (밖에 서서/E) 고무치 형사가 매듭사건 용의자를 죽였답니다.
서준   (순간 눈 번쩍 뜨는. 이내 미소) 어쭈~ 해냈네?! 꼬맹이. (쥐 머리 쓰다듬으며 얘기하듯) 목이나 잘 닦아둬야겠는걸.

S#42   청와대 인근 + 비서실장의 차 앞/ 밤

청와대 쪽으로 들어가려는 바름을 막아서는 경호원, 실랑이 중이고

바름   저 꼭 만나야 해요. 만나서 할 얘기가 있다구요!
경호원   (바름 밀치며) 아, 글쎄 안 된다니까요. (하는데)

헤드라이트 빛 가까이 오자, 눈부신 듯 손으로 가리는 바름. 차 멈춰 서면, 최영신(비서실장) 내린다. 인자하고 온화한 표정으로 바름 보는 비서실장. 바름, 결연한 표정으로 뚜벅뚜벅 걸어가 최영신 앞에 서서 똑바로 시선 맞추는 위로.

S#43 과거. 무진구치소 접견실/ 바름의 회상/ 낮

바름   말이 안 되잖아. 당신이 어떻게 날 수술할 수 있어? 당신! 사형수잖아.

서준   자네 사고 있고 다음 날인가?… 손님이 찾아왔어. 아주 귀한 손님이…

S#44 현재. 비서실장 차 앞/ 밤 (#42 이어)

바름   정바름 순경입니다. 저, 기억하시죠?

최영신   아. 그럼요. 정순경님. (반갑게) 복직했단 보고는 받았습니다. 건강해 보여 다행이에요·· (사이) 근데 여긴 무슨 일로?

바름   비서실장님 만나러 왔습니다. (원망 어린) 저한테 하실 얘기 있으실 텐데요?

최영신   (그런 바름 물끄러미 보다) 타세요. (먼저 차에 타는)

바름   (타는)

S#45 허름한 대포집/ 밤

두석 들어오면, 호남과 강형사 술 마시고 있는데 강형사 이미 거하게 취해 있다.

두석   (피곤한 기색으로 앉으며) 술 마실 시간 있어? 비상 아냐?

호남   (한숨 푹 쉬며) 우리 팀은 손 떼라네. 고무치 사건에 객관성을 유지하기가 어렵다나 뭐라나·· (한잔 들이키는)

강형사   (잔뜩 취해 혀 꼬부라진 상태로) 내 이럴 줄 알았어! 저 꼴 날 줄 알았다고! 그니까 진즉 경찰 때려치게 했어야 했다구요. 근데 허구헌날 감싸기나 하고! 다 팀장님 때문이에요. 무치 저렇게 된 거·· (테이블에 머리 콩 박는)

호남   (후 한숨 내쉬며) 둘이 죽고 못 살았는데, 무치 놈 삐딱선 타고부턴 둘이 앙숙지간이거든·· 그래도 이 놈이 무치 생각하는 게 어찌나 깊은지…

강형사   (다시 고개 들며) 무치 그 놈이요… 지 같은 불쌍한 피해자 없는 세상 만들겠다고 경찰 된 놈이라구요오~!!! 이제 어떡해요. 우리 무치! 불쌍해서 어떡하냐고. 어떡해… (끅끅 우는)

두석   (그런 강형사 슬프게 보는 위로)

S#46   과거. 경찰 면접시험장/ 낮

허리 꼿꼿이 세우고 맞은편에 앉은 무치와 강형사 외 응시생들 면접 본다. 두석, 고
무치 이름에 밑줄 계속 치며 생각에 잠겨있는데 옆에 앉은 면접관 두석 툭 치고.

면접관   뭐 물어볼 거 없어?

두석   어? 어. (무치 보고) 고무치군. 자넨 왜 경찰이 되려고 하나?

무치   (망설임 없이 살짝 삐딱하게) 사람 죽이는 괴물새끼들 때려잡을라고요.

강형사   (돌아보는)

두석   (당혹스런)

무치   자그마치 스물한 명입니다.

일동   ?

무치   싸이코패스 살인마가 무고한 시민 스무 명을 넘게 죽일 동안 경찰이 한
            게 뭡니까? 그 가족들은 간절히 기다렸을 겁니다. 영화나 드라마에서처
            럼 경찰이 짜잔 범인을 잡아주길. 근데요·· 무능했던 경찰은 스무 명
            이 죽어 나갈 때까지 두 손 놓고 아무것도 한 게 없습니다. (빠득 이 갈며)
            어떤 불행한 아이의 제보가 아니었음 그 살인마는 서른 명, 마흔 명, 쉰
            명 계속해서 죽여 나갔겠죠? 그리고도 영원히 안 잡혔을 수도 있구요. 전
            설로 남은 살인마 잭이나, 조디악처럼요.

일동   (웅성웅성. 불편한)

무치   근데 아직까지 바뀐 게 없는 거 같아서요. 여전히 무능한 거 같아서요.

일동   (허··)

무치   그래서 지원했습니다. 경찰들 못 믿겠어서요. 또 그런 싸이코패스들 나
            오면 내가 직접 때려 잡을라고요! (기세등등하게) 좋은 경찰? 착한 경찰?
            다 필요 없습니다. 난 범죄자들 색출하고 때려잡는 유능한 경찰이 될 겁
            니다.

강형사   (뭐 저런 놈이 다 있지, 흥미로움이 혼재된 표정으로 무치 보는)

S#47 현재. 북부서 유치장 앞/ 밤

강형사   (E) 그게 이유였어요…

S#48 과거. 북부서 강력팀 복도/ 낮/ #13에 이어

홍주   (돌아보면)

강형사   최피디 밀어낸 이유요. 한서준 죽이고 살인자가 될 불행한 지 미래에 최피디를 끌고 갈 수 없단 걸, 아니 그래선 안 된다는 걸 결심한 거예요. 그날·· 최피디에게 고백하려던 그날에요.

S#49 과거. 무치 차 안/ 밤

눈 시뻘게져서 잠복 중인 무치와 그 옆에서 졸린 눈 부비고 있는 강형사.

강형사   (하품 늘어지게 하며) 너 그러다 눈에서 피나겠다? 적당히 해. 사람을 둘이나 죽여 놓고 도망친 놈이 지 집엘 나타나겠냐?

무치   (눈 부릅 뜬 채 용의자 집 노려보며) 효자래잖아. 오늘이 지 엄마 제사라니까 혹시 알아? 좀만 더 기다려보자고. 형! (하는데 코피 주루룩 흐르는)

강형사   야야야 코피! 코피! (후다닥 카박스 열어 티슈 꺼내 뽑아주며) 아주 고3 수험생 나셨어. 너 뜬 눈으로 삼 일째야. 쫌 눈 좀 붙여. 내가 망 볼 테니까.

무치   (코 틀어막으며 눈은 여전히 용의자 집 쪽) 비명횡사한 불쌍한 자매랑 그 부모 생각하면 잠이 오냐? 잠이 와? 그 새끼 반드시 잡아 처넣을 거야.

강형사, 고개 절레절레. 카박스에 티슈케이스 다시 넣으려다 안쪽 구석에 작은 상자 발견한다. 뭔가 싶어 꺼내 열어보는데, 커플링이다.

강형사   뭐냐? 이거?

무치   (헉 놀라 후다닥 뺏으며 당황하는) 왜 맘대로 만져. 형!

강형사	가만‥ (실눈 뜨며) 혹시 너‥? 최피디한테 고백하려는 거지?
무치	(당황하며) 아, 아냐.
강형사	아니긴. 너 최피디 보는 눈빛이 어떤지는 지나가는 개도 다 알아. 임마!
무치	(민망한) 아씨 티 났어?
강형사	(짓궂게) 응 아주 엄~청. (신난) 그래서 언제 고백할 건데?
무치	내일. 취재 도와줘서 고맙다고 저녁 산대. 기회는 이때다 싶어서‥ 아씨 형! 실은 나 겁나 떨려. 만져 봐. (강형사 손잡아 자기 가슴에 대는)
강형사	이야, 천하에 고무치가 살인범 앞에서는 절대 안 쫄더니‥ 캬아~ 역시 사랑의 힘이란‥ 참, 오늘 아냐? 최피디 방송. (후다닥 내비 DMB 방송 트는데)
무치	뭐하는 거야? 형. 잠복 중에.
강형사	그럼 넌 보지 말든가. (방송 보는) 에이, 벌써 끝날 시간 다 됐네‥
무치	(용의자 집 쪽 보고, DMB 쪽 힐끔거리며) 그거 사형에 관한 다큐멘터린데, 최피디 그거 취재하면서 엄청 고생하더라고.
강형사	보기랑 다르게 참 강단 있어. 사형수들 인터뷰하는 거 쉽지 않았을 텐데…

순간 멈칫! 화면 속, 묵주 쥔 채 앉아있는 한서준 나온다. 순간 강형사 후다닥 전원 끄려는데. 확 잡는 손! 돌아보면 무치, 표정 굳은 채 화면 속 한서준 노려본다.

S#50   과거. DMB 화면 속 + 무치 차 안/ 밤

화면 속, 특별면회실 의자에 앉아있는 한서준. 묵주 만지작거리며 얘기중이다.

한서준	제 삶에 마음의 평화가 찾아왔습니다. 더는 악몽에 시달리지 않습니다. 하느님께 회개하고 용서받으니 이렇게 마음이 편할 수 없습니다. 요새는 잠도 푹 잡니다.
강형사	(당황해 어쩔 줄 몰라 하다가 확 꺼버리는) 생각해 보니까 이거 보는 거 블랙박스에 다 찍히잖아. 근무태만으로 징계 먹겠다야.
무치	(씩씩거리는)

강형사   (눈치 보며) 맞아. 오늘 지 엄마 제사니까 나타날 거 같기도 하다. 혹시 이
         근처 배회하고 있을지 모르니까 동네 한 바퀴 돌아보고 올게. (내리면)

무치   (강형사 내리고 가자, 다시 켜는, 눈빛에 핏발 서리며 주먹 부르르 떨리는)

한서준   (묵주 가슴에 대며) 이제 저로 인해 고통 받은 유가족 분들의 편안을 위해
         매일 기도드리고 있습니다.

무치   (눈에 핏발 서는) 마음에 평화? 푹 자? 난‥ 난‥ 매일이 지옥이고 악몽인
         데?‥ 이 개새끼‥ (화면 속 한서준 노려보며 입술 잘근 깨무는) 씨‥ 왜 널
         살려두는 건데? 왜 아직까지 사형 안 시키는 데에!!! 좋아. 나라가 안 하
         면 내가 하면 되지. 할 거야. 어! 내 손으로 죽인다. 너…

그때! 대문 열리고 주변 두리번거리며 쓱 나오는 살인범. 반사적으로 튀어 나가는
무치, 살인범 쫓아 뛰어가고. 차 안 화면 속, 다음 장면으로 넘어가면 신부복 차림의
무원 나온다. (구치소로 걸어가는 무원의 모습 담긴 화면에 내레이션)

S#51   과거. 골목 일각/ 밤

도망가던 자매살인범. 헉헉‥ 숨 돌리는데, 어느새 쫓아와 버티고 서 있는 무치.

무치   (숨 차 헉헉거리며) 도망가‥
살인범   (무슨 말인가? 보면)
무치   (버럭!) 도망가라고!

살인범, 주춤주춤 물러서다 후다닥 도망가면, 총 꺼내드는 무치! 살인범 향해 방아
쇠 당기는데, 탕! 총소리에 덜덜 떨며 서 있는 살인범. 돌아보면 강형사, 무치와 바닥
에 엎어져 있다. 후다닥 도망치는 살인범, 무치 벌떡 일어나 다시 자세 잡는데‥

강형사   (팔 내리치면, 넘어지는 무치 멱살 잡고) 미쳤어? 미쳤냐고!!!
무치   상관 마!!! 상관 말라구! (정신 나간 것처럼 범인 쫓아가려 하는데)

강형사	(무치 잡고 자빠지는) 정신 차려 정신 차리라고 고무치!
무치	(눈 돌아간 채 강형사 제압해 팔 뒤로 꺾고는 총구 강형사 머리에 박는다) 한 번만 더 방해하면 너도 죽여버릴 거야··
강형사	(허억…허억·· 얼굴 눌린 채 놀란 표정으로 무치 보는)

S#52   현재. 허름한 대포집/ 밤

강형사	(혀 꼬인) 난요. 그 자식이 제발 형사 때려치길 바랬어. 복수 땜에 인생 망치게 둘 수 없었다구요. 짤리게 두지. 왜 증거보관팀으로 데려갔어! 왜 하필 총기가 지급되는 데로 데려갔냐고!!
두석	…
강형사	(두석 노려보며) 일부러 데려갔지? 무치 저러는 거 다 알고, 그 불쌍한 놈 이용한 거지? 그지? 당신 딸 복수, 대신 해주길 은근 기대한 거 아냐?
호남	(당황해) 이 미친 놈. 그만해·· 어디서 하극상이야·· 죄송해요 선배. 원래 술 못 마시는 놈인데 무치 땜에 속상해서. 그만 마셔 임마! (술잔 뺏으려는)
강형사	놔! (확 뿌리치며) 불쌍한 놈·· 왜 지 인생을 망쳐. 바보 같은 새끼!!!

〈시간 경과〉 엎어져 잠든 호남과 강형사. 빈 잔 채워 술 들이키는 두석 F.S

S#53   무진병원- 병원장실/ 밤

뇌 엑스레이 사진 한 장씩 병원장실 벽 한편 뷰박스에 꽂혀있다. 그리고 그 앞에 바름과 최영신, 병원장, 구치소장 함께 앉아있다.

병원장	이건 사고 당시 자네 뇌야. (요한 뇌 사진 가리키며 설명하는) 그리고 이건 성요한의 뇌고. 여기 전두엽과 측두엽 부분의 손상이 커서, 성요한의 뇌에서 손상된 부분만 일부 적출해서 이식한 거네.
바름	그런데 어떻게 한서준이 뇌 이식을 할 수 있단 걸 알았죠?
최영신	정바름군 사고 있던 다음날, 저한테 익명의 테잎이 도착했어요.

S#54   영상/ 창고 (서준의 실험실)/ 밤

화면 거칠게 흔들리며, 서준의 뇌수술 장면 보인다.

서준   (누군가에게 얘기하는) 이쪽을 찍어. 이쪽. 흔들리지 않게

S#55   과거. 무진구치소- 소장실/ 낮

놀란 눈빛으로 영상 보는 서준, 이내 표정 관리하고, 마주 앉은 최영신 본다.

서준   (차분히) 이 영상 어디서 났습니까?
최영신   누군가 익명으로 보내왔습니다.
서준   (눈빛 반짝)
최영신   단도직입적으로 묻겠습니다. 그래서·· 성공··· 했습니까?
서준   (보는)
최영신   당신 아들이 한 청년의 머리를 박살냈습니다. 손상이 너무 커서 손쓸 방
         법이 없다고 합니다. 만약 뇌 이식이 가능하다면…
서준   (그런 영신 물끄러미 바라보다) 가능하다면?
최영신   시도해 볼 생각입니다.
서준   (피식 영신 서늘하게 보며) 그렇게 안 봤는데, 아주 위험한 사람이네? 뭘 믿
         고 나한테 수술을 맡겨? 설마 내가 누군지 모르는 건 아닐 텐데?
최영신   어차피 죽습니다. 저대로 놔두면…
서준   (보며) 이식할 뇌는 있고··?
병원장   뇌 센터에서 연구용 냉동 뇌를 확보해 놓은 상태야.
서준   (영신 보며) 그럼 뭘 해줄 건데?
최영신   ?
서준   수술해주면, 아니 그 청년을 살려 놓으면 나한테 뭘 해줄 거냐고? 설마 공
         짜로 해달라는 건 아니겠지?
최영신   뭘… 원하시죠?
서준   음·· 프리덤. 내게 자유를 줘. 여기 30년 가까이 갇혀있었더니 몸이 찌뿌

등해서 말이야. 사실 나 같은 인재를 평생 이런 데서 썩게 하는 건 국가적 재능낭비기도 하고. 안 그래? 당신이 대통령한테 얘기해서 사면시켜줘. 그럼 그 청년을 살려내지 뭐.

최영신   (보는)

S#56   과거. 수술실 안 + 밖/ 밤

수술대에 바름과 요한 누워있다. 그 앞에 수술복 차림으로 서 있는 서준.
그 모습 보며 문밖에 서 있는 최영신.

최영신   보안 유지는 철저히 했겠죠?
병원장   (끄덕) 여긴 폐쇄병동이라 외부인 출입통제구역입니다.
최영신   오늘 일, 밖으로 새 나가는 날엔 다 끝입니다.
병원장   걱정 마십시오. 최소한의 의료진들이 수술 준비를 마쳤지만 무슨 수술인
          지 모르게 했습니다.
최영신   (간절하게) 꼭 살아줘야 하는데··
병원장   주사위는 이미 던져졌습니다. 일단 지켜볼 수밖에요…

S#57   현재. 무진병원- 병원장실/ 밤

바름   그래서 날 살리는 조건으로 사면시켜주기로 한 거예요?
최영신   아닙니다.
바름   ?

S#58   과거. 무진구치소- 소장실/ 낮

최영신   그건 안 됩니다.
서준   안돼? 왜? 당신 말을 거역하는 대통령은 없다던데? 헛소문인가?

최영신	물론 헛소문입니다. 저는 대통령을 보필하는 비서실장일 뿐입니다. 그리고 설사 저한테 그런 권력이 있다 치더라도 한서준씨의 조건은 받아줄 수 없습니다. (단호한) 살인은 결코 사면받을 수 없는, 받아선 안 될 죄입니다.
서준	(그런 영신 빤히 보다) 소신이 확고하군. 그래서 당신이 전 국민의 워너비인가보군. 좋아. 협상 결렬! (일어서서 나가는데)
최영신	(E) 부탁드립니다. 제발··

서준, 돌아보면 최영신 무릎 꿇었다!

최영신	한 청년의 고귀한 생명을 살리는 것. 지금 당신이 속죄할 수 있는 유일한 기회일 것입니다. 전 국민이 소망하고 있습니다. 살려주십시오. 정바름군.
서준	(최영신 보며) 속죄··라···

S#59   현재. 무진병원- 병원장실/ 밤

바름	속죄요? 그 놈이 날 살렸다고 속죄 받을 수 있다구 생각하세요?
최영신	그렇진 않습니다.
바름	(기막힌) 그래도 죽어서 지옥에 떨어지기는 무서웠던 모양이네요.
최영신	(아무 말 않는)
바름	근데 왜 하필 성요한 넙니까?
병원장	(끼어드는) 이동 문제로 준비한 뇌를 사용할 수 없었어. 그때 마침 성요한이 급성호흡정지로 사망했단 연락이 왔었네. 그래서 부친인 한서준 동의 하에··
바름	범죄자가 보호잡니까? 이건 명백한 범죄행윕니다!
최영신	군이 변명하자면 전 국민의 간절한 소망을 져버릴 수 없었어요.
바름	(가증스럽게 보며) 허. 당신들의 권력 유지용이었겠죠. 내가 죽으면 곧 있을 대선에 타격이 있으니까.
최영신	어떻게 생각하든 할 수 없지만 자네 같은 좋은 청년을 잃는다는 건 국민들의 희망을 뺏는 거라고 생각한 내 진심이었어요.
바름	(일어나 나가려는데)

구치소장	실장님의 결단이 아니었다면 지금 자넨 죽고 없어. 한서준 그 놈 앞에서 자네 살리자고 무릎까지 꿇으셨다고!
바름	(여전히 영신을 원망의 눈빛으로 보다 나가는)
병원장	(바름 나가고) 저대로 보내도 괜찮을까요? 무슨 짓이라도 하려고 들면…
구치소장	발설 못 할 거야. 지 머리에 살인마 뇌가 들어있다고 세상에 까발릴 수 있겠어?

말없이 창밖에 시선 둔 채 생각에 잠겨있던 최영신.

최영신	한서준 말입니다. 왜 갑자기 마음을 바꿨을까요?

S#60 과거. 무진구치소- 소장실/ 낮/ #58에 이어

최영신	한 청년의 고귀한 생명을 살리는 것. 지금 당신이 속죄할 수 있는 유일한 기회일 것입니다. 전 국민이 소망하고 있습니다. 살려주십시오. 정바름군.
서준	(최영신 보며) 속죄‥라… (최영신에게 다가오는)
영신	(구치소장, 한서준 잡으려고 하자, 잡지 말라는 눈짓하면)
서준	(영신 앞에 눈높이 맞춰 앉아 시선 맞추며) 최!영!신! 타임지 올해의 인물! 포브스 선정 전 세계 영향력 있는 50명 안에 든 인물! 이 시대 젊은이들의 워너비! 그래서 뭔가 좀 다른가 기대했는데‥ 날 다루는 솜씨가 영‥ 아마추어야. 실망이 이만저만이 아닌데?
최영신	(보는)
서준	(얼굴 가까이 대고 눈 똑바로 보며) 속죄? 내가 뭘 속죄해? 사자가 그깟 쥐새끼 몇 마리 잡아먹은 걸 가지고 속죄하라고? (돌아서 가는)
최영신	(절망스러운)

S#61 현재. 무진병원- 병원장실/ 밤

최영신	그래놓고 왜 다시 수술을 하겠다고 했을까요‥

생각에 잠겨 터벅터벅 가는 바름 보는 위로 골든베르크 변주곡 아리아 흐른다.

S#62   무진구치소- 서준의 독방/ 밤

귀에 이어폰 꽂은 채 눈 감은 채 음악 듣고 서준.
이어폰에서는 바흐의 〈골든 베르크 변주곡 아리아〉 흘러나오고 있다.

S#63   과거. 무진구치소- 복도/ 서준의 회상/ 낮 (#60 이후 상황)

기다리고 있던 교도관에 의해 다시 수갑 채워지는 서준

한서준   속죄라니? 쯧 저 열등한 것들… (수갑 찬 채 교도관 따라 걸어가는 위로)

플래시 백/ 무진구치소 소장실 (#55)

서준   (E) 이 영상 어디서 났습니까?
최영신   (E) 누군가 익명으로 보내왔습니다.

한서준   (피식 입꼬리 올라가며) 용케 살아있었네? (씨익 웃는)

S#64   현재. OBN 임시 사무실(홍주 사무실)/ 밤

지친 얼굴로 들어오는 홍주. 컴퓨터 앞에 털썩 앉아 마우스 클릭하는데 모니터에 띄워져 있는 한서준 인터뷰 영상 있다.

플래시 컷/

바름   영상을 찾아서 봤는데 한서준 인터뷰만 없어서·· 그냥 좀 보고 싶어서··
          (8부#114)

홍주   뭘 확인하려 했던 거지‥ 혹시‥ 아냐. 알 리가 없어… (하며 화면 속 온화
         한 미소 짓고 있는 한서준 가증스럽게 보는) 그때 죽였어야 했어‥ 그때‥ (후
         회와 자책하는 표정 위로)

S#65   과거. 무진구치소 특별면회실 밖 + 안/ 홍주의 회상/ 낮

6미리 카메라 들고 문 앞에 서는 홍주, 문에 난 창 안으로 한서준 보인다.

교도관   절대 자극적인 말은 삼가세요. 인터뷰 시간은 딱 10분입니다.
홍주   (끄덕이면)
교도관   잠시만 기다리세요 (문 열고 들어가면)

홍주, 손에 든 펜 뚜껑 열면 그 안에 날카롭게 간 촉 있다. 펜으로 내리찍는 연습하는
홍주!

교도관   (E) 들어오세요.

면회실 안/ 홍주 들어오면, 손에 수갑 찬 채 여유롭게 앉아있던 서준. 홍주, 자신을
바라보는 한서준과 눈 마주친다. 순간 온몸이 후들거리는 홍주. 한서준, 그런 홍주
모습 재밌다는 듯 빤히 보는데. 홍주, 갑자기 속 메슥거리며 구토증 일어나는. 숨 몰
아쉬다 후다닥 뛰쳐나간다. 바닥에 떨어진 펜.

교도관   (집어들며) 강단 있어 보이더니 어쩔 수 없나보네, 최피디님. (하며 나가면)
서준   (씨익 웃는)
조연출   (다급히 문 열고 들어오며) 오비엔 다큐 조연출입니다. (카메라 급히 세팅하
         며) 최피디님이 속이 좀 안 좋아서 제가 대신 인터뷰하기로 했습니다. 어
         떻게 지내고 있는지 얘기해주시죠.
서준   (손에 들린 묵주 만지작거리며) 요새는 행복하다는 생각을 합니다. 제 삶에 마
         음의 평화가 찾아왔습니다. 더는 악몽에 시달리지 않습니다. 하느님께 회
         개하고 용서받으니 이렇게 맘이 편할 수 없습니다. 요새는 잠도 푹 잡니다.

하다 문득, 면회실 창밖에서 절망과 자책의 눈빛으로 보고 있는 홍주 보는.

S#66   현재. 무진구치소- 서준의 독방/ 밤

순간 눈 번쩍 뜨는 서준.

서준   (중얼거리는) 그래. 그 기집애야·· 박현수! (눈 반짝) 그러니까 그 다큐멘터
        리를 만든 이유가 결국 날 죽이려는 목적이었어? 재밌네. 자기가 만든 다
        큐 때문에 결국 고무원이 살해됐으니··

S#67   바름의 집 앞/ 밤

터벅터벅 걸어오는 바름. 어둠 속 쭈그리고 앉아있는 누군가. 놀라 보면, 봉이다.

봉이   (바름 보고 벌떡 일어나며) 어떻게 된 거야?
바름   미안해. 사정이 좀 있어서/
봉이   /정말 고형사님이 그 살인범을 죽였어? 정말 죽였냐고?
바름   (놀라) 무슨 말이야. 고형사님이 누굴 죽여?

S#68   OBN 홍주 사무실/ 밤

한서준 인터뷰 화면 앞에 생각에 잠긴 채 앉아있는 홍주. 문 벌컥 열리며 뛰어들어
오는 바름 보고는, 후다닥 한서준 화면 끈다.

바름   어, 어떻게 된 거예요? 고형사님이 우재필을 죽이다뇨?
홍주   자수했대. 현장에 있던 경찰 증언도 있었고·· 도착 당시 고형사가 살인
        흉기를 들고 있었대. 실탄 장전한 총까지 있어서 계획범죄로 보나 봐.
바름   허··

홍주	근데 좀 이상해··
바름	뭐가요?
홍주	죽이려고 총을 들고 갔으면, 총을 쏘지, 왜 굳이 메스를 썼을까?
바름	(뭔가 이상한) 우재필 시신 지금 어딨어요?

S#69   무진병원- 영안실/ 밤

냉동고 안, 우재필의 목 부위 상처 유심히 살피는 바름. 목 부위에 메스로 찔린 자상들 보다 우재필의 손을 살핀다.

바름	방어흔이 없어요. 누가 자기를 공격하면 반사적으로 저항하기 마련인데·· 우재필은 왜 저항하지 않았을까요?
홍주	글쎄… 말기 암 환자라·· 자포자기했나··?
바름	(우재필 목 주변 상처들 살피고) 뜨겁네요··
홍주	뭐가?
바름	분노가 느껴져요. 이 상처에서·· 고형사님이 우재필을 죽였다면, 살해 목적은 한서준이 있는 구치소로 들어가는 거지. 우재필에 대한 분노가 아니잖아요·· 그런데 이 상처들에서는 분노가 고스란히 느껴져요…
홍주	(뭔 소린가 바름 보다, 상처 보면)
바름	목 부위의 상처가 가장 깊은 건 살의를 가지고 찌른 거예요. 오버킬·· 이미 사망 상태일 텐데, 계속 다른 곳에 자상을 남겼어요. 분노로 자제력을 잃은 거죠. 고형사님이었다면 급소를 단번에 찔렀을 거예요. 이 흔적들은 그냥 무작위예요. 전문가가 아니라 아마추어 솜씨 같아요.
홍주	(상처들 보는데)
직원	여기 사인 좀 해주세요.

사인 하는데, 바름 핸드폰 울린다. 주머니에서 핸드폰 꺼내는데 동시에 뭔가 툭 떨어지는, 손수건이다. 손수건 집어 들다 그 안에 싸둔 #28의 방울 머리끈 보는.
순간 바름, 우재필 시신 돌아본다.

S#70   무진병원- 영안실 복도/ 밤

홍주   (걸으며) 고형사가 아니라면 그럼 누가 죽여? 우재필을…
바름   (나란히 걸으며) 누가 죽였는지‥ 고형사님은 알고 있겠죠‥
홍주   자기가 한 짓이라고 자백까지 했는데‥ 입을 열겠어?
바름   우리가 찾아야죠. (하며 저만치 비추고 있는 cctv렌즈 올려다보는)

S#71   무진병원- 방재실/ 밤

보안직원   고무치 형사 찍힌 부분은 경찰이 와서 싹 다 가져갔어요.
바름   아뇨. 다른 부분을 좀 보고 싶어서요.
보안직원   다른 부분이요?

〈점핑〉 하품하는 보안직원, 시계 보고 돌아보면 한쪽 구석에서 CCTV 패스트로 돌려 보고 있는 바름과 홍주. 홍주 순간, 멈칫! 모니터 화면에 멀리서 걸어가는 여자 뒷모습에 손에 뭔가 반짝!

홍주   (화면 짚으며) 이 반짝이는 거‥ 뭐지?

바름, 손 확대하는데 메스가 확실하다. 다시 플레이하고 여자가 옆으로 고개 돌리는 장면에서 다시 스톱하고 화면 확대하는데‥ 순간 홍주 눈동자 심하게 흔들리는.

바름   (화면 자세히 보는데 잘 안 보인다) 형체를 못 알아보겠는데‥ 다른 데 찍힌
       게 더 있을 거예요. (다른 화면 돌려보는)
홍주   (멈춘 형태 잘 보이지 않는 여자의 얼굴 보며) 어떻게‥ 병원을…
바름   (계속 찾아보다 멈추는) 범인 누군지 알 거 같아요. 먼저 가볼게요! (나가는)
홍부   (순간 심장이 덜컹! 화면 보면)

누군가와 부딪힌 채 넘어진 모습과 여자 얼굴 선명히 찍혀있는데 두석처다!

S#72   홍주의 차 안 + 두석의 집 앞/ 아침 (새벽)

끼익 도착하는 홍주의 차. 홍주 다급히 내리려다 멈칫!   아내 손 꼭 잡고 나오는 두석, 문 앞에 누군가 서 있다.

두석처	(바름 향해) 우리 애기 보러가! 애기 보러 간다!
두석	(아내 뒤로 숨기며) 자수하러 가는 길이네… 여기서 체포하면 아내가 놀래.
바름	(보는)
두석	내가 잠깐 무서운 욕심을 냈어‥ 우리 아이 죽인 그 놈‥ 무치가 죽여주길 바랬어… 이해를 구하진 않겠네…
바름	따님 무덤이 어디죠?
두석	?

S#73.   북부서- 유치장/ 아침

끼익 문 열리는 소리에 눈뜨는 무치. 한심하게 보는 호남과 강형사. 신난 신형사.

신형사	나오세요! 들켰습니다
무치	(헉!) 무, 무슨 소리야?
강형사	시끄럽고 나오라고 얼른! (끌고 나오면)
호남	정순경 아니었음‥ (등짝 때리며) 너 증말!!!
무치	에? 정순경이요?
호남	그래. 지금 박팀장님한테 갔어. 범인 잡으러.
무치	(아씨!) 그 자식은 어떻게 알았대요?
호남	어?
무치	박팀장님 부인이 죽인 거 어떻게 알았냐고!!
호남	(어이없는) 뭔 소리야? 선배 부인이 죽이다니?

S#74   현수의 무덤 앞/ 아침

정신없이 산 위로 뛰어 올라오는 두석. 보면 현수 무덤 앞에서 박카스 병 마시려는 사내 모습 보인다. 두석, 달려가 사내 발로 차내는데‥ 넘어진 사내의 깨진 병에서 흐르는 거품. 농약이다. 두석, 사내 보는데… 정민수다!

두석   (거품 나오는 농약 보며 이해할 수 없는 표정으로) 왜 내 딸 무덤에서‥
정민수   (울먹이는) 형사님 딸 아니에요. 여기 묻혀있는 아이‥
두석   무슨 말이야‥ 우리 현수가 아니라니‥?
정민수   (끅끅거리며) 내 딸이에요. 내 딸… 우리 수진이… 어흐흐윽‥
두석   (멍해지는) 그게 무슨…
바름   (저만치 떨어져 그 두 사내의 모습 지켜보는 위로)

S#75   과거. 무진병원 방재실/ 바름의 회상/ 밤

CCTV 계속해서 보고 있는 바름과 홍주.

홍주   (화면 짚으며) 이 반짝이는 거‥ 뭐지?

바름, 손 확대하는데 메스가 확실하다. 다시 플레이하고 여자가 옆으로 고개 돌리는 장면에서 다시 스톱하고 화면 확대하고는.

바름   (흐릿해) 누군지 모르겠는데‥ 다른 데 찍힌 게 더 있을 거예요. (하다 멈칫, 옆 사내 확대하면 정민수다./E) 이 사람?‥ 정민수가 왜‥?!

바름, 정민수 동선 따라 화면 더 돌려보면. 두석처와 정민수 부딪히는 장면, 쓱 뭔가 집어서 주머니에 넣는 정민수 모습 확인하고 눈 반짝이는.

S#76   과거. 무진청- 증거보관팀/ 바름의 회상/ 밤

후다닥 들어오는 바름. 헤드헌터 증거 박스 열어 현수 관련 물품 확인하는데 머리끈 꺼내 본다. 자신이 들고 있는 머리끈과 비교하는 똑같은 방울머리끈이다.

바름　　　한서준에게 납치됐을 당시 박팀장님 딸이 머리에 묶고 있던 머리방울이
　　　　　똑같은 게 두 개가 나왔어‥ 유골에서 발견된 방울에 끼어있던 머리카락
　　　　　으로 DNA 검사를 해서 박현수로 확인됐고‥ 우재필이 박팀장 딸을 자
　　　　　기가 살해했다고 인정하자마자, 엉뚱하게 친형제처럼 지낸 정민수가 그
　　　　　를 찔러 죽였어. 극도의 분노심을 갖고‥ 왜‥ 정민수가 우재필을… 죽
　　　　　였을까‥? (하다)

플래시 컷/ 봉사팀 사무실/ 낮/ 8부 #45
정민수　　　딸 생각이 나서 참가했어요‥

바름　　　거짓말을 한 게 아니라, 진짜로‥ 딸이 있었다면‥? (후다닥 뛰어나가는)

S#77　　과거. 구령 실종전담팀/ 바름의 회상/ 밤/ 8부 #18 동장소

바름　　　95년도 구령시 실종아동 중에 여자아이 있었잖아요.
담당　　　잠시만요. (컴퓨터 앞에 앉아 화면 클릭하고는) 여기요.
바름　　　(보는데 수진이다. 수진이 목에 토끼펜던트) 이 아이 부모 이름이 뭐죠?
담당　　　(확인하고) 아빠만 있네요. 정민수네요‥
바름　　　(허‥) 현수가 아니었어‥

S#78　　현재. 현수의 무덤 앞/ 아침

바름　　　(조금 떨어져 두석과 민수 지켜보는데)
두석　　　(믿을 수 없는) 그, 그게 무슨 말이냐고!!! 우리 현수가 아니라니‥
정민수　　　(꺽꺽 목 놓아 우는 위로)

플래시 컷/ 과거. 우재필의 집 앞+안/ 정민수의 회상/ 밤/ 8부 #73 이후

접근금지 테이프 둘러져 있고 서 있는 경찰들. 민수 들어오면, 검시관들 무치가 찾아낸 머더킷 수집하는.

정민수   (허··) 이게 뭐예요? 에?

경찰   (사진 찍고 있는) 가까이 오지 마세요.

정민수   그, 그러니까 지금 재필이 형님이·· 그 살인범이라고요? (하며 머더킷 자세히 보다 칼 손잡이 부분에 달린 피 묻은 작은 토끼 펜던트 보는. 후다닥 달려들어 경찰이 증거봉투에 넣는 칼 뺏어 토끼 펜던트 보는) 이게 왜·· (뭔가 이상한 뛰쳐나가는)

S#79   과거. 무진병원- 복도/ 민수의 회상/ 낮

정신없이 뛰어오는 민수. 마주 보고 걸어오는 두석처와 쾅 부딪히고, 두석처 넘어지자 부축하는데, 바닥에 떨어진 메스 보인다. 메스 집어 뛰어가는 민수.

S#80   과거. 무진병원- 우재필 병실 앞/ 민수의 회상/ 낮

벽 뒤에 숨어, 병실 앞 지키고 있는 경찰들 보는 민수. 그때, 경찰들 무치 무전 받고 다급히 뛰어가자, 기회다 싶어 병실로 뛰어 들어가는 민수.

S#81   과거. 무진병원- 우재필 병실 안/ 민수의 회상/ 낮

누워있는 재필 들이닥친 민수 보고 반가워하는 표정 짓는데.

정민수   (눈 시뻘게져서) 아니죠? 우리 수진이·· 아니죠? 그죠?·· 근데 왜 형님 집에서 나온 칼에 우리 수진이 목걸이가 있어?

플래시 컷/ 아빠! 부르며 달려오는 수진이 목에 걸린 토끼 펜던트.

정민수   어? 왜 그게 거깄냐고요!!

우재필   (눈 질끈 감는)

정민수   (허‥) 왜 눈을 감아? 눈 떠. 눈 뜨고 얘기해봐. (인정하고 싶지 않아) 맞아~ 그때 나만큼이나 아니 나보다 더 우리 수진이 찾아다녔는데.

S#82   과거. 우재필의 집/ 26년 전/ 낮

정민수   (정신없이 뛰어 들어가면 현관문 열고 나오는 재필 보고) 형님. 우리 수진이가, 수진이가 없어졌어요…

우재필   (놀란 척) 그래?

정민수   학교, 친구 집 아무 데도 없어요! 우리 딸 뭔 일 있는 건 아니겠죠?

우재필   걱정 마. 별일 없을 거야. 내가 찾아줄게. 내가 누구야 경찰이잖아

인서트/ 거리/ 낮
수진이 얼굴 있는 전단지 나눠주고 있는 재필. 민수, 고마워 눈물 그렁이는…

S#83   과거. 무진병원- 우재필 병실/ 민수의 회상/ 낮

정민수   (눈 시뻘게져서) 말해줘요. 그 애 우리 수진이 아니라고… 제발요 제발

우재필   (민수 보는 슬픈 눈빛 위로)

S#84   과거. 구령산/ 26년 전/ 밤

깜깜한 밤. 왼쪽 팔 깁스한 채 온몸에 땀 흘리며 삽으로 땅을 파는 재필 실루엣. 삽으로 퍼낸 흙 옆 이불에 쌓인 시체. 이불 펴서 시체 구덩이로 옮기는데 등 뒤로 매듭 묶인. 현수 납치 당시 옷과 똑같은 차림의 아이. 이미 머리 깎인 수진이다. (삭발 가발로 대체) 이어, 머리끈과 현수 머리카락 담긴 증거봉투 꺼내 들어 머리끈에 끼우고 머리 밑에 조심스레 내려놓는다. (*결박된 아이 풀샷 노출 지양)

S#85   과거. 무진병원- 우재필 병실/ 민수의 회상/ 낮

우재필   (슬픈 눈빛으로 민수 보는) 미안하다… 민수야.

정민수   뭐? 왜 나한테 미안해! 뭐가 미안해!

우재필   실수였어·· 실수… 너무 겁나서… 너한테 말할 용기가 차마··

정민수   (순간 심장이 쿵! 눈 질끈 감는)

우재필   평생을 죄책감에 시달렸어… 그것만은 믿어줘··

정민수   (눈 돌아가는) 내가·· 너한테 얼마나 잘했는데… 다들 내 딸 찾는 거 외면
         했을 때 너는 포기 안 하는 거 같아서·· 내가 너한테 얼마나 고마워했는
         데·· 그래서 평생을 형님으로 모시고 살았는데·· 뭐. 어째·· 이 개새끼
         야!!!! (메스 꺼내 재필 목 푹푹 찌르는)

끄윽 거리며 반항 않는 재필. 또르르 눈물 흐르고. 민수 순간 정신 드는 듯 멈추면 눈
뜬 채 죽어있는 재필. 메스 떨어트리며 뒷걸음치는데 문 앞에 서 있는 두석처와 눈
마주친다. 순간 당황해 두석처 밀치고 뛰어나가는··

S#86   현재. 현수 무덤 앞/ 아침

두석   (허…)

정민수   가끔 이상하긴 했어요 우리 수진이 얘기만 하면·· 내 시선을 피했던 거
         같아요·· 나는 그냥 못 찾아줘서·· 미안해서 그런다고 생각했는데··

두석   (그런 민수 보며 속상한) 우재필 폐암 말긴 거 몰랐어?

정민수   알아요.

두석   근데 왜 죽였어. 그냥 내버려 둬도 알아서 죽을 놈이었잖아.

정민수   (고개 들어 두석 똑바로 보며) 그게 뭔 상관인데요? 나 그 인간 죽인 거 후회
         안 해요. 내가 지금 분하고 원통한 건 더 고통스럽게 죽일 걸 그거 하나뿐
         이에요. 우리 수진이는·· 우리 수진이는 얼마나·· 얼마나·· 등신 같은 애
         비는 그런 줄도 모르고·· (가슴 치며) 못난 애비는 그런 줄도 모르고오··

끄억끄억 가슴 쥐어뜯는 민수를 두석, 말없이 안아준다. 두석 품에서 통곡하는 민수
바름, 그런 둘의 모습 짠하게 지켜보는 위로 사이렌 소리 들린다.

S#87 북부서 현관/ 낮

수갑 찬 민수, 강형사가 데리고 들어간다. 그 모습 바라보고 있는 두석과 바름.

바름 (조심스럽게) 따님은…

두석 DNA 검사 다시 한대. 검사하면 알겠지. 정말 무덤 속 아이가 우리 현순지·· 정민수 딸인지… 고마워 수고했어·· (들어가려다 문득) 근데 정민수가 범인인 걸 어떻게 눈치챈 거야?

바름 아. 그게·· 뭐 CCTV 보다가 우연히…

두석 (끄덕이고 가는)

바름 (가는 두석 바라보며 주머니에서 머리끈 꺼내 보는) 이걸 거기서 찾았다고 얘기하면·· 내 머리에 성요한 뇌가 들어온 거까지 다 알게 되겠지··? (한숨 내쉬며, 머리끈 손안에 꼬옥 쥐는)

S#88 북부서 앞/ 낮

바름, 나오는데 입구에 보이는 홍주 모습 보이고 멈칫한다.

홍주 (바름 발견하고 다가오는) 고마워… 범인 잡아줘서··

바름 근데 왜 최피디님이 고마워요?

홍주 …

바름 아, 고형사님 풀려나게 해서요? 고형사님은 저 원망할 텐데…

홍주 (보는)

바름 (심장 계속 저릿한. 안 되겠는지 시선 피하며) 가볼게요. (황급히 가는)

홍주 (그런 바름 보는 알 수 없는 눈빛)

S#89 무진교도소 탈의실/ 저녁

교도관복 벗고 사복으로 갈아입는 동구. 신난 얼굴로 노래 흥얼거리는.

교도관1	(사복 벗고 교도관복 입는) 이야 구교도. 이렇게 빼입으니까 딴 사람 같네?
동구	(우쭐) 신경 좀 썼습니다. 오늘 장인장모님이랑 저녁식사하기로 해서··
교도관1	식도 안 올렸는데 장인장모라는 말이 자연스럽게 나오네? 좋을 때다.
동구	(신나 머플러 두르며) 근데 김씨 아저씨요. 억울하게 들어와 있다면서요?
교도관1	다들 그렇게 생각하고 있는데·· 뭐 어쩌겠어. 대법 판결까지 난 마당에···
동구	(속상한 표정 짓는데)
교도관1	(호출/E) 싸움발생. 3하 7실 싸움 발생. 수용자가 날카로운 물건을 들고 소란을 피우고 있습니다. 기동순찰팀 출동바랍니다.

놀란 동구, 급히 교도복 상의만 대충 걸친 채 교도관과 함께 뛰어나가는.

7실 내부/

조폭 똘마니, 피 묻은 플라스틱 쓰레받이 조각(흉기로 변한) 손에 쥐고 있고, 그 앞에 팔 다친 채 넘어진 이재식. 넘어진 채 허리 붙잡고 신음하고 있는 김씨.

조폭	(피나는 팔 잡고 있는 재식에게 소리 지르는) 저 새끼 편 들지 말랬지?!!! 불쌍한 여자들 13명이나 죽인 개새끼 편을 왜 들어!!!
교도관	(교도봉 꺼내 들고, 흉기든 채) 내려놔!!! 당장 내려놔!
동구	(조심스레 다가가며) 지, 진정해··
조폭	가까이 오지 마! 이 개똥구야! (휘두르자)
동구	(움찔 뒤로 얼른 물러서는)
이재식	이 교도소 사람들 다 알아. 이분이 그런 게 아니란 거. 제발 그만 괴롭혀.
김씨	(힘겹게 일어서며) 그만해. 재식이.
조폭	(열 받은 이재식 잡아끌며) 이 새끼 죽여 버릴 거야!!! (찌르려는데)
김씨	(머리로 달려들어 조폭의 배 치고 들어가는 순간)
동구	(후다닥 이재식 떼내며 확 끌어안는)
교도관	(그 틈에 부러진 쓰레받기 흉기 조폭 손에서 확 뺏는)
동구	(이재식 피 흘리는 팔 보며) 꽤, 괜찮아요? (하다)

넘어지며 허리 다쳐 신음 내는 김씨와 조폭 제압해서 수갑 채운 교도관.

동구, 이재식 끌어안은 채 하악하악 숨 몰아쉬는‥

S#90   바름의 집/ 밤

씻고 나오는 바름, 수건으로 얼굴 닦다 문득‥

플래시 컷/ 홍주 "고마워‥ 범인 잡아줘서…" (#88)

바름   왜 그렇게 그 여자만 보면 가슴이 저릿해올까… 정말 동구도 모르게 짝사
          랑이라도 했던 건가‥? (하는데 딩동딩동 벨 소리)

인터폰 보면, 동구 인터폰에 얼굴 처박고 서 있다. 문열림 버튼 누르고 현관 앞에 서
있으면 잠시 후 동구 문 열고 들어온다.

동구   아이구 우리 바름이~ (잔뜩 취해 끌어안고) 나도 바름이야. 완전 처바름이.
바름   아후 술냄새. 왜 이렇게 많이 마셨어? 슬기씨랑 또 싸웠어? (몸 부축하다
          머플러에 묻은 피 보며) 너 왜 그래? 어디 다쳤어? (살피는데)
동구   (손 뿌리치며) 맘이 다쳤어. 맘이. 이건 내 피 아냐‥
바름   (소파에 앉히며) 무슨 일인데?
동구   아, 그 조똘! 조폭 똘마니!
바름   아, 그 김씨 아저씬가, 자꾸 괴롭힌단?
동구   아씨. 그 김씨 아저씨 억울하게 누명쓰고 들어온 것도 서러운데! 그 불쌍
          한 아저씰 또 괴롭히다가 말리던 수용수 팔을 그었어‥
바름   아‥ 그 사람 피구나‥
동구   (끄덕) 폭행치사로 들어왔는데 좋은 사람이야. 딸 강간범 잡다가 그런 거래.
바름   많이 다쳤어?
동구   다행히 많이 다치진 않았어‥ 근데 김씨 아저씨가 그 나이에 흉기 들고
          펄펄 뛰는 조폭새끼를 냅다 들이 박드라고!!! (한숨 푹) 근데 난 그때 뭐하
          고 있었어? 가만있었어. 나‥ 너무 무서워서. 내가 다칠까봐‥ 아무 것도
          못했어. 쪽팔리게 시리‥ 결혼식 며칠 안 남았는데‥ 청첩장 다 돌렸는

데‥ 예식 취소도 안 되고‥ 우리 슬기는?! 별의 별 생각이 찰나에 막 지
나가드라. 비겁하게‥ 이런 놈이 무슨 교도관이야 교도관은. 난 자격이
없어. 자격이…

바름 너도 사람인데. 당연히/

동구 치국인 나처럼 비겁하게 있지 않았을 거야. 정의로운 놈이잖아. 고딩 때
도 때려 맞는 애 구하고 상도 받은‥ 아이고 치국아‥ 우리 치국이 언제
깨나‥

바름 (속상한)

동구 치국아. 나 도저히 적성에 안 맞는 거 같다. 니 앞에서 한 약속 못 지키겠
다. 나 때려치울 거야! 때려치울 거야‥

바름 (어깨 톡톡 두드리며) 그래. 힘들면 그만둬. 다른 일 찾아보자‥ (하는데 커
엉커엉 코고는 소리 보면 어느새 잠든 동구 어이없는)

〈점핑〉 아침, 소파서 자는 바름. 우당탕 방문 열고 자켓 걸치며 뛰어나오는 동구.

동구 아씨. 늦었어. 얌마. 좀 깨우지‥ (후다닥 가방 메는)

바름 (눈 부비며 일어나며) 때려친다길래. 안 깨웠지

동구 (신발 신고 뛰쳐나가며) 누가 때려쳐? 치국이 인나면 같이 근무할거라고~!

바름 (미소 지으며 일어나는데 바닥에 떨어져 있는 피 묻은 동구 머플러 보인다)

S#91 현수 무덤 앞/ 낮

무덤 파는 인부들과 경찰들 보이고. 그 뒤에 서서 지켜보고 있는 두석 보인다.

기자 (E) 경찰은 사실 확인을 위해 유족의 동의를 얻어 매장된 유골에서 직접
DNA를 채취해 국과수에 의뢰하기로‥

S#92 무치 단골 술집/ 낮

티비에서 뉴스 나오는.

뉴스   (E) 매장된 유골이 A양이 맞는지 진위 여부에 귀추가 주목되고 있습니다.

홍주 들어와 보면 구석에 쭈그리고 앉아 술 마시고 있는 무치. 보는 위로

플래시 백/ (#48)

강형사   (E) 한서준 죽이고 살인자가 될 불행한 지 미래에 최피디를 끌고 갈 수 없
          단 걸, 아니 그래선 안 된다는 걸 결심한 거예요. 그날·· 최피디에게 고백
          하려던 그날에요.

홍주   (슬프게 바라보다) ··· 미안해.
무치   (고개 들어 보면)
홍주   사실대로 얘기 안 한 거···
무치   (술잔 탁 내려놓는) 내가 한서준 아들 찾아 달랬을 때 이미 알고 있었지?
홍주   ···
무치   시침 뚝 떼고 모른 척한 이유가 뭐야. 내가 니 애인 어떻게 할까봐?
홍주   두 사람 다 상처받는 게 싫었어.
무치   (비꼬는) 아이고. 픽이나 내 생각까지 하셨어?
홍주   ···
무치   내 생각 눈꼽만치라도 했으면 너! 그 살인마 자식이랑은 안 만났을 거
          야··
홍주   미안해···
무치   (술잔 집어 던지며 버럭) 왜 하필 성요한이었는데!! 널리고 널린 사내새끼
          들 싹 다 두고 왜 하필!!! 그 자식 어디에 그렇게 미쳐서···.

그 말에 주변손님들 웅성거리는··· 그 중 의사(10부 등장, 형철 친구) 있다.

홍주   ··닮아서··
무치   닮아? 누굴?

홍주	나… 날 아주 많이 닮았어‥ 그래서 끌렸어…
무치	(어이없는) 뭐? (비틀거리며 홍주 얼굴 가까이 대고) 대체 어디가 그 살인마 새끼랑 닮았는데‥? 왜 너도 그 놈처럼 사람 죽였냐? 그래서 닮았어?
홍주	(순간 흠칫!)
무치	꺼져! 술맛 떨어져. (앉으려다 비틀하며 넘어지려하자)
홍주	(부축하는데)
무치	(확 뿌리치며) 내 몸에 손대지 마! 이 나쁜 년아! (쿵 바닥에 넘어지는)
홍주	(슬프게 보다 돌아서 가는)
무치	(비틀거리며 일어나 다시 의자에 앉으며) 이모. 여기 술 더 갖고 와! 술!

S#93   거리 + 홍주 차 안/ 낮

운전 중인 홍주. 라디오에서 우재필 사건 뉴스 나오고. 생각에 잠긴 홍주.

S#94   과거. 경찰서/ 홍주의 회상/ 낮

기웃거리며 들어오는 신입피디 홍주. 한쪽 의자에 앉아있는 불량학생들. (5부 #41)
형사들 앞에는 고딩 바름과 치국이 앉아서 조서 쓰는 중이다.

홍주	(취재하는) 피해 학생이 죽을 뻔했어. 대체 왜 그런 거야? 친구를?
학생1	(OL) 친구? (눈 부라리며) 누가 헤드헌터 아들새끼랑 친구래?!!!
홍주	(순간 흠칫) 뭐? 누구 아들?

S#95   과거. 무진병원- 복도/ 홍주의 회상/ 낮

병실 앞에 서는 홍주, 망설이다 병실 안 기웃거리면 창가에 앉아있는 요한 보인다.
홍주, 그런 요한 복잡한 심정으로 보는데, 순간 몸 기울여 아래로 떨어지려는 요한!
놀라 후다닥 들어가 요한의 허리 끌어안는 홍주.

요한	놔! 놓으라고!
홍주	그 사람들보다 괴로워? 니 아버지한테 죽은 피해자 가족들!
요한	(흠칫!)
홍주	그 사람들도 버티고 살잖아…
요한	…
홍주	살아서 보여줘. 넌 니 아빠랑 다르다는 걸. 다른 종류의 사람이란 걸…
요한	(표정 없이 홍주 돌아보는)

S#96   과거. 무진병원/ #95의 몇 년 후/ 홍주의 회상/ 밤

다리에 피 흘리며 카메라맨에게 업혀 오는 홍주, 카메라맨 홍주 침대에 눕히면 밀려
오는 통증에 끙끙거리는 모습 위로, 응급의에게 설명하는 소리 들리고.

카메라맨	산속에 있는 사이비 집단 취재 중에 들켜서 도망치다 개한테 물렸어요. (눈 질끈 감고 고통 참고 있는 홍주에게) 하여튼 독종.
홍주	그만해라. 으아악! 아파요. 아파!
요한	(E/영혼 없는 말투) 이 정도론 안 죽습니다.
홍주	(눈 뜨며) 이 의사 뭘 모르시네. 개한테 물려서 죽는 사람도 있다구 (하다) 어‥? 어디서 봤드라‥?
요한	(무표정하게 계속 소독하는)
홍주	(생각난. 씁쓸하고 불편하지만 한편으론 반가운)
요한	(문득 시선 느끼고 고개 드는)
홍주	(표정 없이 보는 요한에게 밝게 미소 지으며) 뭐야 기억 안 나? 우와. 생명의 은인도 몰라보고. 섭섭한데?
요한	(그제야 홍주 알아본 듯, 하지만 표정 변화 없는)
홍주	내 말 듣기 잘했지?
요한	(보는)
홍주	(씩 웃으며) 나 최홍주야. 오비엔 시사피디, 최홍주! 반가워! (손 내밀고)

요한, 홍주 손 빤히 보다 무시하고 다리 소독한다. 홍주, 그런 요한 보는데. 복잡한

표정이다‥ 그렇게 홍주와 요한의 풍경‥

S#97   현재. 홍주의 집 앞 + 안/ 밤

문 열고 피곤한 표정으로 들어오는 홍주.

아줌마 (방문 열고 나오며) 좀 전에 잠들었어. 그럼 난 갈게 (가는)

아줌마 가면. 홍주, 방으로 들어가는‥ 방안에는 쌕쌕거리고 잠들어있는 갓난쟁이
아이 있다. 홍주 아이 앞에 앉아 머리 쓰다듬는데, 슬픈 눈빛이 되는….

S#98   평안 파출소 안/ 낮

기자 (E) 매듭 연쇄살인사건 용의자로 지목된 A씨를 살해한 범인이 현직 형사
가 아닌 A씨의 지인이자, 피해자 유가족인 것으로 밝혀졌습니다.

바름 들어오면, 뉴스 보고 있는 파출소장과 바닥 닦고 있는 남순경.

파출소장 어이구 우리 국민아들 정순경이. 대단해 대단해. 정순경이 범인 잡았다며?
바름 죄송해요. 자리 비워서‥ (청소 도구 들며)
파출소장 어허. 아냐아냐. 정순경은 여기 가만히 앉아서 쉬어.
바름 (남순경 눈치 보며) 이리 주세요 남순경님. (걸레대 뺏어 드는데)

쭈뼛거리며 문 앞에 서 있는 자매 보는.
〈점핑〉 테이블에 앉아 자매 이야기 듣는 중인 남순경과 바름.

언니 글쎄 윗집 사는 남자가 내 동생한테 욕지거리를 하면서 집 앞까지 쫓아
왔다니까요. 집까지 따라 들어왔으면 어쩔 뻔했어요.
남순경 그때도 출동해서 확인했는데 그분은 집에 계셨다고 하시니까‥

바름	(수첩에 뭔가 그리는)
동생	그럼 제가 거짓말이라도 하고 있다는 건가요?
남순경	(손을 절레절레) 아뇨. 그런 건 아니고 흠. 요즘 도어캠 같은 거 잘 돼 있는데. CCTV 달아 놓는 건 어떠세요?
언니	당장 하루 먹고사는 우리한테 무슨 돈이 있어서… (하다 문득 바름 보는)
남순경	(언니 시선 눈치 채고 화제 전환) 저희가 도보 순찰을 더 자주 나가도록 하겠습니다. 정순경 알겠지? (툭 치며, 반응 없자) 정순경!
바름	네? 아 네·· (문득 자신의 수첩 보다가 헉! 놀라 수첩 떨어뜨리는)
일동	(동시에 바름 보는)
남순경	정순경. 정신을 어따 두는 거야? (바닥에 떨어진 수첩 주우려 하면)

바름, 남순경 확 밀치고 수첩 집어 들고 뛰쳐나가는. 일동 이상하게 보는.

S#99   평안 파출소 뒷마당/ 낮

수첩 열어보는 바름. #98 자매 모습. 언니 몸에는 칼 꽂힌, 동생은 목매단 그림 그려 놓았다. 갈기갈기 찢어 버리는··

S#100   평안 파출소 화장실/ 낮

들어오는 바름. 어푸어푸 세수하는 바름. 고개 들어 거울 바라보다가·· 머리 들어, 뇌수술 흉터 자국 보는 바름. 불안하다.

S#101   바름의 집 거실 + 주방/ 밤

바름, 의자에 털썩 앉아 한숨 쉬다 생각난 듯 테이블에 놓여있는 노트북 펴고 대니얼 검색한다. 기사 쏟아져 나오고 〈범죄유전자 찾다!〉〈英 범죄학 새역사〉〈한국계 입양아 출신, 노벨 생리학상 후보!〉〈8살 때 영국으로 입양〉등. 바름 일어나 주방으로 가서 컵 꺼내 냉장고 문 여는데. 바름 눈에 들어온 냉장고에 붙은 이모 쪽지. '바름아, 반찬 채워 놨어. 끼니 거르지 마. 저번에 말한 어릴적 사진 테이블 위에 놓고 간다.' 바름 테이블보면, 비닐에 곱게 넣어둔 사진 몇 장. 소파로 들고 와 꺼내 보면 이모와 함께 찍은 유치원생, 재훈 아니다.

플래시 컷/ 8부 #1 - 먹이 구멍으로 나오는 생쥐 막 잡으려는 유치원복의 재훈.

바름   역시… 내가 아니었어. 그것도 성요한 기억이었어… (하는데)

고양이 울음소리 들리면, 신경 거슬린다. 눈 감고 고개 소파 뒤로 젖히는··

S#102   평안 파출소 앞/ 밤

도시락 들고 서 있는 봉이.

남순경   안색이 좀 안 좋아 보여서 소장님이 들어가서 쉬라고··
봉이   그래요? (걱정스러운 표정 짓는)

S#103   애니멀 테마파크 파충류 관/ 바름의 꿈/ 낮/ 8부 #1-2

유리관 안, 구렁이 포악스럽게 공격하는 쥐./ 먹이구멍 밖으로 나온 쥐 잡으려 쪼르르 달려 나가는.

여학생   이 쥐엔 나쁜 뇌가 들어가 있어. 살려두면 너도 물어뜯어 죽일지 몰라.

쥐 밟고 있던 발에 힘 꽉 주며 밟는 여학생. 운동화 밑으로 피나오고··

S#104   바름의 집 거실/ 밤

소파에서 벌떡 일어나는 바름. 헉헉거리며 생각하는··

바름   나쁜 쥐의 뇌가 날 해친다는 건·· 성요한의 뇌가 날·· (혼란스런 와중, 계속
                우는 만삭 고양이 소리에 귀 막는) 조용해. (멈추지 않는) 조용하라고!!

고양이 계속 울자 바름 새장 앞으로 성큼성큼 걸어가 새장 속 고양이 집어 창밖으로
확 내던지려는데·· 그때, 문 두드리는 소리에 휙 돌아보면.

S#105   바름의 집 대문 앞/ 밤

문 열면, 완전 취해서 몸도 제대로 가누지 못하고 비틀거리는 무치 있다.

무치   (비틀거리며 바름 멱살 잡는) 이 새꺄! 너 땜에 다 망쳤잖아!
바름   (부축하며) 얼마나 드신 거예요.
무치   (확 뿌리치는) 이 새끼가. 너 땜에 망쳤어. 다 망쳤다고!!! 새꺄. 누가 너더
                러 범인 잡으래. 그 아저씨도 불쌍하잖아. 너만 그냥 눈 감았으면 내가··
바름   (순간 미간 찌푸려지는) 그만 하세요. 애에요? 대체 언제까지 징징거릴 건
                데·· (중얼거리는) 유치하게··
무치   뭐? 유치? (빡치는) 근데 이 새끼가! (바름 얼굴에 주먹 날려 퍽 치는)
바름   (순간 얼굴 돌아가고, 입 닦으면 피 묻는. 순간 표정 확 굳어지는)
무치   니가 뭘 알아? 어? 니 눈앞에서 엄마, 아빠 죽는 거 봤어? 봤냐고!!!
바름   (무치 목 꽉 움켜쥐는)
무치   (컥컥거리며) 놔. 놔 이 새끼야!
바름   (그런 무치의 표정 보며 서늘한 표정으로 더 힘줘 세게 누르는데)

끄억거리는 무치. 그 모습 담벼락 뒤에서 누군가 지켜보는 시선.

인서트/ 바름의 집 골목 일각/ 밤
손에 도시락 들고, 걸어오는 봉이. 봉이 다가오자, 흠칫 놀라는 그림자. 벽 뒤로 몸
숨기면 그 옆 지나가는 봉이.

바름   (무치 잡은 목에 손 더 깊이 들어가고) 이게 다 너 때문이야. 고무치!!!

무치 결국 축 늘어지고·· 바름, 바닥에 있던 돌멩이 집어 들어 내리쩍자! 바름의 얼굴에 팍 튀는 핏방울! 봉이, 막 골목 돌아서다 바름 집 앞. 바닥에 떨어지는 도시락통. 계속 내리치는 서늘하고 무표정한 바름 얼굴 위로 팍팍 튀는 피!

the END

제 10 부

S#1   프롤로그/ 구령(求靈) 병원- 산부인과 복도 + 처치실/ 낮

진료실에서 나오는 만삭의 지은(*출산 직전의 배). 의사 배웅 나오며

의사   예정일 다 됐으니까 진통 시작되면 바로 택시 타고 오세요.

인사하며 가는 지은 착잡한 표정으로 복도 걸어가는데 휴게실 안(TV)에서 들리는 뉴스 **(E) 한서준이 체포된 지 한 달째, 경찰은 아직까지 캠프장에서 살해된 부부를 제외한, 다른 피해자들의 머리를 찾지 못한 채‥** 그 뉴스가 불편한 지은, 서둘러 휴게실 지나쳐 가는데 *끄윽거리는 신음*에 문득 돌아보는데 병실(2인용)안, 침상 위 사내아이(초5) 올라타 목 조르는 아이母(1부 #72) 보인다. 반사적으로 뛰어 들어가 "왜 이래요 놔요!" 말리는 지은. 확 뿌리치는 아이母. 지은 쿵! 엉덩방아 찧는데 의료진들 뛰어들어와 아이母에게서 아이 분리시켜 데리고 나간다. 둘만 남은 지은과 아이母. 아이母, 만삭의 지은 보는데!

플래시 컷! 컷!/ 과거. 유전자연구소- 복도/ 낮 (1부 #72)
다급한 걸음으로 걸어오는 아이母. 휴게실 안으로 들어가는 지은 보는.

과거/ 유전자 연구소- 휴게실/ 낮 (1부 #73)

휴게실 문 앞에서 지은과 희정 대화 듣는 아이母(형철母)

헉! 놀란 아이모. 지은 힘겹게 일어나면, 아이母 급히 지은 앞에 무릎 꿇고 지은 만삭 배에 손 올리며

아이母   나, 낳지 마세요! 절대·· (애절하게 고개 저으며) 낳으면 안 돼요. 안 돼···.
지은   (당황) 왜, 왜 이래요. 놔요. (확 뿌리치고 도망치듯 나가는)

복도/ 다급히 걸어가는 지은. 지은 옆, 지나쳐가는 간호사들과(사이, 간호사복의 희정-임신 27주째 접어듬-*27주 임산부 배 크기 사진 추가 서있는) 환자보호자들 수군거리는 소리 "같이 죽으려고 약을 먹었대" "우울증인가봐" "애가 뭔 죄야. 죽을려면 지 혼자 죽지"

S#2   구령(求靈) 병원 현관 앞/ 낮

혼란스러운 지은, 생각에 빠진 채 나오는데, 지은 뒤로 뭔가 떨어지며 퍽!!! 소리! 사람들 비명과 동시에 고개 돌리는 지은, 피 흘린 채 죽어가는 #1의 아이母. 지은과 눈 마주치며 입 달싹거리는 아이母. 지은, 충격에 입 가린 채 반사적으로 위 올려다 보면 그 광경 내려다보고 있는 아이. 소름 끼치는 지은 다리 사이 양수 터지며 쏟아지는. 산통 느끼며 주저앉는데. 흘러내리는 양수와 아이母 머리에서 흘러나오는 핏물 만나 섞이며 그 위로 타이틀 떴다 사라진다.

마우스

S#3   몽타주 (수사발표현장, 거리, 바름의 침실)/ 아침/ 수사발표현장

호남   매듭살인사건의 피의자 A씨가 병원 치료 도중, 지인에게 피습당해 사망하였습니다. 현재 체포된 지인 B씨를 상대로 살해 동기를 파악하는 한편,

거리/ 아침 출근길 사람들. 지하철, 버스 등에서 핸드폰 통해 수사발표 보고
바름의 침실/ 눈 뜨는 무치. 동시에 우욱! 입 틀어막으며 튀어 나가는 위로

호남	(E) 피의자 A씨가 사망했으므로 공소권 없음으로 사건수사를 종결합니다.

S#4   바름의 집 화장실/ 아침

힘겨운 얼굴로 세면대에서 입 헹구며 거울 보는데 목 주변 벌건. 뭐지? 싶은데!

플래시 컷/ 바닥에 누워 목 눌린 채 켁켁거리는 무치 (9부 #105)

바름	(E) 괜찮으세요?
무치	(보면, 문 앞 서 있는 바름, 왼쪽 손 붕대 감긴 것 보고) 어? 왜 그래? 다쳤어? (다가가 바름 손 상태 보려는데)/
바름	아, 손이 문에 끼어서… (시선 피하며) 씻고 나오세요. (가는)
무치	(갸웃하며 보는)

S#5   바름의 집 주방/ 아침

수건으로 얼굴 닦으며 나오는 무치. 식탁 위 정갈하게 해장국 등 차려져 있다.

무치	우와~ 정순경이 끓인 거야? 나가 먹으면 되는데‥ (한술 뜨며 슬쩍) 어제 밤에 우리 싸웠나 혹시? 너무 취했나봐. 집 앞까지 찾아온 건 기억나는데….
바름	(벌건 무치 목 보며) 그게‥ 찾아오셔서 다짜고짜 제 멱살을 잡고 주먹을 휘두르시길래 제압하려다 본의 아니게… 죄송합니다.
무치	죄송하긴‥ 내가 미안하지. (국 한술 뜨며 자책) 이놈의 술 끊어야 하는데‥
바름	전엔 알콜 중독 치료도 받았다면서요? 끊으세요. 그러다 죽어요.
무치	(후룩 먹으며 쭝얼~) 걱정마. 안 죽어. 그 새끼 목 따기 전엔, 절대!
바름	형사님 맘 이해는 하지만, 이미 사형선고 받은 사람이잖아요. 한서준.

무치	(탁! 숟가락 놓고 밥풀 우다다 튀며) 그럼 뭐해! 니미럴 멀쩡하게 살아 있잖아. 국가가 그 놈 목 안 따는 데 별수 있냐? 나라도 해야지. (다시 진정하고 먹으려다) 젠장! 왜 이렇게 재수가 없는 거야! 1년이나 뺑이 쳤는데 눈앞에서 뛰어내려 뒤지는 놈이 없나, 총 쏴 죽였는데 정직 1년으로 끝내질 않나, 선수 쳐 살인범을 죽이는 인간이 없나! 왤케 드럽게 꼬이는 거야. 씨!
바름	재수가 없는 게 아니라, 지켜주시는 거예요. 고신부님이요.
무치	(순간 움찔!)
바름	요즘 사고 전 기억들이 계속 기억나요. 기억 속 신부님은 늘 동생 걱정뿐이었어요. 가슴 아파하고, 애틋해하고‥/
무치	(그 말에 울컥하는. 부러 꾸역꾸역 해장국 건더기 입에 집어넣는)
바름	(그런 무치 짠하게 보는)

S#6 바름의 집 대문 앞/ 현재 + 과거/ 아침

무치	(나오며) 잘 먹었다. (붕대 감긴 손보며) 손에 물 묻히지 말고. 안그럼 썽나

가는 무치 뒷모습 바라보던 바름. 무치 사라지자 담벼락 쪽으로 가 뭔가 줍는데. 피 범벅 (마른상태의)돌멩이다. 그때 울리는 핸드폰 소리.

바름	(받는) 어. 봉이야.
봉이	(F/ 걱정 가득한) 손은 좀 어때? 오빠?
바름	어. 괜찮아‥ (하는데)

어느새 주변 어두워지고 "끅끅" 소리에 고개 들면 고통스러워하는 무치 위에 올라타, 목 조르는 자신의 모습 보인다‥ /축 늘어지는 무치 바라보는 영혼 없는 바름의 눈빛. 바닥에 있던 돌멩이 집어 무치 얼굴로 확 내리치려다, 순간! **(E) 안 돼! 죽이지 마! (E) 내리쳐! 내리쳐!!! 죽여버려! 죽여버리라고!!** 두 목소리 혼재되어 귓가에 웅얼거리고, 다시 확 내리치려는데! **(E) 안돼!!!** 간절한 외침에 순간 멈칫, 다시 내리치면 무치 목 누르던 본인 왼손이다! 바름 얼굴로 튀는 피들. 계속 내리치다 멈칫하곤 돌아보면 어둠 속, 봉이 놀란 얼굴로 서있다. 그제야 정신 들고, 당황한 바름. 피 범

벅 돌멩이 휙 던지면. 봉이 뛰어와 피투성이 바름의 손 보고 놀라는.

봉이　왜, 왜 이래? 오빠?

바름　(못 봤구나. 안도하고는) 그게‥ 형사님 부축해 들어가다 (대문 가리키며) 손
　　　이 낀 줄 모르고 쾅 닫다‥(횡설수설) 그래서 형사님 놓치는 바람에‥

봉이　/(울먹) 이 바보야! (잡아끌며 다급히) 빨리 병원 가야지. 빨리~!!!

현재/ 텅 빈 대문 앞/ 밤

봉이　(F) 의사 말 명심해 어? 뼈가 제자리 잡을 때까지 조심, 또 조심하라구‥

바름　그래. 알았어 (끊고, 심각한 얼굴로 붕대 감긴 자신의 손보는 위로)

플래시 컷/ 여학생 "쥐 머리에 나쁜 뇌를 집어넣었어…널 물어뜯어 죽일지 몰라‥"

바름　(중얼거리는) 나쁜 뇌‥ 물어뜯어 죽‥여? (불안한)

S#7　　무진 구치소 외경 + 접견실/ 낮

붕대 감긴 왼손 보며 앉아 있는 바름. 문 열리는 소리에 고개 든다.

서준　(앉으며) 근데 왜 이리 조용하지? 지금쯤 세상이 발칵 뒤집힐 줄 알았는데?
　　　세계 최초 뇌 이식 성공! 정바름 머리에 연쇄살인마의 뇌가 들어왔다?

바름　(입 꾹 다물고 보는)

서준　(보며 피식) 결국 입 다무는 쪽으로 맘먹은 건가? 거, 실망인데? (비죽거리
　　　며) 나도 대니얼처럼 전 세계의 주목을 받아보나 했는데 말야/

바름　/문제가 (사이) 생긴 거 같아요‥ 사람을… 죽일 뻔했어요.

서준　(순간 눈빛 반짝이는)

바름　(불안 가득 찬 눈빛) 대체 나한테 무슨 일이 일어나고 있는 건가요? 네?

바름 바라보던 서준, 품안에서 실밥 달린 쥐 꺼내 품에 안고 쓰다듬는 위로

S#8   구령산. 서준의 아지트/ 과거/ 밤

파란 택 달린 쥐 두 마리 먹이 먹고 있고. 서준, 그중 하나 꺼내 드는데 날뛰는 소리
에 돌아보면 다른 철망에 빨간 택 달린 쥐 공격적으로 날뛰고 있다. 서준, 파란 택 쥐
에 주사 놓자 이내 축 늘어지고. 이번엔 빨간 택 쥐 들어있는 철망에 손 넣어 쥐 꺼내
려나 악! 지르는 서준. 물어뜯긴 손가락에 피! 아랑곳 않고 집어 주사 놓으면 축 늘
어진다. 두 마리 쥐 나란히 놓고. 메스 집어 쥐머리 절개하는.

서준   (E) 온순한 쥐 머리에 공격성이 강한 쥐의 전두엽을 이식한 적이 있지.

〈시간경과〉 서준, 머리에 실밥 있는 쥐(꼬리에 파란 택)를, 남아있는 쥐(실 매듭 없는)
가 있는 철망에 넣으면. 실매듭 있는 쥐가 다른 쥐(실매듭 없는) 공격한다.

서준   (E) 온순했던 쥐가 점차 포악하게 변하더라구. 그러더니 결국!

철망 안 호기심 어린 눈으로 보고 있는 서준. 피투성이로 죽어있는 (실매듭 없는) 쥐.
그 옆에서 길길이 날뛰고 있는 실매듭 쥐.

S#9   무진 구치소 접견실/ 현재/ 낮

서준   (충격 받은 바름 재밌다는 듯 보며) 두려운가? 그렇게 될까봐?
바름   (허‥)
서준   나 역시 궁금하군…. 인간의 전두엽 이식은, 자네가 처음이라….
        물론 전두엽 전부를 갈아 끼웠단 건 아냐. 손상된 부위만 부분 이식했어.
바름   (그런 서준 보는)
서준   하지만 난 자네 본성이, 결코 요한이에게 잠식당하지 않길 바라네….
        (진심 담긴 눈빛으로) 진심이야….

S#10   무진청 증거보관팀/ 낮

무치 출근하는데, 안절부절 서성거리고 있는 두석과 마주친다.

두석   미안해 고형사. 내가 잠시. (하는데 급히 들어오는 호남 보며) 어떻게 됐어?

호남   정만호 딸이 맞아. 선배‥ 현수가 아니었어.

두석   (허… 허탈한) 그럼 우리 현수는? 어? (하다가 후다닥 뛰어나가는)

무치   팀장님! (호남, 얼른 따라가라는 눈치 주면 끄덕이고 뛰어나가는)

S#11   무진 구치소 정문 앞 + 무치의 차 안/ 낮

운전 중인 무치. (조수석에 두석 안절부절한 표정으로 앉아있고) 구치소 안으로 들어가는데 멍한 표정으로 생각에 잠긴 채, 터벅터벅 걸어오는 바름 발견한다. 어?

S#12   무진 구치소 접견실/ 낮

서준   (팔짱 낀 채 심드렁하게) 오늘따라 날 찾는 사람들이 많네. 특별 수용수는 달라? 두 번이나 면회를 시켜주고 말이야? 나야 심심하지 않아 좋지만.

두석   (버럭!) 왜 말 안 했어? 왜 그 유골 현수 아니라고 안 했냐고!

서준   (어이없단 듯) 맞다고 한 적 없어. 지들 맘대로 결론 내놓고선. 이제 와서/

두석   /어딨어. 우리 현수 어디다 묻었어!!! 어디다 버렸냐고!

서준   글쎄… (으쓱) 너무 오래된 일이라 기억이 영….

두석   뭐…? 기억이 안 나?! 내 와이프는 25년 전 니가 우리 애들 데려간 그날, 시간이 멈췄어. 근데 오래돼서 기억이 안 난단 말이 그 주둥이에서 나와?!!!

서준   내 주둥이 신경 쓰기 전에, 니 헛바닥 단속부터 했어야지‥

두석   (허‥ 하다) 미안해. 잘못했어. 헛바닥을 뽑으라면 뽑을게 그러니까 제발 어딨는지‥ 내 손으로 우리 현수 양지바른 곳에 묻게라도 해 줘. 제발….

무치   (속상한)

두석   (싹싹 빌며) 제발 부탁이야. 제발‥ 애 엄마를 생각해서라도….

서준   (하품 늘어지게 하며) 아씨! 기억에 없다는데 귀찮게 그러네.

두석	(순간 욱! 아크릴판 주먹으로 치며) 이 새끼야 우리 애 내놓으라고!!
	너 이 새끼 가만 안 둬!!! 죽여 버릴 거야!!!
무치	팀장님. (잡으면)
팀장	놔! 놔! (뿌리치고) 내가 오늘 저 새끼 죽여 버릴 거야!!!! 죽여 버릴 거야!!

의자 들어 아크릴판 내리치기 시작하고 교도관들 뛰어들어와 두석 끌고 나가는. 무치, 서준 둘만 남아있다. 무치, 서준 노려보는데.

서준	요한이한테 총질한 거… 후회하게 될 거야··
무치	그러게. 벌써 후회중이야. 니 아들인 줄 알았음, 니 목 따는 거 보여준 담에 죽일걸. 아주! 매우! 대단히! 후회스러··

그런 무치 보며 비릿하게 미소 짓는 서준과 지지 않고 노려보는 무치 눈빛 팽팽한.

S#13   무진병원 병원장실/ 낮

바름의 뇌 MRI 사진 보고 있는 병원장.

병원장	면역거부반응도 없고, 잘 적응 중인데·· 뭐 문제 있나? 갑자기 검사는 왜?
바름	그게·· 성요한 기억이 마치 제 기억처럼 머릿속에 자꾸 떠올라요. 공격성도 생기고… 이러다가 제가 성요한처럼/
병원장	(보다, 한숨) 이럴까 봐 자네에게 공여자의 정보를 말해주지 않으려고 했는데… 그런 증상 보인 게, 이식한 뇌가 성요한 뇌란 걸 듣고 나서 부터지?
바름	(생각해보다 끄덕이지만 찝찝한) 하지만/
병원장	이식 받은 수혜자들이 공여자의 성격과 습성이 전이됐다고 믿는 경우가 종종 있어. 더구나 자넨 딴 장기도 아니고 뇌를 이식받았으니 오죽하겠나··
바름	…
병원장	약을 좀 처방해주지. (처방전 치며) 빠지지 말고 꼭꼭 챙겨 먹어야 하네.

S#14   평안 파출소 안/ 낮

약봉지 든 채 근심 가득한 얼굴로 들어오는 바름.

남순경	(걸레질하다 들어오는 바름 못마땅하게 보며) 아주 대한민국 최초 후리랜서 순경나리 나셨어? 아무리 소장님이 쉬엄쉬엄 하랬대도, 넘 심한 거 아냐?
바름	(후다닥 약봉지 주머니에 넣고 밀걸레 잡으며) 제가 할게요 이리 주세요.
남순경	됐고! 저 묘목들 화단에 좀 심어. 경찰 홍보지에 올린 파출소 사진이 필요한데 화단이 너무 휑하다고 심어놓으래. 소장님이. 오늘 중에 다 끝내야 돼.
바름	아. 네 알겠습니다.
남순경	참 저거부터 증거보관팀에 갖다 주고 와. 강민주 증거물 하나가 빠졌드라고
바름	아. 네 (다급히 증거품 든 봉투 챙겨 들고 나가는)

S#15   무진청 증거보관팀/ 낮

들어오는 바름. 아무도 없자 강민주 증거물 무치 책상 위에 두고 〈강민주 증거품 두고 갑니다. 〉 적어 모니터에 붙이다, 켜진 컴퓨터 화면 보고 문득 성요한연쇄살인사건 검색해본다. 우르르 쏟아져 나오는 처참하고 잔인한 사건현장(시체)사진들. 너무 끔찍해 후다닥 화면 끄고는 메슥거리는 가슴 진정시키고 숨 몰아쉬며··

바름	내가 이런 놈처럼 변한다고? 그럴 리 없어. 쥐랑 인간의 뇌는 다르다고. 원장님 말대로 심리적인 거야. 괜찮아질 거야·· (주머니 속 약통에서 약 꺼내 삼키는데)
무치	(심난한 얼굴로 들어오다 바름 발견하고) 뭐해?
바름	아 (당황) 그게… 강민주 사건 증거품 빠진 게 있어서 가져왔어요.
무치	근데? 내 컴퓨터에서 뭐 했냐고?
바름	(우물쭈물) 그게·· 봉이할머니 브로치 있나 해서요. 사고 당하던 날 차고 계셨다는데, 경찰서에서 안 돌려줬대요. 봉이가 꼭 돌려받고 싶다 해서·· 제가 찾아봤는데 증거품 박스엔 없길래, 목록에는 있나 싶어서··

무치	브로치?
바름	네. 봉이한테 사연 있는 소중한 물건인가 봐요.
무치	그래? 내가 확인해볼게. (자리에 앉아 목록 검색하려다) 근데 너 아까 구치소는 왜 다녀왔어? 넋이 완전 나간 표정이던데··
바름	네? (당황하다) 그럴 리가요. 치국이 물건 안 갖고 간 게 있어서·· 가지러 간 건데. (얼버무리다) 그럼 가보겠습니다. 브로치 찾음 연락 주세요 (급히가며)

무치, 가는 바름 보다 문득 두석 빈자리 보는, 한숨 내쉬고 성요한연쇄살인사건 파일 증거품 목록 클릭해서 목록 쭉 훑어보다 갸웃하는.

S#16 봉이네 동네- 점방 안 (봉이 동네 슈퍼 안)/ 낮

카운터에 라면 등 놓는 봉이 주인, 계산하는 동안 티비 속 우재필 관련 뉴스 본다.

앵커	(E) 전직 경찰이었던 매듭 연쇄살인 사건 용의자 A씨는 퇴직 후, 지인의 이사 업체에서 일하며 홀로 아들을 키워 왔고, 주변 평판이 좋았던 것으로··
봉이	(이상한 듯 갸웃하는)

S#17 봉이네 동네/ 낮

봉지 들고 생각에 잠긴 얼굴로 터벅터벅 걸어가는 봉이, "독한 년!" 소리에 보면,

덕수母	여길 왜 또 기어들어와 사람 속을 뒤집어! 제발 이 동네에서 좀 꺼져!
봉이	(어이없는) 나 보는 거 불편함, 그 쪽이 가든가! 그런 자식 낳은 게 위센가?
덕수母	뭐 이년아! 당장 이사 가라고. 당장! (하며 봉이 머리채 확 잡아채는)
봉이	악!!! (하는데)
덕수母	(동시에 악!!!)
무치	(봉이 머리채 잡은 덕수母 손목 확 비틀어 잡은 채) 놔요. 그 손!
봉이	(놀란 눈으로) 아저씨··?

무치	내가 요새 성경에 꽂혀있거든. 눈에는 눈. 이에는 이. 한 번만 더 이따구 짓하면 그땐 나 어르신이고 뭐고 얄짤없수! 어?! (눈 부라리고는 봉이 손 확 끌고 가는) 가!

아 놔요 놔! 하며 무치 손 끌려가는 봉이 보는 덕수母의 불안한 눈빛.

S#18   덕수母의 집/ 낮

덕수母 들어오면. 마루에 누워 츄리닝 바지춤에 손 집어넣은 채, 핸드폰(화면) 보고 있는 덕수 보인다.

덕수	(덕수母 힐끗 보고 다시 핸드폰에 시선 두며) 왜 거짓말을 하고 그래. 섭섭하 게 엄니. 고 기집애 아주 이쁘게 자알 컸드만…
덕수母	(후… 한숨 쉬는)

S#19   봉이네 집 안/ 낮

봉이	(무치 손에 끌려 들어오다 손 확 뿌리치며) 아씨! (퉁명스럽게) 왜 왔어요?
무치	정순경한테 할머니 브로치 찾아 달랬다며? 그 얘기하려고 병원 갔더니 그새 퇴원을 해? 영양제도 맞고 며칠 좀 쉬면 좀 좋아?
봉이	내 팔자가 그렇게 심간 편한 팔잔 줄 아나 봐요? 그래서, 브로치 찾았어요?
무치	(두리번거리며) 없던데. 증거품 리스트에도 없는 거 보면 첨부터 없던 거 야. 딴 데 흘리신 거 같은데? (큰 가방 발견하고 꺼내 닥치는 대로 짐 싸는)
봉이	그런가…? (하다, 짐 싸는 무치 보고 황당한) 뭐 하세요? 지금?
무치	임마. 너 강덕수 출소한 거 몰라? 여기가 어디라고 다시 들어와.
봉이	모를 리가요. 전 국민이 다 알 걸요.
무치	(허!) 너 강덕수네 집이 여기서 몇 미턴지 몰라?
봉이	지금 이 동네 안 살거든요.
무치	(버럭!) 언제 기어들어 올지 알아? 지 엄마가 여기 사는데.

봉이	그래서요? 언제 올지 몰라서‥도망가요? 어디루요? 길거리에서 살아요? 나라고 이 끔찍한 동네로 다시 오고 싶었겠어요? (울컥) 할머니랑 야반도 주하듯 도망쳐 나오면서 재개발동네 빈집에 들어가 살았어요. 공짜로 살 았으니 보상금 따윈 없죠‥ 대한민국 땅에서 내가! 살 수 있는 집은 이 집 뿐이라구요. 우리 아빠가 지은 이 집!!! 드럽게 팔리지도 않는! 이 집이요!
무치	(그런 봉이 짠하게 보며 하아‥) 일단 우리 집으로 가자.
봉이	(가방 뺏는) 내가 왜 아저씨 집엘 가요! 아저씨가 뭔데! 내 아빠라도 돼요?
무치	후‥ 그래‥ 내가 니 아빠 아니지‥ (낡은 방안. 추레한 살림살이에 속상한 듯 휘 둘러보고) 밥은 잘 먹고 다니는 거지?
봉이	(짐 꺼내 다시 제자리에 두며) 난 잘 먹고 다니니까 아저씨 걱정이나 해요.
무치	그래. 간다 (나가려는데)
(E)	우재필이요‥
무치	(돌아보면)
봉이	(무치 보며) 이삿짐센터에서 일 했어요? 뉴스에서 그러던데‥
무치	어. 팀으로 이삿짐 나르는 일을 했다고 하더라고.
봉이	(갸웃) 이삿짐 나르는 손 치곤… 고생 안 한 손이던데‥

플래시 컷/ 끅끅 거리는 봉이 입을 틀어막고 있는 사내 (반지 낀) 맨 손 (8부 #68)

봉이	(E) 촉감이 부드러웠어요. 밖에서 막일하던 손이 아니던데‥?
무치	그래? (뭔가 이상한)
봉이	맞다! 제 입을 틀어막았을 때 차가운 촉감이 느껴졌어요. 금속 같은‥
무치	금속?
바름	(E) 반지요?

S#20   평안 파출소 앞 화단/ 낮

화단 앞에 묘목들 놓고 땅 파는 중인 바름.

바름	(붕대 감은 왼손으로 불편하게 삽 지지하고, 땅 파며) 글쎄요. 기억이 잘‥

무치	오봉이 말이 그 놈 손이 부드러웠대. 근데 우재필은 경찰 그만두고부터 쭉 이삿짐 나르는 일을 해 왔거든. (하며 바름 보는데)
바름	(계속 땅 파며) 제가 지금 좀 바빠서 나중에 얘기하죠·· (계속 붕대 감은 손으로 불편하게 삽질하며) 오늘 중에 다 끝내야 하거든요.
무치	(버럭!) 아니 언젠 국민아들이라고 우쭈쭈거리더니 손도 불편한 사람한테 꼭 이런 일을 시켜야 돼? 확! 기자 불러? 불러서 이 장면 찍으라고 하까? 어?
바름	왜 이러세요. 사람 곤란하게. 가뜩이나 남순경님한테 눈치 보여 죽겠는데···
무치	소장이 아니라 남순경이 시켰어? 새파랗게 어린 눔의 자식이 지가 좀 하지! 내놔 봐!!! (삽 뺏는) 내가 할게. 쉬고 있어. 정순경은.
바름	괜찮다니까 왜 이러세요·· (삽 가지고 실랑이하다 문득 땅 파인 구덩이 보는) 사진 좀 보여주세요! 박현수, 아니 정수진 유골 발견된 현장 사진이요!

〈점핑〉 유골 발견된 현장 사진들 넘겨보는 바름. 문득 멈추고 한참 보다.

바름	우재필이요. 자기가 땅을 파고, 정수진 시체를 묻었다고 자백했죠? 보세요·· (자신이 파다 만 구덩이 가리키며) 왼쪽이 더 깊게 파여 있죠? (삽 들어 시범 보이는) 전 오른손잡이니까 땅을 파려면, 오른손으로 삽 뒷부분을 잡고, 왼손은 삽대를 지지한 상태로 이렇게 삽질을 하잖아요.
무치	근데?
바름	그럼 몸이 이렇게 오른쪽에서 왼쪽으로 힘껏 틀면서 바닥에 삽을 찍잖아요. 삽이 바닥에 닿으면서 왼쪽 끝 부분에 힘이 실리니까 왼쪽이 오른쪽보다 더 깊게 파져요. 봐요. 그리고, 삽으로 파낸 흙은 왼쪽으로 던져지구요. 왼손잡이는 이 반대겠죠? (현장 사진 건네며) 근데 이 구덩이 보세요. 제가 판 이 구덩이랑 방향이 같죠?
무치	(바름 말대로 같은(오른쪽) 방향, 깊이 파인 부분도 왼쪽으로 같다) 어? 그러네? 반대방향이어야 맞잖아. 자긴 오른손잡이고 우재필은 왼손잡이니까··

S#21   무진청 증거보관팀/ 낮

후다닥 들어오는 무치와 바름. 클릭해서 현수 실종 당시 사진들 계속 넘기다 멈추면 수색 중인 사진 속 우재필, 수첩에 뭔가 적고 있는데 왼손으로 적고 있다.

무치   이상하다. 우재필 왼손잡이 맞는데? 뭐야? 땅 판 놈이 따로 있단 말이야?

바름   근데 굳이 다른 사람한테 땅을 파게 했을까요? 자기가 직접 파면 될 걸··

        (사진들 넘기다 멈칫!) 알았어요! 내가 판 방향이랑 같은 이유···

바름 시선에 컴퓨터 화면 현수, 수사 관련 중간발표 하는 사진. 발표하는 팀장, 뒤에서 있는 담당 형사들, 호남 옆에 재필, 재필 왼손에 깁스하고 있다.

무치   (다급히 호남과 통화하는) 네 팀장님. 박팀장님 딸 수색 중간발표 때 사진

        보니까, 우재필이 왼손에 깁스를 했는데 기억나요?

호남   (F) 깁스? 아·· 현수 찾는다고 구령산 수색하다가 미끄러져서 손목 인대

        가 찢어졌어. 아마·· 한동안 깁스하고 다녔지?

무치   (끊고) 왼손에 깁스를 하고 있어서 구덩일 오른손으로 팔 수밖에 없었네··

바름   깁스를 하고, 한 손으로만 매듭을 묶을 순 없었겠죠··

무치   (눈빛 반짝) 정수진 손에 매듭을 묶은 또 다른, 왼손잡이···

바름   기억나죠? 정수진 유골에 묶였던 매듭, 어린애가 묶은 것처럼 서툴렀다고.

무치   (끄덕) 당시 우형철 나이가 12살. 초등학교 5학년이었어.

바름   그치만 우형철은 홍나리 사망추정시간에 확실한 알리바이가 있잖아요··

무치   (결연한) 그걸 풀어야지 이제부터!

S#22   주민동 다세대 주택 앞/ 과거/ 무치의 상상/ 낮

바름과 무치. 2층 보면, 자원봉사 조끼 입은 채, 방범창 달고 있는 우형철.

무치   (E) 홍나리 사망 추정 시각! 우형철은 이 집에 방범창을 달아주고 있었어··

S#23   주민동 다세대 주택 (206호)/ 낮 (8부 #60 동장소)

바름	설치하는 동안 계속 집에 계셨습니까?
세입자	그럼요. 싸인도 받고·· (하다 컹컹 짖는 강아지 돌아보며) 조용! (하다) 참, 우리 심바 데리고 잠깐 병원 다녀왔어요.
무치	다녀왔을 때 우변호사가 있던가요?
세입자	네. 설치 막 끝내고 있었어요.
무치	얼마나 집을 비우셨어요?
세입자	한 20분? 대로에 나가면 바로 동물병원이 있거든요··
바름	(강아지 보며) 어디가 아팠는데요?
세입자	발작을 일으켜서요. 저혈당 쇼크가 왔대요. 자일리톨 같은 거 먹었냐고 물어보더라구요. 사료밖에 안 먹이는데… 산책시킬 때 뭘 주워 먹은 건지…

바름, 세입자 뒤로 집 안쪽 보면, 창 치수 재던 우형철 주머니서 뭔가 꺼내 강아지에게 손 내미는. 강아지 쪼르르 달려오면, 강아지 앞에 놓는 자일리톨.

바름	(E) 개한테 뭘 먹인 게 분명해요. 자기 알리바이를 만들려고.

S#24   무치의 차안 + 홍나리의 집 앞/ 낮

무치의 차 도착하면. 조수석 바름, 핸드폰 타임워치 누른다.

바름	(타임워치 보며) 그 집에서 홍나리 집까지 차로 정확히 8분 걸리네요.

S#25   홍나리의 집 안/ 낮

엎드린 상태의 무치 손에 빨랫줄로 스패니쉬 변형법 비슷하게 매듭 묶은 바름.

무치	(손 뒤로 빨랫줄로 매듭 묶인 채) 자, 그다음은 목! 빨리!

바름 시키는 대로, 무치 위에 올라타 목 조르기 시작하는데 바름 귀에 속삭이는 환

청! **(E) 더 쎄게 더 더! 느낌이 아주 좋을 거야‥** 자기도 모르게 손에 힘 꽈악 주는 바름, 켁켁거리는 무치. 그러나 더 쎄게 누르는데, 삐빅삐빅 핸드폰 알람 소리에 정신 든 듯, 후다닥 손 푸는.

무치	(켁켁!) 얌마. 그렇게 쎄게 누르면 어떡해!
바름	(허억허억 숨 몰아쉬고 있는)
무치	이거 좀 풀어 봐! 얼렁!
바름	(정신없이) 네‥ 네… (넋 놓고 무치 묶은 손 푸르면)
무치	(타이머 알람 끄고) 벌써 20분이 지났는데… 20분 안에 홍나리를 살해하고 다시 그 집에 도착하기엔 도저히 무리야. (문득 헉헉거리는 바름 보며) 괜찮아? 정순경?

S#26   인근 동네 슈퍼 앞/ 낮

야외테이블 앞 컵라면 놔둔 채 무치, 열심히 뭔가 쓰고 있고, 바름은 불안한 표정으로 앉아있다 생각난 듯 후다닥 약통 꺼내 약 삼킨다.

무치	(쓰며) 그 빌라에서 홍나리 집까지 왕복 16분. 묶고 살해하고 5-10분. 최소 20분. 반항하는 홍나리를 제압하고 뒤처리까지 했다면 최소 20-25분. 하아‥ 역시 시간이 모자라‥(하다 바름 낯빛 보는) 아까부터 얼굴이 계속 안 좋네. 먹고 들어가 푹 쉬어. (뚜껑 열며) 암튼 많이 변했어. 계속 놀래켜.
바름	뭐가요?
무치	솔직히 정순경 머리 다치기 전엔 좀‥ 이쪽 일은 적성이 아닌 거 같았거든. 근데 지금은 뭐랄까. 마치 살인마의 심연을 들여다보는 것 같다고나 할까? 사람이 이렇게 변하나? 나도 뇌수술 좀 받아볼까? (웃으며 후루룩 먹는데)
바름	(버럭!) 변하긴 누가 변해요!
무치	(놀래) 앗 뜨그뜨그.
바름	(씩씩거리며) 난 정바름이에요! 정바름이라고!
무치	알았어. 정바름!!! 정바름!!! 거 칭찬도 못하냐. 오늘 왜 이렇게 예민해?
바름	(아차 싶고 감정 애써 누르며) 죄, 죄송해요‥

무치	아씨·· 니가 소리 질러서 입천장 홀라당 까졌잖아!! 가서 맥주나 꺼내와!
바름	(진정하고 냉장고에서 맥주 캔 꺼내 무치 앞에 놓는) 여기요!
무치	(집어 들다 가게 안쪽에 대고 큰소리로) 아! 이모! 맥주가 왜 안 차?
여주인	(나와) 아, 사골국 좀 식힐라고 통째 넣어두느라 자리가 좁아서·· 빼놨다 좀 전에 넣어놔서 그래. (만져보며) 날이 추운데 안 넣어도 차갑구만 유난은··
무치	유~난? 이런 날일수록 더 차갑게 먹는 거지. 맥주 맛도 모르시네. 안 먹어! (바름한테 휙 주며) 다시 갖다 놔.
바름	(나즈막히 중얼거리는) 진상…
무치	뭐? 너 뭐라고 그랬어?
바름	암말 안 했는데요? (후다닥 맥주 넣다 문득! 안에 든 사골탕 곰 솥 보는) 풀린 거 같아요… 홍나리 살해되던 날, 우형철 알리바이 수수께끼!

S#27   우형철의 집 앞/ 아침

대문 열리고 나오는 형철. 배 살짝 나온 아내 배 만지며 뽀뽀하고 아내 들어가면 인근 자신의 차 쪽으로 향하는데, 차에서 내리는 무치와 바름.

무치	아버님 장례는 잘 치르셨죠? (악수 청하는)
형철	(놀라보다, 무치 내민 손잡고 악수) 덕분에… 근데 여긴 어떻게
무치	(씩 웃으며) 손이 참 부드러우시네요. (보면 결혼반지 낀)
형철	네? (손 빼려 하면)
무치	(더 꽉 힘 줘 잡으며) 니 아부지가 다 뒤집어쓰고 죽어 참 다행이다 싶지?
형철	(손 확 뿌리치며) 무슨 소리 하시는 겁니까?
무치	니 아부지도 참 순진하다… 자기가 죄 뒤집어쓰고 죽어주면, 니가 그 죄책감으로 다신 사람 안 죽이고 정신 차리고 살 거라고 생각 했겠지?
형철	(불쾌한) 이보세요!!!
무치	근데 어떡흐냐. 니 아부지가 뭘 몰라도 한참을 모르셨다. 내가 너 같은 놈 전문인데… 니네 부류의 인간은 사람 죽이는 거, 절대 못 멈춰. 니 의지로 멈출 수 있는 게 아냐. 마약 같거든… 중독이야. 중독! 이 싸이코패스야!
형철	(불쾌한. 무치 똑바로 보며) 그럼 그 홍나리란 여자, 사망시간 제 알리바이

무치	며칠 전에 말야.
형철	(돌아보면)
무치	내가 피똥을 쌌어. 상한 우유를 먹고··
형철	?
무치	분명히 그 우유, 냉장고에 있었거든. 유통기한도 남았는데, 우째 상했을까?
형철	(황당하게 보는)
무치	그 상한 우유를 먹은 집이 (정색하며) 홍나리 집이었어.
형철	(순간 흠칫!)
무치	어젯밤에 슈퍼 냉장고에서 맥주를 꺼냈는데 아, 맥주가 미적지근한 거야. 주인 말이 사골 통을 넣어두느라 맥주를 잠깐 빼놨었대.
형철	?
무치	그 큰 사골 통을 보다, (바름 어깨에 손 척 올리며) 우리 똑똑한 정순경이 생각해냈지 뭐야.
바름	냉장고 안에 들어가 있음 안 되는 거요!
형철	(순간 표정 굳는)
바름	당신이 홍나리씨를 살해한 날은 그 날이 아니었어요!

첫줄: 부터 해결하세요. 형사님 말대로 더 죽어나가기 전에··· (밀치고, 가는데)

바름의 상상 - 홍나리의 집 거실
홍나리 시체 보는 바름. 소리에 돌아보면 냉장고 안 식품들과 선반들 다급히 빼는 우형철 보이고 내놓은 식품들 중 (무치가 마셨던) 우유도 있다.

〈점핑〉 홍나리 시체 냉장실에 세워 넣는 형철. 문 닫기 전, 냉장고 온도 영상 1도로 조절한다. 바름 그 모습 보다 고개 돌리면 꽉 닫혀있는 창문, 그 옆 보일러 난방표시 등에 27 숫자 있다.

| 바름 | (E) 홍나리가 발견되던 시각, 냉장고 온도는 영상1도. 그날 창은 굳게 닫혀있었고 보일러 난방은 27도. 꽤 높은 온도로 설정이 돼있었어요·· |

냉장고 안 홍나리 시신

바름   (E) 그 정도 온도면 하루만 지나도 시체가 부패가 시작됐을 텐데 시신을 냉장고 안에 넣어뒀으니 이틀이 지나도록 부패가 안 된 거죠.

인서트/ 봉사팀 사무소/ 낮/ 과거
형철, 서류 넘기다, 주민동 주소 보고 세입자 선택하는. 보면 방범창 신청란에 강아지랑 찍은 사진들 첨부되어있다.

무치   (E) 넌 알리바이를 만들기 위해 일부러 홍나리 집에서 가까운 신청자 집을 선택해 방범창을 단 거고. 그 집이 강아지를 키운다는 걸 서류를 통해 이미 알고 있어서, 강아지에게 먹일 독성 있는 음식을 준비해간 거지.

인서트/ 발작하는 강아지 안고 뛰어나가면, 곧바로 차로 가서 급히 출발하는 형철.

바름   (E) 계획대로 세입자가 강아질 데리고 나가자 곧장 홍나리씨 집으로 갔고.

인서트/ 홍나리 집/ 낮/ 과거
들어와 냉장고 문 여는 형철. 홍나리 시체 꺼내 홍나리 핸드폰으로 별거 중인 남편에게 문자 보낸다. 〈이혼문제로 할 말이 있어. 집으로 바로 와 줄래?〉

바름   (E) 홍나리 시체를 꺼낸 후 별거 중인 남편에게 와달라고 문자를 했죠. 알리바이를 위해, 시체가 부패되기 전, 누군가 시신을 발견해야 하니까요.

인서트/ 주민동 다세대 주택 앞 앞/ 낮
세입자 들어가는 모습 보고, 차에서 완제품인 기성 방범창 꺼내 뒤쪽으로 가서 부착하는 형철. 세입자 형철 앞으로 오자 하나 남은 나사 고정하며, 강아지 걱정하는 척. '강아진 좀 어때요?' 하는.

바름   (E) 재빠르게 돌아와 준비해온 기성 방범창을 달기만 하면 됐죠.

바름   오는 길에 그 집 방범창이 완조립된 기성 제품인 걸 확인했구요.
무치   (형철 보며) 알리바이가 성립된 그 날은 홍나리 시신을 꺼내놓고만 갔으니까‥ 5분이면 충분한 시간이고? 홍나리 시체 발견 사흘 전인 15일 4시부터 6시까지 당신 스케줄이 비더라고. 4시에 몸이 안 좋아 집에서 쉬겠다고 일찍 퇴근했는데 회사에서 당신 집까진 차로 30분. 그 중간에 홍나리 집이 있지. 그리고 그날 당신 집 앞 CCTV엔 1시간 후에 당신 차가 도착하는 게 찍혔어. 30분이 비어. 홍나리 죽이고 처리하기에 소요되는 딱 30분 말야!!!

형철	(무치와 바름 번갈아 보며) 그럼 형제라도 되시나? 두 분 소설가로 전업하는 건 어떠세요? 그쪽이 훨씬 적성에 잘 맞는 것 같은데.
무치	그럴까? 정순경?
바름	군이 따지자면 전 소설보단 다큐 쪽이 적성입니다만! (검사서 꺼내 보이며) 냉장고 안에서 나온 DNA 검사결과 홍나리와 99%일치!
형철	(애써 침착한 얼굴로) 체포영장 가져오셨나요?
바름	그게 아직…
형철	그럼 가져오시죠. 저는 두 분 덕분에 출근 시간이 늦어져서 이만. (가는)
무치	왜 이렇게 늦어? 정순경, 영장 어디까지 왔나 확인 좀 해 봐.
바름	아. 네. (후다닥 뛰어가는)
무치	(가는 바름 보고, 형철 돌아보면. 차 쪽으로 가 차문 여는 형철 뒤통수에 대고 중얼) 필요 없어. 영장 따위! (총 꺼내 쏘는데 찰칵!) 어?
(E)	(속삭이듯) 이거 찾으세요?
무치	(음마야! 놀라 돌아보면 어느새 바름 옆에 서 있다.)
바름	빼 놨어요. 아까 차에서 주무실 때. (주머니에서 총알 꺼내 보이며 으쓱)
무치	(황당) 야 이 새끼야!!! 이리 내놔! 안 내놔!
형철	(차안에 앉아 무슨 일인가 보다, 운전해가는)
무치	야! 너 거기 서!!! (아가는)

골목 밖/ 형철 운전해서 나오는데. 끼익 막아서는 경찰차. 내리는 강형사 신형사.

강형사	(차 안의 형철 향해 체포영장 보이며) 당신을 김영희, 강민주 홍나리 살해용의자로 체포하겠습니다.
신형사	(문 열고 형철 끌어내 수갑 채우며) 당신은 묵비권을 행사할 권리가 있고, 지금부터 하는 말은 당신에게 불리한 증거가 될 수 있으며, 변호사를 선임/

무치	(쫓아 나오다 두 사람 보고 놀라) 뭐야? 어떻게 알고 왔어?
바름	(신형사랑 눈 찡긋하는) 어떻게 오다뇨? 체포영장 신청하셨다더니‥ 깜빡하고 얘기 안 하신 거 같아서 제가 신형사님한테 말씀 드렸습니다.
무치	아씨 근데 이 자식이!!! 정순경 너!!!
바름	(미소 지으며) 이번에도 지켜주신 겁니다. 신부님이요‥

S#28   북부서 앞/ 낮

나와 있는 강형사, 바름 어깨 툭툭 두드리는.

강형사	고마워. 무치 고 녀석 브레이크 걸어줘서. 자네가 무치 옆에 있어서 든든해.
바름	제가 뭘요. 그만 가보겠습니다. 수고하세요. (밝게 미소 지으며 돌아서는데)

돌아서자마자 심난한 얼굴 되는 바름. 후‥ 한숨 내쉬는.

S#29   평안 파출소/ 낮

어깨 축 늘어진 채, 들어오는 바름. 순경복으로 갈아입는데‥

플래시 컷/ 홍나리의 집, 무치의 목 죽일 듯 누르는 바름 (10부 #25)

바름 안 되겠는지 뛰어나가면 남순경 고개 절레절레 "후리랜서" "후리랜서"~

S#30   무진병원 병원장실/ 낮

병원장	재수술?
바름	(불안 가득한) 네. 재수술 받고 싶어요. 그 약도 효과 없는 것 같고
병원장	(곤란한. 이마 긁는) 그건 불가능해. 그땐 마침 성요한이 심정지로 사망한 상

태라 뇌신경이 죽기 직전 뇌를 적출했던 거고. 지금은 이식할 뇌도 없어.

바름   (미칠 것 같은) 그래도 무슨 방법이 있을 거예요. 찾아봐 주세요·· 네? 이
          제 환청까지 들린다니까요? 이러다 정말 뭔 일 날까 무서워 죽겠다구요.

병원장   공여 뇌를 구한다 치더라도 더 이상 수술은 안돼. 만에 하나 이 사실이 세
          상에 알려지는 날엔 모두가 많은 걸 잃게 될 거야. 더 이상은 위험해.

바름   (확 멱살 잡는) 모두? 당신들과 내가 잃는 게 같다고 생각해! 난 나 자체를
          잃어버릴 수 있어!! 내가 그 살인마 같은 놈한테 잠식될 수 있다고!

병원장   (놀라 보고 있는)

바름   만약 나한테 무슨 일이 생기면 그건 다 당신들 탓이야. 그땐 책임질 각오
          가 돼 있어야 할 거야. (문 쾅 닫고 나가면)

병원장   (흠···. 핸드폰 들어 전화하는)

S#31   무진병원 로비 앞/ 낮

씩씩거리며 나오는 바름. 미치겠는데 로비 모니터에서 체포된 형철 모자이크 모습.

기자   (E) 매듭 연쇄살인 사건의 새로운 용의자가 현재 경찰 조사 중인 것으로 밝
          혀졌습니다. 새로운 용의자는 사망한 피의자 A씨 아들로 밝혀진 가운데···

S#32   청와대 비서실장실/ 낮

#31 뉴스 보며 통화 중인 최영신.

최영신   정바름군이 찾아와요? 무슨 일로··? (잠시 듣다) 알겠습니다. 원장님.
          (전화 끊고 #31의 뉴스 계속해서 보는 위로)

기자   (E) 경찰은 용의자 A씨에게 구속영장을 신청하는 한편, 매듭 연쇄살인사
          건의 재수사를 진행하기로···

최영신   (전화하는) 최영신입니다. 긴히 부탁드릴 일이 있어서 전화드렸습니다.

S#33   봉이네 동네- 점방 앞/ 밤

걸어오는 봉이. 평상에 앉아 있던 동네 사람들 수군거리다 봉이 보고 입 딱 다문다
왜 저러지? 이상하다 싶어 들어가는

S#34   봉이네 동네- 점방 안 (봉이 동네 슈퍼 안)/ 밤

봉이 진열대 돌아, 우유 집어 들고 코너 도는데, 막 진열대 안쪽에서 나오는 아이(유
나)와 부딪힌다. 낡은 후드 속, 배 불룩 나와 있는, 땟국물 흐르는 모양새의 아이. 봉
이와 눈 마주치자 도망가는데, 아이 후드 확 잡아채는 봉이.

봉이   쬐그만 게 벌써 똥배가 나왔다? (하며 배 속 물건 확 빼면 빵 두 봉지다)
유나   (겁먹은 얼굴로 울먹) 한 번만 봐주세요.
봉이   (그런 유나 짠하다)

⟨점핑⟩ 봉이 계산하고 유나에게 빵 주면 유나 꾸벅 인사하고 후다닥 뛰어나가는

주인   (그런 유나 보며) 엄마가 알콜 중독자래. 이혼하고 칠일 술만 마시나봐.
봉이   아… (심난한) 이 동네 사는 애예요? 첨 보는데.
주인   응. 학교도 안 보내나봐. 지 엄마 옆에 딱 붙어 있드라고. (눈치 보며) 그
          짐승 출소 소식 듣고, 애 키우는 집은 진즉 다 이사 갔는데… 얘 엄만 아
          직 그 놈 여기 온 거 모르나봐.
봉이   네? 누가 와요?
주인   몰랐어? 어머 몰랐구나‥ 다들 말을 못하고 있었나 보네‥ 강덕수 왔
          어‥
봉이   (순간 바들바들 떨리는)
주인   아니, 왜 경찰은‥ 자기한테 제일 먼저 말해줘야 되는 거 아냐‥?
봉이   (애써 표정 관리하고) 저‥ 가볼게요. (후다닥 나가는)

S#35   봉이네 동네 일각/ 밤

유나, 빵 봉지 두 개 소중하게 들고 신나서 달려가는데‥

봉이   (E) 어이! 꼬맹이
유나   (돌아보고 얼른 뒤춤에 빵 봉지 숨기며 다시 긴장하는)
봉이   안 뺏어가. (유나 걱정스레 보며) 빵만 먹음 체해 이거랑 같이 먹어. (우유주
        다 안 되겠는지) 집이 어디야? 언니가 데려다 줄게.

S#36   유나네 집 안/ 밤

봉이, 유나 따라 들어오면 마루에 앉아 소주 마시고 있는 유나母 보인다.
유나母 반쯤 풀린 눈으로 봉이 보면, 봉이 키 낮춰 유나 앞에 앉는다.

봉이   방에 들어가서 먹어 알았지?
유나   (고개 끄덕하고 방으로 뛰어 들어가고)
봉이   (유나母 앞에 서서) 이사 가세요‥ 얼른요.
유나母   이사? (혀 꾸부러진) 허. 니가 뭔데 남에 집에 와서 지랄을 떨어!
봉이   강덕수가 왔대요. 이 동네로 돌아왔대요.
유나母   (어이없는) 그래서 뭐 어쩌라고? 내 딸은 내가 알아서 해‥ 너나 가세요.
        이사! (하며 술잔 비운다)
봉이   아씨! 엄마라며!! 유나 걱정 안 돼요?
유나母   (소주병 탁 놓고) 내 새끼. 내가 알아서 한다고. 어린년이 어디 와서!! 니가
        뭔 권리로 이사를 가라마라. 오지랖을 떨어. (병째 들고 마시는데)
봉이   (마른 침 삼키고는) 제가 그 강덕수 피해자라면, 오지랖 부릴 권리 있어요?
유나母   (마시다 말고 놀라 보는)
봉이   (슬픈 눈빛으로) 유나 보호자시잖아요… 지켜줘요‥ 술만 마시지 말고‥

S#37   봉이네 집 앞/ 밤

터벅터벅 걸어오는 봉이, 저만치 문 앞에 누군가 웅크린 채 앉아있다

봉이   (순간 긴장한. 공격 태세로 조심스럽게 다가가다 어?) 오빠?
바름   (힘없이 고개 들다 봉이 보고 그대로 봉이 품에 안기듯 머리 기대는)
봉이   (놀라) 오빠…? 왜 그래? 어? (걱정스런) 왜 그래? 무슨 일인데…
바름   봉이야… 나… 별일 없겠지…? 나… 괜찮겠지?
봉이   (걱정스레 보다) 그럼 괜찮아·· 아무 일 없을 거야·· (머리 가만히 쓰다듬는)

그런 봉이에게 안기듯 기대있는 바름 두 사람의 풍경. 한참을… 페이드아웃··

S#38   북부서 외경 + 북부서 사무실/ 낮

무치   기각이라뇨? 왜요 왜!!!!
호남   증거불충분이라잖아.
무치   냉장고 안에서 홍나리 DNA가 덕지덕지 나왔는데·· 뭔 증거가 더 필요해!
호남   어쩌겠냐. 까라면 까는 거지. 잡아넣으려면 더 확실한 증거를 찾아와.
무치   으아악~!!!! (문 쾅 차고 나가는)

뉴스 화면/ 무진청에서 나오는 우형철. 기자들 플래시 팍팍 터지는 위로

기자   (E) 새로운 용의자로 지목된 A씨의 구속영장 신청이 기각되었습니다. 이
         를 두고 경찰의 섣부른 강제수사가 아니냐는 비판이 이어지고 있습니다.

S#39   OBN 임시 사무실/ 낮

뉴스 보던 무치. 확 꺼버리고 씩씩거리는.

홍주   콧바람만 불어대지 말고 어떻게든 옴싹 못할 증걸 찾자구. (자료 살피는데)
무치   (홍주 옆에 놓여있는 수첩 보고) 그건 뭐야?

홍주	아. 김영희 씨 어머니가 보라고 가져다준 수첩인데 별 내용은 없어.
무치	(수첩 집어 넘기다, 맨 뒷장에 껴있는 사진 꺼내 보는데 친구와 찍은 사진이다. 무심히 보고 다시 넣으려다 문득 사진 속 친구 자세히 보며) 어디서 봤더라? (갸웃) 가져가서 봐도 되지? (일어나 가려다, 홍주 눈치 살피는)
홍주	(자료 보며) 왜 할 말 있어?
무치	어? 아니··
홍주	(계속 자료 보며) 할 말 있잖아. 내가 고형사를 몰라?
무치	그게·· 누구 좀 데리고 있어주면 안 될까? 당분간만·· 한 달?
홍주	(보는) 누군데?
무치	아니… 뭐·· 그냥 아는 동생… 아, 더 묻지는 말고.
홍주	(이상한 듯 보다) 안 돼.
무치	그러지 말고. 한 달이 부담스러우면 일주일만이라도··
홍주	(계속 자료 보며) 싫다구.
무치	(섭섭한. 수첩 들고 휙 나가는)
홍주	누군데 그러지··? 그런 거 부탁할 사람이 아닌데…

S#40 무치의 집/ 밤

들어오는 무치. 서랍 열면, 통장 있다. 열어보고 잠시 고민하는.

S#41 호프집 (봉이 알바장소) 안 + 앞/ 밤

테이블 치우던 봉이. 핸드폰 꺼내, 바름에게 전화해 보는데 받지 않는다. 후·· 걱정스런 얼굴 시계 보면 벌써 12시가 다 되어간다. 후다닥 앞치마 벗는.
/다급히 뛰어가는 봉이를 지켜보는 누군가의 시선.

S#42 버스 안/ 밤

띡! 카드 대고 타는 봉이. 빈자리 향해 가다 흔들리자 카드 지갑 떨어트린다. 앉아있

던 여학생(김진아) 주위주자 까딱, 인사하고 그 뒷좌석에 앉는 봉이. 피곤한지 꾸벅
꾸벅 졸기 시작하는데 뒤에서 지켜보는 시선.

S#43   봉이 동네 다리 위 + 봉이 동네 골목길 1/ 밤

서두르는 봉이. 누군가 뒤따르는 것 같고 찜찜한. 발걸음 빨라지는…
/발걸음 서두르는 봉이. 뒤따르는 사내의 발.

S#44   다른 골목/ 봉이가 있는 골목/ 다른 골목/ 밤

사내의 발 점점 속도 빨라지더니 뒤에서 확 목을 끌어안는 순간!
/봉이, 발로 돌려차기 하는. 빡!!! 으윽 얼굴 움켜쥐는 무치다.
/팔에 목 감긴 채, 입 틀어 막히고 버둥거리는 여학생! (김진아)
/무치 얼굴 살피며 괜찮냐고 미안해하는 봉이 지켜보는 시선… 바름이다!

바름   (슬픈) 봉이야‥ 나‥ 어떡해… 어떡하지‥ 성요한처럼 변하게 되면….

S#45   봉이네 집/ 밤

봉이   (무치 입술 터진 부분 발라주며) 에휴‥ 대한민국 형사 꼬라지하곤‥
무치   아아‥ 살살 좀 해. 얌마 우형철이 풀려났다고. 밤길 조심하라고.
봉이   뭐 붙어보니까 힘 안 세던데 뭐. (터진 입술 보며) 내 실력 봤죠?
무치   이게 아주 하라는 공부는 안 하고, 쌈질만 배웠드만?
봉이   (순간 쓸쓸해지는)
무치   (주머니에서 꺼내주는) 이거‥ (통장과 카드다.)
봉이   뭐예요? (보면 성지은으로 매달 쌓인. 꽤 큰 금액) 성지은이 누구길래 매달
          돈을 보내요? 아저씨 제비예요? 하아‥ 제비할 얼굴은 아닌데?
무치   얌마! 내 외모가 어때서? 암튼 그 정도면 원룸 정도 얻을 수 있을 거야. 기
          왕이면 우리 동네로 얻으면 좋고. 내가 같이 알아봐도 되고.

봉이	싫어요. (다시 통장 돌려주는) 내가 왜 아저씨한테 도움을 받아요
무치	갚아 빌려주는 거야! 빌려주는 거! 그거 내 돈 아냐.
봉이	아뇨. 도망치고 피한다고 해결될 문제가 아니에요. 여기서‥ 이겨 낼 거예요. 설사 우연히 마주치더라도 내가 아니라, 그 놈이 날 피하게 할 거예요.
무치	(단호한 봉이 보며) 그래. 알았다 알았어. 징허니 말도 안 듣는다. 대신! 무슨 일 있음 제일 먼저 나한테 연락해야 한다. 알았지?
봉이	(끄덕이면)
무치	(그런 봉이 안쓰럽고도 대견한) 꼬맹이가 이제 진짜 다 컸네.
봉이	근데요‥ 바름 오빠 무슨 일 있어요?
무치	왜?
봉이	아니‥ 좀 고민이 있어 보여서…
무치	그러게. 컨디션이 좀 안 좋긴 하더라. 예민해져 있는 거 같고‥ (걱정스러운)

S#46 성당 (예배당) 내부/ 밤

문 열고 들어오는 바름. 터벅터벅 걸어가 십자가에 매달린 예수상 앞에 선다.
이윽고 무릎 꿇는 바름. 기도하듯 손 모으고

바름	제발 저에게 아무 일도 일어나지 않게 도와주세요… 성요한처럼 변하지 않게 해주세요… 저를… 지켜주세요‥ 하느님.

S#47 외진 창고 앞/ 밤->낮

차에서 내리는 실루엣. 뒷문 열어 기절한 여학생(김진아) 목덜미 질질 끌고 창고 안으로 들어간다. 이윽고 창고 문 쾅 닫히고 페이드아웃. 사이렌 소리와 함께 화면 밝아지면 폴리스라인 쳐져 있고 경찰들 서 있다.

S#48 평안 파출소 앞/ 낮

파리한 얼굴로 힘없이 출근하는 바름 어깨 툭 치는 신형사.

바름   어? 웬일이세요.

신형사   좋은 소식 알려주려고 출근하다 들렀어. 증거보관팀으로 발령 날 거 같아.

바름   그래요? 고형사님한테 감사 전화 드려야겠네요‥

신형사   아냐. 감사인사는 강선배한테 드려.

바름   네? 강형사님이요?

신형사   정순경이 고선배 딱 지키고 있으라고. 사실 고선배 젤 많이 생각하는 게
            강선배거든, 암튼 축하해. (하는데 핸드폰 울리고) 호랑이도 지 말하면 온
            다더니. (받는) 네 강선배. 살인사건이요? 네. 바로 갈게요. (끊고) 별일이
            네. 지가 신이라고 헛소리 하더니 진짜 부활이라도 한 거야 뭐야.

바름   누가요?

신형사   성요한 말이야. 살인사건이 발생했는데 현장에 성요한 시그니쳐가 있대.

바름   시그니쳐요?

신형사   (손가락 세우며) 손가락, 십자가, 간다. (차에 타면)

바름   (뭔가 이상한 후다닥) 저, 저도 같이 가요 (신형사 옆에 타는)

S#49   외진 창고 안/ 낮

바름의 시선 따라가면 김진아(여학생)의 시체, 소사체로 앉아있다. (송수호 사건과 동
일) 손 뒤로 묶인 채 꺾여 있고, 손가락이 가리킨 벽에 빨간 락카로 그린 십자가.

강형사   어떤 미친놈의 새끼가‥ 따라 할 게 따로 있지.

신형사   성요한 죽고 팬클럽까지 생기고 그러기에 불안 불안했는데…

강형사   그 팬클럽 애들부터 신원 확인해. 피해자 신원 파악하고. (소사체 보고 있
            는 바름 보며) 저 친군 왜 달고 왔어?

바름   (소사체와 주변 보며/E) 현장이 안정되어있어. 전문가의 솜씨야‥ (순간 흠
            칫! 코 킁킁대다) 민트 향…?!

플래시 컷/ 살인범과 나뒹구는 바름 (4부 #20)/ "민트 향이 났어요." (4부 #26)

바름   (확신하는) 그 놈 향이야… 왜 그 놈 향이 여기서… 혹시··?!

S#50   북부서 강력팀 사무실/ 낮

바름   (신형사 졸졸 따라다니며) 피해자 신원 나왔어요?

신형사   응. 나이 17세. 여고 1학년. 할아버지랑 둘이 살았대. (하는데)

호남   모두 주목. 윗선의 지시사항이다. 오늘 사건은 단순 살인사건으로 브리핑
한다. 성요한 모방사건이니 뭐니 해서 언론에 새나가지 않게 주의해라.

신형사   왜요?

호남   알다시피 1년 전 전 국민이 생방으로 살인현장을 목격해서 집단 트라우
마에 시달렸잖아. 이제 겨우 그 트라우마에서 벗어나려고 하는데 모방사
건으로 섣부른 공포감을 조성해선 안 된다는 거지. 당분간 비공개 수사
로 돌리도록 지시 내려왔으니까 다들 기자들한테 입단속 잘하고 조심들
하자구!

일동   네. (흩어지는데)

바름   (곰곰 생각하다) 맞다. 브로치!

S#51   무진청 증거보관팀/ 낮

바름, 후다닥 뛰어 들어와, 자리에 앉아 김영희 수첩 보고 있는 무치에게.

바름   할머니 브로치, 찾아보셨어요?

무치   (건성으로 답하는) 어. 없던데? 딴 데 흘리신 거 같아. 봉이한텐 얘기했어.

바름   (역시!) 성요한 집 지하실 사진들 좀 보여주세요.

무치   그건 왜?

바름   (버럭) 아, 빨리요!!!

무치, 사진 찾아주면. 바름, 무치 밀치고 성요한 집 지하실 자세히 보는.

바름	범인이 방송 중 보낸 동영상은요?

무치, 그런 바름 이상하게 보다 '14번 보관함 영상(5부 #63)' 재생한다. 그때, 증거보관팀에 들어오는 신형사.

신형사	(들어오며) 선배! 어? 정순경 와 있었네? 그럼 얘기 다 했겠네?
무치	뭘? 뭔데 저래? 쟤?
신형사	살인사건 현장에서 시그니쳐가 나왔어요.
무치	뭐? 시그니쳐?

바름 보다 스톱하면, 고트맨 가면 쓴 한국 모습 보이고, 확대하면 고트맨 눈에 반사된 지하실 희미하게 보인다. 성요한 지하실과 동영상 속 지하실 비교해보며.

바름	(E) 달라·· 그럼 이걸 보낸 사람이 성요한이 아닐 수도 있어·· 그럼·· 성요한이 범인이 아닐 가능성도··!!! (하다)

플래시 컷/ 피범벅으로 휘청이는 송수호를 때리는 주먹!!! (8부 #73)

바름	(E) 맞아! 때린 기억만 있잖아. 죽인 기억은 없어. 때린 사람이 죽였으리란 법은 없잖아. 성요한 사건 진범이 따로 있다면·· 내 머리에 이식된 뇌는 살인마의 뇌가 아닌 거잖아!! (순간 희망이 가득 차는 눈빛!!!)
무치	시그니쳐라니? 자세히 얘기해보라고!
신형사	어떤 미친놈이 성요한 사건을 고대로 모방했드라구요. 철딱서니 없는 놈.
바름	모방범죄가 아닌 거 같아요. 진범이 따로 있는 거 같아요·· 이거 봐요. (영상 속 지하실 사진과 요한 지하실 사진 보여주며) 두 지하실이 다르죠? (영상 속 지하실 속 가리키며) 여긴 성요한네 집 지하실이 아니에요.
신형사	(설득력 있다) 어? 그런 것 같기도 하고…
무치	(보는) 글쎄 잘 모르겠는데? 이런 덴 가구배치만 바꿔도 달라 보이는 거야··
신형사	(무치 말도 설득력 있다) 아닌 것 같기도 하고··
바름	(사진 비교해주며) 자세히 보세요. 가구배치랑 상관없이 다르다구요. 게다가 증거품에 봉이 할머니 브로치도 발견 안 됐잖아요. 신부님 목걸이도

발견 안됐구요. 성요한은 그동안 사람을 죽이고 피해자 물건을 챙겼잖아
요. 근데 왜 할머니 브로치랑 신부님 목걸이가 안 나와요?

신형사   그러네 맞네!!! 선배, 일리 있는데요?!!

무치   (불편) 그렇게 따지면 대니얼 박사나 한국이는? 두 사람도 발견 안 됐잖
아. 거기 같이 됐으면 발견 못 할 수도 있지.

바름   그렇긴 하지만/

무치   아니, 성요한이 범인이 아니면 변순영 시체 사진이 성요한 집 지하실에서
어떻게 나와. 그리고! 성요한! 정순경 니 머릴 박살냈어. 그 놈이 범인이
아니면 왜 정순경을 죽이려고 망치를 휘둘러. 설명해봐.

신형사   그러네. 고선배 말이 일리 있네. 에이 정순경!!! 상상력이 과했어.

바름   그렇긴 하지만·· 참 민트 향이요! 할머니 죽인 놈이랑 몸싸움 했을 때 그
민트향이 아까 그 창고에서도 났다구요.

무치   (어이없는) 대한민국에 민트향 샴푸, 바디제품, 향수, 널리고 널렸어.

바름   하지만…

무치   /(버럭!) 왜 그렇게 성요한이 범인이 아니길 바라는데? 그럼 내가 범인도
아닌 무고한 사람을 쏴서 죽인 거야? 어? 그런 결말을 원해? 아흐씨!!! (정
순경 일으켜 엉덩이 차며) 가! 니네 파출소로 가라고!

신형사   아니, 정순경 말도 일리가··

무치   이 팔랑귀 새끼 (엉덩이 발로 차며) 너도 꺼져!! 안가!!!

자리에 앉는 무치. 지하실 사진 보며 괜히 불안, 안 되겠는지 벌떡 일어나 나가는.

S#52   북부서 강력팀 사무실/ 낮

무치 들어오면 이형사 등 비롯한 형사들 반갑지 않은. 인상부터 쓴다. 왔네. 왔어…

무치   (미간에 주름 빡!) 아니 사건이 발생했음 당장 증거품을 가져와야지. 내가
여기로 출장서비스까지 와야 돼? 내놔 당장! (빈 박스에 김진아 관련 증거품
들 신경질적으로 집어넣다 문득 현장사진 보는, 꺾인 손가락. 십자가 등. 계속 넘
기다. 김진아 소사체 보는)

호남	(들어오다 보며) 저 새끼 또 지랄이냐? 아주 증거보관팀 위세 났다 났어.
무치	(사진 자세히 보며) 살아있을 때 불 지른 거예요?
호남	아니. 살해 후, 태운 거래.
무치	그래요? (찬찬히 사진 들여다보는)

S#53   평안 파출소/ 아침

심각한 얼굴로 들어오는 바름. 자리에 앉는데 바름 책상 위 전화벨 울린다.

바름	평안파출소 정바름 순경입니다. 에? 자살사건이요?

S#54   안마사 미미네 오피스텔 (복층구조)/ 낮

2층 난간에 줄 맨 채, 축 늘어진 샤워가운 차림의 여자(미미) 시신 있다.
그 모습 올려다보고 있는 바름과 남순경.

남순경	(핸드폰 시계 보며) 왜 안와? 119 도착하는지 보고 올 테니 지키고 있어.

남순경 나가면, 바름 다가가 미미 시체 올려다보는데 흠! 민트 향 난다.

| 바름 | 어? 민트향‥? (후다닥 옆에 있는 사다리 끌고 와 올라가 눈높이 미미 시체 자세히 살피는데 손이 목과 줄 사이에 끼어있다. 갸웃) 자살이라면 줄이 당겨지기 전에 줄에 손을 넣어야지. 죽으려고 직접 목매단 사람이 첨부터 목이 안 졸리려고 손을 넣어서 목을 빼려고 발버둥 쳤다는 게 이해가 안 돼. 그렇다면‥ 누군가 목에 줄을 매고, 당기기 전에 벗어나려고 손을 넣었다가 끼인 거야. 이건 타살이야!!! (다른 손가락은 다 빠져있는데 중지만 제대로 껴 있다) 다른 손가락은 다 빠져 있는데 중지만 제대로 끼워져 있어. 게다가 줄에 껴있지 않고 빠져있는 손가락들은 부어있거나 줄에 긁힌 자국이 있는 걸 보면 먼저 끼워져 있다 죽은 상태에서 누가 일부러 중지를 빼고 손 |

가락을 뺐다는 뜻·· 왜? 설마·· (손가락 가리키는 방향 샤워 가운 살짝 젖히
는데 손가락 방향에 십자가 목걸이 있다) 역시!!! (하다가 십자가 보며) 이거··?

플래시 컷/ 바름과 대화하던 신부 목에 걸려 있던 십자가!!!

혹시··? 조심스레 목걸이 빼서 펜던트 만지면 탁 열리는 안에 든 무치가족사진 허
억!! 놀라며 사다리 흔들리며 휘청 어어어!! 중심 잃으며 뒤로 떨어지면서 쿵!!! 바
닥에 떨어지는 데. 바닥에 누운 상태로 바름 눈에 축 처진 샤워가운에 딜렁딜렁 채
워져 있는 봉이할머니 브로치 보인다. 헉!!!

S#55   무진청 증거보관팀/ 낮

신형사, 김진아 사건 증거품 정리 중인 무치 옆에 앉아 계속 쫑알거리는.

신형사   생각해봤는데 정순경 말도 일리 있긴 하다니까요?!!
무치   니가 언제부터 걔 편을 들었다고 그래? 이 팔랑귀 낙하산아!
신형사   아니 누구 편이 어딨어요. 유치하긴 (하다) 걍 정순경 말도 들어볼 법하다
          는 거죠. (하는데 전화 오고) 어 정순경! 뭐? 뭐가 나와? 엥?
무치   뭔데?

S#56   안마사 미미네 오피스텔/ 낮

시신 앞에 서 있는 무치, 신형사, 강력팀 형사들 황당한 표정으로 서 있다.

바름   (미치겠는) 진짜라니까요. 분명히 신부님 십자가 목걸이랑 할머니 브로치
          가 있었다구요. 남순경님 데리고 돌아오니까·· 없어졌어요··
남순경   네. 정순경 얘기 듣고 놀라서 뛰어 들어왔는데·· 없었어요··
신형사   그러니까 신부님 목걸이랑 할머니 브로치 본 사람은 정순경 밖에 없다?
이형사   것도 사다리에서 넘어지면서 머리 부딪혔고?

바름	머리 부딪히기 전에 봤다구요!!! 분명 범인이 훔쳐간 거라구요.
강형사	그러니까 정순경 말은 범인이 세팅해놨다가, 다시 가져갔다고? 왜?
바름	(고개 저으며) … 모르죠.
무치	(조용히 뒤로 빠져 미미의 방 안 둘러보는)
신형사	뭐야… 정순경 너무 성요한 사건 진범 따로 있다 설에 집착한 거 아냐··
바름	분명 있었다니까요!! CCTV부터 확인해보세요!
무치	(둘러보다 화장대 위 가방 속, 명함으로 보이는 무언가 발견하는, 꺼내 들어 보더니 순간 뭔가 퍼뜩!)
강형사	입구 CCTV 확인해봐.
이형사	안 그래도 알아봤는데 뻥카드라구요··

무치, 미미 시체로 가서 자세히 살펴보는데 다른 사람들 계속 바름 얘기 듣고 있는.
문득 뛰어나가는 무치 뒤로 "그 놈이 가져간 거라니까요" 답답해하는 바름 목소리

S#57   북부서 강력팀 사무실/ 낮

호남	(통화중인) 타살은 확실해? 그래? 신원은? 불법퇴폐업소안마사?
무치	(들어오며) 우형철 감시 좀 붙여주세요··
호남	(통화하다 말고) 뭐? 임마. 넌 대체 합법적으로 하는 게 없냐? 안 돼!!!
무치	그게… 실은요··

S#58   미미네 집 오피스텔 앞/ 낮

구급차에 미미 시신 들리고, 떠나는 구급차 보고 있는 바름.

플래시 컷/ 미미 목에 걸린 십자가 목걸이, 가운에 있던 할머니 브로치 (#54)

바름	(결연한/E) 진범이 따로 있었어. 좋아 내 손으로 그 놈 잡아서 내 뇌에 들어온 성요한 뇌가 살인마 뇌가 아니라 정상인의 뇌란 걸 증명할 거야!!!

S#59   월동골목 입구/ 낮

핸드폰 내비게이션 보며 골목길 들어오는 바름 골목 맨 안쪽에 서서 시계 본다.

바름   (시간 확인하며) 골목 어귀부터 여기까지 성인남자 걸음으로 3분! 여기서
        기다렸다 끌고 갔다는 건, 김진아가 이 곳으로 올 걸 알고 있었단 거야.
        그렇다면 김진아 집을 잘 아는 사람·· 김진아를 오랫동안 스토킹을 했거
        나·· 최소한 한 번은 방문했던 사람? (하는데 핸드폰 울리는, 보면 무치다)

S#60   평안 파출소/ 낮

무치   (바름 빈자리 보며) 어디야? 자리에 없네··
바름   (F) 뭐 좀 알아볼 게 있어서 잠깐 나왔는데요·· 무슨 일 있어요?
무치   할 얘기가 좀 있어서… 보고 얘기해·· 기다릴게.

〈시간경과〉 하품 늘어지게 하며 바름 자리에 앉아있던 무치. 문득 바름의 책상, 칼
같이 각도 맞춰 반듯이 정리된 걸 본다. 깎인 연필, 노트 놓인 순서, 각도 등 보며

무치   그렇게 안 봤는데 강박증이 있네?

장난스럽게 물건 각도 틀어 놓다 마우스 건들면, 화면에 영상 뜬다. (5부 방송 촬영원본)

무치   뭐야? 왜 이걸… (허··) 성요한 결백 풀겠다고 애 쓴다, 애 써··
        (클릭하면 마담과 인터뷰하는 화면 나오는데·· 문득!!!)

플래시 컷/ 유흥주점 주방/ 밤
마담   쟤가 순영이랑 친했어요. 궁금한 거 있으면 쟤한테 물어봐요.
혜원   (돌아보는)

무치   하! 맞아 그 여자였어. (뛰어나가는)

S#61   평안 파출소 밖/ 낮

바름   (뛰어오는데 무치 차 쌩 지나가 버리는) 어? 뭐야 할 얘기 있다더니?

S#62   유흥주점/ 낮/ 5부 #6 동장소

마담   (혜원 사진 보며) 응, 영희가 일 그만두면서 혜원일 여기 소개시켜줬어요.
무치   지금 어딨어요? 박혜원씨!
마담   그만둔 지 1년 다 돼 가는데? 순영이 그리되고 힘들어하다‥ 결혼한다고.
무치   결혼이요? 누구요?
마담   변호사라고 얼핏 그러던데…
무치   변호사요? 누군지 기억 안 나요?
마담   누군지 나한테 얘기하겠어? 이런 데서 일한 거 숨기고 시집가는 걸 텐데‥

S#63   몽타주 (박혜원 자취방 앞, 카페)/ 낮

박혜원 자취방 앞/ 낮

주인   1년 전쯤에 문자로 급히 방을 뺐어요. 외국 나가 살게 됐다고 짐이랑 싹
        알아서 해달라더니, 잔금 받아 갈 생각을 안 해서 몇 번 연락했는데 전화
        도 안 되고. 관리비 10원까지 따지던 학생인데…

카페/ 낮

혜원친구 혜원이한테 문자가 왔어요. 해외 나가 살게 됐다고. 당분간 연락 못 한다고
무치   문자 받은 게 언젠가요?
혜원친구 한 1년 다 돼갈걸요? 잠시만요 (핸드폰 확인하더니) 맞네요(보여주면)
        신랑 따라 미국 가게 됐어. 급히 가느라, 인사 못 하고 가. 정리되면 연락할게.
무치   (보는데)

혜원친구	근데 좀 이상했어요. 혜원이가 이렇게 띄어쓰기를 또박또박 하는 애가 아닌데… 뭔가 문자가 낯설었어요.
무치	!

S#64   무치 차 안/ 낮

무치	(통화 중인) 출국기록이 없어? 알았어. (끊고 확신하는) 박혜원도 죽인 거야. 근데 우형철은 박혜원이 술집에서 일한 걸 어떻게 알았을까‥(하다)

플래시 백/ 우형철이 출연했던 방송 보는 바름과 무치, 홍주 (8부 #52)

후다닥 차 세우고 폰으로 우형철 출연 방송 찾는! 성요한 사건 유가족들이 방송사 상대로 소송한 사건 담당 출연한 프로그램에서 이야기하는 형철. 무치, 알겠고!

S#65   미미네 집 오피스텔 (복층)/ 낮

뛰어 들어와 사다리 놓고 올라가는 바름. 줄 걸었던 2층 난간 살피는데. 창고처럼 쓰이는 2층 난간 먼지 잔뜩 내려앉은 상태고 줄 묶었던 부분만 먼지 없다.

바름	살아있을 때 줄을 빼려고 발버둥 쳤으면‥ 먼지 쌓인 난간에 줄 자국이 이렇게 한 줄만 선명하게 남아 있지 않을 거야. 이렇게 깨끗하게 한 줄만 남았다는 건 이미 죽인 후 사체에 목을 건 거야. 그리고 이 손가락들은 그 후에 자살로 위장해 세팅한 거고‥ 결국 교살이 사인이었어. (문득 현장사진 살피곤, 하!) 내가 왜 이걸 놓쳤지? (후다닥 신형사에게 전화하는) 김진아 부검 결과는 나왔어요?
신형사	(F) 응. 방금 나왔다고 해서 지금 가는 길이야.

S#66   OBN 임시 사무실/ 낮

홍주	(김영희 수첩 속 박혜원 사진 보며) 이 여자가 우형철 약혼녀였다고?
무치	(끄덕) 천애고아여서 실종된 걸 아무도 몰랐어. 다들 외국에 나가 있는 줄만 알았던 거 같아.
홍주	허… 박혜원은 왜 죽인 거야?
무치	우형철은 언론사를 상대로 한 성요한 사건 유가족 소송 대리인을 맡으면서 사건자료에 변순영 주변 인물로 참고인 진술을 했던 박혜원을 봤고, 박혜원이 변순영이 일하던 업소에 다녔다는 사실을 안 거야…
홍주	그럼 김영희는 박혜원 친구여서 죽인 거야? 왜?
무치	김영희가 먼저 그 업소에서 일하다 그만두면서 친구 박혜원을 소개시켜 줬어. 그래서 죽인 거야.
홍주	대체 왜?
무치	그 놈은 개 같은 지 기준으로 조신하지 않은 여자를 응징하고 있어. 강민주가 남자와 모텔에 들어간 걸 보고 꽃뱀으로 간주했고, 아직 남편과 서류정리가 안 된 홍나리가 다른 남자와 있는 걸 목격했어.
홍주	(갸웃) 그럼 오봉이는? 왜? 죽이려고 한 거야?
무치	그러게. (하다 뭔가 꺼림칙한, 자료 검색해보다) 어? 우형철이 강덕수 변호를 맡은 적이 있어. 그러다 사임하고 다른 변호사가 맡았어··

S#67   강덕수 담당 변호사 사무실/ 낮

변호사	네. 우변이 선임됐다가 스스로 사임했죠. 이미지 관리에 안 좋다고.
무치	그럼 우형철이 강덕수 피해자 관련 자료도 다 갖고 있겠네요.
변호사	그렇죠…(하다) 우변이에요. 강덕수에게 주취 감형에 대해 알려준 사람. 강덕수가 10년만 살고 나올 수 있었던 건, 다 우형철의 코치였죠.

S#68   강덕수 담당 변호사 사무실 앞/ 낮

홍주	오봉이가 강덕수 피해자라는 거랑, 우형철이 여자들을 죽인 기준이랑 공통점이 없잖아. 근데 왜··

무치	(잠시 고민하는데)
홍주	근데 김영희와 박혜원의 시신은 왜 전시하지 않았지?
무치	처음엔 시신을 숨기다 점점 자신이 붙으면서 시신을 전시한 거야.
홍주	사라진 박혜원과 김영희의 시신을 찾아야 해. 아님 살인흉기를 찾든가. 현재로서 그 놈을 잡을 가장 확실한 방법은 그것 밖에 없어 (핸드폰 울리는) 보고 들고 나가는) 네. 이모님. 네? (후다닥 뛰어 들어와) 나 좀 들어가 봐야겠어. (가방 들고 가는)
무치	(무슨 일인가? 이상하게 보는)

S#69   소아과/ 낮

대기석에 앉아 신문 1면 자신에 관한 기사 보고 있는 형철 원장실 문 열리고, 아이 안은 홍주(마스크 낀) 나온다. 홍주 알아보는 형철. 잠든 아이 안고, 처방전 받는 홍주 유심히 보는데. 간호사, 형철에게 들어오라는 눈짓하면 원장실로 들어간다.

S#70   소아과 진료실/ 낮

원장	맘고생 심했지? 하여튼 경찰놈들. 애먼 사람을 잡고 말야. (철분제 건네며) 니가 부탁한 철분제. 어렵게 구했다. 제수씨 입덧은 좀 어때?
형철	많이 나아졌어·· (건성으로 대답하다) 아까 그··· 최홍주 피디 아냐?
원장	어. 맞아.
형철	그래? 미혼인 줄 알았는데··
원장	왜 성요한 죽고, 찌라시 돌잖아. 최홍주가 살인마 성요한이랑 사겼다고. 실은 내가 아는 기자한테 소스 줬거든. 내가 직접 들었거든. 술 마시다··

플래시 컷/ 무치 단골 술집/ 밤/ 9부 #92
무치 소리 지르고 주변 웅성거리는데, 무치 홍주 보고 있는 원장.

형철	(눈빛 반짝) 그래?

S#71 국과수 검시실/ 낮

신형사 아세톤이 검출돼요?

검시관 아세톤 같은 경우엔 공기 중으로 쉽게 기화되는 성질이 있어서 작은 불씨에도 순식간에 불이 붙을 수 있죠. 염산 같은 위험물질이 아니기 때문에 대용량으로도 쉽게 구매할 수 있구요.

바름 혹시·· 직접 사인이 교살 아닌가요?

검시관 아니요. 목을 졸랐다면 아무리 소사체여도 설골이나 연골 같은데 골절이 생겼을 텐데, 이 시체엔 골절이 전혀 없었어요.

바름 타월처럼, 폭이 넓은 도구로 목을 조르면 골절되지 않을 수도 있잖아요. 혹시 울혈이 있는지만 확인해주세요··

신형사 (울혈? 바름이 왠지 멋있고··)

S#72 검시실 밖/ 낮

신형사 (나오며) 울혈이 뭐야?

바름 아 그게··· 몸 안이나 조직에 피가 모이는 거요. 목을 조르면·· 경정맥이 압박되면 심장으로 들어가는 혈액이 멈춰서 안면이 붉어지게 되고, 얼굴과 두개골에 퍼져 있는 외경동맥 때문에 안면에 울혈이 생기는 거예요. 안면 울혈은 곧 두개골에도 울혈을 일으키고, 두개골 속 추체라는 뼈까지 울혈이 생기죠. 뼈의 울혈은 교살의 결정적 증거가 될 수 있어요.

신형사 헐! 정순경, 의대 나왔어?

바름 아뇨 저 대학 못 갔는데요···.

신형사 근데 어떻게 그런 걸 그렇게 잘 알아? 완전 전문용어 아냐?

바름 그게·· 그냥·· 그냥 알겠는 데·· (하다/E 성요한이 의사여서··?)

S#73 무치 차 안/ 낮

무치 어딨을까? 대체 시신을 어디다 숨겼을까·· (곰곰 생각하다 차 돌리는)

S#74　구치소 접견실/ 낮

정만호　　정말 형철이가… 형철이가 그런 거예요?

무치　　(끄덕) 아직 수사 중이지만…

정만호　　/그럼 난·· 재필이 형님은 아무 죄도 없는데 내가 죽인 거예요?

무치　　우재필은 우형철이 한 짓, 모두 알고 있었을 겁니다.

정만호　　(울먹이는) 허, 형철이는 대체 왜·· 우리 수진일··

무치　　혹시·· 우형철에 대해 알고 있는 거 있어요? 뭐라도 단서가 될 만한 거요.

정만호　　(생각하다) 형철엄마가 형철일 데리고 죽으려 했었거든요. 동네에 구급차 오고 난리였어요. 그러고 병원 실려간 후에·· 거기서 뛰어내렸다더라구요.

인서트/ 사무실 컴퓨터 앞에 앉아 홍주 관련 인터넷 찌라시 보고 있는 형철.

형철　　(쯧!!!) 처신을 어떻게 했길래… 살인마 새끼랑… 쯧쯧

정만호　　참, 그 일 있기 얼마 전에 창수형님이 형철엄마를 구령에 데려다 줬다던데.

무치　　창수형님?

정만호　　아, 형철이 외삼촌이요. 같은 동네 살았었거든요. 지금도 거기 살 거예요.

S#75　국과수 검시실 밖 복도 + 안/ 낮

서성거리는데 검시관 나온다. 들어오라는 표시.

검시　　자네 말이 맞았어. (보여주며) 봐, 이 추체 안에 희미하지만 울혈이 있어·· 자네 말대로 이건 누군가가 이 사람의 목을 졸랐단 얘기지.

바름　　(하아!)

검시관　　기관지에 재가 발견돼서 목이 졸렸다곤 생각 못했는데·· 보통 두개골 안까지 들여다볼 일은 잘 없으니까·· 자네 아니었으면 놓칠 뻔했어··

S#76　우재필의 고향집/ 낮

(형철母 무덤 보이는) 툇마루에 앉아 얘기 나누고 있는 무치와 창수. (형철 외삼촌)

창수   눈이 엄청 왔던 날이었지. 무슨 호텔이었는데‥ 난 차에서 기다리고 있
        었어.

플래시 컷/ 택시 안에서 하품하며 기다리는 창수 눈에, 로비 안 대니얼에게 뭔가 사
정하는 형철母. (차 쪽으로 걸어오는 서준. 옆문 열리고 타는)

창수   로비에서 누굴 만나드라고‥ 뭔가 사정하는 거 같았어.

S#77   우재필의 고향집 뒷 툇마루/ 낮

창수   (기억을 더듬는) 동생이 거기 다녀온 후에 굉장히 불안해하다가‥ 한 번
        더 서울에 데려다 달라고 부탁해서 다녀왔어‥
무치   또 그 호텔이요?
창수   다른 데였는데‥ 무슨 연구소 건물이던가‥ 암튼 거기 다녀온 후부터 애
        가 완전 넋 놓고 있다가 형철이랑 죽겠다고 약을 먹더니만‥ 결국 뛰어내
        렸지. 지금 생각해보니, 그 때 뭘 알고 있었나 싶어…
무치   (보면 형철母 무덤 주변에 피어있는 수국천지) 저 꽃은 뭐에요?
창수   아‥ 수국. 동생이 보라색 수국을 참 좋아했어. 그래서 저기다 묻었지…
        그래도 형철이가 효자야. 가끔 와서 지 엄마 무덤을 들여다보곤 했는데…
무치   근데 저기‥ 수국만 파란색이네요?
창수   원래 보라색으로 피우려면 흙에 석회를 뿌려야 되는데, 아무래도 그게 부
        족해서‥ 파란색 수국 핀 땅은 산성화돼서 그런 거야.
무치   산성화요? 그럼 그 쪽이 철 성분이 많아서라는 거네요.
외삼촌   그렇지.
무치   철성분? 철성분이면? 혹시‥? (순간 눈빛 반짝, 마루 한편에 있는 삽 집어 들
        더니 달려가 파란색 수국 밑 파기 시작한다)
외삼촌   (놀라 달려와) 뭐하는 거요. 꽃 다 망가지게‥ (말리는데)
무치   (확 밀치고 계속 파며/E) 철성분이면 금속! 흉기일 수 있어.

미친 듯이 파는데 뭔가 덜컥!!! 걸리는 소리.

S#78   김진아 집 마당/ 낮

들어오는 바름. 마루에 앉아 손녀 사진 보며 눈물 훔치는 할아버지 있다.

바름   저기·· 경찰입니다. 여쭐게 있어서·· 혹시 손녀분 가출했던 적 있었나요?
할아버지   어어 우리 진아가 1년 전에 가출해서 가출한 사내새끼들이랑 몰려다님서
          속 좀 썩였었지. 이제 겨우 들어와서 맘 잡고 사는가 했는데·· 아이고…
바름   (옆에 앉으며) 손녀분이 가출해서 돌아오게 된 계기가·· 혹시 손녀분 집에
          돌아오도록 상담하고 설득해준 사람이 있었나요?
할아버지   그랴. 그 훌륭하신 선상님이 진아를 사람 만들어서 집에 데꼬 왔어.
바름   (핸드폰 속 사진 보여주며) 이 사람 맞죠?
할아버지   (보는) 맞아. 이 냥반.

인서트/ 우재필 옛집/ 무치, 후다닥 흙 치우면, 그 안에서 피 묻은 흉기 나온다! 정신
없이 파보면, 헉!! 손 뒤로 매듭 묶여있는 시신 두 구 (영희, 혜원) 나온다.

김진아 집 마당/ 바름의 핸드폰 속 사진, 우형철이다.

바름   (역시 표정 짓는 위로)

플래시 컷/ 우형철 변호사 사무실 복도 /낮 (8부 #58)

바름   (무치 들어가고 바름도 들어가려다 나가는 여학생 보며) 누구예요?
직원   변호사님이 가출청소년 무료 상담도 해 주시고 계시거든요. 여럿 집에
          돌려보냈죠.

S#79   무치 차 안/ 낮

무치   (전속력으로 엑셀 밟으며 통화 중인) 우형철 지금 어딨어.

도로 위/

이형사   (사고 나서 어쩔 줄 모르는) 아씨‥ 놓쳤어요. 사고가 생겨서.

이형사 차 뒤에서 박은 차주 (oz문신) 미안해 어쩔 줄 몰라 하고 있는.

무치   (미치겠는) 아씨!! 눈 시퍼렇게 뜨고 지키고 있으랬잖아! 당장 우형철 수
          배 때리고 차량, 핸드폰 위치 추적해!

S#80   골목/ 밤

바름   (골똘히 생각에 빠져있는/E) 가출청소년, 불법퇴폐업소안마사까지‥ 지 기
          준으로 몸가짐이 바르지 않다 생각하는 여자들을 죽인 거야‥ 다음 타겟
          은 누굴까‥? (주머니 속 휴대폰 울리지만 고민하느라 알아채지 못하는)

S#81   바름의 집 앞/ 밤

여전히 생각에 잠긴 채 걸어오는 바름. 바름 집 앞에 쭈그리고 앉아있다, 오는 바름
보고 벌떡 일어나는 동구!

동구   (버럭!) 왜 하루종일 연락이 안 돼? 내일 결혼식 사회 대본 보냈는데 아직
          까지 확인도 안 하고! 너 낼 입을 양복 주려고 전화했더니 전화도 안 받고!
바름   아‥ 맞다. 결혼식‥ 내일인가?
동구   뭐? 아 맞다 결혼식?! 내일인가? 헐~ 이게 진짜!! 너 죽을래?!!!

S#82   우형철 변호사 사무실/ 밤

뛰어들어오는 무치 형철 없자, 사무실 뒤지다 책상 위에 놓여있는 노트북 화면 건드리는데. 화면 한켠에 떠있는 금융권 찌라시. 〈흉악한 연쇄살인범 S 여친 O사 스타 피디 C양.〉 스크롤 내리면 'S씨 성요한 C양 최홍주' 눈 커지는 무치.

S#83   바름의 집 안/ 밤

피곤해 보이는 바름 붙잡고 억지로 가져온 정장 입히는 동구.

동구   큰맘 먹고 산 거야! 너 정장 없대서! 나쁜 새끼‥ 근데 내 결혼식도 까먹고!
바름   (힘들어 죽겠는데, 꾸역꾸역 옷 입는)
동구   우와. 이렇게 입혀 놓으니까 달라 보이네. 자식 완전 정장 체질이네 (핸드폰으로 정장차림 바름 사진 찍어 슬기에게 톡으로 전송하며) 슬기 앤 왜 아까부터 톡을 안 읽어? (전화하다) 전화도 계속 안 받고. 자나?
바름   (순간 표정 확 굳는!)

플래시 컷/ 동구후배, "형 아직 안 늦었다니까 슬기랑 결혼 다시 생각해."/ "쟤 별명이 뭔지 아세요? 나무꾼 갈아타는 선녀!" ‥ 그 자리에 있던 우형철! (7부 #67)

바름   슬기씨 집 어디야? 어디냐고!!!

S#84   홍주네 집 현관 앞/ 밤

무치 헉헉대며 오는. 딩동딩동 초인종 누르고 인기척 없자 쾅쾅쾅!! 문 두드리는

S#85   슬기 집 현관 앞/ 밤

문 열리고 그 앞에 우형철 서 있다.

슬기   (걸쇠 건 상태로) 무슨‥ 일이세요?

형철   동구군이 후배랑 싸움이 붙어서‥ 입건됐어요.

슬기   네? 왜, 왜요? 많이 다쳤어요? 지금 어딨어요.

형철   잠깐 들어가서 자초지종 말씀드릴게요.

슬기 다급히 문고리 풀면, 들어가는 우형철 이윽고 문 쾅 닫힌다.

S#86   홍주네 집 현관 앞/ 밤

홍주   (당황하는) 무, 무슨 일이야…

무치   무사해서 다행이야‥ 난 또‥ (하는데, 집 안에서 자지러지게 우는 아기 울음
          소리 들리자 웬 아이 울음소리지? 싶어 홍주 보다, 순간 표정 굳는)

S#87   슬기 집 안/ 밤

입에 재갈 문 채 웨딩드레스 입은 슬기, 머리채 잡아끌고 나와 팔목 묶고 올라타는
형철. 슬기 목 조르면 꺽꺽거리는데. 삐삐삑 비번 누르는 소리에 휙 돌아보는.

S#88   슬기네 집 현관 앞 복도/ 밤

동구 후다닥 비번 누르지만 걸쇠 걸려 있는, 동구 공포로 안절부절못하고.

바름   (침착하게) 119에 신고하고, 경비실 가서 펜치 좀 가져와! 빨리!!!

동구 서둘러 뛰어가고 바름, 복도 두리번거리는데 옆집 앞에 놓여있는 노끈으로
묶여있는 택배 박스. 노끈 눈에 들어오는 순간!

플래시 컷/ 노끈을 걸쇠 위쪽에 걸고, 문 위쪽 틈에 끼워 확 열면 걸쇠 열리는!

바름 순간 후다닥 노끈 풀어, 기억 속 장면처럼 재현하자 탁! 하고 걸쇠 젖히는. 후다
닥 뛰어 들어가면 거실에 의식 없이 쓰러져 있는 슬기. 맥 짚는데 숨어 있던 형철, 커
튼으로 바름 목 조르는. 바름 재빨리 커튼 확 뜯어 형철 얼굴에 씌워 쓰러트린 후, 주
먹으로 내려친다! 새하얀 커튼이 점점 형철 얼굴 피로 붉게 물들어 간다. 순간 멈칫
하는 바름. 그때 아무렇게나 손 뻗어 의자로 바름의 옆구리 찍어버리는 형철. 바름
쓰러지자 빠르게 커튼 벗어 던져 창밖으로 뛰어내린다.

S#89   도로/ 밤

형철, 자기 차로 달려가 급히 출발한다. 보닛에 올라타는 바름. 형철, 떨어트리면, 고
통스럽지만 바로 일어나 길가에 세워진 키 꽂힌 트럭 올라타는 바름.

S#90   도로2/ 밤

형철, 바름이 몰고 온 트럭 쫓아오자, 서로 추격하고…

S#91   한적한 길 (외곽 도로)/ 밤

반대편 차선으로 역주행해서 오는 바름의 차. 놀라, 뒤로 빼려는데 쾅 박는. 차 세우
고 내려서 도망치는 형철 바름도 차 세우고 뛰어내려 쫓는…

S#92   무강 건설 공사장/ 밤

두리번거리다 빈 공사장 보이자 뛰어 올라가는 형철. 뒤따라 뛰어오는 바름, 순간
픽!!! 각목 휘두르는 손. 푹 쓰러지는 바름.

〈시간경과〉 타닥 소리에 바름 의식 차리면 양철통에 불 피워져 있다. 이미 손 뒤로

스패니쉬 변형 매듭법으로 묶여있다.

바름   (힘겹게 몸 일으키는)

형철   (준비한 목줄 팽팽하게 당기며) 깼어? 그 기집애를 죽였어야 했는데‥ 너 땜
        에 망쳤어. 아, 성가셔‥ (목줄 들고 다가오면)

바름   (생각하는, E) 계속 말을 시켜야 돼! 저 놈은 떠드는 동안엔 날 안 죽여!

형철   (바름 목에 줄 걸면)

바름   니가 다 죽였지?

형철   어, 내가 다 죽였어. (형철, 바름 목에 목줄 걸고 당기려는 순간!)

바름   (다급히) 왜? 왜 죽였어? 대체 이유가 뭐야?

형철   심판한 거지. 그 음탕한 기집애들 내가 다‥ (뿌듯한 미소 지으며 추억에 빠
        지는 듯한 표정에서)

S#93   과거. 거리/ 형철의 회상/ 낮

보이스카우트 복장 입은 채 매듭 연습하며 걸어가는 형철. 저 앞에 수진 머리
쓰다듬으며 용돈 주는 엄마 보인다. 잠시후 엄마 가면. 수진도 반대방향으로 간다.

형철   (서늘한 눈빛으로 수진 뒤 따라가다, 순간 표정 바꾸며 반갑게) 수진아!!!

수진   (돌아보는 반갑게) 형철오빠!

S#94   과거. 어린 형철의 방/ 형철의 회상/ 낮 + 공사장/ 현재/ 낮

스패니쉬 변형 매듭으로 손 묶인 채 죽은 수진 앞에서 침착하게 전화하는 형철.

재필   (F) (왼손 깁스한 채) 응 형철아. 아빠 지금 바쁘니까 이따 전화할게‥

형철   (신들린 연기. 바들바들 떠는 척) 아빠‥ 수, 수진이가 죽은 거 같아요…

〈점핑〉 문 쾅 여는 재필과 형철母, 수진 시체 보고 충격 받은…

무강 건설 공사장/

형철   보이스카웃에서 배운 산악구조용 매듭 묶는 거 실습해보다 실수한거라
       고‥눈물을 좀 흘려줬더니 믿더라고.

바름   (자신의 손에 묶인 매듭 풀며 생각에 집중하는)

플래시 컷/ 묶여있던 무치 손 풀어주는 바름. (#25)

바름   (매듭 풀었던 기억 더듬으며/E) 왼손을 오른쪽으로 살짝 비틀어 꺾고서 오
       른손을 위로 올리고‥

형철   순진한 양반. (자신에게 심취해서) 내 연기가 리얼했나봐.

바름   (매듭 풀며 말 받아주는) 정말 실수라고 믿고 싶었겠지. 니 아버지는‥

S#95   과거. 거실 + 안방/ 형철의 회상/ 낮

방에 귀대고 엿듣는 형철.

엄마   여보 아무래도 난‥ 형철이가‥

재필   (버럭!) 실수래잖아. 당신 대체 무슨 생각을 하는 거야‥
       (하다 문득 주머니에 삐죽 나와 있는 전단지 보는)

S#96   과거. 구령 백화점/ 낮

두리번거리며, 현수 실종 전단지와 같은 색깔의 옷, 신발 구입하는 재필.

바름   (E) 당시 전국은 온통 헤드헌터 살인사건에 관심이 집중되고 있었으니‥
       니 아빠는 묘안을 생각해냈겠지. 현수와 같은 옷. 같은 신발‥

S#97   과거. 구령서 강력팀/ 밤

증거봉투에 들어있는 현수 빗에서 머리카락 몇 개 빼서 다른 봉투에 넣는 .

바름   (E) 사건담당형사에게 현수 DNA를 확보하는 건 일도 아니었을 거고.

S#98   과거. 구령산/ 형철의 회상/ 밤

깁스한 채 힘들게 땅 파는 재필 옆에서 대충 흙더미를 치우며 돕는 형철.

바름   (E) 시체가 발견되더라도‥ 수사에 혼선을 주기 위해, 박현수로 만든 거야.

S#99   현재. 무강 건설 공사장/ 밤

형철   (짜증)아씨, 아빠 생각이 아니라, 내 아이디어라니까. 내 아이디어!!!
바름   (계속 매듭 풀고 있는) 니 엄마도 니가 죽였지?
형철   (픽 웃는) 지금은 뒈지고 없는 대니얼 박사한테 내 머리카락을 갖다줬나
      봐. 그 인간이 그랬대. 내가 싸이코패스로 태어났다고. (생각하는 위로)

S#100   과거. 방안/ 형철의 회상/ 낮

밥 먹는 형철. 그 앞에서 슬픈 눈으로 보는 형철母.

형철母   (침 꿀걱 삼키며) 수진이 왜 죽였어?
형철   (밥 맛있게 먹으며) 엄마랑 닮아서‥ 보조개 있는 것도 닮았고 새끼손가락
      짧은 것도 닮았잖아‥ 엄마 딸이지? 만호 아저씨랑 바람나서 낳았지?
형철母   뭐? (황당하고 어이없는) 뭐라고? 어, 어떻게 황당한‥ 기가 막혀‥
형철   아냐? (아니어도 상관없단 듯) 아님 말고.

형철母, 자포자기로 주머니에서 약 꺼내 털어 넣으면 순간 불안한 형철의 눈빛. 자신의 거의 다 먹은 밥그릇 본다.

형철母　(그런 형철 서글픈 눈으로 바라보며) 걱정 마. 엄마가 같이 갈 테니까.

순간 형철, 입안에 손 넣어 토하려는데, 토하지 못하게 형철 입 틀어막는 형철母 몸부림치는 형철.

형철　(E) 그런데 박혜원 그 기집애도 엄마랑 다를 게 없드라고‥

S#101　현재. 무강 건설 공사장/ 밤

형철　알고 봤더니 몸 파는 나가요였어. 그러면서 감히 내 신부가 될 생각을 해? 그래서 죽였어. 음란하고 방탕한 것들, 신의 이름으로 심판 한 거야! 내가!
바름　(허) 그럼 다른 사람들은…
형철　누구? 아 오봉이. 어린 게 몸단속을 잘해야지…
바름　(순간 눈이 돌아가는) 뭐 이 개새끼야!! 그걸 말이라고 해!!! 으아아악!! 이 미친 새꺄!!! (이미 매듭 풀린 손! 형철 향해 달려들며)

순식간에 형철 무릎 관절 박살내는! 슬개골, 종자뼈 아래를 걷어찬다. 넘어진 형철 미친 듯이 패는 바름. 곤죽 된 채 헉헉거리는 형철.

바름　(씩씩거리며) 송수호! 김성규! 변순영! 조미정! 봉이할머닌 왜 죽였어? 왜?
형철　(헉헉 숨 몰아쉬며) 뭔 소리야? 그것들은 성요한이 한 짓이고.
바름　거짓말 마. 다 니‥ 니가 한 짓이잖아. 성요한도 네 아버지처럼 대신 뒤집어쓰고 죽은 거잖아. 넌 들키지 않기 위해 성요한이 살인한 것처럼 꾸몄어. 마치 다른 인물의 범행인 것처럼!
형철　뭔 소리야? 내가 뭘 꾸며 냈다는 거야? 뇌수술을 했다더니만‥ 미쳤군 쯧‥
바름　거짓말 니가 한 짓이잖아! 신부님 목걸이랑 할머니 브로치 니가 갖다 놓은 거잖아.

형철   단단히 미쳤구나. 너! (하며 철근 집어 확 달려드는)

바름   (눈앞까지 들어온 철근 확 낚아채는데!)

퀵 플래시/ 봉이 할머니를 푹 찌르는 장면 (4부 #2)

뺏어든 철근 떨어트리곤, 고통스러운 듯 머리 붙잡고 괴로워하는 바름. 순간 형철, 도망치다 드럼통 차서 넘어지며 바닥에 불 붙는다. 바름, 불 보자 순간 파바박!

플래시 컷/ 라이터 든 손, 기름 끼얹어진 송수호에게 던지면 불 확 붙는!

바름   성요한이 맞았어… 성요한이었어… 으아아악!!! (절망스런)

고통스러워하는 형철 위에 올라타는 바름. 절망에 가득한 눈빛으로 형철 목 조르고. 버둥거리는 형철. 그럴수록 손에 힘주는 위로 목소리 환청처럼 들린다. **(E) 죽여! 죽여! 저런 놈은 죽여 버려야지!** 그 목소리에 순간 눈 텅 비는‥ **(E) 그래! 더! 더! 더** 깊숙이 형철 목을 누르는 바름. 끅끅거리던 형철 손 툭 떨어지면, 순간 바름 정신 돌아온 듯, 뭐지? 싶은데 자신의 눈앞에 축 늘어져 있는 형철.

바름   이, 이봐… 이봐요… (움직임 없자, 손 코에 갖다대보곤 털썩 주저앉는)

              주, 죽었나봐… 어, 어떡해‥ (덜덜 떠는데)

(E)   어때? 기분이?

화들짝 놀라 돌아보는데, 그 앞에 서 있는 사내. 요한이다. 헉! 놀라는 바름.

요한   (그런 바름 보며 비릿하게 미소 지으며) 짜릿하지? 사람 죽이는 기분.

주저앉은 채 충격받은 얼굴로 요한 보고 있는 바름과, 그런 바름에게 미소 짓고 있는 요한의 모습 f.s에서…

the END

마우스 1
[내 마음속에 살인마가 산다]

초판 1쇄 인쇄 2021년 5월 21일
초판 1쇄 발행 2021년 6월 2일

지은이   최란
편집인   서진
펴낸곳   이지퍼블리싱

편집   성주영

마케팅   구본건 김정현
영업   이동진

디자인   양은경

주소   경기도 파주시 광인사길 209. 202호
대표번호   031-946-0423
팩스   070-7589-0721
전자우편   edit@izipub.co.kr
출판신고   2018년4월23일 제2018-000094호

ISBN 979-11-90905-09-1 03680
값 17,500원